Albrecht BAUER | Clemens OTTAWA

Literatur

HINTERGRÜNDE ZU GESCHICHTE, GESELLSCHAFT UND KULTUR

Mit Bescheid des Bundesministeriums für Bildung, Wissenschaft und Forschung vom 5. März 2021, GZ BMBWF-5.034/0031-Präs/14/2019, gemäß § 14 Abs. 2 und 5 des Schulunterrichtsgesetzes, BGBl. Nr. 472/86, und gemäß den derzeit geltenden Lehrplänen als für den Unterrichtsgebrauch für die 6. – 8. Klasse an allgemein bildenden höheren Schulen – Oberstufe im Unterrichtsgegenstand Deutsch (Lehrplan 2018), für den II. – V. Jahrgang an Bildungsanstalten für Elementarpädagogik im Unterrichtsgegenstand Deutsch (Lehrplan 2016) und für den II. – V. Jahrgang an Bildungsanstalten für Sozialpädagogik im Unterrichtsgegenstand Deutsch (Lehrplan 2016) geeignet erklärt.

Änderungen aufgrund von Veränderungen der Rechtsordnung und des Normenwesens, in der Statistik und im Bereich von Wirtschaftsdaten sowie Software-Aktualisierung liegen in der Verantwortung des Verlages und werden nicht neuerlich approbiert.

Dieses Schulbuch wurde auf Grundlage eines Rahmenlehrplans erstellt; die Auswahl und Gewichtung der Inhalte erfolgen durch die Lehrerinnen und Lehrer.

SBNR Buch inkl. E-Book: 200069

Das Autorenteam und der Verlag bitten, alle Anregungen und Vorschläge, die dieses Schulbuch betreffen, an folgende Adresse zu senden:
Verlag Hölder-Pichler-Tempsky GmbH
Frankgasse 4, 1090 Wien
E-Mail: service@hpt.at

1. Auflage, Nachdruck 2022 (1,02)

Cover, Layout und Satz: Raphael Dürnberger
Druck und Bindung: Brüder Glöckler GmbH, Wöllersdorf
ISBN: 978-3-230-04795-3

Hinweis
Eine Literaturkunde geht über das Schulfach Deutsch hinaus. Sie beschäftigt sich u. a. mit den Werken sowie Autorinnen und Autoren der Literaturgeschichte und unserer Gegenwart, soll aber auch die Hintergründe zu Kunst, Kultur und Gesellschaft der jeweiligen Zeit beleuchten. Dieses Schulbuch kann daher fächerübergreifend auch in den Gegenständen Geschichte, Musik, Bildnerische Erziehung und Philosophie eingesetzt werden. Aufgabenstellungen mit der Bezeichnung „Portfolio" vermitteln Ihnen kreative Zugänge zu den Inhalten und Themen dieses Buches, die Sie als Kulturportfolio sammeln können.

MITTELALTER
etwa 750 – 1500

Kaum eine Epoche der Geschichte ist populärer als das **Mittelalter**. Dabei sehen wir dieses Zeitalter oftmals durch eine verzerrte Brille. Weder der tapfere Ritter und das edle Burgfräulein, ein Bild, das uns die Romantik überliefert hat, noch das rückständige, von Hexen- und Aberglauben geprägte finstere Mittelalter, wie es Humanisten und Aufklärer gesehen haben, entspricht der Realität. Vielleicht fängt das Problem damit an, dass es „das" Mittelalter nicht gibt. Seinen Namen verdankt es den Humanisten des 14. und 15. Jahrhunderts, die wieder an die Errungenschaften der Antike anknüpfen wollten und die Zeit, in der sie lebten, daher als „Neuzeit" bezeichneten. Die lange Epoche zwischen der Antike und der Neuzeit nannten sie „Mittelalter". Etwa tausend Jahre umfasst das Mittelalter, das um 500 beginnt und gegen 1500 endet. Die 500 Jahre von seinem Ende bis heute wirken vergleichsweise kurz.

Als die **deutschsprachige Literatur** im 8. Jahrhundert ihren Anfang nahm, war **Latein** die dominierende Schriftsprache. Die Herausbildung einer einheitlichen deutschen Schriftsprache befand sich zu dieser Zeit noch in ihren Anfängen und die Dialekte unterschieden sich teilweise so stark voneinander, dass Menschen unterschiedlicher Regionen einander kaum verstanden. Sowohl für die deutsche Gegenwartssprache als auch für unsere Schriftkultur wurde der Grundstein im Mittelalter gelegt.

Ein Edelmann und eine Dame spielen Schach. Diese sehr bunte Szene aus der ***Manessischen Liederhandschrift*** *scheint so gar nicht zum Bild des „finsteren Mittelalters" passen.*

Dieses Kapitel vermittelt Ihnen

> die Bedeutung des Mittelalters für unsere Sprache und Literatur.

> die Anfänge der deutschsprachigen Literatur als Grundlage für unsere Literaturgeschichte.

> die stoffgeschichtliche Relevanz von Werken des Mittelalters für unsere Zeit.

Geschichte und Gesellschaft

Charakteristisch für die Gesellschaft des Mittelalters war die Drei-Stände-Ordnung. Der erste Stand umfasste die Gruppe aller Geistlichen, den zweiten Stand bildeten die Mitglieder des Adels und zum dritten Stand wurden alle Bäuerinnen und Bauern gezählt. Obwohl diese vereinfachte Gliederung bei weitem nicht die gesamte Gesellschaft des Mittelalters abbildet und eher ein vereinfachtes Idealbild darstellt, folgen einige Darstellungsformen der mittelalterlichen Gesellschaft bis heute diesem Schema.

Schreibende Mönche

Schreiben und lesen konnten im frühen Mittealter zunächst überwiegend Geistliche, insbesondere **Mönche,** aber auch Nonnen. Die Gebildeten verwendeten allerdings nicht **Althochdeutsch** – die damalige Form des Deutschen (von etwa 750 bis 1050) –, sondern Latein. In den **Schreibstuben** wurden Texte in mühseliger Arbeit händisch kopiert oder selbst verfasst. Dabei waren eiserne Disziplin und Geduld gefragt. Geschrieben wurde meist auf **Pergament,** das man aus Tierhäuten herstellte und das daher sehr teuer war. Erst im 11. Jahrhundert erreichte das in China entdeckte **Papier** über den arabischen Raum Europa, wo es sich ab dem 15. Jahrhundert durchsetzen konnte.

NOTIZ AM RANDE

Der Name der Rose: Dieser Roman von Umberto Eco bietet einen guten Einblick in das Leben der **Mönche** des Mittelalters. Verwoben wird die Geschichte der Mönche mit einem spannenden und blutigen Kriminalfall, den es zu lösen gilt. Die gleichnamige Verfilmung mit Sean Connery von 1986 gilt als sehr sehenswert und besticht durch eindrucksvolle Bilder.

Leseunkundige Bauern und Ritter

Die Menschen des Mittealters lebten in einer **Feudalgesellschaft.** Das bedeutet, dass der Platz in der Gesellschaft durch die Geburt vorgegeben ist. Die meisten Menschen gehörten dem **Bauernstand** an, sie orientierten ihr Leben nach Jahreszeiten und Witterungsbedingungen. Die Bäuerinnen und Bauern des Mittelalters befanden sich überwiegend in Abhängigkeit von einem **Lehensmann,** der oftmals den Grund und Boden besaß, den sie bestellten. Sie waren ihm zu Gehorsam und Arbeitsdiensten verpflichtet und konnten dafür wiederum seinen Schutz („Schutz und Schirm") erwarten. Die Kultur des Bauernstandes wurde mündlich **tradiert.** Vor allem Frauen kam hier eine wichtige Rolle zu. Im Winter wurden in den Spinnstuben der Frauen oder in der (einzigen) beheizten Stube des Hauses Geschichten und **Märchen** erzählt. In der Dorfgemeinschaft konnte meist nur der Dorfgeistliche lesen und schreiben.

Feudalismus: eine auf dem Lehensrecht aufgebaute Wirtschafts- und Sozialordnung

Lehensmann: ein Adeliger, oftmals Ritter, der für sein Auskommen ein Lehen erhält (ein vom Herrscher verliehenes Land); im Gegenzug war er dem Herrscher zu Dienst und Treue verpflichtet

tradieren: etwas überliefern, weiterführen

Schriftliche Kultur wurde neben den Klöstern, wenn überhaupt, an ritterlichen Höfen gelebt. Den **Ritterstand** bildeten die wehrhaften, berittenen Krieger der mittelalterlichen Welt, die von ihren Ländereien und den Menschen lebten, die diese bewirtschafteten. Damit konnten die Ritter ihre teure militärische Ausstattung, Pferd und Rüstung finanzieren, um ihrem Herrscher in Kriegszeiten Dienste zu leisten. Als Sitz diente ihnen meist eine Burg, wo sich allmählich eine **Hofkultur** entwickelte, also die Kultur eines festen Ortes. Wichtig war die Abgrenzung zum Bauernstand durch finanzielle Überlegenheit, **ritterliche Tugenden** und eine vermeintlich höhere Kultur (Tischkultur, Hoffeste, Turniere).

NOTIZ AM RANDE

Zu den **ritterlichen Tugenden** gehörten unter anderem **ēre** (Ehre), **höveschkeit** (höfische Umgangsformen, wovon das heutige Wort Höflichkeit kommt), **milte** (Freigiebigkeit, Großzügigkeit, wovon etwa die **Minnesänger** abhängig waren), **minne** (dienstbare, hingebungsvolle Liebe; darunter der Dienst für Frauen), **mâze** (Maßhalten) und **triuwe** (Treue). Maßlose Gewalt, Ausbeutung und Raub gegenüber Untertanen und Mitmenschen waren nicht selten die Wirklichkeit im ritterlichen Alltag. Um hier regulierend einzugreifen, halfen die Tugenden. Sie sind als Anleitung zu verstehen, an der sich der Ritter orientieren konnte.

Auch Ritter waren des Lesens und Schreibens überwiegend unkundig. Fahrende Sänger (Minnesänger, > S. 9) waren oftmals lese- und schreibkundig und brachten Neuigkeiten, Geschichten und Unterhaltung an die Höfe. Dort trugen sie die Texte mündlich oder singend vor und erhofften sich Gaben von den Rittern („milte").

Im **Spätmittelalter** verlagerte sich der kulturelle Mittelpunkt zunehmend von den Höfen in die **Städte,** die an Bedeutung gewannen. Dies ging einher mit dem allmählichen Niedergang des Rittertums, das den sich verändernden wirtschaftlichen und militärischen Gegebenheiten nicht mehr gewachsen war.

IN SZENE GESETZT

Wer kennt den Bösewicht Darth Vader nicht, der hier als harmloser Heißluftballon am Himmel fliegt? Auch in Star Wars finden sich mittelalterliche (Märchen-)Motive: Die Jedi-Ritter heißen nicht nur so, sondern verkörpern auch den idealen tugendhaften Ritter. Die Sith wiederum erinnern uns daran, wozu Menschen im Bösen fähig sein können. Auch die mystische Macht – für Science-Fiction-Filme eher ungewöhnlich – passt durchaus ins Mittelalter, in dem an Zauberkräfte geglaubt wurde.

Lesende adelige Frauen

Während Ritter vor allem im Kampf unterwiesen wurden, erfuhren adelige Frauen eine umfassendere Ausbildung: Weben, Sticken, Singen und Tanzen, aber auch Schach, Reiten und Lesen gehörten dazu. Viele der adligen Damen waren ein lesefreudiges Publikum, weshalb einige Texte mittelalterlicher Autorinnen und Autoren in erster Linie für Frauen geschrieben wurden. So nahmen Frauenfiguren auch dominante oder bedeutende Rollen in der Literatur ein, wie etwa **Kriemhild** im **Nibelungenlied** oder **Herzeloyde** in **Parzival.** In der **Minnedichtung** erfuhr die Frau eine wahre Idealisierung.

Im mittelalterlichen Alltag war das Leben der Frauen jedoch weniger ruhmvoll als in der Literatur. Verheiratet wurden Frauen oft schon als Kinder im Alter von zwölf Jahren. Mit der Ehe war die Frau nahezu vollständig dem Mann untergeben. Neben häuslichen Aufgaben musste sie rechtmäßige Nachkommen zur Welt bringen. Nicht selten wurden zahlreiche Kinder geboren, von denen manchmal nur ein Drittel überlebte. Viele Frauen starben im Kindbett. Die Kirche regelte das Sexualleben der Ehe streng, während viele Männer Befriedigung und Liebe abseits arrangierter Ehen bei Prostituierten oder Geliebten suchten. Kein Wunder, dass in der mittelalterlichen Literatur Sexualität und Liebe einen so breiten Raum einnehmen: Sie konnten die häufig **triste** Realität vergessen machen.

Als ihrer Zeit weit voraus galt die französische Autorin Christine de Pizan (1364 – 1429). Sie war nicht nur eine hochgebildete Frau, sondern wurde auch berühmt für ihre Texte. Ihr utopischer Roman ***Buch von der Stadt der Frauen*** *(1405) beschreibt eine idealisierte Welt, in der Frauen und Männer gleichberechtigt sind. Heute gilt der Text als Teil der feministischen Literatur (> S. 237). Diese Miniatur aus einer Ausgabe ihres Romans aus dem 15. Jahrhundert zeigt Christine de Pizan mit Buch in der „Stadt der Frauen".*

trist: leer, trostlos

Aufgaben

1 Geben Sie anhand von Beispielen aus dem Abschnitt Geschichte und Gesellschaft die Bedeutung des Lesens für die Menschen des Mittelalters wieder.

2 Charakterisieren Sie eine Figur Ihrer Wahl aus einem Film oder literarischen Werk, angesiedelt im Mittelalter. Überlegen Sie, inwiefern diese Figur unseren Vorstellungen des Mittealters entspricht.

3 Diskutieren Sie in der Klasse, welche der genannten ritterlichen Tugenden heute von Bedeutung sind. Gibt es Tugenden, die Ihnen wichtig sind? Begründen Sie Ihre Entscheidung.

Kunst und Kultur

Musik hatte im Mittelalter regelrecht „Eventcharakter". Volkslieder wurden von Menschen in großen Gruppen gesungen, auf der anderen Seite gab es klerikale Musik, die in Kirchen gespielt und gesungen wurde. In religiösen Bildungsstätten wie St. Gallen oder Reichenau wurde die geistliche Musik auch dem weltlichen Volk beigebracht. Die sogenannten „Kirchentöne" mit eigener Tonart und typischen Instrumenten wurden vorherrschend. Im Hochmittelalter gewannen Dichter, Sänger und Komponisten, sogenannte Troubadoure, immer mehr an Bedeutung. Sie sangen Heldenlieder vor, wodurch Stoffe wie das **Nibelungenlied**, die **Diedrichssage** oder die **Kudrun** dem Adel (und Volk) bekannt wurden.

Typisch für die **Malerei** des Mittelalters waren u. a. aufwendige Buchillustrationen. **Karl der Große** (um 747 bis 814) sorgte für die Verbreitung der **Karolingischen Minuskel,** der ersten genormten Buchschrift aus Kleinbuchstaben, welche die im Lateinischen bis dahin gebräuchlichen Großbuchstaben (Majuskel) ablöste.

Auch religiöse Themen wie Heiligendarstellungen waren ein beliebtes **Sujet** bei Malern des Mittelalters. Die meisten bildenden Künstler waren **Autodidakten,** denn Kunstschulen gab es im **Frühmittelalter** noch nicht.

NOTIZ AM RANDE

Kaum ein mittelalterlicher Herrscher war von so großer Bedeutung wie **Karl der Große.** Der erste westeuropäischer Kaiser seit Ende des Römischen Reichs konnte allerdings nicht lesen. Dafür förderte er die Künste. *Mit diesem Gemälde schuf Albrecht Dürer (1471 – 1528) 1511/1513, also Jahrhunderte später, ein Herrscherbild nach den Vorstellungen seiner Zeit.*

Sujet: Gegenstand, Thema, Motiv der Malerei

Autodidakt: jemand, der sich ein bestimmtes Wissen, bestimmte Kenntnisse ausschließlich durch Selbstunterricht angeeignet hat

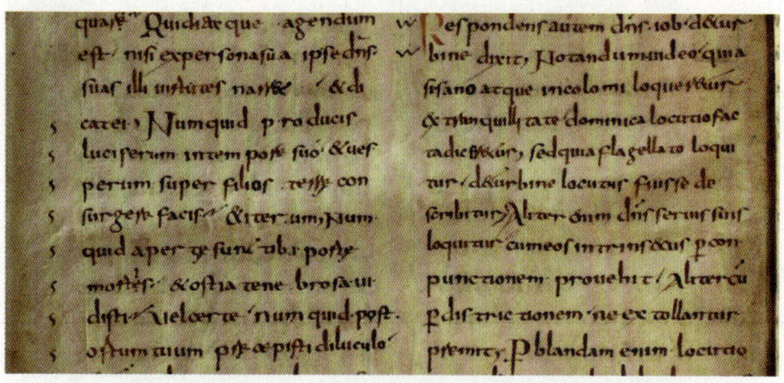

Die älteste datierbare karolingische Minuskel entstand um 765 in Frankreich im Kloster Corbie. Heute befindet sich die Handschrift in der Staatsbibliothek zu Berlin.

Für die zahlreichen anonymen Dichtungen aus der zweiten Hälfte des 12. Jahrhunderts, vor allem für jene, die von Mythen und Heldentaten berichten, wurde im 19. Jahrhundert der Begriff **„Spielmannsdichtung"** geprägt. Diese ersten deutschsprachigen Geschichtsdichtungen in erzählender Form verbinden oft geistliche mit weltlichen Elementen. Geschichte wird vor allem als **Kaisergeschichte** (so wie jene Karls des Großen) dargestellt und Historisches ist stets eng mit Religiosität **(Heilsgeschichte)** verbunden. Die um 1150 entstandene **Kaiserchronik** gilt als erste in deutschen Reimen verfasste Chronik und berichtet von den Errungenschaften der Kaiser und des christlichen Glaubens bis 1147 – danach bricht die Chronik abrupt ab.

Bedeutend für die Architektur des Mittelalters war besonders der **Kirchenbau.** Auf die Romanik (bekannt für Rundbögen und Rundbogenfenster), die erste gesamteuropäische Kunstepoche seit der Antike, folgte die Gotik. Himmelstürmende Dome und **Kathedralen** der Gotik prägen heute noch zahlreiche Stadtbilder.

NOTIZ AM RANDE

Die **Kathedrale von Notre-Dame** wurde im 14. Jh. fertiggestellt und ist bis heute eines der bedeutendsten Wahrzeichen von Paris. Im April 2019 zerstörte ein verheerender Brand Teile des Dachstuhls der Kathedrale. Es entstand ein Millionenschaden und unersetzbare historische Objekte gingen verloren. Im populären Roman **Der Glöckner von Notre-Dame** (1831) stellt der französische Schriftsteller Victor Hugo (1802 – 1885) das mittelalterliche Paris in den Mittelpunkt der Handlung und schafft eine Gruppe interessanter sowie einnehmender Figuren – nicht zuletzt Quasimodo, den buckligen Glöckner.

IN SZENE GESETZT

Dieses Bild aus der Hollywood-Verfilmung **The Hunchback of Notre Dame** von 1923 zeigt den bemitleidenswerte Glöckner Quasimodo, der auf dem Pranger gequält wird. Nur die schöne Tänzerin Esmeralda erbarmt sich seiner.

Aufgaben

1 Recherchieren Sie zu Kunstschätzen des Mittelalters in Ihrer Stadt oder Region, z. B. **Stephansdom, Altar im Schottenstift, Neidhartfresken** (Wien); **Minoritenkloster, Haus der Salome Alt, mittelalterliche Stadtmauer** (Wels, OÖ); **Steinertor, Bürgerspitalkirche und Pulverturm** (Krems a. d. Donau, NÖ); **Stadtpfarrkirche Murau** (Steiermark); **Burg Lockenhaus** (Burgenland); **Basilika Rankweil** (Vorarlberg); **Festung Hohensalzburg** (Salzburg Stadt); **Festung Kufstein** (Tirol); **Fresken der Kirche in Thörl Maglern, Herzogstuhl, Stadtmauer von Friesach** (Kärnten).

2 Wählen Sie daraus oder mithilfe Ihrer Eigenrecherche ein Kunstwerk und erschließen Sie dessen Bedeutung für seine Zeit.

3 Präsentieren Sie Ihre Ergebnisse in der Klasse. Zeigen Sie auch Bilder zu dem Kunstwerk.

Literatur und Personen

Im Frühmittelalter entstanden vor allem Werke, die religiöse Themen behandelten. So verfasste man in der Zeit des ersten Kreuzzuges (1096 – 1099) vor allem Buß- und Heilsdichtungen. In diesem Zusammenhang war auch der **Memento-mori-Gedanke** („Gedenke des Todes") vieler frühmittelalterlicher Texte zu deuten. Im Hinblick auf das jederzeit nahende Jenseits sollten die Menschen Buße tun. Um möglichst viele Menschen zu erreichen, waren die meisten dieser **Bußlieder** nicht in lateinischer, sondern in althochdeutscher Sprache abgefasst. Besonders hervorgehoben sei hier das **Annolied** (vermutlich um 1085), das die Geschichte der Welt von ihrer Erschaffung bis zum Tod Jesu Christi beschreibt und dabei den Kölner Erzbischof Anno als Heiligen verherrlicht.

*König Arthur (auch Artus) galt als Sinnbild eines idealen mittelalterlichen Herrschers. Diese Darstellung stammt aus einer walisischen Fassung der **Historia regum Britanniae** des Geistlichen Geoffrey von Monmouth (1100 – 1154) aus dem 15. Jh. Mit König Arthur wurde literarisch immer wieder der Heilige Gral, das Symbol der christlichen Sinnsuche, verknüpft.*

Die drei wichtigsten literarischen Gattungen des Hoch- und Spätmittelalters waren die **Minnelyrik**, das **höfische Epos** und die **Heldenepik**. Das Rittertum war hoch angesehen und galt als Vorbild an Tapferkeit und Mut. In den beliebten Artusromanen wurde das ritterlich-höfische Leben thematisiert.

Die Minnelyrik (Minnesang)

Die sogenannte **Minnelyrik** (auch Minnesang) bildete einen großen Teil der mittelhochdeutschen Literatur im Mittelalter (> S. 15). Sie wurde von den Minnesängern, die meist umherreisende **Barden** waren, unters Volk gebracht. Ihren Höhepunkt erlebte die Minnelyrik Mitte des 12. Jahrhunderts. Sie dauerte bis ins Spätmittelalter und bot eine Vielfalt an Formen und Themen. Ursprünglich gelangte die Minnelyrik durch die französischen **Troubadours** bzw. **Trouvères** (Sänger mittelalterlicher Lieder) in den deutschsprachigen Raum.

Die Minnelyrik war Teil der höfischen Dichtung und begleitete die Entstehung einer höfisch-ritterlichen Kultur. Bei offiziellen und großen festlichen Anlässen wurden die Minnelieder von den Minnesängern, die Dichter und Komponisten in einem waren, selbst

NOTIZ AM RANDE

Die drei Formen der **Minnelyrik** waren die **hohe Minne**, die **ebene Minne** und schließlich die **niedere Minne.** Während bei der hohen Minne die angebetete Frau eine Adelige ist, die idealisiert wird, und die Liebe keine Erfüllung finden kann, wird bei der ebenen und niederen Minne eine nichtadelige Frau begehrt. Bei der niederen Minne kommt es zum **Liebesakt,** z. B. zwischen Ritter und Bauernmädchen. Die ebene Minne weist der nichtadligen Frau wiederum höfische Tugenden zu. Durch die Liebe zu ihr erscheint diese Frau schön, Herkunft und Vermögen zählen hingegen nicht. Ob es zur Erfüllung der Liebe kommt, bleibt meist offen. Die Ursprünge der ebenen und niederen Minne finden sich unter anderem in der Parodie der hohen Minne, etwa bei **Neidhart von Reuental.**

Die Minnelyrik wurde von Minnesängern vorgetragen. Unter ihnen waren Vertreter aller Stände. Zu den bekanntesten Vertretern des Minnesangs zählen **Walther von der Vogelweide** und **Hartmann von Aue.**

Barde: hier Dichter und Sänger

vorgetragen. Die wichtigsten Strophenformen des Minnesangs waren einfache Reimpaarstrophen, vorwiegend nach dem Schema a – a – b – b. Später kam, nach romanischem Vorbild, die Stollen- oder **Kanzonenstrophe** (Kanzone) dazu.

Überliefert ist der Minnesang heute vor allem in Handschriften aus dem Ende des 13. Jahrhunderts, Melodieaufzeichnungen liegen erst seit dem 14. Jahrhundert vor.

Man unterscheidet in der Minnelyrik vier Arten von Liedformen:

1. Das **Tagelied,** in dem der Abschied der Liebenden im Morgengrauen nach einer Liebesnacht behandelt wird.
2. Das **Botenlied,** in dem ein Bote als Vermittler zwischen den Liebenden auftritt.
3. Die **Frauenstrophe** wird aus der Sicht der angebeteten Frau gesungen, die in der hohen Minne den Mann, aufgrund seines niederen gesellschaftlichen Ranges, abweisen muss.
4. Der **Wechsel** bietet abwechselnde Strophen aus der Sicht des Mannes und der Frau. Er ist jedoch kein Dialog.

Kanzone: lyrische Gedichtform, die eine Mischung aus Lied und Ode (Freudengesang) ist

In der **Manessischen Liederhandschrift** *(auch* **Codex Manesse** *oder* **Große Heidelberger Liederhandschrift**; *entstanden um 1300) finden sich zahlreiche Minnetexte und dazugehörige Abbildungen. Hier ist neben Ritter und Dame auch ein Falke zu sehen. Ein beliebtes Motiv der Minnedichtung.*

Die Heldenepik

Diese epische Gattung unterscheidet sich in Stoff, Form, Vortragsweise und Überlieferung klar vom höfischen Epos. In den Heldendichtungen wurden reale historische Ereignisse und tragische Begebenheiten beschrieben. Das älteste Heldenepos der Weltliteratur ist das babylonische **Gilgamesch**-Epos. Griechische und lateinische Epen, Homers **Odyssee** und **Ilias** oder Vergils **Aeneis** regten im Frühmittelalter die Episierung germanischer Heldenlieder an. Zu Beginn dieser Entwicklung erschienen Epen noch in lateinischer Sprache, wie der **Waltharius,** in England jedoch auch schon in der Volkssprache (z. B. das **Beowulf**-Epos, das in altenglischer Sprache gedichtet wurde). Vermehrt ist die Heldendichtung erst seit den Kreuzzügen nachweisbar: Von Frankreich aus (**Chanson de la Geste**) kam die Heldenepik Anfang des 12. Jahrhunderts in den deutschsprachigen Raum.

Das Nachahmen französischer Vorbilder ist erstmals in den beiden Dichtungen **Alexander-** und **Rolandslied** bemerkbar. Die Ritterkultur, das Zentrum der Heldenepik, genoss in Frankreich früher als im deutschsprachigen Raum hohes Ansehen.

Das höfische Epos

Das höfische Epos, die erzählerische Großform des Hochmittelalters, entwickelte sich im deutschsprachigen Raum parallel zur Heldenepik. Im Gegensatz zu dieser weist die höfische Dichtung aber oft märchenhafte und utopische Tendenzen auf. Heinrich von Veldeke (vor 1150 bis um 1200) startete mit seinem Werk **Eneit** (auch Eneasroman), das 1189 vollendet wurde, die höfische Romantradition in Deutschland. In diesem Werk überträgt er das antike Epos **Aeneis** des römischen Dichters Vergil (70 – 19 v. Chr.) auf die mittelalterliche Gesellschaft.

Aufgaben

1 Geben Sie die wichtigsten Aufgaben der mittelalterlichen Minnedichtung und Epik wieder.

2 Benennen Sie die Themen der Minnelyrik und ihrer Liedformen.

3 Vergleichen Sie die Darstellung und Themen der Liebe in der Minnelyrik mit einem Liebesfilm, Liebesroman oder Liebeslied unserer Zeit. Worin erkennen Sie Gemeinsamkeiten bzw. Unterschiede?

Genauer betrachtet: *Das Nibelungenlied*

Dieser zentrale Text des Hochmittelalters entstand wohl um 1200 in Passau oder Umgebung. In der kriegerischen Mittelaltergesellschaft war man vor allem von den Leitbildern heldenhafter Literatur beeindruckt. Im Gegensatz zu den höfischen Romanen blieben die Dichter der Heldenepen anonym. Die Motive und Gestalten dieser Heldengeschichten reichen zurück bis in die Zeit der **Völkerwanderung.** Das älteste seiner Gattung ist das **Hildebrandslied.**

Die wichtigsten Elemente dieser epischen Geschichten waren Tapferkeit, Furchtlosigkeit, kriegerische Geschicklichkeit, Gefolgschaftstreue und das Annehmen eines vorbestimmten Schicksals. Im **Nibelungenlied** wurden germanische Stoffe, spielmännische Abenteuerschilderungen und ritterlich-höfische Elemente miteinander verbunden.

Dieses umfangreiche Werk ist in 39 sogenannte **„Aventuiren"**, also Abenteuer, unterteilt und über 2 300 Strophen lang. Die Hauptfassungen des Liedes sind in 34 **Handschriften** und einzelnen Fragmenten erhalten. Der Dichter (es gibt auch Theorien, wonach zwei oder sogar drei verschiedene Dichter daran geschrieben haben sollen) kannte die Heldenstoffe der Zeit wohl recht gut. So war die **Nibelungensage** als altnordischen Heldenliedersammlungen in Norwegen und Schweden bereits um 1000 bekannt. Im skandinavischen **Sigurdlied** und dem um 800 aufkommenden **Atlilied** sind bereits Elemente des Nibelungenstoffs zu finden. Im ersten Teil des **Nibelungenliedes** geht es um die Heldentaten des tapferen Siegfried. Besonders dieser erste Teil bietet etliche Sagen-, Märchen-, und Fabelelemente, aber auch Natursymbolik und heidnische sowie christliche Motive kommen darin vor.

Der Opernkomponist Richard Wagner verarbeitete den Nibelungenstoff in seinem Opernzyklus **Der Ring des Nibelungen** *(in Bearbeitung – mit Unterbrechungen – von 1848 bis 1874). Hier ist der Opernsänger Heinrich Gudehus (1842 – 1909) als Siegfried zu sehen, wie er sein Schwert „Notung" neu schmiedet.*

Im **Nibelungenlied** hilft der junge, tapfere **Siegfried von Xanten** dem Burgunderkönig Gunther bei dessen Werbung um Brunhild, die eine mächtige Walküre und die Königin Islands ist. Da Brunhild übermenschliche Kräfte besitzt und Gunther nur heiraten möchte, wenn dieser sie im Zweikampf besiegt, muss ihm der starke Siegfried beistehen. Dieser hatte einst einen Drachen besiegt, in dessen Blut gebadet, was ihn unverwundbar machte, sowie den **Schatz der Nibelungen** erbeutet und war dadurch an eine Tarnkappe gelangt. Diese Tarnkappe lässt Siegfried unsichtbar werden und so kann er Gunther unbemerkt helfen. Brunhild wird auf diese Weise überlistet und besiegt. Zum Dank verspricht Gunther ihm die Hand seiner Schwester, der schönen **Kriemhild.** Es kommt zur Doppelhochzeit am Hofe der Burgunder. Siegfried wird, neben Gunthers Brüdern Gernot und Gieselher sowie **Hagen von Tronje,** dem Onkel, zum engsten Vertrauten des Königs. Als die stolze Brunhild vom Betrug ihrer Brautwerbung erfährt, bittet sie Hagen, Siegfried aus Rache zu ermorden.

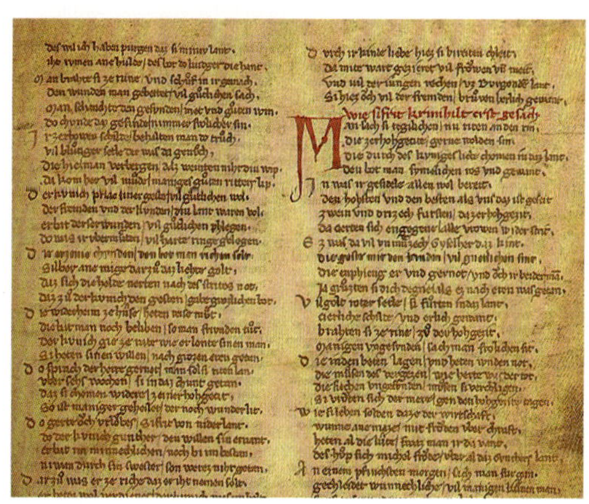

Seite aus dem Nibelungenlied

Mithilfe einer List entlockt Hagen der arglosen Kriemhild Siegfrieds einzige verwundbare Stelle: eine Stelle auf seinem Rücken, auf die beim Bad im Drachenblut ein Lindenblatt gefallen war, und die deshalb verwundbar blieb. Durch dieses Wissen gelingt es Hagen, Siegfried zu ermorden. Als Kriemhild Siegfrieds Leichnam sieht, weiß sie, dass Hagen der Mörder ihres Mannes ist und schwört Rache. Sie verlässt den burgundischen Hof, der Nibelungenschatz wird ihr von Hagen geraubt und im Rhein versenkt.

Im zweiten Teil des Nibelungenlieds wird Kriemhilds Rache beschrieben. Dreizehn Jahre nach Siegfrieds Tod hält der legendäre Hunnenkönig Etzel (Attila) um ihre Hand an. Kriemhild wittert aufgrund von Etzels Macht die Möglichkeit, ihre Rachepläne in die Tat umzusetzen, und heiratet ihn. Sie bekommen einen gemeinsamen Sohn, Ortlieb. Kriemhild lädt die Burgunder, die sich als Besitzer des Nibelungenschatzes nun auch Nibelungen nennen, an den Hunnenhof ein. Sie möchte Rache üben, vor allem an Hagen, und als dieser nach einem gemeinsamen Abendessen auch Ortlieb am Hofe Etzels erschlägt, kommt es zu einem Blutbad. Keiner von Kriemhilds Brüdern möchte sich von Hagen lossagen und so hetzt sie die Hunnen auf die Burgunder. Am Ende verliert auch Kriemhild ihr Leben. Nur Dietrich von Bern, Waffenmeister Hildebrand und König Etzel überleben das Gemetzel.

*Das **Nibelungenlied** wird u. a. von den Themen Treue, Verrat und Rache geprägt. Kein Wunder, dass es mehrmals verfilmt wurde. Hier ein Szenenbild aus dem berühmten Stummfilm von Fritz Lang (1890 – 1976) aus dem Jahr 1924. Siegfried wird gerade von Hagens Speer hinterrücks durchbohrt.*

Das Werk besitzt eine eigene Reimform, die sogenannte „Nibelungenstrophe", die aus vier paarweise gereimten Langzeilen mit je einem An- und Abvers besteht (in den ersten drei Versen drei Takte, im vierten Vers vier Takte lang). Der Text war dadurch sehr rhythmisch und ideal, um mündlich weitergegeben zu werden. Eine Reihe der im Lied vorkommenden Gestalten wie Dietrich von Bern, Meister Hildebrand oder Etzel kommen später unter anderem auch in der **Dietrichsage** (um 1230) vor.

Aufgaben

1 Informieren Sie sich, was es mit der Region „Nibelungengau" in Österreich auf sich hat.

2 Recherchen Sie den Begriff „Nibelungentreue" und seine problematische Bedeutung für den Ersten sowie Zweiten Weltkrieg.

3 Erschließen Sie mithilfe des Abschnitts **Genauer betrachtet** die Themen und Motive, die im Nibelungenlied behandelt werden. Überlegen Sie, aufgrund welcher dieser Inhalte bis heute großes Interesse an dem Text besteht.

Kurzporträts

Walther von der Vogelweide (um 1170 – um 1230) ist der wohl bekannteste aller Minnesänger. Sein genauer Geburtsort ist nicht belegt, er wird entweder im heutigen Waldviertel oder in Südtirol vermutet. Seine Geburt wird in etwa auf das Jahr 1170 datiert. 1188 kam Walther nach Wien, wo er beim Minnesänger Reinmar von Hagenau (gest. 1210) lernte, allerdings distanzierte er sich schon früh von seinem Lehrmeister, der nur die hohe Minne lehrte. Walther wollte viel lieber Lieder der ebenen und der niederen Minne schreiben.

Er kam an den Hof von Herzog Friedrich I. von Österreich (1175 – 1198). Als dieser starb, zog Walther als Besitzloser in Europa von Hof zu Hof. Kaiser Friedrich II. (1194 – 1250) beendete Walthers rastloses Leben, indem er ihm 1220 ein Lehen in Würzburg zusicherte.

*Walther von der Vogelweide wird im **Codex Manesse** als nachdenklicher Dichter dargestellt.*

Dort starb Walther um das Jahr 1230. Von Walther von der Vogelweide sind heute rund 80 Lieder und 100 Sprüche (Kreuzzugslieder, politische **Spruchdichtungen** und Minnelieder) erhalten.

Wolfram von Eschenbach (Geburtsjahr unbekannt – um 1220) gilt als größter Epiker des deutschsprachigen Mittelalters. Informationen zu seiner Person kann man nur aus seinen Werken gewinnen, aber auch diese Angaben sind unsicher. Der Autor schrieb wenig über sich selbst, die ritterliche Herkunft und auch seine Bildung sind nicht geklärt. Seine letzten Lebensjahre verbrachte er am Hofe Hermanns von Thüringen, wo er auch mit Walther von der Vogelweide zusammentraf. Unter den Epikern gehörte Wolfram neben **Heinrich von Veldeke** (vor 1150 – 1190 oder 1200), **Hartmann von Aue** (um 1165 – um 1215) und **Gottfried von Straßburg** (Geburtsjahr unbekannt – um 1215) zu den herausragenden Persönlichkeiten. Dass er keinen Buchstaben lesen konnte, wie er selbst behauptete („ine kan decheinen buchstap"), dürfte aber nicht wahr sein, denn Wolfram beschrieb in seinen Werken viele Dinge, die ein spezielles Buchwissen voraussetzten. Viel eher dürfte er damit gemeint haben, dass er kein Latein könne, was damals als die Sprache der Gelehrten galt.

Parzival, die Geschichte eines einfältigen Landjungen, der in die Ritterrolle „hineinwächst", gilt als Hauptwerk Wolfram von Eschenbachs. Der Roman wurde 1210 vollendet und weist eine Gesamtlänge von 24 810 Reimpaarversen auf. Als Hauptquellen dürften Wolfram die beiden Werke **La Conte du Graal** und **Perceval** (beide vor 1190) des französischen Barden Chrétien de Troyes („Christ von Troja", um 1140 – um 1190) gedient haben.

Wolfram von Eschenbachs berühmte **Tagelieder**, die die eheliche Liebe in den Vordergrund rückten und damit den bisherigen Stil dieser Gattung brachen, bedeuteten eine Abkehr vom Ritual der **hohen Minne.**

Frau Ava (um 1060 – 1127), auch Ava von Göttweig oder Ava von Melk genannt, gilt als die erste Autorin, die in deutscher Sprache schrieb. Sie war Mutter und Ehefrau und es gilt als wahrscheinlich, dass ihr ihre beiden Söhne Hartmann und Heinrich, beides Kleriker, das Lesen und Schreiben beibrachten. Frau Ava verfasste religiöse Gedichte wie etwa **Das Jüngste Gericht** in mittelhochdeutscher Sprache (> S. 15). Nach dem Tod ihres Mannes lebte sie als Einsiedlerin vermutlich in der Nähe von Melk.

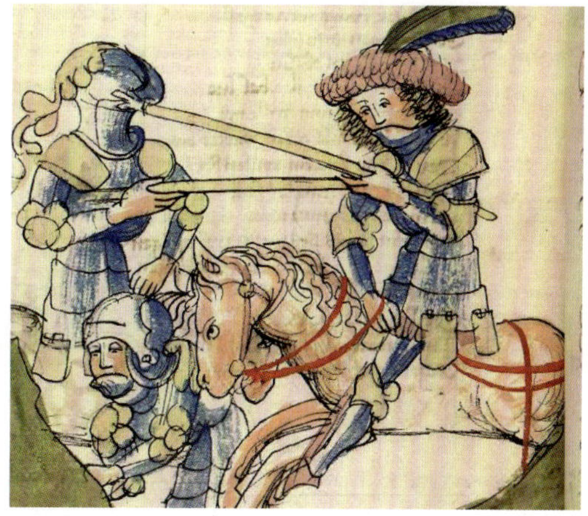

Diese Darstellung aus dem 15. Jh. zeigt, dass es bei Wolfram kaum eine Szene gibt, in der Parzival nicht zu kämpfen hat. Nicht diese Kämpfe, sondern die Suche nach dem Heiligen Gral teilt Parzival mit anderen populären Gralsjägern wie König Arthurs Ritter **Lancelot,** *der Filmfigur* **Indiana Jones** *(Indiana Jones und der letzte Kreuzzug, 1989) oder Robert Langdon in Dan Browns Roman* **Sakrileg** *(2003).*

NOTIZ AM RANDE

In Wolframs **Parzival** wird aus dem Naivling Parzival ein angesehener Ritter, der schließlich zur Gralsburg gelangt. Dort residiert der Gralskönig Anfortas, Hüter des Heiligen Grals, der wegen einer verwunschenen Liebe verwundet und verflucht ist. Durch eine Frage nach der Art seines Leidens könnte Anfortas erlöst werden. Statt Anfortas nach seinem Leid zu fragen, schweigt Parzival aus übertriebener Höflichkeit. Anfortas bleibt unerlöst und Parzival kann den Heiligen Gral, der bei Wolfram ein Stein ist, nicht erringen. Schließlich stürzt Parzival ins Unglück, erleidet Schicksalsschläge, wendet sich sogar von Gott ab, bis er erkennt, dass Mitgefühl und Nächstenliebe jene christlichen Tugenden sind, die der Höflichkeit und Ehre vorzuziehen sind. Dank dieser Erkenntnis kann Parzival zuletzt den Gral erringen.

IN SZENE GESETZT

Wer das **Mittelalter,** die **Gralslegende** und **König Arthur** (satirisch) kennenlernen möchte, dem sei **Monty Python and the Holy Grail** (1975), auf Deutsch **Die Ritter der Kokosnuss**, empfohlen. Ob religiöser Fanatismus, Hexenverfolgung, **Fatalismus**, Alltagsschmutz, **Despotismus** oder Gewalt – hier begegnet uns eine kluge sowie witzige Darstellung des Mittelalters und seiner **Klischees.** Auch humorvolle Kritik an unserer Zeit bleibt nicht aus. Auf Grundlage des Films entstand auch das satirische Musical **Monty Python's Spamalot,** das 2004 uraufgeführt wurde.

So warb das Palace Theatre in London für seine **Spamalot**-*Inszenierung (2007).*

Fatalismus: nicht das eigene Handeln, sondern eine höhere Macht bestimmt das Schicksal, das als unabänderlich hingenommen wird

Despotismus: unumschränkte Herrschergewalt

Klischee: überholte Vorstellung, abgegriffene, veraltete Redensart

Hartmann von Aue (oder Ouwe, um 1165 – um 1215) bezeichnete sich in seinen Texten selbst als gelehrter Dichter aus dem Ritterstand. Nach dem Tod seines Herrn legte er ein Gelübde ab, am Kreuzzug (wahrscheinlich jenem von 1197/1198) teilzunehmen. Durch die Erfahrungen, die er dort machte, fand er zur Literatur. Er wurde Minnesänger und orientierte sich stark an den französischen Vorbildern. Seine berühmtesten Werke sind die beiden Artusromane **Erec** (etwa 1185) und **Iwein** (etwa 1205), die dem höfischen Epos bzw. Artusroman zuzurechnen sind.

Hartmann von Aue inszenierte sich selbst als Ritter, wie diese um 1300 entstandene Miniatur aus dem **Codex Manesse** *verdeutlicht.*

Der Name **Gottfrieds von Straßburg** (gest. um 1215) ist nur durch spätere Überlieferung übermittelt. Weder sind verlässliche Lebensdaten bekannt, noch ist gesichert, ob der Beiname „von Straßburg" seinen Herkunfts- oder Wirkungsort bezeichnet. Sein bekanntester Roman ist **Tristan und Isolde.** Mittlerweile sogar von Hollywood verfilmt (2006), war der Tristan-und-Isolde-Stoff bereits im Mittelalter beliebt und wurde über die Jahrhunderte immer wieder bearbeitet. Dieser Versroman zählt neben dem **Nibelungenlied** und Wolframs **Parzival** zu den Höhepunkten der mittelhochdeutschen Klassik. So nennt man jene Werke, die als besonders wichtig für die Epoche gelten.

NOTIZ AM RANDE

Gottfrieds von Straßburg Tristan bringt die Fürstentochter **Isolde** (auch Isolt) als Brautwerber seines Onkels **König Marke** von Irland nach Cornwall. Auf der langen Schiffsreise dorthin trinken die beiden versehentlich einen Minnetrank (Liebestrank), der sie von nun an aneinander bindet. Zu Beginn verbergen sie ihre geheime Liebe, doch als der König dahinterkommt, verbannt er sie vom Hof. Tristan flieht in die Normandie, wo er eine neue Isolde, **Isolde Weißhand,** kennenlernt, für die er auch Gefühle zu hegen beginnt. Er gerät in Zwiespalt, wem er die Liebe schenken soll. Der Roman bricht schließlich ab.

Diese **Isolde** *von Gaston Bussiere (1862 – 1929) aus dem Jahr 1911 ist eine mögliche Darstellung der literarischen Figur. Wie würde man sich Isolde heute vorstellen?*

Oswald von Wolkenstein (um 1376 – 1445) gilt als der wohl wichtigste Vertreter der Minnelyrik des Spätmittelalters. Er wurde in eine Südtiroler Adelsfamilie geboren, deren Stammburg sich im Grödnertal (heutiges Südtirol) befand. Anders als bei den meisten Minnesängern existieren von Oswald von Wolkenstein konkrete Porträtgemälde, viele Briefe und Dokumente. Oswald führte ein abenteuerliches Wanderleben. Mit zehn Jahren verließ er als Knappe sein Zuhause und bereiste Europa und den Orient. Seit 1415 stand er in den Diensten des Königs Sigismund. Wegen eines Erbrechtsstreits wurde Oswald von 1421 bis 1423 ins Gefängnis gesperrt. Er vollzog in seinen über 130 noch erhaltenen Liedern den Übergang vom Minnelied zum volkstümlichen Lied.

Ein vermutlich relativ wahrheitsgetreues Porträt aus der **Innsbrucker Liederhandschrift** *(um 1430) von Oswald von Wolkenstein.*

Aufgaben

1 Vergleichen Sie die Biografien der im Abschnitt **Kurzporträts** vorgestellten Personen. Welche Gemeinsamkeiten bzw. Unterschiede könne Sie erkennen? Überlegen Sie, warum uns nur so wenige und ungenaue Lebensdaten von diesen Personen überliefert sind.

2 Wählen Sie eines der Werke, das im Abschnitt **Kurzporträts** vorgestellt wird, und informieren Sie sich darüber. Stellen Sie es kurz in der Klasse vor.

Genauer betrachtet: Althochdeutsch und Mittelhochdeutsch

Althochdeutsch wurde etwa zwischen 750 und 1050 gesprochen. Aus dieser Zeit existieren Inschriften und Handschriften. Die ältesten heute noch erhaltenen dichterischen Texte in althochdeutscher Sprache sind das **Hildebrandslied** und die **Merseburger Zaubersprüche.** Beide Texte wurden im deutschen Fulda entdeckt und waren vermutlich von unbekannten Mönchen verfasst worden.

Das **Hildebrandslied** ist das einzige erhaltene althochdeutsche Heldenlied. Das Gedicht ist in 68 Langzeilen und überwiegend in Dialogform geschrieben. Es wurde um 830 von zwei unbekannten Mönchen auf die Deckelinnenseite einer theologischen Schrift geschrieben. Die Züge der späteren mittelhochdeutschen Rezeptionsformen germanischer Heldensagen sind bereits deutlich zu erkennen.

Althochdeutsch

Ik gihorta dat seggen,
dat sih urhettun ænon muotin,
Hiltibrant enti Hadubrant untar heriun tuem.
sunufatarungo iro saro rihtun.
garutun se iro gudhamun, gurtun sih iro suert ana,
helidos, ubar hringa, do sie to dero hiltiu ritun.

Neuhochdeutsch

Ich hörte (glaubwürdig) berichten,
dass zwei Krieger,
Hildebrand und Hadubrand, (allein) zwischen ihren beiden Heeren, aufeinanderstießen.
Zwei Leute von gleichem Blut, Vater und Sohn, rückten da ihre Rüstung zurecht,
sie strafften ihre Panzerhemden und gürteten ihre Schwerter über die Eisenringe,
die Männer, als sie zu diesem Kampf ritten.

Übertragung nach: Horst Dieter Schlosser, Althochdeutsche Literatur, 2004, S. 68

Während der althochdeutschen Periode entstand in bestimmten Gebieten eine einheitliche Sprache auf der Grundlage der Mundarten der oberdeutschen Stammessprachen der Rhein- und Oberfranken, Alemannen und Baiern. Die **Entwicklung des Althochdeutschen** reichte vom Frühalthochdeutschen (bis etwa 800) über das Normalalthochdeutsche (9. und frühes 10. Jh.) bis zum Spätalthochdeutschen (10. und 11. Jh.). Einzelne Laute, die es im Althochdeutschen gab, finden sich heute noch in der isoliertesten nordischen Sprache, dem Isländischen. **Karl der Große** (> S. 8) setzte im 8. Jh. eine große Bildungsreform durch. Ein großer Teil der Bevölkerung konnte kein oder nur unzureichend Latein und verstand somit nicht einmal das Vaterunser. Durch die Bildungsreform sollten die Geistlichen und Gelehrten in der Lage sein, ihr Wissen an die Menschen weiterzugeben und so einen Weg zum wahren Glauben eröffnen. Die kirchlichen Predigten fanden nun, um mehr Menschen zu erreichen, in althochdeutscher, nicht mehr in lateinischer Sprache statt. Um 760 entstand in Freising der **Abrogans,** ein lateinisch-althochdeutsches Wörterbuch – das erste seiner Art.

Einige Wörter wurden „entlatinisiert", also vom Lateinischen ins Deutsche übertragen, wie etwa *munih* (Mönch) vom Lateinischen *monachus.*

Mittelhochdeutsch war die Sprache des Hoch- und Spätmittelalters. Das klassische Mittelhochdeutsch, in dem ein Großteil der Werke der höfischen Literatur verfasst ist, wurde von etwa 1170 bis 1250 gesprochen. Die Autorinnen und Autoren wählten diese Sprache im Gegensatz zum Lateinischen, um von möglichst vielen Menschen des deutschen Sprachraums verstanden zu werden. Als literarische Sprache war das Mittelhochdeutsche weitgehend dialektfrei und klarer als das Althochdeutsche. Der Sprachstil wurde verfeinert und – wenn man so möchte – „poetischer" gestaltet.

Die **Aussprache des Mittelhochdeutschen** unterscheidet sich stark von der des Neuhochdeutschen (die Sprache, die wir heute sprechen). Nur Vokale, die mit Zirkumflex geschrieben sind, zum Beispiel das „î" in *strîten,* wurden im Mittelhochdeutschen lang gesprochen. Alle anderen sprach man kurz, zum Beispiel das „a" in *klagen.* Die Diphthonge (Zwielaute wie: „ei", „ou", „ie", „uo" und die Umlaute „öu" und „üe") spricht man so, wie sie geschrieben werden, also *liebe guote brüeder* usw.

Das „z" wird im Anlaut und nach Konsonanten wie „ts" gesprochen, etwa bei *zage* oder *zît,* in den übrigen Fällen wie „ß" oder „ss", etwa in den Wörtern *daz* oder *wazzer.* Das „h" wird nur im Anlaut und zwischen Vokalen als Hauchlaut gesprochen, z. B. *hûs.* Im Auslaut und in Verbindung mit anderen Vokalen ist es ein sogenannter Reibelaut und klingt wie „ch" (in *ich* oder *auch*) *sah, solh, durh.* Vor Konsonanten wird das „s" als solches ausgesprochen, nicht als „sch", z. B. *s-tein, s-pil.* Eine Ausnahme bilden „sk", „sc", „sh", „sch", die wie „sch" ausgesprochen werden. Ein „ph" spricht man wie „pf", etwa im mittelhochdeutschen Wort *phlegen.*

Der Wandel vom Mittelhochdeutschen zum Neuhochdeutschen vollzog sich durch mehrere „Sprachrevolutionen". Diese waren **zwei Lautverschiebungen** (Konsonanten oder Vokale wandeln sich regelhaft in andere um, etwa vom Niederdeutschen oder Englischen *water* zum Neuhochdeutschen *Wasser*), eine **Auslautverhärtung** (so wird es genannt, wenn Geräuschkonsonanten am Ende einer Silbe ihre Stimmhaftigkeit verlieren und stimmlos ausgesprochen werden, z. B.: *Rad* – das „d" am Ende wird im gesprochenen Deutsch zu einem „t") und eine **Nebensilbenabschwächung** (das bedeutet, dass Langvokale gekürzt und unbetonte Vokale abgeschwächt wurden).

Viele **Redewendungen,** die wir heute in der deutschen Sprache verwenden, gehen auf die Zeit der Ritter und Minnesänger zurück. So war mit dem „Pechvogel" eigentlich ein Singvogel gemeint, den man mit einer mit klebrigem Pech bestrichenen Rute fing und anschließend verspeiste. Wenn man sich etwas „hinter die Ohren schreiben" sollte, dann ging das auf mündliche Vereinbarungen zurück. Da die wenigsten Menschen damals schreiben und lesen konnten, wurden zumeist junge Zeugen gesucht, die man lange und schmerzhaft an den Ohren zog, damit sie sich auch noch später an den vereinbarten Vertrag erinnern konnten. Auch die Redewendung „mit seinem Latein am Ende sein" ist ein Überbleibsel des Mittelalters. Latein war die Sprache der Kirche, ab dem 13. Jahrhundert auch die der Universitäten, wo Medizin oder Jus studiert werden konnte. Das einfache Volk konnte hier nicht mehr mitreden. Unter „etwas ausmerzen" versteht man heute, dass etwas ausgebessert oder beseitigt wird. Diese Redewendung kommt aus der Hirtensprache. Neugeborene, schwache Schäfchen, die nicht mit der Herde mitziehen konnten, wurden getötet, was zumeist im März geschah. „Die Kurve kratzen" kommt aus dem mittelalterlichen Städtebau. Kutschen hatten in den engen Gässchen oft Schwierigkeiten, um die Ecke zu biegen. Waren sie zu schnell unterwegs, „kratzten" sie an den zum Schutz der Häuser aufgestellten Ecksteinen.

Aufgaben

1 Fassen Sie die wichtigsten Entwicklungen der alt- und mittelhochdeutschen Sprachgeschichte zusammen.

2 Welche Themen deutscher Heldenepen und -sagen erkennen Sie im althochdeutschen **Hildebrandslied** wieder?

3 Sammeln Sie weitere mittelalterliche Redewendungen und vergleichen Sie deren heutige Bedeutung mit ihrer ursprünglichen.

Reflexionen zum Kapitel

> Entwerfen Sie zu den Literaturgattungen des Mittelalters (Minnelyrik, höfisches Epos und Heldenepik) eine Tabelle und ordnen Sie den Literaturgattungen die Werke und ihre Autorinnen und Autoren zu, die Sie in diesem Kapitel kennengelernt haben.

> Benennen Sie Themen dieser tabellarisch gesammelten Werke, die für das Mittelalter relevant waren.

> Diskutieren Sie in der Klasse, welche dieser Themen noch heute von Bedeutung sind.

TEXT

Nibelungenlied (mittelhochdeutsch)
Verfasser unbekannt, um 1200

1. Âventiure

Uns ist in alten mæren wunders vil geseit
von helden lobebæren, von grôzer arebeit,
von fröuden, hôchgezîten, von weinen und von klagen,
von küener recken strîten muget ir nu wunder hoeren sagen.

Ez wuohs in Burgonden ein vil edel magedîn,
daz in allen landen niht schoeners mohte sîn,
Kriemhilt geheizen; si wart ein schoene wîp.
dar umbe muosen degene vil verliesen den lîp.

Ir pflâgen drîe kunege edel und rîch,
Gunther unde Gêrnôt, di recken lobelich,
und Gîselher der junge, ein ûzerwelter degen.
diu frouwe was ir swester, di fürsten hetens in ir pflegen.

Di herren wâren milte, von arde hôhe erborn,
mit kraft unmâzen küene, di recken ûzerkorn,
dâ zen Burgonden, sô was ir lant genant.
si frumten starkiu wunder sît in Etzelen lant.

Ze Wormeze bî dem Rîne si wonten mit ir kraft.
in diente von ir landen vil stolziu ritterschaft
mit lobelichen êren unz an ir endes zît.
si ersturben sît jæmerliche von zweier edelen frouwen nît.

Ein rîchiu kuneginne, frou Uote ir muoter hiez,
ir vater der hiez Dancrât, der in diu erbe liez,
sît nâch sîme lebene, ein ellens rîcher man,
der ouch in sîner jugende grôzer êren vil gewan.

Die drîe kunege wâren, als ich gesaget hân,
von vil hôhem ellen. in wâren undertân
ouch di besten recken, von den man hât gesaget,
starc und vil küene, in scharpfen strîten unverzaget.

Nibelungenlied (neuhochdeutsch)
übersetzt von Siegfried Grosse, 2010

1. Abenteuer

Uns wird in alten Erzählungen viel Wunderbares berichtet
von berühmten Helden, großer Mühsal,
von glücklichen Tagen und Festen, von Tränen und Klagen
und vom Kampf tapferer Recken könnt Ihr jetzt Erstaunliches erfahren.

Es wuchs im Burgundenland ein junges Edelfräulein heran,
so schön wie keine andere auf der Welt,
Kriemhild hieß sie. Später wurde sie eine schöne Frau.
Ihretwegen mussten viele Ritter ihr Leben verlieren.

Sie beschützten drei edle und mächtige Könige:
Gunther und Gernot, hoch angesehene Recken,
und der junge Giselher, ein ausgezeichneter Ritter.
Kriemhild war ihre Schwester; die Fürsten hatten sie in ihrem fürsorglichen Schutz.

Die Herren waren freigebig, stammten aus hochadligem Geschlecht
und waren von unermesslicher Kühnheit, kurzum: ungewöhnliche Recken,
da in Burgund, so nannte man ihr Land.
Sie vollführten später im Lande Etzels gewaltige Wunder.

In Worms am Rhein lebten sie mit ihrer Heeresmacht.
Ihnen diente eine stattliche Ritterschaft
aus ihrem Land ehrenvoll bis an ihr Lebensende.
Sie gingen später am Hass zweier edler Herrinnen kläglich zugrunde.

Frau Ute, eine mächtige Königin, war ihre Mutter.
Ihr Vater Dankrat hatte ihnen Land und Besitz vererbt
nach seinem Tode, ein sehr mutiger Mann,
der auch in jungen Jahren großes Ansehen erworben hatte.

Die drei Könige waren, wie ich gesagt habe,
von hoher Kampfbereitschaft. Außerdem waren ihnen untertan
die besten Recken, die man bezeichnete als
stark, sehr tapfer und mutig in harten Kämpfen.

Das Nibelungenlied. Mittelhochdeutsch/Neuhochdeutsch. Ditzingen: Reclam 2018, S. 6f.

Aufgaben

1 Lesen Sie den obigen Abschnitt aus dem **Nibelungenlied** gemeinsam auf mittelhochdeutsch (für Hilfestellungen siehe **Genauer betrachtet: Althochdeutsch und Mittelhochdeutsch**, S. 15f.).

2 Klären Sie in der Gruppe unbekannte Begriffe und Wörter der neuhochdeutschen Übersetzung.

3 Benennen Sie Themen der Heldenepik und weitere Themen, die Sie in diesem Textauszug des **Nibelungenlieds** erkennen können.

4 Besprechen Sie, welche der literarischen Themen Ihr Interesse wecken. Begründen Sie Ihre Auswahl.

TEXT

Ursprinc bluomen (mittelhochdeutsch)

Wolfram von Eschenbach, undatiert

Ursprinc bluomen, loup ûz dringen
und der luft des meigen urbort vogel ir alten dôn:
etswenn ich kan niuwez singen,
sô der rîfe ligt, guot wîp, noch allez ân dîn lôn.
di waltsinger und ir sanc
nâch halben sumers teile in niemens ôre enklanc.
Der bliclîchen bluomen glesten
sol des touwes anehanc erliutern, swâ si sint:
vogel die hellen und die besten,
al des meigen zît si wegent mit gesange ir kint.
dô slief niht diu nahtegal:
nu wache abr ich und singe ûf berge und in dem tal.
Mîn sanc wil genâde suochen
an dich, güetlich wîp: nu hilf, sît helfe ist worden nôt.
dîn lôn dienstes sol geruochen,
daz ich iemer bite und biute unz an mînen tôt.
lâz mich von dir nemen den trôst,
daz ich ûz mînen langen clagen werde erlôst.
Guot wîp, mac mîn dienst ervinden,
ob dîn helfelîch gebot mich fröiden welle wern,
daz mîn trûren müeze swinden
und ein liebez ende an dir bejagen mîn langez gern?
dîn güetlich gelâz mich twanc,
daz ich dir beide singe al kurz oder wiltu lanc.
Werdez wîp, dîn süeze güete
und dîn minneclîcher zorn hat mir vil vröide erwert.
maht du troesten mîn gemüete?
wan ein helfelîchez wort von dir mich sanfte ernert,
mache wendic mir mîn clagen,
sô daz ich werde grôz gemuot bî mînen tagen.

Karl Lachmann: Wolfram von Eschenbach. Berlin: De Gruyter 1965, S. 7

Aufgaben

1 Lesen Sie das Gedicht von Wolfram von Eschenbach in der Klasse (für Hilfestellungen siehe **Genauer betrachtet: Althochdeutsch und Mittelhochdeutsch**, S. 15f.).

2 **Gruppenarbeit:** Übertragen Sie in Gruppen den Text möglichst sinngemäß ins Neuhochdeutsche. Webtipp: Mittelhochdeutsches Wörterbuch von Matthias Lexer: *http://woerterbuchnetz.de/cgi-bin/WBNetz/wbgui_py?sigle=Lexer*

3 Benennen Sie die zentralen Themen und Motive des Gedichts.

TEXT

Tristan

Gottfried von Straßburg, um 1210

Tristan soll Isolde von Irland zu seinem Onkel König Marke bringen. Dieser hat Tristan als Brautwerber losgeschickt und will Isolde heiraten. Kurz vor der Abreise ihrer Tochter braut Isoldes Mutter, die Königin von Irland (die ebenso Isolde heißt), einen Liebestrank, den sie ihrer Dienerin und Nichte Brangäne anvertraut. Brangäne soll den Trank Isolde und König Marke einflößen, damit sich diese ineinander verlieben. Durch einen unglücklichen Zufall trinken allerdings Tristan und Isolde den Liebestrank, wodurch sich zwischen ihnen eine ungeplante und zunächst geheime Liebesbeziehung entwickelt.

Tristan (mittelhochdeutsch)

Gottfried von Straßburg, um 1210

Der Minnetrank

[…]

Die wîle und sich ouch Tristan
mit sînen lantgesellen dan
bereite unde berihtete,
die wîle sô betihtete
Îsôt diu wîse künigîn
in ein glasevezzelîn

Tristan (neuhochdeutsch)

Gottfried von Straßburg, um 1210

Der Liebestrank

[…]

Während sich Tristan
zusammen mit seinen Landsleuten dann
vorbereitete und zurechtmachte,
stellte sehr kunstreich
Isolde, die weise Königin
in einem kleinen Glasgefäß

einen tranc von minnen,
mit alsô cleinen sinnen
ûf geleit und vor bedâht,
mit solher crefte vollebrâht:
mit sweme sîn ieman getranc,
den muose er âne sînen danc
vor allen dingen meinen
und er dâ wider in einen.
in was ein tôt unde ein leben,
ein triure, ein vröude samet gegeben.

einen Liebestrank her,
der mit so feinem Verstand
gewählt und ausgedacht
und mit solcher Kraft ausgestattet war,
daß jeder, der davon mit jemand anders trank,
diesen, ob er selbst nun wollte oder nicht,
mehr als alles andere lieben mußte
und der andere wiederum ihn allein.
Nur ein Tod und ein Leben,
eine Traurigkeit und ein Glück war ihnen gemeinsam gegeben.

den tranc den nam diu wîse,
si sprach Brangaenen lîse.
»Brangaene« sprach si »niftel mîn,
lâ dir die rede niht swaere sîn,
du solt mit mîner tohter hin.
dâ nâch sô stelle dînen sîn.
swaz ich dir sage, daz vernim.
diz glas mit disem tranke nim,
daz habe in dîner huote
hüete es vor allem guote.
sich, daz es ûf der erde
ieman innen werde.
bewar mit allem vlîze
dar es ieman enbize.
vlîze dich wol starke:
swenne Îsôt unde Marke
in ein der minne komen sîn,
sô schenke in disen tranc vür wîn
und lâ si'n trinken ûz in ein.

Den Trank nahm die Kluge
und flüsterte Brangäne zu:
»Brangäne, meine Nichte,
laß es dich nicht bekümmern,
du sollst mit meiner Tochter fahren.
Stelle dich darauf ein.
Höre, was ich dir sage:
Nimm dies Glas mit diesem Trank,
verwahre es
und hüte es sorgsamer als alles andere.
Achte darauf, daß auf der Welt
niemand davon erfährt.
Verhindere unbedingt,
daß jemand davon trinkt.
Beachte sorgfältig:
Wenn Isolde und Marke
Sich in Liebe vereint haben,
dann schenke ihnen diesen Trank als Wein ein
und laß sie ihn gemeinsam austrinken.

Gottfried von Straßburg: Tristan. Mittelhochdeutsch/Neuhochdeutsch, Band 2. Ditzingen: Reclam 2002, S. 96ff.

Aufgaben

1 Beschreiben Sie die Wirkung, die der Liebestrank, den Isoldes Mutter gebraut hat, auslösen soll.

2 Geben Sie den Auftrag und die Warnung wieder, die Isoldes Mutter Brangäne mit auf den Weg gibt.

3 Wann ist eine Liebe unglücklich? Diskutieren Sie diese Frage in der Klasse.

4 **Portfolio:** Der Moment, in dem Tristan und Isolde vom Liebestrank trinken, und in Liebe zueinander verfallen, wird in diesem Textauszug nicht wiedergegeben. Schreiben Sie diese Stelle auf und gehen Sie darin auf die Gefühle sowie Gedanken der Figuren ein.

RENAISSANCE, HUMANISMUS UND REFORMATION

1460/1470 – 1600

Italienische Gelehrte des 15. Jahrhunderts glaubten in ihrer Gegenwart ein goldenes Zeitalter sowie den Beginn einer neuen Epoche zu erkennen: **Antikes Wissen** war wiederentdeckt worden, der Mensch gewann ein neues Verständnis von sich selbst. Durch den **Buchdruck** wurde die Kommunikation revolutioniert, die **Entdeckung Amerikas** und erste Weltreisen führten zu einem neuen globalen Bewusstsein. Warenverkehr und Kapitalismus dominierten bald den neuen Welthandel. Erkenntnisse in der Wissenschaft und Technik lösten allmählich die mittelalterliche Welt des Glaubens durch eine Zeit des Wissens und der Forschung ab. Von diesen Entwicklungen erschüttert, schlitterte die Kirche in die größte Krise ihrer bisherigen Geschichte – die **Glaubensspaltung.** Ein neues Zeitalter hatte begonnen.

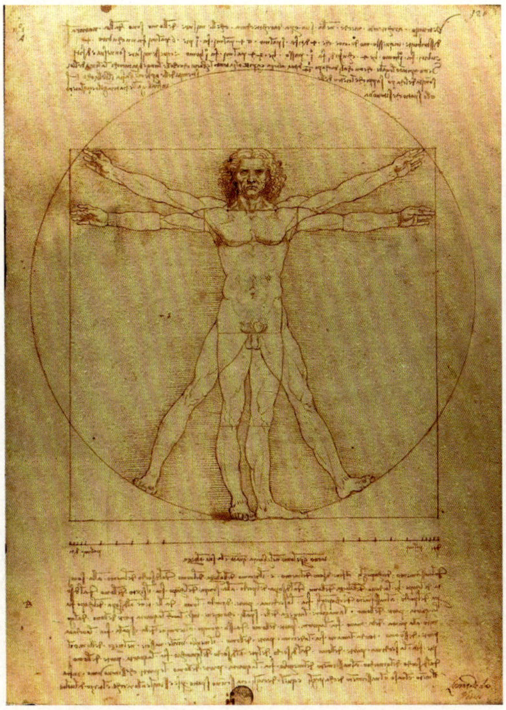

*Die Studie **Vitruvianischer Mensch** von Leonardo da Vinci (1452 – 1519) ist eine idealisierte Darstellung der Körperproportionen eines Mannes. In dieser Skizze verdichten sich die Themen des Humanismus (> S. 21): Die Studie sucht, wie andere humanistische Werke, ihr Vorbild in der Antike und bezieht sich auf den römischen Architekten Vitruvius, dessen Abhandlungen Da Vinici inspirierten. Außerdem steht der Mensch im Mittelpunkt dieser Studie und ist somit humanistischen Idealen verpflichtet. Höchste Präzision, Ästhetik und wissenschaftliche Genauigkeit, Ansprüche humanistischer Gelehrsamkeit, sind Merkmale dieses Meisterwerkes.*

Dieses Kapitel vermittelt Ihnen

> die Begriffe „Humanismus", „Reformation" und „Renaissance".

> das Handeln von Schreibenden in einer Zeit religiöser Konflikte, großer Entdeckungen und bahnbrechender Erkenntnisse.

> Inhalte und Auszüge von literarischen Werken der Renaissance, der Reformation und des Humanismus.

> die Bedeutung von Werken der Renaissance, der Reformation und des Humanismus für unsere Zeit.

Geschichte und Gesellschaft

Die **Renaissance**, deren Beginn wir heute etwa mit dem Jahrzehnt zwischen 1460 und 1470 datieren, war die Zeit des Übergangs vom Mittelalter zur Neuzeit. Kurz zuvor, im Jahr 1454/1455, hatte der Mainzer **Johannes Gutenberg** (1400 – 1468) durch die bahnbrechende Erfindung des Buchdrucks mit beweglichen Lettern die Verbreitung des Buches entscheidend vorangetrieben und gefördert. Die ersten, bis 1500 gedruckten Bücher bezeichnete man als **Inkunabeln** (vom lateinischen Wort *incunabula*), was so viel wie „Wiegendruck" heißt. Die Zahl der weltweit erhaltenen Inkunabeln wird auf rund 27 500 Werke mit einer Gesamtzahl von gerade einmal 550 000 Exemplaren geschätzt. Damals war dies eine Explosion an vervielfältigten Werken, gegenüber den zuvor händisch kopierten Büchern (> S. 6). Im Vergleich zu heute, wo es allein in Deutschland rund 80 000 Neuerscheinungen pro Jahr gibt, erscheint die Zahl verschwindend gering. Buchdruckwerke aus dem frühen 16. Jahrhundert bezeichnet man als **Postinkunabeln.** Meistgekauft und meistübersetzt ist noch immer die **Bibel.** Sie wurde in 2 355 Sprachen übersetzt und hat eine Auflage von rund 30 Millionen im Jahr.

Die **Eroberung Konstantinopels** (das heutige Istanbul) durch das osmanische Heer unter Sultan Mehmed II. im Jahr 1453 gilt bei vielen Wissenschaftlerinnen und Wissenschaftlern auch als wichtiges Ereignis des Übergangs vom Mittelalter zur **Renaissance.** Es markierte das Ende des Oströmischen Reiches und zahlreiche griechische Gelehrte flohen aus Konstantinopel, unter anderem nach Italien, wo sie maßgeblichen Anteil an der Schaffung des **Humanismus** hatten. Man trat nun für eine freie und selbstbewusste Lehre ein – ohne allzu großen Einfluss der Kirche. Vernunft und Logik wurden vordergründig und verdrängten die starren Lehrtraditionen. Die Sehnsucht nach geistiger Erneuerung brachte Entdeckungen neuer schöpferischer Kräfte. Die antike Welt wurde in den Bereichen der Wissenschaft, der Kunst und der Kultur als Vorbild gesehen. Von Italien aus breitete sich der Humanismus in ganz Europa aus.

NOTIZ AM RANDE

Das lateinische Wort *humanitas* bedeutet „Menschlichkeit", aber auch „Bildung". Die Bildungsbereiche, die sich mit dem menschlichen Selbstverständnis und Wesen auseinandersetzen, standen dabei im Zentrum des Interesses des **Humanismus,** der in engster Beziehung zur **Renaissance** (Begriff aus dem Französischen, der „Wiedergeburt" bedeutet) steht: zentrale Anliegen waren die Wiederentdeckung des klassischen Altertums und das Wiederaufblühen der klassischen Künste. Erfasst wurden dabei alle charakteristischen Denk- und Darstellungsformen aus Wissenschaft, Kunst und Kultur. Durch das neue Weltbild erkannte man auch, dass Europa nur einen kleinen Teil der Welt ausmachte. Globale Handelsbeziehungen gewannen an Bedeutung, eine neue, urbane Kultur mit ersten Metropolen, Handels- und Kunstzentren kam auf. „Der Universalgelehrte" galt als das Ideal der Bildungswelt.

Die um 1503 entstandene **Mona Lisa** *ist wohl das berühmteste Werk eines solchen italienischen Universalgelehrten: Leonardo da Vinci.*

Entdeckungen für die Ewigkeit

Es war eine ereignisreiche Epoche, in der Dinge passierten, die heute noch von Relevanz sind. 1492 erreichte der unter spanischer Flagge segelnde Italiener **Christopher Kolumbus** (1451 – 1506) Amerika. 1507 erschien erstmals eine Landkarte, auf der der für Europa „neu entdeckte" Kontinent verzeichnet war. Erstellt wurde diese sogenannte **Waldseemüller-Karte** von den deutschen Kartografen Martin Waldseemüller (1475 – 1520) und Matthias Ringmann (1482 – 1511). Sie hatten den Kontinent nach dem italienischen Kaufmann, Seefahrer und Entdecker Amerigo Vespucci (1451/1454 – 1512) benannt.

1497 – 1499 fand der Portugiese **Vasco da Gama** (1469 – 1524) einen Seeweg nach Ostindien, 1519 – 1522 gelang seinem Landsmann **Fernando Magellan** (1480 – 1521) die erste Weltumsegelung. Magellan wurde während der Umsegelung getötet, die Ereignisse der Reise hielt der Chronist und Mitreisende Antonio Pigafetta (1492 – um 1524) für die Nachwelt fest.

Ein neuer Blick auf die Welt: Auf der sogenannten Waldseemüller-Karte ist erstmals Amerika zu erkennen und jener Mann, der für seine „Entdeckung" verantwortlich gemacht wurde: Amerigo Vespucci (um 1451 – 1512). Sein Name am oberen Kartenrand wurde latinisiert.

1543, kurz vor seinem Tod, veröffentlichte der aus Polen stammende Astronom **Nikolaus Kopernikus** (1473 – 1543) sein Werk **Über die Beweglichkeit der Himmelskörper** (*De revolutionibus ordium coelestium*), in dem er ein **heliozentrisches Weltbild** vorstellte. Das bedeutet, dass die Sonne erstmals als Fixstern angenommen wurde, um die die Erde und die anderen Planeten kreisen. Die Rivalität von Wissenschaft und Kirche erreichte während dieser Zeit ihren Höhepunkt. Die humanistische Aufbruchsstimmung war den religiösen Würdenträgern, die auf den alten Kräften und ihrem **scholastischen** Lehrsystem beharrten, ein Dorn im Auge.

Bereits 1456 wurde an der **Universität Wien** statt der formalen, mittelalterlichen Lehre erstmals ein Lehrstuhl für die Lehre des Humanismus, die *studia humanitatis,* vergeben und auch die *artes liberales,* die sogenannten „freien Künste", wurden begründet. Unter Berufung auf die Antike und namentlich auf den römischen Staatsmann, Schriftsteller und Rhetoriker Cicero (106 – 43 v. Chr.) wurden die neun antiken Fächer **Grammatik, Rhetorik, Dialektik, Arithmetik, Geometrie, Musik, Astronomie, Medizin** und **Architektur** als Voraussetzung für Weisheit und Beredsamkeit verstanden. In der Renaissance fielen von den *artes liberales* allerdings die Astronomie und die Medizin weg, sodass man schließlich von der **Siebenzahl** sprach. Das gesellschaftliche Ideal – jedenfalls für die Wissenschaft bildete – dabei der *uomo universale,* der **Universalgelehrte.** Die Gelehrten dieser Zeit forschten demnach auf vielen Gebieten.

NOTIZ AM RANDE

Der italienische Astronom und Mathematiker **Galileo Galilei** (1564 – 1642) bewies durch seine astronomischen Entdeckungen das **heliozentrische Weltbild** von Kopernikus, musste unter dem Druck der katholischen Kirche seine Lehre allerdings widerrufen. **Galileo** symbolisiert heute noch den Beginn eines naturwissenschaftlich geprägten Weltbilds, das auf Vernunft, Logik und faktenbasierter Wahrheitssuche beruht. Nicht umsonst ist das populärwissenschaftliche TV-Format **Galileo** nach ihm benannt. Bertolt Brecht (1898 – 1956; > S. 223) setzte sich dichterisch mit dem Konflikt des Astronomen auseinander. Er schrieb das Stück **Das Leben des Galilei** während der NS-Zeit im dänischen Exil. Darin steht die Auseinandersetzung zwischen traditioneller Gelehrsamkeit und den Überzeugungen der Kirche mit dem neuen Wissenschaftsbild, vertreten von Galilei, im Mittelpunkt der Handlung.

Dieses um 1602 – 1607 entstandene Gemälde von Domenico Tintoretto zeigt **Galileo Galilei.**

scholastisch: (mittelalterliche) Beweisführung, basierend auf der Logik von Aristoteles, wo Für und Wider von Annahmen erörtert werden, ehe eine Entscheidung getroffen wird; besonders ausgeprägt war die Scholastik bei theologischen (also religiösen) Fragen

Auch im Geldhandel kam es zu Umbrüchen, als dieser nun endgültig die Naturalienwirtschaft ablöste. Reiche Unternehmensdynastien wie jene der deutschen Fugger leiteten für lange Zeit die Finanzen in Europa. Frühe Formen des **Kapitalismus** setzten sich allmählich in Europa durch.

Aufgaben

1 Fassen Sie die wichtigsten Entdeckungen und Erkenntnisse während des Übergangs vom Mittelalter zur Neuzeit zusammen.

2 Überlegen Sie, warum die katholische Kirche so ablehnend auf neue naturwissenschaftliche Erkenntnisse reagiert haben könnte.

3 Oftmals wird behauptet, das Internet hätte auf die heutige Zeit ähnlich revolutionäre Auswirkungen wie der Buchdruck auf das 15. Jahrhundert. Diskutieren Sie in der Klasse, warum dieser Vergleich so gerne gezogen wird.

Kunst und Kultur

1518 schrieb der Nürnberger Humanist Ulrich von Hutten (1488 – 1523): „O saeculum, o litterae, juvat vivere!" („Oh Jahrhundert, oh Wissenschaft, es ist eine Lust zu leben!"). Viele deutschsprachige Gelehrte, Wissenschaftler und Künstler – darunter die Maler **Albrecht Dürer** (1471 – 1525), **Hans Holbein der Jüngere** (1452 – 1519) und Matthias Grünewald (1470 – 1528), der Schnitzer und Bildhauer Tilman Riemenschneider (1460 – 1531), der Mathematiker und Astronom Regiomontanus (1436 – 1476), der Mathematiker, Philosoph und Theologe Nikolaus von Cues (1401 – 1464), der einflussreiche Komponist Orlando di Lasso (1532 – 1594), der oberösterreichische Astronom Georg von Peuerbach (1423 – 1461), der auch in Wien wirkende Dichter Konrad Celtis (1459 – 1508; > S. 26f.), der Tiroler Humanist Johannes Fuxmagen (1450 – 1510), der in Steyer (OÖ) geborene Naturwissenschaftler Johannes Stabius (1468 – 1522) und der Schweizer Mediziner Joachim Watt (1484 – 1551) – gingen nach Italien zum Studium oder zur Inspiration. Dort lebten schließlich die bekanntesten und einflussreichsten Persönlichkeiten der Zeit, darunter die Universalgenies **Leonardo da Vinci** (1452 – 1519) und **Michelangelo** (1575 – 1564), der Maler und Architekt Raffael Santi (1483 – 1520), der Maler Tizian (um 1490 – 1576) und der Mathematiker Niccolò Tartaglia (um 1500 – 1557). Es war die Zeit eines lebhaften kulturellen Austauschs der europäischen Nationen. Die Gelehrten, so etwa der begnadete **Erasmus von Rotterdam** (1467 – 1536), beschäftigten sich mit lateinischen und altgriechischen Quellen, dazu entstanden Nachdichtungen antiker Werke in lateinischer Sprache und später, vor allem auf Bestreben **Martin Luthers** (1483 – 1546), auch vermehrt in deutscher Sprache (Frühneuhochdeutsch). Vor allem Stil und Rhetorik waren den Humanisten wichtig, wobei ihnen die Werke von großen italienischen Dichtern wie **Dante Alighieri** (1265 – 1321), **Francesco Petrarca** (1304 – 1374) und **Giovanni Boccaccio** (1313 – 1375) als Vorbilder und Inspiration dienten. Geoffrey Chaucers (1343 – 1400) Buch **The Canterbury Tales** gilt als Wegbereiter der englischsprachigen Renaissance-Dichtung.

NOTIZ AM RANDE

Der Niederländer **Erasmus von Rotterdam** war einer der bedeutendsten Humanisten Europas. Das gleichnamige Austauschprogramm der EU für Schulen und Universitäten erinnert an sein Wirken. Er war Theologe und Universalgelehrter. Insbesondere sein Buch **Lob der Torheit** *(Morias Encomion Laus Stultitatae)* aus dem Jahr 1509 wurde von den Zeitgenossen gefeiert. Nach langen Reisen quer durch Europa lebte Erasmus ab 1521 im schweizerischen Basel. Trotz seiner Kritik an Kirche und Papst distanzierte er sich von der Reformation und war ein entschiedener Gegner der Glaubensspaltung.

Diese berühmte Abbildung von Erasmus stammt von Hans Holbein d. Jüngeren (1452 – 1519).

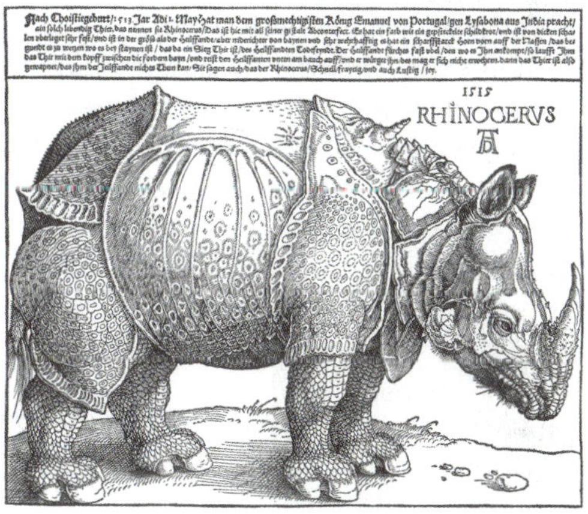

Der Holzstich Rhinocerus (1515) des Nürnberger Malers Albrecht Dürer (1471 – 1525) ist Ausdruck des Interesses seiner Zeit: Das exotische Rhinozeros steht für ein neues, globales Bewusstsein.

Aufgaben

1 Recherchieren Sie Hintergrundinformationen zu einer Persönlichkeit, die im Abschnitt Kunst und Kultur erwähnt wird. Präsentieren Sie Ihre Ergebnisse in der Klasse.

2 Beschreiben Sie die Bedeutung Italiens für die Kunst und Kultur der Renaissance.

3 Überlegen Sie, was der Humanist Ulrich von Hutten mit seinem Ausspruch „Oh Jahrhundert, oh Wissenschaft, es ist eine Lust zu leben!" gemeint haben könnte.

Literatur und Personen

Martin Luther und das Zeitalter der Reformation

Am 31. Oktober 1517 verschickte der Theologe und Professor für **Bibelexegese**, **Martin Luther** (1483 – 1546), in Wittenberg seine 95 Thesen gegen Missstände in der katholischen Kirche, u. a. den **Ablasshandel**. Diese Thesen sollten einen Diskussionsprozess in Gang setzen, die Katholische Kirche nahm dies jedoch rasch als Provokation wahr. Als Luther 1520 nachlegte und ein Reformprogramm für die Kirche und dabei auch seine neue theologische Begründung, den evangelischen Glauben, vorstellte sowie die Unfehlbarkeit des Papstes in Abrede stellte, wurde er mit einer **Bannandrohungsbulle** belegt. Nachdem sich Luther auch beim Wormser Reichstag weigerte, seine Thesen zu widerrufen, wurde die Verbannung ausgerufen. Es war nun im gesamten Reich verboten, Luther zu unterstützen oder zu beherbergen, seine Schriften zu lesen oder zu drucken. Außerdem sollte er festgehalten und **Kaiser Karl V.** (1519 – 1555) überstellt oder getötet werden. Um diese Gefahr wissend, nahmen Sympathisanten Luther zum Schein gefangen und brachten ihn auf die **Eisenacher Wartburg.** Dort hielt sich Martin Luther, der sich „Junker Jörg" nannte, um nicht erkannt zu werden, von 1521 bis 1522 unter dem Schutz von Kurfürst Friedrich III. von Sachsen (1463 – 1525) auf und nutzte die Zeit, um das **Neue Testament** zu übersetzen.

Der junge Martin Luther, Gemälde aus der Werkstatt des deutschen Malers Lucas Cranach d. Älteren (1472 – 1553), 1522 – 1524

Bei der Übersetzung griff Luther auf ältere Traditionen wie lateinische **Hymnen** (> S. 275), **Psalmen** (> S. 277), **Volkslieder** (> S. 278) und **Meistersang** (> S. 276) zurück und bezog außerdem nicht nur lateinische, sondern auch altgriechische sowie hebräische Quellen mit ein. Seine Übersetzung wurde 1534 veröffentlicht. Er äußerte sich 1530 auch zur Übersetzungskunst in **Ein Sendbrief vom Dolmetschen** *(Ein Sendbriff D. M. Luthers. Von Dolmetzschenn und Fürbit der heiligenn).* Dass Luther auf die „moderne" deutsche Sprache einen großen Einfluss hatte, zeigt alleine der Umstand, wie viele **Sprichwörter** oder **Aphorismen** (> S. 274) heute noch geläufig sind, die aus seiner Feder stammten.

Bibelexegese: Auslegung der Bibel

Ablasshandel: Praxis der katholischen Kirche, wonach Sünden durch Geldspenden erlassen werden konnten

(Kirchen-)Bann: Exkommunikation, das heißt Ausschluss aus der Kirche;

Bulle: päpstliche Urkunde

NOTIZ AM RANDE

Als Luther 1521 vor dem Wormser Reichstag seine Thesen widerrufen sollte, sagte er (laut Reichstagsakten): „Daher kann und will ich nichts widerrufen, weil wider das Gewissen etwas zu tun weder sicher noch heilsam ist. Gott helfe mir. Amen!" Überliefert wurde dieses Zitat etwas poetischer: **„Hier stehe ich. Ich kann nicht anders. Gott helfe mir! Amen."** Andere Zitate und **Sprichwörter** Luthers, die heute noch gerne zitiert werden, stammen oftmals von seinen Tischreden: „Eine Krähe kratzt der anderen kein Auge aus" oder „Sollen wir Kinder erziehen, so müssen wir auch Kinder mit ihnen werden" und schließlich „Die Jugend soll nicht traurig sein, sondern heiter und fröhlich. Junge Menschen sollen voll Frohsinn sein." Besonders bekannt ist sein Zitat: **„Man soll dem Volk aufs Maul schauen"**. Eigentlich meinte er damit, dass die deutsche Übersetzung der Bibel auf den deutschen Mundarten basieren sollte. Höchst problematisch sind Luthers antijüdische Bemerkungen und Sprüche, die einen folgenschweren Beitrag zur **antijüdischen Geschichte** im deutschsprachigen Raum leisteten.

Ohne Gutenbergs Buchdruck mit beweglichen Lettern wäre eine rasche Verbreitung von Luthers Reden und Texten – und somit der Ideen der Reformation – nicht denkbar gewesen. Diese Druckschrift Luthers ist an den „christlichen Adel deutscher Nation" adressiert.

Titelseite der Luther-Bibel der Ausgabe Wittenberg 1541 mit Titelholzschnitt von Lucas Cranach d. Jüngeren

Die Bewegung der Reformation war auch ein Kampf der Sprachen – das **Italienische bzw. Lateinische** des Papstes und Roms gegen das **Deutsche** von Luther und seinen Anhängern. Die Reformation war allerdings keine einheitliche Bewegung. Die nach ihren Führungspersönlichkeiten wie Luther, Huldyrch Zwingli (1484 – 1531) oder Johannes Calvin (1509 – 1564) benannten Religionsgruppen konkurrierten untereinander. Der **Augsburger Religionsfriede** (1555) sollte die freie Wahl der Konfession garantieren, konnte die Konflikte aber kaum lösen. Die religiösen Zerwürfnisse blieben bestehen und führten letzten Endes zum **Dreißigjährigen Krieg** (1618 – 1648), der 1648 mit dem Westfälischen Frieden beendet wurde.

Machiavelli und „Der Fürst"

Niccolò Machiavelli wurde 1459 im Zentrum der italienischen humanistischen Strömung, in Florenz, geboren. Dort stand er ab 1498 als Diplomat in florentinischen Diensten. Nach dem Verdacht der Verschwörung gegen das florentinische Herrscherhaus der **Medici** wurde er kurzzeitig abgesetzt, konnte sich aber wieder aussöhnen. Er war enger Vertrauter von Giovanni di Medici, dem späteren Papst Leo X. (1475 – 1521) und seinem Neffen Giuliano di Lorenzo de' Medici (1479 – 1516), dem er 1513 sein wichtigstes Buch widmete, nämlich **Der Fürst** *(Il Principe)*. Darin erhob Machiavelli die fürstliche Macht, von allen Normen gelöst und nur der politischen Zweckmäßigkeit verpflichtet, zum höchsten Wert der staatlichen Ordnung und beeinflusste damit entscheidend die **Staatsphilosophie** des 16. bis 18. Jahrhunderts (Absolutismus; > S. 32). In **Der Fürst** zeichnete er das Bild des idealen Staatsmannes, der auch, so es dem Volk nutzt, lügen und politische Feinde, die dem Wohl des Staates schaden könnten, ausschalten dürfe.

Niccolò Machiavelli, Gemälde von Santi di Tito (1536 – 1603), zweite Hälfte 16. Jh.

Auch dem römisch-deutschen Kaiser, dem Habsburger **Maximilian I.**, der von 1493 bis 1519 regierte und den Beinamen „der letzte Ritter" trug, war eine wichtige und einflussreiche Persönlichkeit des Humanismus und stand Machiavelli nahe. Machiavelli gilt heute mit dem Werk **Geschichte von Florenz** (1525) zudem als ein Vorläufer der modernen Geschichtsschreibung und als ein Begründer der **Politikwissenschaft.** Er starb 1527 in Florenz.

Genauer betrachtet: Sebastian Brant und die Narrenliteratur

Sebastian Brant wurde 1458 in Straßburg im Elsass (heute französisch) geboren und studierte in Basel Rechtswissenschaften. Er war ein entschiedener Gegner von Martin Luther und ist geistesgeschichtlich zwischen Mittelalter und Humanismus anzusiedeln. Brant war auch als Übersetzer tätig und übertrug lateinisches Gedankengut in die volkstümliche deutsche Sprache. 1521 verstarb er in seiner Geburtsstadt Straßburg.

Sebastian Brant, Holzschnitt, um 1590

Sein in ganz Europa populär gewordenes Buch **Das Narrenschiff** wurde 1494 herausgegeben und schon früh in viele Sprachen übersetzt. Es war eine bitterböse Zeit- und Ständesatire, die zu den bemerkenswertesten des aufkommenden Humanismus zählte. In der Grundhaltung des Autors ist noch das Weltbild des ausgehenden Mittelalters erkennbar. Der Dichter lädt sämtliche Narren des Landes auf ein Schiff ein, das zur Reise nach **Narragonien** aufbricht. In satirischen Reimpaarversen werden diesen Narren nun alle Dummheiten, Schwächen und Fehler der Zeit vorgehalten. Brant erkannte auch, als einer der Ersten, die Wirkungskraft von **Illustrationen,** weshalb jedem der 112 Narrentypen ein Bild (Holzschnitt) beigefügt ist. Obwohl nicht bekannt ist, wer die Holzschnitte für Brant angefertigt hat, vermuten Expertinnen und Experten heute, dass wohl der bekannte Maler Albrecht Dürer (1471 – 1528; > S. 23) hinter einem Großteil davon steckt. Brant prangert vieles an: schlechte

Tischmanieren, schlechte Bücher, Faulheit, unnützes Studium, Selbstverliebtheit, Glaubenszerfall. Die Mahnungen vor den schlimmen Konsequenzen der Narrheit erinnern an die mittelalterliche Philosophie des **„memento mori"** („Bedenke, dass du sterblich bist"; > S. 33).

Holzschnitt auf der Titelseite von **Das Narrenschiff**

Auch die ersten (Narren-)Volksbücher wie **Till Eulenspiegel** *(Ein kurtzweilig Lesen von Dil Ulenspiegel,* 1510/1511) oder **Die Schildbürger-Bücher** *(Lalebuch)* entstanden in dieser Zeit. Politisch agierte Thomas Murner (1475 – 1537), ein Gegner der Bewegung Martin Luthers. Er verfasste die polemische Satire **Von dem großen lutherischen Narren** (1522), in der er den Reformator scharf angriff.

Knittelvers: übersetzt: Reimvers; vierhebiger, paarweise gereimter Vers mit unregelmäßigen Senkungen

Die Tradition der **Narrenliteratur** (> S. 276) und der **Schwänke** (> S. 277) sowie unterhaltsamer **Fabeln** (> S. 275) setzte der Nürnberger **Hans Sachs** (1494 – 1576) fort, der vor allem den damals gebräuchlichen **Knittelvers** verwendete.

Das Humanistendrama

Die Humanistendramen bildeten eine neue Form des Theaters. Sie wurden nach antikem Vorbild in lateinischer Sprache geschrieben. Gegen Ende des 15. Jahrhunderts kam das Vorbild des römischen Dramas auch formal zum Durchbruch. Die Stücke wurden in Akte gegliedert, **Chöre, Szenenen, Prolog** und **Epilog** wurden eingeschoben. Die Dialoge wurden in Versen verfasst, die Chorlieder in Strophen. Es entstanden **Komödien** und **Tragödien,** aber auch die Zwischenform Tragikomödie (oder *Comitragoedia).* Die typische Bühne, auf der Humanistendramen gespielt wurden, war die **Badezellenbühne,** die mit Vorhängen abgeteilte Schauplätze zeigte. Moralische Lehrsätze innerhalb der Stücke wurden dem Publikum klar und verständlich vermittelt. Das Drama wurde an den **Lateinschulen** genutzt, um die lateinische Sprache zu üben, weshalb oft Schüler mitspielten (deswegen existiert auch der Begriff Schuldrama). Ab Mitte des 16. Jahrhunderts setzte die Ordensgemeinschaft der Jesuiten ihr Schultheater als gegenreformatorische und politische Propaganda ein. Ihre Stücke wurden Jesuitendramen genannt. Der Großteil der Humanistendramen vertrat die moralischen Grundsätze der Kirche.

Badezellenbühne: aufgrund ihrer Ähnlichkeit zu Badekabinen; nach dem Konzept des gleichnamigen römischen Autors auch „Terenzbühne" genannt

Kurzporträts

Die gebürtige Italienerin **Olympia Fulvia Morata** (1526 - 1555) war eine der wenigen **schreibenden Frauen,** von denen aus dieser Zeit Werke überliefert sind. Ihr Vater Pellegrino Moretto (1483 - 1548) war Lehrer der Söhne des Herzogs von Ferrara und brachte auch seiner Tochter das Lesen und Schreiben und die humanistischen Lehren bei. Weil die ganze Familie der calvinistischen Bewegung nahestand, verbannte man sie nach Venedig. Morata verfasste vor allem Briefe, viele davon an einflussreiche Persönlichkeiten der Zeit. Mit ihrem Mann, einem deutschen Arzt, musste sie mehrmals flüchten, sodass der Großteil ihrer literarisches Werks verloren ging. Sie starb im Alter von nur 29 Jahren im deutschen Heidelberg.

Schriftstellerin und Humanistin: Olympia Fulvia Morata, Gemälde aus dem 16. Jh.

Konrad Celtis (1459 – 1508) verfasste mit **Ars versificandi et carminum** (1486) die erste Poetik des deutschen Humanismus – ein Lehrbuch, das er speziell der Dichtkunst widmete. Außerdem schrieb er **Epigramme** (> S. 274) und allegorische **Fastnachtspiele** (> S. 275). Ab 1497 wirkte und lehrte er in Wien.

Celtis war ein wichtiger Förderer, Anreger und Herausgeber von Kunst und Wissenschaft. Nach italienischem Vorbild gründete er – auch in Wien – Gelehrtengesellschaften.

Ulrich von Hutten (1488 – 1523) wurde im deutschen Fulda geboren, floh 1505 aus der Klosterschule und studierte bis 1511 als fahrender Student an mehreren Universitäten. Auf diese Weise wollte er sich ein möglichst breites Wissen aneignen. Eine Italienreise brachte ihn in Kontakt zu den führenden Humanisten der Zeit und stärkte seine Position gegen den Papst und Rom. Er schrieb hunderte **Pamphlete** gegen den Papst und seine Gegner und wurde bald zu einem gefürchteten Publizisten. Am Ende seines Lebens zerstritt er sich auch mit den Humanisten und den Reformationsanhängern und wurde verfolgt. Er flüchtete ins politische Asyl nach Zürich.

Pamphlet: Schmäh- oder Spottschrift

NOTIZ AM RANDE

Das griechische Wort *Utopos* bezeichnet einen fernen, unbestimmbaren Ort. **Utopische Literatur** setzt sich also mit fernen (oder zukünftigen) Gesellschaftsformen auseinander. Tatsächlich wird die eigene Zeit darin reflektiert oder kritisiert. Während Humanisten und Autoren des Barocks noch positive Visionen beschrieben, z. B. Tommaso Campanella in **Die Sonnenstadt** (1623) oder Francis Bacon in **Neu-Atlantis** (1626), folgte bald die Anti-Utopie **(Dystopie)**: also Schreckensvisionen einer möglichen Zukunft. Heute erfreut sich der **dystopische Roman** großer Beliebtheit. Werke wie die Trilogien **Die Tribute von Panem** (2008 – 2010) von Suzanne Collins (geb. 1962) oder **Die Bestimmung** (2011) von Veronica Roth (geb. 1988) sowie die Buchreihe **Ugly** (2005) von Scott Westerfeld (geb. 1963) zeichnen düstere Zukunftsbilder und denken die Entwicklungen unserer Zeit kritisch weiter.

Der in London geborene Humanist **Thomas Morus** (1478 – 1535) verschrieb sich der Politik und wurde unter **König Heinrich VIII.** (1491 – 1547) sogar Lordkanzler. Allerdings konnte er Heinrichs Politik, die in der Abkehr von der katholischen Kirche und der Errichtung einer eigenen Staatskirche bestand, nicht mittragen, weshalb er letztlich von Heinrich VIII. hingerichtet wurde. Neben seiner politischen Tätigkeit war Morus ein bedeutender Schriftsteller und Gelehrter. Am bekanntesten ist sein Werk **Von der besten Verfassung des Staates und von der neuen Insel Utopia** *(De optimo statu rei publicae deque nova insula Utopia)*, kurz **Utopia** (1516). In diesem durchaus satirischen und gesellschaftskritischen Werk wird eine idealisierte Gegengesellschaft zur damaligen englischen Gesellschaft entwickelt, in der die Interessen der Einzelnen den Interessen der Allgemeinheit untergeordnet werden. Religiöse Toleranz, Bildung für alle und allgemeiner Wohlstand dominieren das Allgemeinwesen. Dieses Werk begründete die **utopische Literatur**.

IN SZENE GESETZT

Suzanne Collins Bestseller **Die Tribute von Panem. Tödliche Spiele** wurde 2012 mit Jennifer Lawrence in der Rolle der Katniss Everdeen verfilmt. In dieser Dystopie geht es um Kinder und Jugendliche, die zur Machtdemonstration einer Diktatur sowie zur Unterhaltung der TV-Zuseherinnen und -Zuseher in einer Arena zu tödlichen Spielen gezwungen werden.

Aufgaben

1 Beschreiben Sie das Verhältnis der Persönlichkeiten aus dem Abschnitt Literatur und Personen zu Religion und Kirche.

2 Vergleichen Sie in der Klasse, ob Ihnen Schildbürger- oder Till-Eulenspiegel-Texte bekannt sind. Erzählen Sie sich diese gegenseitig aus dem Gedächtnis.
Webtipp zum Nachlesen: Projekt Gutenberg: **Till Eulenspiegel** oder **Lalebuch** bzw. die Kinderbuchadaptionen von Erich Kästner (1899 – 1874): **Till Eulenspiegel** und **Die Schildbürger** (> S. 29ff.).

3 Was macht in unserer Zeit Ihrer Meinung nach eine gelehrte Persönlichkeit aus? Über welches Wissen bzw. welche Fähigkeiten sollte Sie verfügen? Besprechen Sie diese Fragen in der Klasse.

Reflexionen zum Kapitel

> Nennen Sie Werke, Figuren oder Stoffe aus der Zeit der Renaissance, die heute noch von Bedeutung oder geläufig sind bzw. (literarisch) weiterbearbeitet wurden.

> Erklären Sie, warum die Menschen der Renaissance ihre Zeit als eine Zeit des Umbruchs empfunden haben. Stützen Sie Ihre Überlegungen mit Inhalten dieses Kapitels.

> Diskutieren Sie, ob unsere heutige Zeit ebenfalls eine Epoche der Umbrüche ist.

TEXT

Das Narrenschiff

Sebastian Brant, 1494

Übertriebene Liebe zu Büchern? Der Bücherwurm, Gemälde von Carl Spitzweg (1808 – 1885), 1850

I.

Im Narrentanz voran ich gehe,
Da ich viel Bücher um mich sehe,
Die ich nicht lese und verstehe.
[…]

Von unnützen Büchern

Daß ich im Schiffe vornan sitz,
Das hat fürwahr besondern Witz;
Nicht ohne Ursache ist das:
Auf Bücher ich mich stets verlaß,
Von Büchern hab ich großen Hort,
Versteh ich selten auch ein Wort,
So halt ich sie doch hoch in Ehren:
Will ihnen gern die Fliegen wehren.
Wo man von Künsten reden tut,
Sprech ich: „Daheim hab ich sie gut!"
Denn es genügt schon meinem Sinn,
Wenn ich umringt von Büchern bin.
Von Ptolemäus wird erzählt,
Er hatte die Bücher der ganzen Welt
Und hielt das für den größten Schatz,
Doch manches füllte nur den Platz,
Er zog daraus sich keine Lehr.
Ich hab viel Bücher gleich wie er
Und lese doch nur wenig drin.
Zerbrechen sollt ich mir den Sinn,
Und mir mit Lernen machen Last?
Wer viel studiert, wird ein Phantast!
Ich gleiche sonst doch einem Herrn,
Kann zahlen einem, der für mich lern'!
Zwar hab ich einen groben Sinn,
Doch wenn ich bei Gelehrten bin,
So kann ich sprechen: »Ita! – So!«
Des deutschen Ordens bin ich froh,
Dieweil ich wenig kann Latein.
Ich weiß, daß vinum heißet »Wein«,
Gucklus ein Gauch,
Und daß ich heiß': »domine doctor!«
Die Ohren sind verborgen mir,
Sonst sah man bald des Müllers Tier.

Sebastian Brant: Das Narrenschiff. München: Zinnen Verlag 1944, S. 61f.

Aufgaben

1 Beschreiben Sie die Kritik, die in diesem Auszug aus **Das Narrenschiff** an Menschen geübt wird, die aus Büchern keinen Nutzen ziehen.

2 Erklären Sie die Begriffe „Büchernarr" und „Bücherwurm". Überlegen Sie, ob die Kritik in **Das Narrenschiff** an „unnützen Büchern" auch heute noch zutrifft.

3 Lesen bzw. hören Sie die Liedadaptionen zu Sebastian Brants **Das Narrenschiff** von Udo Jürgens und Reinhard Mey. Versuchen Sie zu analysieren, inwiefern die Texte der beiden Lieder **Das Narrenschiff** neu interpretieren.

TEXT

Drei Fabeln aus Etliche Fabeln aus Esopo von D.M.L verdeutscht

Martin Luther, 1530

Vom Frosch und der Maus

Eine Maus wäre gerne über einem Wasser gewesen und konnte nicht und bat einen Frosch um Hilfe. Der Frosch war ein Schalk und sprach zur Maus: „Binde deinen Fuß an meinen Fuß, so will ich schwimmen und dich hinüberziehen." Da sie aber auf das Wasser kamen, tauchte der Frosch hinunter und wollte die Maus ertränken. Indem aber die Maus sich wehrt und arbeitet, fliegt eine Weihe daher und erhascht die Maus, zieht den Frosch auch mit heraus und frißt sie beide.

Weihe: mittelgroße Greifvogelart aus der Familie der Habichtartigen

Der Hund im Wasser

Es lief ein Hund durch einen Strom und hatte ein Stück Fleisch im Maul; als er aber das Spiegelbild vom Fleisch im Wasser sah, dachte er, es wäre auch Fleisch, und schnappte gierig danach. Als er aber das Maul auftat, entfiel ihm das Stück Fleisch, und das Wasser trug es weg; also verlor er beides: das Fleisch und das Spiegelbild.

Von der Stadtmaus und der Feldmaus

Eine Stadtmaus ging spazieren und kam zu einer Feldmaus. Die tat sich gütlich an Eicheln, Gersten, Nüssen und woran sie konnte.

Aber die Stadtmaus sprach: „Was willst du hier in Armut leben! Komm mit mir, ich will dir und mir genug schaffen von allerlei köstlicher Speise."

Die Feldmaus zog mit ihr hin in ein herrlich schönes Haus, darin die Stadtmaus wohnte, und sie gingen in die Kammern, die voll waren von Fleisch, Speck, Würsten, Brot, Käse und allem. Da sprach die Stadtmaus: „Nun iß und sei guter Dinge. Solcher Speise habe ich täglich im Überfluß."

Da kam der Kellner und rumpelte mit den Schlüsseln an der Tür. Die Mäuse erschraken und liefen davon. Die Stadtmaus fand bald ihr Loch, aber die Feldmaus wußte nirgends hin, lief die Wand auf und ab und gab schon ihr Leben verloren.

Da der Kellner wieder hinaus war, sprach die Stadtmaus: „Es hat nun keine Not, laß uns guter Dinge sein."

Die Feldmaus antwortete: „Du hast gut reden, du wußtest dein Loch fein zu treffen, derweil bin ich schier vor Angst gestorben. Ich will dir sagen, was meine Meinung ist: bleib du eine Stadtmaus und friß Würste und Speck, ich will ein armes Feldmäuslein bleiben und meine Eicheln essen. Du bist keinen Augenblick sicher vor dem Kellner, vor den Katzen, vor so vielen Mäusefallen, und das ganze Haus ist dir feind. Von alldem bin ich frei und bin sicher in meinem armen Feldlöchlein."
Wer reich ist, hat viel Sorge.

Reinhard Dithmar: Martin Luthers Fabeln und Sprichwörter. Darmstadt: WBG 1995, S. 32, S. 37, S. 50

Aufgaben

1 Erklären Sie die Moral der jeweiligen Fabel.

2 Überlegen Sie, was Luther mit diesen Fabeln bei seinen Leserinnen und Lesern erreichen wollte.

3 Diskutieren Sie, ob Literatur zur Erziehung und Belehrung eingesetzt werden sollte.

Till Eulenspiegel

unbekannter Verfasser, um 1510/1515

Die erst Histori sagt, wie Dil Ulenspiegel geboren und zu dreien Malen eins Tags gedöfft ward und wer sein Douffgötel waren.

Bei dem Wald Melbe genant, in dem Land zu Sachsen, in dem Dorff Knetlingen, da ward Ulenspiegel geboren. Und sein Vatter hieß Claus Ulenspiegel und sein Muter Ann Wibcken. Und da sie des Kinds gnas, schickten sie es gen Ampleven in daz Dorff zu dem Tauff und liessen es heissen Dil Ulenspiegel. Und Dil von Uetzen, der Burger zu Ampleven, ward sein Tauffpfetter. (Und Ampleven ist daz Schloß, daz die von Magdburg etwan vor funnfftzig Jaren mit Hilff

Eulenspiegels Taufe, Holzschnitt aus dem Braunschweiger Eulenspiegelbuch von 1515

der andern Stät für ein böß Raubschloß zerbrachen. Die Kirchen und daz Dorff dabei hatt nun der wirdig Arnolff Pfaffenmeier, Apt zu Sunten Ägidien.)

Da nun Ulenspiegel geteufft ward und sie daz Kind wider wolten geen Knetlingen tragen, also wolt die Tauffgöttel, die daz Kind truge, endlich über ein Steg gon, daz zwische Knetlingen und Ampleven ist, und sie hetten dazu vil Birs getruncken nach der Kindtöffe. (Dann da ist die Gewonheit, daz man die Kinder nach der Töffe in daz Bierhuß trägt und sind frölich und vertrincken die Kinder also, daz mag dann des Kinds Vatter bezaln.) Also fiel die Göttel in die Lachen und besudelt sich und das Kind so jämerlich, das daz Kind schier erstickt was. Da halffen die andern Frauwen der Badmumen mit dem Kind wider uß und giengen heim in ihr Dorff und wuschen das Kind in einem Kessel und machten es wider suber und schon. Da ward Ulenspiegel eins Tags dreimal geteufft, einmal im Tauff, einmal in der Lachen und eins im Kessel mit warmen Wasser.

Wolfgang Lindow (Hg.): Ein kurtzweilig Lesen von Dil Ulenspiegel, nach dem Druck von 1515 mit 87 Holzschnitten. Leipzig: Reclam 1978, S. 8 – 11

TEXT

Die 1. Historie sagt, wie Till Eulenspiegel geboren, dreimal an einem Tage getauft wurde und wer seine Taufpaten waren.

Bei dem Wald, Elm genannt, im Dorf Kneitlingen im Sachsenland, wurde Eulenspiegel geboren. Sein Vater hieß Claus Eulenspiegel, seine Mutter Ann Wibcken. Als sie des Kindes genas, schickten sie es in das Dorf Ampleben zur Taufe und ließen es nennen Till Eulenspiegel. Till von Uetzen, der Burgherr von Ampleben, war sein Taufpate. Ampleben ist das Schloß, das die Magdeburger vor etwa 50 Jahren mit Hilfe anderer Städte als ein böses Raubschloß zerstörten. Die Kirche und das Dorf dabei ist nunmehr im Besitze des würdigen Abtes von Sankt Ägidien, Arnolf Pfaffenmeier.

Als nun Eulenspiegel getauft war und sie das Kind wieder nach Kneidingen tragen wollten, da wollte die Taufpatin, die das Kind trug, eilig über einen Steg gehen, der zwischen Kneidingen und Ampleben über einen Bach führt. Und sie hatten nach der Kindtaufe zu viel Bier getrunken (denn dort herrscht die Gewohnheit, daß man die Kinder nach der Taufe in das Bierhaus trägt, sie vertrinkt und fröhlich ist; das mag dann der Vater des Kindes bezahlen). Also fiel die Patin des Kindes von dem Steg in die Lache und besudelte sich und das Kind so jämmerlich, daß das Kind fast erstickt wäre. Da halfen die anderen Frauen der Badmuhme mit dem Kind wieder heraus, gingen heim in ihr Dorf, wuschen das Kind in einem Kessel und machten es wieder sauber und schön.

NOTIZ AM RANDE

Till oder Tile Eulenspiegel war ein Schalk und Narr aus Norddeutschland. Sein Nachname, im niederdeutschen Ulenspegel ist ein Wortspiel von *ulen* (das bedeutet: fegen) und dem weidmännischen Begriff *Spiegel* (mit der Bedeutung: Hinterteil). Eulenspiegel gab es tatsächlich. Überliefert ist, dass er um 1300 in Kneitlingen bei Braunschweig geboren wurde und etwa um 1350 in Mölln starb. Dort sollen auch seine sterblichen Überreste liegen. Ein Grabstein in Mölln erinnert an ihn.

Der **Till-Eulenspiegel-Stoff** wurde 2017 literarisch von **Daniel Kehlmann** (geb. 1975) in seinem Roman **Tyll** verarbeitet. Darin versetzt der Autor die historische Figur Eulenspiegel vom 14. Jh. in die Zeit des Dreißigjährigen Krieges (1618 – 1648).

In **Tyll** behandelt er die Gräuel des Krieges und schafft eine Vernetzung bedeutender historischer Persönlichkeiten der Zeit mit der Figur Tyll. Kehlmann greift auch Schwänke des Narren auf, die im Werk bearbeitet werden.

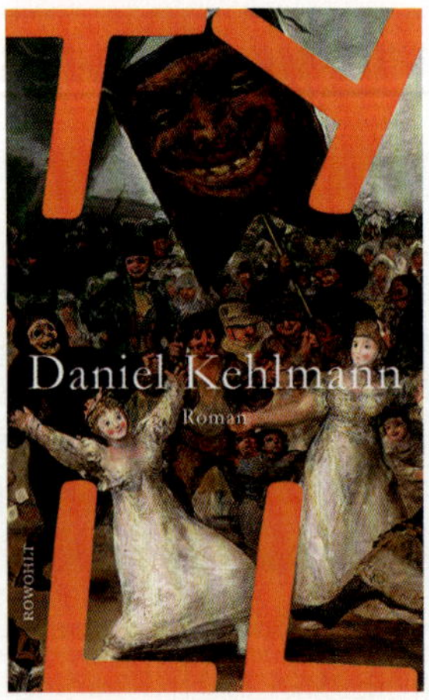

Der Münchner Daniel Kehlmann gehört zu den bedeutendsten Autoren unserer Gegenwart. Sein Roman **Die Vermessung der Welt** (2006) zählt zu den erfolgreichsten Büchern der letzten Jahre. Der Roman **Tyll** von Daniel Kehlmanns erschien 2017 bei Rowohlt.

So wurde Eulenspiegel an einem Tage dreimal getauft: einmal in der Taufe, einmal in der schmutzigen Lache und einmal im Kessel mit warmem Wasser.

Hermann Bote: Till Eulenspiegel. Ein kurzweiliges Buch von Till Eulenspiegel aus dem Lande Braunschweig. Herausgegeben, in die Sprache unserer Zeit übertragen und mit Anmerkungen von Siegfried H. Sichtermann. Leipzig: Insel Verlag 2007, S. 9

Aufgaben

1 Lesen Sie zunächst die Till-Eulenspiegel-Version in originaler Schreibung. Geben Sie den Inhalt kurz zusammengefasst wieder. Vergleichen Sie dann Ihre Angaben mit jener Version, die ins Gegenwartsdeutsche übertragen wurde. Ergänzen Sie fehlende Informationen in Ihrer Zusammenfassung.

2 Erklären Sie, warum Tills Taufe etwas Besonderes war.

3 Diskutieren Sie, ob diese kurze Erzählung nur zur Unterhaltung dient oder auch gesellschaftliche Kritik äußert.

BAROCK
1600 – 1750

Die Herkunft des Begriffs **„Barock"** ist nicht vollständig geklärt. Es existieren zahlreiche Theorien, zu den plausibelsten gehört die Herleitung vom französischen Wort *baroque*, das „sonderbar" oder „schief" bedeutet.

Das Jahrhundert des Barock war besonders geprägt vom **Dreißigjährigen Krieg** (1618 – 1648), der durch die Auseinandersetzungen zwischen Protestantismus (Reformation; > S. 24f.) und Katholizismus (Gegenreformation) entstanden war. Speziell im deutschsprachigen Raum wurden große Teile des Landes verwüstet und gut ein Drittel der Bevölkerung kam ums Leben. Politisch dominierte der **Absolutismus,** jene Regierungsform, in der die regierende Person alle Fäden der Herrschaft in ihrer Hand zu bündeln suchte. Die absolutistischen Höfe hatten ein großes **Repräsentationsbedürfnis,** was sich im überschwänglichen und aufwendigen Baustil der Zeit niederschlug. Dem gegenüber stand eine beklemmende Armut beim Großteil der Bevölkerung.

Prunk, Glanz, Repräsentation: Die Jesuitenkirche in Wien steht für die barocke Lebenswelt. Religiöse Motive werden mit ästhetisierter Machtdemonstration und prunkvollem Überschwang verbunden. Illusorische Malerei, typisch für das Barock, prägen das Deckenfresko.

Die Barockzeit war daher eine Epoche der Kontraste: Leben und Tod, Zeit und Ewigkeit, Diesseits und Jenseits, Wissenschaft und Religiosität, höfischer Prunk und Elend der Massen. Das Verhältnis der Menschen zu Leid, Verwundung, Krankheit und Tod im Angesicht des **hedonistischen** Lebensstils der Höfe schlug sich speziell in der Lyrik nieder. Der Dichter **Andreas Gryphius** (1616 – 1664) schrieb in seinem **Sonett** (> S. 277) **Es ist alles eitel** über das Lebensgefühl dieser Zeit:

hedonistisch: nach der Art eines Hedonisten lebend, also nach physischem und psychischem Sinnengenuss und Lustgewinn strebend

Du siehst, wohin du siehst, nur Eitelkeit auf Erden.
Was dieser heue bau, reißt jener morgen ein,
Wo itzund Städte stehn, wird eine Wiesen sein,
Auf der ein Schäferskind wird spielen mi den Herden.

Was itzund prächtig blüht, soll bald zutreten werden.
Was itzt so poch und trotzt, ist morgen Asch und Bein;
Nichts ist, das ewig sei, kein Erz, kein Marmorstein.
Itzt lacht das Gluck uns an, bald donnern die Beschwerden.

Der hohen Taten Ruhm muß wie ein Traum vergehn.
Soll denn das Spiel der Zeit, der leichte Mensch, bestehn?
Ach, was ist alles dies, was wir vor köstlich achten,

Als schlechte Nichtigkeit, als Schatten, Staub und Wind,
Als eine Wiesenblum, die man nicht wiederfind't.
Noch will, was ewig ist, kein einig Mensch betrachten.

Andreas Gryphius: Die Werke in einem Band. In: Weltbild. Klassiker der deutschen Literatur. Augsburg: Weltbild 2006, S. 5

Dieses Kapitel vermittelt Ihnen

> einen Eindruck des Lebensgefühls und der Kultur zur Zeit des Barocks.

> Wissen über Personen der Literatur und ihre Werke sowie deren Einordnung im Sinne ihrer Zeit.

> ein Verständnis für barocke Motive in der Literatur.

Geschichte und Gesellschaft

Der **Dreißigjährige Krieg** steht symptomatisch für die gesamte Epoche: ein Zeitalter verworrener kriegerischer Auseinandersetzungen. Der Krieg diente der Fortsetzung der Politik, der Machtdemonstration und dem Prestigegewinn der Fürstenhöfe. Private, multinationale Söldnerheere trugen diese Konflikte aus. Die Zivilbevölkerung litt gleichermaßen unter der eigenen Armee und den Armeen des Gegners. Kriegsverbrechen, maßlose Plünderungen und Verwüstungen, aber auch Hexenverfolgung, gehörten eher zur Regel als zur Ausnahme.

Im Gefolge der Armeen verbreiteten sich Epidemien und Krankheiten, die ganze Landstriche entvölkerten. Davon waren das einfache Volk und der Adel gleichermaßen betroffen. Die barocke Lebenskultur stand daher unter dem Motto: **Carpe diem** – „Nutze den Tag". Man wollte das Leben auskosten durch Feste, Völlerei, Glanz, Ausschweifungen und Lebensgenuss, oder aber durch sinnvolle, geistige Tätigkeiten. Zugleich erinnerten das Motiv der **Vanitas** (Vergänglichkeit) und der Ausdruck **Memento mori** (Gedenke des Todes) an die Endlichkeit des Lebens, die Vergänglichkeit von Reichtum und Ehre und an das Jenseits.

***Motive der Vanitas** im Übermaß: Der niederländische Maler David Bailly (1584 – 1657) bildet sich 1651 selbst als jungen Mann ab, der ein kleines Porträt in Händen hält, das ihn als alten Mann zeigt. Dahinter lehnt ein Porträt seiner verstorbenen Frau, deren Geist an der Wand schimmert. Leere Gläser, welkende Blumen, die für den Verfall stehen, Pergament sowie Büste und Statue, die der Erinnerung dienen, ein Kerzenlöscher und schließlich der Totenschädel sprechen für sich selbst. Alles davon referiert die Vergänglichkeit des Lebens und den drohenden Tod, während das Leben nur scheinbar überreichlich ist.*

Absolutistische Macht

Der Wiederaufbau im deutschsprachigen Raum nach dem Dreißigjährigen Krieg gelang rasch. Die dortigen **Fürstenhöfe** wurden – ganz nach französischem Vorbild – Mittelpunkt des politischen und kulturellen Lebens. Ludwig XIV. (1643 – 1715), der selbsternannte, absolutistische Sonnenkönig Frankreichs, war im deutschsprachigen Raum gleichzeitig verhasster Feind und unerreichbares Vorbild an Macht und Kultur. Der Hofstaat im gewaltigen **Schloss Versailles** war legendär, die französische Sprache, Mode und Kultur wurden nachgeahmt. Die höfische Form wurde in ihrer ganzen Pracht ausgelebt. Kunstschaffende buhlten um die Gunst der Höfe und hofften auf Aufträge. Eine Sonderrolle nahm das **Bürgertum** in den Städten ein. Es war einerseits von den Höfen abhängig, andererseits war es durch sein Steueraufkommen und seinen Geschäftssinn in einer **merkantilen Wirtschaftsordnung** das wirtschaftliche Rückgrat der Gesellschaft. In einer völlig anderen Lage befand sich die **ländliche Bevölkerung.** Die Erzeugnisse der Bäuerinnen und Bauern versorgten Höfe und Städte, die Landbevölkerung selbst kämpfte ums Überleben. Wegen des enormen Aufwands für den höfischen Prunk und die Kriegskosten sowie großen Verheerungen, die durch die Kriege verursacht wurden, war das Elend der bäuerlichen Bevölkerung groß. Immer wieder geriet sie zwischen die Fronten, wenn es um gesellschaftliche Konflikte und Kriege ging.

Das Schloss Versailles, hier auf einem Gemälde des französischen Malers Pierre-Denis Martin (1663 – 1742) von 1722, hat die Ausmaße einer kleinen Stadt. An die 20 000 Personen zählte der Hofstaat. Dort wurde nicht nur regiert und der Hochadel versammelt, es wurden auch Feste gefeiert, Musik- und Theateraufführungen dargeboten und Künste weiterentwickelt. Ludwig XIV., Frankreichs Sonnenkönig, selbst leidenschaftlicher Tänzer, förderte das Ballett. Auch Opern, Singspiele und Hofkonzerte traten den kulturellen Siegeszug an. Für die meisten Menschen Frankreichs war Versailles allerdings eine unerreichbare Parallelwelt.

merkantile Wirtschaftsordnung: vom Französischen *mercantile* (kaufmännisch); angestrebt wurden eine größtmögliche Förderung der produktiven Kräfte im Inland und die Erwirtschaftung von Überschüssen im Außenhandel

Aufgaben

1 Geben Sie zentrale Informationen aus dem Abschnitt **Geschichte und Gesellschaft** wieder.

2 Überlegen Sie, was heute noch die Faszination für barocke Schlösser wie Versailles oder Schönbrunn sowie für Herrscher wie Ludwig XIV. ausmacht.

3 Lesen Sie das Sonett von Gryphius **Es ist alles eitel** (> S. 32). Erschließen Sie zentrale Botschaften des Gedichts.

Kunst und Kultur

Der niederländische Barockmaler **Peter Paul Rubens** (1577 – 1640) ist berühmt für seine Darstellungen von Frauen mit besonders üppigen Rundungen. Die „**Rubensfiguren**" sind zum geflügelten Wort geworden. Vor allem in der flämischen Malerei der Zeit wurden gut genährte Männer und Frauen dargestellt. Je mehr Gewicht jemand hatte, desto reicher und angesehener war er oder sie. Ein Mehr an Körperfülle stand für ein unbeschwertes, genussbetontes Leben, die üppigere Figur der Frau als Zeichen der Weiblichkeit und Gebärfreudigkeit. Daneben dominierte das Stillleben mit Darstellungen der Vergänglichkeit. Besonders ausgeprägt war diese Form des **Stilllebens** in den Niederlanden und in Flandern. Im deutschsprachigen Raum gehörten, von den Niederländern beeinflusst, Maler wie Georg Flegel (1556 – 1638) oder Peter Binot (1590 – 1632) sowie Isaak Soreau (1604 – 1645) zu bedeutenden Vertretern dieser Kunstrichtung.

Schlicht der Titel, doch reichlich die Symbolik – das um 1600 entstandene Stillleben **Imbiss mit Spiegeleiern** *von Georg Flegel macht deutlich: Wenn das Mahl verzehrt ist, wird nichts davon übrig sein. Auch die Blume verweist auf die Vergänglichkeit.*

Auch **religiöse Motive** und Ideale der Antike waren zentrale Motive barocker Malerei, die sich mitunter der **Landschafts- und Genremalerei** widmete. Zu den bedeutenden Malern dieser Strömungen im deutschen Sprachraum gehörten u. a. der Tiroler Stephan Kessler (1622 – 1700), der Münchner Architekt und Maler Cosmas Damian Asam (1686 – 1739), der süddeutsche Maler Johannes Zick (1702 – 1762) und dessen Sohn Januarius (1730 – 1797) sowie der aus Schwaben stammende Joseph Wannenmacher (1722 – 1780).

Dieses Bild zeigt eines von acht Deckenfresken, die sich in der Liebfrauenkirche auf Säben und im Schloss Fahlburg in Südtirol befinden. Sie wurden von den barocken Malern Stephan Kessler und Caspar Feichtmayr (1637/1639 – 1704) zwischen 1672 und 1675 geschaffen.

Herausragend waren die architektonischen Leistungen der Zeit, besonders im **Kirchen- und Schlösserbau.** In Wien und Salzburg wurden zahlreiche barocke Prachtbauten errichtet, zu weiteren kulturellen Zentren im deutschen Sprachraum gehörten Dresden und München. Architektonische Zeugnisse dieser Zeit sind etwa der **Salzburger Dom** und der **Garten Mirabell,** die **Wiener Karlskirche, Schloss Schönbrunn** und **Schloss Belvedere.** Zu den bedeutendsten barocken Architekten Süddeutschlands zählten Johann **Bernhard Fischer von Erlach** (1656 – 1723) und **Johann Lucas von Hildebrandt** (1668 – 1745).

Zu den Schlössern wurden aufwändig gestaltete Gartenanalgen geplant. Geschaffen wurden **Gesamtkunstwerke:** Das barocke **Ensemble** reichte vom Garten über das Schloss bis zum einzelnen Möbelstück darin.

Ensemble: zusammengehöriges, abgestimmtes Gesamtkonzept

Das kaiserliche Lustschloß Schloßhof, Gartenseite *wurde zwischen 1758 und 1761 von Bernardo Bellotto (auch Canaletto genannt, 1722 – 1780) gemalt. Es zeigt eindrucksvoll das Zusammenspiel zwischen barockem Prachtbau und Gartenarchitektur. Das Schloss befindet sich im Marchfeld, dieses Gemälde im Kunsthistorischen Museum in Wien.*

Das Gesamtlebenskonzept des Barocks setzte sich bis in die **Alltagskultur** der Adeligen fort, die die **Künste** förderten. Für Österreich waren dies besonders die Habsburger, die nicht nur ihre eigenen Länder dominierten, sondern auch eine dominierende Rolle im Heiligen Römischen Reich einnahmen. Ferdinand III. oder auch Leopold I. förderten die Malerei, die Literatur und ihre Dichter, aber vor allem die Musik sowohl aktiv als auch passiv. Sie gaben Stücke und Kompositionen in Auftrag, komponierten aber auch selbst. Von Leopold I. sind fast 200 Kompositionen erhalten.

Zu den Festen und dem höfischen Glanz wurde passende Musik komponiert, das **Theater** und die Musik dienten der Unterhaltung. Dabei brachte es vor allem das barocke Theater zu enormen technischen Leistungen. Durch Apparaturen, Maschinen und kunstvolle Effekte sollte das Theatererlebnis an den Höfen gesteigert werden. Als neue Kunstgattung kam die aus Italien stammende Oper auf. Den Komponisten **Georg Friedrich Händel** (1685 - 1759) und **Georg Philipp Telemann** (1681 - 1767) gelangen Meisterwerke auf diesem Gebiet.

In der bildenden Kunst kam es zu einen Wechsel in der Darstellung der Herrscher: Der Idealtyp des gelehrten, politisch erfahrenen Monarchen tritt dem lange Zeit gültigen Heros im Sinne eines kämpferischen, tatkräftigen und auf staatsmännischen Erfolg ausgerichtet regierenden Herrscher zur Seite.

Aufgaben

1 Geben Sie wichtige Entwicklungen der barocken Kunst wieder.

2 Gestalten oder beschreiben Sie ein modernes Bild, das Vanitas-Motive darstellt.

3 Überlegen Sie hierbei, welche Motive heute Vergänglichkeit symbolisieren. Was könnte den Tod und das Ende von Dingen bildlich andeuten?

Literatur und Personen

Die Literatur des 17. Jahrhunderts stand – hinsichtlich der politischen und gesellschaftlichen Entwicklungen und Umbrüche – vor einer enormen Veränderung. Viele Autorinnen und Autoren schrieben **Auftragsdichtungen** und waren abhängig von der **Zensur**, die diktierte, was erlaubt und was verboten war. Wie auch der Baustil der Zeit war die Barockdichtung kunstvoll überladen und **pathetisch**.

Zensur: von zuständiger, oft staatlicher Stelle vorgenommene Kontrolle (von Briefen, Druckwerken, Filmen o. Ä.) auf politische, gesetzliche, sittliche oder religiöse Konformität

pathetisch: (übertrieben) feierlich oder gefühlvoll; voller Pathos (feierliches Ergriffensein)

In der Musik, der Kunst und der Literatur wuchs in den deutschsprachigen Ländern der Einfluss von katholischen Staaten wie Italien, Spanien und Frankreich.

Auch in literarischen Gattungen spielte der Glaube eine immer wichtigere Rolle. Nun wurden besonders kurze literarisch-lyrische Formen wie die **Ode** (> S. 276), das **Sonett** (> S. 277) oder das **Epigramm** (> S. 274) geschrieben und gelesen. Der Dichter und Übersetzer **Martin Opitz** (1597 – 1639) verfasste 1624 mit seinem **Buch von der Deutschen Poeterey** die erste Anleitung zum „richtigen Dichten" in deutscher Sprache – eine erste deutschsprachige Regelpoetik. Seine Sprach- und Formvorschläge wirkten noch bis ins ausgehende 18. Jahrhundert.

In Hamburg gründete der Dichter **Philipp von Zesen** (1619 – 1689), der als einer der ersten Berufsschriftsteller galt, 1643 die *Deutschgesinnte Genossenschaft.* Von 1648 bis 1656 war er Mitglied der Sprachakademie **Fruchtbringende Gesellschaft**, die insgesamt fast 900 Mitglieder zählte. Zu dieser Zeit wurden weitere Institutionen dieser Art ins Leben gerufen.

NOTIZ AM RANDE

Philipp von Zesen galt als wichtiger Spracherneuerer im Barock, der lateinische, italienische oder französische Begriffe eindeutschte oder übersetzte. Zahlreiche seiner Wortneubildungen konnten sich durchsetzen, z. B.: **Bücherei** (für Bibliothek), **Mundart** (für Dialekt), **Rechtschreibung** (für Orthografie), **Tagebuch** (für Journal), **Entwurf** (für Projekt), **Glaubensbekenntnis** (für Religion), **Gotteshaus** (für Tempel), **Grundstein** (für Fundament) oder **Wahlspruch** (für Devise). Viele seiner Vorschläge zur Spracherneuerung waren aber auch erfolglos wie etwa: Gesichtserker (für Nase), Reitpuffer bzw. Meuchelpuffer (für Pistole), Prunktücher (für Teppiche), Tageleuchter (für Fenster) oder Lustgetöne (für Musik).

Eine Reihe heute gebräuchlicher Wörter wurden von Philipp von Zesen und seinen Kollegen erst erfunden: **Lebenslauf, Lebensgefahr, Glaubensfreiheit, Kunstverstand, Wortbildung, Geburtsort, Landleben** und **Feigling** sind nur einige Beispiele. Mit dem Roman **Adriatische Rosemund** (1645) verfasste er zudem den ersten großen deutschsprachigen Roman seiner Zeit.

Philipp von Zesen zählte zu den Mitgliedern der **Fruchtbringenden Gesellschaft**, die der Spracherneuerung diente. *Diese Abbildung zeigt ihr Gesellschaftsschild.*

Literatur des europäischen Barocks

In der spanischen Barockliteratur entwickelte sich ein ungewöhnlicher Reichtum an Bildern, Metaphern und metrischen Formen. Am bekanntesten ist vermutlich der zwischen 1605 und 1615 entstandene **Abenteuer- und Schelmenroman Don Quijote** des spanischen Nationaldichters Miguel de Cervantes (1547 – 1616), der den Zeitgeist treffend einfängt.

Don Quijote und sein Knappe Sancho Panza als Bronzestatuen auf der Plaza de España in Madrid. Die Figuren stammen aus Cervantes' Roman **Der sinnreiche Junker Don Quijote von der Mancha,** *kurz* **Don Quijote.** *Der Text gilt als einer der ersten modernen Romane unserer Zeit. Als parodistischer Ritterroman verdichtet er die gesellschaftlichen Umbrüche seiner Epoche und ist erzählerisch raffiniert gestaltet. Don Quijotes (sinnloser)* ***Kampf gegen Windmühlen*** *ist sprichwörtlich geworden.*

In **Italien** war die barocke Literatur eng und unverkennbar mit der Wiederbelebung der antiken Literatur und der bereits mit der Renaissance beginnenden (> S. 21) Gleichstellung der lateinischen mit der italienischen Sprache verbunden. Der Dichter **Giambattista Marino** (1569 – 1625) entwickelte eine eigene Stilschule. Nicht die Befriedigung des Gefühls, nein, die Befriedigung des Verstandes und die Verblüffung der Lesenden sollten zentral sein (**Marinismus**). Für die Prosaliteratur war Giambattista Basiles' (1575 – 1632) Märchensammlung **Pentamerone** wichtig.

Marinismus: benannt nach Giambattista Marino; besonders schwülstiger Stil, der nicht immer qualitativ hochwertig ist

Auch in **Frankreich** besann man sich auf die antike Literatur zurück. Es wurden bedeutende Dramen geschrieben, aber auch Komödien. Pierre Corneille (1606 – 1684; z. B.: **Horace**) und vor allem **Molière** (1622 – 1673; z. B. **Der eingebildete Kranke**) waren zu dieser Zeit die mit Abstand bedeutendsten Dramatiker ihrer Zunft. Der heutige Nationaldichter **Jean de la Fontaine** (1621 – 1695) machte die **Fabel** (z. B. **Die Stadtratte und die Feldratte**) wieder salonfähig.

Im englischsprachigen Raum dominierten die beiden großen Dichter und Dramatiker **William Shakespeare** (1564 – 1616) und Christopher Marlowe (1564 – 1593) das Geschehen. Besonders Shakespeare revolutionierte das Theater mit seinem Bühnenkonzept – die Bühne ragte in den Zuschauerraum hinein und konnte dadurch von drei Seiten eingesehen werden –, seinen Komödien und seinen historischen Tragödien nicht nur in England, sondern auch im übrigen Europa. Seine in ihrer formalen Erscheinungsform unüblichen **Sonette** (> S. 277), die sich klar von der italienischen Form unterschieden, fanden bei Autorinnen und Autoren in Deutschland, wo Andreas Gryphius ein wichtiger Vertreter dieser lyrischen Gattung war, großen Anklang und waren stilbildend. Shakespeare galt auch aufgrund seiner Sprachvirtuosität – seine Theaterstücke verdeutlichten den innovativen Umgang mit Sprache und Rhetorik und wechselten gekonnt zwischen Prosa und Vers – als großes Vorbild für einen Großteil seiner Zeitgenossen.

Dieses Porträt zeigt Shakespeare um 1610 und stammt angeblich vom Maler John Taylor (1585 – 1651). Ob es Shakespeare darstellen soll, ist umstritten. Von Shakespeares Leben ist so wenig bekannt, dass manche sogar seine Existenz anzweifeln. Aber wie so viele Verschwörungstheorien unserer Zeit, sind diese wohl im Land der Fantasie anzusiedeln. Das Werk Shakespeares hat zweifelsohne die Literatur und das Theater revolutioniert. Bedeutend für die deutschsprachige Literatur sind die Shakespeare-Übersetzungen ins Deutsche zur Zeit der Romantik (> S. 98ff.).

Sonett: vierzehnzeiliges Gedicht, das aus zwei vierzeiligen („Quartetten") und zwei dreizeiligen Strophen („Terzetten") besteht.

Aufgaben

1 Nennen Sie wichtige Entwicklungen der Literatur des europäischen Barocks.

2 Fassen Sie die Aufgaben der barocken Sprachgesellschaft zusammen.

3 Überlegen Sie, ob es auch für unsere Zeit die Notwendigkeit geben würde, Fremdwörter einzudeutschen.

Genauer betrachtet: Lesepublikum und Buchproduktion des Barocks

Man schätzt, dass es in der Mitte des 17. Jahrhunderts im deutschsprachigen Raum etwa 80 000 Leserinnen und Leser gegeben hat, das heißt teilweise vorgebildete Rezipientinnen und Rezipienten für Literatur, die des Deutschen und vor allem des Lateinischen mächtig waren.

Die Buchproduktion in Deutschland und Österreich belief sich auf rund 1 000 Neuerscheinungen pro Jahr. Ein überwiegender Teil wurde in lateinischer Sprache geschrieben. Eine **weibliche Leserschaft** und vor allem **Autorinnen** gab es mit wenigen Ausnahmen so gut wie gar nicht. Dies lag nicht zuletzt daran, dass Frauen die Bildung in diesem Bereich oft versagt wurde. Nichtsdestotrotz gewann die Buchkultur allmählich an Bedeutung. In Deutschland gab es damals – ähnlich wie heute – zwei Buchhandelszentren: **Frankfurt** und **Leipzig.** Bis heute finden dort jährlich die größten Buchmessen im deutschsprachigen Raum statt. Die **Frankfurter Buchmesse** ist sogar die größte Buchmesse der Welt.

Romane des Barocks

Das Barock war auch eine Epoche, in der viel übersetzt wurde. Der bereits erwähnte **Martin Opitz** (> S. 36) etwa übertrug den **Staatsroman** **Argenis** des Schotten John Barclay (1582 - 1621) ins Deutsche. Die ursprüngliche Form des Barockromans ging auf französische Vorbilder zurück und beschäftigte sich mit dem Leben von Herrschern, Königen, Kaisern und/oder Fürsten.

Staatsroman: eine vor allem im Barock sehr beliebte literarische Gattung, bei der in Romanform eine fiktionale, typischerweise vollkommenere oder ideale Gesellschaft und ihre Staatsform thematisiert werden

Allgemein lassen sich drei Romantypen für das Barock festhalten:

1. Schäferromane
Sie gehen auf die antiken Hirtendichtungen zurück und behandeln meistens Liebesgeschichten, die im Kontrast zu den politischen Gegebenheiten zur Zeit des Barock stehen.

2. Staatsromane (auch höfische Romane)
Diese Gattung setzte sich erst nach 1640 durch. Ort und Handlung war immer die Umgebung der obersten Gesellschaftsschicht. Die im Zentrum der Erzählung stehenden Helden sind Idealtypen. Zumeist dreht sich die Handlung um ein Liebespaar, das zahlreiche Abenteuer bestehen muss. Diese Romane dienten oftmals der Huldigung des Herrschers bzw. des Adels („Fürstenlob").

3. Schelmen- und Abenteuerromane
Dieser Typus hat seine Wurzeln im spanischen Picaro-Roman. Diese Romane sind in der Ich-Form geschrieben und berichten von Not und Elend und den Lebensumständen der Zeit, bieten aber auch viel derben und überdrehten Humor. Protagonist ist häufig ein **Schelm,** also ein Narr, der durch sein oftmals absurdes Handeln zum Helden wird. Der mit Abstand bekannteste Roman – zugleich der erste deutschsprachige Prosaroman und einer der wichtigsten Romane des gesamten Barocks – ist Hans Jakob Christoffel von Grimmelshausens (1622 - 1676) **Der Abentheuerliche Simplicissimus Teutsch** aus 1668.

Das Barockdrama und die Wiener Vorstadtbühnen

Barocke Schauspiele wie etwa das **Jesuitendrama,** das **Hoftheater** oder das **Volkstheater** waren prunkvoll ausgestattete Stücke, die zumeist in lateinischer Sprache verfasst wurden. Das Publikum, das kein Latein beherrschte, erhielt deutschsprachige Programmhefte. Zu dieser Zeit kamen auch die Laienschauspieltruppen auf. Sie traten – manchmal auch mit selbstgeschriebenen Stücken oder Schwänken – auf Dorfplätzen, Märkten oder Messen auf. Die ersten Berufsschauspieler waren englische Komödianten, die bereits gegen Ende des 16. Jahrhunderts am europäischen Festland auftauchten. Es wurde auch an Fürstenhöfen gespielt: **Shakespearestücke** (> S. 37), aber auch **Stegreiftheater** (also ohne Textvorlage improvisiert) wurden zum Besten gegeben. Frauenrollen wurden früher von Männern dargestellt. Bei vielen Stücken trat die Figur des **„Pickelhering"** auf, dessen Name auf den „eingesalzenen Hering" und somit auf die Nahrung des einfachen Volkes hindeutet; vgl. auch „Hanswurst"). Er wurde zumeist vom Leiter der Schauspieltruppe gespielt und war als Spaßmacher auf der Bühne, der Chaos ins Theaterstück brachte und sich beim Publikum großer Beliebtheit erfreute. In der **Commedia dell'Arte,** der volkstümlichen italienischen Stegreifkomödie des 16. bis 18. Jahrhunderts, übernahm diese Rolle der berühmte **Harlekin,** manchmal unterstützt von seiner Partnerin **Colombine.**

Der Wiener Schauspieler Stranitzky (1676 - 1726) um 1720 als Hanswurst – ein Urtyp des Narren, aus dem sich später die Kasperlfigur entwickelte.

Italienische Wanderbühnen waren überall in Europa zu Gast und beeinflussten die **Wiener Volkskomödie** und die Vorstadtbühnen maßgeblich. 1711 übernahm der Steirer **Josef Anton Stranitzky** (1676 - 1726) die Leitung des in der Nähe des Kärntnertors 1709 neu errichteten Komödienhaus für das Volk. Er gilt als Begründer des Alt-Wiener Volkstheaters und schuf die Figur des **Hanswurst,** die er als Kontrastfigur zum Helden des Stückes auftreten ließ. Als Stranitzky starb, übernahm Gottfried Prehauser (1699 - 1769) die Rolle des Hanswurst, der immer mehr zum Star der Handlung wurde.

Neben der Oper oder dem Burgtheater, die dem Adel vorbehalten waren, boomten die **Volkstheater** in der Vorstadt (in dieser Tradition entstanden etwa das **Theater in der Josefstadt** und das **Theater an der Wien**).

In der Leopoldstadt setzte Johann La Roche (1745 – 1806) die Tradition des Volksnarren fort und erfand die Figur des **Kasperl,** der die Jahrhunderte überdauern sollte.

Das Sonett und andere lyrische Formen des Barocks

Die Lyrik nahm im Barock eine bedeutende Rolle ein, die häufigsten Formen waren **Sonett, Ode** und **Epigramm.** Es entstanden höfische, vornehm formulierte Texte. Das vorherrschende Versmaß dieser Zeit war der Alexandriner – ein aus sechs **jambischen** Takten bestehender Vers.

Das Sonett war eine aus Italien stammende, streng geregelte Gedichtform. Zumeist wählten die Barockdichter religiöse oder politisch-gesellschaftliche Themen für ihre Sonette. Zu den berühmtesten Dichtern des deutschsprachigen Barocks gehörten Martin Opitz, Christian Hoffmann von Hoffmannswaldau (1617 – 1679), Paul Fleming (1609 – 1640) und Angelus Silesius (1624 – 1677).

Besonderer Beliebtheit erfreuten sich auch die sogenannten **Figurengedichte,** in denen eine oder mehrere Figuren grafisch dargestellt werden. Diese Form der Lyrik ist sehr kreativ, in der **Experimentellen Lyrik** (> S. 274) und der **Konkreten Poesie** des 20. Jahrhunderts wird sie wieder aufgegriffen (> S. 276).

Aufgaben

1 Fassen Sie wichtige Entwicklungen der barocken Dramatik, Lyrik und des barocken Romans kurz zusammen.

2 Recherchieren Sie nach weiteren Beispielen für Figurengedichte. Vergleichen Sie diese in der Klasse und besprechen Sie, welche Figuren sie darstellen.

3 **Portfolio:** Gestalten Sie selbst ein modernes Figurengedicht mit Themen unserer Zeit bzw. Ihres Alltags als Schülerin oder Schüler.

IN SZENE GESETZT

Im Wiener **Urania-Puppentheater** wird das traditionsreiche **Kasperltheater** seit 1950 gespielt. Seit 1957 werden diese Aufführungen auch im ORF übertragen, wodurch Generationen von Kindern mit den Abenteuern von **Kasperl** und **Pezi,** dem **Hexenmeister Tintifax,** dem Krokodil oder der Großmutter aufwuchsen.

Die ursprünglichen Gründer des Hauses, Hans Kraus (1923 – 1995) und Marianne Kraus (1926 – 1999), schnitzten die Figuren, entwarfen Dekoration und Kostüme, erarbeiteten die Geschichten und spielten selbst. Auch Manfred Müller, der das Theater seit 1973 leitete, hatte darin eine Lebensaufgabe gefunden.

Da Manfred Müller (1950 – 2019) zunächst keinen Nachfolger für das Wiener **Urania-Puppentheater** finden konnte, drohte dem Theater das Aus. 2018 übernahm es der Musiker, Dichter, Künstler und Schauspieler **André Heller** (geb. 1949), der diese Wiener Kulturtradition nun fortsetzt.

Seit 2008 läuft die ORF-Kinder-Sendung unter dem Namen **Servus Kasperl.**

Servus Kasperl

jambisch: nach der Art des Jambus gestaltet; ein Jambus ist ein Versfuß, der aus einer kurzen (unbetonten) und einer langen (betonten) Silbe besteht; Jamben begegnen uns in zahlreichen lyrischen Texten

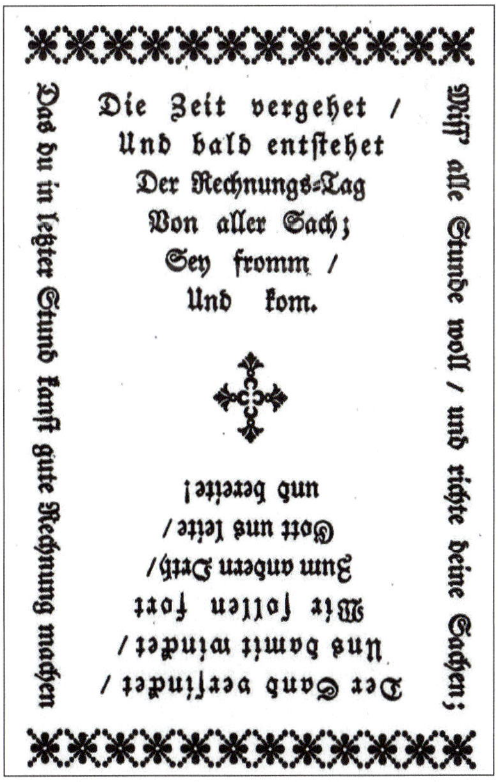

Das barocke Figurengedicht **Sanduhr** *wurde von Theodor Kornfeld (1636 – 1698) verfasst. Das Gedicht ergibt im Ganzen das Motiv der Sanduhr, die von allen Menschen als Symbol der* ***Vergänglichkeit*** *(Vanitas) verstanden wurde, auch von jenen, die nicht lesen konnten.*

Kurzporträts

Catherina Regina von Greiffenberg (1633 - 1694) wurde im elterlichen Schloss Seisenegg im niederösterreichischen Viehdorf bei Amstetten geboren. Sie war streng protestantisch und verfasste überwiegend Glaubensgedichte und **religiöse Lyrik.** 1662 veröffentlichte sie ihren ersten Gedichtband, der den Titel **Geistliche Sonnette / Lieder und Gedichte zu Gottseeligem Zeitvertreib** trug. In den 1670er Jahren versuchte sie, das katholische Habsburgerhaus mit Briefen zum Protestantismus zu bekehren, blieb dabei aber erfolglos. Nach vielen Rückschlägen und Gerichtsstrafen, weil sie im Sinne des Protestantismus missionierte, verließ sie Österreich und zog nach Nürnberg. Ihr literarisches Werk umfasst über 4 000 Seiten.

Eine der bedeutendsten barocken Lyrikerinnen: Catharina Regina von Greiffenberg, Porträt aus dem 17. Jh.

Christian Reuter (1665 – 1712) schrieb den berühmten Abenteuer- und Schelmenroman **Schelmuffsky. Curiose und Sehr gefährliche Reiße-Beschreibung zu Wasser und Land** (1696), der von unglaublichen und fantastischen Erlebnissen des Hauptcharakters Schelmuffsky berichtet. Durch die Häufung von immer verrückteren Abenteuern enttarnt sich der Ich-Erzähler schließlich selbst als Lügner. Von diesem Buch beeinflusst verfasste der irische Schriftsteller **Jonathan Swift** (1667 – 1745) seinen berühmten Klassiker **Gullivers Reisen** (1726).

Der Oberösterreicher **Johannes Beer** (1655 – 1700) war ein wichtiger Vertreter der Schelmenroman-Tradition. 1682 und 1683 erschienen seine beiden Bücher **Zendarii à Zendariis Teutsche Windernächte** und **Die kurtzweiligen Sommertage.** Seine Romane sollten unterhalten, aber auch moralisch-belehrend sein. Die Laster der Gesellschaft und der Menschen werden kritisiert und in seinen Gedichten auch bestraft.

Andreas Gryphius (1616 – 1664) kam nach Abschluss des Gymnasiums in Danzig 1636 als Hauslehrer auf das Gut Schönberg bei Freystadt in Schlesien. Im Jahr 1637 wurde er zum Dichter gekrönt. Wenn ein Dichter gekrönt wurde, dann wurde er **poeta laureatus** (lat. für „lorbeergekrönter Dichter"), was eine Form der Adelung war. Weniger offiziell, aber vom Rang ähnlich war die Bezeichnung des „Nationaldichters".

Der Barockdichter Andreas Gryphius, Kupferstich von Philipp Kilian (1581 – 1663) aus dem 17. Jh.

Nach 1637 hielt Andreas Gryphius Vorlesungen an verschiedenen Hochschulen in Philosophie, Geschichte und Naturwissenschaften. Zwischen 1644 und 1647 reiste er durch Europa. Zeit seines Lebens hat ihn der **Dreißigjährige Krieg** auch für sein eigenes Schaffen geprägt.

Angelus Silesius (1624 – 1677), übersetzt „schlesischer Engel", wurde im schlesischen Breslau als Johann Scheffler geboren. Er studierte Medizin in Straßburg, Leiden und Padua und lernte während seines Studiums die Schule und Denkweise der **Mystiker** kennen, von der die Lyrik dieser Zeit stark beeinflusst war. 1653 trat er zum Katholizismus über und wurde 1661 zum Priester geweiht. Er war ein glühender **Gegner der Reformation** und verfasste vor allem Lyrik, die die Themen Religion und Gesellschaft behandelte.

Angelus Silesius, Porträt aus 1677

Mystik: von altgriech. *mystikós*: geheimnisvoll; Form von Religiosität, bei der durch Hingabe, Enthaltsamkeit (Askese) o. Ä. eine persönliche, erfahrbare Verbindung mit Gott bzw. dem Göttlichen gesucht wird

Paul Fleming (1609 – 1640) studierte zunächst in Leipzig Medizin und wurde Arzt. Durch Opitz' Werk über die **Deutsche Poeterey** (> S. 36) fand Fleming seinen Weg zur Literatur und wurde als bedeutender **Barocklyriker** 1631 sogar zum Dichter gekrönt. In Begleitung des deutschen Schriftstellers Adam Olearius (1599 – 1671) reiste er in den Jahren 1633 und 1639 als Teil einer Gesandtschaft nach Russland und Persien und nahm an den orientalischen Reisen des Herzogs Georg Ludwig von Schlesien-Holstein-Gottorfs teil. Während der auf Reisen verbrachten Zeit perfektionierte der Dichter Sprachstil und Ausdrucksweise und erweiterte die in seinen Texten behandelte Themenwelt. Die erste große Ausgabe seiner **Teütsche Poemata,** also seiner „Deutschen Gedichte", erschien 1642 **posthum**.

Paul Flemings, Abbildung der **Frontispiz** *zu* **Teütsche Poemata**, *1642*

posthum: nach jemandes Tod erfolgt

Frontispiz: verziertes Buchtitelblatt

Aufgaben

1 Recherchieren Sie nach weiteren Informationen zu einer barocken Autorin oder einem barocken Autor aus dem Abschnitt **Literatur und Personen**. Gehen Sie auf eines ihrer bzw. seiner Werke näher ein. Präsentieren Sie Ihre Ergebnisse in Ihrer Klasse.

2 Beschreiben Sie anhand von drei Kurzporträts die Bedeutung der dargestellten Personen für die Zeit.

3 Gestalten Sie ein Quiz zu den drei gewählten Kurzporträts, das Sie von der Klasse beantworten lassen.

Reflexionen zum Kapitel

> Erklären Sie, welche stoffgeschichtlichen Themen, Motive und Figuren oder literarischen Werke des Barocks heute von Bedeutung sind.

> Überlegen Sie, was uns von der barocken Gesellschaft und ihren Lebenskonzepten unterscheidet und worin wir uns ähneln.

> **Portfolio:** Schreiben Sie einen kurzen erzählenden Text (200 – 300 Wörter) oder ein Gedicht, in dem Sie ein barockes Motiv bearbeiten. Der Text soll auf unsere Zeit, Ihr Leben oder Ihre Lebenswelt Bezug nehmen.

TEXT

Der Abentheuerliche Simplicissimus Teutsch

Hans Jakob Christoffel von Grimmelshausen, *1668/1669*

Das 3. Kapitel

Meldet von dem Mitleiden einer getreuen Sackpfeif

Da fing ich an mit meiner Sackpfeifen so gut Geschirr zu machen, daß man den Krotten im Krautgarten damit hätte vergeben mögen, also daß ich vor dem Wolf, welcher mir stetig im Sinn lag, mich sicher genug zu sein bedünkte; und weilen ich mich meiner Meuder erinnert' (also heißen die Mütter im Spessart und am Vogelsberg), daß sie oft gesagt, sie besorge, die Hühner würden dermaleins von meinem Gesang sterben, also beliebte mir auch zu singen, damit das Remedium wider den Wolf desto kräftiger wäre, und zwar ein solch Lied, das ich von meiner Meuder selbst gelernet hatte.

Titelblatt der Erstausgabe des **Simplicissimus** *von 1669. Die Wirkungsgeschichte des Simplicissimus ist enorm und hat viele Personen der Literatur geprägt. Die Geschichte, die autobiografische Züge des Autors Grimmelshausen trägt, erzählt den Dreißigjährigen Krieg aus sowohl grauenvoll realistischer als auch satirischer Perspektive, verpackt als „Schelmengeschichte" (> S. 277). Das Werk wurde mehrmals verfilmt und vertont, u. a. 1887 als Operette von Johann Strauss (Sohn) (1825 – 1899).*

Du sehr-verachter Bauren-Stand,
Bist doch der beste in dem Land,
Kein Mann dich gnugsam preisen kann,
Wann er dich nur recht siehet an.

Wie stünd es jetzund um die Welt,
Hätt Adam nicht gebaut das Feld,
Mit Hacken nährt sich anfangs der,
Von dem die Fürsten kommen her.

Es ist fast alles unter dir,
ja was die Erd nur bringt herfür,
Wovon ernähret wird das Land,
Geht dir anfänglich durch die Hand.

Der Kaiser, den uns Gott gegeben,
Uns zu beschützen, muß doch leben
Von deiner Hand, auch der Soldat,
Der dir doch zufügt manchen Schad.

Fleisch zu der Speis zeugst auf allein,
Von dir wird auch gebaut der Wein,
Dein Pflug der Erden tut so not,
Daß sie uns gibt genugsam Brot.

Die Erde wär ganz wild durchaus,
Wann du auf ihr nicht hieltest Haus,
Ganz traurig auf der Welt es stünd,
Wenn man kein Bauersmann mehr fünd.

Drum bist du billig hoch zu ehrn,
Weil du uns alle tust ernährn,
Die Natur liebt dich selber auch,
Gott segnet deinen Bauren-Brauch.

Vom bitter-bösen Podagram
Hört man nicht, daß an Bauren kam,
Das doch den Adel bringt in Not,
Und manchen Reichen gar in Tod.

Der Hoffart bist du sehr befreit,
Absonderlich zu dieser Zeit,
Und daß sie auch nicht sei dein Herr,
So gibt dir Gott des Kreuzes mehr.

Ja der Soldaten böser Brauch
Dient gleichwohl dir zum Besten auch,
Daß Hochmut dich nicht nehme ein,
Sagt er: Dein Hab und Gut ist mein.

Bis hieher und nicht weiter kam ich mit meinem Gesang, denn ich ward gleichsam in einem Augenblick von einem Trupp Kürassierer samt meiner Herd Schaf umgeben, welche im großen Wald verirret gewesen, und durch meine Musik und Hirtengeschrei wieder zurecht gebracht worden waren.

Hoho, gedachte ich, dies sind die rechten Käuz! dies sind die vierbeinigten Schelmen und Dieb, davon dir dein Knan sagte, denn ich sah anfänglich Roß und Mann (wie hiebevor die Amerikaner die spanische Kavallerie) für ein einzige Kreatur an, und vermeinte nicht anders, als es mußten Wölfe sein, wollte derowegen diesen schrecklichen Centauris den Hundssprung weisen, und sie wieder abschaffen; ich hatte aber zu solchem End meine Sackpfeife kaum aufgeblasen, da ertappte mich einer aus ihnen beim Flügel, und schleudert' mich so ungestüm auf ein leer Baurenpferd, so sie neben andern mehr auch erbeutet hatten, daß ich auf der andern Seite wieder herab auf meine liebe Sackpfeife fallen mußte, welche so erbärmlich anfing zu schreien, als wenn sie alle Welt zu Barmherzigkeit bewegen hätte wollen: aber es half nichts, wiewohl sie den letzten Atem nicht sparete, mein Ungefäll zu beklagen, ich mußte einmal wieder zu Pferd, Gott geb was meine Sackpfeife sang oder sagte; und was mich zum meisten verdroß, war dieses, daß die Reuter vorgaben, ich hätte der Sackpfeif im Fallen wehe getan, darum sie denn so ketzerlich geschrien hätte; also ging meine Mähr mit mir dahin, in einem stetigen Trab, wie das Primum mobile, bis in meines Knans Hof. Wunderseltsame Tauben stiegen mir damals ins Hirn, denn ich bildete mir ein, weil ich auf einem solchen Tier säße, dergleichen ich niemals gesehen hatte, so würde ich auch in einen eisernen Kerl verändert werden, weil aber solche Verwandlung nicht folgte, kamen mir andere Grillen in Kopf, ich gedachte, diese fremden Dinger wären nur zu dem Ende da, mir die Schafe helfen heimzutreiben, sintemal keiner von ihnen keines hinwegfraß, sondern alle so einhellig, und zwar des geraden Wegs, meines Knans Hof zueileten. Derowegen sah ich mich fleißig nach meinem Knan um, ob er und mein Meuder uns nicht bald entgegen gehen, und uns willkomm sein heißen wollten; aber vergebens, er und meine Meuder, samt unserm Ursele, welches meines Knans einzige Tochter war, hatten die Hintertür troffen, und wollten dieser Gäst nicht erwarten.

Hans Jakob Christoffel von Grimmelshausen: Der abenteuerliche Simplicissimus Teutsch. Stuttgart: Reclam 1956, S. 10ff.

Aufgaben

1 Geben Sie den Inhalt des Textausschnittes wieder. Klären Sie unklare Begriffe mithilfe von Internetrecherchen.
Webtipp: Wörterbuch der Brüder Grimm der Uni Trier: *http://dwb.uni-trier.de/de/* oder DWDS (Wortauskunftssystem zur deutschen Sprache in Geschichte und Gegenwart): *https://www.dwds.de*

2 Besprechen Sie in der Klasse, welche sprachliche Wirkung dieser mundartliche Text auf Sie hat.

3 Erklären Sie die inhaltliche Verbindung zwischen dem Lied, das Simplicissimus von seiner Meuder „gelernt" hat, und dem erzählten Text.

4 Untersuchen Sie den Text nach seinen Motiven und Themen.

TEXT

Tränen des Vaterlandes

Andreas Gryphius, 1636

Wir sind doch nunmehr ganz, ja mehr denn ganz verheeret!
Der frechen Völker Schar, die rasende Posaun
Das vom Blut fette Schwert, die donnernde Karthaun
Hat aller Schweiß, und Fleiß, und Vorrat aufgezehret.
Die Türme stehn in Glut, die Kirch' ist umgekehret.
Das Rathaus liegt im Graus, die Starken sind zerhaun,
Die Jungfern sind geschänd't, und wo wir hin nur schaun
Ist Feuer, Pest, und Tod, der Herz und Geist durchfähret.
Hier durch die Schanz und Stadt rinnt allzeit frisches Blut.
Dreimal sind schon sechs Jahr, als unser Ströme Flut
Von Leichen fast verstopft, sich langsam fort gedrungen.
Doch schweig ich noch von dem, was ärger als der Tod,
Was grimmer denn die Pest, und Glut und Hungersnot,
Daß auch der Seelen Schatz so vielen abgezwungen.

Andreas Gryphius: Die Werke in einem Band. Augsburg: Weltbild 2006, S. 3f.

Aufgaben

1 Fassen Sie den Inhalt des Sonetts von Andreas Gryphius zusammen.

2 Analysieren Sie den sprachlichen und formalen Aufbau des Sonetts.

3 Deuten Sie das Sonett nach Motiven des Barock und weiteren Motiven, die Sie darin erkennen.

TEXT

Sonett 91

William Shakespeare, 1609

übersetzt von August Wilhelm von Schlegel und Ludwig Tieck (1843)

Der prahlt mit seinem Adel, der mit Kunst
Mit Reichtum jener, der mit Leibeskraft
Mit Kleidern, wie auch Mode sie verhunzt,
Mit Falk' und Hund, mit stolzer Reiterschaft

Und jeder Laun' ist ihre Lust gegeben,
Worin sie gern vor andern sich behagt.
Ich aber mag nach solchen Ziel nicht streben,
Weil mir ein Höchstes über alle ragt.

Dein Herz ist höher mir als hohes Blut,
Teurer als Gold, Gewänder, edle Steine,
beglückender als Pferd- und Hundebrut
Und hab' ich dich, ist aller Stolz der meine,

Unselig darin nur, daß du mir's ganz
Entziehn, und mich höchst elend machen kannst!

William Shakespeare: Sämtliche Werke in einem Band. Stäfa: Otus 2009, S. 1022

Aufgaben

1 Nennen Sie die Motive in diesem Sonett von William Shakespeare.

2 Vergleichen Sie das Sonett von Shakespeare in seinem Aufbau mit jenem von Gryphius. Benennen Sie Unterschiede und Gemeinsamkeiten.

3 Interpretieren Sie die Motive und mögliche Aussagen des Sonetts von Shakespeare.

TEXT

Gedancken / über der Zeit.

Paul Fleming, 1632

Ihr lebet in der Zeit / und kennt doch keine Zeit /
So wisst Ihr Menschen nicht von / und in was Ihr seyd.
Diß wisst Ihr / daß ihr seyd in einer Zeit gebohren.
Und daß ihr werdet auch in einer Zeit verlohren.
Was aber war die Zeit / die euch in sich gebracht?
Und was wird diese seyn / die euch zu nichts mehr macht?
Die Zeit ist was / und nichts. Der Mensch in gleichem Falle.
Doch was dasselbe was / und nichts sey / zweifeln alle.
Die Zeit die stirbt in sich / und zeucht sich auch aus sich.
Diß kommt aus mir und dir / von dem du bist und ich.
Der Mensch ist in der Zeit; sie ist in ihm ingleichen.
Doch aber muß der Mensch / wenn sie noch bleibet / weichen.
Die Zeit ist / was ihr seyd / und ihr seyd / was die Zeit /
Nur daß ihr Wenger noch / als was die Zeit ist / seyd.
Ach daß doch jene Zeit / die ohne Zeit ist kähme /
Und uns aus dieser Zeit in ihre Zeiten nähme.
Und aus uns selbsten uns / daß wir gleich köndten seyn /
Wie der itzt / jener Zeit / die keine Zeit geht ein!

Walter Hinck: Stationen der deutschen Lyrik. Von Luther bis in die Gegenwart – 100 Gedichte und Interpretationen. Göttingen: Vandehoeck und Ruprecht 2001, S. 41

Aufgaben

1 Nennen Sie barocke Motive des Gedichts von Paul Fleming.

2 Erklären Sie, wie Zeit in diesem Gedicht beschrieben und dargestellt wird.

3 **Partnerarbeit:** Überlegen Sie, wie Sie das Motiv der Zeit in Ihrem Leben beschreiben würden. Sprechen Sie darüber mit Ihrer Sitznachbarin bzw. Ihrem Sitznachbarn.

AUFKLÄRUNG
1700 – 1785

„Aufklärung ist der Ausgang des Menschen aus seiner selbst verschuldeten Unmündigkeit. Unmündigkeit ist das Unvermögen, sich seines Verstandes ohne Leitung eines anderen zu bedienen. Selbstverschuldet ist diese Unmündigkeit, wenn die Ursache derselben nicht am Mangel des Verstandes, sondern der Entschließung und des Mutes liegt, sich seiner ohne Leitung eines anderen zu bedienen. Sapere aude! Habe Mut dich deines eigenen Verstandes zu bedienen, ist also der Wahlspruch der Aufklärung."

Zit. nach: Horst D. Brandt (Hg.): Immanuel Kant: Was ist Aufklärung? Ausgewählte kleinere Schriften. Hamburg: Meiner 1999, S. 20

So erklärt der Königsberger Philosoph **Immanuel Kant** (1724 – 1804) diese philosophische und literarische Epoche in **Beantwortung der Frage: Was ist Aufklärung** (1784).

Was Kant als „selbst verschuldete Unmündigkeit" bezeichnet, ist eine Analyse der bestehenden Gesellschaftsordnung: Im Regierungssystem des **Absolutismus** konzentrierte sich die gesamte Macht des Staates im Amt des Herrschers, der allein die Entscheidungen traf. Gestützt wurde seine Macht durch die Armee und Bürokratie, aber auch durch den Adel und die Kirche, die von dieser Ordnung profitierten. Finanziert wurde diese Ordnung weitgehend vom **Bürgertum** – jener „unmündigen" Gruppe, die den Mut aufbringen sollte, sich ihres „eigenen Verstandes zu bedienen", einer Gruppe, die sich nach Kant „selbstverschuldet" dem Absolutismus unterwarf. Freilich war die Befreiung von dieser Gesellschaftsordnung schneller gedacht als getan, doch hatte Kant einen wunden Punkt getroffen. Das im Barock entwickelte System einer von Gottes Gnaden **legitimierten** Herrschaft, die ihre Macht nicht teilte, wirkte im 18. Jahrhundert überholt und wurde nun offen angezweifelt.

Einer der prägenden Köpfe der Aufklärung war der Philosoph und Denker Immanuel Kant, der die Beschaffenheit der Dinge und den Mechanismus der Welt erklärte, ohne jedoch selbst seine Heimatstadt Königsberg jemals zu verlassen. Dieses Porträt entstand um 1790.

legitimieren: als rechtmäßig anerkennen, für legitim erklären

Dieses Kapitel vermittelt Ihnen

> das Verständnis der Aufklärung als eine literarische und philosophische Bewegung.

> das Erbe und die Bedeutung der Aufklärung für unsere Zeit.

> Personen der Literatur und Philosophie dieser Zeit sowie Deutungsmöglichkeiten ihrer Werke.

Geschichte und Gesellschaft

Das **Bürgertum** hatte spätestens im ausgehenden 18. Jh. unübersehbar an wirtschaftlicher und gesellschaftlicher Bedeutung gewonnen. Das Wachstum der Städte führte zu einer Modernisierung des Geld- und Wirtschaftssystems. Dazu gehörte die Ausbreitung des Papiergeldes, der Ausbau des Finanz- bzw. Bankwesens, moderne Produktionsformen im Zuge der beginnenden Industriellen Revolution und eine Zunahme des globalen Handels. Infolge dieser wirtschaftlichen Neuerungen verlor der **Feudalismus** schleichend an Bedeutung: Die Vorherrschaft des Adels und die Einteilung der Gesellschaft nach Ständen entsprach nicht mehr den Anforderungen der Zeit. Auch die Rechtfertigung des Gesellschaftssystems als ein gottgewolltes stieß zunehmend auf Ablehnung. Religiöse Normen wurden als intolerant empfunden, die Kirche galt vielen als korrumpiert oder Handlanger des Staates. **Kritik des Bürgertums** am System erfolgte zunächst philosophisch, schließlich auch politisch. In philosophischen Schriften wurden Lösungen für gesellschaftliche Probleme gesucht, manche davon hatten revolutionäre Wirkung. Daraus entwickelte sich eine europäische philosophische Bewegung: die **Aufklärung.** Die Kritik der Aufklärer an der bestehenden Gesellschaft ging schließlich in ein **Zeitalter der Revolutionen** über (Amerikanische Revolution und die Unabhängigkeitserklärung 1776, als „Geburtsstunde" der heute führenden Weltmacht, und Französische Revolution 1789, deren politische, wirtschaftliche und kulturelle Neuerungen sich rasant auf andere europäische Länder ausbreiteten).

Die „Spinning Jenny" (hier ein Modell im Museum für Frühindustrialisierung im Wuppertal): Durch den Einsatz mechanisierter Spinnmaschinen konnte die Textilproduktion beschleunigt und verbessert werden. Bürgerliche Unternehmer und Erfinder trieben den technischen und wirtschaftlichen Wandel voran.

Aufklärung: Neologismus (Wortneuschöpfung) aus dem 17. Jh., der das Licht sinnbildlich für den Erkenntnisprozess aufgreift; das Dunkel wird negativ bewertet, hierzu werden Barbarei, Aberglaube und Vorurteile gezählt, die als „Hauptfeinde der Aufklärung" gelten

Aufgaben

1 Beschreiben Sie die gesellschaftspolitische Situation zur Zeit der Aufklärung.

2 Lesen Sie den Textauszug aus Kants **Was ist Aufklärung** (> S. 45) und geben Sie seine zentralen Aussagen kurz wieder.

3 Diskutieren Sie, ob wir diesen Anforderungen eines aufgeklärten Menschen heute entsprechen.

Die Anfänge der Aufklärung und ihre Erkenntnisse

Die Aufklärung war eine **Epoche der Philosophie,** der **Naturwissenschaften,** aber auch der Literatur. Eine genaue Datierung für den Beginn dieser Epoche lässt sich nicht vornehmen, da dieser Beginn in vielen europäischen Ländern variierte.

Die Aufklärung, die von Großbritannien mit ihren Vordenkern **John Locke** (1632 – 1704), **George Berkely** (1685 – 1753), **David Hume** (1711 – 1776) und **John Toland** (1670 – 1722) ausgehend den gesamten europäischen Kontinent erreichte, legte bedeutende gesellschaftliche Grundlagen: Im Denken gewann der Mensch der Aufklärung sein Selbstbewusstsein, in weiterer Folge wurden politische Herrschaftsverhältnisse kritisch angezweifelt. In der Mathematik und der rationalen Denkweise von **René Descartes** (1596 – 1650) oder **Baruch de Spinoza** (1632 – 1677) wurde die Frage nach dem Dasein auf wenige einfache Elemente zurückgeführt. Die Hauptthese Spinozas war, dass sich von jedem „Ding" eine Ursache oder ein Grund angeben lassen muss, warum es existiert. Dieser Grund oder die Ursache muss sich entweder in der Natur des Dinges oder außerhalb davon befinden.

Die Aufklärung lässt sich in drei Phasen einteilen: Die **Frühe Aufklärung,** die von der Philosophie des Rationalismus geprägt ist (etwa 1680 – 1740), die vom Empirismus beeinflusste **Hochaufklärung** (1740 – 1770) und die **Spätaufklärung**, in die unter anderem der Kritizismus fällt (1770 – 1800). Träger der Aufklärung in allen Phasen war überwiegend das Bürgertum.

Kritik der Vernunft am (Aber-)Glauben

René Descartes vertrat den Leitsatz: **„Ich denke, also bin ich"** (lat. *Cogito ergo sum*). Die eigene Existenz sei das Einzige, woran man nicht zweifeln dürfe. Diese Lehre hieß **Rationalismus** (lat. *ratio*: Vernunft). Sie stellte den Verstand und die Vernunft in den Mittelpunkt – ein revolutionärer Ansatz in einer Welt des Glaubens und Aberglaubens. Ausschlaggebend galten nun des Menschen Verstand und Geist, die alle Probleme lösen könnten. Nachranginge Bedeutung hatte der Körper (Maschinenparadigma), der dem Geist lediglich Werkzeug war. Der englische Philosoph **John Locke** erweiterte diesen Ansatz: Das Denkvermögen werde durch Empfindung, Erfahrung und Wahrnehmung geprägt. Daraus entwickelte er den **Empirismus,** eine Philosophie, die auf Erfahrung begründet ist. Den Empirismus des John Locke erweiterte schließlich **David Hume:** Beobachtungen führen zu Erfahrung, etwa bei wissenschaftlichen Experimenten und letztlich zu bewiesenen Theorien. Auf diesem Grundsatz bauen die **modernen Naturwissenschaften** auf.

Maschinenparadigma: Paradigma ist ein Beispiel, Muster oder Modell für etwas; hier: Modell für Wesen und Funktion von Maschinen

NOTIZ AM RANDE

Die **mechanische Ente** des französischen Ingenieurs Jacques Vaucanson (1709 – 1782) war eine Meisterleistung seiner Zeit. Sie bestand aus über 400 mechanischen Teilen und konnte sich nicht nur bewegen, sondern besaß sogar eine künstliche Verdauung. Der Apparatur lag René Descartes' **Maschinenparadigma** zugrunde. Der Mensch wurde dabei als Maschine begriffen, die nachgebaut werden könnte. Auch Tiere betrachtete er als mechanische Konstruktion, denen er allerdings, im Gegensatz zum Menschen, Bewusstsein, Vernunft und eine Seele absprach, was für das Tierwohl eine verhängnisvolle Wirkung haben sollte.

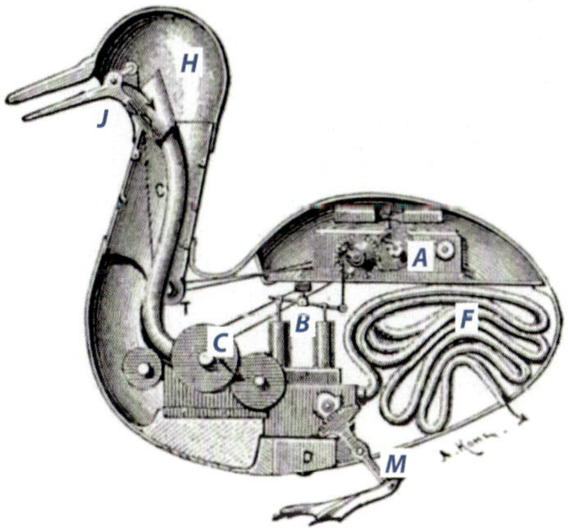

Diese Abbildung zeigt das Innenleben der mechanischen Ente: ***A*** *Uhrwerk,* ***B*** *Pumpe,* ***C*** *Mühle zum Mahlen von Korn,* ***F*** *Darmrohr,* ***H*** *Kopf,* ***J*** *Schnabel,* ***M*** *Füße.*

Kritik am (absoluten) Staat

Der französische Philosoph **Charles-Louis Montesquieu** (1689 – 1755) zweifelte das absolutistische System offen an. Sein Staatsmodell der **Gewaltenteilung,** also der Aufteilung der Macht in eine voneinander unabhängige Exekutive, Legislative und Judikative, begründet das heutige moderne Staats- und Demokratiewesen. Für den Schweizer **Jean-Jacques Rousseau** (1712 – 1778) existierte ein **Gesellschaftsvertrag** zwischen Herrschenden und Beherrschten. Wenn der Herrscher seine Macht missbrauche, könne der Vertrag gekündigt werden, das Volk hätte das Recht, den Herrscher zu stürzen. Rousseaus Gedanke war revolutionär und bildete eine Grundlage für die nachfolgende Französische Revolution.

Kritik am Glauben

Rousseau erkannte die fatalen Entwicklungen der beginnenden **Industrialisierung.** Er forderte ein **Zurück-zur-Natur,** sprach vom „edlen Wilden", der noch nicht durch die Zivilisation verderbt wäre. Als einer der Ersten erkannte Rousseau die Notwendigkeit grundlegend neuer **Erziehungsmethoden** und eines besonderen Schutzes für Kinder – auch das war ein moderner Ansatz in einer Welt, in der Kinderarbeit, Kinderehe und Kindersoldaten eher die Regel als die Ausnahme waren.

Dieser Kupferstich von Joseph Racknitz aus dem Jahr 1789 zeigt einen Schachroboter, der in Wien für Aufregung sorgte. Der schachspielende Türke wurde allerdings im Verborgenen von einem Menschen gelenkt. Die Romantik griff schließlich die Idee künstlicher Menschen auf *(> S. 103)**. Heute wird die Robotik in vielen Bereichen zur Realität und bleibt nicht länger nur Science-Fiction.*

Der Philosoph und Mathematiker **Gottfried Wilhelm Leibniz** (1646 – 1716) blickte optimistisch(er) auf die Welt: Es gäbe eine unendliche Menge von Welten, unsere sei die **„beste aller möglichen Welten"** innerhalb eines perfekten, harmonischen Universums, das Gott geschaffen habe. Dies wiederum zweifelte der französische Philosoph **Voltaire** (eigentlich François-Marie Arouet, 1694 – 1778) an. Nach dem **Erdbeben von Lissabon** (1755), dem fast die gesamte Stadt und Tausende von Bewohnern zum Opfer fielen, wurde der Optimismus in Zweifel gezogen, Gott und seine Vernunft in Frage gestellt. Johann Wolfgang von Goethe (1749 – 1832) schrieb über das Erdbeben in seiner Autobiografie **Aus meinem Leben. Dichtung und Wahrheit:**

Am ersten November 1755 ereignete sich das Erdbeben von Lissabon, und verbreitete über die in Frieden und Ruhe schon eingewohnte Welt einen ungeheuren Schrecken. Eine große prächtige Residenz, zugleich Handels- und Hafenstadt, wird ungewarnt von dem furchtbarsten Unglück betroffen. Die Erde bebt und schwankt, das Meer braust auf, die Schiffe schlagen zusammen, die Häuser stürzen ein, Kirchen und Türme darüber her, der königliche Palast zum Teil wird vom Meere verschlungen, die geborstene Erde scheint Flammen zu speien: denn überall meldet sich Rauch und Brand in den Ruinen. Sechzigtausend Menschen, einen Augenblick zuvor noch ruhig und behaglich, gehen mit einander zugrunde.

Johann Wolfgang von Goethe: Aus meinem Leben. Dichtung und Wahrheit (erster Teil). In: Klassiker der deutschen Literatur. Augsburg: Weltbild 2006, S. 28

Erdbeben von Lissabon, dargestellt auf einem zeitgenössischen Kupferstich aus 1755

War das Erdbeben gar eine Strafe Gottes für jene Menschen, die sich wegen der Aufklärung von ihm abgewandt hätten? **Voltaire** meinte dazu in seinem **Gedicht über die Verheerung Lissabons:**

„(Ist) das die Wirkung der ewigen Gesetze,
die ein allmächtiger guter Gott gegeben hat?"
Oder werdet ihr vor dieser Unmenge von Opfern sagen:
„Gott hat sich gerächt, der Tod ist der Preis für ihre Untaten?"
Welches Verbrechen, welche Sünde haben diese Kinder begangen,
die blutend auf der Brust ihrer Mutter erdrückt wurden?
Lissabon, das nicht mehr existiert, war es lasterhafter als London, als Paris, wo man in den Genüssen des Lebens badet?
Lissabon ist zerstört, und in Paris tanzt man.

Voltaire: Gedicht über die Katastrophe von Lissabon oder Prüfung jenes Grundsatzes „Alles ist gut". In: Wolfgang Breidert (Hg.): Die Erschütterung der vollkommenen Welt. Darmstadt: WBG 1994, S. 61ff.

Damit wirft Voltaire ein **Problem des Glaubens** auf. Ist Gott allmächtig, willig und gut, warum lässt er solch ein Unglück zu? Ist er aber unwillig, dann müsste er böse sein, wenn er so ein Leid zuließe. Ist er gut, aber nicht allmächtig, kann er dann Gott sein? Noch weiter gedacht: Gibt es überhaupt (einen) Gott? Diese philosophische Auseinandersetzung mit der Gerechtigkeit der göttlichen Ordnung heißt **Theodizee** (wörtlich übersetzt: Gottes Gerechtigkeit). Schließlich rechnet Voltaire in seiner satirischen Novelle **Candid oder Die Beste der Welten** (1776; > S. 58f.) mit **Leibniz**' Vorstellung von der besten aller möglichen Welten ab. **Kritik** am **Adel**, an der **Kirche** und an bestehenden Missständen (**Krieg** und **Sklaverei**) in diesem Werk zeigen, dass kein Grund für Optimismus bestehe.

Aufgaben

1 Nennen Sie ausgewählte Aufklärer und beschreiben Sie deren Erkenntnisse.

2 Lesen Sie den Textauszug aus Goethes Bericht und Voltaires Gedicht über die Verheerung Lissabons (beide > S. 48) und geben Sie die zentralen Aussagen wieder.

3 Erklären Sie, warum das Erdbeben von Lissabon eine Sinnkrise bei so vielen religiösen Menschen verursachte.

Kritik an gesellschaftlichen Lebensmodellen

Abseits religiöser Moral gewann die Ethik in der Philosophie eine immer größere Bedeutung. **Kant** entwickelte den **kategorischen Imperativ** als Konzept zu ethischem und moralischem Handeln. Zur Schlüsselfigur der deutschsprachigen Aufklärung wurde neben Kant der deutsche Philosoph **Christian von Wolff** (1679 – 1754). Er vertrat vehement die Selbstentfaltung, die Meinungs-, Presse-, und Religionsfreiheit. Lange Jahre lehrte er an der Universität Halle, ehe er diese Lehrstelle unter Androhung der Todesstrafe durch den Soldatenkönig Friedrich Wilhelm I. von Preußen (1688 – 1740) räumen musste, weil er die Sittenlehre des Konfuzius mit der christlichen Religion verglichen hatte.

Kantaten-Dichtung: instrumentales Werk mit einer oder mehreren Gesangsstimmen

Frauen der Aufklärung setzten durch Salons bedeutende Akzente, so auch **Christiana Mariana Ziegler** (1695 – 1760). Ziegler wurde als Schriftstellerin vor allem durch ihre **Kantaten-Dichtung**, etwa für den Komponisten Johann Sebastian Bach (1685 – 1750), berühmt. 1733 erhielt sie sogar die kaiserliche Dichterkrone. **Luise Adelgunde Victorie Gottsched** (1713 – 1762), Ehefrau von Johann Christoph Gottsched (1700 – 1766; > S. 52), war Journalistin und Übersetzerin. Die Selbstständigkeit der Frauen wurde jedoch von Männern oftmals abgelehnt oder gar bekämpft. Grundsätzlich verstand sich die Aufklärung als eine Bewegung für die Rechte bürgerlicher Männer, nicht aber für Frauenrechte. Die durch die Französische Revolution deklarierten **Menschenrechte** bezogen sich bewusst nur auf Männer, weshalb die französische Schriftstellerin und Frauenrechtlerin **Olympe de Gouges** (1748 – 1793) **Die Erklärung der Rechte der Frau und Bürgerin** 1791 deklarierte. 1793 wurde sie hingerichtet.

Kritik an der Kirche und am Unwissen

Die Aufklärung fordert die **Trennung von Kirche** und **Staat sowie Toleranz** gegenüber anderen Religionen. Tatsächlich gab es unter dem Absolutismus eine Allianz von Thron und Altar: Sowohl Frankreichs König Ludwig XIV. (1638 – 1715) als auch Maria Theresia von Österreich (1740 – 1780) vertrieben Menschen evangelischen Glaubens aus ihrem Staatsgebiet und zeigten damit eine konträre Realität zu den Forderungen der Aufklärung. Juden galten zu dieser Zeit praktisch überall als Menschen zweiter Klasse, erst mit dem **Toleranzpatent** von 1781 unter Kaiser Joseph II. (1741 – 1790) wurde die Duldung nichtkatholischer Gemeinschaften in den österreichischen Erblanden garantiert.

Die von Immanuel Kant kritisierte „selbst verschuldete Unmündigkeit" ließe sich laut Aufklärung nur durch Bildung und Vernunft bekämpfen. **Allgemeine Schulpflicht,** die **Freiheit der Lehre und Wissenschaft** gehörten zu den Forderungen der Aufklärung. Das Bestreben, das gesamte Wissen der Welt zu dokumentieren und zu archivieren, führte zum Entstehen von **Enzyklopädien. Denis Diderot** (1713 – 1784) galt hier als Vorreiter. Gemeinsam mit Jean-Baptiste le Rond d'Alembert (1717 – 1783) und zahlreichen Mitarbeiterinnen und Mitarbeitern gab Diderot 35 Bände seiner **Encyclopédie ou dictionnaire raisonné des sciences, des arts et des métiers** heraus (1751 – 1780).

Die ersten, hochwertig und aufwendig gestalteten Seiten der Enzyklopädie Diderots befinden sich heute in vielen europäischen Museen.

Bis weit ins 20. Jahrhundert wurde diese umfassende Enzyklopädie immer wieder neu aufgelegt. Auch die Online-Enzyklopädie **Wikipedia** basiert auf diesem Prinzip: Wissen wird gesammelt und allen zugänglich gemacht.

Ein Vorläufer der **Encyclopédie** ist das große **Dictionnaire historique et critique** (1697) des französischen Skeptikers und Frühaufklärers Pierre Bayle (1647 – 1706). Es wurde von Johann Christoph Gottsched ins Deutsche übertragen.

Aufgaben

1 Beschreiben Sie das Maschinenparadigma nach Descartes. Nehmen Sie zu diesem Konzept kritisch Stellung.

2 Fassen Sie die unterschiedlichen Kritikpunkte der Aufklärung, die in diesem Kapitel erwähnt werden, zusammen. Orientieren Sie sich dabei an den Zwischenüberschriften. Ordnen Sie diese ggfs. tabellarisch.

3 Erklären Sie, welche Forderungen der Aufklärung bis heute erfüllt wurden. Gibt es Forderungen, deren Erfüllung aus heutiger Sicht fehlt?

Kunst und Kultur

Die Aufklärer kommentierten die Kunst oder machten Vorgaben, wie ein gelungenes Kunstwerk auszusehen habe. Johann Christoph Gottsched war für das Theater bedeutend, vor allem als strenger Kritiker und Schöpfer neuer Theaterordnungen, denen viele seiner Anhänger Folge leisteten (> S. 52). **Gotthold Ephraim Lessing** (1729 – 1781), der einer der bedeutendsten Dramatiker der deutschen Literatur ist, vertrat in seinem Aufsatz **Laokoon oder über die Grenzen der Mahlerey und Poesie** (1766) – anders als der Archäologe und Kunsthistoriker und -theoretiker **Johann Joachim Winckelmann** (1717 – 1768; > S. 51) – die Ansicht, dass es grundlegende Unterschiede zwischen bildender Kunst und Literatur gäbe. Literatur und bildende Kunst können nur teilweise verglichen werden und seien demnach unterschiedlich zu bewerten, so Lessing.

Das Bürgertum philosophierte aber nicht nur über Kunst, es wurde vielmehr zu deren wichtigstem Publikum. Die italienische **Opera buffa,** auch **komische Oper,** umfasst Komödien, in denen der Adel keine zentrale Rolle einnimmt. Sie war somit für das bürgerliche Publikum maßgeschneidert. Der Komponist **Christoph Willibald Gluck** (1717 – 1784) ging eigene Wege und führte 1781 am Wiener Hofburgtheater **Iphigenie auf Tauris,** nach Johann Wolfgang von Goethes gleichnamigem Stück (> S. 86f.), als deutsches Singspiel auf. Der Stoff ist den Themen der Aufklärung verpflichtet, dank der **deutschen Sprache** sollte auch das Volk den Inhalt verstehen können. Zunehmend begann sich in Wien neben dem Italienischen das Deutsche als Gesangssprache durchzusetzen. Auch **Wolfgang Amadeus Mozart** (1756 – 1781) ließ Werke in deutscher Sprache aufführen. Sein fantastisches Singspiel **Die Zauberflöte** (1791) ist eine kaum versteckte Anspielung auf die Welt der **Freimaurer,** einer geheimen Verbindung, die sich den Werten der Aufklärung verschrieben hatte und der auch Mozart angehörte.

*Das Titelblatt der Erstausgabe des **Librettos** der **Zauberflöte** zeigt den Theaterdirektor Emanuel Schikaneder (1751 – 1812) als ersten Papageno. Schikaneder hatte das Libretto verfasst, machte die Aufführung im Freihaustheater möglich und wirkte als Papageno mit.*

Libretto: Text(-buch) von Opern, Operetten, Oratorien und Singspielen

In der **Architektur** dominierte nach wie vor das Barock, das sich zum Rokoko weiterentwickelte, einem verspielteren und leichteren Stil, der nicht mehr der strengen barocken Symmetrie gehorchen musste. Gleichwohl war es ein Stil des adligen Prunks, der bei Schlössern und Sakralbauten zum Ausdruck kam.

Als bürgerliche Architektur im Geiste der Aufklärung gilt hingegen der Klassizismus, der antike Formen als Vorbild suchte und durch ein schlichtes Programm im Kontrast zum adligen Prunk trat. Auch die **Gartenarchitektur** entwickelte sich in diesem Sinne. Nicht die strenge Harmonie und Symmetrie des Barocks zählten, sondern ein scheinbar natürlicher, aber bewusst angelegter und bepflanzter Garten. Diese Idee war in England entstanden und wurde daher als „englischer Landschaftsgarten" bezeichnet. Goethe widmete dieser Form der Gartengestaltung in seinem Roman **Die Wahlverwandtschaften** (1809) breiten Raum.

Die Gärten rund um das Schloss Schönbrunn in Wien, hier beim Palmenhaus, sind ein Beispiel für einen französischen, also noch barocken, streng symmetrisch angeordneten Garten.

Im Gegensatz zum barocken Garten wirkt der englische Landschaftsgarten, wie etwa hier im Wiener Rathauspark, natürlich angeordnet und freier gestaltet.

Die **Malerei** zur Zeit der Aufklärung ist durch einen verstärkten Blick für realistische und kritische Darstellungen gekennzeichnet sowie eine Hinwendung zu den vollendeten Formen der Antike. In den Fokus rückte auch die **Porträtmalerei** bürgerlicher Persönlichkeiten. Die neben zahlreichen Männern tätigen Malerinnen **Anna Rosina de Gasc** (1713 – 1783) und **Angelika Kauffmann** (1741 – 1807) schufen vor allem realistische Porträts. Berühmt ist Gascs Porträt von Lessing (> S. 56) oder Kaufmanns Darstellung des Archäologen und Kunsthistorikers Johann Joachim Winckelmann (1717 – 1768). Angelika Kauffmann war eine schweizerisch-österreichische Künstlerin und eine der wenigen anerkannten und erfolgreichen Malerinnen in der männerdominierten Kunstszene ihrer Zeit. Sie war eng mit Goethe befreundet und erstellte Skizzen und Zeichnungen für seine **Iphigenie auf Tauris**-Buchausgabe. Goethe lobte ihre Farbexperimente, einzig das Porträt, das sie von ihm anfertigte, gefiel ihm nicht: „Es ist immer ein hübscher Bursche, aber keine Spur von mir." (> S. 69).

Der Archäologe Winckelmann gemalt von Angelika Kauffmann (1764)

Bedeutung erlangte auch die **Landschaftsmalerei,** also die Entdeckung der Natur als Motiv. Bekannt sind hier u. a. die Werke des Deutschen Jakob Philipp Hackert (1737 – 1807), die Darstellung antiker Ruinen des Franzosen Hubert Robert (1733 – 1808) oder die Lavaströme des Vesuvs, die der Schotte Gavin Hamilton (1723 – 1798) malerisch einfing.

Auch **Historienmalerei** und **religiöse Motive** blieben in dieser Epoche wichtige Themen. Die Gemälde dienten den Zeitgenossen oft als Projektionsfläche, um Heldentum darzustellen oder Mythen zu erschaffen. Der Maler Jacques-Louis David (1748 – 1825) spielt in seinem Gemälde **Der Schwur der Horatier** auf ein antikes Motiv unverbrüchlicher Waffenbrüderschaft an. Dieses Auftragswerk für König Ludwig XVI. erhob keinerlei revolutionären Anspruch, wurde aber von den Zeitgenossinnen und Zeitgenossen dahingehend interpretiert. Das Gemälde wurde euphorisch aufgenommen und eine vorrevolutionäre Stimmung gewollt hineingedacht. Wenige Jahre darauf folgten die **Französische Revolution** und das Ende der absolutistischen Monarchie Frankreichs.

Der Schwur der Horatier *aus dem Jahr 1784 ist ein Gemälde der Zeitenwende: Es leitet den Klassizismus in Frankreich ein und ist ein Werk am Vorabend der Französischen Revolution.*

Aufgaben

1 Erklären Sie, welche Themen und Motive für die Kunst im 18. Jahrhundert von Bedeutung waren.

2 Informieren Sie sich über Mozarts Singspiel **Die Zauberflöte** oder das Gemälde **Der Schwur der Horatier.** Gestalten Sie dazu einen Genauer betrachtet-Text (200 bis 300 Wörter).

3 **Portfolio:** Welche Requisiten, welcher Hintergrund und welche Darstellung sind heute auf einem Bild bzw. einer Fotografie zu sehen, wenn ein gebildeter, denkender Mensch porträtiert wird? Fertigen Sie hierzu ein Bild (Zeichnung, Collage, Fotografie etc.) an oder beschreiben Sie eines.

Literatur und Personen

Die Literatur der Aufklärung steht im Zeichen der Philosophie der Zeit, die auch die beliebtesten – größtenteils belehrenden – Textgattungen der Epoche kennzeichnet: **Lehrdichtung** (> S. 276), **Fabel** (> S. 275), **Staatsroman** (> S. 278), **Bildungsroman** (> S. 274), aber auch **Satire** (> S. 276), **Lustspiel** (> S. 276) und **bürgerliches Trauerspiel** (> S. 274). Vor allem das bürgerliche Trauerspiel war klar vom englischen Sprachraum beeinflusst.

Für die Verbreitung des Aufklärungsgedankens spielt die Publizistik eine große und entscheidende Rolle. Moralische Wochenzeitschriften und Zeitungen aller Art erschienen. Das Ende beziehungsweise der Ausklang der Aufklärung ist schwer zu datieren, die Übergänge in andere Strömungen sind fließend. Zweifelsohne ist die **Klassik** ein Erbe der Aufklärungsepoche, aber auch Gegenbewegungen wie **Empfindsamkeit** und **Sturm und Drang** sind in der Aufklärung verankert.

Gottscheds Theaterreform

Die Literatur wurde zu einer Sache von Professoren und Gelehrten. Der Literaturtheoretiker **Johann Christoph Gottsched** (1700 – 1766) wollte das Theater in Deutschland nach französischem Vorbild verändern. Theaterstücke mussten für Gottsched leicht zu durchschauen sein, um keine Verwirrung beim Publikum auszulösen. Gleiches galt für die auftretenden Personen:

Streitbarer Theaterreformer: Johann Christoph Gottsched auf einem Gemälde von Leonhard Schorer aus 1744

Es muß […] der Poet seinen Hauptpersonen eine solche Gemütsbeschaffenheit geben, daraus man ihre künftigen Handlungen wahrscheinlich vermuthen, und wenn sie geschehen, leicht begreifen kann.

Zit. nach: Barbara Baumann und Brigitta Oberle: Deutsche Literatur in Epochen. München: Hueber 1985, S. 77

Das derbe Barocktheater und die **Volksstücke** rund um Hanswurst, Harlekin und Kasperl (> S. 38f.) lehnte Gottsched entschieden ab, auch die Oper empfand er als störend. Theater hatte für ihn primär einen aufklärerischen und erzieherischen Wert, Unterhaltung hatte in diesem Konzept keinen Platz. Mit der Hilfe der Schauspielerin **Caroline Neuber** (1697 – 1760) reformierte er das Theater der Wandertruppen.

Von nun an war der Humor von der Bühne verbannt. Es ging ernst und moralisierend zu. Volkstümliches Theater, **Possen** (> S. 277) oder **Schwänke** (> S. 277) wurden fast nie mehr gespielt, wodurch das Theater viel von seiner Lebendigkeit verlor. In seinem eigenen Theaterstück **Der sterbende Cato** (1732) verarbeitete Gottsched seine Lehrideologie. Die Starrheit seiner Ansichten und seine Unnachgiebigkeit, neue Formen und Inhalte anzuerkennen, drängten Gottsched allmählich ins Abseits.

Sprachrohre der Zeit

Der Schriftsteller und Buchhändler **Friedrich Nicolai** (1733 – 1811) gründete gemeinsam mit dem populären deutsch-jüdischen Philosophen **Moses Mendelssohn** (1729 – 1786) und dem Schriftsteller **Gotthold Ephraim Lessing** die Zeitschrift **Bibliothek der schönen Wissenschaften und der schönen Künste. 1765 folgte die Allgemeine Deutsche Bibliothek,** eine sogenannte „gelehrte Zeitschrift", die vor allem Buchkritiken, Rezensionen und Auszüge aus damals aktuellen Werken bot. Die Zeitschrift erfreute sich großer Beliebtheit, genauso wie Christoph Martin Wielands (1733 – 1813) Zeitschrift **Der neue Teutsche Merkur.** Letztere war die erste bedeutende Literaturzeitschrift im deutschsprachigen Raum und erschien von 1773 bis 1789 monatlich. Sie beschäftigte sich mit literarischen, politischen und philosophischen Themen.

Am Ende des 18. Jahrhunderts gab es in Deutschland etwa **200 Zeitungen** mit einer durchschnittlichen Auflagenhöhe von 4 000 Exemplaren, die meisten mit einem moralisierenden Unterton und überwiegend in lateinischer Sprache abgefasst. Das Zeitungswesen war ein wichtiges Sprachrohr der Aufklärung. Die wachsende gesellschaftliche Bedeutung der Literatur wäre ohne Zeitungswesen ebenfalls nicht möglich gewesen.

Aufgaben

1 Informieren Sie sich, wo heute Rezensionen publiziert werden bzw. wo Buchbesprechungen stattfinden.

2 Erklären Sie, worin sich das von Gottsched reformierte Theater der Aufklärung von vorangehenden Theatertraditionen unterschied.

Genauer betrachtet: Lesekultur im 18. Jahrhundert

Die meisten Menschen des Humanismus und Barocks waren des Lesens und Schreibens gar nicht oder kaum mächtig. Bestimmte Textstellen in **Luthers Bibel** (> S. 24) wurden daher hervorgehoben und markiert, damit diese gelesen und verstanden werden konnten, auch wenn man nur über **basale** Lesefähigkeiten verfügte. Auch **Kalendergeschichten** (> S. 275), kurze prägnante Texte, die auf Kalender gedruckt wurden, waren beliebt. Dominant war religiöse Literatur zur **Erbauung,** etwa Heiligenlegenden. Unterstützt wurden Texte durch Bilder und markante Überschriften. Doch auch gebildetere Menschen lasen eher **intensiv** als **extensiv,** das heißt, sie lasen ein Werk oder Auszüge daraus mehrere Male intensiv und genau. Im 18. Jahrhundert änderte sich das Leseverhalten. Der Siegeszug des **Bürgertums,** das die Bildung auf seine Fahnen heftete, führte zu einer zunehmenden **Alphabetisierung** in den Städten, der bald eine **Leserevolution** folgte.

Immer mehr Menschen konnten nun lesen und auch die Zahl der schreibenden Personen nahm zu. Durch den größer gewordenen Buchmarkt – es entstanden neue Genres und das Interesse der lesenden Bevölkerung wuchs – stieg auch die jährliche Menge an Titeln und Drucken. Erschienen etwa um 1700 jährlich kaum ein Dutzend Romane im deutschen Sprachraum neu, waren es um 1800 bereits um die 500 Publikationen.

basal: grundlegend
Erbauung: andächtige Erhebung des Gemüts

Die gebildeten Menschen der Aufklärung waren stolz auf die Bücher, die sie besaßen und lasen. Die Furcht vor Literatur, die verderben könne, oder davor, in der Welt der Literatur zu versinken und lebensfremd zu werden, war allerdings groß. Das Gemälde **Der Büchernarr** *des Künstlers Heinrich Stelzner (1833 – 1910) entstand zwar erst vor 1910, fängt die „Verhältnisse" der Büchernarren der Aufklärung jedoch sehr gut ein.*

Um als gebildet zu gelten, war es wichtig geworden, möglichst viele Werke zu kennen, dafür aber weniger wichtig, diese genau gelesen zu haben. Die Menschen wurden zu extensiven Leserinnen und Lesern, die möglichst viele unterschiedliche Bücher lasen. Immer bedeutender wurden dabei nicht-religiöse Texte und Unterhaltungsliteratur sowie Werke, die auf Deutsch erschienen. Am Anfang des 18. Jahrhunderts war kaum jedes zweite Buch in deutscher Sprache verfasst, am Ende desselben Jahrhunderts erschienen fast neun von zehn Werken auf Deutsch. Besprochen wurden die Werke oftmals in Lesezirkeln bzw. Lesegesellschaften, aber auch in bürgerlichen Salons, die häufig von Frauen organisiert wurden. Auch die **Schriftkultur** nahm explosionsartig zu. Papier wurde immer günstiger und die Postwege besser ausgebaut. Man schrieb Briefe, tauschte sich postalisch regelmäßig und intensiv aus, und pflegte dadurch Freundschaften und Beziehungen quer durch Europa. Viele dieser Briefe hatten literarische Qualität und setzten sich oftmals mit komplexen philosophischen Fragen und Problemen auseinander. Vor allem Frauen bedienten sich dieser literarischen Gattung, war es ihnen doch nahezu unmöglich, Werke drucken zu lassen. Mit der Zunahme des Lesepublikums kam auch verstärkt eine Debatte darüber auf, dass Literatur Menschen verderben oder negativ beeinflussen könne. Es wurde sogar vor **Lesesucht** gewarnt.

Bildungsroman und bürgerliches Trauerspiel

Mit der philosophischen Strömung der Aufklärung kamen natürlich auch neue literarische Gattungen auf. Die wichtigsten waren wohl **Bildungsroman** (> S. 274), **Lustspiel** (> S. 276) und **bürgerliches Trauerspiel** (> S. 274).

Der Bildungsroman gilt als eine Form des **Entwicklungsromans.** Er skizziert ein zu erreichendes Idealbild von geistiger und seelischer Entwicklung und benutzt dabei durchaus moralisierende Elemente. Den ersten Bildungsroman schrieb **Christoph Martin Wieland** (1733 – 1813) mit der **Geschichte des Agathon** (1766). Ein Prototyp des Bildungsromans wurde später von Johann Wolfgang von Goethe (1749 – 1832) mit **Wilhelm Meisters Lehrjahre** (1795) geschaffen.

Gotthold Ephraim Lessing verfasste mit **Miß Sara Sampson** 1755 das erste bürgerliche Trauerspiel. Den Begriff **„bürgerliches Trauerspiel"** hatte Lessing aus dem Französischen übersetzt *(drame bourgeois)*. Auch wenn der Begriff auf Diderot zurückgeht, waren die maßgeblichen Impulse zu dieser Gattung aus England gekommen. George Lillos (1693 – 1739) Stück **Der Kaufmann von London** (Originaltitel: *The London Merchant*, 1731) hatte Lessing entscheidend beeinflusst. Lessings Absicht war es, beim Publikum Mitleid mit den handelnden, tugendhaften Personen zu erregen und dadurch eine Besserung des Charakters zu bewirken. In der **Komödie** war es bis dahin Usus gewesen, Charaktere aus dem einfachen Volk auf der Bühne zu sehen, während die **Tragödie** das Scheitern von höher gestellten Personen zeigen wollte – lange Zeit dachte man, dass nur dadurch Mitgefühl beim Publikum hervorgerufen werden konnte. Lessing machte nun etwas gänzlich Neues. Nicht mehr stilisierte Helden standen auf der Bühne, sondern ganz normale Menschen mit ihren Leidenschaften und Schwächen. Außerdem formulierte man in den neuen Stücken Kritik an den herrschaftlichen Verhältnissen des Adels. Im Mittelpunkt der Handlung standen **Figuren des Bürgertums.**

In der Literatur der Aufklärung hatten auch die kleinen Literaturgattungen ihren Platz gefunden. Einer derjenigen, die auf diesem Gebiet besonders produktiv waren, war **Christian Fürchtegott Gellert** (1715 – 1769), dessen **Lehrgedichte und Erzählungen** auch viele **Fabeln** (> S. 275) umfassen. Die meisten sind in unregelmäßigen Versen geschrieben und schwanken zwischen lyrischer und epischer Form. Ab Ende der 1740er Jahre verfasste auch **Lessing** zahlreiche Fabeln. Lessing war dabei stark von den Fabeln **Äsops** (um 560 v. Chr.) und **Jean de La Fontaine** (1621 – 1695) beeinflusst worden.

Die Robinsonade

Unter „Robinsonaden" versteht man Geschichten um Schiffbruch und Inselaufenthalte, die sich besonders nach **Daniel Defoes** (1660 – 1731) Roman **Robinson Crusoe** (erschienen 1719, Originaltitel: *The Life and Strange Surprizing Adventures of Robinson Crusoe, of York, Mariner*) großer Beliebtheit erfreuten – das Motiv existierte in der europäischen Literatur allerdings schon seit der Antike. Unmittelbar nach der ersten Übersetzung des Romans erschienen hunderte Titel, die sich an Defoes Vorbild orientierten. So entstanden etwa auch – dem Original lose nachempfunden – **Der Sächsische Robinson** (1723),

Der Amerikanische Robinson (1724) oder **Der Steyrische Robinson** (1791). Und weil man nicht immer einen Mann zum Titelhelden machen wollte, kamen auch unterhaltsame Bücher wie **Die böhmische Robinsonin** (1753) oder **Lebensbeschreibungen der Europäischen Robinsonetta** (1752) heraus. Die Leserinnen und Leser dieser Geschichten waren fasziniert von den immer wiederkehrenden Motiven: **Schiffbruch, Inselaufenthalt, Zivilisationsflucht,** aber auch das **Exotische** und die Fiktion des **Reiseberichts.**

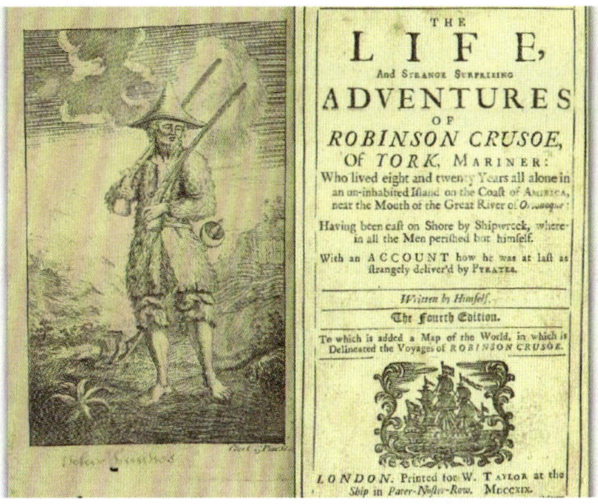

Titelseite der Erstausgabe von **Robinson Crusoe** *aus 1719*

Ein Plan der **Insel Felsenburg** *aus Johann Gottfried Schnabels gleichnamigem Roman. Im Zentrum ist die Burg des Oberhaupts und Inselgründers Albert Julius zu sehen, umgeben von den Siedlungen seines „Volkes".*

Eine besondere Form der Robinsonade ist der vierbändige Roman **Insel Felsenburg** (zwischen 1731 und 1743) von **Johann Gottfried Schnabel** (1692 – 1748). Schnabel verbindet die Robinsonade mit einer Utopie (> S. 27), in der sich eine Gemeinschaft von „Europamüden" und „Zivilisationsflüchtigen" auf der Insel Felsenburg zu einer neuen, vernünftigen, **gottesfürchtigen Gesellschaft** formt. Dabei stellt die Insel das neue Paradies dar, wo Glück und Frieden herrschen. Schnabel legte seinen vier Bänden zahlreiche Karten bei, mit denen das lesende Publikum einen besseren Eindruck von der Insel gewinnen sollte und auch, um dem Werk einen realistischen Charakter zu verleihen.

IN SZENE GESETZT

Moderne Adaptionen der Robinsonade, also des Überlebenskampfes eines Individuums oder einer Gruppe in einem isolierten Gebiet, finden sich beispielsweise in Romanen wie **Bericht eines Schiffbrüchigen** (1955) des Kolumbianers **Gabriel García Márquez** (1927 – 2014), **Die Wand** (1963; 2012 verfilmt) der österreichischen Schriftstellerin **Marlen Haushofer** (> S. 251), **Schiffbruch mit Tiger** (2001; 2012 verfilmt unter dem Titel *Life of Pi*) des Kanadiers **Yann Martel,** oder auch im US-Spielfilm **Cast Away** (2000) und in der US-TV-Serie **Lost** (2004 – 2010).

Ob die TV-Serie **Lost** zu den Robinsonaden gezählt werden kann, darüber ließe sich streiten – zweifelsohne haben das Genre und die Serie das Verschwinden und Verlorengehen von Menschen gemeinsam.

Diese Fotografie zeigt den Strand, an dem die Überlebenden in der Serie ihr Lager errichten.

Als Vorbild für die **Figur des Robinson Crusoe** gilt der schottische Seefahrer **Alexander Selkirk** (1676 – 1721). Selkirk war Mitglied der Mannschaft rund um den Freibeuter und Seefahrer William Dampier (1651 – 1715). Nach einem Streit an Bord setzte man Selkrik auf der Insel Màs a Tierra aus, die zum Juan-Fernández-Archipel im Westen des heutigen Chile gehört. Dort überlebte er vier Jahre und vier Monate, ehe er gerettet wurde. Zurück in Großbritannien wurde seine Geschichte von den Zeitungen entdeckt. Selkirks Lebensgeschichte erschien 1713 in der Zeitschrift **The Englishman** und beeindruckte den Autor Daniel Defoe dermaßen, dass er beschloss, einen Roman – gespickt mit viel Fantasie – darüber zu schreiben.

Aufgaben

1 Benennen Sie bedeutende Entwicklungen der Lesekultur im 18. Jahrhundert.

2 Erklären Sie das Konzept des bürgerlichen Trauerspiels.

3 Diskutieren Sie, worin die Faszination an Robinsonaden liegt, die heute immer noch Gegenstand von Film und Literatur sind.

Kurzporträts

Johann Jakob Bodmer (1698 - 1783) studierte Theologie, Geschichte und Politik. In einem Gymnasium in Zürich unterrichtete er diese Fächer. Er war mit Klopstock, Wieland und Goethe befreundet. Im Literaturstreit mit Gottsched (> S. 52) stand er für die schöpferische Fantasie. Johann Jakob Bodmer gilt als Wiederentdecker des **Nibelungenliedes** und eines Teils der **Manessischen Handschrift** (> S. 10).

Gotthold Ephraim Lessing (1729 - 1781) wurde in Kamenz bei Dresden geboren und studierte Medizin und Theologie in Leipzig. Zwischen 1748 und 1767 arbeitete Lessing mit mehreren Unterbrechungen als Journalist und freier Schriftsteller in Berlin. Er war eng mit **Moses Mendelssohn** (1729 - 1786), einem bedeutenden Vertreter der jüdischen Aufklärung und deutschen Literaturkritiker, sowie mit dem Verleger und Schriftsteller **Friedrich Nicolai** (1733 - 1811) befreundet. 1767 wurde Lessing Dramaturg, Berater und Kritiker am **Deutschen Nationaltheater in Hamburg.** Bis zu seinem Tod 1781 arbeitete er als Bibliothekar in Wolfenbüttel.

Lessing, hier auf einem Porträt der deutsch-polnischen Malerin Anna Rosina de Gasc (1713 - 1783), war einer der bedeutendsten Autoren der Aufklärung und inspirierte nachfolgende Dichtergenerationen

1777 begann der als **„Fragmentstreit"** bekannt gewordene Zwist mit dem lutherischen Pastor **Johann Melchior Goeze** (1717 - 1786). Lessing hatte die **Fragmente eines Ungenannten** herausgegeben, die ein Freund, der Bibelkritiker und Orientalist **Hermann Samuel Reimarus** (1694 - 1768), geschrieben hatte. Darin wird geäußert, dass man von den in der **Bibel** beschriebenen Wundern und Erscheinungen abgehen und einen bodenständigen Gottesglauben ohne viel „Spektakel" pflegen sollte. Goeze lehnte dies ab und griff Lessing verbal an. Lessing konterte und der Streit zog sich bis zu Lessings Tod 1781. Im Verlauf dieser Auseinandersetzung, die als der bekannteste religiöse Streit des 18. Jahrhunderts in die Geschichte eingegangen ist, verfasste Lessing unter anderem elf Erwiderungen gegen Goeze, die unter dem Titel **Goeze** (1778) bekannt wurden. In seinem Stück **Nathan der Weise** (1779; > S. 60ff.) gab Lessing der Figur des Patriarchen die Züge Goezes, während Nathan Moses Mendelssohn nachempfunden ist. Weitere wichtige Werke Lessings sind das Lustspiel **Minna von Barnhelm oder Das Soldatenglück** (1767) und das Trauerspiel **Emilia Galotti** (1772).

Georg Christoph Lichtenberg (1742 - 1799) studierte in Göttingen Mathematik und Naturwissenschaften und wurde 1770 Professor für Experimentalphysik. Lichtenberg wurde vor allem durch seine ironisch-satirischen und während der Aufklärung äußerst beliebten **Aphorismen** (> S. 274) bekannt, die in den sogenannten **Sudelbüchern** (1800) gesammelt veröffentlicht wurden.

Georg Christoph Lichtenberg, hier auf einem Kupferstich des deutschen Künstlers Johann Conrad Krüger (1733 - 1791)

Nicht unpassend für seine Zeit und trotz seiner Belesenheit kritisierte er die Auswüchse übertriebener Liebe zu Büchern:

Er hatte seine Bibliothek verwachsen, so wie man eine Weste verwächst. Bibliotheken können überhaupt der Seele zu enge und zu weit werden.

Den Konflikt zwischen Trieben und Verstand fasste er so zusammen:

Ein gewisser Freund den ich kannte pflegte seinen Leib in drei Etagen zu teilen, den Kopf, die Brust und den Unterleib, und er wünschte öfters, daß sich die Hausleute der obersten und der untersten Etage besser vertragen könnten.

Descartes Erkenntnisphilosophie liest sich bei Lichtenberg bescheidener:

Wer ist da? Nur ich. O das ist überflüssig genug.

Georg Christoph Lichtenberg: Aphorismen, Essays, Briefe. Mit 18 Abbildungen der Zeit. In: Klassiker der deutschen Literatur. Augsburg: Weltbild 2006, S. 83, 99, 91

Johann Wilhelm Ludwig Gleim (1719 - 1803) war ein Bindeglied zwischen der Aufklärung und der **Anakreontik** (> S. 274). Zunächst erhielt er die Ausbildung zum protestantischen Geistlichen, studierte aber schließlich Philosophie und Rechtswissenschaften und war durch Staatsdienste bzw. Anstellungen als Geistlicher finanziell abgesichert. Als Dichter widmete sich Gleim vor allem der Anakreontik und wurde daher sogar als „deutscher Anakreon" bezeichnet. Außerdem schrieb er preußische Lob- und Kriegslieder für Friedrich II. Als Aufklärer erhielt er Anerkennung für seine **Fabeldichtungen,** seinen Briefverkehr und die **orientalisierende Spruchdichtung Halladat oder das rote Buch** (1774), die von einer intensiven Beschäftigung mit dem **Koran** zeugt und international große Beachtung fand. Ganz im Sinne der Epoche archivierte er eine große Zahl von Porträts und Werken aufgeklärter Personen seiner Zeit (darunter 150 Bildnisse berühmter Persönlichkeiten, aber auch Nachlässe, Briefe etc.). Zuletzt erarbeitete er sich einen guten Ruf als Mäzen („Papa Gleim") von Nachwuchskünstlerinnen und -künstlern, darunter **Anna Louisa Karsch** (1722 - 1791), **Johann Heinrich Voß** (1751 - 1826), **Johann Gottfried Seume** (1763 - 1810), **Jean Paul** (1763 - 1825) u. a. Im 19. Jahrhundert wurde aufgrund des Zeitgeistes seine anakreontische Dichtung als geschmacklos abgelehnt, nach dem Zweiten Weltkrieg die Soldatenlieder, aus ihrem Kontext genommen, als nationalistisch abgetan, wodurch Gleim heute an Bedeutung verloren hat.

Johann Wilhelm Ludwig Gleim, Gemälde von Tischbein d. Ä. aus 1771

NOTIZ AM RANDE

Anna Louisa Karsch (1722 – 1791) wurde als Tochter eines Gastwirts im preußischen Hammer (heute Polen) geboren. Nach dem Tod ihres Vaters wuchs sie bei Verwandten auf, wo sie lesen und schreiben lernte. Sie war zweimal unglücklich verheiratet, wurde auch zweimal geschieden und bekam insgesamt vier Kinder, wobei ihre Tochter **Caroline Louise von Klencke** (1754 – 1802) selbst Dichterin wurde. Als Ausgleich zu ihrem unglücklichen Leben dichtete Karsch und zeigte dabei großes Talent. Durch ihre Lobpreisungen für den preußischen Soldatenkönig Friedrich II. (1712 – 1786) wurde sie berühmt, 1761 sogar zur Dichterin gekrönt. **Gleim** gehörte zu ihren Freunden und Mäzenen. Karsch wurde Teil der **Berliner Salons** mit guten Kontakten, u. a. zu Lessing und Mendelssohn, und korrespondierte mit Goethe oder der preußischen Königin Elisabeth Christine (1715 – 1797). Trotzdem litt sie unter bitterer Armut und gelangte erst spät zu einem kleinen Einkommen. Im 19. Jahrhundert wurde sie in Verkennung ihrer literarischen Leistungen als Lyrikerin verspottet.

Diese Zeichnung von Anna Louisa Karsch fertigte der deutsche Maler Adam Friedrich Oeser (1717 – 1799) an.

Friederike Helene Unger (1741 - 1813) wuchs - wahrscheinlich als uneheliches Kind geboren – in der Familie eines Predigers und Übersetzers auf, wo sie auch lesen und schreiben lernte. Dank einer Rente, die ihr von ihrem Vater, einem preußischen General, hinterlassen wurde, war ihr Auskommen gesichert. Sie unterstützte ihren späteren Ehemann **Johann Friedrich Gottlieb Unger** (1753 - 1804) bei der Gründung einer Buchdruckerei, die bald eine der **größten Druckereien Deutschlands** wurde. Die Dichterin verfasste zahlreiche Romane, aber auch Kochbücher und Kalender. Darüber hinaus übersetzte sie den Aufklärungsphilosophen **Jean-Jacques Rousseau** und **Figaros Hochzeit** von Beaumarchais (1732 – 1799) ins Deutsche. Mit der aufkommenden **Romantik,** die das **traditionelle Rollenbild der Frauen** in Frage stellte und die Gleichberechtigung einzufordern begann, geriet sie in Konflikt. Unger vertrat bis zuletzt ein konservatives Verständnis, was die Stellung der Frau betraf. Nach dem Tod ihres Mannes erbte sie den Unger-Verlag, der allerdings hoch verschuldet war und 1812 bankrottierte. Unger verstarb 1813 verarmt im Berlin.

Aufgaben

1 Recherchieren Sie zu einem Werk, das im Abschnitt Kurzporträts oder in diesem Kapitel erwähnt wird. Stellen Sie es in der Klasse vor und organisieren Sie eine kurze Leseprobe.

2 **Partnerarbeit:** Wählen Sie mit Ihrer Sitznachbarin bzw. Ihrem Sitznachbarn drei Kurzporträts aus. Formulieren Sie einzeln insgesamt sechs Fragen zu diesen Kurzporträts, um deren Inhalt abzuprüfen. Stellen Sie sich gegenseitig die Fragen zur Wiederholung.

Reflexionen zum Kapitel

> **Gruppenarbeit:** Bildung und Wissen galten in der Aufklärung als Voraussetzung für ein mündiges Leben. Diskutieren Sie, welche Bildung und welches Wissen wir heute benötigen, um ein unabhängiges Leben führen zu können.

> **Gruppenarbeit:** Sie erleben Ihre persönliche Robinsonade und es verschlägt Sie auf eine einsame Insel. Überlegen Sie, welche drei Bücher Sie auf dieser Insel gerne bei sich hätten. Stellen Sie die Werke kurz in Ihrer Gruppe vor. Begründen Sie Ihre Auswahl und geben Sie Lesetipps.

TEXT

Candid oder Die Beste der Welten

Voltaire, 1782

Übersetzt von Ernst Sander

Erstes Kapitel

Wie Candid in einem schönen Schlosse erzogen und wie er von dort verjagt wurde

In Westfalen, im Schlosse des Barons von Thunder-ten-tronckh, lebte ein Jüngling, der von Natur sehr sanftmütig geartet war. Sein Antlitz war seiner Seele Spiegel. Er war aufrichtigen und einfachen Geistes, und eben deshalb, glaube ich, war er Candid genannt worden. Die alten Bedienten des Hauses munkelten, er sei der Sohn der Schwester des Herrn Baron und eines guten, ehrenwerten Landjunkers aus der Nachbarschaft, den das gnädige Fräulein niemals habe heiraten wollen, weil er nur einundsiebenzig Ahnen nachzuweisen vermochte, während der Rest seines Stammbaumes vom Zahn der Zeit abgenagt worden war.

Der Herr Baron war einer der mächtigsten Edelherren Westfalens, denn sein Schloß hatte eine Tür und Fenster. Im großen Saal hing sogar ein Gobelin. Seine Kettenhunde gaben zur Not eine Meute ab, die Stallknechte Piqueure, und der Dorfpfarrer war der Großalmosenier. Alt und jung nannte ihn Hochfreiherrliche Gnaden, und wenn er Geschichten zum besten gab, wurde gelacht.

Die Frau Baronin wog gut dreihundertfünfzig Pfund und genoß deswegen großes Ansehen, das sie durch die Würde, mit der sie die Honneurs des Hauses erwies, noch zu steigern wußte. Ihre siebzehnjährige Tochter Kunigunde war rot-bäckig, frisch, rundlich und appetitlich. Der Sohn des Barons war ein würdiges Abbild seines Herrn Papa. Das Hausorakel stellte Magister Pangloß dar, und der kleine Candid nahm jede seiner weisen Lehren mit der Treuherzigkeit seines Alters und Charakters auf.

Pangloß lehrte die Metaphysiko-Theologo-Kosmolo-Nigologie. Bewunderungswürdig bewies er, keine Wirkung könne ohne Ursache sein, und in dieser besten aller möglichen Welten sei das Schloß des Barons das schönste der Schlösser, die gnädige Frau die beste aller möglichen Baroninnen.

„Die Dinge können nicht anders sein, als sie sind", demonstrierte er: „denn da alles zu einem Zweck geschaffen worden ist, muß es natürlich zum besten Zweck sein. Seht eure Nasen an: sie wurden gemacht, damit ihr Brillen tragen könnt; folglich gibt es Brillen. Wie der Augenschein dartut, habt ihr Beine, um Stiefel zu tragen; deshalb gibt es Stiefel. Die Steine sind dazu da, daß man sie behaut und Schlösser daraus baut; daher haben Seine hochfreiherrliche Gnaden ein prächtiges Schloß, denn der mächtigste Edelherr des Landes muß auch am besten wohnen. Die Schweine sind da, daß man sie ißt, deshalb essen wir das ganze Jahr Speck. Aus alledem ergibt sich klar und einleuchtend: eine Dummheit sagt, wer da behauptet, alles sei *gut* geschaffen worden; nein, man muß sagen: alles wurde *auf das beste* gemacht."

Mit beiden Ohren lauschte der junge Candid, und in seiner Einfalt glaubte er alles. Denn er fand Fräulein Kunigunde außerordentlich schön; doch nie hatte er den Mut gehabt, es ihr zu sagen. Nächst dem Glück, als Baron von Thunder-ten-tronckh geboren zu werden, so glaubte er, sei die zweite Stufe irdischer Seligkeit, Fräulein Kunigunde zu sein; die dritte, sie täglich zu sehen; und die vierte endlich, Magister Pangloß zuzuhören, dem größten Philosophen des Landes und folglich der ganzen Welt.

Als Kunigunde eines Tages in dem Wäldchen beim Schlosse, dem „Park“, lustwandelnd sich erging, sah sie hinter Buschwerk den Doktor Pangloß, wie er Versuche aus der Experimentalphysik mit ihrer Mutter Kammerzofe anstellte, einem niedlichen, dunkelhäutigen, gar gefügigen kleinen Mädchen. Fräulein Kunigunde hatte ungemein große Anlagen für die Wissenschaften; so beobachtete sie mit atemloser Spannung die Experimente, deren Zeugin sie war; deutlich sah sie des Doktors zureichenden Grund, die Ursachen und ihre Wirkung; ganz außer sich und angestrengt nachdenkend schlich sie fort; die Begierde, gelehrt zu werden, erfüllte sie völlig, und da fiel ihr ein, daß sie vielleicht des jungen Candid zureichender Grund werden könne, und er der ihrige.

Vor dem Schloß traf sie Candid und errötete; Candid errötete gleichfalls. Sie begrüßte ihn mit versagender Stimme, und Candid antwortete ihr und wußte nicht, was er sagte. Am folgenden Tag trafen sie sich nach aufgehobener Tafel hinter einem Wandschirm. Kunigunde ließ ihr Taschentuchfallen, Candid hob es auf. In aller Unschuld bot sie ihm die Hand, die der Jüngling küßte, gleichfalls in aller Unschuld, jedoch lebhaft, gefühlvoll und höchst anmutig. Ihre Lippen begegneten einander, ihre Blicke entflammten sich, ihre Knie bebten, ihre Hände verirrten sich. Just ging der Herr Baron von Thunder-ten-tronckh an dem Wandschirm vorbei, und als er diese Ursachen und Wirkungen sah, jagte er Candid mit wuchtigen Fußtritten in den Hintern zum Schloß hinaus. Kunigunde sank in Ohnmacht; als sie sich ein wenig erholt hatte, wurde sie von der Frau Baronin geohrfeigt, und in dem schönsten und angenehmsten aller Schlösser herrschte allgemeine Bestürzung.

Der Baron wirft Candid hinaus: Er und Candid zeigen uns den Rücken, während das Gesicht der Baroness, die niedergeschlagen auf dem Boden sitzt, gegen den Schirm gedrückt zu erkennen ist. Diese spannende Bildkomposition zierte die deutsche Himburg-Ausgabe des **Candid** *von 1776. Illustriert wurde sie vom populären Kupferstecher Daniel Chodowiecki (1726 – 1801).*

Voltaire: Candid oder Die Beste der Welten. Deutsche Übertragung und Nachwort von Ernst Sander. Ditzingen: Reclam 2018, S. 3ff.

Aufgaben

1 Skizzieren sie ein **Soziogramm,** in dem die handelnden Figuren dieses Textauszugs und ihr Verhältnis zueinander dargestellt werden.

Soziogramm: grafische Darstellung sozialer Verhältnisse oder Beziehungen innerhalb einer Gruppe

2 Charakterisieren Sie Candid.

3 **Gruppenarbeit:** Besprechen Sie in Gruppen die Gesellschaftskritik in diesem Textauszug.

TEXT

Nathan der Weise – Die Ringparabel

Lessing, 1779

Der muslimische Sultan Saladin stellt den jüdischen Kaufmann Nathan auf die Probe und fragt ihn nach der besten der (Buch-)Religionen (Islam, Christentum, Judentum). Nathan weicht zunächst aus, indem er ihn bittet, die Frage durch eine Geschichte beantworten zu dürfen:

Siebenter Auftritt
Saladin und Nathan.

Nathan
Vor grauen Jahren lebt' ein Mann in Osten,
Der einen Ring von unschätzbarem Wert
Aus lieber Hand besaß. Der Stein war ein
Opal, der hundert schöne Farben spielte,
Und hatte die geheime Kraft, vor Gott
Und Menschen angenehm zu machen, wer
In dieser Zuversicht ihn trug. Was Wunder,
Daß ihn der Mann in Osten darum nie
Vom Finger ließ; und die Verfügung traf,
Auf ewig ihn bei seinem Hause zu
Erhalten? Nämlich so. Er ließ den Ring
Von seinen Söhnen dem geliebtesten;
Und setzte fest, daß dieser wiederum
Den Ring von seinen Söhnen dem vermache,
Der ihm der liebste sei; und stets der liebste,
Ohn' Ansehn der Geburt, in Kraft allein
Des Rings, das Haupt, der Fürst des Hauses werde. –
Versteh mich, Sultan.

Saladin
Ich versteh dich. Weiter!

Nathan
So kam nun dieser Ring, von Sohn zu Sohn,
Auf einen Vater endlich von drei Söhnen;
Die alle drei ihm gleich gehorsam waren,
Die alle drei er folglich gleich zu lieben
Sich nicht entbrechen konnte. Nur von Zeit
Zu Zeit schien ihm bald der, bald dieser, bald
Der dritte, – sowie jeder sich mit ihm
Allein befand, und sein ergießend Herz
Die andern zwei nicht teilten, – würdiger
Des Ringes; den er denn auch einem jeden
Die fromme Schwachheit hatte, zu versprechen.
Das ging nun so, solang es ging. – Allein
Es kam zum Sterben, und der gute Vater
Kömmt in Verlegenheit. Es schmerzt ihn, zwei
Von seinen Söhnen, die sich auf sein Wort
Verlassen, so zu kränken. – Was zu tun? –
Er sendet in geheim zu einem Künstler,
Bei dem er, nach dem Muster seines Ringes,
Zwei andere bestellt, und weder Kosten
Noch Mühe sparen heißt, sie jenem gleich,
Vollkommen gleich zu machen. Das gelingt
Dem Künstler. Da er ihm die Ringe bringt,
Kann selbst der Vater seinen Musterring
Nicht unterscheiden. Froh und freudig ruft
Er seine Söhne, jeden insbesondre;
Gibt jedem insbesondre seinen Segen, –
Und seinen Ring, – und stirbt. – Du hörst doch, Sultan?

Saladin
(der sich betroffen von ihm gewandt)
Ich hör, ich höre! – Komm mit deinem Märchen
Nur bald zu Ende. – Wird's?

Nathan
Ich bin zu Ende.
Denn was noch folgt, versteht sich ja von selbst. –
Kaum war der Vater tot, so kömmt ein jeder
Mit seinem Ring, und jeder will der Fürst
Des Hauses sein. Man untersucht, man zankt,
Man klagt. Umsonst; der rechte Ring war nicht
Erweislich; –
(nach einer Pause, in welcher er des Sultans Antwort erwartet)
Fast so unerweislich, als
Uns itzt – der rechte Glaube.

Saladin
Wie? das soll
Die Antwort sein auf meine Frage? ...

Nathan
Soll
Mich bloß entschuldigen, wenn ich die Ringe
Mir nicht getrau zu unterscheiden, die
Der Vater in der Absicht machen ließ,
Damit sie nicht zu unterscheiden wären.

Saladin
Die Ringe! – Spiele nicht mit mir! – Ich dächte,
Daß die Religionen, die ich dir
Genannt, doch wohl zu unterscheiden wären.
Bis auf die Kleidung, bis auf Speis' und Trank!

Nathan.
Und nur von seiten ihrer Gründe nicht.
Denn gründen alle sich nicht auf Geschichte?
Geschrieben oder überliefert! – Und
Geschichte muß doch wohl allein auf Treu
Und Glauben angenommen werden? – Nicht? –
Nun, wessen Treu und Glauben zieht man denn
Am wenigsten in Zweifel? Doch der Seinen?
Doch deren Blut wir sind? doch deren, die

Von Kindheit an uns Proben ihrer Liebe
Gegeben? die uns nie getäuscht, als wo
Getäuscht zu werden uns heilsamer war? –
Wie kann ich meinen Vätern weniger
Als du den deinen glauben? Oder umgekehrt. –
Kann ich von dir verlangen, daß du deine
Vorfahren Lügen strafst, um meinen nicht
Zu widersprechen? Oder umgekehrt.
Das nämliche gilt von den Christen. Nicht? –

Saladin

(Bei dem Lebendigen! Der Mann hat recht.
Ich muß verstummen.)

Nathan

Laß auf unsre Ring'
Uns wieder kommen. Wie gesagt: die Söhne
Verklagten sich; und jeder schwur dem Richter,
Unmittelbar aus seines Vaters Hand
Den Ring zu haben. – Wie auch wahr! – Nachdem
Er von ihm lange das Versprechen schon
Gehabt, des Ringes Vorrecht einmal zu
Genießen. – Wie nicht minder wahr! – Der Vater,
Beteurt' jeder, könne gegen ihn
Nicht falsch gewesen sein; und eh' er dieses
Von ihm, von einem solchen lieben Vater,
Argwohnen lass': eh' müss' er seine Brüder,
So gern er sonst von ihnen nur das Beste
Bereit zu glauben sei, des falschen Spiels
Bezeihen; und er wolle die Verräter
Schon auszufinden wissen; sich schon rächen.

Saladin

Und nun, der Richter? – Mich verlangt zu hören,
Was du den Richter sagen lässest. Sprich!

Nathan

Der Richter sprach: Wenn ihr mir nun den Vater
Nicht bald zur Stelle schafft, so weis ich euch
Von meinem Stuhle. Denkt ihr, daß ich Rätsel
Zu lösen da bin? Oder harret ihr,
Bis daß der rechte Ring den Mund eröffne? –
Doch halt! Ich höre ja, der rechte Ring
Besitzt die Wunderkraft beliebt zu machen;
Vor Gott und Menschen angenehm. Das muß
Entscheiden! Denn die falschen Ringe werden
Doch das nicht können! – Nun; wen lieben zwei
Von Euch am meisten? – Macht, sagt an! Ihr schweigt?
Die Ringe wirken nur zurück? und nicht
Nach außen? Jeder liebt sich selber nur
Am meisten? – Oh, so seid ihr alle drei
Betrogene Betrüger! Eure Ringe
Sind alle drei nicht echt. Der echte Ring
Vermutlich ging verloren. Den Verlust
Zu bergen, zu ersetzen, ließ der Vater
Die drei für einen machen.

Saladin

Herrlich! herrlich!

Nathan

Und also, fuhr der Richter fort, wenn ihr
Nicht meinen Rat, statt meines Spruches, wollt:
Geht nur! – Mein Rat ist aber der: ihr nehmt
Die Sache völlig wie sie liegt. Hat von
Euch jeder seinen Ring von seinem Vater:
So glaube jeder sicher seinen Ring
Den echten. – Möglich; daß der Vater nun
Die Tyrannei des einen Rings nicht länger
In seinem Hause dulden willen! – Und gewiß;
Daß er euch alle drei geliebt, und gleich
Geliebt: indem er zwei nicht drücken mögen,
Um einen zu begünstigen. – Wohlan!
Es eifre jeder seiner unbestochnen
Von Vorurteilen freien Liebe nach!
Es strebe von euch jeder um die Wette,
Die Kraft des Steins in seinem Ring' an Tag
Zu legen! komme dieser Kraft mit Sanftmut,
Mit herzlicher Verträglichkeit, mit Wohltun,
Mit innigster Ergebenheit in Gott
Zu Hilf'! Und wenn sich dann der Steine Kräfte
Bei euern Kindes-Kindeskindern äußern:
So lad ich über tausend tausend Jahre
Sie wiederum vor diesen Stuhl. Da wird
Ein weisrer Mann auf diesem Stuhle sitzen
Als ich; und sprechen. Geht! – So sagte der
Bescheidne Richter.

Saladin

Gott! Gott!

Nathan

Saladin,
Wenn du dich fühlest, dieser weisere
Versprochne Mann zu sein: …

Saladin

(der auf ihn zustürzt und seine Hand ergreift, die er bis zu Ende nicht wieder fahren läßt)
Ich Staub? Ich Nichts?
O Gott!

Nathan

Was ist dir, Sultan?

Saladin

Nathan, lieber Nathan! –
Die tausend tausend Jahre deines Richters
Sind noch nicht um. – Sein Richterstuhl ist nicht
Der meine. – Geh! – Geh! – Aber sei mein Freund.

Gotthold Ephraim Lessing: Nathan der Weise. Ditzingen: Reclam 1987, S. 71ff.

Aufgaben

1 Geben Sie kurz den Inhalt der Parabel wieder, die Nathan Saladin erzählt.

2 Untersuchen Sie den Textauszug nach Themen der Aufklärung.

3 Begründen Sie, ob die Themen und Aussagen des Textes heute noch Gültigkeit besitzen.

TEXT

Fabel

Gotthold Ephraim Lessing, 1759

Ein Tanzbär war der Kett entrissen,
Kam wieder in den Wald zurück,
Und tanzte seiner Schar ein Meisterstück
Auf den gewohnten Hinterfüßen.
„Seht“, schrie er, „das ist Kunst; das lernt man in der Welt.
Tut mir es nach, wenns euch gefällt,
Und wenn ihr könnt!“ „Geh“, brummt ein alter Bär,
„Dergleichen Kunst, sie sei so schwer,
Sie sei so rar sie sei!
Zeigt deinen niedern Geist und deine Sklaverei.

Gotthold Ephraim Lessing: Gesammelte Werke, Bd. 1, Dichtungen. Briefe. Darmstadt: Deutsche Buch-Gemeinschaft 1965, S. 133f.

Grausame Tradition: Tanzbären zur Belustigung der Menschen. Hier eine zeitgenössische Zeichnung von Schaustellern, die mit dem Bären in Ketten und zumeist einem bunt gekleideten Äffchen (oft ein Kapuzineräffchen) auf dem Rücken von Stadt zu Stadt und Jahrmarkt zu Jahrmarkt zogen.

Aufgaben

1 Geben Sie Inhalt und Moral der Fabel wieder.

2 Erklären Sie die gesellschaftspolitische Kritik der Fabel.

3 Deuten sie Motive der Aufklärung und weitere Motive im Text.

TEXT

Aphorismus

Georg Christoph Lichtenberg, Sudelbücher, um 1765

Kein Fürst wird jemals den Wert eines Mannes durch seine Gunst bestimmen, denn es ist ein Schluß, der nicht auf eine einzige Erfahrung etwa gegründet ist, daß ein Regent meistens ein schlechter Mann ist. Der in Frankreich backt Pasteten und betrügt ehrliche Mädgen, der König von Spanien haut unter Pauken und Trompeten Hasen in Stücken, der letzte König in Polen der Kurfürst von Sachsen war schoß seinem Hofnarren mit dem Blasrohr nach dem Arsch, der Fürst von Löwenstein beklagt bei einem großen Brand nichts als seinen Sattel, der Landgraf von Kassel fährt einer Tänzerin zu Gefallen in der Suite eines Fürsten der nicht viel mehr ist als er und wird durch die erbärmlichsten Leute betrogen, der Herzog von Württemberg ist ein Wahnsinniger, [...] der Fürst von Weilburg badet sich öffentlich in der Lahn; die meisten übrigen Beherrscher dieser Welt sind Tambours, Fouriers, Jäger. Und dieses sind die Obersten unter den Menschen [...].

Georg Christoph Lichtenberg: Aphorismen, Essays, Briefe. Mit 18 Abbildungen der Zeit. Augsburg: Weltbild 2006, S. 70

Aufgaben

1 Geben Sie die Themen des Aphorismus wieder.

2 Untersuchen Sie den Aphorismus nach seiner gesellschaftlichen Kritik.

3 Gestalten Sie einen modernen Aphorismus als Posting über ein soziales Medium Ihrer Wahl (140 bis 280 Zeichen) zu einem Thema Ihrer Wahl. Themenvorschläge sind z. B. Familie, Jugend, Sexualität, Freizeit, Umwelt, Politik, Demokratie, Religion.

STURM UND DRANG | EMPFINDSAMKEIT
etwa 1740 – 1790

Die Aufklärung brachte im europäischen Gesellschafts- und Wertesystem große Umwälzungen mit sich. Getragen wurde sie von einer bürgerlichen Kultur, die sich als Gegenpol zum Adel verstand. Doch Kritik an den Aufklärern blieb nicht aus: Ihr naturwissenschaftliches und rationales Auftreten wurde zunehmend als seelenlos wahrgenommen. Ihre Schriften sowie ihre manchmal schulmeisterhaften Belehrungen stießen bei einer jungen, gebildeten Generation immer häufiger auf Ablehnung: die literarische Generation der Stürmer und Dränger. Vor allem für die Stürmer und Dränger zeichnete sich bereits die Problematik der modernen Jugend ab: Wo ist mein Platz in der Gesellschaft, wohin will ich, und was kann ich leisten in einer Welt, in der ich mich verloren und unverstanden fühle?

Prometheus bringt den Menschen, seinen Geschöpfen, gegen den Willen der Götter das Feuer. Dieser antike Mythos inspirierte den jungen Johann Wolfgang von Goethe zur Hymne Prometheus, die von der Auflehnung gegen die Väter handelt. Der flämische Maler Jan Cossiers schuf dieses Gemälde 1630.

Dieses Kapitel vermittelt Ihnen

- > ein Verständnis von der Epoche Sturm und Drang sowie der Strömung der Empfindsamkeit als Jugendbewegungen und Gegenbewegungen zur Aufklärung.
- > gesellschaftspolitische und kulturelle Hintergründe der Zeit.
- > Möglichkeiten zur Deutung der Werke des Sturm und Drang sowie der Strömung der Empfindsamkeit.
- > Wissen über Personen der Literatur und ihre Werke sowie deren Einordnung im Sinne ihrer Zeit.

Geschichte und Gesellschaft

Eine Epoche des Fortschritts?

Im ausgehenden 18. Jahrhundert übernahmen auch die Monarchen zusehends die Ideen der Aufklärung und entwickelten daraus den **aufgeklärten Absolutismus.** Immer noch kontrollierte der Adel das gesamte Staatswesen, allerdings sollten Reformen im Sinne der Aufklärung durchgeführt werden: etwa der Aufbau einer modernen Verwaltung und eines Rechtssystems, die Einführung der **Schulpflicht** für alle Untertanen, wirtschaftliche Reformen und Investitionen, eine **Beschränkung der Macht der Kirche** und Ansätze zur **Gleichbehandlung der Untertanen.** In den Ländern der Habsburgermonarchie galt besonders Josef II. (Regierungszeit 1765 – 1790) als großer Reformer, in Preußen Friedrich der Große (Regierungszeit 1740 – 1786). Dennoch blieben die Reformen weit hinter den Erwartungen des Bürgertums zurück.

Revolutionen

Große gesellschaftliche, politische und technische Umwälzungen durchdrangen diese Zeit. In England wurde der **mechanische Webstuhl** erfunden (> S. 46), der die Textilproduktion beschleunigte und vereinfachte. Die Verbesserung der Dampfmaschine durch **James Watt** (1736 – 1819) beschleunigte den Sprung zur **Industriellen Revolution.** Zuvor war in England durch verbesserte Anbaumethoden, neue Möglichkeiten der Viehzucht und andere landwirtschaftliche **Innovationen** eine **Agrarevolution** eingeleitet worden. Die Erträge konnten gesteigert, Überschüsse erzeugt und ein viel größerer Teil der Bevölkerung versorgt werden. Diese Entwicklungen griffen erst sehr viel später großflächig auf die deutschsprachigen Gebiete über, wurden dort aber bald schon rege diskutiert und in Ansätzen umgesetzt. Getragen wurden diese Innovationen vom Bürgertum, das zusehends auf Mitsprache bei politischen und wirtschaftlichen Entscheidungen drängte.

Innovation: Neuerung, Verbesserung

Die **Amerikanische Revolution** hatte ihren Ausgangspunkt in den Unabhängigkeitsbestrebungen der nordamerikanischen Kolonien. Sie führte in den Unabhängigkeitskrieg gegen die britische Kolonialmacht (1775 – 1783). Schließlich kam es zur **Gründung der Vereinigten Staaten von Amerika.** In weiterer Folge kam es auch in Frankreich, das den Unabhängigkeitskrieg der USA gegen Großbritannien unterstützt hatte, zur **Revolution von 1789.** Das Bürgertum und die Arbeiterschaft begehrten auf, die Monarchie wurde gestürzt, eine **Republik** gegründet.

Die Kapitulation des britischen Generals John Burgoyne in der Schlacht von Saratoga am 7. Oktober 1777. Die Schlacht bedeutete einen Wendepunkt im Amerikanischen Unabhängigkeitskrieg und stärkte die USA nachhaltig.

Viele Literaten Deutschlands reagierten zunächst begeistert auf die revolutionären Entwicklungen im Nachbarland Frankreich. **Friedrich Gottlieb Klopstock** (1724 – 1803; > S. 71) schrieb in seiner Ode **Kennet euch selbst** über die Französische Revolution: „Frankreich schuf sich frey. Des Jahrhunderts edelste That". **Christian Friedrich Daniel Schubart** (1739 – 1791), der wegen Kritik am Absolutismus zu zehn Jahren Festungshaft verurteilt wurde, kommentierte die Revolution in seiner Zeitschrift **Chronik** ebenso positiv. **Joachim Heinrich Campe** (1746 – 1818) reiste sogar nach Frankreich, um das aufbegehrende Volk dort zu unterstützen. Seine Reisebeschreibungen während der Revolutionszeit sind überliefert. Der durch seine Weltumseglung mit **James Cook** (1728 - 1779) zu Berühmtheit gelangte Autor **Georg Forster** (1754 – 1794) schloss sich gar der Revolution an, zunächst in Mainz (1793), dann übersiedelte er nach Paris, wo er begeistert an den revolutionären Aufmärschen teilnahm. Die Mainzer Revolution hatte nach französischem Vorbild einen Freistaat, nach bürgerlich demokratischen Regeln auf dem linksrheinischen Gebiet von Kurmainz ausgerufen. Der Freistaat, der eine Angliederung an Frankreich wollte, existierte jedoch nur von März bis Juli 1793, dann nahmen die Preußen das Gebiet ein und verfolgten alle Revolutionsführer mit ganzer Härte. Doch schon vor der Revolution hatten junge Dichter eine revolutionäre Stimmung in ihren Werken thematisiert. Friedrich Schillers Revolutionsdrama **Die Räuber** (1782) löste im Theater Begeisterungsstürme aus. Schiller distanzierte sich später allerdings von der Revolution in Frankreich. So schrieb er 1793 in einem Brief:

NOTIZ AM RANDE

Friedrich Schillers (1759 – 1805) Drama **Die Räuber** (1782) gehört zweifelsohne zu den beachtlichsten Stücken des Sturm und Drang: Karl Moor wird von seinem Bruder Franz durch eine Intrige aus der Familie gejagt. Auch seine Geliebte Amalia muss er zurücklassen. Fortan führt er das Leben eines edlen Räubers und schart eine Bande um sich. Zunächst will er nur gegen das System aufbegehren, die Räuber geraten jedoch teilweise außer Kontrolle und töten auch Unschuldige. Karls Versuch, seinen Vater und seine Geliebte aus den Fängen seines bösen Bruders Franz, eines Erbschleichers und Denunzianten, zu befreien, endet schließlich in einem Desaster. Die gesamte Familie kommt ums Leben, das Familienschloss wird von der Räuberbande niedergebrannt. Karl erkennt sein Scheitern und übergibt sich der Justiz.

Das Stück wurde begeistert aufgenommen. Ein Zeitgenosse schilderte die Premiere so: „Das Theater glich einem Irrenhaus, rollende Augen, geballte Fäuste, heisere Aufschreie im Zuschauerraum. Fremde Menschen fielen einander schluchzend in die Arme, Frauen wankten, einer Ohnmacht nahe, zur Tür. Es war eine allgemeine Auflösung wie ein Chaos, aus dessen Nebeln eine neue Schöpfung hervorbricht."

Peter-André Alt: Schiller. Leben – Werk – Zeit. 1. Band. München: C.H.Beck 2004, S. 282

Diese künstlerische Darstellung des Räubers Karl Moor stammt von Friedrich Pecht (1814 – 1903) und entstand um 1859.

„Der Versuch des Französischen Volks [...] eine politische Freiheit zu erringen, hat bloß das Unvermögen und die Unwürdigkeit desselben an den Tag gebracht [...]".

Peter-André Alt: Schiller. Leben – Werk – Zeit. 2. Band. München: C.H.Beck 2004, S. 125f.

Aufgaben

1 Beschreiben Sie die gesellschaftspolitischen Hintergründe der Epoche des Sturm und Drang.

2 Geben Sie die Positionen der im Textabschnitt genannten Literaten zur Französischen Revolution wieder.

3 Überlegen Sie, was die heutige Jugend an der älteren Generation bzw. der Gesellschaft kritisiert.

Kunst und Kultur

Politisch, gesellschaftlich und künstlerisch war die zweite Hälfte des 18. Jahrhunderts vor allem durch das Ende der Aufklärung eine spannende Zeit.

Die **Übersetzungen von Homers Odyssee** und **Ilias** durch Johann Heinrich Voß (1751 – 1826), der dafür das Versmaß des **Hexameters** wählte, verdeutlichen, dass die Weltanschauungen der Zeit nicht hätten weiter auseinander liegen können: Die jungen

Hexameter: antikes Versmaß, in dem Homer seine Dichtungen gesungen hat; in der deutschsprachigen Literatur wurde der Hexameter etwas umgebildet

Vertreter des Sturm und Drang lehnten eine Poesie ab, die starren Vorgaben folgte. Literaten wie Voß wollten hingegen das antike Versmaß des Hexameters möglichst exakt in der deutschen Sprache nachbilden. Den Literatinnen und Literaten der **Empfindsamkeit,** die dieser Auffassung von Dichtung folgten, standen die Stürmer und Dränger sehr kritisch und ablehnend gegenüber.

Die „jungen Wilden" wollen Veränderung

Der Sturm und Drang war eine geistige Strömung, die nach dem gleichnamigen Theaterstück von **Friedrich Maximilian Klinger** (1752 – 1831; > S. 72) benannt wurde. Diese Bewegung von jungen, aufstrebenden Literaten, die die geistigen Wegbereiter der Aufklärung ablösen wollten, blieb politisch unbedeutend und wirkungslos, löste aber eine Literaturrevolution aus. Die junge, neue Generation rebellierte gegen die Generation ihrer Väter und Mütter – sie taten dies genauso wie 50 Jahre später die Vertreterinnen und Vertreter des Jungen Deutschland (> S. 115ff.).

Bedeutend für die Empfindsamkeit waren die **ästhetischen Ideen** von **Johann Gottfried Herder.** Herder hatte 1773 eine Sammlung von „deutscher Art und Kunst" herausgebracht. Er verstand unter „deutsch" sowohl „germanisch", „nordisch" als auch „volkstümlich". Volkslieder wurden wieder beliebt und als Gut der deutschen Kultur angesehen.

Die jungen Stürmer und Dränger verstanden es auch zu feiern und den Aufklärern, um die es langsam still wurde, in Kundgebungen die Stirn zu bieten. Sie waren „bunte Hunde", die keine öffentliche Festivität ausließen, und befolgten damit Herders **Credo:** „Jeder Mensch von edeln lebendigen Kräften ist Genie auf seiner Stelle, in seinem Werk, zu seiner Bestimmung und wahrlich die besten Genies sind außer der Bücherstube."

NOTIZ AM RANDE

Als Philosoph prägte **Johann Gottfried Herder** (1744 – 1803) die Geschehnisse seiner Zeit entscheidend. Der Sohn eines pietistischen Kantors und Lehrers studierte Theologie, Philosophie und Medizin in Königsberg, wo er Immanuel Kant kennenlernte, der ihn stark beeinflusste. Von 1764 bis 1769 arbeitete Herder als Prediger und Lehrer in Riga, Lettland. Eine Seereise nach Nantes brachte ein Umdenken – weg von der Aufklärung hin zum Sturm und Drang. 1770 lernte er Goethe in Straßburg kennen.

Credo: Glaubensbekenntnis, Leitsatz

Der **Genie-Begriff** war für den Sturm und Drang zentral. Erstmals Erwähnung fand er durch den in Dublin geborenen Schriftsteller und Politiker **Robert Wood** (1716/1717 – 1771) in seiner Schrift **Essay on the Original Genius of Homer** (1769). Die Stürmer und Dränger verstanden unter dem **Originalgenie** einen Künstler, der ein Kunstwerk losgelöst von bisherigen Kunsttraditionen, nur von der Natur inspiriert, erschafft. Das Genie vermag die Natur mit seinen Sinnen zu erfassen und daraus wahre, schöpferische Kunst zu formen. Losgelöst ist man von bisherigen poetischen Formen, außerdem rücken **emotio** und Seele in den Mittelpunkt des Schaffens, anstelle der **ratio,** die bei den Aufklärern so wichtig gewesen war.

emotio: Gemütsbewegung, Ergriffenheit
ratio: Vernunft

Anregungen für diese literarische Epoche kamen auch durch Jean-Jacques Rousseaus **Kulturkritik** (> S. 47). Friedrich Schiller setzte Rousseau im folgenden Gedicht ein poetisches Denkmal.

Rousseau

Monument von unsrer Zeiten Schande,
Ew'ge Schmachschrift deiner Mutterlande,
Rousseaus Grab, gegrüßet seist du mir!
Fried' und Ruh' den Trümmern deines Lebens!
Fried' und Ruhe suchtest du vergebens,
Fried' und Ruhe fandst du hier!

Wann wird doch die alte Wunde narben?
Einst war's finster, und die Weisen starben!
Nun ist's lichter, und der Weise stirbt.
Sokrates ging unter durch Sophisten,
Rousseau leidet, Rousseau fällt durch Christen,
Rousseau – der aus Christen Menschen wirbt.

[...]

Friedrich Schiller: Sämtliche Werke. Band 1. München: Hanser 1962, S. 47 – 50

Neue Wege in der Kunst

Auch in der Malerei und in der darstellenden Kunst gingen aus der Generation der um die Jahrhundertmitte Geborenen auffallend viele künstlerische „Sonderlinge", „Freigeister" und „Rebellen" hervor. Der Bildhauer Franz Xaver Messerschmidt (1736 - 1783) mit seinen karikierend verzerrten Charakterköpfen ist hier sicherlich eine der besonders eigenwilligen und bemerkenswerten Persönlichkeiten. Er nahm eine Gegenposition zu den Malern und Künstlern der Empfindsamkeit ein, die vor allem idyllische Landschaftsbilder schufen.

Revolutionäre Kunst: Charakterköpfe von Franz Xaver Messerschmidt: „Der weinerliche Alte" und „Der unfähige Fagottist", zwischen 1771 und 1783 hergestellte Zinnbüsten

Der Österreicher **Franz Anton Maulbertsch** (1724 - 1796) brach schließlich mit den barocken Traditionen seiner Zeit und führte die Malerei hin zur Klassik, denn anders als in der Literatur blieb die barocke Strömung in der Malerei und der Architektur viel länger prägend. Herausragend sind die eindrucksvollen Lichteffekte in seinem Werk. Als erste Frau der **Wiener Akademie der bildenden Künste** wurde die polnisch-preußische Malerin **Anna Dorothea Therbusch** (1721 - 1782) aufgenommen. Ihre Rokokobilder stießen auf großen Zuspruch, vor allem bei Herrschern des aufgeklärten Absolutismus. Allerdings musste sie sich ihren Ruhm als Frau in einer männerdominierten Welt hart erarbeiten.

Anna Dorothea Therbusch, Selbstporträt um 1761

Auch die Musikerkreise der **Mannheimer** und der **Wiener Schule** überwanden das Barock und näherten sich der Klassik an. Ihr Stil war galanter, die Sinfonie wurde weiterentwickelt. Musik gewann an weltlicher Bedeutung und verdrängte nach und nach die Kirchenmusik. Mozart, ein Vertreter der Wiener Klassik (1770 - 1830), vertonte das revolutionär anmutende Stück **Figaros Hochzeit** von Beaumarchais, das am Wiener Burgtheater 1786 Premiere feierte. Ebenso entwickelte sich der Tanz weiter und wurde intimer sowie bürgerlicher. Populär wurde der **Walzer,** den Goethe in **Die Leiden des jungen Werther** (1774; > S. 69f.) als sinnlichen Tanz beschreibt. Schiller prägte den Begriff „Walzer" für diese Form des Tanzens, die es seit der Mitte des Jahrhunderts gab, in seiner Ballade **Graf Eberhard der Greiner von Wirtemberg** (1782):

Und zogen wir mit Hörnerklang
Ins Lager froh zurück,
Und Weib und Kind im Rundgesang
Beim Walzer und beim Becherklang
Lustfeiern unser Glück.

Friedrich Schiller: Gesammelte Werke. Band 2. Gedichte, Erzählungen. Berlin / Darmstadt / Wien 1964, S. 71

Aufgaben

1 Benennen Sie wichtige Entwicklungen der Kunst und Kultur aus diesem Kapitelabschnitt.

2 Untersuchen Sie das Gedicht von Schiller über Rousseau nach möglichen Aussagen. Recherchieren Sie im Internet nach weiteren biografischen Informationen zu Rousseau.

3 Gibt es Genies? Was macht einen Menschen zum Genie? Diskutieren Sie Ihre Meinungen in der Klasse.

Literatur und Personen

Dichtung wurde im Sturm und Drang erstmals zum Ausdruck persönlichen Erlebens in leidenschaftlicher Sprache. Im Mittelpunkt der Dramen standen die Selbstverwirklichung und der Konflikt des Individuums mit der Gesellschaft und der Kultur. Auch der Kampf für die politische Freiheit wurde thematisiert, wie etwa in **Friedrich Schillers** Drama **Die Verschwörung des Fiesco zu Genua** (1783). Aber auch das Ringen um Freiheit und Liebe war ein zentrales Thema: etwa in **Kabale und Liebe** (1784) von Schiller, außerdem in **Jakob Michael Reinhold** Lenz' **Der Hofmeister** (1774) und **Die Soldaten** (1776) oder in **Heinrich Leopold Wagners** **Die Kindermörderin** (1776).

Geniekult um Shakespeare

Shakespeare löste die Franzosen Racine und Corneille, die für die Aufklärer wichtig gewesen waren, als literarisches Vorbild ab. Er wurde als innovativer Erneuerer des klassischen Theaters gefeiert. Viele seiner Stücke wurden sowohl von Christoph Martin Wieland (1733 – 1813) als auch von Friedrich Schiller (1759 – 1805) ins Deutsche übersetzt. Die jungen Vertreter des Sturm und Drang veranstalteten regelmäßige **Shakespeare-Feiern,** bei denen auch aus seinen Werken vorgetragen und rezitiert wurde und diese generell geehrt wurden. Bei einer dieser Feiern im Jahr 1771 schrieb Goethe leidenschaftlich und voll Bewunderung: „Und ich rufe: Natur! Natur! nichts so Natur als Schäkespears Menschen. […] Er wetteiferte mit dem Prometheus, bildete ihm Zug vor Zug Menschen nach, nur in kolossalischer Größe." Goethes frühe Gedichte und auch seine Dramen wurden stark von Shakespeare beeinflusst.

NOTIZ AM RANDE

Friedrich Schiller gehörte zu den bedeutenden Autoren des Sturm und Drang. Wiederholt geriet er mit seinem Landesherrn Herzog Carl Eugen von Württemberg (Regierungszeit 1744 – 1793) in Konflikt. So untersagte dieser ihm Reisen außerhalb des Herzogtums, darunter fiel auch die Stadt Mannheim, wo Schillers **Die Räuber** (> S. 66) seine Uraufführung haben sollte. Da Schiller sein eigenes Stück aber untersagterweise besuchte, ließ ihn Herzog Carl Eugen vierzehntägig einsperren. Als Schiller das Land erneut unerlaubt verließ, drohte ihm der Herzog Festungshaft an. Also floh Schiller geheim nach Mannheim und kehrte seiner Heimat den Rücken.

Kabale: Intrige

Shakespeare war Kultfigur und literarische Inspiration für viele Strömungen der deutschsprachigen Literatur. Seine Theaterstücke, aber auch seine Sonette wirkten stilbildend. 1904 wurde ihm aus Verehrung im deutschen Weimar das erste Denkmal auf dem europäischen Festland errichtet.

Genauer betrachtet: *Die Leiden des jungen Werther* – das erste Kultbuch mit Skandalwirkung

Johann Wolfgang von Goethes Briefroman **Die Leiden des jungen Werther** (1774; > S. 73f.) wurde (europaweit) zum Bestseller und Kultbuch seiner Zeit und gehört zu den erfolgreichsten Büchern der Literaturgeschichte. Der Handlungszeitraum dieses Romans umfasst den 4. Mai 1771 bis zum 21. Dezember 1772 und endet mit dem Suizid des leidenden, sensiblen jungen Werther, aus verschmähter Liebe und Weltschmerz heraus. In Form von **Briefen** wird aus Werthers (subjektiver) **personaler Perspektive** erzählt – ein für seine Entstehungszeit völlig radikaler Zugang. Der Erfolgsroman führte zu einem wahren **Werther-Hype:** Der Kleidungsstil der Hauptfigur

Ein bedeutender Stürmer und Dränger war der junge Goethe (1749 – 1832). Er begehrte auch in seinen Werken gegen die Generation der Väter (die Hymne **Prometheus**, *1772 – 1774) und die Obrigkeit (***Götz von Berlichingen**, *1774) auf. Die Sturm-und-Drang-Schaffensperiode endete mit seinem Eintritt in den Staatsdienst 1776. Dieses Porträt schuf Angelika Kaufmann 1787 (> S. 51).*

wurde modisch kopiert. Die sogenannte „Werther-Tracht" bestand aus einem blauen Tuchfrack, gelber Weste, Kniehosen aus gelbem Leder, Stulpenstiefeln und einem grauen Filzhut. In weiterer Folge nahmen sich viele junge Männer, die sich mit dem Protagonisten Werther identifizieren konnten, tragischerweise auch das Leben. Aufgrund dessen war Goethe – bei allem Erfolg – auch harschen Anfeindungen ausgesetzt. Kritiker warfen ihm vor, die **„Jugend zu verderben"**. Tatsächlich identifizierte sich die gebildete bürgerliche Jugend mit Werthers Orientierungslosigkeit, Schwärmerei für die Künste, Sentimentalität und seiner leidenschaftlichen Liebe. Doch auch sein Unvermögen, sich einer autoritären Gesellschaft unterzuordnen, etwa unter der Vorherrschaft des Adels, wurde verstanden. Werther, eigentlich ein Träumer, will als **Genie** aufgehen und findet doch keinen Ausbruch aus der öden Welt als durch die Flucht in die Liebe und schließlich in den Tod.

Bereits kurz nach der Veröffentlichung des Werkes im September 1774 war in der *Altoner Zeitung* zu lesen gewesen, dass „dergleichen Bücher von jedem Staate, dem an nichts so sehr, als an der Erhaltung seiner Bürger gelegen ist, verboten werden" sollte. Goethe argumentierte, dass er nie eine Verteidigung des Suizids beabsichtigt hatte, sondern vielmehr die freie Willensentscheidung des Einzelnen skizzieren wollte.

Tatsächlich wurde das Buch zu einem noch nie dagewesenen **Verkaufserfolg.** Nun aber wurden auch die Verbotsrufe aus Reihen der Geistlichkeit laut. Der Hamburger Hauptpastor Johann Melchior Goeze (1717 – 1786), der bereits mit Lessing über dessen literarischen Geschmack gestritten hatte, sah im **Werther** ein **„Skandalon"**, das öffentlich zu verbrennen wäre, und beschwor in öffentlichen Predigten sogar **Sodom und Gomorrha** herauf, um das Buch verbannt zu wissen. Es war erstmalig im deutschen Sprachraum, dass ein belletristisches Werk so kontrovers und hitzig diskutiert wurde. Schließlich siegten die Gegner des Buches – jedenfalls vorerst: Auf Antrag der theologischen Fakultät in Leipzig wurde schließlich am 30. Januar 1775 der Druck, Vertrieb und Verkauf des Romans **Die Leiden des jungen Werther** im Raum Sachsen verboten. Das Buch, so hieß es in der Begründung, sei „eine Verteidigung des Selbstmords" und daher für „labile Menschen" gefährlich. Für die Gegner des Buches lieferten die zahlreichen bereits begangenen Suizide den Beweis dafür. 1776 wurde der **Werther** in allen habsburgischen Ländern verboten. Goethe selbst wollte übrigens in seinen letzten Jahren nicht mehr auf den Werther angesprochen werden. Heute ist das Buch ein **Klassiker der Weltliteratur.**

Werther, darunter Werther und Lotte, als Zeichnung des populären deutschen Kupferstechers Daniel Nikolaus Chodowiecki (1726 – 1801)

Skandalon: etwas Anstoßerregendes; Skandal
Sodom und Gomorrha: gelten im Alten Testament als Orte der Sünde, die von Gott zerstört wurden

Aufgaben

1 Geben Sie die wichtigsten Informationen des Genauer betrachtet-Texts wieder.

2 Erklären Sie, warum **Die Leiden des jungen Werther** die Jugend so sehr beeinflusste.

3 Diskutieren Sie Werke (aus Literatur, Film, Kunst, Unterhaltung etc.) und Personen, die heute einen großen Einfluss auf die Jugend haben. Überlegen Sie, woran das liegen könnte und begründen Sie, was die Faszination dieser Werke und Personen ausmacht.

Die Empfindsamkeit

Lessing (> S. 56) schuf das Wort „empfindsam" frei nach dem englischen Wort „sentimental". Die literarische Strömung verlief parallel zu jener der Aufklärung und des Sturm und Drang. Sie stand für die Verweltlichung des religiösen Naturgefühls in **subjektivem Gefühlüberschwang,** in **Selbstgenuss, Freundschaftskult, Schwärmerei** und **Emotionalität.** Gefühl galt als Maßstab für Persönlichkeit. Ausgedrückt wurde diese Lebenseinstellung durch Briefe, Gespräche, Tagebücher und Bekenntnisse.

Einen großen Einfluss auf die deutschsprachige Empfindsamkeit hatte die Literatur aus Großbritannien. Schwermütige Tugend- und Familienromane wie Samuel Richardsons (1689 – 1761) **Pamela** (1740), unterhaltsame und eigenwillige Romane wie Laurence Sternes (1713 – 1768) **Tristram Shandy** (1759) oder Edward Youngs (1683 – 1765) **Nights Thoughts** (1745), aber auch James Macphersons (1736 – 1796) schwärmerischer, poetischer Text **Ossian** (1760) und Oliver Goldsmiths (1728 – 1774) idyllischer Roman **The Vicar of Wakesfield** (1766) kamen von der Insel aufs europäische Festland und wurden gerne und viel gelesen. Die beliebtesten literarischen Gattungen der Empfindsamkeit waren der Briefroman und der Reiseroman, etwa Johann Timotheus Hermes' **Sophiens Reise von Memel nach Sachsen** (1769 – 1773).

Sophie von la Roche (1730 – 1806), eine **Autorin** der **Empfindsamkeit,** war eine der wenigen schreibenden Frauen der Zeit. Ihr anfangs anonym von Christoph Martin Wieland herausgegebener Roman **Geschichte des Fräuleins von Sternheim** (1771) war ein **moralischer Briefroman,** der die Tugend der Frau in der Gesellschaft in den Vordergrund rückte. Im gleichen Jahr erschien auch **Anna Maria Sagars** (1727 – 1805) Briefroman **Die verwechselten Töchter, eine wahrhafte Geschichte, in Briefen entworfen von einem Frauenzimmer.**

Die erste deutsche Schriftstellerin, die nur vom Schreiben leben konnte: Sophie von la Roche, hier auf einem Gemälde von Georg Oswald May (1738 – 1816), um 1776

Beide Autorinnen waren Vorbilder für die nachfolgende Generation von Schriftstellerinnen. Von ihnen beeinflusst wurden Autorinnen wie Caroline de la Motte Fouqué (1773 – 1831), Karoline von Günderode (1780 – 1806; > S. 106), Amalie von Imhoff (1776 – 1831), Caroline Pichler (1769 – 1843) und Karoline von Wolzogen (1763 – 1847).

In der **Dramatik der Empfindsamkeit** wurden in **weinerlichen Lustspielen** (Christian Fürchtegott Gellert, 1715 – 1769) oder **Rührstücken** (August von Kotzebue, 1761 – 1819; Friedrich Ludwig Schröder, 1744 – 1816) bürgerliche Tugendideale beschrieben.

Klopstock und der Göttinger Hain

Friedrich Gottlieb Klopstock (1724 – 1803) war eine der zentralen **Persönlichkeiten der Empfindsamkeit.** In seinem Hauptwerk, dem formstrengen Versepos **Der Messias** (1748 – 1773), vereinen sich die Kraft und die Sprache der empfindsamen Strömung. 1772 gründete Klopstock gemeinsam mit Johann Heinrich Voß in Göttingen den Freundschaftsbund **„Göttinger Hain".** Zum Bund, der sich unregelmäßig traf, gehörten Matthias Claudius (1740 – 1815), **Ludwig Christoph Heinrich Hölty** (1748 – 1776), Christian Friedrich Daniel Schubart, Johann Martin Miller (1750 – 1814) und Carl Friedrich Cramer (1752 – 1807), um nur einige Mitglieder zu nennen. Nicht nur Künstler gehörten diesem Hain an, sondern auch Juristen, Ärzte und Theologen.

Friedrich Gottlieb Klopstock, in der rechten Hand hält er ein Manuskript mit der zwölften Strophe seiner 1748 entstandenen Ode ***Der Abschied****, hinter einem Vorhang im Schatten ist eine Büste Homers zu sehen, Porträt von Maria Elisabeth Vogel (1746 – 1810), 1782*

Kurzporträts

Karl Philipp Moritz (1756 – 1793) arbeitete zunächst als Hutmacherlehrling, strebte aber eine Karriere als Schauspieler an. Schließlich studierte er in Erfurt und Wittenberg Theologie und unternahm anschließend längere Reisen ins Ausland: 1782 nach England und 1786 nach Italien, wo er Goethe kennenlernte. Ab 1789 wurde Moritz Professor für Altertumskunde in Berlin. Sein einziger Roman **Anton Reiser** (1785 – 1790) gilt heute als der erste psychologische Roman der deutschen Literatur.

Karl Philipp Moritz, Gemälde von Karl Franz Jacob Heinrich Schumann (1767 – 1827), 1791

Jakob Michael Reinhold Lenz (1751 – 1790) wurde in Seßwegen, Livland, dem heutigen Litauen geboren. Von 1768 bis 1771 studierte er auf Wunsch seines Vaters in Königsberg Theologie, war aber mehr an der Literatur interessiert. Als er sein Studium abbrach, strich sein Vater ihm die finanzielle Unterstützung. Er verdiente seinen Lebensunterhalt nun z. B. als Hofmeister in Straßburg. Seine dortigen Erfahrungen flossen in das Drama **Der Hofmeister** (1774; > S. 75f.) ein. Er war ein großer Bewunderer Goethes, mit dem ihn anfangs auch eine Freundschaft verband. 1776 folgte Lenz Goethe nach Weimar. Wegen ungebührlichen Verhaltens wurde er jedoch bald darauf dazu veranlasst, die Stadt zu verlassen. Goethe schrieb von einer „Eseley". Man weiß heute nicht genau, was vorgefallen war, jedoch zeichnete sich damals schon die Geisteskrankheit (aus heutiger Sicht handelte es sich wahrscheinlich um eine Form der Schizophrenie) ab, unter der Lenz bis zu seinem Tod leiden sollte. In den letzten Jahren seines Lebens schrieb er kaum noch. 1790 zog er nach Moskau, wo er als Übersetzer tätig war. Da er den Moskauer Freimaurern angehörte, die von Zarin Katharina der Großen (Regierungszeit 1762 – 1793) verfolgt wurden, war eines Tages auch die Wohnung von Lenz umstellt. Er wurde am 4. Juni tot auf der Straße aufgefunden. Der Dichter **Georg Büchner** (1813 – 1837; > S. 126) widmete ihm seine Erzählung **Lenz.**

Jakob Michael Reinhold Lenz, Porträt von Heinrich Pfenninger (1749 – 1815), 1777

Friedrich Maximilian Klinger (1752 – 1831) wurde in Frankfurt am Main geboren. Er war ein enger Freund Goethes. Anfangs konzentrierte sich Klinger mehr auf die Schauspielerei, dann aber auf das Schreiben. Die Theaterstücke **Sturm und Drang** (1776; ursprünglich sollte es **Wirrwarr** heißen) und **Die Zwillinge** (1776) hatten großen Erfolg beim Publikum. Bis 1803 verfasste Klinger ca. 30 Lustspiele und Dramen, bevor er eine Stelle als Kurator an der Universität im estnischen Dorpat annahm und damit zu einem wichtigen Vertreter Deutschlands in Russland wurde.

Friedrich Maximilian Klingers Theaterstück **Sturm und Drang** *wurde nicht nur zum Namensgeber dieser Bewegung, Klinger selbst spielte eine zentrale Rolle im Sturm und Drang, war gut befreundet mit Friedrich Schiller und mit Johann Wolfgang von Goethe verband ihn eine Lebensfreundschaft; Goethe fertigte diese Kreidezeichnung Klingers 1788 an*

Aufgaben

1 Beschreiben Sie, was die literarische Bewegung der Empfindsamkeit unter dem Begriff „Empfindsamkeit" verstand.

2 Wählen Sie eines der literarischen Werke, das in diesem Kapitelabschnitt erwähnt wird. Organisieren Sie das Werk aus der Schulbibliothek oder recherchieren Sie danach im Internet. Lesen Sie einen Textauszug daraus in der Klasse vor. Erklären Sie kurz, worum es in dem Textauszug geht und warum sie diesen gewählt haben.

Reflexionen zum Kapitel

> **Portfolio:** „Dahin stürme ich, danach dränge ich" – verfassen Sie zu dieser Überschrift ein passendes Gedicht oder eine kurze Erzählung.

> Die Anliegen der Stürmer und Dränger hatten kaum großen Einfluss auf Politik und Gesellschaft. Diskutieren Sie, wie und ob die heutige Jugend gesellschaftlich und politisch etwas verändern kann.

TEXT

Die Leiden des jungen Werther

Johann Wolfgang von Goethe, 1774

Letztes Kapitel

Nach Eilfe
„Alles ist so still um mich her, und so ruhig meine Seele. Ich danke dir, Gott, der du diesen letzten Augenblicken diese Wärme, diese Kraft schenkest.

Ich trete an das Fenster, meine Beste, und sehe, und sehe noch durch die stürmenden, vorüberfliehenden Wolken einzelne Sterne des ewigen Himmels! Nein, ihr werdet nicht fallen! Der Ewige trägt euch an seinem Herzen, und mich. Ich sehe die Deichselsterne des Wagens, des liebsten unter allen Gestirnen. Wenn ich nachts von dir ging, wie ich aus deinem Tore trat, stand er gegen mir über. Mit welcher Trunkenheit habe ich ihn oft angesehen, oft mit aufgehabenen Händen ihn zum Zeichen, zum heiligen Merksteine meiner gegenwärtigen Seligkeit gemacht! Und noch – o Lotte, was erinnert mich nicht an dich! Umgibst du mich nicht! Und habe ich nicht, gleich einem Kinde, ungenügsam allerlei Kleinigkeiten zu mir gerissen, die du Heilige berührt hattest!

Liebes Schattenbild! Ich vermache dir es zurück, Lotte, und bitte dich, es zu ehren. Tausend, tausend Küsse habe ich darauf gedrückt, tausend Grüße ihm zugewinkt, wenn ich ausging oder nach Hause kam. Ich habe deinen Vater in einem Zettelchen gebeten, meine Leiche zu schützen. Auf dem Kirchhofe sind zwei Lindenbäume, hinten in der Ecke nach dem Felde zu; dort wünsche ich zu ruhen. Er kann, er wird das für seinen Freund tun. Bitte ihn auch. Ich will frommen Christen nicht zumuten, ihren Körper neben einen armen Unglücklichen zu legen. Ach, ich wollte, ihr begrübt mich am Wege, oder im einsamen Tale, daß Priester und Levit vor dem bezeichneten Steine sich segnend vorübergingen und der Samariter eine Träne weinte.

Hier, Lotte! Ich schaudre nicht, den kalten, schrecklichen Kelch zu fassen, aus dem ich den Taumel des Todes trinken soll! Du reichtest mir ihn, und zage nicht. All! All! So sind alle die Wünsche und Hoffnungen meines Lebens erfüllt! So kalt, so starr an der ehernen Pforte des Todes anzuklopfen.

Daß ich des Glückes hätte teilhaftig werden können, für dich zu sterben! Lotte, für dich mich hinzugeben! Ich wollte mutig, ich wollte freudig sterben, wenn ich dir die Ruhe, die Wonne deines Lebens wiederschaffen könnte. Aber ach! Das ward nur wenigen Edeln gegeben, ihr Blut für die Ihrigen zu vergießen und durch ihren Tod ein neues, hundertfältiges Leben ihren Freunden anzufachen.

In diesen Kleidern, Lotte, will ich begraben sein, du hast sie berührt, geheiligt; ich habe auch deinen Vater darum gebeten. Meine Seele schwebt über dem Sarge. Man soll meine Taschen nicht aussuchen. Diese blaßrote Schleife, die du am Busen hattest, als ich dich zum ersten Male unter deinen Kindern fand – o küsse sie tausendmal und erzähle ihnen das Schicksal ihres unglücklichen Freundes. Die Lieben! Sie wimmeln um mich. Ach wie ich mich an dich schloß! Seit dem ersten Augenblicke dich nicht lassen konnte! – diese Schleife soll mit mir begraben werden. An meinem Geburtstage schenktest du sie mir! Wie ich das alles verschlang! – ach, ich dachte nicht, daß mich der Weg hierher führen sollte! – sei ruhig! Ich bitte dich, sei ruhig!

Sie sind geladen – es schlägt zwölfe! So sei es denn! – Lotte! Lotte, lebe wohl! Lebe wohl!"

Ein Nachbar sah den Blick vom Pulver und hörte den Schuß fallen; da aber alles stille blieb, achtete er nicht weiter drauf.

Morgens um sechse tritt der Bediente herein mit dem Lichte. Er findet seinen Herrn an der Erde, die Pistole und Blut. Er ruft, er faßt ihn an; keine Antwort, er röchelt nur noch. Er läuft nach den Ärzten, nach Alberten. Lotte hört die Schelle ziehen, ein Zittern ergreift alle ihre Glieder. Sie weckt ihren Mann, sie stehen auf, der Bediente bringt heulend und stotternd die Nachricht, Lotte sinkt ohnmächtig vor Alberten nieder.

Als der Medikus zu dem Unglücklichen kam, fand er ihn an der Erde ohne Rettung, der Puls schlug, die Glieder waren alle gelähmt. Über dem rechten Auge hatte er sich durch den Kopf geschossen, das Gehirn war herausgetrieben. Man ließ ihm zum Überfluß eine Ader am Arme, das Blut lief, er holte noch immer Atem.

Aus dem Blut auf der Lehne des Sessels konnte man schließen, er habe sitzend vor dem Schreibtische die Tat vollbracht, dann ist er heruntergesunken, hat sich konvulsivisch um den Stuhl herumgewälzt. Er lag gegen das Fenster entkräftet auf dem Rücken, war in völliger Kleidung, gestiefelt, im blauen Frack mit gelber Weste.

Das Haus, die Nachbarschaft, die Stadt kam in Aufruhr. Albert trat herein. Werthern hatte man auf das Bett gelegt, die Stirn verbunden, sein Gesicht schon wie eines Toten, er rührte kein Glied. Die Lunge röchelte noch fürchterlich, bald schwach, bald stärker; man erwartete sein Ende.

Von dem Weine hatte er nur ein Glas getrunken. „Emilia Galotti" lag auf dem Pulte aufgeschlagen.

Von Alberts Bestürzung, von Lottens Jammer laßt mich nichts sagen.

Der alte Amtmann kam auf die Nachricht hereingesprengt, er küßte den Sterbenden unter den heißesten Tränen. Seine ältesten Söhne kamen bald nach ihm zu Fuße, sie fielen neben dem Bette nieder im Ausdrucke des unbändigsten Schmerzens, küßten ihm die Hände und den Mund, und der älteste, den er immer am meisten geliebt, hing an seinen Lippen, bis er verschieden war und man den Knaben mit Gewalt wegriß. Um zwölfe mittags starb er. Die Gegenwart des Amtmannes und seine Anstalten tuschten einen Auflauf. Nachts gegen eilfe ließ er ihn an die Stätte begraben, die er sich erwählt hatte. Der Alte folgte der Leiche und die Söhne, Albert vermocht's nicht. Man fürchtete für Lottens Leben. Handwerker trugen ihn. Kein Geistlicher hat ihn begleitet.

IN SZENE GESETZT

Jules Massenet (1842 – 1912) komponierte die Oper **Werther**, die 1892 in der deutschen Fassung an der Wiener Hofoper uraufgeführt wurde. Das Libretto nach Goethes Briefroman **Die Leiden des jungen Werther** verfassten Édouard Blau, Paul Milliet und Georges Hartmann. Das abgebildete Plakat warb für die französische Erstaufführung 1893.

Johann Wolfgang von Goethe, Die Leiden des jungen Werther. Ditzingen: Reclam 2006, S. 150 – 154

Aufgaben

1 Geben Sie kurz die Ereignisse des Textauszugs wieder.

2 Beschreiben Sie Werthers letzte Wünsche und seine Verzweiflung.

3 Erklären Sie den letzten Satz des Romans: „Kein Geistlicher hat ihn begleitet."

4 Überlegen Sie, ob die Kritik an Goethes Werther, dieser würde zum Suizid verleiten, Berechtigung hat oder nicht. Begründen Sie Ihre Meinung. Lesen Sie hierzu **Genauer betrachtet: *Die Leiden des jungen Werther* – das erste Kultbuch mit Skandalwirkung** (> S. 69f.).

TEXT

Seufzer

Ludwig Heinrich Christoph Hölty, 1783

Die Nachtigall
Singt überall
Auf grünen Reisen
Die besten Weisen,
Daß ringsum Wald
Und Ufer schallt.

Manch junges Paar
Geht dort, wo klar
Das Bächlein rauschet,
Und steht, und lauschet
Mit frohem Sinn
Der Sängerin.

Ich höre bang'
Im düstern Gang
Der Nachtigallen
Gesänge schallen;
Denn ach! allein
Irr' ich im Hain.

Michael Holzinger (Hg.): Ludwig Christoph Heinrich Hölty: Sämtliche Gedichte. Berlin: Zenodot 2014, S. 84

Aufgaben

1 Geben Sie Motive der Empfindsamkeit des Gedichts wieder.

2 Untersuchen Sie das Gedicht nach seinem Aufbau und seinen sprachlichen Bildern.

3 Deuten Sie die Empfindungen und Wahrnehmungen des lyrischen Ichs.

4 Recherchieren Sie im Internet nach einer Vertonung von **Seufzer** durch Franz Schubert und hören Sie sich die Aufnahme an.

TEXT

Der Hofmeister

Jakob Michael Reinhold Lenz, 1774

Läuffer ist als Hofmeister, also als Erzieher und Lehrer, bei einem Major angestellt und soll dessen Sohn Leopold unterrichten.

Erster Akt.

Vierte Scene.

Läuffers Zimmer.

Läuffer. Leopold. Der Major.

(Erstere sitzen an einem Tisch, ein Buch in der Hand, indem sie der letztere überfällt.)

Major

So recht; so lieb' ichs; hübsch fleißig – und wenn die Kanaille nicht behalten will, Herr Läuffer, so schlagen Sie ihm das Buch an den Kopf, daß ers Aufstehen vergißt, oder wollt' ich sagen, so dürfen Sie mirs nur klagen. Ich will Dir den Kopf zurecht setzen, Heyduk Du! Seht da zieht er das Maul schon wieder. Bist empfindlich, wenn Dir Dein Vater was sagt? Wer soll Dirs denn sagen? Du sollst mir anders werden, oder ich will Dich peitschen, daß Dir die Eingeweide krachen sollen, Tuckmäuser! Und Sie, Herr, seyn Sie fleißig mit ihm, das bitt' ich mir aus, und kein Feriiren und Pausiren und Rekreiren, das leid ich nicht. (…) – Wie stehts, kann er seinen Cornelio? Lippel! ich bitt Dich um tausend Gottes willen, den Kopf grad. Den Kopf in die Höhe, Junge! (richtet ihn) Tausend Sakkerment den Kopf aus den Schultern! oder ich zerbrech Dir Dein Rückenbein in tausendmillionen Stücken.

Läuffer

Der Herr Major verzeihen: er kann kaum lateinisch lesen.

Major

Was? So hat der Rakker vergessen. – Der vorige Hofmeister hat mir doch gesagt, er sey perfekt im Lateinischen, perfekt. … Hat ers ausgeschwitzt – aber ich will Dir – Ich will es nicht einmal vor Gottes Gericht zu verantworten haben, daß ich Dir keinen Daumen aufs Auge gesetzt habe, und daß ein Galgendieb aus Dir geworden ist, wie der junge Hufeise oder wie Deines Onkels Friedrich, eh Du mir so ein Gassenläuferischer Taugenichts – Ich will dich zu Tode hauen – *(giebt ihm eine Ohrfeige)* Schon wieder wie ein Frag-

>

zeichen? Er läßt sich nicht sagen. – Fort mir aus den Augen. – Fort! Soll ich Dir Beine machen? Fort, sag' ich. *(stampft mit dem Fuß. Leopold geht ab. Major setzt sich auf seinen Stuhl. Zu Läuffern.)* Bleiben Sie sitzen, Herr Läuffer; ich wollte mit ihnen ein paar Worte allein sprechen, darum schickt' ich den jungen Herrn fort. Sie können immer sitzen bleiben; ganz, ganz. Zum Henker Sie brechen mir ja den Stuhl entzwey, wenn Sie immer so auf einer Ecke ... Dafür steht ja der Stuhl da, daß man drauf sitzen soll. Sind Sie so weit gereist und wissen das noch nicht? – Hören Sie nur: ich seh' Sie für einen hübschen artigen Mann an, der Gott fürchtet und folgsam ist, sonst würd' ich das nimmer thun, was ich für Sie thue. Hundert und vierzig Dukaten jährlich hab' ich Ihnen versprochen: das machen drey – Warte – Dreymal hundert und vierzig: wieviel machen das?

Läuffer

Vier hundert und zwanzig.

Major

Ists gewiß? Macht das soviel? Nun damit wir gerade Zahl haben, vierhundert Thaler preußisch Courant hab' ich zu Ihrem Salarii bestimmt. Sehen Sie, das ist mehr als das ganze Land giebt.

Läuffer

Aber mit Eurer Gnaden gnädigen Erlaubniß, die Frau Majorin haben mir von hundert funfzig Dukaten gesagt; das machte gerade vierhundert funfzig Thaler und auf diese Bedingungen hab' ich mich eingelassen.

Major

Ey was wissen die Weiber! – Vierhundert Thaler, Monsieur; mehr kann Er mit gutem Gewissen nicht fodern. Der vorige hat zweihundert funfzig gehabt und ist zufrieden gewesen wie ein Gott. Er war doch, mein Seel! ein gelehrter Mann; auch und ein Hofmann zugleich: die ganze Welt gab' ihm das Zeugniß, und Herr, Er muß noch ganz anders werden, eh' Er so wird. Ich thu' es nur aus Freundschaft für Seinen Herrn Vater, was ich an Ihm thue und um Seinetwillen auch, wenn Er hübsch folgsam ist, und werd' auch schon einmal für Sein Glück zu sorgen wissen; das kann Er versichert seyn. – Hör Er doch einmal: ich hab' eine Tochter, das mein Ebenbild ist und die ganze Welt giebt ihr das Zeugniß, daß ihres gleichen an Schönheit im ganzen Preussenlande nichts anzutreffen. Das Mädchen hat ein ganz anders Gemüth als mein Sohn, der Buschklepper. Mit dem muß ganz anders umgegangen werden! Es weiß sein Christenthum aus dem Grunde und in dem Grunde, aber es ist denn nun doch, weil sie bald zum Nachtmahl gehen soll und ich weiß wie die Pfaffen sind, so soll er auch alle Morgen etwas aus dem Christenthum mit ihr nehmen. Alle Tage Morgens eine Stunde und da geht Er auf ihr Zimmer; angezogen, das versteht sich: denn Gott behüte, daß Er so ein Schweinigel seyn sollte wie ich einen gehabt habe, der durchaus im Schlafrock an Tisch kommen wollte. – Kann Er auch zeichnen?

Läuffer

Etwas, gnädiger Herr. – Ich kann Ihnen einige Proben weisen.

Major

(besieht sie) Das ist ja scharmant! – Recht schön; gut das: Er soll meine Tochter auch zeichnen lehren. – Aber hören Sie, werther Herr Läuffer, um Gottes Willen ihr nicht scharf begegnet; das Mädchen hat ein ganz ander Gemüth als der Junge. Weiß Gott! es ist als ob sie nicht Bruder und Schwester wären. Sie liegt Tag und Nacht über den Büchern und über den Trauerspielen da, und sobald man ihr nur ein Wort sagt, besonders ich, von mir kann sie nichts vertragen, gleich stehn ihr die Backen in Feuer und die Thränen lauffen ihr wie Perlen drüber herab. Ich wills Ihm nur sagen: das Mädchen ist meines Herzens einziger Trost. Meine Frau macht mir bittre Tage genug: sie will alleweil herrschen und weil sie mehr List und Verstand hat, als ich. Und der Sohn, das ist ihr Liebling; den will sie nach ihrer Methode erziehen; fein säuberlich mit dem Knaben Absalom, und da wird denn einmal so ein Galgenstrick draus, der nicht Gott, nicht Menschen was Nutz ist. – Das will ich nicht haben. – Sobald er was thut, oder was versieht, oder hat seinen Lex nicht gelernt, sag' Ers mir nur und der lebendige Teuffel soll drein fahren. – Aber mit der Tochter nehm' Er sich in Acht; die Frau wird Ihm schon zureden, daß Er ihr scharf begegnen soll. Sie kann sie nicht leiden, das weiß ich; aber wo ich das geringste merke. Ich bin Herr vom Hause, muß Er wissen, und wer meiner Tochter zu nahe kommt – Es ist mein einziges Kleinod, und wenn der König mir sein Königreich für sie geben wollt': ich schicke ihn fort. Alle Tage ist sie in meinem Abendgebet und Morgengebet und in meinem Tischgebet, und alles in allem, und wenn Gott mir die Gnade thun wollte, daß ich sie noch vor meinem Ende mit einem General oder Staatsminister vom ersten Range versorgt sähe, – denn keinen andern soll sie sein Lebtage bekommen, – so wollt' ich gern ein zehn Jahr eher sterben. – Merk' Er sich das – und wer meiner Tochter zu nahe kommt oder ihr worinn

zu Leid lebt – die erste beste Kugel durch den Kopf. Merk' Er Sich das. – *(geht ab.)*

J.M.R. Lenz, Der Hofmeister oder Vorteile der Privaterziehung. Eine Komödie. Ditzingen: Reclam 2005, S. 5ff.

Aufgaben

1 Beschreiben Sie das Verhältnis zwischen dem Hofmeister Läuffer und dem Major.

2 Erklären Sie die Erziehungsvorstellungen des Majors. Nehmen Sie zu diesen Vorstellungen kritisch Stellung.

3 Überlegen Sie, welche Themen des Sturm und Drang in diesem Textauszug vorkommen.

TEXT

Der gefesselte Prometheus

Aischylos, um 470 v. Chr.

Inhaltsangabe von Johann Jacob Christian Donner

Der Dulder

Prométheus hatte durch die Gaben, die er wider den Willen des Zeus den Sterblichen zugewandt, und durch übermütigen Trotz die Rache des Gottes herausgefordert und die Strafe verwirkt, mit deren Vollziehung das vorliegende Drama beginnt.

Kraft und Gewalt (Krátos und Bía), die allzeit fertigen Vollstrecker der Gebote des Zeus, schleppen den Prométheus in eine wüste Gebirgsgegend am äußersten Saum der Erde, wo Hephästos den stammverwandten Gott mit eisernen Banden an den schroffen Abhang eines Felsenberges ketten soll. Mit roher Härte schelten die Diener des Zeus die Regungen seines Mitgefühls und treiben ihn erbarmungslos zur Vollendung des nur mit Zögern begonnenen Werkes. Prometheus erträgt sein Geschick ohne einen Laut des Schmerzes, und erst, nachdem seine Peiniger sich entfernt haben, bricht er in Klagen aus, welche durch die Ankunft der Töchter des Okéanos unterbrochen werden. Diese geben ihre innige Teilnahme an seinen Leiden zu erkennen, und auf ihre Bitten enthüllt er ihnen die Gründe, aus welchen Zeus so Schweres über ihn verhängt hat. Indessen erscheint Okeanos selbst, beklagt das Geschick des Prometheus und ermahnt ihn, von seinem Trotze abzulassen und sich der Macht des allgewaltigen Feindes zu beugen; ja, er will selbst bei Zeus sich verwenden und die Befreiung des Prometheus erbitten. Aber umsonst sind alle Vorstellungen des Freundes, und Okeanos scheidet mit Unwillen von ihm. Die Okeaníden erheben einen Klagegesang über die Leiden des Prometheus, und nachdem dieser in langer Rede die Segnungen aufgezählt, die dem Geschlechte der Menschen durch ihn zu teil geworden, hofft der Chor, daß es ihm, wenn er nur sein eigenes Wohl nicht außer acht lasse, dereinst noch gelingen werde, seine Fesseln zu brechen. Prometheus entgegnet mit einer Hindeutung auf die ewige Macht des Schicksals, dem auch Zeus nicht entfliehen werde, worauf der Chor seine Ehrfurcht gegen die Götter ausspricht und die Unmacht der Sterblichen ihnen gegenüber schildert. Nun erscheint Ío, die Tochter des Ínachos, die, durch Héra's Eifersucht von Angst und Wahnsinn gestachelt, Länder und Meere durchirrt und jetzt an diesen äußersten Saum der Erde verschlagen worden ist. Prometheus wird durch ihr Flehen bestimmt, die Ursachen seines Geschickes und zugleich das Ziel ihrer eigenen Leiden ihr zu enthüllen, doch nicht bevor Io den fragenden Okeaniden Grund und Anfang ihrer unseligen Irrfahrten erzählt hat. Von neuer Wut getrieben, stürmt Io von dannen, und der Chor, von ihrem Schicksal ergriffen, spricht seine Gedanken und Empfindungen in einem Gesange aus. Prometheus, welcher der Io bereits verkündigt hatte, daß ein Held aus ihrem Stamme ihn von seinen Qualen erlösen werde, erhebt seine Stimme immer lauter gegen Zeus und spricht unverhohlen von dem endlichen Sturze seiner Herrschaft. Da erscheint Hérmes, der Götterbote, und gebeut dem Gefesselten im Namen des Zeus, zu enthüllen, von welcher Seite dem Kroniden jene Gefahr drohe. Prometheus setzt dieser Aufforderung höhnenden Trotz entgegen, und als endlich Hermes, die Fruchtlosigkeit seiner Mahnungen erkennend, mit neuen härteren Qualen droht, bietet er unerschüttert auch diesen Trotz. Die Drohung geht in Erfüllung. Der Fels erbebt, der Blitz zuckt, der Donner grollt, in Aufruhr stürmen die Elemente: Prometheus versinkt in den Tártaros.

Aischylos: Deutsch in den Versmaßen der Urschrift von Johann Jacob Christian Donner. Stuttgart: Langenscheidt 1854, S. 7 – 10

TEXT

Prometheus

Johann Wolfgang von Goethe, 1772 – 1774

Bedecke deinen Himmel, Zeus,
Mit Wolkendunst!
Und übe, Knaben gleich,
Der Disteln köpft,
An Eichen dich und Bergeshöhn!
Mußt mir meine Erde
Doch lassen stehn,
Und meine Hütte,
Die du nicht gebaut,
Und meinen Herd,
Um dessen Glut
Du mich beneidest.

Ich kenne nichts Ärmeres
Unter der Sonn als euch Götter.
Ihr nähret kümmerlich
Von Opfersteuern
Und Gebetshauch
Eure Majestät
Und darbtet, wären
Nicht Kinder und Bettler
Hoffnungsvolle Toren.

Da ich ein Kind war,
Nicht wußte, wo aus, wo ein,
Kehrte mein verirrtes Aug
Zur Sonne, als wenn drüber wär
Ein Ohr zu hören meine Klage,
Ein Herz wie meins,
Sich des Bedrängten zu erbarmen.

Wer half mir wider
Der Titanen Übermut?
Wer rettete vom Tode mich,
Von Sklaverei?Hast du's nicht alles selbst vollendet,
Heilig glühend Herz?
Und glühtest, jung und gut,
Betrogen, Rettungsdank
Dem Schlafenden dadroben?

Ich dich ehren? Wofür?
Hast du die Schmerzen gelindert
Je des Beladenen?
Hast du die Tränen gestillet
Je des Geängsteten?

Hat nicht mich zum Manne geschmiedet
Die allmächtige Zeit
Und das ewige Schicksal,
Meine Herren und deine?

Wähntest du etwa,
Ich sollte das Leben hassen,
In Wüsten fliehn,
Weil nicht alle Knabenmorgen-
Blütenträume reiften?

Hier sitz ich, forme Menschen
Nach meinem Bilde,
Ein Geschlecht, das mir gleich sei,
Zu leiden, weinen,
Genießen und zu freuen sich,
Und dein nicht zu achten,
Wie ich.

Johann Wolfgang von Goethe: Gesammelte Verse und Gedichte. Limassol: Eurobuch 1998, S. 245f.

Aufgaben

1 Geben Sie den Inhalt von Goethes **Prometheus** und der Inhaltsangabe zu Aischylos' **Der gefesselte Prometheus** wieder.

2 Vergleichen Sie die beiden Texte nach Gemeinsamkeiten und Unterschieden.

3 Weisen Sie in Goethes **Prometheus** Merkmale des Sturm und Drang aus.

4 Deuten Sie zentrale Motive beider Texte.

WEIMARER KLASSIK
1786 – 1805

Das Heilige Römische Reich galt am Ende des 18. Jahrhunderts als territorial zersplittertes Gebilde – gesellschaftlich und politisch – und als wirtschaftlich rückständig. Die meisten Fürstentümer dieses Reiches waren kaum in der Lage, eine nennenswerte Außenpolitik zu betreiben oder ein größeres Heer zu unterhalten. Sie entfalteten jedoch eine enorme kulturelle Blüte und Vielfalt. Ihre Kraft konzentrierte sich auf Repräsentation durch Kunst und Kultur. Einer dieser kleinen herrschaftlichen Flecken, das **Herzogtum Sachsen-Weimar-Eisenach,** kaum mehr als eine Ansammlung verstreuter Kleinstädte und Dörfer, scharte einige der angesehensten Dichter seiner Zeit um sich, darunter Goethe und Schiller. Aus diesem künstlerischen Großaufgebot ging eine eigene Epoche der Literatur hervor: die **Weimarer Klassik.**

Das Goethe-Schiller-Denkmal vor dem Weimarer Nationaltheater. Die Weimarer Klassik ist untrennbar mit diesen beiden Dichtern verbunden.

Dieses Kapitel vermittelt Ihnen

> ein Verständnis für die Einzigartigkeit der Weimarer Klassik als deutsche Literaturepoche.

> die Ideale und das Handeln der Kunstschaffenden im Kontext der Zeit.

> Deutungsmöglichkeiten der Werke dieser Epoche.

Geschichte und Gesellschaft

Die Bezeichnung **„Klassik"** leitet sich vom lateinischen Wort *classicus* ab, was im Römischen Reich die höchste Steuerklasse nach der Vermögensstufung der römischen Bürger bezeichnete. Die Angehörigen dieser Klasse galten als materiell und geistig hervorragend. Unser heutiges Verständnis von Klassik bezieht sich auf die Anerkennung der antiken Kunst, Kultur und Literatur während der Renaissance. So spricht man zum Beispiel in Zusammenhang mit Altgriechisch und Latein heute noch von der **Klassischen Philologie.** Später wurden künstlerische Leistungen, die als vorbildlich und bemerkenswert galten, ebenfalls als „klassisch" bezeichnet. Das betraf in Deutschland die **Weimarer Klassik,** aber auch in anderen Ländern wurde dieser Begriff verwendet. Das **Elisabethanische Zeitalter** in Großbritannien (Regierungszeit von Königin Elisabeth I., 1558 – 1603), dem etwa William Shakespeare angehörte, gilt den Briten als „klassisch". Die Franzosen wiederum bezeichnen die **Zeit von Ludwig XIV.** (etwa 1638 – 1715) und Autoren wie Pierre Corneille oder Jean Racine als „Klassiker".

Klassiker gelten als zeitlos. Im Gegensatz dazu steht die Mode, die nur in ihrer Zeit von Bedeutung ist und bald wieder vergeht. Auch zu Goethes Zeiten wurde die Mode und ihre Beliebigkeit kritisiert, wie etwa auf diesem Kupferstich von 1789 über die „Thorheit" (Dummheit) der Mode.

Die **Epoche der Klassik im deutschsprachigen Raum** wird im Wesentlichen durch zwei Dichter repräsentiert: **Johann Wolfgang von Goethe** und **Friedrich Schiller.** Die Datierung **1786** als Beginn dieser kurzen, intensiven Epoche rührt von Goethes erster Italienreise her. Als ihr Ende gilt der Tod Friedrich Schillers **1805.** Die Bezeichnung „Klassik" ist einerseits ein Epochenbegriff, andererseits gilt sie als literarischer Höhepunkt der damaligen deutschsprachigen Literatur – ähnlich der „Wiener Klassik" in der Musik (Haydn, Mozart, Beethoven; > S. 82). Im 18. Jahrhundert verstand man unter „Klassik" auch die griechisch-römische Antike, die in Deutschland Gegenstand intensiver Studien wurde.

Weimarer Klassik

Der junge Goethe war mit seinem Werk **Die Leiden des jungen Werther** zu einer Berühmtheit geworden (> S. 69f.). Einer seiner Bewunderer war Herzog Carl August (Regierungszeit 1775 – 1828) von Sachsen-Weimar-Eisenach, der bis zu seiner Volljährigkeit mit seiner Mutter **Herzogin Anna Amalia** (1739 – 1807) regierte. Schon die Herzogin hatte sich als Förderin der Künste erwiesen und etwa den Dichter **Christoph Martin Wieland** (1733 – 1813) als Erzieher Carl Augusts an den Hof berufen.

Förderin der Künste: Herzogin Amalia von Weimar, 1788/1789 von Angelika Kauffmann als bürgerliche Frau porträtiert

Carl August hatte die Bedeutung der Künste dank seiner Mutter früh erkannt. 1776 lud er Goethe zu sich an den Hof, wo dieser als Berater tätig wurde. **Weimar** fand Goethe jedoch als Nest von kaum 6 000 Einwohnern vor, das ganze Herzogtum zählte 100 000 Menschen. Doch Herzogin Amalia hatte in Weimar ein reges künstlerisches Leben etabliert: Feste, Bälle, ein Hoftheater und der Ausbau einer der ersten öffentlich zugänglichen Bibliotheken (> S. 84). In Weimar machte Goethe rasch politische Karriere. Von seinen Pflichten zu sehr eingeengt, reiste er 1786 nach Italien, wofür er sich nachträglich beurlauben ließ. **Italien** galt bei den Eliten Europas als beliebtes Reiseziel – nicht nur wegen seines freundlichen Klimas, sondern besonders wegen seines kulturellen Erbes aus der Zeit der **Antike:** antike Ruinen, Stätten, Denkmäler und Sammlungen (von Schriften und Kunst) waren dort kulturelle Zeugnisse. Davon inspiriert, etablierte Goethe nach seiner Rückkehr – mit Schillers Hilfe, den er zu sich nach Weimar gerufen hatte – ein neues Kunstverständnis, das sich an den Idealen der Antike orientierte: die **Weimarer Klassik.** Harmonie, Ästhetik und Humanität wurden auf ihre Fahnen geheftet.

Der Weimarer Musenhof *(1860), Gemälde von Theobald von Oer (1807 – 1885), der sich die Weimarer Klassik nachträglich so vorstellte: Schiller trägt vor; Goethe, vorne rechts stehend, hört zu, in der Bildmitte, sitzend mit Kappe, Christoph Martin Wieland und links hinter dem deklamierenden Schiller sitzend, der mittlere der drei Sitzenden, Johann Gottfried Herder, die ebenfalls gebannt lauschen.*

Inzwischen holte die Politik die Kunst ein. Die **Französische Revolution** hob die Herrschaft der Monarchie aus den Angeln, es folgten die Napoleonischen Kriege (1792 – 1815). Der Weimarer Klassik fehlte eine politische Antwort für die Probleme der Zeit. Sie vertrat das Konzept, der Mensch müsse sich erst im Inneren veredeln, bevor die Gesellschaft verändert werden könne. Auch in der Kunst verlor sie Zuspruch. Den Anhängerinnen und Anhängern der **Romantik,** die anfänglich in regem Austausch mit der Weimarer Klassik gestanden waren, distanzierten sich. Sie galt ihnen zusehends als verstaubt, ohne Sinnlichkeit und Fantasie.

Als Schiller 1805 starb, bedeutete das eine jähe Zäsur für Goethe und vermutlich das **Ende der Weimarer Klassik.** 1806 wurde Weimar von französischen Truppen geplündert, es wurde im Oktober 1806 in der Doppelschlacht von Jena und Auerstedt ziemlich in Mitleidenschaft gezogen. Weimar musste 60 000 französische Soldaten beherbergen und verköstigen. Auch beim Schriftsteller Christoph Martin Wieland fiel ein Trupp ein und ließ sich seinen guten Wein schmecken. Wenige Monate zuvor, im August 1806, hatte sich das Heilige Römische Reich aufgelöst. Das Fürstentum Weimar wurde im Zuge des Wiener Kongresses 1815 wiederhergestellt, gar zum Großherzogtum erhoben, das dank Carl August zum ersten deutschen Staat mit Verfassung wurde. Die glanzvolle Zeit der deutschen Fürsten- und Dichterhöfe gehörte jedoch der Vergangenheit an.

Aufgaben

1 Geben Sie die historischen Hintergründe der Weimarer Klassik wieder.

2 Diskutieren Sie folgende Frage in der Klasse: Muss der Mensch zuerst innerlich reif werden, ehe er die Gesellschaft verändern kann, oder verändert sich der Mensch durch die Gesellschaft?

3 Besprechen Sie in der Klasse, was Sie unter „klassisch" oder einem „Klassiker" verstehen.

Kunst und Kultur

Wenig Bezug zur Antike hatte die Musik zu jener Zeit. Ihre Entwicklungen waren jedoch von großer Bedeutung und begründeten Österreichs Ruf als „Nation der Musik". Die **Wiener Klassik,** wegen ihrer herausragenden Sonderstellung so benannt, wurde von **Joseph Haydn** (1732 – 1809), **Wolfgang Amadeus Mozart** (1756 – 1791) und **Ludwig van Beethoven** (1770 – 1827) geprägt. Durch diese Künstler fand die Symphonie zu neuer Bedeutung. Beethovens neunte Symphonie **Ode an die Freude**, deren Text von Friedrich Schiller stammt (> S. 94), ist unsere **Europahymne** geworden, Haydns **Kaiserhymne** die Melodie der Nationalhymne Deutschlands. Weltberühmte Meisterwerke wurden auch andere instrumentale Werke und besonders Opernwerke von Mozart: **Die Entführung aus dem Serail** (1782), **Die Hochzeit des Figaro** (1786), **Don Giovanni** (1787) und **Die Zauberflöte** (1791; > S. 50).

Die ästhetische Hinwendung zur Antike fand abgesehen von der Musik in allen Bereichen der Kunst statt. In der **Architektur** sollten erhabene Bauwerke streng nach den Gesetzmäßigkeiten der Symmetrie und Harmonie entstehen. Inspiriert wurde der sogenannte **„Klassizismus"** u. a. durch die Ausgrabungen in Pompeji und Herculaneum – antike Städte, die infolge des Vesuvausbruchs 79 n. Chr. konserviert worden waren.

Blick auf das große Theater von Pompeij *von Jakob Philipp Hackert (1737 – 1807), 1793. Die Ruine dieses Theaters ist heute eines der größten und meistbesuchten Bauwerke der Antike. Es wurde ca. 200 v. Chr. erbaut und beim verheerenden Vulkanausbruch des Vesuvs im Jahr 79 n. Chr. vernichtet. Das Theater bot Platz für fast 20 000 Zuschauerinnen und Zuschauer.*

Das heutige Wahrzeichen Berlins, das **Brandenburger Tor,** wurde im klassizistischen Stil von Carl Gotthard Langhans (1732 – 1808) errichtet. Seinen Höhepunkt erlebte der Klassizismus in Berlin unter dem Architekten Karl Friedrich Schinkel (1781 – 1841). In **Österreich** entstanden unter der Herrschaft Josephs II. vor allem zweckmäßige Gebäude; darunter das Alte AKH (heute Universitätscampus) oder das Josephinum in Wien (zur Ausbildung von Militärärzten; heute dient es der Sammlung der medizinischen Universität).

In der **Malerei** waren oftmals dramatische Szenen Gegenstand der Darstellung, allerdings auch harmonisierende Landschaften, häufig antike oder südländische Stätten, und bürgerliche Porträts. Davon sind unter anderem bedeutende Porträts von Dichtern überliefert, darunter von **Angelika Kauffmann** (1741 – 1804), **Ludovike Simanowiz** (1759 – 1827), **Johann Heinrich Wilhelm Tischbein** (1751 – 1829) oder auch **Anton Graff** (1736 – 1813). Auch in der **Bildhauerei** dominierte antike Ästhetik. In Anlehnung antiker Skulpturen war besonders weißer Marmor beliebt, allerdings wusste man damals nicht, dass dieser in der Antike bemalt worden war.

Ideale des Klassizismus: weißer Marmor, bildhauerische Ästhetik und antike Themen. Theseus-Skulptur, der griechische Theseus überwältigt den Zentauren, von Antonio Canova (1757 – 1822), 1805 – 1819. Heute steht die Statue prominent im Kunsthistorischen Museum in Wien.

Eine Schlüsselrolle in dieser Epoche kommt dem Autor, Theoretiker und Kunsthistoriker **Johann Joachim Winckelmann** (1717 – 1768) zu. Winckelmann, der aus einer armen Schusterfamilie stammte, erhielt seine Ausbildung in einer Lateinschule. Während seiner Tätigkeit als Bibliothekar in Dresden bekam er ein Stipendium für eine Romreise, wo er wegen seiner umfassenden Kenntnisse der antiken Kunst zum „Präsidenten der Altertümer im Vatikan" ernannt wurde. Heute gilt Winckelmann als geistiger Vater der modernen **Archäologie.** 1755 veröffentlichte er seine bahnbrechende Schrift **Gedanken über die Nachahmung der Griechischen Werke in der Malerei und Bildhauer-Kunst**, die sowohl der junge Goethe als auch der junge Schiller mit großem Interesse lasen. Winckelmann formuliert darin die Rückbesinnung auf die antike Kunst.

Johann Joachim Winckelmann in teurem Prunkgewand bei der Schreibtischarbeit, im Hintergrund ist eine Büste des Dichters Homer zu erkennen, Gemälde von Anton von Maron, 1767. Auch Angelika Kauffmann portraitierte Winckelmann (> S. 51).

Er bezeichnete die architektonische Schönheit und Harmonie als Vorbild. Winckelmann fiel 1768 in Triest einem Mord zum Opfer. Er teilte sich in der Hafenstadt ein Gaststättenzimmer mit dem vorbestraften Koch Francesco Arcangeli (1737 – 1768), dem er seine Gold- und Silbermedaillen zeigte, die er von Kaiserin Maria Theresia für außerordentliche wissenschaftliche Verdienste bekommen hatte. Als Arcangeli diese stehlen wollte, kam es zum Kampf zwischen beiden Männern, infolgedessen der Koch mehrmals auf Winckelmann einstach. Schwerverletzt erteilte dieser der Polizei noch Auskunft über den flüchtigen Täter, ehe er verstarb. Arcangeli wurde gefasst und hingerichtet.

Aufgaben

1 Erklären Sie, welchen Einfluss die Antike auf die Malerei, bildende Kunst und Architektur der Klassik hatte.

2 Geben Sie Winckelmanns Bedeutung für die Kunst der Klassik wieder.

3 Informieren Sie sich zu einem Werk eines Komponisten der Wiener Klassik. Stellen Sie Hintergründe zum Werk und einen Tonausschnitt in der Klasse vor.

Literatur und Personen

Weimar ist eine mittelgroße Stadt in Thüringen und zählte im 18. Jahrhundert zu den einflussreichsten Kunstmetropolen Europas. Die Weimarer Republik, die 1919, gut 150 Jahre später, gegründet werden sollte (> S. 170), wollte mir ihrer Namensgebung auf diese prunkvolle und erfolgreiche Zeit deutscher Geschichte verweisen. Diese wichtige Rolle erhielt Weimar während der Regentschaft der **Herzogin Anna Amalia** und ihres Sohnes **Herzog Carl August** sowie durch die Anwesenheit der großen Persönlichkeiten Goethe, Herder, Schiller und Wieland (**Weimarer „Viergestirn"**). Alle vier Dichter waren auf Geheiß der Fürstin auch in die Erziehung des Sohnes und Thronfolgers und ihrer übrigen Kinder eingebunden. Insbesondere Goethe und Schiller prägten die Jahrzehnte ab 1780 in der deutschsprachigen Kunst- und Kulturszene. Die beiden Dichter waren anfangs Konkurrenten. Goethe bezeichnete Schiller als „Heißsporn", Schiller meinte, mit Goethe nichts gemeinsam zu haben. Später verband sie eine Freundschaft und künstlerische Wertschätzung. Man schickte sich auch Manuskripte – Goethe etwa ließ Schiller die ersten Entwürfe zu seinem Roman **Wilhelm Meister** zukommen, Schiller wiederum schickte sein Theaterstück **Die Jungfrau von Orleans** zuerst an Goethe und wartete dessen Urteil ab. Ihre Beziehung ist heute in über 1 000 **Briefen**, die sie sich bis zu Schillers Tod gegenseitig schrieben, belegt.

NOTIZ AM RANDE

Besonders zwei **Briefe** aus Schillers Todesjahr, als dieser schon stark gesundheitlich mitgenommen war, dokumentieren die tiefe Freundschaft zwischen beiden Dichtern:

Goethe an Schiller
(Weimar, den 9. Januar 1805)
[...] Wenigstens auf einige Tage bin ich wieder ins Haus zurückgedrängt. Da möcht ich denn etwas Erfreuliches von Ihrer Warte her. Und zugleich fragen, ob Ihre Dame wohl morgen früh den Donnerstag mit den Freundinnen bei mir feiern möchte. Wohlsein und Stimmung! [...] Eben höre ich, daß die Hoheit uns morgen beglückt. Es wäre recht artig, wenn Sie Sich entschlössen auch teilzunehmen.

Schiller an Goethe
(Weimar, erste Hälfte Januar 1805)
[...] Ich hatte mich eben angezogen, um zu Ihnen zu kommen; aber die Krämpfe regen sich, und ich bin bange, in die Luft zu gehen. [...]

Zit. nach: Staiger, Emil (Hg.): Schiller – Goethe. Briefwechsel. Leipzig: Insel Verlag 2005

Auf Schillers Tod, von dem Goethe am 16. Mai 1805 unterrichtet wurde, reagierte dieser bestürzt und zog sich für Tage ganz in sein Haus zurück. Er schrieb: „Ich dachte mich selbst zu verlieren, und verliere nun einen Freund und in demselben die Hälfte meines Daseins."

Genauer betrachtet: Anna-Amalia-Bibliothek

Die Anna-Amalia-Bibliothek war eine der ersten **öffentlich zugänglichen Fürstenbibliotheken** in Deutschland. Nach einer Vorgeschichte, die bis ins Jahr 1552 zurückreicht, begann 1691 unter Herzog Wilhelm Ernst von Sachsen-Weimar der zielgerichtete Ausbau der „Herzoglichen Bibliothek". Zunächst wurde die umfangreiche Buchsammlung in drei Räumen des Residenzschlosses untergebracht. 1766 ließ Anna Amalia dann das sogenannte „Grüne Schlösschen" zur Bibliothek umbauen. Und sie war damit erfolgreich, denn die Bibliothek wurde über die nachfolgenden Jahrhunderte einerseits zur festen Institution des Wissens, andererseits zur Touristenattraktion der Stadt.

Im Mai 2002 wurde mit einem Ausbau zu einem **Bibliothekszentrum für Weimar,** das für mehr als 1,4 Millionen Bücher Platz schaffen sollte, begonnen. Anfang August 2004 begann man mit dem Umzug der Bücher. Unterdessen kam es am in der Nacht des 2. September 2004 zum **Brand der Bibliothek.**

Ein, durch den Brand der Anna-Amalia-Bibliothek schwer beschädigtes Buch, das für die Nachwelt unwiederbringlich zerstört ist.

Ein immenser Schaden entstand. Teile der Bausubstanz, aber auch einige unschätzbare Bücher, Texte und Musikalien wurden vernichtet. Opfer der Flammen wurde etwa das Stimmbuch des Orlando di Lasso (von 1588), unzählige Kompositionen von Johann Nepomuk Hummel und der überwiegende Teil der Dichtungen der **Fruchtbringenden Gesellschaft** (1617 in Weimar gegründete Sprachakademie; > S. 36). Während des Brandes wurden aus dem Gebäude rund 28 000 Bücher gerettet, darunter die originale **Lutherbibel.** 50 000 Bände sowie 35 Gemälde aus dem 16. bis 18. Jahrhundert gingen vollständig verloren, etwa 62 000 Bücher wurden stark beschädigt. Die aufwändige Restaurierung der Bücher kostete mehrere Millionen Euro.

Goethe in Weimar

Mit Goethes Übersiedelung nach Weimar und nach seiner Italienreise, die ihn seine Schreibblockade überwinden ließ, näherten sich seine Werke inhaltlich und formal dem ästhetischen Ideal der klassischen Antike an. Der Dichter war 26 Jahre alt, als er dem Ruf der Herzogin und des Herzogs folgte und nach Weimar übersiedelte. Er war damals ein gefeierter Schriftsteller und nach seinem **Werther** zur Galionsfigur der Sturm-und-Drang-Bewegung geworden.

Goethes Wohnhaus am Frauenplan in Weimar

Goethe blieb bis zu seinem Tod der Stadt Weimar als **Staatsmann** und **Ehrenbürger** verbunden. In diesen Funktionen erhielt er stetig Besuch von Dichtern, Künstlern, Intellektuellen, Adeligen oder Politikern in seinem Haus am Frauenplan in Weimar, das heute ein Goethe-Museum ist.

Grillparzer und Humboldt auf Besuch bei Goethe

Von 29. September bis 3. Oktober 1826 war der 35-jährige **Franz Grillparzer** (1791 – 1872) während einer mehrwöchigen Deutschlandreise bei Goethe zu Besuch in Weimar. Grillparzer hatte bereits als Theaterdichter große Erfolge mit seinen Stücken **Sappho** oder **Die Ahnfrau** gefeiert, arbeitete auch als **Librettist** für Beethoven, dennoch war das Treffen mit dem Dichterfürsten Goethe für den jungen Grillparzer schon im Vorfeld etwas ganz Besonderes. Immerhin war ihm dieser das prägendste literarische Vorbild, was Grillparzers frühe „Antikdramen" bezeugen. Für den 29. September war Grillparzer zum Tee bei Goethe geladen worden. Als er nachmittags im Haus am Frauenplan ankam, fand er sich in bester und **illustrer** Gesellschaft, nur Goethe, der war nirgendwo zu sehen. Grillparzer schrieb später in sein Tagebuch:

Librettist: Autor eines Librettos (Text einer Oper)

illuster: Bewunderung hervorrufend, Respekt heischend glanzvoll, erlaucht

Seitenansicht von Goethes Gartenhäuschen, wo der Dichter seinen botanischen Studien nachkam. Heute wird das Haus jedes Jahr von tausenden Touristen aufgesucht, seine Einrichtung ist (möglichst) original gehalten und dient als „Goethe-Schauraum".

Endlich öffnete sich die Seitentüre und er (Goethe) selbst trat ein. Schwarzgekleidet, den Ordenstern auf der Brust, gerader, beinahe steifer Haltung trat er unter uns wie ein Audienz gebender Monarch. Er sprach mit diesem und jenem ein paar Worte und kam endlich auch zu mir, der ich an der entgegengesetzten Seite des Zimmers stand.

Zit. nach: Norbert Oellers und Robert Steegers: Treffpunkt Weimar. Literatur und leben zur Zeit Goethes. Stuttgart: Reclam 1993, S. 188ff.

Goethe sprach mit Grillparzer ein paar Worte über englische und italienische Literatur, dann wandte er sich den nächsten Gästen zu.

Grillparzer notierte darüber später:

Ich gestehe, daß ich mit einer höchst unangenehmen Empfindung in mein Gasthaus zurückkehrte. Nicht als wäre meine Eitelkeit beleidigt gewesen. Goethe hatte mich im Gegenteil freundlicher und aufmerksamer behandelt als ich voraussetzte. Aber das Ideal meiner Jugend, der Dichter des Faust, Clavigo und Egmont, als steifen Minister zu sehen, der seinen Gästen den Tee gesegnete, ließ mich aus all den Himmeln herabfallen. Wenn er mir Grobheiten gesagt und mich zur Tür hinausgeworfen hätte, wäre es mir fast lieber gewesen.

Zit. nach: Norbert Oellers und Robert Steegers: Treffpunkt Weimar. Literatur und leben zur Zeit Goethes. Stuttgart: Reclam 1993, S. 188ff.

Anderes hatte der berühmte Gelehrte, Schriftsteller und Staatsmann **Wilhelm von Humboldt** (1767 – 1835), der Goethe Ende 1826 besuchte, in einem Brief an seine Frau zu berichten, nämlich, dass Goethe den Totenkopf Schillers bei sich aufbewahrte, während das Grab des Dichters umgebettet wurde. Humboldt schrieb:

Goethe hat den Kopf in seiner Verwahrung und zeigt ihn niemand. Ich bin der einzige, der ihn bisher gesehen, und er hat mich sehr gebeten, es hier nicht zu erzählen.

Zit. nach: Ebd.

Aufgaben

1 Erklären Sie Grillparzers Reaktion auf Goethe. Wie und warum werden Fans von ihren Stars enttäuscht? Diskutieren Sie darüber in der Klasse.

2 Warum bewahrte Goethe Schillers Schädel auf, während Schillers Grab verlegt wurde? Diskutieren Sie darüber in der Klasse.

Die Italienische Reise und Schlüsselwerke Goethes und Schillers

Zwischen 1777 und 1786 hatte Goethe an seinem Roman **Wilhelm Meister** gearbeitet und durchlitt das, was man heute wohl als Schaffenskrise bezeichnen würde. Der so produktive Dichter zweifelte zu dieser Zeit an seinem Können. Er war von Weimar gelangweilt, suchte Inspiration und war sich sicher, dass er diese in Italien, einem Land mit großer antiker Vergangenheit, finden würde. So entschied er, sich auf eine Bildungsreise nach Italien zu begeben. Im September 1786 brach er ohne Abschied von einer Kur in Karlsbad auf. Nur sein Sekretär und vertrauter Diener Philipp Seidel (1755 – 1820) war in seine Reisepläne eingeweiht. Den Herzog hatte er schriftlich, ohne das Reiseziel zu nennen, um unbefristeten Urlaub gebeten, was dieser irritiert bewilligte. Da Goethe seit seinem **Werther** sehr bekannt war, reiste er **inkognito** unter dem Namen Johann Philipp Möller zunächst nach Rom, Neapel und dann Sizilien.

inkognito: unter Geheimhaltung des wahren Namens

Als Goethe 1788 zurückkehrte, war er voller Elan und Schaffensdrang. Von Goethes **Wilhelm Meister**, den er erst nach dieser Reise beenden konnte, existieren heute drei verschiedene Romane: **Wilhelm Meisters theatralische Sendung, Wilhelm Meisters Lehrjahre** und zuletzt, 1821, **Wilhelm Meisters Wanderjahre oder die Entsagenden.** Die Fassungen unterscheiden sich in vielen Punkten voneinander. Auch Goethes **Definition von Roman und Drama** findet sich darin: „Im Roman sollen vorzüglich Gesinnungen und Begebenheiten vorgestellt werden; im Drama Charaktere und Taten. Der Roman muß langsam gehen, und die Gesinnungen der Hauptfigur müssen [...] das Vordringen des Ganzen zur Entwicklung aufhalten."

Goethe ließ sich 1787 vom Maler Johann Heinrich Wilhelm Tischbein (1751 – 1829) als Dichterfürst porträtieren: **Goethe in der Campagna.** *Ruinen und Relief im Hintergrund verweisen auf die Antike. Goethe ruht in seinen Reisemantel gehüllt auf einem ägyptischen Obelisken.*

Während Goethe an seinem **Wilhelm Meister** schrieb, konzentrierte sich **Schiller** auf **Balladen** (> S. 274), **Lieder** und **Theaterstücke.** Er schrieb 1799 etwa **Das Lied der Glocke**, 1801 folgten die Theaterstücke **Maria Stuart** und **Die Jungfrau von Orleans.**

Doch auch Goethe widmete sich dem Drama. In Italien entstanden Goethes Dramen **Iphigenie auf Tauris** (1787; > S. 92), **Egmont** (1788) und **Torquato Tasso** (1790). Von der Iphigenie existierte bereits eine Prosafassung aus 1779, die Goethe jedoch wieder verworfen hatte. In einem Brief an Schiller aus 1787 meinte Goethe, dass die Figur der Iphigenie „ganz verteufelt human" sei. Goethe war durch das gleichnamige Stück des antiken Schriftstellers **Euripides** beeinflusst worden und verwendete den strengen jambischen **Blankvers**. Im Stück ist die **Priesterin Iphigenie** eine Gefangene auf der Insel der Skythen und des despotischen Herrschers Thoas. Das Geschlecht der Tantaliden, zu dem Iphigenie gehört, unterliegt einem göttlichen Fluch, sodass ihre Lage aussichtslos erscheint. Noch größer wird das Dilemma, als zwei Fremde, die sich als ihr Bruder Orest und dessen Freund Pylades entpuppen, auf der Insel landen. Einerseits ist es ihr Bruder, andererseits muss sie die Gesetze des Herrschers beachten, der jeden Fremden, der das Ufer betritt, umbringen lässt. Was also tun? Iphigenie handelt mithilfe von Menschlichkeit und Vernunft. Sie wird als der ideale Mensch, der Frömmigkeit, Verantwortungsbewusstsein, aber auch Redlichkeit besitzt, charakterisiert. Damit hat sie so großen Erfolg, dass selbst der Fluch der Götter, der auf ihrem Geschlecht lastet, gebrochen wird. Am Ende schenkt ihr Thoas die Freiheit und sie darf in ihre Heimat zurückkehren. Das Stück gilt als **programmatisches Werk der Weimarer Klassik** und Iphigenie als **Humanitätsideal.** In der Weimarer Klassik glaubte man an die Harmonie, dass Bildung und Ästhetik zur „schönen Seele" erziehen würden. Das eigene Handeln sollte den Idealen der Humanität verpflichtet werden.

Blankvers: reimloser Vers, der besonders in der deutschen und englischen Literatur beliebt war

Iphigenie im Gespräch mit ihrem Bruder Orest, daneben dessen Gefährte Pylades. Szene aus Iphigenie auf Tauris auf einer Kohlezeichnung von Angelika Kauffmann, 1787

programmatisch: richtungsweisend, epochemachend

Humanitätsideal: im Mittelpunkt des Interesses steht das Wohl des Menschen

Friedrich Schillers Drama **Don Karlos, Infant von Spanien** (1787) bildet einen Übergang vom Sturm und Drang zur Klassik. Es ist ein kritisches und innovatives Werk. Bis dato galt die Regel, dass die auf der Bühne gezeigte Handlung nicht in mehr als 24 Stunden spielten sollte. Schiller ließ dies außer Acht und schrieb den Handlungsbogen für die fünf Akte mit fünf Tagen fest. Zudem wird heute vermutet, dass die Figur des „Marquis von Posa" als Sprachrohr des jungen Schiller selbst diente, also, dass er diese Figur alles sagen und tun ließ, woran er selbst glaubte.

Das Balladenjahr 1797

Das Jahr 1797 ging als sogenanntes „Balladenjahr" in die Geschichte der deutschsprachigen Literatur ein. Aus der Zusammenarbeit von Schiller und Goethe gingen Ende des 18. Jahrhunderts auch Gelegenheitsgedichte hervor, etwa die bekannten **Xenien** (> S. 278), Zweizeiler in Form von **elegischen Distichen,** die von den beiden gemeinsam verfasst wurden. Fast tausend solcher **Xenien** entstammen ihren Federn. Die Form der Xenien war jedoch keineswegs die Erfindung der beiden Dichter – diese wurde vom römischen Dichter Martial (41 – 103 n. Chr.) begründet.

elegisches Distichon: aus einem Hexameter (griech. „Sechsmaß") und einem Pentameter (griech. „Fünfmaß") bestehender Zweizeiler

Die Form der Ballade war in Deutschland durch **Gottfried August Bürger** (1747 – 1794) inspiriert worden. In ihr werden Spannung, eine dichte Atmosphäre und komplexe Handlungsabläufe miteinander verbunden, Bürgers Ton bleibt dabei volkstümlich, weswegen sich seine Balladen größter Beliebtheit erfreuten. Der schottische Autor Sir Walter Scott (1771 – 1832) übersetzte Bürgers Balladen ins Englische. Goethe bezeichnete die Ballade als das „Urei" der Literatur, da sie dramatische, lyrische und erzählende Elemente vereint. Themenvielfalt und Formenreichtum zeichnen die bekannten Balladen von Schiller und Goethe aus. Allein im Jahr 1797 schrieb Goethe die Balladen **Der Zauberlehrling, Der Schatzgräber, Die Braut**

von Korinth und **Der Gott und die Bajadere**, im selben Jahr verfasste Schiller die Balladen **Der Ring des Polykrates**, **Der Taucher**, **Die Kraniche des Ibykus** und **Der Handschuh**.

Aufgaben

1 Stellen Sie Goethes und Schillers Schlüsselwerke (von Goethes italienischer Reise bis zum Balladenjahr) in einer Zeitleiste bzw. in einer Mindmap grafisch dar. Ergänzen Sie wichtige Informationen zu den jeweiligen Werken.

2 Organisieren Sie eine der oben genannten Balladen aus der Schulbibliothek. Tragen Sie die Ballade in der Klasse vor und stellen oder spielen Sie die darin erzählten Szenen nach.

Kurzporträts

Johann Wolfgang von Goethe (1749 – 1832) wurde in Frankfurt am Main geboren und erhielt Privatunterricht von Hauslehrern und seinem Vater. 1765 übersiedelte er nach Leipzig. Ab 1770 studierte er Jus in Straßburg, wo er auch den Philosophen Johann Gottfried Herder (> S. 67) kennenlernte, der sein Weltbild früh prägte.

Johann Wolfgang von Goethe, Gemälde von Joseph Karl Stieler (1781 – 1858), 1828

1772 lernte Goethe **Charlotte Buff** (1753 – 1828) kennen, die als Vorbild für „Lotte" in **Die Leiden des jungen Werther** gilt. Mit diesem Briefroman wurde Goethe „über Nacht" zum großen Star der Literatur. Nach einer kurzen Rückkehr nach Frankfurt übersiedelte er 1774/1775 nach Weimar, wo ihn bald eine tiefe Freundschaft mit dem Erbprinzen Carl August von Sachsen-Weimar-Eisenach verband. Hier begegnete er auch **Charlotte von Stein** (1742 – 1827), die eine Muse für ihn wurde und auf viele seiner Dichtungen großen Einfluss hatte. Ab 1776 übernahm er Pflichten im Weimarer Staatswesen, darunter auch den Bergbau in Ilmenau, wo er intensive botanische und mineralogische Studien vornahm. 1786 reiste er erstmals nach Italien. Von dieser Reise kehrte er 1788 wieder zurück. Ab diesem Jahr lebte er mit **Christiane Vulpius** (1765 – 1816) zusammen, die er 1806 heiratete. Mit ihr hatte er einen Sohn, August von Goethe (1789 – 1830). Seit 1823 war **Johann Peter Eckermann** (1797 – 1854) Goethes Sekretär und engster Vertrauter. Bedeutend als Quelle, wenn auch (wissenschaftlich) nicht unumstritten, sind die von Eckermann herausgegebenen **Gespräche mit Goethe.** In ihnen ist die große Bewunderung Eckermanns für Goethe klar herauszulesen, weshalb das gezeichnete Goethe-Bild als subjektive Darstellung gilt.

1808 veröffentlichte Goethe **Faust. Eine Tragödie (Erster Teil).** Der Fauststoff hatte ihn bereits seit 1772 begleitet. 1775 verfasste er seinen Urfaust, 1790 folgte **Faust. Ein Fragment.** Dieser handelt vom Gelehrten Faust, der zwar sämtliche Wissenschaften studierte, dessen Wissensdurst aber nicht gestillt werden kann. Er geht einen **Pakt mit dem Teufel (Mephistopheles)** ein, der ihm seine Dienste anbietet, im Gegenzug aber Fausts Seele verlangt. Faust willigt ein, gewinnt nun Einblick in alle Bereiche des Lebens und verjüngt sich mithilfe eines Tranks. Er verliebt sich schließlich in das junge, leichtgläubige **Gretchen,** doch diese Liebe bringt dem Mädchen kein Glück. Als sie ein Kind von Faust bekommt, bald aber hinter sein Geheimnis kommt, bringt sie das Kind aus purer Verzweiflung um und endet schließlich als Kindermörderin im Kerker, später am Schafott. Faust hat sich zu diesem Zeitpunkt, von Mephisto dazu veranlasst, schon von ihr gelöst.

Faust verführt mit Mephistos Hilfe das noch jugendliche (unschuldige) Gretchen, macht aus ihr eine Mörderin aus Not, treibt sie in den Wahnsinn und schließlich in den Tod. Georg Friedrich Kersting stellt eine Schlüsselszene des Werks künstlerisch dar – das Mädchen entdeckt seine Sexualität: Gretchen vor dem Spiegel, 1827

Für das Schicksal Gretchens ließ sich Goethe von einem realen Fall inspirieren: 1772 erlebte er in Frankfurt als Prozessbeobachter einen Prozess gegen die Kindermörderin Anna Margaretha Brandt. Brandt wurde zum Tode verurteilt und hingerichtet.

1832 beendete Goethe mit **Faust. Der Tragödie zweiter Teil** jenes Werk, an dem er, den Urfaust mit eingerechnet, 60 Jahre geschrieben hatte. In diesem zweiten Teil fließen Goethes Überlegungen zur Geologie, Physik und zu seiner **Farbenlehre** ein. Die Handlung ist komplex, als Schauplätze dienen sowohl die griechische Antike als auch das nordische Mittelalter. Das Bindeglied beider Orte ist Euphorion, der Sohn Fausts und Helenas. Faust experimentiert mit dem Homunkulus, einem künstlichen Menschen, und sieht sich selbst schon gottähnlich. Mephistopheles verliert indes immer mehr die Geduld mit Faust. Er möchte nun endlich das Ende des Paktes erwirken.

Es gibt kaum eine Frage, mit der sich Goethe nicht beschäftigte: In seinem Werk „Zur **Farbenlehre**" versuchte er, das Phänomen bzw. das Wesen der Farben nicht vom Standpunkt der Physik, sondern aus der Perspektive der Schönheit und Kunst zu erklären.

Faust. Der Tragödie zweiter Teil ist auch als Goethes **Abschied von der Klassik** zu sehen. Ein zweites, sehr bedeutendes Werk aus seiner Spätphase ist der Roman **Die Wahlverwandtschaften** (1809). Sein Titel ist ein Begriff aus der Chemie: Zwei miteinander verbundene Elemente können sich plötzlich voneinander lösen, wenn andere Elemente dazukommen und mit diesen eine neue Verbindung eingehen. Goethe überträgt dieses Konzept auf menschliche Beziehungen. Die handelnden vier Figuren sind das Ehepaar Eduard und Charlotte und Charlottes Nichte Ottilie und ihr Partner, der Hauptmann. Ottilie gesteht sich die Liebe zu Eduard ein, kann aber, aus sittlichem Anstand, keine Beziehung zu ihm eingehen. Die klassische Welt scheinbarer Harmonie löst sich schließlich im Chaos auf, die Handlung endet in der Katastrophe.

Goethe war früh zu einer „Institution" geworden: Er wurde verehrt und hatte schon Zeit seines Lebens einen so enormen Bekanntheitsgrad, dass sich die **Kunde seines Todes** wie ein Lauffeuer durch Europa verbreitete. In der Nacht von 19. auf 20. März 1832 hatte sich sein Gesundheitszustand verschlechtert. Über die letzten Stunden im Haus am Frauenplan wurde von seinem Leibarzt Hofrat Vogel Folgendes berichtet: „Gegen 9 Uhr wünschte der Kranke Wasser mit Wein, und als ihm solches dargereicht wurde, sah ich, wie er sich im Sessel ohne alle Hilfe aufrichtete, das Glas faßte und solches in drei Zügen leer trank. Er wurde ganz munter und verlangte Licht. Man hatte nämlich die Zimmer ganz dunkel gelassen, um den Kranken ruhiger zu halten." Goethes letzte Worte „Mehr Licht!" sind also, wenn überhaupt so gefallen, weniger metaphysisch, als vielmehr pragmatisch zu verstehen. Freunde und Verwandte hatten sich in seinem Zimmer versammelt, der Leibarzt schrieb weiter: „Um halb zwölf Uhr Mittags druckte sich der Sterbende bequem in die linke Ecke des Lehnstuhls, und es währte lange, ehe den Umstehenden einleuchten wollte, daß Goethe ihnen entrissen sei."

Friedrich Schiller (1759 – 1805) wurde in Marbach am Neckar geboren und trat 1773 in die Herzogliche Militärakademie in Stuttgart ein, wo er Jus und Medizin studierte. 1774 begann er mit der Arbeit an seinem ersten Theaterstück **Die Räuber** (> S. 66). Von 1780 bis 1782 lebte er als Militärarzt in Stuttgart.

Friedrich Schiller, Gemälde von Anton Graff (1736 – 1813), 1786 – 1791

1782 feierten seine **Räuber** Premiere am Mannheimer Theater und wurden zu einem großen Erfolg. Schiller wurde daraufhin als Theaterdichter in Mannheim engagiert. 1784 veröffentlichte er das bürgerliche Trauerspiel **Kabale und Liebe,** von 1785 bis 1793 gab er die Zeitschrift *Thalia* heraus, wobei er den überwiegenden Teil der Texte darin selbst verfasste. Sein Stück **Don Karlos, Infant von Spanien** (1787) gilt als eines der bedeutendsten Werke der Weimarer Klassik.

Ab 1789 war Schiller als Professor für Geschichte und Philosophie tätig, musste diese Tätigkeit jedoch aufgeben, als er lungenkrank wurde. 1790 heiratete er Charlotte von Lengefeld. 1794 traf er Goethe erstmals. Dieses erste Gespräch war für beide noch ernüchternd. Goethe erzählte Schiller davon, dass er die Urpflanze, von der alle anderen Pflanzen abzustammen schienen, in Italien gefunden haben wollte. Die Reaktion Schillers war jedoch nicht jene, mit der Goethe gerechnet hatte. Goethe schrieb dazu: „[Schiller] sagte: das ist keine Erfahrung, das ist eine Idee. [...] ich [...] versetzte: das kann mir lieb sein, daß ich Ideen habe ohne es zu wissen und sie sogar mit Augen sehe."

Doch die beiden freundeten sich an. 1795 gründete Schiller seine Zeitschrift **Die Horen,** die unter der Mitarbeit von Goethe, Wilhelm von Humboldt, August Wilhelm Schlegel und Johann Gottlieb Fichte bis 1797 erschien. 1799 zog Schiller nach Weimar und arbeite an Goethes Hoftheater mit. Zu dieser Zeit entstanden große Theaterstücke wie **Maria Stuart** (1801), **Die Jungfrau von Orleans** (1801) oder **Wilhelm Tell** (1804). 1805 verstarb Schiller nach langer und schwerer Krankheit.

Kurzporträts – Dichter abseits der Klassik

Heinrich von Kleist (1777 – 1811) wurde in Frankfurt an der Oder in eine Familie mit großer Militärgeschichte geboren. Sein Großonkel war Poet und der hochrangige General Ewald von Kleist (1715 – 1759). Heinrich von Kleist nahm 1796 am Rheinfeldzug gegen Frankreich teil und war durch Verdienste zum Leutnant geworden. Er konnte sich jedoch niemals mit dem Militär identifizieren. 1799 schied er freiwillig aus dem Dienst, um in Frankfurt Philosophie und Jus zu studieren. Doch auch diese Studien brach Kleist ab und wollte nun in der Literatur Fuß fassen. 1803 bis 1804 lebte er kurzfristig in **Weimar,** wo er auch auf Goethe und Schiller traf. Nach dem Tod von Immanuel Kant 1804 nahm er, da er diesen sehr bewundert hatte, das Philosophiestudium noch einmal auf.

Heinrich von Kleist, Porträt von Peter Friedel (1772/1773 – 1814), 1801. Der Dichter ließ das Porträt für seine Verlobte Wilhelmine von Zenge (1780 – 1852) anfertigen; die Verlobung wurde wegen unterschiedlicher Lebensvorstellungen bald wieder gelöst.

Nebenbei begann er mit dem Schreiben seines ersten Theaterstücks **Die Familie Schroffenstein.** Er unternahm verschiedene Reisen, viele davon mit seiner Schwester Ulrike von Kleist (1774 – 1849). Nach einem schweren seelischen Zusammenbruch trat Kleist erneut in den preußischen Staatsdienst ein, schied allerdings 1807 endgültig aus. Im gleichen Jahr wurde er in Berlin von den Franzosen als vermeintlicher Spion für ein halbes Jahr gefangen genommen. In den überaus produktiven Jahren 1807 bis 1811 erschienen die Theaterstücke **Amphitryon** (1807), **Penthesilea** (1808; eine Verstragödie), **Das Käthchen von Heilbronn** (1810; ein Ritterschauspiel) und das Lustspiel **Der zerbrochene Krug** (1811) sowie die Erzählungen **Das Erdbeben in Chili** (1807; ursprünglich unter dem Titel **Jeronimo und Josephe**; > S. 96f.), **Die Marquise von O.** (1810/1811) und **Michael Kohlhaas** (1810/1811). Auch als Journalist war Kleist tätig, er gab die Literaturzeitschrift **Phöbus,** später die **Berliner Abendblätter** gemeinsam mit dem Philosophen Adam Heinrich Müller von Nitterdorf (1779 – 1829) heraus. Diese Projekte scheiterten aus finanziellen Gründen bzw. wegen der Zensurbestimmungen.

Goethe inszenierte Kleists Stück **Der zerbrochene Krug** 1811 im **Theater in Weimar.** Die Aufführung fiel beim Publikum und der Presse durch. Kleist versuchte vergeblich, sich literarisch zu rehabilitieren. Er empfand ein Scheitern in der Literatur und im Journalismus. Gemeinsam mit seiner schwerkranken Lebensgefährtin **Henriette Vogel** (1780 – 1811) nahm er sich 1811 das Leben. In seinem letzten Brief schrieb er an seine Schwester Ulrike: „Die Wahrheit ist, daß mir auf Erden nicht zu helfen war [...]." Heute gilt Kleist als seiner Zeit voraus und als ein Autor, dessen eigenwilligen Stil seine Zeitgenossen nicht zu schätzen wussten. Seine Stücke zählen zu den meistgespielten an deutschsprachigen Theatern.

Jean Paul (1763 – 1825; eigentlich Johann Paul Friedrich Richter) polarisierte mit seinem Werk. Den Namen „Jean Paul" nahm er in Anlehnung an sein großes Vorbild Jean Jacques Rousseau an.

Als Sohn eines protestantischen Pfarrers wurde er früh literarisch aktiv. Sein erstes Buch war die Satire **Grönländische Prozesse** (1783 – 1785). Seine Satire **Auswahl aus des Teufels Papieren** (1787) erschien beinahe zeitgleich mit Schillers **Don Karlos** und war eine bitterböse Abrechnung mit dem Adel.

Jean Paul, Gemälde von Heinrich Pfenninger (1749 – 1815), 1797/1798

Da sich sein Erfolg nicht einstellen wollte, nahm Jean Paul eine Stelle als Leiter einer Privatschule in Schwarzenbach an. Nun schrieb er Werke, die ihn für einige Jahre berühmt machten, z. B. **Leben des vergnügten Schulmeisterlein Maria Wutz in Auenthal** (1793) oder **Leben des Quintus Fixlein, aus funfzehn Zettelkästen gezogen** (1796). 1796 reiste er auf Einladung von Charlotte von Kalb (1761 – 1843) nach Weimar, wo er auch Goethe traf, der sich allerdings wenig beeindruckt von der Person und der Literatur Jean Pauls zeigte. In den späteren Jahren, als sein vierbändiger Roman **Titan** (1800 – 1803) und der pseudo-biografische Roman **Flegeljahre** (1804/1805) keinen Erfolg hatten, wurde er zum Einzelgänger und „Sonderling", der sich von der Literatur zurückzog.

Johann Peter Hebel (1760 – 1826) wurde in Basel geboren, besuchte Lateinschule und Gymnasium und begann 1778 ein zweijähriges Theologiestudium in Erlangen. 1798 wurde Hebel Professor für **Dogmatik** und unterrichtete bis 1814 als Gymnasiallehrer mehrere Unterrichtsfächer. 1819 wurde er Prälat der evangelischen Kirche.

Dogmatik: „wissenschaftliche" Darstellung der ganzen theoretischen, von Gott selbst offenbarten Lehre über Gott

In seinem literarischen Werk nahm Hebel schon eine frühe Phase des Biedermeier vorweg. So zeigte er im Gedichtband **Alemannische Gedichten. Für Freunde ländlicher Natur und Sitten** (1803) die Schönheit seiner Heimat durch strenge, klassische Versformen. Zudem verwendete er größtenteils die Sprache der **Mundart.** Berühmt sind auch seine **Kalendergeschichten** (> S. 275), die er zu einer eigenständigen literarischen Kunstform entwickelte.

Johann Peter Hebel, Porträt von Christian Friedrich Müller (1783 – 1816), 1810

Friedrich Hölderlin (1770 – 1843) wurde in Lauffen am Neckar geboren. Nach dem frühen Tod von Vater und Stiefvater hatte er ein besonders inniges Verhältnis zu seiner Mutter, die seinen Lebens- und Leidensweg begleitete. Hölderlins Geisteszustand, wahrscheinlich litt er an einer paranoiden Schizophrenie, ließ ein konsequentes Schreiben später nicht mehr zu.

Friedrich Hölderlin, Porträt von Franz Karl Hiemer (1768 – 1822), 1792

Hölderlin nahm in Tübingen ab 1788 an theologischen Seminaren teil, wollte aber nicht Theologe werden, sondern vielmehr von der Literatur leben können. Aus finanziellen Gründen nahm er mehrere Stellen als Hofmeister (Hauslehrer) an, etwa ab 1796 beim Bankier Gontard. Mit dessen Frau Susette **Gontard** (1769 – 1802) ging Hölderlin ein Liebesverhältnis ein. Ihr widmete er viele seiner Gedichte. 1799 veröffentlichte er nach langjähriger Arbeit sein Hauptwerk, den zweibändigen Roman **Hyperion oder Der Eremit von Griechenland.** Weitere Werke sollten unvollendet bleiben – abgesehen von den Gedichten, die in einer „helleren" Phase zwischen 1803 und 1804 entstanden waren, und von seiner Übersetzung der antiken Sophokles-Tragödien **Ödipus** und **Antigone.** Als Susette Gontard 1802 verstarb, verschlechterte sich Hölderlins psychischer Zustand rapide. Er fiel immer wieder in geistige Umnachtung und wurde 1806 als „geisteskrank" in eine Tübinger Klinik eingeliefert. 1807 wurde Hölderlin als „unheilbar" und mit der Aussicht auf nur wenige weitere Lebensjahre entlassen und zur Pflege in den Haushalt Ernst Zimmers (1772 – 1838), eines Tübinger Tischlers und Bewunderers des **Hyperion,** gebracht. Hier bewohnte er als Mitglied des Haushalts und mit familiär-fürsorglicher Unterstützung zuletzt eine Turmstube oberhalb (heute als „Hölderlinturm" bezeichnet). Vor allem Ernst Zimmers Tochter Lotte Zimmer (1813 – 1879) übernahm Hölderlins Pflege – ihre Briefe und Berichte sind bis heute wichtige Quellen über das Leben des Dichters.

Aufgaben

1 Geben Sie Themen und Motive aus Goethes **Faust** wieder. Überlegen Sie, welche davon auch heute noch in Film und Literatur behandelt werden.

2 Setzen Sie Goethes und Schillers Autorenporträts bzw. ihre biografischen Entwicklungen mit dem Erscheinen ihrer Werke in Zusammenhang.

3 Untersuchen Sie mithilfe von Recherchen Hintergründe und Inhalt eines Werkes, das im Abschnitt **Kurzporträts** erwähnt wird. Stellen Sie Ihre Ergebnisse in der Klasse vor.

Reflexionen zum Kapitel

> Goethe und Schiller waren zeitlebens bereits Legenden, heute sind sie fester Bestandteil der deutschen Literatur. Überlegen Sie, ob und aus welchen Gründen Personen der Kunst, Kultur und Öffentlichkeit heute verehrt werden. Nehmen Sie dazu kritisch Stellung.

> Sie haben in diesem Kapitel bereits Werke der Klassik kennen gelernt; Auszüge daraus finden Sie auch im anschließenden Textteil. Zudem haben Sie sich mit dem Begriff des „Klassikers" auseinandergesetzt. Sollen „Klassiker" Ihrer Meinung nach im Schulunterricht gelesen werden? Oder sollte stattdessen lieber „aktuelle Literatur" behandelt werden? Erörtern Sie unterschiedliche Standpunkte zu dieser Frage. Begründen Sie schließlich Ihre Meinung.

> **Portfolio:** Informieren Sie sich über ein Werk, das im Abschnitt Literatur und Personen erwähnt wird. Schreiben Sie darüber einen kurzen Genauer betrachtet-Text.

TEXT

Iphigenie auf Tauris

Johann Wolfgang von Goethe, 1779

Erster Aufzug/Erster Auftritt

Iphigenie

Heraus in eure Schatten, rege Wipfel
Des alten, heil'gen, dichtbelaubten Haines,
Wie in der Göttin stilles Heiligtum,
Tret ich noch jetzt mit schauderndem Gefühl,
Als wenn ich sie zum erstenmal beträte,
Und es gewöhnt sich nicht mein Geist hierher.
So manches Jahr bewahrt mich hier verborgen
Ein hoher Wille, dem ich mich ergebe;
Doch immer bin ich, wie im ersten, fremd.
Denn ach! mich trennt das Meer von den Geliebten,
Und an dem Ufer steh ich lange Tage,
Das Land der Griechen mit der Seele suchend;
Und gegen meine Seufzer bringt die Welle
Nur dumpfe Töne brausend mir herüber.
Weh dem, der fern von Eltern und Geschwistern
Ein einsam Leben führt! Ihm zehrt der Gram
Das nächste Glück vor seinen Lippen weg,
Ihm schwärmen abwärts immer die Gedanken
Nach seines Vaters Hallen, wo die Sonne
Zuerst den Himmel vor ihm aufschloß, wo
Sich Mitgeborne spielend fest und fester
Mit sanften Banden aneinanderknüpften.
Ich rechte mit den Göttern nicht; allein
Der Frauen Zustand ist beklagenswert.
Zu Haus und in dem Kriege herrscht der Mann,
Und in der Fremde weiß er sich zu helfen.
Ihn freuet der Besitz; ihn krönt der Sieg!
Ein ehrenvoller Tod ist ihm bereitet.
Wie eng-gebunden ist des Weibes Glück!
Schon einem rauhen Gatten zu gehorchen
Ist Pflicht und Trost; wie elend, wenn sie gar
Ein feindlich Schicksal in die Ferne treibt!
So hält mich Thoas hier, ein edler Mann,
In ernsten, heil'gen Sklavenbanden fest.
O wie beschämt gesteh ich, daß ich dir
Mit stillem Widerwillen diene, Göttin,
Dir, meiner Retterin! Mein Leben sollte
Zu freiem Dienste dir gewidmet sein.
Auch hab ich stets auf dich gehofft und hoffe
Noch jetzt auf dich, Diana, die du mich,
Des größten Königes verstoßne Tochter,
In deinen heil'gen, sanften Arm genommen.
Ja, Tochter Zeus', wenn du den hohen Mann,
Den du, die Tochter fordernd, ängstigtest,
Wenn du den göttergleichen Agamemnon,
Der dir sein Liebstes zum Altare brachte,
Von Trojas umgewandten Mauern rühmlich
Nach seinem Vaterland zurückbegleitet,
Die Gattin ihm, Elektren und den Sohn,
Die schonen Schätze, wohl erhalten hast:
So gib auch mich den Meinen endlich wieder,
Und rette mich, die du vom Tod errettet,
Auch von dem Leben hier, dem zweiten Tode!

Johann Wolfgang von Goethe: Iphigenie auf Tauris. Ditzingen: Reclam 1999, S. 5f.

Aufgaben

1 Erklären Sie die Gründe für Iphigenies Kummer in diesem Textausschnitt.

2 Beschreiben Sie das Frauenbild, das Iphigenie in diesem Textausschnitt darstellt.

3 Nehmen Sie zu dem dargestellten Frauenbild kritisch Stellung.

TEXT

Faust I – Prolog im Himmel

Johann Wolfgang von Goethe, 1808

Der HERR und Mephistopheles schließen eine Wette über das Schicksal Fausts ab.

[...]

Mephistopheles

Da du, o Herr, dich einmal wieder nahst
Und fragst, wie alles sich bei uns befinde,
Und du mich sonst gewöhnlich gerne sahst,
So siehst du mich auch unter dem Gesinde.
Verzeih, ich kann nicht hohe Worte machen,
Und wenn mich auch der ganze Kreis verhöhnt;
Mein Pathos brächte dich gewiß zum Lachen,
Hättst du dir nicht das Lachen abgewöhnt.
Von Sonn' und Welten weiß ich nichts zu sagen,
Ich sehe nur, wie sich die Menschen plagen.
Der kleine Gott der Welt bleibt stets von gleichem Schlag,
Und ist so wunderlich als wie am ersten Tag.
Ein wenig besser würd er leben,
Hättst du ihm nicht den Schein des Himmelslichts gegeben;
Er nennt's Vernunft und braucht's allein,
Nur tierischer als jedes Tier zu sein.
Er scheint mir, mit Verlaub von euer Gnaden,
Wie eine der langbeinigen Zikaden,
Die immer fliegt und fliegend springt
Und gleich im Gras ihr altes Liedchen singt;
Und läg er nur noch immer in dem Grase!
In jeden Quark begräbt er seine Nase.

DER HERR

Hast du mir weiter nichts zu sagen?
Kommst du nur immer anzuklagen?
Ist auf der Erde ewig dir nichts recht?

Mephistopheles

Nein Herr! ich find es dort, wie immer, herzlich schlecht.
Die Menschen dauern mich in ihren Jammertagen,
Ich mag sogar die armen selbst nicht plagen.

DER HERR

Kennst du den Faust?

Mephistopheles

Den Doktor?

DER HERR

Meinen Knecht!

Mephistopheles

Fürwahr! er dient Euch auf besondre Weise.
Nicht irdisch ist des Toren Trank noch Speise.
Ihn treibt die Gärung in die Ferne,
Er ist sich seiner Tollheit halb bewußt;
Vom Himmel fordert er die schönsten Sterne
Und von der Erde jede höchste Lust,
Und alle Näh und alle Ferne
Befriedigt nicht die tiefbewegte Brust.

DER HERR

Wenn er mir auch nur verworren dient,
So werd ich ihn bald in die Klarheit führen.
Weiß doch der Gärtner, wenn das Bäumchen grünt,
Das Blüt und Frucht die künft'gen Jahre zieren.

Mephistopheles

Was wettet Ihr? den sollt Ihr noch verlieren!
Wenn Ihr mir die Erlaubnis gebt,
Ihn meine Straße sacht zu führen.

DER HERR

Solang er auf der Erde lebt,
So lange sei dir's nicht verboten,
Es irrt der Mensch so lang er strebt.

Mephistopheles

Da dank ich Euch; denn mit den Toten
Hab ich mich niemals gern befangen.
Am meisten lieb ich mir die vollen, frischen Wangen.
Für einem Leichnam bin ich nicht zu Haus;
Mir geht es wie der Katze mit der Maus.

DER HERR

Nun gut, es sei dir überlassen!
Zieh diesen Geist von seinem Urquell ab,
Und führ ihn, kannst du ihn erfassen,

Auf deinem Wege mit herab,
Und steh beschämt, wenn du bekennen mußt:
Ein guter Mensch, in seinem dunklen Drange,
Ist sich des rechten Weges wohl bewußt.

Mephistopheles
Schon gut! nur dauert es nicht lange.
Mir ist für meine Wette gar nicht bange.
Wenn ich zu meinem Zweck gelange,
Erlaubt Ihr mir Triumph aus voller Brust.
Staub soll er fressen, und mit Lust,
Wie meine Muhme, die berühmte Schlange.

DER HERR
Du darfst auch da nur frei erscheinen;
Ich habe deinesgleichen nie gehaßt.
Von allen Geistern, die verneinen,
ist mir der Schalk am wenigsten zur Last.
Des Menschen Tätigkeit kann allzu leicht erschlaffen,
er liebt sich bald die unbedingte Ruh;
Drum geb ich gern ihm den Gefallen zu,
Der reizt und wirkt und muß als Teufel schaffen.
Doch ihr, die echten Göttersöhne,
Erfreut euch der lebendig reichen Schöne!
Das Werdende, das ewig wirkt und lebt,
Umfass euch mit der Liebe holden Schranken,
Und was in schwankender Erscheinung schwebt,
Befestigt mit dauernden Gedanken!
(Der Himmel schließt, die Erzengel verteilen sich.)

Mephistopheles ***(allein)***
Von Zeit zu Zeit seh ich den Alten gern,
Und hüte mich, mit ihm zu brechen.
Es ist gar hübsch von einem großen Herrn,
So menschlich mit dem Teufel selbst zu sprechen.

Johann Wolfgang von Goethe: Faust. Der Tragödie erster Teil. Ditzingen: Reclam 1986, S. 10ff.

Aufgaben

1 Geben Sie den Inhalt der Wette zwischen Gott (DER HERR) und Mephistopheles wieder.

2 Erklären Sie wie Gott (DER HERR) über Mephistopheles denkt und wie Mephistopheles über Gott denkt.

3 Diskutieren Sie in der Klasse, ob wir über unser Schicksal bestimmen, oder ob unser Schicksal (mit-) bestimmt wird.

TEXT

An die Freude

Friedrich Schiller, Version von 1808, 1785 erstmals veröffentlicht

Freude, schöner Götterfunken,
Tochter aus Elysium,
Wir betreten feuertrunken,
Himmlische, dein Heiligthum.
Deine Zauber binden wieder,
Was die Mode streng getheilt;
Alle Menschen werden Brüder,
Wo dein sanfter Flügel weilt.

Seid umschlungen, Millionen!
Diesen Kuß der ganzen Welt!
Brüder – überm Sternenzelt
Muß ein lieber Vater wohnen.

Wem der große Wurf gelungen,
Eines Freundes Freund zu sein,
Wer ein holdes Weib errungen,
Mische seinen Jubel ein!
Ja – wer auch nur eine Seele
Seinnennt auf dem Erdenrund!
Und wer's nie gekonnt, der stehle
Weinend sich aus diesem Bund.

Was den großen Ring bewohnet,
Huldige der Sympathie!
Zu den Sternen leitet sie,
Wo der Unbekannte thronet.

Freude trinken alle Wesen
An den Brüsten der Natur;
Alle Guten, alle Bösen
Folgen ihrer Rosenspur.
Küsse gab sie uns und Reben,
Einen Freund, geprüft im Tod;
Wollust ward dem Wurm gegeben,
Und der Cherub steht vor Gott.

Ihr stürzt nieder, Millionen?
Ahnest du den Schöpfer, Welt?
Such' ihn überm Sternenzelt!
Über Sternen muß er wohnen.

Freude heißt die starke Feder
In der ewigen Natur.
Freude, Freude treibt die Räder
In der großen Weltenuhr.
Blumen lockt sie aus den Keimen,
Sonnen aus dem Firmament,
Sphären rollt sie in den Räumen,
Die des Sehers Rohr nicht kennt.

Froh, wie seine Sonnen fliegen
Durch des Himmel prächt'gen Plan,
Wandelt, Brüder, eure Bahn,
Freudig, wie ein Held zu Siegen.

Aus der Wahrheit Feuerspiegel
Lächelt sie den Forscher an.
Zu der Tugend steilem Hügel
Leitet sie des Dulders Bahn.
Auf des Glaubens Sonnenberge
Sieht man ihre Fahnen wehn,
Durch den Riß gesprengter Särge
Sie im Chor der Engel stehn.

Duldet muthig, Millionen!
Duldet für die beßre Welt!
Droben überm Sternenzelt
Wird ein großer Gott belohnen.

Göttern kann man nicht vergelten;
Schön ist's, ihnen gleich zu sein.
Gram und Armuth soll sich melden,
Mit den Frohen sich erfreun.

Groll und Rache sei vergessen,
Unserm Todfeind sei verziehn.
Keine Thräne soll ihn pressen,
Keine Reue nage ihn

Unser Schuldbuch sei vernichtet!
Ausgesöhnt die ganze Welt!
Brüder – überm Sternenzelt
Richtet Gott, wie wir gerichtet.

Freude sprudelt in Pokalen,
In der Traube goldnem Blut
Trinken Sanftmuth Kannibalen,
Die Verzweiflung Heldenmuth – –
Brüder, fliegt von euren Sitzen,
Wenn der volle Römer kreist,
Laßt den Schaum zum Himmel spritzen:
Dieses Glas dem guten Geist!

Den der Sterne Wirbel loben,
Den des Seraphs Hymne preist,
Dieses Glas dem guten Geist
Überm Sternenzelt dort oben!

Festen Muth in schwerem Leiden,
Hilfe, wo die Unschuld weint,
Ewigkeit geschwornen Eiden,
Wahrheit gegen Freund und Feind,
Männerstolz vor Königsthronen, –
Brüder, gält' es Gut und Blut –
Dem Verdienste seine Kronen,
Untergang der Lügenbrut!

Schließt den heil'gen Zirkel dichter,
Schwört bei diesem goldnen Wein,
Dem Gelübde treu zu sein,
Schwört es bei dem Sternenrichter!

Friedrich Schiller: Schiller. Werke, Band 2. Darmstadt: Deutsche Buch-Gemeinschaft 1964, S. 86f.

Aufgaben

1 Benennen Sie die wesentlichen Themen, die in dieser Ode dargestellt werden.

2 Bilden Sie Gruppen und teilen Sie die Strophen der Ode untereinander auf. Geben Sie Aufbau, sprachliche Merkmale und Stilmittel Ihres Abschnitts wieder. Vergleichen Sie die Ergebnisse in der Klasse.

3 Deuten Sie, wie das Motiv der Freude in der Ode dargestellt wird.

4 **Tipp:** Hören Sie die Vertonung durch Ludwig van Beethoven in der 9. Sinfonie.

TEXT

Hälfte des Lebens

Friedrich Hölderlin, 1804

Mit gelben Birnen hänget
Und voll mit wilden Rosen
Das Land in den See,
Ihr holden Schwäne,
Und trunken von Küssen
Tunkt ihr das Haupt
Ins heilignüchterne Wasser.

Weh mir, wo nehm ich, wenn
Es Winter ist, die Blumen, und wo
Den Sonnenschein,
Und Schatten der Erde?
Die Mauern stehn
Sprachlos und kalt, im Winde
Klirren die Fahnen.

Friedrich Hölderlin: Hölderlin. Sämtliche Werke. Darmstadt: Deutsche Buch-Gemeinschaft 1956, S. 293f.

Aufgaben

1 Beschreiben Sie Aufbau und sprachliche Mittel des Gedichts.

2 Vergleichen Sie die beiden Strophen des Gedichts.

3 Interpretieren Sie das Gedicht und nehmen Sie Bezug auf den Titel.

TEXT

Das Erdbeben in Chili

Heinrich von Kleist, 1807

In St. Jago, der Hauptstadt des Königreichs Chili, stand gerade in dem Augenblicke der großen Erderschütterung vom Jahre 1647, bei welcher viele tausend Menschen ihren Untergang fanden, ein junger, auf ein Verbrechen angeklagter Spanier, namens Jeronimo Rugera, an einem Pfeiler des Gefängnisses, in welches man ihn eingesperrt hatte, und wollte sich erhenken. Don Henrico Asteron, einer der reichsten Edelleute der Stadt, hatte ihn ungefähr ein Jahr zuvor aus seinem Hause, wo er als Lehrer angestellt war, entfernt, weil er sich mit Donna Josephe, seiner einzigen Tochter, in einem zärtlichen Einverständnis befunden hatte. Eine geheime Bestellung, die dem alten Don, nachdem er die Tochter nachdrücklich gewarnt hatte, durch die hämische Aufmerksamkeit seines stolzen Sohnes verraten worden war, entrüstete ihn dergestalt, daß er sie in dem Karmeliterkloster unsrer lieben Frauen vom Berge daselbst unterbrachte.

Durch einen glücklichen Zufall hatte Jeronimo hier die Verbindung von neuem anzuknüpfen gewußt, und in einer verschwiegenen Nacht den Klostergarten zum Schauplatze seines vollen Glückes gemacht. Es war am Fronleichnamsfeste, und die feierliche Prozession der Nonnen, welchen die Novizen folgten, nahm eben ihren Anfang, als die unglückliche Josephe, bei dem Anklange der Glocken, in Mutterwehen auf den Stufen der Kathedrale niedersank.

Dieser Vorfall machte außerordentliches Aufsehn; man brachte die junge Sünderin, ohne Rücksicht auf ihren Zustand, sogleich in ein Gefängnis, und kaum war sie aus den Wochen erstanden, als ihr schon, auf Befehl des Erzbischofs, der geschärfteste Prozeß gemacht ward. Man sprach in der Stadt mit einer so großen Erbitterung von diesem Skandal, und die Zungen fielen so scharf über das ganze Kloster her, in welchem er sich zugetragen hatte, daß weder die Fürbitte der Familie Asteron, noch auch der Wunsch der Äbtissin selbst, welche das junge Mädchen wegen ihres sonst untadelhaften Betragens liebgewonnen hatte, die Strenge, mit welcher das klösterliche Gesetz sie bedrohte, mildern konnte. Alles, was geschehen konnte, war, daß der Feuertod, zu dem sie verurteilt wurde, zur großen Entrüstung der Matronen und Jungfrauen von St. Jago, durch einen Machtspruch des Vizekönigs, in eine Enthauptung verwandelt ward.

Man vermietete in den Straßen, durch welche der Hinrichtungszug gehen sollte, die Fenster, man trug die Dächer der Häuser ab, und die frommen Töchter der Stadt luden ihre Freundinnen ein, um dem Schauspiele, das der göttlichen Rache gegeben wurde, an ihrer schwesterlichen Seite beizuwohnen.

Jeronimo, der inzwischen auch in ein Gefängnis gesetzt worden war, wollte die Besinnung verlieren, als er diese ungeheure Wendung der Dinge erfuhr. Vergebens sann er auf Rettung: überall, wohin ihn auch der Fittig der vermessensten Gedanken trug, stieß er auf Riegel und Mauern, und ein Versuch, die Gitterfenster zu durchfeilen, zog ihm, da er entdeckt ward, eine nur noch engere Einsperrung zu. Er warf sich vor dem Bildnisse der heiligen Mutter Gottes nieder, und betete mit unendlicher Inbrunst zu ihr, als der einzigen, von der ihm jetzt noch Rettung kommen könnte.

Doch der gefürchtete Tag erschien, und mit ihm in seiner Brust die Überzeugung von der völligen Hoffnungslosigkeit seiner Lage. Die Glocken, welche Josephen zum Richtplatz begleiteten, ertönten, und Verzweiflung bemächtigte sich seiner Seele. Das Leben schien ihm verhaßt, und er beschloß, sich durch einen Strick, den ihm der Zufall gelassen hatte, den Tod zu geben. Eben stand er, wie schon gesagt, an einem Wandpfeiler und befestigen den Strick, der ihn dieser jammervollen Welt entreißen sollte, an eine Eisenklammer, die an dem Gesimse derselben eingefugt war; als plötzlich der größte Teil der Stadt, mit einem Gekrache, als ob das Firmament einstürzte, versank, und alles, was Leben atmete, unter seinen Trümmern begrub. Jeronimo Rugera war starr vor Entsetzen; und gleich als ob sein ganzes Bewußtsein zerschmettert worden wäre, hielt er sich jetzt an dem Pfeiler, an welchem er hatte sterben wollen, um nicht umzufallen. Der Boden wankte unter seinen Füßen, alle Wände des Gefängnisses rissen, der ganze Bau neigte sich, nach der Straße zu einzustürzen, und nur der, seinem langsamen Fall begegnende, Fall des gegenüberstehenden Gebäudes verhinderte, durch eine zufällige Wölbung, die gänzliche Zubodenstreckung desselben. Zitternd, mit sträubenden Haaren, und Knien, die unter ihm brechen wollten, glitt Jeronimo über den schiefgesenkten Fußboden hinweg, der Öffnung zu, die der Zusammenschlag beider Häuser in die vordere Wand des Gefängnisses eingerissen hatte. […]

Heinrich von Kleist: Kleist. Samtliche Werke. Darmstadt: Deutsche Buch-Gemeinschaft 1962, S. 909f.

Aufgaben

1 Geben Sie die Situation wieder, in der sich der Protagonist in diesem Textauszug befindet.

2 Überlegen Sie, wie die Schilderungen vom Schicksal des Gefangenen und des Erdbebens szenisch umgesetzt werden könnten. Geben Sie die Abläufe genau wieder. Was geschieht mit dem Protagonisten, wie verhält er sich, woran denkt er? Was passiert um ihn herum?

3 Das Erdbeben wird zur Katastrophe für viele, doch dem Häftling gelingt dadurch die Flucht. Skizzieren Sie den weiteren Handlungsverlauf nach Ihren Vorstellungen. Besprechen Sie diesen in der Klasse. Vergleichen Sie Ihre Ergebnisse untereinander und schließlich mit dem Inhalt des Werkes.

ROMANTIK
1795 – etwa 1830

Ein Spaziergang am Strand bei Sonnenuntergang, Kaminfeuer, Abendessen bei Kerzenschein, Jazzmusik in einer lauen Sommernacht – was wir als romantisch empfinden, ist individuell unterschiedlich. Die einen verbinden damit Sehnsuchtsbilder der Liebe, die wir aus der Trivialliteratur oder aus Hollywoodfilmen kennen, für andere sind stimmungsvolle Landschaften oder Momente prickelnder Atmosphäre „romantisch". Eine Gemeinsamkeit gibt es allerdings. Das, was heute als romantisch bezeichnet wird, geht als Begriff auf die gleichnamige Epoche zurück: auf die **Romantik**.

Der Epochenbegriff leitet sich von **„Roman"** bzw. **„romantisch"**, also „romanhaft", ab. Dieses Adjektiv beschreibt Dinge, die fantasievoll, poetisch und stimmungsvoll sind – was für die Romane dieser Zeit durchaus zutreffend war. Die Epoche der Romantik geht aber weit darüber hinaus: Es handelt sich um eine politisch verworrene Zeit. Die **Französische Revolution** und die langjährigen, blutigen napoleonischen Kriege, neue Entdeckungen in der Wissenschaft sowie die beginnende **Industrialisierung** führten nahezu zum Kollaps der alten gesellschaftlichen Ordnung. Literatinnen und Literaten der Romantik reagierten darauf, indem sie gesellschaftliche oder literarische Programme und Ziele entwickelten, oder aber sich vorbehaltlos der Kunst hingaben. Man wollte die Ursprünge der eigenen **Nation** und des Volkes in der Sprache und Kunst entdecken.

NOTIZ AM RANDE

Der Begriff „**Romantik**" ist ähnlich unscharf wie jener der „Klassik". Die Herkunft des Wortes ist altfranzösisch und verweist auf die romanische Sprache, die in Frankreich – im Gegensatz zum Lateinischen – im Mittelalter die Sprache des Volkes war. Daher stammt auch der Begriff „**Roman**": ein Werk, das in der Sprache des (jeweiligen) Volkes verfasst wurde – also Französisch (oder Deutsch) – und nicht in der Sprache der Gelehrten (Latein). Schon 1650 wurde im Englischen das Wort „romantic" gebraucht, „romantisch" im Deutschen dann gegen 1700. Erst im ausgehenden 18. Jahrhundert entwickelte sich die literarische Strömung, die wir heute als „Romantik" bezeichnen.

Kaum ein Bild steht in höherem Maße sinnbildlich für die Kunstepoche der Romantik als Caspar David Friedrichs (1774 – 1840) **Der Wanderer über dem Nebelmeer**, *1818*

Dieses Kapitel vermittelt Ihnen

> ein Verständnis für unterschiedliche Definitionen und Phasen der Romantik.

> historische und gesellschaftliche Entwicklungen der Zeit und setzt diese mit den Vorstellungen und Ideen der Literatinnen und Literaten der Romantik in Beziehung.

> Möglichkeiten zur Deutung von Werken der Romantik.

Geschichte und Gesellschaft

Die **Französische Revolution** von **1789** und ihre Ideale „Freiheit, Gleichheit und Brüderlichkeit" fanden anfangs auch im deutschsprachigen Raum Anklang. Frankreich empfand sich plötzlich als stolze **Nation,** während es Deutschland in dieser Staatsform noch nicht gab. Ein loser Staatenbund, das **Heilige Römische Reich,** hielt den deutschsprachigen Raum seit dem Mittelalter zusammen. Das Reich war zersplittert und wirkte in Zeiten von Revolution, Modernisierung und politischer Umwälzungen überholt.

Als die Französische Revolution in blutigen **Terror** umschlug, reagierten viele, die sie begrüßt hatten, mit Entsetzen und Ohnmacht. Die europäischen Großmächte probierten es mit Eindämmung: Frankreich war fortan in zahlreiche Kriege mit seinen Nachbarn verstrickt. In dieser Zeit der Kriege und Revolutionen wichen Philosophie und Kunst der politischen Konfrontation vielfach aus.

Johann Gottlieb Fichte (1762 – 1814), Professor in Jena, entwickelte in seiner **Wissenschaftslehre** (1794) die Ich-Philosophie: Das Ich setzt sich selbst, so Fichte. Es werde nicht durch äußere Einflüsse oder Dinge beeinflusst, sondern gestalte die Dinge durch sein Handeln. In Zentrum dieser Philosophie steht ein schöpferischer Geist, der seine eigene Welt denkt und mithilfe des freien menschlichen Willens Taten setzt. Dieser philosophische **Idealismus** und **Subjektivismus** prägte die Kunstschaffenden seiner Zeit zutiefst: Die Künstlerin bzw. der Künstler schafft durch eigene Ideen und Vorstellungen das Kunstwerk **autonom**, unabhängig von äußeren Einflüssen und damit auch von politischen Entwicklungen. Den Illusionen und Fantasien, die von Kunstschaffenden erzeugt werden, sind keine Grenzen gesetzt. Daraus entwickelte **Friedrich Schlegel** (1772 – 1854) die **„romantische Ironie"**: Vielfach wurden dabei die eigenen künstlerischen Ideen in Frage gestellt bzw. aufgehoben, indem die Autorin oder der Autor sich in das eigene Werk kommentierend einmengte oder sich selbst zu Wort meldete. Auch die reale, bürgerliche Welt stellten die Romantiker immer wieder in Frage.

Philosophischer Initiator der Romantik: Johann Gottlieb Fichte (1762 – 1814), Porträt von Heinrich Anton Dähling (1773 – 1850), 1808

Idealismus: Glaube an Ideale, also an eine Wirklichkeit, wie sie sein sollte

Subjektivismus: bewusste Wahrnehmung der (Um-)Welt nur aus der eigenen Perspektive

autonom: selbstständig, unabhängig

Aufgaben

1 Beschreiben Sie Fichtes Ich-Philosophie und ihre Bedeutung für die Romantik.

2 Was ist unter Ironie zu verstehen? In welchem Zusammenhang ist die Verwendung dieses Wortes sinnvoll? Was ist für Sie ironisch?

3 Überlegen Sie, was Sie persönlich unter „Romantik"/„romantisch" verstehen.

4 **Portfolio:** Entwerfen Sie dazu ein passendes Bild als Zeichnung, Fotografie oder Collage, das sie in der Klasse vorstellen.

Frühromantik und Jenaer Kreis

Von Fichtes Philosophie geprägt, fand in Jena eine Gruppe von Schriftstellerinnen und Schriftstellern zusammen: der **Jenaer Kreis.** Diese Gruppe wird der Frühromantik zugerechnet, ihre Autorinnen und Autoren sahen sich als Vertreterinnen und Vertreter der Romantik. Zu ihr gehörten etwa **Caroline Schlegel-Schelling** (1763 – 1809) und August Wilhelm Schlegel (1767 – 1845), der die christlich-mittelalterliche Literatur „romantisch" nannte und die er als eine ursprüngliche und unverfälschte Epoche der Literatur auffasste. Friedrich Schlegel, ebenfalls Teil des Jenaer Kreises, sah in der Romantik die Poetik an sich. Auch seine Frau **Dorothea Schlegel** (1764 – 1839), **Ludwig Tieck** (1773 – 1853), der Philosoph **Friedrich Wilhelm Schelling** und **Novalis** (1772 – 1801) waren Mitglieder der Gruppe. Dieser literarische Kreis sah sich zunächst als Gegenbewegung zur vernunftgeprägten Aufklärung und des Bürgertums, worin sie die Welt der Philister verorteten. Bedeutend waren auch die zahlreichen Übersetzungen des Jenaer Kreises von Weltliteratur ins Deutsche, etwa Werke von Shakespeare. Im engen Kontakt stand der Kreis zu den Vertretern der Klassik, darunter Goethe und Schiller.

Das **Gefühl** war den Frühromantikern zufolge von der Aufklärung vernachlässigt worden. Die bürgerliche Lebensweise galt als spießig und streng normiert. Als Gegenbild rückten in der Romantik das Fühlen und Erleben von Stimmungen, die Vision, der Irrationalismus und die Fantasie, Sehnsucht sowie Poesie in den Vordergrund. Aber auch gesellschaftliche Normen wurden überdacht: So forderte der Jenaer Kreis die **freie Liebe** und die **Emanzipation der Frau** – ein umso fortschrittlicher Gedanke, wenn man bedenkt, dass zu jener Zeit die bürgerliche Familie als neues Modell und Vorbild galt. Allerdings ging der Fortschritt nicht soweit, dass man es Frauen erlaubt hätte, unter ihrem eigenen Namen zu schreiben bzw. zu publizieren – die männlichen Mitgliedern des Jenaer Kreises waren sich in diesem Punkt jedenfalls uneinig.

Philister: kleinbürgerlich-engstirniger Mensch, Spießbürger

NOTIZ AM RANDE

Aus Sicht der Romantiker waren jene Bürger, die nach Gewinn strebten und sich den gesellschaftlichen Normen unterwarfen, **Philister.** Mit Ende des 18. Jahrhunderts setzte der gesellschaftliche Aufstieg des Bürgertums ein. Im Gegensatz zum Adel, dessen Privilegien vererbt wurden, setzte das **Bürgertum auf bürgerliche Tugenden** wie **Fleiß, Sparsamkeit** und **Wirtschaftlichkeit,** aber auch auf **Moral** (Sittlichkeit, Frömmigkeit, Familiensinn). Aus diesen Moralvorstellungen entwickelten sich auch bürgerliches Spießertum und moralische Doppelbödigkeit, die bald schon von den Romantikern kritisiert wurde.

Die **bürgerliche Familie** ist von einer klaren Rollenteilung geprägt. Der Familienvater ist Oberhaupt und Ernährer der Familie (Patriarchat), die Frau für das Häusliche und die Erziehung der Kinder zuständig. Manche gebildete Frau der Romantik widersetzte sich diesem Bild, organisierte literarische Salons und Diskussionsrunden oder wirkte selbst als Schriftstellerin. Als solche konnte sie allerdings nur anonym oder unter dem Namen ihres Ehemannes publizieren.

Genauer betrachtet: Die Rolle der Frau in der Romantik

Nach wie vor war es in der Zeit der Romantik nicht selbstverständlich, dass es Schriftstellerinnen gab. Dennoch kam den **Frauen in der Romantik** eine sehr wichtige Rolle zu. Sie trugen durch **Korrespondenzen**, **Salons,** die es vor allem in Berlin in großer Zahl gab, und durch engagierte Mitarbeit an vielen Publikationen maßgeblich zur Festigung der romantischen Bewegung bei. Nicht selten mussten sie ihre eigenen schriftstellerischen Ambitionen gegenüber den Männern hintanstellen. **Dorothea Schlegel** unterstützte ihren Mann Friedrich Schlegel (1772 – 1829), **Caroline Schlegel-Schelling** wiederum August Wilhelm Schlegel (1767 – 1845) und **Bettina von Brentano** (1785 – 1859; spätere Frau von Achim von Arnim, 1781 – 1831) ihren Bruder Clemens von Brentano (1778 – 1842). Diese selbstbewussten Frauen waren jedoch in erster Linie eigenständige Schriftstellerinnen und Übersetzerinnen, die sich aus gesellschaftlichen Gründen nicht frei entfalten konnten.

Korrespondenz: Schrift- und Briefverkehr

Salon: aus dem Französischen, eigentlich: großer Saal. In diesen bürgerlichen Wohnräumen trafen sich seinerzeit, meist betreut von weiblichen Gastgeberinnen, Literatinnen und Literaten zu regen Diskussionen. Im 19. Jh. wurden die Salons zunehmend vom Kaffeehaus abgelöst (> S. 158).

Dorothea Schlegel, die Tochter des jüdischen Aufklärungsphilosophen Moses Mendelssohn (> S. 56), war die Ehefrau von Friedrich Schlegel. Sie war nicht nur als Literaturkritikerin aktiv, sondern auch als Schriftstellerin.

Rahel Varnhagen von Ense (1771 – 1833) war zweifelsohne die einflussreichste Salondame des deutschsprachigen Raums. Berühmte Briefschreiberinnen wie **Meta Moller** (1728 – 1758), **Luise Gottsched** (1713 – 1762) und **Eva König** (1736 – 1778; später Eva Lessing, Ehefrau von Gotthold Ephraim Lessing, 1729 – 1781) schrieben bereits im ausgehenden 18. Jh. über freies, individuelles Denken und vertiefte Empfindungsfähigkeit. Sie legten den Grundstock für das aufkommende Selbstbewusstsein der bürgerlichen Frau der Romantik und galten als Vorbilder für weibliche Eigenständigkeit und Selbstbestimmtheit. Der Brief war das vorrangige Kommunikationsmedium der damaligen Zeit.

NOTIZ AM RANDE

Rahel Varnhagen von Ense (1771 – 1833) war für ihren literarischen Salon berühmt.

Im Salon von Varnhagen von Ense trafen sich nicht nur Dichterinnen und Dichter, sondern auch Persönlichkeiten aus Philosophie, Kunst, Naturwissenschaften, Politik und Aristokratie. Als gebürtige Jüdin trat sie sowohl für die **Emanzipation der Juden** als auch für die **Emanzipation der Frauen** ein. Während der napoleonischen Kriege sammelte sie Spenden für die Verwundeten und Hinterbliebenen. Auch literarisch war sie tätig, nicht zuletzt sind 6 000 Briefe von ihr überliefert. Allerdings waren ihre publizistischen Möglichkeiten als Frau und Jüdin zur damaligen Zeit stark eingeschränkt. Aus politisch-gesellschaftlichen Gründen konvertierte sie nach ihrer Eheschließung mit einem Diplomaten zum Christentum. Die jüdische Philosophin **Hannah Arendt** (1906 – 1975) verfasste eine Biografie über diese außergewöhnliche Frau.

Hochromantik

Fichtes Philosophie war zwar hoch angesehen, dennoch waren es äußere Kräfte, die sich als Motor der Entwicklung erwiesen. Die Ideale der Französischen Revolution (Freiheit, Gleichheit und Brüderlichkeit) wurden spätestens mit dem Aufstieg **Napoleons** (1769 1821) begraben: Napoleon, der sich als ehrgeiziger junger Feldherr in den Kriegen gegen Frankreichs Gegner verdient gemacht hatte, versuchte nun sein Glück in der französischen Innenpolitik. Dort stieg er kometenhaft auf: 1799 zunächst zum Diktator, 1804 dann zum (selbsternannten) Kaiser. Dabei verlor er seine außenpolitischen Ziele, Frankreichs Macht durch Kriege zu erweitern, nicht aus den Augen. In langwierigen Kriegen zerschlug Napoleon 1806 das **Heilige Römische Reich.** Die deutschen Staaten waren fortan mit Frankreich zwangsweise verbündet oder davon abhängig, vielerorts gab es französische Besatzungssoldaten, vorübergehend auch in Wien (1809). Als Reaktion darauf entwickelte sich ein **deutscher Patriotismus.** Der Wunsch nach Freiheit und Unabhängigkeit entstand, und sogar ein deutscher Nationalstaat wurde angedacht. Während dieser Zeit enormer politischer Umwälzungen wirkte eine literarische Gruppe, die der sogenannten **Hochromantik** oder **Heidelberger Romantik** zugeordnet wird.

*Plakette an der Kurpfälzer Meile der Innovationen in Mannheim, die heute noch an die Heidelberger Romantik erinnert. Namentlich erwähnt werden **Achim von Arnim** (1781 – 1831), **Clemens Brentano** (1778 – 1842), **Josef von Eichendorff** (1788 – 1857) und **Friedrich Hölderlin** (1770 – 1843).*

Ursprünglich verstand sich die Gruppe in Heidelberg als kosmopolitisch und dachte über nationale Grenzen hinaus. Angesichts der politischen Entwicklungen, in deren Folge Grenzen militärisch ständig verschoben wurden und Europas Völker im Krieg lagen, schienen diese Konzepte überholt. Erneut war man gegenüber politischen Entwicklungen hilflos. Das Ende der bisherigen Ordnung, symbolisiert durch die Auflösung des Heiligen Römischen Reiches, führte bei den Romantikern zur **„Wiederentdeckung des Mittelalters“**. Die Antike war für die Romantiker nicht länger maßgebendes Vorbild der Künste. Zu den Bewunderern der Antike gehörten sowohl Napoleon als auch die Vertreterinnen und Vertreter der Aufklärung und Klassik. Einen Austausch mit den Literaten der Klassik, die als den Idealen der Antike verpflichtet galten, gab es zwar, aber auch eine kritische Distanz dazu. Als Alternative für die antiken Vorbilder boten sich **Mittelalter** und **Christentum** an. Lagen darin die Wurzeln der „deutschen Kultur“? Jedenfalls wurden in der Romantik **Volksbücher** (> S. 278) angelegt, **Volksmärchen** (> S. 278) gesammelt und **Volkslieder** (> S. 276) gedichtet. Über Deutschland hinaus gewann der **Nationalgedanke** der Romantik auch bei anderen Nationen großen Zuspruch. So wurde davon der Traum einer eigenständigen polnischen oder italienischen Nation belebt. Im 19. Jahrhundert wurden schließlich auch die Vielvölkerstaaten Europas, das Habsburgerreich oder das Osmanische Reich von Nationalisten infrage gestellt. Auch die beiden Weltkriege des 20. Jahrhunderts lagen unter anderem im Nationalismus begründet.

Aufgaben

1 Benennen Sie die Einflüsse von Politik und Gesellschaft auf die Hochromantik.

2 Erschließen Sie die Möglichkeiten und Grenzen für Frauen in der Kunst der Romantik.

Spätromantik und E.T.A. Hoffmann

Napoleon, der die Vorherrschaft über Europa anstrebte, führte 1812 seine Armeen sogar nach Russland und erlitt dort eine schwere Niederlage. Eine Koalition aus mehreren Staaten (darunter Großbritannien, Russland, Österreich, Preußen) errang über Frankreich die entscheidenden Siege und regelte am **Wiener Kongress** (1814/1815) die Neuordnung Europas. Die Begeisterung über Napoleons Ende war groß.

Die Hoffnung des Bürgertums allerdings, einen eigenen **deutschen Nationalstaat** zu bekommen, vielleicht gar eine Verfassung und Demokratie, blieb unerfüllt. Viel eher wurde am Wiener Kongress, unter der Leitung des österreichischen Außenministers Klemens Wenzel Lothar von Metternich (1773 – 1859), die alte absolutistische Staatsordnung wiederhergestellt. Deutschland blieb ein loser Staatenbund und wurde unter Österreichs Vorsitz neu geordnet.

Aufgrund der politischen Enttäuschung zogen sich Literatinnen und Literaten sowie das Bürgertum zunehmend in eine innere Welt zurück. Gesellschaftspolitische Kritik wurde aufgrund einer zunehmend rigorosen **Zensur** versteckt oder ausgelassen. Zudem erreichte die Industrialisierung nun Deutschland: Verstädterung, Technisierung und soziale Probleme (Elend und Armut der arbeitenden Bevölkerung) prägten fortan den Alltag der Menschen.

NOTIZ AM RANDE

Was blieb von der Romantik?

Die französischen Symbolisten bauten Jahrzehnte später auf den Ideen der Romantik auf. **Edgar Allan Poe** (1809 – 1849), der US-amerikanische „Erfinder der Gruselgeschichten“, und die russischen Schriftsteller Nikolai Wassiljewitsch Gogol (1809 – 1852) und Alexander Sergejewitsch Puschkin (1799 – 1837) waren stark von E.T.A. Hoffmann beeinflusst. Die Wissenschaft von der deutschen Sprache und Literatur, die **Germanistik,** wurde von den Romantikern begründet. Dank deren Sammlungen gerieten die **Märchen** und **Volksdichtungen** nicht in Vergessenheit. Zu den Schattenseiten der romantischen Bewegung gehören die **nationalistischen Ideen** in Europa, die zu Vorurteilen und Ablehnung gegenüber allem, was „fremd“ war, führten.

In der Romantik wurden Nationen häufig allegorisiert, also bildlich dargestellt. Grundsätzlich hatten Frauenfiguren die zweifelhafte Ehre, eine Nation zu symbolisieren.

Diese Abbildung zeigt eine ***Allegorie der Germania*** *(1836), ein monumentales Wandbild des deutschen Malers Philipp Veit (1793 – 1877), das die Romantisierung der Nation deutlich zum Ausdruck bringt.*

Die **Spätromantiker** entwickelten einen Blick ins Innere des Menschen, auf seine Psyche, oftmals ausgelöst durch Irrationalität, märchenhafte Motive oder fantasievolle Darstellungen. Sie trafen sich in den Berliner Salons von Henriette Herz (1764 – 1847) und Rahel Varnhagen von Ense (1771 – 1833; > S. 101).

Mitte des 19. Jahrhunderts kamen neue Strömungen der Literatur auf, die entweder durch den Rückzug ins Private gekennzeichnet waren (**Biedermeier**) oder realistische und sozialkritische Darstellungen der Wirklichkeit forderten (**Realismus**).

Aufgaben

1 Beschreiben Sie die gesellschaftlichen Verhältnisse während der Spätromantik und ihren Einfluss auf die Literatur der Zeit.

2 Erklären Sie mithilfe von Recherchen die Unterschiede zwischen „Nation", „Nationalismus" und „Patriotismus".

3 Sie finden das Grimm'sche Wörterbuch online, betrieben von der Universität Trier *(www.dwb.uni-trier.de)*. Schlagen Sie dort den Begriff **„Zensur"** nach. Fassen Sie das Wichtigste dieses Eintrags zusammen. Vergleichen Sie den Eintrag dann mit einer Definition eines anderen (Online-)Lexikons. Welche Unterschiede bzw. Gemeinsamkeiten fallen Ihnen auf?

Genauer betrachtet: Romantik in Europa

In **England** gehörten die sogenannten **„lake poets"**, eine kleine Gruppe von Dichtern rund um William Wordsworth (17770 – 1850) und Robert Southey (1774 – 1843), deren Werke etwa ab 1800 erschienen, zur Generation der ersten „Romantiker". Zur zweiten Generation, die zwischen 1810 und 1820 enormen literarischen Einfluss (nicht nur auf die englischsprachige Literatur) ausübte, gehörten Lord Byron (1788 – 1824), Percy Bysshe Shelley (1792 – 1822; Ehemann der Schriftstellerin **Mary Shelly**), John Keats (1795 – 1821) und William Blake (1757 – 1827).

In **Frankreich** begann die Romantik mit den Werken von François-René Chateaubriand (1768 – 1848), der sich religiöser Motive annahm und mit den Konventionen der Klassik brach, aber auch der bedeutenden Madame de Staël (1766 – 1817), die die deutsche Literatur in Frankreich bekannt machte. Auch hier ebnete die erste Generation den Weg für die bedeutendere zweite Generation der Romantiker, zu der Literaten wie **Victor Hugo** (1805 – 1885; u. a. bekannt durch den **Glöckner von Notre Dame**; > S. 8) und Gérard de Nerval (1808 – 1855) zählten.

IN SZENE GESETZT

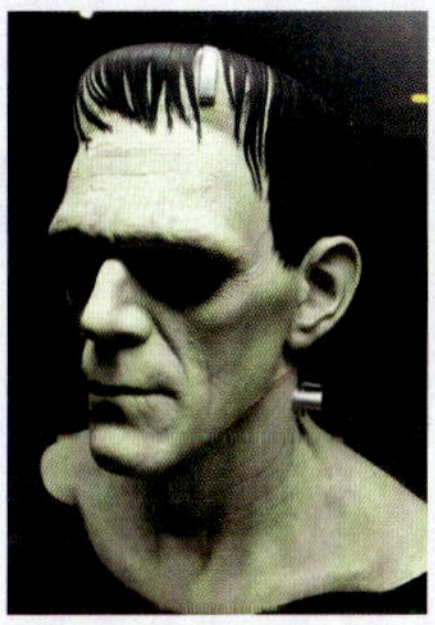

Populär und mehrfach in Filmen, Comics oder Büchern nacherzählt: Die Geschichte über **Frankensteins Monster.** *Hier eine Maske des berühmten Monsters im Museuo nazionale del cinema in Turin.* Tatsächlich stammt die Geschichte **Frankenstein** (1818) aus der Feder der britischen Schriftstellerin **Mary Shelly** (1797 – 1851), Tochter der Frauenrechtlerin Mary Wollstonecraft (1759 – 1797) und Ehefrau des Schriftstellers Percy Bysshe Shelley. In ihrem Roman greift Mary Shelly die Idee des künstlichen Menschen auf, der, nachdem er erschaffen wurde, außer Kontrolle gerät und sich gegen seinen eigenen Schöpfer wendet. Auch E.T.A. Hoffmann beschäftigt sich in seinem Werk **Der Sandmann** (> S. 107) mit dem Thema des künstlichen Menschen: Die wunderschöne Frau Olympia, in die sich der Protagonist Nathanael verliebt, ist nichts anderes als ein künstlicher Apparat.

In **Italien** waren vor allem die Dichter Alessandro Manzoni (1785 – 1873) und Giacomo Leopardi (1798 – 1837) bedeutend. Leopardis schwermütige Lyrik entstand nach dem Vorbild der Antike und verarbeitete – typisch für die Epoche der Romantik – Weltschmerz und unerfüllte Liebe.

In **Spanien** entwickelten sich drei romantische Strömungen: eine patriotische-volkstümliche, eine sozialromantisch-liberale und eine idealistisch-abenteuerliche. Der wichtigste spanische Autor der Romantik war Gustavo Adolfo Bécquer (1836 – 1870).

Auch in **Skandinavien** war die Romantik eine Zeit, in der das Nationalbewusstsein größer wurde. Es entstand das finnische Nationalepos **Kalevala** (1835), eine Sammlung von mystischen Volksmärchen. Der Schwede Erik Johan Stagnelius (1793 – 1823) gilt als der wichtigste skandinavische Dichter der Romantik.

Kunst und Kultur

Zur Zeit der Romantik herrschte ein reger Gedankenaustausch zwischen den einzelnen Kunstrichtungen. Viele namhafte Komponistinnen und Komponisten wie **Franz Schubert** (1797 – 1828), Robert Schumann (1810 – 1856), Clara Schumann (1819 – 1896) oder Felix Mendelssohn Bartholdy (1809 – 1847) vertonten Gedichte ihrer schreibenden Zeitgenossen. Besonders Schuberts Vertonungen der Gedichte **Joseph von Eichendorffs** (> S. 107), der Schlegel-Brüder und Theodor Körners (1791 – 1813) sind heute weltberühmt.

Das Märchenhafte und Fantastische spiegelt sich aber nicht nur in den träumerischen Musikstücken der Romantik wider, sondern auch in der **Malerei,** etwa in jener des deutschen Malers Caspar David Friedrich (1774 – 1840), dessen Bilder eine dichte, atmosphärische Stimmung erzeugen. In Wien war der Maler und Zeichner **Moritz von Schwind** (1804 – 1871), ein Freund von Franz Schubert, ein bedeutender Vertreter der gemalten und gezeichneten „fantastischen Romantik".

Für die Romantiker werden Märchen und Sagengestalten zunehmend interessant und Teil der (deutschen) Volkskultur. Hier greift der Maler Moritz von Schwind (1804 – 1871) in seinem Gemälde ***Rübezahl*** *(1846) das Motiv des sagenhaften Riesen auf.*

Mit der Literatur der Spätromantik wurde das Schreiben immer populärer, und so folgte eine Flut sentimentaler **Trivialliteratur,** von der die meisten Werke für uns heute unbedeutend sind, damals aber ein großes Lesepublikum fanden.

> **Trivialliteratur:** einfache, wenig qualitätsvolle Literatur, die der Unterhaltung dient

Genauer betrachtet: Der Stellenwert des Märchens in der Romantik

Die beliebteste literarische Form der Hochromantik war das Märchen. Die Brüder Jacob und Wilhelm Grimm (1785 – 1863 bzw. 1786 – 1859), die für ihre **Märchensammlung** bis heute berühmt sind, trugen **Volksmärchen** aus vielen Jahrhunderten zusammen, die zuvor nur mündlich weitergegeben worden waren. Damit wurden diese Märchen auch nachstehenden Generationen bekannt. Auch der Archivar Ludwig Bechstein (1801 – 1860) brachte Märchen zu Papier, allerdings nahm er inhaltliche Veränderungen vor, die bei den Kindern und Jugendlichen „erzieherisch" wirken sollten. Die **Brüder Grimm** verfassten auch das erste **Deutsche Wörterbuch** sowie eine **deutsche Grammatik.** Ihr Ziel war die Erforschung der eigenen Sprache und Kultur. Diese Suche nach den Ursprüngen der eigenen Nation und des eigenen Volkes schlugen schon bald in eine frühe Form des Nationalismus um.

Neben dem **Volksmärchen,** das ja bereits seit Langem Teil der Volkstradition war, entstand das sogenannte **Kunstmärchen** (> S. 276). Bekannt sind die modernen Märchen des Dänen **Hans Christian Andersen** (1805 – 1875), z. B. **Das hässliche Entlein, Die Prinzessin auf der Erbse, Das Mädchen mit den Schwefelhölzern.** Im deutschsprachigen Raum sind vor allem die Märchen Ludwig Tiecks, z. B. **Der blonde Eckbert,** und Wilhelm Hauffs (1802 – 1827), etwa **Zwerg Nase, Die Geschichte von Kalif Storch, Die Geschichte von dem kleinen Muck, Peter Munk mit dem kalten Herzen** und **Der junge Engländer, der eigentlich ein Affe ist,** bekannt.

Hauffs Märchenalmanach aus dem Jahr 1828

Die Stoffe für ihre Märchen entnahmen die Romantiker einerseits alten Texten aus dem Mittelalter, andererseits **morgenländischen** Erzähltexten. Im Gegensatz zu Volksmärchen besitzen Kunstmärchen nicht immer den klaren Gegensatz von „Gut" und „Böse".

morgenländisch: als Gegensatz zum christlichen Abendland verstand man das islamische Morgenland, den heutigen Orient bzw. Nahen Osten

Aufgaben

1 **Partnerarbeit:** Welche Märchen kennen Sie noch aus Ihrer Kindheit? Sammeln Sie die Namen aller Märchen in der Klasse, an die Sie sich noch erinnern. Erzählen Sie Ihrer Partnerin bzw. Ihrem Partner den Inhalt von drei dieser Märchen und versuchen Sie gemeinsam, die jeweilige Geschichte möglichst vollständig zu erschließen.

2 Sie können schließlich eines der Märchen nachschlagen und überprüfen, inwiefern die Textvorlage Ihrer Erinnerung entspricht.

3 Überlegen Sie, was die Faszination für Märchen ausmacht. Diskutieren Sie, ob Märchen nur für Kinder oder darüber hinaus relevant sind.

4 **Portfolio:** Gestalten Sie selbst ein modernes Kunstmärchen: Nehmen Sie sich eines Themas unserer Zeit an (z. B. Flucht, Gleichberechtigung, Umwelt), setzen Sie die Handlung an einem unbestimmten Ort und in einer unbestimmten Zeit an (z. B. Großstadt, Schule, Wald; vor Jahren, es war einmal), wählen Sie Rollen und keine konkreten Personen als Handlungsträger (z. B. Bub, Schülerin, Vater, Anwältin etc.).

Literatur und Personen

„Die Welt muss romantisiert werden. So findet man den ursprünglichen Sinn wieder [...]. Indem ich dem Gemeinen einen hohen Sinn, dem Gewöhnlichen ein geheimnisvolles Ansehen [...] gebe, so romantisiere ich es", schrieb **Novalis** über die Romantik. Er war fasziniert und beeinflusst von den Büchern des Mystikers Jacob Böhme (1575 – 1624) und den Naturwissenschaften.

Novalis (1772 – 1801) meinte auch, dass die Lyrik das „Poetische schlechthin" sei. Er war Gründungsmitglied des **Jenaer Kreises** (> S. 99f.). Sein Werk **Hymnen an die Nacht**, das 1800 erschienen war, blieb seine einzige eigenständige Veröffentlichung zu Lebzeiten, geschrieben aus Trauer über den Tod seiner Verlobten Sophie von Kühn (1782 – 1797). Seit ihrem Tod begleitete ihn eine Todessehnsucht, die auch in seinen Gedichten ersichtlich wurde. Sein unvollendeter Roman **Heinrich von Ofterdingen** spielt im Mittelalter – dort, wo aus Sicht der Romantiker die Ideale verwirklicht waren. Die Hauptfigur Heinrich findet im Buch das Symbol der romantischen Poesie in Form einer **„blauen Blume"** – sie wird zum Leitmotiv des Romans und in weiterer Folge zum Symbol für die Bewegung der Frühromantiker. In den kommenden Jahrzehnten griffen deutschnationale Bewegungen dieses Symbol für ihre Zwecke auf. 1801 starb Novalis im Alter von nur 29 Jahren an Schwindsucht (Tuberkulose).

Kurzporträts

Caroline Schlegel-Schelling (1763 – 1809) war eine der einflussreichsten Frauen der Romantik. Sie war Dichterin und Übersetzerin und fester Bestandteil des **Jenaer Kreises** (**Frühromantik**).

Dieses Gemälde des berühmten deutschen Malers Johann Friedrich August Tischbein (1750 – 1812) zeigt Caroline Schlegel-Schelling (1763 – 1809) im Alter von etwa 35 Jahren.

Geboren wurde sie in der deutschen Universitätsstadt Göttingen als Caroline Michaelis. Sie war die Tochter des berühmten Orientalisten Johann David Michaelis und wuchs in wohlhabenden Verhältnissen auf. Mit 21 Jahren heiratete sie den um zehn

Jahre älteren Arzt Johann Franz Wilhelm Böhmer (1754 – 1788), mit dem sie drei Kinder hatte. Als ihr Mann überraschend an einer Infektion verstarb, änderte sich das Leben der jungen Frau drastisch, die inmitten der Wirren der Französischen Revolution lebte. Sie wurde von einem französischen Soldaten schwanger und ins Gefängnis gesperrt, weil man sie für eine Spionin der französisch-revolutionären Jakobiner hielt. Als sie schließlich freikam, lernte sie **August Wilhelm Schlegel** kennen. Die beiden heirateten 1796. Sie wurde enge Mitarbeiterin der beiden Brüder Schlegel, als diese an ihren **Shakespeare-Übersetzungen** arbeiteten.

1803 ließ sie sich von Schlegel scheiden und heiratete fünf Monate später den Philosophen Friedrich Wilhelm **Schelling** (1775 – 1854). 1809 verstarb sie, erst 46-jährig, an Nervenfieber. Die emanzipierte Caroline Schlegel-Schelling war eine wichtige Vertreterin der Romantik, sie verfasste Gedichte und ihre vielen Briefe vermitteln uns heute ein wichtiges **Sittenbild** der damaligen Zeit.

Sittenbild: Bild von den Sitten und Moralvorstellungen einer Zeit

Karoline von Günderrodes (1780 – 1806) Gedichte gelten heute als typische Beispiele romantischer Lyrik. Sie begann früh, die Werke Schillers und Goethes zu lesen, wirklich beeindruckt war die sensible und schüchterne Günderrode aber von der Literatur Novalis', den sie bewunderte und dem sie auch einige ihrer Gedichte widmete. Ihren ersten Gedichtband veröffentlichte sie unter dem männlichen **Pseudonym** „Tian". Kurz danach lernte sie den Mythenforscher Friedrich Creuzer (1771 – 1858) kennen. Creuzer, der unglücklich verheiratet war, verliebte sich in Karoline von Günderrode. Die Dichterin hoffte, mit Creuzer eine Familie gründen zu können. Als dieser jedoch entschied, seine Ehefrau nicht zu verlassen und den Kontakt zu Günderrode abzubrechen, erstach sie sich mit einem Dolch am Rheinufer. Ihre Leiche wurde, im Wasser treibend, von einem Bauern gefunden. Das tragische Schicksal der Dichterin verarbeitete ihre gute Freundin **Bettina von Arnim** in ihrem Buch **Die Günderode.**

Pseudonym: erfundener, fingierter Name eines Autors/einer Autorin, um unter einem Decknamen veröffentlichen zu können

Gemälde der Dichterin Karoline von Günderrode, um 1800

Aufgaben

1 Vergleichen Sie das Leben der Schriftstellerinnen Schlegel-Schelling und Günderrode.

2 **Gruppenarbeit:** Diskutieren Sie in Gruppen, mit welchen Schwierigkeiten Frauen in der damaligen Zeit konfrontiert gewesen sein könnten.

E.T.A. Hoffmann (1776 – 1822) war das, was man heute wohl als „Multitalent" bezeichnen würde. Er war nicht nur Dichter, sondern auch Bühnenarchitekt, Maler, Dirigent und Komponist. Ernst Theodor Wilhelm Hoffmann wurde 1776 in Königsberg geboren. Aus Verehrung zu Wolfgang Amadeus Mozart nahm er dessen Zweitnamen an, nannte sich Ernst Theodor Amadeus, fortan aber nur abgekürzt „E.T.A.".

E.T.A. Hoffmann war auch begnadeter Zeichner: Dieses Selbstporträt entstand um 1800.

Schon mit 16 Jahren begann er ein Jusstudium in Königsberg, das er 1775 erfolgreich abschloss. Hoffmann bekam einen lukrativen Posten im Staatsdienst, wurde aber, nachdem er Karikaturen einflussreicher Menschen angefertigt hatte, in den weitabgeschiedenen Ort Plock (an der Weichsel) strafversetzt. Nur seine Frau Thekla Michaelina Rorer (1778 – 1859), Tochter eines polnischen Schreibers, begleitete ihn. In dieser erlebten Einöde fand Hoffmann Zeit zum Schreiben und Komponieren.

Gothic Novel: englische Schauerliteratur

Makulaturblätter: Blätter von wertlos gewordenem bedrucktem Papier

Er beschloss, seinen künstlerischen Neigungen nachzugehen und wurde 1808 Theaterdirektor in Bamberg. 1812 – 1814 komponierte er die Oper **Undine,** die Geschichte eines Wassergeistes in Menschengestalt. Ein Jahr später schrieb er – ganz von englischen **Gothic Novels** wie **The Monk** von Matthew Gregory Lewis (1775 – 1818) beeinflusst – den Roman **Die Elixiere des Teufels** (1815/1816). 1816/1817 folgte die Erzählung **Der Sandmann,** eine schauerliche Geschichte über Traumatisierung, Hexerei, Doppelgänger und Technisierung. In seinem letzten bedeutenden Buch, **Lebensansichten des Katers Murr nebst fragmentarischer Biographie des Kapellmeisters Johannes Kreisler in zufälligen Makulaturblättern** (1819 – 1821), lässt Hoffmann einen eingebildeten, selbstgefälligen Kater seine Lebenserinnerungen aufschreiben, auf der Rückseite der **Makulaturblätter** des Kapellmeisters Johannes Kreisler (> S. 109f.). Die Satire ist dabei in den fiktiven Aufzeichnungen des Katers versteckt, die sich mit den Aufzeichnungen des Kapellmeisters abwechseln. Der Kater macht sich über die Kunst, die Künstler und die menschliche Gesellschaft lustig. Hoffmann parodiert mit diesem Werk die beliebten Formen des Künstler- und Entwicklungsromans.

Durch eine schwere Krankheit war Hofmann während seiner letzten Lebensmonate gelähmt und bettlägerig, diktierte aber einige Ideen, die seine Frau zu Papier brachte.

Joseph Freiherr von Eichendorff (1788 – 1857) wuchs streng katholisch erzogen im schlesischen Ratibor (heute Polen) auf. Er begann früh, in der elterlichen Bibliothek zu lesen, vor allem Märchen und Naturgeschichten. Mit 18 Jahren zog er nach Halle, wo er Jus studierte. Dort kam er mit der romantischen Bewegung in Kontakt. Er wurde Teil des Kreises um Clemens von Brentano und Achim von Arnim (**Heidelberger Kreis**), mit deren Unterstützung die ersten Gedichte Eichendorffs erschienen.

Joseph Freiherr von Eichendorff, Porträt von Eduard Eichens (1804 – 1877), 1841

Der Dichter reiste in den Folgejahren viel, wohnte in Paris und längere Zeit auch in Wien. Als Freiwilliger kämpfte er 1813 im Lützowschen Freikorps, einem deutschen militärischen Freiwilligenverband, gegen Napoleons Armee. Neben seinen vielen Gedichten und **Balladen** (> S. 274), die von Komponisten wie Franz Schubert (1797 – 1828) oder Robert Schumann (1810 – 1856) auch vertont wurden, kennt man heute vor allem noch seine Novelle **Aus dem Leben eines Taugenichts,** die er 1826 schrieb.

Wilhelm Hauff, der 1802 in Stuttgart geboren wurde, schrieb mit 13 Jahren an einen Schulfreund: „Mensch, sei ein Mensch, daß, wenn man deinen Leib begräbt, dein Werk und dein Gedächtnis lebt!" Diesem Motto blieb er treu. Er konnte sein Werk festigen, obwohl er mit nicht einmal 25 Jahren verstarb. Nach dem frühen Tod des Vaters wurde Wilhelm Hauff vom Großvater erzogen und absolvierte die Lateinschule. Auf Wunsch des Großvaters studierte er Theologie, wollte aber nicht als Pfarrer arbeiten, sondern lieber Schriftsteller werden. Er erhielt die Stelle eines Hofmeisters beim Kriegsratspräsidenten Ernst von Hügel in Stuttgart – eine Position, bei der er genug Zeit fand, um zu schreiben. Im August 1825 erschienen die von **E.T.A. Hoffmann** stark beeinflussten **Mitteilungen aus den Memoiren des Satan.** Hauff liebte es, wie auch in diesem Werk, seine Identität mit Pseudonymen zu verschleiern. In seinem Roman **Der Mann im Mond oder Der Zug des Herzens ist des Schicksals Stimme** (1825) etwa unterschrieb er mit „Heinrich Clauren". Als der „richtige" Clauren (1771 – 1854), ein erfolgreicher Autor von Trivialliteratur, dies entdeckte, verklagte er Hauff. Hauff verschärfte den Angriff nochmals mit der 1827 veröffentlichten **Kontroverspredigt über H. Clauren und den Mann im Monde,** in der er die Absicht einer Parodie, also Clauren lächerlich zu machen, offiziell zugab.

Wilhelm Hauff (1802 – 1827), Porträt von Jacob Behringer (geb. 1791), 1826

1826 begann Hauff mit der Arbeit an seinem großen Roman **Lichtenstein**, der aber ein **Fragment** blieb. Wirklich berühmt machten ihn seine **Märchenalmanache**, die von **Tausendundeiner Nacht** beeinflusst waren. Die **Kunstmärchen** darin fanden ganze Generationen von Leserinnen und Lesern.

Fragment: unvollständiges bzw. unvollendetes künstlerisches Werk

Im Herbst 1827 klagte Hauff über ein „Schleimfieber", vermutlich die Folge einer Typhuserkrankung. Er erlebte noch die Geburt seiner Tochter Wilhelmine, genau eine Woche später verstarb er.

Aufgaben

1 Wählen Sie insgesamt drei Werke, die in dem Abschnitt Kurzporträts vorgestellt werden. Recherchieren Sie zu diesen Werken im Internet oder in Ihrer Schulbibliothek. Sehen Sie sich auch Kundenrezensionen auf Bestellplattformen diverser Internetversandhändler an.

2 Stellen Sie anschließend den Inhalt der Werke und jeweils eine dazu passende Kundenrezension kurz in Ihrer Klasse vor.

3 Diskutieren Sie, welches der präsentierten literarischen Werke Sie als Klassenlektüre vorschlagen würden. Sie können dabei die Kundenrezensionen als Entscheidungshilfe heranziehen. Sie können auch mehrere Werke wählen, die parallel gelesen werden, und diese anschließend in der Klasse vergleichen.

4 **Portfolio:** Schreiben Sie nun selbst eine kurze Rezension zu dem Werk, das Sie gelesen haben.

Reflexionen zum Kapitel

> Benennen Sie die wichtigsten Merkmale der Romantik.

> Vergleichen Sie diese Merkmale mit Ihren persönlichen Vorstellungen von Romantik, die Sie am Anfang des Kapitels formuliert haben. Wo liegen die Unterschiede, wo die Gemeinsamkeiten?

> Überlegen Sie, welche Motive, Themen oder Ideen der Romantik noch heute aktuell sind.

Lebensansichten des Katers Murr. Nebst fragmentarischer Biographie des Kapellmeisters Johannes Kreisler in zufälligen Makulaturblättern

E.T.A. Hoffmann, 1819

Vorwort des Herausgebers E.T.A. Hoffmann

Keinem Buche ist ein Vorwort nötiger, als gegenwärtigem; da es, wird nicht erklärt, auf welche wunderliche Weise es sich zusammengefügt hat, als ein zusammengewürfeltes Durcheinander erscheinen dürfte.

Daher bittet der Herausgeber den günstigen Leser, wirklich zu lesen, nämlich dies Vorwort.

Besagter Herausgeber hat einen Freund, mit dem er ein Herz und eine Seele ist, den er ebenso gut kennt, als sich selbst. Dieser Freund sprach eines Tages zu ihm ungefähr also: „Da du, mein Guter, schon manches Buch hast drucken lassen und dich auf Verleger verstehst, wird es dir ein leichtes sein, irgendeinen von diesen wackern Herren aufzufinden, der auf deine Empfehlung etwas druckt, was ein junger Autor von dem glänzendsten Talent, von den vortrefflichsten Gaben vorher aufschrieb. Nimm dich des Mannes an, er verdient es."

Der Herausgeber versprach, sein Bestes zu tun für den schriftstellerischen Kollegen. Etwas verwunderlich wollt es ihm nun wohl bedünken, als sein Freund ihm gestand, daß das Manuskript von einem Kater, Murr geheißen, herrühre und dessen Lebensansichten enthalte; das Wort war jedoch gegeben, und da der Eingang der Historie ihm ziemlich gut stilisiert schien, so lief er sofort, mit dem Manuskript in der Tasche, zu dem Herrn Dümmler Unter den Linden und proponierte ihm den Verlag des Katerbuchs.

Herr Dümmler meinte, bis jetzt habe er zwar nicht unter seinen Autoren einen Kater gehabt, wisse auch nicht, daß irgendeiner seiner werten Kollegen mit einem Mann des Schlages bis jetzt sich eingelassen, indessen wolle er den Versuch wohl machen.

Der Druck begann, und dem Herausgeber kamen die ersten Aushängebogen zu Gesicht. Wie erschrak er aber, als er gewahrte, daß Murrs Geschichte hin und wieder abbricht und dann fremde Einschiebsel vorkommen, die einem andern Buch, die Biographie des Kapellmeisters Johannes Kreisler enthaltend, angehören.

Nach sorgfältiger Nachforschung und Erkundigung erfuhr der Herausgeber endlich folgendes: Als der Kater Murr seine Lebensansichten schrieb, zerriß er ohne Umstände ein gedrucktes Buch, das er bei seinem Herrn vorfand, und verbrauchte die Blätter harmlos teils zur Unterlage, teils zum Löschen. Diese Blätter blieben im Manuskript und – wurden, als zu demselben gehörig, aus Versehen mit abgedruckt!

De- und wehmütig muß nun der Herausgeber gestehen, daß das verworrene Gemisch fremdartiger Stoffe durcheinander lediglich durch seinen Leichtsinn veranlaßt, da er das Manuskript des Katers hätte genau durchgehen sollen, ehe er es zum Druck beförderte. Indessen ist noch einiger Trost für ihn vorhanden.

Fürs erste wird der geneigte Leser sich leicht aus der Sache finden können, wenn er die eingeklammerten Bemerkungen, *Mak. Bl.* (Makulatur-Blatt) und *M. f. f.* (Murr fährt fort) gütigst beachten will, dann ist aber das zerrissene Buch höchst wahrscheinlich gar nicht in den Buchhandel gekommen, da niemand auch nur das mindeste davon weiß. Den Freunden des Kapellmeisters wenigstens wird es daher angenehm sein, daß sie durch den literarischen Vandalismus des Katers zu einigen Nachrichten über die sehr seltsamen Lebensumstände jenes in seiner Art nicht unmerkwürdigen Mannes kommen.

Der Herausgeber hofft auf gütige Verzeihung.

Wahr ist es endlich, daß Autoren ihre kühnsten Gedanken, die außerordentlichsten Wendungen oft ihren gütigen Setzern verdanken, die dem Aufschwunge der Ideen nachhelfen durch sogenannte Druckfehler. So sprach zum Beispiel der Herausgeber im zweiten Teile seiner „Nachtstücke" von geräumigen *Bosketts* (Gebüschen), die in einem Garten befindlich. Das war dem Setzer nicht genial genug, er setzte daher das Wörtlein *Bosketts* um in das Wörtlein *Kasketts* (Lederhelm). So läßt in der Erzählung „das Fräulein Scuderi" der Setzer pfiffigerweise besagtes Fräulein statt in einer schwarzen *Robe*, in einer schwarzen *Farbe* von schwerem Seidenzeug erscheinen und so weiter.

>

Jedem jedoch das Seine! Weder der Kater Murr, noch der unbekannte Biograph des Kapellmeisters Kreisler soll sich mit fremden Federn schmücken, und der Herausgeber bittet daher den günstigen Leser dringend, bevor er das Werklein liest, nachfolgende Änderungen zu veranstalten, damit er von beiden Autoren nicht besser oder schlechter denke, als sie es verdienen.

Übrigens werden nur die Hauptterrata bemerkt, geringere dagegen der Diskretion des gütigen Lesers überlassen.

(Es folgt die Angabe einer Reihe von Druckfehlern.)
Schließlich darf der Herausgeber versichern, daß er den Kater Murr persönlich kennengelernt und in ihm einen Mann von angenehmen, milden Sitten gefunden hat. Er ist auf dem Umschlage dieses Buches frappant getroffen.
Berlin, im November 1819
E. T. A. Hoffmann

Vorrede des Autors Kater Murr
Schüchtern – mit bebender Brust, übergebe ich der Welt einige Blätter des Lebens, des Leidens, der Hoffnung, der Sehnsucht, die in süßen Stunden der Muße, der dichterischen Begeisterung meinem innersten Wesen entströmten. Werde, kann ich bestehen vor dem strengen Richterstuhl der Kritik? Doch ihr seid es, ihr fühlenden Seelen, ihr rein kindlichen Gemüter, ihr mir verwandten treuen Herzen, ja, ihr seid es, für die ich schrieb, und eine einzige schöne Träne in eurem Auge wird mich trösten, wird die Wunde heilen, die der kalte Tadel unempfindlicher Rezensenten mir schlug!
Berlin, im Mai (18–).
Murr
(Etudiant en belles lettres)

Unterdrücktes Vorwort des Autors
Mit der Sicherheit und Ruhe, die dem wahren Genie angeboren, übergebe ich der Welt meine Biographie, damit sie lerne, wie man sich zum großen Kater bildet, meine Vortrefflichkeit im ganzen Umfange erkenne, mich liebe, schätze, ehre, bewundere und ein wenig anbete.

Sollte jemand verwegen genug sein, gegen den gediegenen Wert des außerordentlichen Buchs einige Zweifel erheben zu wollen, so mag er bedenken, daß er es mit einem Kater zu tun hat, der Geist, Verstand besitzt und scharfe Krallen.
Berlin, im Mai (18–).
Murr
(Homme de lettres très renommé)

Hoffmann bemerkt dazu:
N. S. Das ist zu arg! – Auch das Vorwort des Autors, welches unterdrückt werden sollte, ist abgedruckt! – Es bleibt nichts übrig, als den günstigen Leser zu bitten, daß er dem schriftstellerischen Kater den etwas stolzen Ton dieses Vorworts nicht zu hoch anrechnen und bedenken möge, daß, wenn manche wehmütige Vorrede irgendeines andern empfindsamen Autors in die wahre Sprache der innigen Herzensmeinung übersetzt werden sollte, es nicht viel anders herauskommen würde.
d. H.

E.T.A. Hoffmann: Hoffmann. Werke, Band 3. Darmstadt: Deutsche Buch-Gemeinschaft 1963, S. 7ff.

Aufgaben

1 Geben Sie die Hintergründe wieder, die E.T.A. Hoffmann anführt: Wie ist sein Werk **Kater Murr** entstanden?

2 **Gruppenarbeit:** Vergleichen Sie in Gruppen das *Vorwort des Autors Kater Murr* und *Unterdrücktes Vorwort des Autors* (Kater Murr), insbesondere die unterschiedlichen Botschaften, die an die Leserinnen und Leser gerichtet werden. Beziehen Sie auch den Textabschnitt *Hoffmann bemerkt dazu* mit ein.

3 Weisen Sie in den Texten Merkmale der **romantischen Ironie** (> S. 99) nach, besonders im Hinblick auf die unterschiedlichen Vorwörter/Vorbemerkungen zum Werk.

TEXT

Mondnacht

Joseph Freiherr von Eichendorff, 1837

Es war, als hätt der Himmel
Die Erde still geküßt,
Daß sie im Blütenschimmer
Von ihm nun träumen müßt.
Die Luft ging durch die Felder,
Die Ähren wogten sacht,
Es rauschten leis die Wälder,
So sternklar war die Nacht.
Und meine Seele spannte
Weit ihre Flügel aus,
Flog durch die stillen Lande,
Als flöge sie nach Haus.

Nachts

Joseph Freiherr von Eichendorff, 1841

Ich wandre durch die stille Nacht,
Da schleicht der Mond so heimlich sacht
Oft aus der dunklen Wolkenhülle,
Und hin und her im Tal
Erwacht die Nachtigall,
Dann wieder alles grau und stille.
O wunderbarer Nachtgesang:
Von fern im Land der Ströme Gang,
Leis Schauern in den dunklen Bäumen –
Wirrst die Gedanken mir,
Mein irres Singen hier
Ist wie ein Rufen nur aus Träumen.

Zit. nach: Klaus Rothmann (Hg.): Die deutsche Literatur. Ausgewählte Texte. Ditzingen: Reclam 1999, S. 142f.

Aufgaben

1 Benennen Sie Themen und Motive der Gedichte.

2 Analysieren Sie die sprachliche und formale Gestaltung der Gedichte.

3 Deuten Sie die Gedichte hinsichtlich ihrer Merkmale als romantisches Gedicht, insbesondere aber das Motiv der „Nacht".

TEXT

Die eine Klage

Karoline von Günderrode, 1804

Wer die tiefste aller Wunden
Hat in Geist und Sinn empfunden
Bittrer Trennung Schmerz;
Wer geliebt was er verlohren,
Lassen muß was er erkohren,
Das geliebte Herz,

Der versteht in Lust die Thränen
Und der Liebe ewig Sehnen
Eins in Zwei zu sein,
Eins im Andern sich zu finden,
Daß der Zweiheit Gränzen schwinden
Und des Daseins Pein.

Wer so ganz in Herz und Sinnen
Konnt' ein Wesen liebgewinnen
O! den tröstet's nicht
Daß für Freuden, die verlohren,
Neue werden neu gebohren:
Jene sind's doch nicht.

Das geliebte, süße Leben,
Dieses Nehmen und dies Geben,
Wort und Sinn und Blick,
Dieses Suchen und dies Finden,
Dieses Denken und Empfinden
Giebt kein Gott zurück.

>

Überall Liebe

Karoline von Günderrode, 1804

Kann ich im Herzen heiße Wünsche tragen?
Dabei des Lebens Blütenkränze sehn,
Und unbekränzt daran vorübergehn,
Und muß ich trauernd nicht in mir verzagen?

Soll frevelnd ich dem liebsten Wunsch entsagen?
Soll mutig ich zum Schattenreiche gehn?
Um andre Freuden, andre Götter flehn,
Nach neuen Wonnen bei den Toten fragen?
Ich stieg hinab, doch auch in Plutons Reichen,
Im Schoß der Nächte, brennt der Liebe Glut,
Daß sehnend Schatten sich zu Schatten neigen.
Verloren ist, wen Liebe nicht beglücket,
Und stieg er auch hinab zur styg'schen Flut,
Im Glanz der Himmel blieb er unentzücket.

Zit. nach: Karl Otto Conrady: Gedichte der deutschen Romantik. Düsseldorf: Patmos 2008, S. 158 – 160

Aufgaben

1 **Gruppenarbeit:** Ermitteln Sie in Gruppen zentrale Motive und Themen der Gedichte.

2 Klären Sie außerdem unbekannte Wörter, z. B. Verweise auf die antike Mythologie.

3 Besprechen Sie, welche Parallelen und Unterschiede die beiden Gedichte aufweisen.

4 Deuten Sie eines der zentralen Motive.

TEXT

Der gestiefelte Kater

Ludwig Tieck, 1797

Prolog

Die Szene ist im Parterre, die Lichter sind schon angezündet, die Musiker sind im Orchester versammelt. – Das Schauspiel ist voll, man schwatzt durcheinander, mehr Zuschauer kommen, einige drängen, andre beklagen sich. Die Musiker stimmen.

***Fischer, Müller, Schlosser, Bötticher** im Parterre, ebenso auf der andern Seite **Wiesener** und dessen **Nachbar**.*

Fischer: Aber ich bin doch in der Tat neugierig. – Lieber Herr Müller, was sagen Sie zu dem heutigen Stücke?

Müller: Ich hätte mir eher des Himmels Einfall vermutet, als ein solches Stück auf unserm großen Theater zu sehn – auf unserm National-Theater! Ei! ei! nach allen den Wochenschriften, den kostbaren Kleidungen, und den vielen, vielen Ausgaben!

Fischer: Kennen Sie das Stück schon?

Müller: Nicht im mindesten. – Einen wunderlichen Titel führt es: *Der gestiefelte Kater.* – Ich hoffe doch nimmermehr, daß man die Kinderpossen wird aufs Theater bringen.

Schlosser: Ist es denn vielleicht eine Oper?

Fischer: Nichts weniger, auf dem Komödienzettel steht: ein Kindermärchen.

Schlosser: Ein Kindermärchen? Aber ums Himmels willen, sind wir denn Kinder, daß man uns solche Stücke aufführen will? Es wird doch wohl nun und nimmermehr ein ordentlicher Kater aufs Theater kommen?

Fischer: Wie ich es mir zusammenreime, so ist es eine Nachahmung der neuen Arkadier, und es kommt ein verruchter Bösewicht, ein katerartiges Ungeheuer vor, mit dem es fast solche Bewandtnis, wie mit dem Tarkaleon hat, nur daß er etwa statt rot ums Maul, schwärzlich gefärbt ist.

Müller: Das wäre nun nicht übel, denn ich habe schon längst gewünscht, eine solche recht wunderbare Oper einmal ohne Musik zu sehn.

Fischer: Wie? Ohne Musik? Ohne Musik, Freund, ist dergleichen abgeschmackt, denn ich versichre Sie, Liebster, Bester, nur durch diese himmlische Kunst bringen wir alle die Dummheiten hinunter. Ei was, genau genommen sind wir über Fratzen und Aberglauben weg; die Aufklärung hat ihre Früchte getragen, wie sich's gehört.

Müller: So ist es wohl ein ordentliches Familiengemälde, und nur ein Spaß, gleichsam ein einladender Scherz mit dem Kater, nur eine Veranlassung, wenn ich so sagen darf, oder ein bizarrer Titel, Zuschauer anzulocken.

Schlosser: Wenn ich meine rechte Meinung sagen soll, so halte ich das Ganze für einen Pfiff, Gesinnungen, Winke unter die Leute zu bringen. Ihr werdet sehen, ob ich nicht recht habe. Ein Revolutionsstück, soviel ich begreife, mit abscheulichen Fürsten und Ministern, und dann ein höchst mystischer Mann, der sich mit einer geheimen Gesellschaft tief, tief unten in einem Keller versammelt, wo er als Präsident etwa verlarvt geht, damit ihn der gemeine Haufe für einen Kater hält. Nun da kriegen wir auf jeden Fall tiefsinnige und religiöse Philosophie und Freimaurerei. Endlich fällt er als das Opfer der guten Sache. O du Edler! Freilich mußt du gestiefelt sein, um allen den Schurken die vielen Tritte in den gefühllosen Hintern geben zu können!

Fischer: Sie haben gewiß die richtige Einsicht, denn sonst würde ja der Geschmack abscheulich vor den Kopf gestoßen. Ich muß wenigstens gestehn, daß ich nie an Hexen oder Gespenster habe glauben können, viel weniger an den gestiefelten Kater.

Müller: Es ist das Zeitalter für diese Phantome nicht mehr.

Schlosser: Doch, nach Umständen. Könnte nicht in recht bedrängter Lage ein großer Abgeschiedener unerkannt als Hauskater im Palast wandeln, und sich zur rechten Zeit wundertätig zu erkennen geben? Das begreift sich ja mit der Vernunft, wenn es höheren und mystischen Endzwecken dient. – Da kömmt ja Leutner, der wird uns vielleicht mehr sagen können.

Leutner drängt sich durch.

Leutner: Guten Abend, guten Abend! Nun, wie geht's?

Müller: Sagen Sie uns nur, wie es mit dem heutigen Stücke beschaffen ist.

Die Musik fängt an.

Leutner: Schon so spät? Da komm ich ja grade zur rechten Zeit. – Mit dem Stücke? Ich habe soeben den Dichter gesprochen, er ist auf dem Theater und hilft den Kater anziehn.

Viele Stimmen: Hilft? – der Dichter? – den Kater? – Also kommt doch ein Kater vor?

Leutner: Ja freilich, und er steht ja auch auf dem Zettel.

Fischer: Wer spielt ihn denn?

Leutner: Je, der fremde Akteur, der große Mann.

Bötticher: Da werden wir einen Göttergenuß haben. Ei, wie doch dieser Genius, der alle Charaktere so innig fühlt und fein nuanciert, dieses Individuum eines Katers herausarbeiten wird! Ohne Zweifel ideal, im Sinn der Alten, nicht unähnlich dem Pygmalion, nur Soccus hier, wie dort Kothurn. Doch sind Stiefeln freilich Kothurne, und keine Socken. Ich schwebe noch im Dilemma des Zweifels. – Oh, meine Herren, nur ein wenig Raum für meine Schreibtafel und Bemerkungen.

Müller: Aber wie kann man denn solches Zeug spielen?

Leutner: Der Dichter meint, zur Abwechselung –

Fischer: Eine schöne Abwechselung! Warum nicht auch den Blaubart, und Rotkäppchen oder Däumchen? Ei! der vortrefflichen Sujets fürs Drama!

Müller: Wie werden sie aber den Kater anziehn? – Und ob er denn wirkliche Stiefeln trägt?

Leutner: Ich bin ebenso begierig wie Sie alle.

Fischer: Aber wollen wir uns denn wirklich solch Zeug vorspielen lassen? Wir sind zwar aus Neugier hergekommen, aber wir haben doch Geschmack.

Müller: Ich habe große Lust zu pochen.

Leutner: Es ist überdies etwas kalt. Ich mache den Anfang.

Er trommelt, die übrigen akkompagnieren.

Wiesener *auf der andern Seite:* Weswegen wird denn gepocht?

Leutner: Den guten Geschmack zu retten.

Wiesener: Nun, da will ich auch nicht der letzte sein.

Er trommelt.

Stimmen: Still! Man kann ja die Musik nicht hören.

Alles trommelt.

Schlosser: Aber man sollte doch das Stück auf jeden Fall erst zu Ende spielen lassen, denn man hat sein Geld ausgegeben, und in der Komödie wollen wir doch einmal sein; aber hernach wollen wir pochen, daß man es vor der Tür hört.

Alle: Nein, jetzt, jetzt – der Geschmack – die Regeln – die Kunst – alles geht sonst zugrunde.

Ein Lampenputzer erscheint auf dem Theater.

Lampenputzer: Meine Herren, soll man die Wache hereinschicken?

Leutner: Wir haben bezahlt, wir machen das Publikum aus, und darum wollen wir auch unsern eignen guten Geschmack haben und keine Possen.

Lampenputzer: Aber das Pochen ist ungezogen und beweist, daß Sie keinen Geschmack haben. Hier bei uns wird nur geklatscht und bewundert; denn solch honettes Theater, wie das unsre hier, wächst nicht auf den Bäumen, müssen Sie wissen.

>

Der Dichter *hinter dem Theater.*

Dichter: Das Stück wird sogleich seinen Anfang nehmen.

Müller: Kein Stück – wir wollen kein Stück – wir wollen guten Geschmack –

Alle: Geschmack! Geschmack!

Dichter: Ich bin in Verlegenheit; – was meinen Sie, wenn ich fragen darf!

Schlosser: Geschmack! – Sind Sie ein Dichter, und wissen nicht einmal, was Geschmack ist?

Dichter: Bedenken Sie, einen jungen Anfänger –

Schlosser: Wir wollen nichts von Anfänger wissen – wir wollen ein ordentliches Stück sehn – ein geschmackvolles Stück!

Dichter: Von welcher Sorte? Von welcher Farbe?

Müller: Familiengeschichten.

Leutner: Lebensrettungen.

Fischer: Sittlichkeit und deutsche Gesinnung.

Schlosser: Religiös erhebende, wohltuende geheime Gesellschaften!

Wiesener: Hussiten und Kinder!

Nachbar: Recht so, und Kirschen dazu, und Viertelsmeister!

Der Dichter kommt hinter dem Vorhange hervor.

Dichter: Meine Herren –

Alle: Ist der der Dichter?

Fischer: Er sieht wenig wie ein Dichter aus.

Schlosser: Naseweis.

Dichter: Meine Herren – verzeihen Sie meiner Keckheit –

Fischer: Wie können Sie solche Stücke schreiben? Warum haben Sie sich nicht gebildet?

Dichter: Vergönnen Sie mir nur eine Minute Gehör, ehe Sie mich verdammen. Ich weiß, daß ein verehrungswürdiges Publikum den Dichter richten muß, daß von Ihnen keine Appellation stattfindet; aber ich kenne auch die Gerechtigkeitsliebe eines verehrungswürdigen Publikums, daß es mich nicht von einer Bahn zurückschrecken wird, auf welcher ich seiner gütigen Leitung und seiner Einsichten so sehr bedarf.

Fischer: Er spricht nicht übel.

Müller: Er ist höflicher, als ich dachte.

Schlosser: Er hat doch Respekt vor dem Publikum.

Dichter: Ich schäme mich, die Eingebung meiner Muse so erleuchteten Richtern vorzuführen, und nur die Kunst unsrer Schauspieler tröstet mich noch einigermaßen, sonst würde ich ohne weitere Umstände in Verzweiflung versinken.

Fischer: Er dauert mich.

Müller: Ein guter Kerl!

Dichter: Als ich Dero gütiges Pochen vernahm – noch nie hat mich etwas dermaßen erschreckt, ich bin noch bleich und zittre, und begreife selbst nicht, wie ich zu der Kühnheit komme, so vor Ihnen zu erscheinen.

Leutner: So klatscht doch!

Alle klatschen.

Dichter: Ich wollte einen Versuch machen, durch Laune, wenn sie mir gelungen ist, durch Heiterkeit, ja, wenn ich es sagen darf, durch Possen zu belustigen, da uns unsre neusten Stücke so selten zum Lachen Gelegenheit geben.

Müller: Das ist auch wahr.

Leutner: Er hat recht – der Mann.

Schlosser: Bravo! bravo!

Alle: Bravo! bravo! Sie klatschen.

Dichter: Mögen Sie, Verehrungswürdige, jetzt entscheiden, ob mein Versuch nicht ganz zu verwerfen sei. Mit Zittern zieh ich mich zurück, und das Stück wird seinen Anfang nehmen. *Er verbeugt sich sehr ehrerbietig und geht hinter den Vorhang.*

Alle: Bravo! bravo!

Stimme von der Galerie: Da capo! –

Alles lacht. Die Musik fängt wieder an, indem geht der Vorhang auf.

Ludwig Tieck: Der gestiefelte Kater. Ditzingen: Reclam 2001, S. 12f.

Aufgaben

1 Geben Sie die Meinung der verschiedenen Personen zum „angekündigten Stück" **Der gestiefelte Kater** zusammengefasst wieder.

2 Erklären Sie, wie es dem Dichter gelingt, das Publikum von seinem Stück zu überzeugen.

3 Weisen Sie Merkmale der **romantischen Ironie** (> S. 99) im Text anhand konkreter Beispiele nach.

4 Diskutieren Sie, ob und welche Kritik am Theaterbetrieb in diesem Prolog geäußert wird.

BIEDERMEIER, VORMÄRZ UND JUNGES DEUTSCHLAND
1815 – 1848

Der Sonntagsspaziergang *(1841) von Carl Spitzweg (1808 – 1885) zeigt eine bürgerliche Familie beim sonntäglichen Ausflug in die Natur. Das Familienoberhaupt, der Vater, scheint die Richtung nicht zu kennen, ihm folgt eine gesichtslose Ehefrau und teilnahmslos wirkende Kinder. Auch die politische Führung wusste während der Biedermeierzeit nicht so recht, wohin der Weg führen sollte.*

Nach Jahrzehnten verheerender Kriege und Verwüstungen, verursacht durch Napoleons Feldzüge, kehrte in Europa Friede ein. Der **Wiener Kongress** (1815; > S. 116) regelte die Nachkriegsordnung und legte Grenzen neu fest. Staaten wurden wiederhergestellt, gestürzte Herrscherhäuser kehrten auf ihre Throne zurück. Forderungen nach einer Verfassung, einem Mitspracherecht des Bürgertums und der politischen Einheit Deutschlands blieben allerdings ungehört. Statt einen demokratischen deutschen Staat zu errichten, schlossen sich die vom Adel regierten deutschen Staaten zu einem Bund unter Österreichs Dominanz zu sammen. Dieses System blieb bis zur **Märzrevolution von 1848** bestehen – daher kommt auch die Bezeichnung **„Vormärz“**. Die Epoche war primär von der Ernüchterung und Enttäuschung des Bürgertums geprägt, aber auch von einer ausgebeuteten und verarmten Arbeiterklasse, die sich herauszubilden begann. Aus diesem Grund zogen sich viele Bürgerinnen und Bürger in die private Welt zurück und verloren das Interesse an der Politik. Vielerorts brodelte es unter der Oberfläche, bis die Revolution von 1848 die erzwungene Ruhe zerstörte.

Dieses Kapitel vermittelt Ihnen

- > die Beschreibung und Unterscheidung von Merkmalen des Biedermeier, des Vormärz und des Jungen Deutschland.
- > die Hintergründe ausgewählter Werke dieser Epoche.
- > die Bedeutung der Literatur aus dieser Zeit.

Geschichte und Gesellschaft

Ziel des Wiener Kongresses von 1814/1815 war die Wiederherstellung der absolutistischen Herrschaft (daher auch „**Restaurationszeit**"). Abgesichert wurde diese Wiederherstellung durch ein Bündnis europäischer Mächte. Es war dies die Geburtsstunde der **Heiligen Allianz,** eines Bündnisses zwischen Russland, Österreich und Preußen, dem schließlich alle europäischen Mächte, bis auf Großbritannien und das Osmanische Reich, beitraten. Ziel der Allianz war es, den Frieden zwischen den Mächten zu wahren, aber auch künftige Revolutionen zu verhindern.

restaurieren: etwas Altes, Schadhaftes, Unansehnliches wieder in den Urzustand zu bringen. Politisch verstand man unter der „Restauration" die Wiederherstellung der absolutistischen Herrschaft während des Wiener Kongresses.

Auf dem Wiener Kongress regelte die europäische Politik die Neuordnung Europas, aber auch die Wiederherstellung der absolutistischen Macht. Auf der linken Bildhälfte im Vordergrund steht Österreichs Außenminister Metternich; Kupferstich nach dem Gemälde von Jean-Baptiste Isabey (1767 – 1855) aus 1814.

Die **Restaurationspolitik,** also die Neuordnung Europas durch den Wiener Kongress, schloss das Bürgertum von der Mitbestimmung im Staat aus. Der in der Romantik so wichtige Begriff des Volkes wurde nun durch die Philosophie **Friedrich Hegels** (1770 – 1831) vom Begriff des Staates abgelöst: Der Staat galt Hegel als die vollkommene Organisation, die vom Volk geschaffen wird.

Das Volk wollte mehrheitlich allerdings eine demokratische Öffentlichkeit, freie Presse und Versammlungsfreiheit. Die **Karlsbader Beschlüsse** von 1819 – ein Abkommen innerhalb des Deutschen Bundes – versuchten, solche Bestrebungen im Keim zu ersticken. Eine gewaltige Kluft zwischen Obrigkeit und Untertanen tat sich auf. So zerrüttet sich die Gesellschaft dieser Zeit erwies, so zerrüttet war auch die Kunst- und Literaturszene. Die **studentischen Burschenschaften,** die Einheits- und Freiheitsbewegungen, wurden Opfer politischer Verfolgung. In Österreich etablierte sich das **„System Metternich".** Österreichs machtbewusster Außenminister Klemens Wenzel Lothar von Metternich betrieb eine Politik der Angst. Durch Überwachung, Spitzelwesen und strenge Zensur sollte die Bevölkerung kontrolliert werden. Trotzdem formierten sich – freilich zunächst im Untergrund – liberale und nationale Kräfte. Anfänglich gab es allerdings nur Aktionen von Minderheiten wie das studentisch-organisierte **Wartburgfest** 1817, das von der Staatsspitze sanktioniert wurde, oder auch der Protest der „Göttinger Sieben": Professoren, unter ihnen die Brüder Jacob und Wilhelm Grimm, die in einem öffentlichen Aufruf gegen einen Verfassungsbruch durch den König Preußens protestiert hatten. Sie wurden **postwendend** ihres Amtes enthoben und außer Landes gejagt.

Das Ziel der damaligen **studentischen Burschenschaften** waren die Wahrung der deutschen Nation, der Kampf gegen Napoleon, die Vereinigung der vielen deutschen (Klein-)Staaten – aber auch Meinungsfreiheit, Liberalismus und Demokratie spielten eine Rolle. Heute sind es vor allem rechtsnationale Burschenschaften, die durch ihre verquere Geschichtsdeutung immer wieder für Negativschlagzeilen sorgen.

Am 18. Oktober 1817 trafen sich Studenten beinahe aller evangelischen Universitäten auf der **Wartburg**. Anlass waren der 4. Jahrestag der Völkerschlacht von Leipzig und der bevorstehende 300. Jahrestag des Beginns der Reformation. Auf der Wartburg hatte sich Martin Luther 1521/1522 vor der Kirchenverfolgung versteckt. Sie galt seither als Nationalsymbol.

postwendend: sofort, sogleich

Technischer und wissenschaftlicher Fortschritt

Innovative Errungenschaften, etwa die Erfindung der **Papiermaschine und Druckerpresse,** ermöglichten eine zunehmende **Alphabetisierung** der Bevölkerung und eine rasche Ausbreitung von Zeitungen und Zeitschriften sowie ein Anwachsen der Buchproduktion. Allein zwischen 1821 und 1838 stieg die jährliche Buchproduktion im deutschsprachigen Raum um 150 Prozent.

Der große Drang des Bürgertums nach Bildung schlug sich auch in der Gründung heute noch bekannter Enzyklopädien nieder, z. B. der 1808 gegründete **Brockhaus** oder der 1840 gegründete **Meyer.** Umbrüche und Fortschritt fanden allerdings in allen Bereichen statt: Durch Heinrich Wilhelm Brandes (1777 – 1834) entstanden die ersten Wetterkarten, die **Fotografie** wurde durch die Franzosen Joseph Nicéphore Niépce (1765 – 1833) und Louis Daguerre (1787 – 1851) entwickelt. In Berlin wurde die erste **Straßenbeleuchtung** (Gasbeleuchtung) vorgestellt, Samuel Morse entwickelte 1837 den **Schreibtelegraphen,** Alexander von Humboldts fünfbändiges Werk **Kosmos** – eine allumfassende Beschreibung des Weltbildes – erschien und Friedrich Wilhelm Raiffeisen gründete die erste **Kreditgenossenschaft.** 1848 verfassten Karl Marx und Friedrich Engels ihr **Kommunistisches Manifest.**

Das **Kommunistische Manifest** *erschien 1848 in London; im deutschsprachigen Raum war eine Publikation bis 1883 wegen der Zensur nicht möglich.*

Dieses Manifest reagierte auf den **Siegeszug der Industrialisierung.** In Großbritannien war die Welt bereits nicht wiederzuerkennen: Fabriken schossen aus dem Boden, wo zuvor kleine Bauernortschaften gewesen waren, Eisenbahnschienen wurden durch das ganze Land verlegt, Kohle aus Bergwerken gefördert, Stahl produziert – Entwicklungen, die nun auch im deutschsprachigen Raum, wenn auch langsam, wirksam wurden. Die Großstädte wuchsen, Elendsviertel entstanden.

1835 verstarb **Kaiser Franz I.** (Regierungszeit 1792 – 1835) von Österreich. Ihm folgte sein Sohn Kaiser **Ferdinand I.** (Regierungszeit 1835 – 1848), der allerdings unter Epilepsie litt und als geistig eingeschränkt galt. Reformen, die auf eine demokratische Öffnung hinausgelaufen wären oder Antworten auf das Elend der Arbeiterschaft gefunden hätten, blieben aus. Auch die nationalen Spannungen innerhalb Österreichs wurden stärker: Slawen, Italiener und Ungarn forderten Mitsprache und mehr Eigenständigkeit. Österreich drohte an seinen inneren Spannungen zu zerbrechen.

1848 – eine europäische Revolution

Die **Revolution** von 1848 begann in Italien und Paris und verbreitete sich von dort aus auf zahlreiche europäische Länder. Die im März 1848 von Bürgertum und Studenten getragene Revolution erfasste auch die Arbeiterschaft, ein dauerhaftes Bündnis kam allerdings nicht zustande. Zunächst zeichneten sich Erfolge ab: Kaiser Ferdinand genehmigte eine **Verfassung** und ein Parlament wurde einberufen. Auch im Deutschen Bund trat in Frankfurt ein Parlament zusammen, das eine Verfassung für einen deutschen Staat ausarbeiten sollte. Den Völkern des Kaisertums Österreich, allen voran Ungarn, wurden Rechte garantiert. Sobald sich aber das Militär und die Bürokratie **konsolidiert** hatten, kam es zum Gegenschlag. Die Revolution ging in Kriege (Norditalien) oder Bürgerkriege (Wien und Ungarn) über. Schritt für Schritt wurden die Erhebungen in ganz Europa niedergeschlagen. Zahlreiche Anhängerinnen und Anhänger der Revolution flohen oder wurden verhaftet, viele standrechtlich erschossen. Wien wurde in blutigen Straßenschlachten vom Militär eingenommen, Ungarn konnte 1849 mithilfe von Russland zurückerobert werden. In Österreich übernahm **Kaiser Franz Josef** (Regierungszeit 1848 – 1916) die Regierung und installierte eine Militärdiktatur. Auch in Deutschland brach die Revolution zusammen. Sie war gescheitert.

konsolidieren: in seinem Bestand festigen, sichern

Im Oktober 1848 kam es bei der Rückeroberung Wiens durch das Militär zu blutigen Straßenschlachten. Hier wird die Barrikade der Jägerzeile, heute ein Stadtteil der Leopoldstadt in Wien, vom Militär gestürmt.

Aufgaben

1 Geben Sie die historischen Entwicklungen der Epoche als Zeitleiste wieder.

2 Beschreiben Sie die gesellschaftlichen und politischen Herausforderungen sowie die Probleme dieser Zeit.

3 Aus welchen Anlässen gehen Menschen heute auf die Straße, um für ihre Rechte oder für Verbesserungen ihrer Lage zu demonstrieren? Diskutieren Sie darüber in der Klasse.

Kunst und Kultur

Während die Bewegung des **Jungen Deutschland** (etwa 1830 – 1845) eine oppositionelle Literatur forderte und den „Mief" der Klassik ablegen wollte, bildete sich im konservativen Bürgertum eine Gruppe von Kunstschaffenden und Intellektuellen, die die regressive und restaurative Politik Metternichs in Österreich **resignierend** hinnahmen und sich in eine heile poetische Welt zurückzogen. Der Begriff **„Biedermeier"** entstand. Die Bezeichnung entstammte der Kritik an der „biederen" deutschen Literatur, die Ludwig Eichrodt (1827 – 1892) und Adolf Kußmaul (1822 – 1902) in den Gedichten des von ihnen erfundenen schwäbischen Schullehrers Gottlieb Biedermeier parodierten (1855 – 1857). Einfluss auf sie übten die Gedichte des Lyrikers Nikolaus Lenau (1802 – 1850), eines der führenden Dichter des Biedermeier, und das heitere, manchmal beinahe **lakonische** Werk des **Heurigendichters** Ferdinand Sauter (1804 – 1854).

resignieren: (aufgrund von Misserfolgen oder Niederlagen) die Umstände enttäuscht hinnehmen bzw. seine Pläne entmutigt aufgeben

lakonisch: knappe, trockene, schmucklose Ausdrucksweise

Heurigendichter: Künstler, meist Musiker oder Dichter, die in Heurigenlokalen (meist in den Vorstädten gelegen, z. B. bei Wien) auftraten, für Unterhaltung sorgten oder Bezug auf die Heurigen nahmen

Ursprünglich bezeichnete der Begriff „Biedermeier" Möbelstücke und Mode, später auch die Malerei und schließlich die Literatur. Allgemein gültig wurde die Bezeichnung für diese Epoche aber nicht, heute spricht man eher von der **Vormärz-** oder **Restaurationszeit** (> S. 116). In der Literatur meint man damit den Zeitraum von 1815 bis 1848.

Biedermeierliche Interieurszene mit Teegesellschaft: Im Hintergrund hängen die Porträts von Kaiser Joseph II., Papst Pius VI. und dem Großmeister des Malteser Ritterordens Emanuel de Rohan. Obwohl das Gemälde um 1810 entstand, wird nicht Kaiser Franz I./II., der von 1792 – 1835 herrschte, im Hintergrund dargestellt, sondern der bereits 1790 verstorbene Joseph II., der für seine liberale Reformpolitik bekannt war.

Bürgerliche Idylle unter einer Gartenlaube: Familienbild des Kaiserhauses um den Herzog von Reichstadt; links sind Karoline Auguste von Bayern, Kaiserin von Österreich, und Franz I., Kaiser von Österreich zu sehen. Gemälde von Leopold Fertbauer (1802 – 1875), 1826.

Auch in der **Malerei** und der **Musik** verliefen die Jahre 1815 bis 1848 turbulent. Ludwig van Beethoven (1770 – 1827) verlebte seine letzten, erfolgreichen Lebensjahre und bildete das personifizierte musikalische Zentrum Wiens. Der jung verstorbene Franz Schubert prägte nachkommende Generationen mit seinem symphonischen Werk, aber vor allem mit seinen **Vertonungen von Gedichten** der zeitgenössischen Lyriker wie **Eduard Mörike** (1804 – 1875), **Johann Wolfgang von Goethe** (1749 – 1832), **Ludwig Uhland** (1787 – 1862), **Wilhelm Müller** (1794 – 1827), **Joseph von Eichendorff** (1788 – 1857) oder **Anette**

von Droste-Hülshoff (1797 – 1848). **Felix Mendelssohn Bartholdy** (1809 – 1849) komponierte nach der Vorlage Shakespeares seinen **Sommernachtstraum** und **Frédéric Chopin** (1810 – 1849) und **Franz Liszt** (1811 – 1886) revolutionierten die Klaviermusik. Sie zeigten, dass das Piano kein reines „Hausinstrument" sei, wie **Heinrich Heine** (1797 – 1856) es abschätzig nannte. Die Strauss-**Dynastie** (Johann Strauss Vater, 1804 – 1849; Johann Strauss Sohn, 1825 – 1899) prägte insbesondere die **Walzermusik,** die international mit Wien verbunden wird. Dank des Wiener Kongresses wurde der Walzer sogar beim europäischen Adel beliebt. Überdies wandelten sich erstmals die gesellschaftlichen Verhältnisse: Der Adel und auch das Kaiserhaus übernahmen **bürgerliche Moden, Lebensweisen** und **Kultur.**

Die beschaulichen Landschafts- und Gesellschaftsgemälde des erfolgreichen Malers **Ferdinand Georg Waldmüller** (1793 – 1865) dürfen nicht darüber hinwegtäuschen, dass der Künstler sich oftmals sozialkritisch mit den Verhältnissen der Bevölkerung auseinandersetzte. Kritik fand im Biedermeier versteckt statt, um der Zensur zu entgehen.

Auch die auf den ersten Blick unterhaltsamen Werke (oft Charakterstudien) des Münchner Künstlers **Carl Spitzweg** (1808 – 1885) hatten einen sozialkritischen Unterton.

Das Werk **Pfändung** *zeigt wenig verschlüsselt das große Elend der ländlichen Bevölkerung: Die kleinen Bauernwirtschaften gerieten im 19. Jh. zunehmend in Not, viele wurden gepfändet. Gemälde von Ferdinand Georg Waldmüller (1793 – 1865), 1847*

Der arme Poet *fängt die prekäre Situation, in der manche Künstlerinnen und Künstler zu dieser Zeit leben mussten, humorvoll, jedoch mit hintergründiger Kritik ein. Gemälde von Carl Spitzweg (1808 – 1885), 1839*

In der **Architektur** dominierte der **Klassizismus,** doch auch hier setzten Architekten mit einem pragmatischen und bürgerlichen Stil abseits von Prunk und Dekadenz neue Akzente. Bedeutend für Österreich waren etwa **Joseph Kornhäusl** (1782 – 1860) und **Peter von Nobile** (1774 – 1850). Die einzige **Synagoge Wiens,** die die NS-Zeit überdauerte, stammt von Kornhäusl, ebenso der Neubau des **Theaters in der Josefstadt,** in der Künstler wie Ferdinand Raimund (1790 – 1836) und Johann Nestroy (1801 – 1862) ihre Stücke inszenierten bzw. auftraten (> S. 38f.). Nobile gestaltete das Burgtor am Wiener Heldenplatz und den nahe gelegenen **Theseustempel.**

Aufgaben

1 Recherchieren Sie im Internet nach Goethes Erlkönig und der Vertonung der Ballade von Franz Schubert. Lesen Sie den Text und hören Sie sich anschließend die Vertonung an.

2 Vergleichen Sie Schuberts Vertonung des Erlkönigs mit der modernen musikalischen Interpretation der Band Maybebop.

3 Begründen Sie, welche der musikalischen Versionen Ihnen besser gefällt.

4 Geben Sie wichtige Entwicklungen in Kunst und Kultur während der Epoche des Biedermeier wieder.

5 Erklären Sie die Begriffe „Biedermeier", „Vormärz" und „Junges Deutschland" und deren Abgrenzung zueinander.

Literatur und Personen

Das Interesse des Biedermeier galt vorrangig der Wiederherstellung des „stillen Glücks", daheim mit der Familie. Dem Kleinbürgertum war die Privatsphäre wichtig geworden, es strebte nach Naturverbundenheit, lebte tiefe Religiosität und Heimatbewusstsein – Aspekte, die sich in der Kunst und Literatur der Zeit wiederfanden.

Alles (fast) gut, so wie es ist – das Biedermeier

Franz Grillparzer (1791 – 1872), der bekannteste und erfolgreichste Dramatiker seiner Zeit, bekannte sich zum Stillstand. Er schrieb: „Nur weiter geht das tolle Treiben, / Von vorwärts! vorwärts! erschallt das Land; / Ich möchte, wär's möglich, stehen bleiben / Wo Schiller und Goethe stand." Damit bezog er klar Stellung gegen den Revolutionsgeist der Zeit. Es war aber auch ein Ausdruck der Ohnmacht gegenüber den rasanten technischen Innovationen dieser Epoche, wie der Erfindung der Eisenbahn, der Fotografie und der Telegrafie.

Karl Immermann (1796 – 1840) schrieb seinen Roman **Die Epigonen** (1836) aus Verehrung für die Epochen der Klassik und der Romantik. Von beiden Epochen wollten sich die Vertreterinnen und Vertreter des Biedermeier nicht lösen. Im Roman, der von Goethes **Wilhelm Meister** (1795) beeinflusst wurde, gibt es zahlreiche Verweise auf viele Werke der Klassik und der Romantik.

Dass der Mensch nicht mehr brauche als ein erfülltes Arbeits-, Familien- und Privatleben sowie den nötigen Gottesglauben, wollte **Jeremias Gotthelf** (1797 – 1854) mit seinen Entwicklungs- und Erziehungsromanen **Uli der Knecht** (1841) und **Uli der Pächter** (1849) ausdrücken. Beide Romane fanden überaus großen Anklang bei der lesenden Bevölkerung der Zeit. Neben Gotthelf war der Österreicher **Adalbert Stifter** (1805 – 1868) der bedeutendste epische Dichter des Biedermeier. Die Protagonistinnen und Protagonisten seiner Werke kamen aus der gehobenen Mittelschicht, die Handlung selbst wirkte belehrend und überaus dicht. Häufig nahmen – wie in seinem Roman **Nachsommer** (1857) – Landschaftsbeschreibungen breiten Raum ein.

Adalbert Stifter, der Sohn eines streng katholischen Leinenwebers, war nicht nur **Schriftsteller,** sondern auch **Maler.** Im Alter von 40 Jahren verfasste er seine ersten literarischen Werke. Ab 1850 war Stifter Schulrat in Linz. Im selben Jahr erschienen seine gesammelten Novellen, die in den Jahren zuvor entstanden waren, unter dem Titel **Studien** – darin enthalten ist die bekannte Novelle **Brigitta.** 1853 folgte sein Erzählsammelband **Bunte Steine,** in dem die berühmte Erzählung **Der Bergkristall** enthalten ist. Seinen umfangreichen, fast 800-seitigen Roman **Nachsommer** hielt der Philosoph **Friedrich Nietzsche** (1844 – 1900) für eines der besten deutschsprachigen Bücher. Fast scheint es, als wollte Stifter darin eine Gegenwelt zu einer sich rasch verändernden Welt konstruieren.

Adalbert Stifter auf einer um 1865 entstandenen Fotografie

Annette von Droste-Hülshoff (1797 – 1848) war eine der führenden weiblichen Schreibenden des Biedermeier. Vorrangig war sie Lyrikerin, aber ihre Novelle **Die Judenbuche. Ein Sittengemälde aus dem gebirgichten Westfalen** (1842), das einerseits ein Gesellschaftsroman, andererseits eine kriminalistische Studie nach einem realen Fall aus dem Jahre 1789 war, wurde zu einem der meistgelesenen Bücher des Biedermeier, ähnlich populär wie die Werke von Eduard Mörike (1804 – 1875).

Annette von Droste-Hülshoff gehörte zu den erfolgreichsten Schriftstellerinnen des Biedermeier. Gemälde von Johann Joseph Sprick (1808 – 1842), 1838

So wie Droste-Hülshoff ihrer westfälischen Heimat verbunden blieb, verhielt es sich bei **Eduard Mörike** (1804 – 1875) mit seiner schwäbischen Heimat. Nach einer Reihe von unglücklichen Liebesbeziehungen entschied sich Mörike, Pfarrer zu werden. Zwischen 1834 und 1843 betreute er die Kirchengemeinde im baden-württembergischen Cleversulzbach und konzentrierte sich nach seiner frühzeitigen Pensionierung ganz auf seine literarische Laufbahn. Bereits 1832 war der formstrenge Roman **Maler Nolten** erschienen. Mörikes Gedichte wurden vielfach vertont, so auch von Robert Schumann (1810 – 1856) oder Hugo Wolf (1860 – 1903). Sein schriftstellerischer Höhepunkt war zweifelsohne die Künstlernovelle **Mozart auf der Reise nach Prag** (1856), die anlässlich des 100. Geburtstags von Mozart erschien. Die Novelle schildert eine völlig frei erfundene Begebenheit im Leben des Komponisten – genauer gesagt, einen Tag im Herbst 1787.

Das Theater des Biedermeier, große Volksstücke und Grillparzer-Dramen

Auf den großen Bühnen im deutschsprachigen Raum wurden vor allem französische Theaterstücke in Übersetzung aufgeführt. Auch viele deutschsprachige Autorinnen und Autoren verfassten Theaterstücke, von denen der Großteil heute als unbedeutend gilt. Aber natürlich gibt es Ausnahmen: Die beiden großen Wiener Volksdramatiker der Zeit waren Ferdinand Raimund und Johann Nepomuk Nestroy.

Ferdinand Raimund (1790 – 1836) arbeitet in seinen **Volksstücken,** die oft mit der Zauber- und Märchenmotivik versehen waren, mit allegorischen Figuren (Jugend, Alter, Hoffnung, Geiz etc.) und führt den Hauptcharakter am Ende des Stücks zur selbstkritischen Einsicht. Die Botschaft für das Gute, gegen das Böse, mit humoristischer, aber auch erzieherischer Note, wurde vom Publikum gerne angenommen. Raimunds Stücke wie **Der Barometermacher auf der Zauberinsel** (1823), **Das Mädchen aus der Feenwelt oder Der Bauer als Millionär** (1826), **Der Alpenkönig und der Menschenfeind** (1828) oder **Der Verschwender** (1834) werden bis heute gerne aufgeführt. Raimund, der seine Stücke nicht nur inszenierte, sondern auch selbst auf der Bühne stand, war privat ein zurückgezogener, depressiver Mann. 1836 nahm er sich nach einem Hundebiss das Leben, in der Meinung, dass der Hund die Tollwut gehabt habe – ein Irrtum, wie sich später herausstellen sollte.

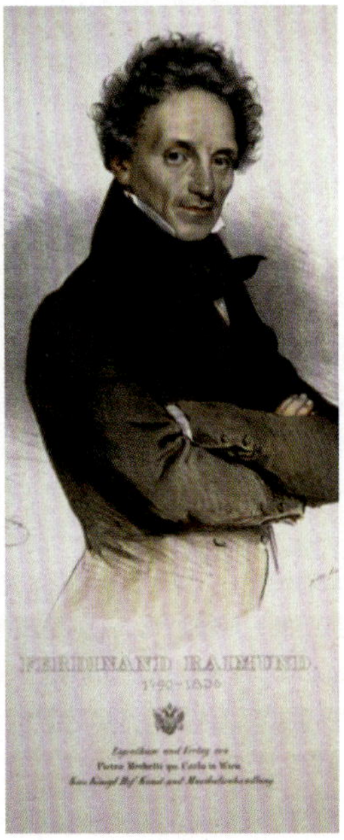

Ferdinand Raimund gehörte zu den bedeutendsten Dramatikern seiner Zeit, Lithografie von Joseph Kriehuber (1800 – 1876), 1835

Der Dramatiker **Johann Nestroy** (1801 – 1862) spielte ebenso wie Ferdinand Raimund in seinen Stücken mit und führte Regie. Im Unterschied zu Raimund war ihm eine satirische, gesellschafts- und politkritische Note in den Werken wichtig. Nicht umsonst war er Metternich ein Dorn im Auge. Da Nestroys Stücke sehr beliebt waren, hatte dieser allerdings wenig Handhabe und konnte sie nicht verbieten oder Nestroy für die Kritik belangen. In Nestroys Stücken wurden oft Lieder (sogenannte Couplets) gesungen. Nur zwei bis drei Strophen des Couplets wurden niedergeschrieben, alle weiteren Strophen improvisierte der Sänger in jeder Vorstellung. Mit seinen hochpolitischen Improvisationen eckte Nestroy häufig bei den stets anwesenden Zensurspitzeln an. Schon sein erstes Engagement im damals deutschsprachigen (heute tschechischen) Brünn musste er deswegen abbrechen und in weiterer Folge die Stadt verlassen. Nestroy war ein sehr produktiver Autor: Fast 80 Werke entstanden, darunter **Der böse Geist Lumpazivagabundus** oder **Das liederliche Klebblatt** (1835), **Der Affe und der Bräutigam** (1836), **Der Talisman** (1840), **Einen Jux will er sich machen** (1842) und **Freiheit in Krähwinkel** (1848).

Johann Nestroy, Lithorgafie von Joseph Kriehuber (1800 – 1876), 1839

Der Bühnenautor Franz **Grillparzer** (1791 - 1872) wurde mit dem Werk **Der Traum - ein Leben** (1840) bekannt. Mit seiner Dramaturgie des Verfalls und des historischen Niedergangs wurde er zu einer kulturpessimistischen Instanz. Für den konservativen, kaisertreuen Grillparzer war die Revolution von 1848, die sich gegen das Kaiserhaus richtete, ein absoluter Schock. Grillparzers Stücke waren inhaltlich meist im Adelsmilieu oder im gehobenen Bürgertum verortet. Sein Theaterschaffen mag von den Vertreterinnen und Vertretern des Jungen Deutschland für antiquiert befunden worden sein - Stücke wie **Die Ahnfrau** (1817), die Trilogie **Das goldene Vlies** (1822), **König Ottokars Glück und Ende** (1825), **Weh' dem, der lügt** (1838), **Bruderzwist im Hause Habsburg** (1848) und **Die Jüdin von Toledo** (1855) sind, bei aller Formstrenge, bis heute fixer Bestandteil des Theaters.

Grillparzer sah sich mit den Widersprüchen seiner Zeit konfrontiert: Konservative Werte standen im Kontrast zu modernen Entwicklungen, zu denen auch technische Neuerungen wie die Fotografie gehörten. Porträtfoto von Ludwig Angerer (1827 - 1879).

Grillparzer, der Goethe bewunderte und ihn auch in Weimar besuchte (> S. 85), verfasste auch Prosatexte. Seine Novelle **Der arme Spielmann** (1847) ist von größerer Bedeutung und schildert u. a. die gesellschaftlichen Lebensverhältnisse im Wien der Biedermeierzeit (> S. 130).

Weitere bedeutende österreichische Autoren der Epoche waren **Eduard von Bauernfeld** (1802 - 1890), **Ernst von Feuchtersleben** (1798 - 1857) und **Anastasius Grün** (1806 - 1876). Grün, der im slowenischen Laibach (Lublijana) geboren wurde, war auch politisch sehr engagiert und unterstützte außerdem den Austausch zwischen der deutschen und der slowenischen Sprache.

Aufgaben

1 Vergleichen Sie die Biografien der drei österreichischen Dramatiker hinsichtlich ihrer Werke: Welche Themen und Absichten verfolgten sie mit ihrem Werk? Und welche Erfolge erzielten sie damit?

2 Organisieren Sie als Klasse einen Theaterbesuch, eine Theaterverfilmung oder lesen Sie gemeinsam eines der in diesem Kapitelabschnitt genannten Stücke. Beurteilen Sie anschließend, wie Ihnen das Stück und/oder seine Umsetzung gefallen haben. Vergleichen Sie Ihre Eindrücke in der Klasse.

Das Junge Deutschland - junge, rebellische Dichter wollen es den Alten zeigen

Der vehemente **Kampf gegen die Zensur** und gesellschaftliche Missstände sowie die **Bewunderung für Frankreich** unterschied die Bewegung des Jungen Deutschland von den Zeitgenossinnen und Zeitgenossen des Biedermeier. Zur Literatur dieser Bewegung gehörten journalistische **Feuilletons, Flugblätter, Reiseberichte und Briefe.** Einer der Hauptvertreter, **Georg Büchner** (1813 - 1837), verfasste 1834 die in gewissem Sinn sozialdemokratische Flugschrift **Der Hessische Landbote,** in der er sich zu den sozialen Missständen der Zeit äußerte. Dabei unterstützt wurde er von seinem Freund **Friedrich Ludwig Weidig** (1791 - 1837). Der in der Flugschrift enthaltene Aufruf „Friede den Hütten! Krieg den Palästen!" war genauso kämpferisch, wie der restliche Inhalt der Schrift.

Büchner und Weidig lösten damit einen **Hochverratsprozess** aus, dem sich Büchner entziehen konnte, indem er sich ins französische Straßburg absetzte, Weidig nahm sich in der Haft das Leben. Büchner starb im Alter von 23 Jahren an Typhus. Die meisten seiner Werke wurden erst nach seinem frühen Tod veröffentlicht, was vor allem an der Zensur lag. Zu seinen Werken zählt beispielsweise die psychologische novellenartige Erzählung **Lenz** (1839) über das Leben des Sturm-und-Drang-Dichters **Jakob Michael Reinhold Lenz** (> S. 72).

Büchners bekanntestes Werk ist das Drama **Woyzeck** (1879): Es handelt von den tiefen Abgründen der Seele, Moral und fehlgeleitetem menschlichem Handeln. Der Text basiert auf einem konkreten Fall, für den Büchner die Dokumente des gerichtmedizinischen Gutachtens im „Mordfall Woyzeck" untersucht hatte. Uraufgeführt wurde das Stück erst 1913, kurz vor dem Ersten Weltkrieg.

Typisch für die Bewegung des Jungen Deutschland war der **Zeitroman,** also ein Roman, der die Verhältnisse der Gegenwart möglichst genau darzustellen versuchte. **Karl Gutzkow** (1811 – 1878) schrieb mit **Wally, die Zweiflerin** (1835) einen solchen Roman. Der Hauptfigur gelingt es aufgrund der gesellschaftlichen Normen nicht, sich als moderne Frau zu emanzipieren, auch ihr religiöser Zweifel wird abgelehnt. Gutzkow wurde für dieses Buch für einen Monat inhaftiert, öffentlich beschimpft, und die Zensur schlug zu.
Die ambitionierten Dramen des jungen Autors **Christian Dietrich Grabbe** (1801 – 1836) überstiegen die damaligen Möglichkeiten der Theater- und Bühnentechnik, da sie Massenszenen wie riesige Schlachtszenen, enthielten. Schon sein Debüt **König Theodor von Gothland** von 1822 blieb 70 Jahre lang unaufgeführt, ehe das Stück in Wien inszeniert wurde. Grabbe kann als einer der innovativsten Dramatiker seiner Zeit gelten, er verfolgte den Plan, die Handlung aus dem Theater auszulagern. Die Bühne seiner Stücke sollten die realen Schauplätze sein. Er schrieb konzeptuell bereits Filmdrehbücher, ehe das Medium Film überhaupt existierte.

Ein erfolgreicher Lyriker der Zeit war **Heinrich August Hoffmann von Fallersleben** (1798 – 1874). 1841 schrieb er das **Lied der Deutschen,** das heute den Text für die Bundeshymne Deutschlands bildet. Bekannt sind die von ihm gedichteten Kinderlieder **Ein Männlein steht im Walde** und **Alle Vöglein sind schon da.**

NOTIZ AM RANDE

Büchners **Woyzeck** ist ein **Fragment,** also unvollständig, und nicht in Akte, sondern in Szenen eingeteilt. Die Anordnung der Szenen ist bis heute umstritten.

Erzählt wird die **Geschichte des armen Soldaten Woyzeck,** der sich, um seine Freundin Marie und sein uneheliches Kind zu versorgen, demütigenden Experimenten des Militärs unterzieht, darunter eine Diät mit Erbsen. Marie allerdings hat eine Affäre mit dem **Tambourmajor.** Als Woyzeck ihr auf die Schliche kommt, scheinen ihn innere Stimmen anzustiften, sie zu ermorden. Tatsächlich ersticht er sie während eines Spaziergangs.

Die scharfe soziale Kritik des Stücks, in der die Gesellschaft mitverantwortlich für die „Verrohung" eines Menschen gemacht wird, seine für das Theater unübliche Alltagssprache und sein Aufbau in freien Szenen, ohne übliche formale Anordnung, machen **Woyzeck** zu einem **Stück der Moderne,** das seiner Zeit weit voraus war.

IN SZENE GESETZT

Andreas Eikenroth interpretierte Büchners nie vollendetes Drama **Woyzeck** in Form einer Graphic Novel neu. Um der dramatischen Form von Büchners **Woyzeck** gerecht zu werden, gestaltete Eikenroth den Comic in einem expressiven Stil, nahm von Panels, die die Geschichte aneinandergereiht erzählen, Abstand, und gestaltete jede Seite wie ein eigenes Bühnenbild.

Aufgaben

1 Beschreiben Sie die modernen Aspekte in den Werken des Jungen Deutschland.

2 Erklären Sie die Botschaft „Friede den Hütten! Krieg den Palästen!" in Weidigs und Büchners Flugschrift. Überlegen Sie auch, warum diese Flugschrift zu einem Hochverratsprozess geführt hat.

Der „unbequeme" Heinrich Heine und die Zensur

Der bemerkenswerte Vertreter der Romantik **Heinrich Heine** (1797 – 1856) wurde als Harry Heine in Düsseldorf geboren, seine Eltern waren jüdischen Glaubens. 1825 ließ sich Heine taufen, um dem **Antisemitismus** zu entgehen – er bekam den Taufnamen Heinrich. Heine war ein Vertreter der politischen Linken, ein unangepasster, kritischer Zeitgeist, der sich mit der Politik, dem Staat und dem Adel gleichermaßen anlegte. **Kaiserin Elisabeth von Österreich** (1837 – 1898) zählte

Heinrich Heine, Gemälde von Moritz Daniel Oppenheim (1800 – 1882), 1831

ihn zu ihren Lieblingsdichtern. Seine Lyrik hatte noch bis ins 20. Jahrhundert eine große Wirkung auf die lesenden Zeitgenossinnen und Zeitgenossen. Mit seinem Gedicht- und Erzählband **Harzreise** (1826) setzte Heine die Tradition der Reiseliteratur fort, wobei er die Landschafts- und Naturbeschreibungen immer wieder durchbricht und Zeitgenossen und ihre Gesinnungen bissig kommentiert. 1827 erschien sein überaus erfolgreiches **Buch der Lieder,** das noch zu Lebzeiten vielfach neu aufgelegt wurde.

Heine klagte über die Rückständigkeit und Festgefahrenheit seiner deutschen Heimat. Er vermisste Erneuerungen und formulierte seine Kritik mit Ironie, aber auch mit (Selbst-)Mitleid. 1831 entschloss sich Heinrich Heine, der mit den Ereignissen der Juli-Revolution in Frankreich (1830) sympathisiert hatte, ins **Exil** nach Paris zu gehen. Die politischen Verhältnisse in Deutschland – fehlende Demokratie und strenge Zensur – empfand er als Drangsalierung. Von Frankreich aus veröffentlichte er weiterhin kritische Publikationen gegen die damaligen Zustände in Deutschland, etwa im Versepos **Deutschland. Ein Wintermärchen** (1844), das zwischen poetischer (oft auch ironischer) Romantik und bitterböser Satire pendelt. Deutschland beschrieb er dabei als „Land der Philister". Die **Ballade Die schlesischen Weber** (auch: **Weberlied**) ist beispielhaft für die politische Lyrik des Vormärz. Heine behandelt darin das **Elend der schlesischen Weber,** die 1844 einen Aufstand gegen Ausbeutung und Lohnverfall wagten und damit auf die im Rahmen der einsetzenden Industrialisierung entstandenen Missstände aufmerksam machten. Die Ballade erschien als Flugblatt und wurde in einer Druckauflage von 50 000 Stück rasch verbreitet. Sie festigte Heines Ruf als mahnende Stimme gegen Unrecht.

Neben Heines Gedichten zeugen auch seine **Aphorismen** (> S. 274) von einem außerordentlichen Scharfsinn. Sein Vierzeiler behandelt einerseits die Unangepasstheit seiner Person, aber auch den Willen zum Fortschritt, der nicht gelingen mag:

Ich bin nicht schlecht, ich bin nicht gut
Nicht dumm und nicht gescheute
und wenn ich gestern vorwärts ging,
so geh' ich rückwärts heute.

Heinrich Heine: Werke. Berlin und Darmstadt: Tempel 1965, S. 421

NOTIZ AM RANDE

Die schlesischen Weber

Heinrich Heine, 1845

Im düstern Auge keine Träne,
Sie sitzen am Webstuhl und fletschen die Zähne:
Deutschland, wir weben dein Leichentuch,
Wir weben hinein den dreifachen Fluch –
Wir weben, wir weben!

Ein Fluch dem Gotte, zu dem wir gebeten
In Winterskälte und Hungersnöten;
Wir haben vergebens gehofft und geharrt,
Er hat uns geäfft und gefoppt und genarrt –
Wir weben, wir weben!

Ein Fluch dem König, dem König der Reichen,
Den unser Elend nicht konnte erweichen,
Der den letzten Groschen von uns erpreßt
Und uns wie Hunde erschießen läßt –
Wir weben, wir weben!

Ein Fluch dem falschen Vaterlande,
Wo nur gedeihen Schmach und Schande,
Wo jede Blume früh geknickt,
Wo Fäulnis und Moder den Wurm erquickt –
Wir weben, wir weben!

Das Schiffchen fliegt, der Webstuhl kracht,
Wir weben emsig Tag und Nacht –
Altdeutschland, wir weben dein Leichentuch,
Wir weben hinein den dreifachen Fluch,
Wir weben, wir weben!

Manfred Windfuhr (Hg.): Heinrich Heine. Historisch-kritische Gesamtausgabe der Werke. Band 2. Neue Gedichte. Hamburg: Hoffmann und Campe 1983, S. 150

Wie Heine erkor auch **Ludwig Börne** (1786 – 1837) Paris zu seiner neuen Heimat. Der jüdisch-deutsche Autor war vor dem immer heftiger werdenden **Antisemitismus** aus seiner Heimat geflohen und kämpfte erbittert gegen die Zensur. Er schrieb im französischen Exil:

„Wenn ich an die Zensur denke, möchte ich mit dem Kopfe an die Wand rennen. Es ist zum Verzweifeln. Die Preßfreiheit ist noch nicht der Sieg, noch nicht einmal der Kampf, sie ist erst die Bewaffnung […]".

Zit. nach: Barbara Baumann und Brigitta Oberle: Deutsche Literatur in Epochen. München: Hueber 1985, S. 155f.

Aufgaben

1 Geben Sie den Inhalt von Heines **Die schlesischen Weber** wieder.

2 Überlegen Sie, warum dieses Gedicht auf so großen Widerstand gestoßen ist.

Kurzporträts

Georg Büchner (1813 - 1837) studierte Naturwissenschaften in Straßburg und Gießen. Da er nach der Publikation seiner Schrift **Der Hessische Landbote** (1834) vom Großherzog von Hessen wegen Hochverrats verfolgt wurde, floh er zunächst nach Straßburg, wo er sich bis zum Frühjahr 1836 versteckt hielt. Im Juli 1836 wurde er an die Universität Zürich zitiert und wurde dort Dozent für Anatomie. Zeit seines kurzen Lebens konnte er nur die Veröffentlichung seines Werkes **Dantons Tod. Dramatische Bilder aus Frankreichs Schreckensherrschaft** (1835) erleben, das Lustspiel **Leonce und Lena** (1836 geschrieben, aber erst 1838 aufgeführt), **Lenz** (geschrieben 1836, erschienen 1839) und **Woyzeck** (geschrieben 1836, erschienen 1879) kamen erst posthum heraus.

Georg Büchner: Schriftsteller, Mediziner und Revolutionär. Bleistiftzeichnung von Philipp August Hoffmann (1807 - 1883), um 1835

Neben Georg Büchner zählt **Christian Dietrich Grabbe** (1801 - 1836) zu den bedeutendsten Erneuerern des deutschsprachigen Dramas seiner Zeit. Grabbe wurde 1801 in Detmoldt in ärmlichen Verhältnissen geboren. Sein Vater war **Zuchthausverwalter**, was ihn früh prägte. So boten bereits die frühen dramatischen Entwürfe nicht nur ein hohes Maß an zügelloser Fantasie, sondern auch drastisch beschriebener Brutalität. Er studierte Jus und wurde Kriegsgerichtsrat in Detmoldt, ein Beruf, mit dem er allerdings unzufrieden war, was ihn darin bestärkte, eine schriftstellerische Karriere anzustreben.

Christian Dietrich Grabbe, Kupferstich von Franz Xaver Stöber (1795 - 1858)

Zuchthausverwalter: Verwalter, Leiter eines Gefängnisses

Ab 1834 lebte er als Dramatiker in Detmold, Karl Immermann holte ihn als Dramaturg nach Düsseldorf. Nach einer gescheiterten Ehe und in Folge von Depressionen wurde Grabbe alkoholkrank. Schwer gezeichnet, kehrte er nach Detmold zurück, wo er 1836 verstarb.

Nikolaus Lenau (1802 - 1850) wurde im ungarischen Csatád geboren. 1807, nach dem Tod des spielsüchtigen Vaters, übersiedelte die Mutter mit dem kleinen Nikolaus ins ungarische Pest (heute Budapest), wo er das Gymnasium besuchte. Der Großvater holte ihn schließlich 1820 nach Wien. 1822 begann Lenau an der Universität Philosophie, Landwirtschaft und Medizin zu studieren. Seine ersten Gedichte erschienen 1827 in der Zeitschrift **Aurora.** Eine Erbschaft ermöglichte es ihm, sich ganz der Poesie zu widmen. Nach einer Fehlspekulation an der Börse, bei der er die Hälfte seines großen Erbes verlor, beschloss er, sein Glück in den USA zu suchen, die er vor allem aus den Beschreibungen des österreichstämmigen Autors Karl Postl alias Charles Sealsfield (1793 - 1864) kannte. Enttäuscht von der amerikanischen Kultur und dem vorherrschenden Materialismus kehrte Lenau nach nicht einmal einem Jahr nach Europa zurück. In der Zwischenzeit war er zu einem Star der Dichterszene in Österreich geworden. Er publizierte bis zu seinem Tod 1850 fast zwanzig Gedichtbände. Allerdings erlitt er 1844 einen geistigen Zusammenbruch, von dem er sich bis zu seinem Tod nicht mehr erholte.

Nikolaus Lenau, Gemälde von Friedrich Ritter von Amerling (1803 - 1887)

Die Eindrücke, die Lenau in den USA gewonnen hatte, verarbeitete der Autor Ferdinand Kürnberger (1821 - 1879) in seinem Roman **Der Amerikamüde** (1855).

Ferdinand Sauter auf einem zeitgenössischen Stich

Ferdinand Sauter (1804 – 1854) wurde im salzburgerischen Werfen geboren und verbrachte sein Leben ab 1825 in Wien, wo er zunächst in einer Papierhandlung Arbeit fand. 1839 verlor er die Stelle und führte in der Folge ein Dasein am Rande der Existenznot. Wohnhaft war Sauter im Wiener Bezirk Hernals, wo er zum Stammgast der dortigen Heurigenlokale wurde und gelegentlich dafür bezahlt wurde, vor Gästen Gedichte vorzutragen. Dabei dichtete er auch spontan auf Zuruf. Auf diese Weise wurde Sauter zu einer Lokalberühmtheit der **Heurigen-Dichtung** (> S. 118f.), allerdings litt er weiterhin unter großen finanziellen Sorgen. Seine Gedichte haben heiteren, sarkastischen, aber auch schwermütigen Charakter. 1848 unterstützte er aktiv und literarisch die Revolution. 1854 starb Sauter an den Folgen einer Cholera-Epidemie in Wien.

Aufgaben

1 Beschreiben Sie die Herausforderungen und Schwierigkeiten, mit denen die Künstlerinnen und Künstler des Jungen Deutschland konfrontiert waren.

2 Vergleichen Sie die Biografien aus dem Abschnitt **Kurzporträts**. Welche Gemeinsamkeiten und Unterschiede fallen Ihnen auf?

Reflexionen zum Kapitel

> In diesem Kapitel haben Sie mehrere Strömungen/Bezeichnungen für diese Epoche kennen gelernt: Biedermeier, Vormärz und Junges Deutschland. Überlegen Sie, worin die wesentlichen Unterschiede zwischen diesen Strömungen/Bezeichnungen bestehen.

> Es gibt die Behauptung, die heutige Jugend würde sich nicht für Politik interessieren; angesichts der Krisen und Probleme unserer Zeit würde auch sie sich ins Privatleben zurückziehen. Man spricht daher von einem „neuen Biedermeier", „Neo-Biedermeier" oder der „neuen Generation Biedermeier". Nehmen Sie Stellung zu der Behauptung, Jugendliche würden in einem neuen Biedermeier leben.

> Informieren Sie sich näher über eines der in diesem Kapitel vorgestellten Werke.

TEXT

Der Talisman

Johann Nepomuk Nestroy, 1840

Erster Akt

Die Bühne stellt einen Dorfplatz vor. In der Mitte gegen den Hintergrund ein Brunnen mit zwei sich gegenüberstehenden Steinsitzen, links eine Gartenmauer mit einer kleinen offenstehenden Tür, welche in den Herrschaftsgarten führt.

Erste Szene

Bauernmädchen, darunter Hannerl (treten während dem Ritornell des folgenden Chores aus dem Hintergrunde links auf); Bauernbursche, unter ihnen Christoph, Seppel und Hans

Chor

Die Mädchen

Au'm Nachkirtag tanzt man schon in aller Fruh',
Dort kommen die Burschen und holen uns dazu.

Die Bauernburschen *(von der Seite rechts auftretend)*

Wo bleibt's denn? Laßt keine sich sehn, das ist schön,
Au'm Tanzboden tut's drüber und drunter schon gehn.

Die Mädchen
Wir sind schon bereit.

Die Burschen
So kommt's, es is Zeit.

Alle
Es hat jeds sein' Gegenteil, die Wahl is nit schwer,
D' Musikanten, spielt's auf, heut' geht's lustig her.

Christoph *(zu einem Bauernmädchen):* Wir zwei tanzen miteinand'!

Hans *(zu einer anderen):* Wir zwei sein schon seit zehn Kirtäg' ein Paar.

Hannerl *(zu einem Burschen):* Ich tanz' auf der Welt mit kein' andern als mit dir.

Christoph *(nach links in den Hintergrund sehend):* Da schaut's, da kommt die Salome.

Hannerl: Mit die baßgeig'nfarbnen Haar'!

Christoph: Was will denn die auf 'm Kirtag?

Hannerl: Eure Herzen anbrandeln, das ist doch klar!

Zweite Szene
Salome; die Vorigen

Salome *(in ärmlich ländlichem Anzug, mit roten Haaren, kommt aus dem Hintergrunde links):* Da geht's ja gar lustig zu; wird schon auf 'm Tanzboden gangen, nit wahr?

Christoph *(kalt):* Is möglich!

Salome: Ös werd't's doch nix dagegen haben, wenn ich auch mitgeh'?

Hans: No ja – warum nit – hingehn kann jeds.

Christoph *(mit Beziehung auf ihre Haare):* Aber 's is weg'n der Feuersg'fahr!

Hans *(ebenso):* 's is der Wachter dort –

Christoph *(wie oben):* Und der hat ein' starken Verdacht auf dich; du hast deine Gäns' beim Stadl vorbei'trieben, der vorgestern ab'brennt is.

Hannerl: Und da glaubt man, du hast'n an'zund'n mit deiner Frisur.

Salome: Das is recht abscheulich, was ihr immer habt's über mich; aber freilich, ich bin die einzige im Ort, die solche Haar' hat. Für die Schönste wollt's mich nicht gelten lassen, drum setzt's mich als die Wildeste herab.

Die Mädchen: Ah, das is der Müh' wert, die wollt' die Schönste sein!

Christoph *(zu Salome):* Schau halt, daß d' ein' Tänzer find'st.

Seppel *(ein sehr häßlicher Bursch):* Ich tanz' mit ihr, was kann mir denn g'schehn?

Christoph: Was fallt dir denn ein? Ein Kerl wie du wird doch wohl eine andere kriegen?

Seppel: Is auch wahr, man muß sich nit wegwerfen.

Hans: Vorwärts! Brodelt's nit so lang herum!

Alle: Auf'n Tanzboden! Juhe! Zum Tanz! *(Alle rechts im Hintergrunde ab.)*

Dritte Szene
Salome

Salome: Ich bleib' halt wieder allein z'ruck! Und warum? Weil ich die rotkopfete Salome bin. Rot ist doch g'wiß a schöne Farb', die schönsten Blumen sein die Rosen, und die Rosen sein rot. Das Schönste in der Natur ist der Morgen, und der kündigt sich an durch das prächtigste Rot. Die Wolken sind doch g'wiß keine schöne Erfindung, und sogar die Wolken sein schön, wann s' in der Abendsonn' brennrot dastehn au'm Himmel; drum sag' ich: wer gegen die rote Farb' was hat, der weiß nit, was schön is. Aber was nutzt mich das alles, ich hab' doch kein', der mich auf'n Kirtag führt! – Ich könnt' allein hingehn – da spotten wieder die Madeln über mich, lachen und schnattern. Ich geh' zu meine Gäns', die schnattern doch nicht aus Bosheit, wann s' mich sehn, und wann ich ihnen 's Futter bring', schaun s' mir auf d' Händ' und nit auf'n Kopf. *(Sie geht rechts im Vordergrunde ab.)*

Vierte Szene

Flora und Plutzerkern (kommen aus dem Hintergrunde links. Plutzerkern trägt einen bepackten Korb)

Flora *(ärgerlich):* Nein, das is wirklich arg! Das bisserl Weg von der Stadt fünf Viertelstund' herausfahren! Schamen soll sich so ein Stellwagen!

Plutzerkern: Warum denn? Er heißt ja deßtwegen Stellwagen, weil er von der Stell' nicht weiterkommt.

Flora: Schad', daß du mit deiner Langsamkeit kein Stellwag'n worden bist.

Plutzerkern: Dazu fehlet mir die Pfiffigkeit. Ein Stellwagen ist das pfiffigste Wesen auf der Welt, weil er ohne Unterschied des Standes jeden Menschen aufsitzen laßt.

Flora: Ich glaub', du hast wieder dein' witzigen Tag, da bist du noch unerträglicher als gewöhnlich.

Plutzerkern: Schimpfen S' zu, lassen S' Ihre Gall' aus an mir! Lang wird's so nit mehr dauern.

Flora: Willst du etwa aus dem Dienst der gnädigen Frau gehn? Das wär' g'scheit.

Plutzerkern: O nein; aber Sie werden gewiß bald heiraten, dann ist Ihrer Sekkatur ein neues Feld eröffnet, und ich bin nicht mehr der Spielraum Ihrer Z'widrigkeit.

Flora: Dummer Mensch! Ich werd' mich nie mehr verheiraten, ich bleib' meinem Verstorbenen getreu.

Plutzerkern: Vielleicht sieht er's ein nach sein' Tod; bei Lebzeiten hat er's nie recht glauben wollen.

Flora: Wenn ich die gnädige Frau wär', ich hätt' Ihn schon lang gejagt.

Plutzerkern *(mit Beziehung):* Wenn ich die gnädige Frau wär', blieb auch nicht alles im Haus.

Flora: Wer weiß, ob Er nicht bald springt! Ich hab' die Erlaubnis, einen flinken, rüstigen Burschen aufzunehmen.

Plutzerkern: Das is recht, dann is doch die Plag' nicht mehr so groß! Ich gieß' den Winterradi, mehr Einfluß verlang' ich mir nit.

Flora: Geh' Er jetzt zum G'vatter Polz, der will mir einen Gartenknecht rekommandieren.

Plutzerkern: Gut, vielleicht wird aus dem Knecht Ihr künftiger Herr.

Flora: Warum nicht gar! Von mir bekommt jeder einen Korb.

Plutzerkern: Leider, das g'spür' ich! Jetzt müssen Sie ihn aber wieder nehmen, wenn ich zum G'vattern soll. *(Gibt ihr den bepackten Korb.)*

Flora: Mach' Er geschwind, langweiliger Mensch! *(Ab in die Gartentüre.)*

Plutzerkern *(allein):* Hm, hm! Der Garten ist doch nicht so verwahrlost, und wie's die treibt um den flinken, rüstigen Gartenknecht – hm, hm! *(Geht rechts ab.)*

Johann Nepomuk Nestroy: Nestroys Werke in zwei Bänden. Band 1. Berlin: Aufbau-Verlag 1969, S. 137ff.

Aufgaben

1 Geben Sie den Inhalt der vier Szenen kurz wieder.

2 Charakterisieren Sie die Figur „Salome".

3 Überlegen Sie, warum das Stück **Der Talisman** heißen könnte. Entwerfen Sie Ideen für eine mögliche Fortsetzung, die zum Titel des Stücks und auf diese vier Szenen passend folgen könnte. Vergleichen Sie Ihre Ergebnisse in der Klasse.

Der arme Spielmann

Franz Grillparzer, 1848

Der Ich-Erzähler schließt Bekanntschaft mit einem Spielmann, ein armer und alter Mann, der in der Wiener Vorstand in der Gärtnergasse lebt. Nach dem sogenannten „Eisgang", einer durch Eisstauung und frei gewordenen Eismassen verursachten Überschwemmung der Wiener Vorstädte im Jahr 1830, will der Ich-Erzähler den Spielmann wieder aufsuchen.

Bald darauf trat ich eine Reise an, von der ich erst mit einbrechendem Winter zurückkam. Die neuen Bilder hatten die alten verdrängt, und mein Spielmann war so ziemlich vergessen. Erst bei Gelegenheit des furchtbaren Eisganges im nächsten Frühjahre und der damit in Verbindung stehenden Überschwemmung der niedrig gelegenen Vorstädte erinnerte ich mich wieder an ihn. Die Umgegend der Gärtnergasse war zum See geworden. Für des alten Mannes (hier der Spielmann, Anm.) Leben schien nicht zu besorgen, wohnte er doch hoch oben am Dache, indes unter den Bewohnern der Erdgeschosse sich der Tod seine nur zu häufigen Opfer ausersehen hatte. Aber entblößt von aller Hilfe, wie groß mochte seine Not sein! Solange die Überschwemmung währte, war nichts zu tun, auch hatten die Behörden die Möglichkeit auf Schiffen Nahrung und Beistand den Abgeschnittenen gespendet. Als aber die Wasser verlaufen und die Straßen gangbar geworden waren, beschloss ich meinen Anteil der in Gang gebrachten, zur unglaublichen Summen angewachsenen Kollekte persönlich an mich zunächst angehende Adresse zu befördern.

Der Anblick der Leopoldstadt war grauenhaft. In den Straßen zerbrochene Schiffe und Gerätschaften, in den Erdgeschossen zum Teil noch stehendes Wasser und schwimmende Habe. Als ich, dem Gedränge ausweichend, an ein zugelehntes Hoftor hintrat, gab dieses nach und zeigte im Torwege eine Reihe von Leichen, offenbar behufs der amtlichen Inspektion zusammengebracht und hingelegt; ja, im Inneren der Gemächer waren noch hie und da, aufrecht stehend und an die Gitterfenster angekrallt verunglückte Bewohner zu sehen, die – es fehlte eben an Zeit und Beamten, die gerichtliche Konstatierung so vieler Todesfälle vorzunehmen.

Der Maler Eduard Gurk (1801 – 1841) stellt in seinem Gemälde **Leopoldstadt, Jägerzeile, am 2. März 1830** *die dramatische Situation dieser Wiener Vorstadt nach der Überschwemmung dar, wie sie auch von Grillparzer beschrieben wurde. Dutzende Menschen ertranken sofort, Tausende starben aufgrund des folgenden Ausbruchs der Cholera.*

So schritt ich weiter und weiter. Von allen Seiten Weinen und Trauergeläute, suchende Mütter und irregehende Kinder. Endlich kam an die Gärtnergasse. Auch dort hatten sich die schwarzen Begleiter eines Leichenzuges aufgestellt, doch, wie es schien, entfernt von dem Hause, das ich suchte. Als ich näher trat, bemerkte ich wohl eine Verbindung von Anstalten und Hin- und Hergehenden zwischen dem Trauergeleite und der Gärtnerswohnung. […] Die alte Gärtnerin kam mir entgegen, erkannte mich auf der Stelle wieder und begrüßte mich unter Tränen. […] „Ja, unser armer Alter! Der musiziert jetzt mit den lieben Engeln […]. Die ehrliche Seele saß da oben sicher in seiner Kammer. Als aber das Wasser kam und er die Kinder schreien hörte, da sprang er herunter und rettete und schleppte, und trug und brachte in Sicherheit, dass ihm der Atem ging wie ein Schmiedegebläs. Ja – wie man denn nicht überall Augen haben kann – als sich ganz zuletzt zeigte, dass mein Mann seine Steuerbücher und die paar Gulden Papiergeld im Wandschrank vergessen hatte, nahm der Alte ein Beil, ging ins Wasser, das ihm schon an die Brust reichte, erbrach den Schrank und brachte alles treulich. Da hatte er sich wohl verkältet. […] Als sich das Wasser ein wenig verlaufen hatte und wir den Bader holen konnten und den Geistlichen, richtete er sich plötzlich im Bette auf, wendete den Kopf seitwärts, als ob er in der Entfernung etwas gar Schönes hörte, lächelte, sank zurück und war tot."

Franz Grillparzer: Der arme Spielmann. Ditzingen: Reclam 2002, S. 45ff.

Aufgaben

1 Geben Sie das Ausmaß der im Text beschriebenen Katastrophe wieder.

2 Informieren Sie sich über den Inhalt der Novelle. Besprechen Sie diesen in der Klasse.

3 **Portfolio:** Schreiben Sie einen fiktiven Zeitungsartikel, der die Rettung der Kinder durch den armen Spielmann und sein Ableben zum Inhalt hat.

TEXT

Woyzeck

Georg Büchner, 1836 entstanden / 1879 erschienen

Auszug erster Akt

Beim Hauptmann

Hauptmann auf dem Stuhl, Woyzeck rasiert ihn.

Hauptmann: Langsam, Woyzeck, langsam; eins nach dem andern! Er macht mir ganz schwindlig. Was soll ich dann mit den 10 Minuten anfangen, die Er heut zu früh fertig wird? Woyzeck, bedenk Er, Er hat noch seine schönen dreißig Jahr zu leben, dreißig Jahr! Macht dreihundertsechzig Monate! und Tage! Stunden! Minuten! Was will Er denn mit der ungeheuren Zeit all anfangen? Teil Er sich ein, Woyzeck!

Woyzeck: Jawohl, Herr Hauptmann.

Hauptmann: Es wird mir ganz angst um die Welt, wenn ich an die Ewigkeit denke. Beschäftigung, Woyzeck, Beschäftigung! Ewig: das ist ewig, das ist ewig – das siehst du ein; nur ist es aber wieder nicht ewig, und das ist ein Augenblick, ja ein Augenblick – Woyzeck, es schaudert mich, wenn ich denke, daß sich die Welt in einem Tag herumdreht. Was 'n Zeitverschwendung! Wo soll das hinaus? Woyzeck, ich kann kein Mühlrad mehr sehen, oder ich werd melancholisch.

Woyzeck: Jawohl, Herr Hauptmann.

Hauptmann: Woyzeck, Er sieht immer so verhetzt aus! Ein guter Mensch tut das nicht, ein guter Mensch, der sein gutes Gewissen hat. – Red er doch was Woyzeck! Was ist heut für Wetter?

Woyzeck: Schlimm, Herr Hauptmann, schlimm: Wind!

Hauptmann: Ich spür's schon. 's ist so was Geschwindes draußen: so ein Wind macht mir den Effekt wie eine Maus. – *Pfiffig:* Ich glaub', wir haben so was aus Süd-Nord?

Woyzeck: Jawohl, Herr Hauptmann.

Hauptmann: Ha, ha ha! Süd-Nord! Ha, ha, ha! Oh, Er ist dumm, ganz abscheulich dumm! – *Gerührt:* Woyzeck, Er ist ein guter Mensch – aber – *Mit Würde:* Woyzeck, Er hat keine Moral! Moral, das ist, wenn man moralisch ist, versteht Er. Es ist ein gutes Wort. Er hat ein Kind ohne den Segen der Kirche, wie unser hochwürdiger Herr Garnisionsprediger sagt – ohne den Segen der Kirche, es ist ist nicht von mir.

Woyzeck: Herr Hauptmann, der liebe Gott wird den armen Wurm nicht drum ansehen, ob das Amen drüber gesagt ist, eh er gemacht wurde. Der Herr sprach: Lasset die Kleinen zu mir kommen.

Hauptmann: Was sagt Er da? Was ist das für eine kuriose Antwort? Er macht mich ganz konfus mit seiner Antwort. Wenn ich sag': Er, so mein' ich Ihn, Ihn –

Woyzeck: Wir arme Leut – Sehn Sie, Herr Hauptmann: Geld, Geld! Wer kein Geld hat – Da setz einmal eines seinesgleichen auf die Moral in der Welt! Man hat auch sein Fleisch und Blut. Unsereins ist doch einmal unselig in der und der andern Welt. Ich glaub', wenn wir in Himmel kämen, so müßten wir donnern helfen.

Hauptmann: Woyzeck, Er hat keine Tugend! Er ist kein tugendhafter Mensch! Fleisch und Blut? Wenn ich am Fenster lieg', wenn's geregnet hat, und den weißen Strümpfen nachseh', wie sie über die Gassen springen – verdammt, Woyzeck, da kommt mir die Liebe! Ich hab' auch Fleisch und Blut. Aber, Woyzeck, die Tugend! Die Tugend! Wie sollte ich dann die Zeit rumbringen? Ich sag' mir immer: du bist ein tugendhafter Mensch – *gerührt:* –, ein guter Mensch, ein guter Mensch.

Woyzeck: Ja, Herr Hauptmann, die Tugend – ich hab's noch nit so aus. Sehn Sie: wir gemeine Leut, das hat keine Tugend, es kommt nur so die Natur; aber wenn ich ein Herr wär und hätt' ein' Hut und eine Uhr und

>

eine Anglaise und könnt' vornehm rede, ich wollt' schon tugendhaft sein. Es muß was Schönes sein um die Tugend, Herr Hauptmann. Aber ich bin ein armer Kerl!

Hauptmann: Gut, Woyzeck. Du bist ein guter Mensch, ein guter Mensch. Aber du denkst zuviel, das zehrt; du siehst immer so verhetzt aus. – Der Diskurs hat mich ganz angegriffen. Geh jetzt, und renn nicht so; langsam, hübsch langsam die Straße hinunter!

[...]

Randzeichnung auf Büchners Manuskript zu Woyzeck: Sie stellt die Figuren des Arztes und des Hauptmanns dar.

Die Stadt

Marie mit ihrem Kind am Fenster. Margret. Der Zapfenstreich geht vorbei, der Tambourmajor voran.

Marie *das Kind wippend auf dem Arm:* He, Bub! Sa ra ra ra! Hörst? Da kommen Sie!

Margret: Was ein Mann, wie ein Baum!

Marie: Er steht auf seinen Füßen wie ein Löw.

Tambourmajor grüßt.

Margret: Ei, was freundliche Auge, Frau Nachbarin! So was is man an ihr nit gewöhnt.

Marie *singt:* Soldaten, das sind schöne Bursch ...

Margret: Ihre Auge glänze ja noch –

Marie: Und wenn! Trag Sie Ihr Aug zum Jud, und laß Sie sie putzen; vielleicht glänze sie noch, daß man sie für zwei Knöpfe verkaufen könnt.

Margret: Was, Sie? Sie? Frau Jungfer! Ich bin eine honette Person, aber Sie, es weiß jeder, Sie guckt sieben Paar lederne Hose durch!

Marie: Luder! – *Schlägt das Fenster durch.* – Komm, mei Bub! Was die Leute wollen. Bist doch nur ein arm Hurenkind und machst deiner Mutter Freud mit deinem unehrlichen Gesicht! Sa! sa! – *Singt.*
Mädel, was fangst Du jetzt an?
Hast ein klein Kind und kein' Mann!
Ei, was frag' ich danach?
Sing' ich die ganze Nacht
heio, popeio, mei Bu, juchhe!
Gibt mir kein Mensch nix dazu.

Es klopft am Fenster.

Marie: Wer da? Bist du's, Franz? Komm herein!

Woyzeck: Kann nit. Muß zum Verles'.

Marie: Hast du Stecken geschnitten für den Hauptmann?

Woyzeck: Ja, Marie.

Marie: Was hast du, Franz? Du siehst so verstört.

Woyzeck *geheimnisvoll:* Marie, es war wieder was, viel – steht nicht geschrieben: Und sie, da ging ein Rauch vom Land, wie der Rauch vom Ofen?

Marie: Mann!

Woyzeck: Es ist hinter mir hergangen bis vor die Stadt. Etwas, was wir nicht fassen, begreifen, was uns von Sinnen bringt. Was soll das werden?

Marie: Franz!

Woyzeck: Ich muß fort. – Heut abend auf die Meß! Ich hab wieder gespart. – *Er geht.*

Marie: Der Mann! So vergeistert. Er hat sein Kind nicht angesehn! Er schnappt noch über mit den Gedanken!

– Was bist so still, Bub? Furchtest dich? Es wird so dunkel; man meint, man wär' blind. Sonst scheint als die Latern herein. Ich halt's nit aus; es schauert mich! – *Geht ab.*

Georg Büchner: Gesammelte Werke. München: Goldmann: 2002, S. 174ff.

Aufgaben

1 Geben Sie die Kritik des Hauptmanns an Woyzeck und dessen Verteidigung wieder.

2 Charakterisieren Sie Woyzeck.

3 Erklären Sie das Verhältnis zwischen Marie, Woyzeck und dem gemeinsamen Kind.

TEXT

Gedichte

Ferdinand Sauter, 1855

Selbstbiographie

Immer lustig lebt der Sauter,
Treu ist sein Gemüt und lauter,
Tausend Hirngespinste baut er
Und sich selber nicht vertraut er,
Alles was er hat, verhaut er,
Wie ein Vogel Strauß verdaut er,
Wenn oft Selchfleisch ißt mit Kraut er,
Schöne Mädchen gerne schaut er,
Wie ein Kater dann miaut er,
Leider aber schon ergraut er,
Immer mehr und mehr – versaut er.

Ferdinand Sauter: Gedichte. Wien und Leipzig: Anzengruber-Verlag 1918, S. 182f.

Aufgaben

1 Erklären Sie, welchen Eindruck die „Selbstbiographie" Sauters auf Sie macht.

2 Vergleichen Sie das Gedicht mit seiner Biografie (> S. 127).

3 **Portfolio:** Verfassen Sie eine eigene charakterisierende Selbstbiografie als Gedicht oder kurzen Text. Alternativ können Sie eine Ihnen nahestehende Person (anonym) charakterisieren.

TEXT

Zeitgedichte

Heinrich Heine, 1839 – 1846

Warnung

Solche Bücher lässt du drucken!
Theurer Freund, du bist verloren!
Willst du Geld und Ehre haben,
Musst du dich gehörig ducken.
Nimmer hätt' ich dir gerathen,
So zu sprechen vor dem Volke,
So zu sprechen von den Pfaffen
Und von hohen Potentaten!
Theurer Freund, du bist verloren!
Fürsten haben lange Arme,
Pfaffen haben lange Zungen,
Und das Volk hat lange Ohren!

Heinrich Heine: Werke. Berlin und Darmstadt: Deutsche Buch-Gemeinschaft 1965, S. 264

Aufgaben

1 Geben Sie wieder, wovor Heine in seinem Gedicht warnt.

2 Erklären Sie Heines Warnung im historischen Kontext.

3 Können wir heute unbesorgt unsere Meinung veröffentlichen? Wovor würden Sie warnen? Begründen Sie Ihre Antwort.

REALISMUS UND NATURALISMUS
etwa 1850 – 1890

Das Zeitalter des **Realismus** und des **Naturalismus** umfasst die Jahre nach der gescheiterten **Revolution von 1848** (> S. 117) und die ersten Jahrzehnte der Bismarck-Ära (1871 – 1890), benannt nach dem zunächst preußischen Ministerpräsidenten, dann deutschen Reichskanzler Otto von Bismarck (1815 – 1898). In Österreich regierte zu dieser Zeit **Kaiser Franz Joseph.**

Beginn und Ende der Epochen sind schwer festzulegen, denn zahlreiche Autorinnen und Autoren des Biedermeier, etwa Mörike und Stifter, waren nach wie vor literarisch aktiv. Charakteristisch für die Epochen sind die Industrialisierung im deutschsprachigen Raum, Fortschritte in der Technik und in den Naturwissenschaften, aber auch das Erscheinen von Karl Marx' **Das Kapital,** das zu einer Neuorientierung in Kunst und Kultur führte.

Denkmal für die Opfer der Märzrevolution 1848 am Wiener Zentralfriedhof. Die gescheiterte Revolution konnte den Beginn des bürgerlichen Zeitalters nicht mehr verhindern. Die Ideale der Revolution, Forderungen nach Demokratie und Verfassung, setzten sich allmählich durch.

Dieses Kapitel vermittelt Ihnen

> ein Verständnis für gesellschaftliche und künstlerische Entwicklungen der Epoche.

> die Einordnung von Literatur und kunstschaffenden Personen der Zeit.

> einen inhaltlichen und interpretatorischen Zugang zu ausgewählten Werken aus dieser Zeit.

Geschichte und Gesellschaft

Ab dem ersten Jahrzehnt des 19. Jahrhunderts stieg das Wachstum der Städte rasant an, wirtschaftlicher Erfolg stellte sich ein, zahlreiche Fabriken wurden errichtet und die Infrastruktur ausgebaut (z. B. Eisenbahnbau). Man nennt diese Zeit daher auch **„Gründerzeit"**. Da die Menschen in der Stadt bessere Berufsmöglichkeiten und Lebensbedingungen vorzufinden hofften, setzte eine Landflucht ein. Allerdings gelangten viele der Menschen, die ihr Glück in den Städten versuchen wollten, in Elendsviertel und waren mit erbärmlichen hygienischen Zuständen konfrontiert.

Das **Bürgertum** profitierte von den wirtschaftlichen Entwicklungen und trug Wohlstand und Reichtum stolz vor sich her. Auf der anderen Seite litt die **Arbeiterschaft** unter unzumutbaren Arbeits- und Lebensbedingungen, in den Fabriken und Unternehmen des Bürgertums kam sie kaum zu Lohn und Recht. Unter diesem Druck wuchs die Arbeiterschaft zu einer neuen, selbstbewussten, wenn auch verarmten **Klasse** heran und formierte sich auch politisch – Sozialdemokratie und Kommunismus entstanden. Kritiker dieser Missstände, darunter Arbeiterbewegungen, Gewerkschaften und Kirchen, entwickelten daraus die **„soziale Frage"**: Wie sollte den arbeitenden Massen und ihren Problemen begegnet werden?

Viele Personen der Literatur und Kunst reagierten auf die Veränderungen dieser Zeit. Sie erkannten das soziale Elend der Arbeiterschaft und setzten sich für sie ein. Manche fürchteten den gewaltsamen Umsturz durch Revolutionen, wieder andere konzentrierten sich auf ihre eigene bürgerliche Welt und blendeten das Elend der arbeitenden Massen völlig aus.

Ringstraßenzeit und Reichsgründung

Der Schleifung der alten Befestigungswälle folgte der Ausbau der Wiener Ringstraße und die Errichtung zahlreicher Prachtbauten. Auf dieser kolorierten Fotografie ist das Wiener Burgtheater auf der Ringstraße zu sehen, das neu errichtet und 1888 eröffnet wurde.

Neoabsolutismus: Bezeichnung für die Regierungsform in der österreichischen Monarchie nach der Überwindung der Revolution 1848/1849

Während andere Nationen in Europa auf die Revolution von 1848 mit Zugeständnissen reagierten, regierte Kaiser Franz Joseph in Österreich anfänglich noch uneingeschränkt mithilfe von Armee, Bürokratie und Kirche (**Neoabsolutismus**). Militärische Niederlagen in Italien und innenpolitische Krisen zwangen schließlich auch ihn zu Zugeständnissen – ab 1860 folgten Reformen und die Verwirklichung eines bürgerlichen Verfassungsstaates. Das Bürgertum setzte sich als neue politische Kraft durch, wirtschaftlich gab es ohnehin den Ton an. Im Zuge des **Ringstraßenbaus** wurde Wien zur modernen Residenzstadt ausgebaut. Die repräsentativen Prachtbauten (Ringstraßenpalais, Mietspaläste, Versicherungen, Banken, Wiener Rathaus und Börse) befanden sich überwiegend in Händen des Bürgertums.

Diese Prachtbauten erinnern in ihren Formen an frühere Epochen der Architektur (Historismus). Viele dienten der Repräsentation, erfüllten aber auch einen praktischen Zweck. Davon zeugen noch heute eindrucksvolle Bahnhöfe, Schulen, Spitäler, Brücken, Versorgungswerke etc. Zahlreiche Städte der Habsburgermonarchie wurden nach dem Vorbild Wiens ausgebaut.

Auch die **„deutsche Frage"** kam wieder zur Sprache: Während Österreich den Deutschen Bund erhalten wollte, strebte Preußen eine Vereinigung aller deutschen Länder unter seiner Dominanz, aber ohne Österreich, an. Der preußische Ministerpräsident **Otto von Bismarck** setzte durch Kriege – 1866 gegen Österreich und 1870/1871 gegen Frankreich – einen **deutschen Nationalstaat** durch, dessen **Reichsgründung 1871** vonstattenging. Der Traum deutscher Nationalisten von einer eigenen Nation wurde durch Gewalt errungen. Obwohl nun eine **Friedensphase** (von den 1870er Jahren bis 1914) einsetzte, blieben enorme Spannungen zwischen den europäischen Großmächten bestehen.

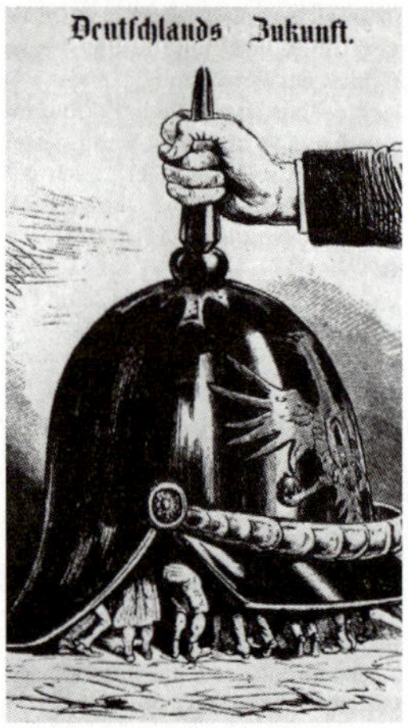

Die österreichische Satirezeitschrift Kikeriki sah „Deutschlands Zukunft" unter Preußens Pickelhaube enden, die Bildunterschrift der Karikatur lautet: „Kommt es unter einen Hut? Ich glaube, 's kommt eher unter eine Pickelhaube!", Ausgabe vom 22. August 1870

Aufgaben

1 Geben Sie die gesellschaftlichen und politischen Entwicklungen der Zeit wieder.

2 Die soziale Frage drängte sich auf, wurde aber auch verdrängt. Gibt es heute noch gesellschaftliche Probleme, die verdrängt werden oder wenig präsent scheinen? Diskutieren Sie darüber in der Klasse.

3 Besprechen Sie in der Klasse, was Österreich mit Deutschland verbindet und was die beiden Länder voneinander unterscheidet. Was ist für Sie „typisch österreichisch" bzw. „typisch deutsch"? Besprechen Sie in der Klasse, ob solche Klischees sinnvoll sind und warum sie manchmal bedient werden.

Kunst und Kultur

Das Bürgertum wurde zum Maßstab für Kunst und Wissenschaft. Die philosophischen Werke **Arthur Schopenhauers** (1788 – 1860) mit seiner **Weltverneinung,** der Gegenposition zum Optimismus des **materialistischen Fortschrittsglaubens,** gewannen viele Anhängerinnen und Anhänger im Bürgertum.

materialistischer Fortschrittsglaube: Fortschritt durch materielle Errungenschaften, Technik und (Natur-)Wissenschaften

Das Ende der bürgerlichen Kultur glaubten wiederum **Karl Marx** (1818 – 1883) und **Friedrich Engels** (1820–1895) vorauszusehen. Sie predigten die **Weltrevolution** durch die unterdrückte Arbeiterschaft und die Errichtung einer klassenlosen Gesellschaft: den **Kommunismus.** Ihre Analyse der sozialen Verhältnisse in Großbritannien und im deutschsprachigen Raum, wo ungehemmter Kapitalismus und die Ausbeutung der Arbeiterschaft vorherrschten, wurde für das gesamte 19. und das 20. Jahrhundert prägend. Die **soziale Frage** entwickelte sich zur drängendsten der Zeit.

Karl Marx zweifelte die bürgerliche Ordnung und Besitzverhältnisse an, doch noch größere gesellschaftliche Erschütterungen folgten. Die menschliche Schöpfungsgeschichte, wie sie die Bibel überliefert, wurde angezweifelt und wissenschaftlich widerlegt. **Charles Darwins** (1809 – 1882) **Evolutionstheorie** beschrieb das Entstehen und die Entwicklung der biologischen Arten. Außerdem wurde deren Verwandtschaft untereinander beschrieben und geordnet. Auch die Entstehung des Menschen wurde dadurch wissenschaftlich

Darwins Theorie, der Mensch stamme vom Affen ab, wurde von vielen als Beleidigung empfunden. Diese Karikatur Darwins, erschienen 1871, geht mit den Erkenntnissen der Evolutionstheorie wenig schmeichelhaft um.

geklärt: Der Mensch stammt vom Affen ab – eine Vorstellung, die bürgerliche und kirchliche Kreise vielfach als kränkend empfanden. Darwins Theorien thematisierten auch das Artensterben und die Durchsetzung neuer Arten: Es setze sich jeweils die bestangepasste Art durch („Survival of the Fittest"). Diese Theorien wurden vielfach missinterpretiert. Die falsche Auslegung von Darwins **Vererbungslehre** führte zu der Annahme, Menschen würden ihre sozialen Probleme vererben. Kriminalität, Alkoholismus, Prostitution und Armut galten daher bald als vererbte, nicht als sozial verursachte Probleme. Schließlich entwickelten sich daraus **sozialdarwinistische Vorstellungen:** Ganze Menschengruppen sowie Völker müssten auf ihre „Reinheit" achten und andere Gruppen an der Weitergabe ihres Erbguts gehindert werden („Rassenhygiene"; > S. 145). Die „Rassen" und „Völker" dürften sich nicht „mischen". Rassismus, Nationalismus und sozial verächtliches Gedankengut wurden am Ende des Jahrhunderts salonfähig.

NOTIZ AM RANDE

Durch die Molekularbiologie, also die Erforschung unserer Gene, ist die **Vererbungslehre** in einer ganz neuen Dimension angelangt. Auch heute wird rege diskutiert, inwiefern **Gene** unser Leben beeinflussen. Wird z. B. Verbrechen durch Gene vererbt? Könnte der Mensch durch genetische Eingriffe verbessert werden? Liegt in der Gentechnik die Zukunft des Menschen? Die Literatur und der Film greifen diese Gedanken in (meist) **dystopischen Werken,** also düsteren Zukunftsvisionen, auf.

In Martin Suters (geb. 1948) Roman **Elefant** (2017) etwa wird ein kleiner rosa Elefant aus Marketingzwecken genetisch erschaffen. Die kleine Elefantenkuh mit dem Namen Sabu Barisha ist nur etwa vierzig Zentimeter lang und dreißig Zentimeter hoch und ihre rosafarbene Haut leuchtet im Dunkeln. Sie macht ihren Erschaffer reich, zeitgleich versuchen viele Menschen, den Minielefant zu retten, genauso viele allerdings wollen mit ihm noch viel mehr Profit machen.

IN SZENE GESETZT

Im **Science-Fiction-Film Gattaca** (1997) wird eine Welt genetisch aufgewerteter Menschen geschildert. Jene, deren Gene unverändert blieben, müssen am Rande der Gesellschaft leben.

An diese Thematik knüpft auch **Veronica Roths** (geb. 1988) Romantrilogie **Die Bestimmung** (2012 – 2014) an. Hier haben genetische Unterschiede in den USA zu Reinheitskriegen geführt. Genetisch „defekte" Menschen leben isoliert in bestimmten Städten und werden dort im Rahmen eines Experiments beobachtet.

In **Thea Dorns** (geb. 1970) Roman **Die Unglückseligen** (2016) wird an der Unsterblichkeit geforscht. Dabei scheint eine historische Figur aus der Vergangenheit, die in Erscheinung tritt, zu belegen, dass dieses Ziel tatsächlich erreicht werden könne.

Einen eigenen philosophischen Kosmos erdachte **Friedrich Nietzsche** (1844 – 1900). In seinem Werk **Unzeitgemäße Betrachtungen** (1873 – 1876) schrieb er vom geistigen Verfall der Gesellschaft und vom bevorstehenden Kulturzerfall.

Friedrich Nietzsche, Fotografie, um 1869

Noch viel extremere Thesen formuliert er in seinem Hauptwerk **Also sprach Zarathustra. Ein Buch für Alle und Keinen** (1883 – 1885), in dem er sinngemäß sagt, dass einzig der noch zu schaffende „Übermensch" einen Wechsel in der Gesellschaft bewirken und die Fortentwicklung des Menschen ermöglichen könne.

Die **Malerei des Realismus** wollte wiederum idealisierte Bildnisse der Wirklichkeit schaffen. Ein beliebtes Motiv waren Landschaften, aber auch die technischen Errungenschaften der Zeit. In seinem Werk **Die fröhliche Wissenschaft** (1882) schreibt Friedrich Nietzsche polemisch über die realistischen Maler: „Er malt zuletzt davon, was ihm gefällt. / Und was gefällt ihm? Was er malen kann!"

Der französische Maler **Gustave Courbet** (1819 – 1877) gab den Begriff **„Realismus"** für die Kunst vor. Die ungeschönte Darstellung der Realität war allerdings das Ziel seiner Kunst. In seinem Selbstporträt **Der Verzweifelte** wandte sich Courbet von der (beschönigenden) bürgerlichen Porträtmalerei ab.

Gustave Courbets (1819 – 877) Selbstporträt ***Der Verzweifelte,*** *1843 – 1845*

In Österreich ging **Hans Makart** (1840 – 1884) als großer **Dekorationskünstler** in die Geschichte ein. **Rudolf von Alt** (1812 – 1905) wurde für seine realistischen Stadtbilder bekannt. Der Wiener Maler **August von Pettenkofen** (1822 – 1889) legte seinen Fokus eher auf die Darstellung sozialkritischer Alltagsszenen. In Frankreich wiederum ging **Auguste Rodin** (1840 – 1917) mit einer modernen Bildhauerei einen revolutionären Weg.

Pettenkofen beschäftigte sich auch mit dem Rand der Gesellschaft: **Lausendes Zigeunermädchen***; 1854*

Moderne in der Bildhauerei: Rodins **Der Denker** *(1880 – 1882) vor dem Musée Rodin in Paris*

Auf den Bühnen trat indes die **Operette** ihren Siegeszug an. **Die Fledermaus** (1874) von Johann Strauss (Sohn) (1825 – 1899) gilt heute als Höhepunkt der **Goldenen Zeit der Wiener Operette.** Aus der Operette entwickelte sich schließlich in den USA das Musical.

Das einfache Bürgertum oder die Arbeiter allerdings genossen abseits der Bühnen Unterhaltung in Gasthäusern und Heurigen-Lokalen. Dort traten Volkssänger auf, ab 1871 wurden auch **Volkssängerinnen** zugelassen. **Heurigenlieder** sorgten für Zerstreuung; der Befriedigung der Sensationslust diente die **Moritat,** die Mordfälle und andere schaurige Taten zum Inhalt hat (> S. 276). Unterhaltung war an öffentliche Orte gebunden, denn die Wohnungen der Arbeiterschaft waren beengt, schmutzig und dunkel.

NOTIZ AM RANDE

Zu den eindrucksvollsten **Volkssängerinnen** ihrer Zeit gehörte die **Fiaker-Milli,** eigentlich Emilie Turecek (1848 – 1889). Sie trat als Sängerin in Vergnügungslokalen und bei Fiakerbällen auf. Obwohl Volkssängerinnen vorgeschrieben wurde, hochgeschlossene Kleider zu tragen, trug Turecek bei ihren Auftritten Männerkleidung – als Jockey gekleidet, mit enganliegenden Hosen, in langen Stiefeln und bewaffnet mit Reitgerte.
Aufgrund ihrer Popularität wurde ihr dafür eine polizeiliche Genehmigung erteilt. In Richard Strauss' (1864 – 1949) Oper **Arabella** (1933) wurde sie vom Librettisten Hugo von Hofmannsthal (1874 – 1929) verewigt. Auch zahlreiche Filme erzählen von der Fiaker-Milli.

Diese Fotografie entstand um 1870.

Aufgaben

1 Geben Sie gesellschaftliche, kulturelle und künstlerische Entwicklungen der Zeit wieder.

2 Recherchieren Sie, ob Darwins Evolutionstheorie heute noch umstritten ist. Vergleichen Sie Ihre Ergebnisse in der Klasse.

3 Nennen Sie Unterhaltungsmöglichkeiten der Bevölkerung des ausgehenden 19. Jahrhunderts und vergleichen Sie diese mit den Möglichkeiten der Unterhaltung unserer Zeit.

Literatur und Personen

In Deutschland legte man den Beginn des **literarischen Realismus** mit dem ersten **Roman Theodor** Fontanes (1819 – 1898) fest. Er selbst meinte:

„Wohl ist das Motto des Realismus der Goethesche Zuruf: Greif nur hinein ins volle Menschenleben, wo du es packst, da ist's interessant aber freilich, die Hand, die diesen Griff tut, muss eine künstlerische sein."

Zit. nach: Andreas Huyssen (Hg.): Die deutsche Literatur in Text und Darstellung. Band 11. Bürgerlicher Realismus. Stuttgart: Reclam 1977, S. 56f.

Er definierte den Realismus als „Widerspiegelung alles wirklichen Lebens, aller wahren Kräfte und Interessen im Elemente der Kunst."

Im Mittelpunkt der realistischen Literatur stand das Schicksal der kleinen Leute, wie wir in den Texten von Theodor Fontane (ein Frauenschicksal in **Effi Briest**, 1896; > S. 148f.) und bei Theodor Storm (1817 – 1888) oder Gottfried Keller (1819 – 1890) sehen.

Man solle den „inneren Kern des Stoffes" erfassen, aber keine „gemeine Wirklichkeit" darstellen, meinte der Schriftsteller Otto Ludwig (1813 – 1865) in den 1850er Jahren, und prägte damit den Begriff des **„Poetischen Realismus"**.

NOTIZ AM RANDE

Ein wichtiger Vertreter der Literatur des Realismus war Theodor Fontane (1819 – 1898). Er arbeitete als Zeitungskorrespondent in London und als Redakteur bei der *Neuen Preußischen Zeitung* in Berlin. Er war fast 60 Jahre alt, als er mit der Schriftstellerei begann und sein Roman **Vor dem Sturm** (1878) erschien. In rascher Reihenfolge veröffentliche er bis 1898 dreizehn weitere Romane, herausragend ist besonders der Roman **Effi Briest** (1896). Darin wird die **Geschichte einer Frau,** Effi Briest, erzählt, die bereits mit 17 Jahren verheiratet wird. Nachdem ihr Ehemann, Baron von Innstetten, nach vielen Jahren der Ehe, von einer lange zurückliegenden Affäre seiner Frau erfahren hat, wird Effi von ihm verstoßen. Sie muss ihr Kind zurücklassen, kehrt zu ihren Eltern zurück, ist sozial geächtet und stirbt schließlich aus Gram. Als die Mutter am Ende des Buches den Vater fragt, ob das Schicksal der Tochter nicht verhindert hätte werden können, meint dieser nur:
„Ach, Luise, laß … das ist ein zu weites Feld."

Zu diesem Stoff inspirierte Fontane die Geschichte eines realen Ehebruchdramas: Die wohlhabende **Elisabeth Freiin und Edle von Plotho** (1853 – 1952) wurde nach einer Affäre von ihrem Mann öffentlich geächtet und enterbt. Der Liebhaber wurde vom Ehemann im Duell getötet. Plotho durfte ihre Kinder jahrzehntelang nicht sehen und arbeitete als Krankenschwester in Armenhäusern.

Genauer betrachtet: Realismus in Österreich

Zu den bedeutendsten Vertreterinnen des **Poetischen Realismus** gehört die österreichische Autorin **Marie Freifrau Ebner von Eschenbach** (1830 – 1916). Sie stammte aus der adligen mährischen Familie Dubský und wuchs **polyglott** auf – sie sprach Französisch, Deutsch und Tschechisch.

polyglott: mehrere, viele Sprachen beherrschend, sprechend

1848 heiratete sie ihren Cousin und hieß fortan Eschenbach. Die Ehe blieb kinderlos. Eschenbach wurde literarisch tätig und absolvierte auch die Ausbildung zur Uhrmacherin. 1880 errang sie Aufmerksamkeit mit ihrer Erzählung **Lotti, die Uhrmacherin,** 1887 erzielte sie mit **Das Gemeindekind** einen großen Erfolg. In ihren Werken kritisierte sie **soziale Missstände** und setzte sich für den Humanismus (hier: Nächstenliebe) ein. Sie engagierte sich im Verein zur Abwehr des Antisemitismus und lebte damit ihre Werte auch in der Öffentlichkeit. 1898 erhielt sie das *Ehrenkreuz für Kunst und Literatur,* 1900 das **Ehrendoktorat** der Universität Wien. Innovativ war an Eschenbachs Werk der psychologische Blick und die Untersuchung sozialer Milieus.

Marie Ebner von Eschenbach (1830 – 1916), Gemälde von Karl von Blaas, (1815 – 1894) 1873

Auch der Österreicher **Ferdinand von Saar** (1833 – 1906) entstammte einer adligen (Beamten-)Familie, wuchs allerdings in bürgerlichen Verhältnissen auf. Zunächst schlug er eine Offizierslaufbahn ein, trat dann aber aus dem Militär aus, um ungestört schreiben zu können. Schulden belasteten ihn und führten sogar zu einer Haftstrafe, aus der er von einer adligen Gönnerin freigekauft wurde. Literarisch folgte der Durchbruch mit Werken wie **Die Steinklopfer** (1876), **Wiener Elegien** (1893), **Außer Dienst** (1900) und **Sappho** (1904). Saar wurde mit hohen Auszeichnungen geehrt *(Franz Josephs-Orden;* Berufung ins Herrenhaus des österreichischen Parlaments), litt aber unter Depressionen. Seine Frau beging 1884 Suizid. Auch Saar nahm sich schließlich, schwer depressiv, das Leben.

Ferdinand von Saar auf einer Porträtfotografie

In Saars Werk waren soziale Missstände Thema: In **Außer Dienst** schreibt er über seine Erfahrungen als Soldat und schildert die prekären sozialen Verhältnisse eines heruntergekommen Offiziers, der sich an seine (unglückliche) Liebe zu einer Prostituierten erinnert. In der Novelle **Die Steinklopfer** werden die unmenschlichen Arbeitsbedingungen beim **Bau der Semmeringbahn** geschildert. Im Mittelpunkt der Handlung stehen die Stieftochter des Aufsehers namens Tscherka (Resi genannt) und ein aus dem Dienst geschiedener Soldat, namens Georg, die sich als Steinklopfer verdingen. Sie leiden unter dem brutalen Regiment eines Aufsehers. In **Sappho** erzählt Saar das **Schicksal einer Schriftstellerin,** die aus ihrer Rolle als Frau nicht ausbrechen kann, wegen mangelnder Schönheit zurückgewiesen wird und sich schließlich das Leben nimmt.

Aufgaben

1 Erklären Sie die Themen sowie die Merkmale der Literatur des Realismus.

2 Nehmen Sie Stellung zu der Frage, ob gesellschaftliche Verhältnisse und Probleme in der Literatur realistisch dargestellt werden können.

3 Informieren Sie sich über ein literarisches Werk von Ferdinand von Saar oder von Marie Ebner von Eschenbach, das in diesem Abschnitt erwähnt wird, genauer. Stellen Sie Ihre Ergebnisse in der Klasse vor.

Romane, Novellen und das Drama des Realismus

Jede Epoche hat ihre typischen Textgattungen. Für die Zeit des Realismus sind es der **gesellschaftskritische Roman** und die **Novelle.** Viele davon wurden beim noch jungen **Reclam-Verlag** herausgegeben.

Fontane selbst bezeichnete **Gustav Freytags** (1816 – 1895) Roman **Soll und Haben** (1855) als ersten **Gesellschaftsroman** und als „Blüte des modernen Realismus". Freytags Roman ist heute aufgrund seiner zahlreichen antisemitischen Klischees heftig umstritten. Ein weiterer erfolgreicher Gesellschaftsroman dieser Zeit war **Der grüne Heinrich** (1854/1855) des Schweizer Autors **Gottfried Keller** (1819 – 1890). Die Titelfigur Heinrich Lee, stets grün angezogen, stößt

NOTIZ AM RANDE

1867 wurde **Reclams Universalbibliothek** von Anton Philipp Reclam (1807 – 1896) gegründet. Gleich in den ersten Jahren wurden unzählige Werke des Realismus verlegt, die bis heute Bestandteil des Verlagsprogramms sind.

Die kleinen, heute meist gelben Reclam-Bücher sind weder aus den Buchläden noch aus den Schulen wegzudenken. Schülerinnen und Schüler reagieren nicht selten mit Vorurteilen gegenüber diesen Büchern, deren praktischer (preiswerter) Nutzen allerdings kaum zu übertreffen ist. Die Preise konnten vor allem deshalb so niedrig gehalten werden, da die Texte urheberrechtsfrei gedruckt wurden: Die Rechte an einem Buch erlöschen siebzig Jahre nach dem Tod einer Autorin bzw. eines Autors, nach Ablauf dieser Frist muss ein Verlag für einen Neudruck auch den Erben nichts mehr zahlen.

Dieser Reclam-Bücherautomat aus dem Jahr 1912 ist im Reclam-Museum in Leipzig zu sehen.

auf Unverständnis in der Gesellschaft. Keller verfasste zwei verschiedene Enden des Romans, ein tragisches (hier stirbt Heinrich an Liebeskummer) und ein glückliches, bei dem Heinrich am Ende die Liebe zu Judith entdeckt. Heute wird bevorzugt die Version mit dem „Happy End" gelesen.

Gottfried Keller (1819 – 1890) zählt auch heute noch zu einem der meistgelesenen Autoren der Schweiz. Keller wuchs in ärmlichen Verhältnissen auf und war literarischer Autodidakt: Er durfte aufgrund der prekären Situation seiner Familie keine höhere Schule besuchen, erwies sich jedoch als sehr talentiert und ehrgeizig, sodass er schließlich doch nach Heidelberg zum Studium konnte.

Realistische Darstellungen verzichteten auf Gefühlsbeschreibungen, ein nüchterner, von Fakten berichtender Stil prägte die Romane des Realismus.

Auch der Schriftsteller **Wilhelm Raabe** (1831 – 1910) wandte sich in seinem Werk dem Individuum zu. Er verpackte seine Gesellschaftskritik **subtil** und beschrieb in seinen Büchern die Umgebung oft aus verschiedenen Blickwinkeln. Seine gerne gelesenen Bücher **Der Hungerpastor** (1864) oder **Der Schüdderump** (1870) sind mit viel Humor untersetzt.

subtil: mit Feingefühl und großer Sorgfalt, versteckt

Der gesellschaftskritische Roman war aber keineswegs eine Erfindung des deutschsprachigen Realismus. Er hatte seine Ursprünge in Frankreich und Großbritannien. **Charles Dickens** (1812 – 1870) und seine Bücher **Oliver Twist** (1839) oder **Hard Times** (1854) sowie **Honoré de Balzacs** (1799 – 1850) **La comédie humaine** (1829 – 1854), allen voran aber die Bücher **Gustave Flauberts** (1821 – 1880), sind die wichtigsten Beispiele hierfür. Insbesondere Flauberts Roman **Madame Bovary** (1857) beeindruckte und beeinflusste vieler seiner Zeitgenossinnen und Zeitgenossen, unter ihnen auch Theodor Fontane.

Auffällig ist, dass die zeitliche Rahmenhandlung oft in der Vergangenheit eingebettet wurde – aus der Distanz heraus konnte leichter Kritik an der Gegenwart geübt werden. Dies trifft besonders auf die **Novellen** des Realismus zu. Goethe sagte von dieser literarischen Gattung:

„Denn was ist die Novelle anders als eine sich ereignete unerhörte Begebenheit."

Zit. nach: Hans Grüters und Christoph Michael (Hg.): Johann Peter Eckermann: Gespräche mit Goethe in den letzten Jahren seines Lebens. 1828 – 1832. Frankfurt am Main: DKV 1999, S. 221

unerhört: hier: „noch nie gehört"

Dingsymbol: meist leblose Gegenstände, Tiere oder Pflanzen, die in einem literarischen Werk als Symbol bzw. Sinnbild eine zentrale, leitmotivische Rolle spielen; auch als „Falkenmotiv" bezeichnet

Die **Novellen** des Schweizers **Conrad Ferdinand Meyer** (1825 – 1898) folgten der klassischen Form dieser Textgattung und arbeiteten stets mit einem **Dingsymbol**, das sich durch die ganze Geschichte zog. In der Novelle **Das Amulett** (1873) fand sich dieses Symbol schon im Titel. In **Das Leiden eines Knaben** (1883) arbeitete Meyer seine schwere Kindheit auf. Sein Landsmann **Gottfried Keller** verfasste den beliebten zweiteiligen Novellenzyklus **Die Leute von Seldwyla** (Teil 1: 1856, Teil 2: 1874) über die Bewohner eines fiktiven Schweizer Dorfes – die berühmteste Novelle aus diesem Zyklus ist wohl **Romeo und Julia auf dem Dorfe**, worin eine tragische Liebesgeschichte geschildert wird. Aber auch die humorvollen **Züricher Novellen** (1878/1879), in denen der Autor auch seiner atheistischen Position bzw. Religionskritik Ausdruck verlieh.

Romeo und Julia auf dem Dorfe, hier ein Gemälde des Schweizer Malers Franz Dinger (1837 – 1904) aus 1867. Vreeli und Sali lieben sich, doch ihre Väter, verbieten jeden Umgang, da sie sich wegen eines Grundstückstreits in den Haaren liegen. Die beiden heiraten schließlich geheim und finden auf ihrer Flucht vom Dorf den Tod.

Theodor Storm (1817 – 1888) (> S. 146) setzte in seinen klassischen Novellen seiner norddeutschen Heimatregion ein Denkmal, etwa in **Pole Poppenspäler** (1874) über den Puppenspieler Paul und seine Frau Lisei und in **Der Schimmelreiter** (1888), eine dramatische Geschichte, in der sich von Beginn der Handlung alles auf den drohenden Dammbruch zuspitzt.

In Storms ***Schimmelreiter*** *stehen die unbändigen Naturgewalten genauso im Mittelpunkt der Handlung wie der übernatürliche, ja fast diabolisch anmutende Schimmel, der eine* ***Symbiose*** *mit der von Ehrgeiz und* ***Hybris*** *angetriebenen Hauptfigur Hauke Haien einzugehen scheint. Diesen Inhalt setzt der Maler* ***Franz Karl Basler-Kopp*** *(1879 – 1937) auf diesem Gemälde dramatisch in Szene.*

Symbiose: Zusammenleben von Lebewesen unterschiedlicher Art zum gegenseitigen Nutzen

Hybris: extreme Form der Selbstüberschätzung und des Hochmuts

Ein heute noch bekannter und beliebter kritischer Geist der Zeit war der Humorist, Zeichner und Dichter **Wilhelm Busch** (1832 – 1908). Er wurde vor allem durch seine vielen **Bildgeschichten** berühmt. Die Bildgeschichte entwickelte sich im Realismus erstmals zur eigenen literarischen Gattung. Busch verpackte hinter seinen heiteren Geschichten wie **Max und Moritz. Eine Bubengeschichte in sieben Streichen** (1865), **Die fromme Helene** (1870) oder **Fipps der Affe** (1879) scharfe Kritik am Spießbürgertum und der bürgerlichen Selbstgerechtigkeit seiner Zeit.

Die **Dramatik** des Realismus prägte vor allem **Friedrich Hebbel** (1813 – 1863), der viele Jahre auch in Wien am Theater tätig war, das Heldenepos **Die Nibelungen** (1861) auf die Theaterbühne brachte und mit dem Stück **Maria Magdalena** (1844) das letzte bürgerliche Trauerspiel (> S. 274) schrieb.

Berühmte Lausbuben der Literatur: Max und Moritz von Wilhelm Busch aus 1865

Aufgaben

1 Nennen Sie die Merkmale und Besonderheiten der Novelle und des Romans während des Realismus.

2 Beschreiben Sie die Assoziationen, die Reclam-Bücher bei Ihnen hervorrufen.

3 Lesen Sie eine Geschichte von Wilhelm Busch, z. B. Max und Moritz. Recherchieren Sie dazu im Internet oder in der Schulbibliothek.

Genauer betrachtet: Zensur von oberster Stelle

Im sogenannten „Leipziger Realistenprozess", der im Juni 1890 stattfand, ging es um drei Autoren bzw. ihre „skandalösen" Bücher: Hermann Conradis (1862 – 1890) **Adam Mensch,** Wilhelm Walloths (1854 – 1932) **Der Dämon des Neides** und Konrad Albertis (1862 – 1918) **Federspiel.** Alle drei Bücher waren vom Verleger Wilhelm Friedrich (1851 – 1924) herausgegeben worden, weshalb auch er vor Gericht gebracht wurde. Die Anklage lautete jeweils: „Gotteslästerung und Verbreitung unzüchtiger Schriften".

Alle drei Bücher kritisierten die moralischen und religiösen Verhältnisse der Zeit. Das Prozessprotokoll wurde unter dem Titel „Realismus vor Gericht" geführt. Der Prozess endete mit einem Freispruch für den Verleger, 300 Mark Strafe für Alberti und 150 Mark Strafe für Walloth. Conradi war bereits vor Prozessbeginn verstorben. Der Restbestand der besagten Bücher wurde beschlagnahmt und die Druckplatten vernichtet, was mit ein Grund dafür ist, dass alle drei Autoren heute weitgehend vergessen sind.

Die Naturalisten kommen, um kurz zu bleiben

Hermann Bahr (> S. 153) sagte schon 1891: „Die Herrschaft des Naturalismus ist vorüber, seine Rolle ist ausgespielt, sein Zauber ist gebrochen!" Und obwohl die ersten Werke dieser Strömung erst drei, vier Jahre zuvor entstanden waren, sollte er recht behalten. Die naturalistische Bewegung war eine kurze, aber eine heftige.

Der **Naturalismus** verstand sich als eine Epoche der Moderne. **Charles Darwins** Selektionstheorie („Survival of the Fittest"; > S. 136) wurde zum Thema der Vertreterinnen und Vertreter dieser Strömung. Darwins Lehre vom Kampf um das Dasein sollte literarisch anhand menschlicher Schicksale dargestellt werden. Der Naturalismus wollte ein ungeschöntes und möglichst wirklichkeitsgetreues Bild der Realität zeichnen, radikaler als es der Realismus getan hatte. Krankheit, Hunger, Armut – all das sollte beschrieben werden, nichts sollte ausgespart bleiben. Hatte der Realismus noch den Fokus auf das Bürgertum oder die Mittelschicht gelegt, rückten beim Naturalismus die Unterschicht und das soziale Elend stärker ins Blickfeld. Der deutsche Kaiser Wilhelm II. (Regierungszeit 1888 – 1918) lehnte diese neue Bewegung kategorisch ab und er versuchte, die einsetzende **antinaturalistische Strömung** in den Fokus der Öffentlichkeit zu rücken, die den Heimatroman wiederbelebte (Ludwig Ganghofer, 1855 – 1920, und Hermann Löns, 1866 – 1914).

Der **Naturalismus als literaturhistorische Strömung** ging von Frankreich aus, allen voran von **Émile Zola** (1840 – 1902) und den Brüdern **Jules** (1830 – 1870) und **Edmond Goncourt** (1822 – 1896), aber auch von Skandinavien mit dem Norweger **Henrik Ibsen** (1828 – 1906) und dem Schweden **August Strindberg** (1849 – 1912). Lose zählt man heute auch die russischen Schriftsteller **Leo Tolstoi** (1828 – 1910) und **Fjodor Dostojewski** (1821 – 1881) zur naturalistischen Epoche.

Schonungslos stellten die Naturalisten die sozialen Missstände ihrer Zeit dar. Das Gemälde **Der kleine eingeschlafene Hausierer** *(1882) stammt vom französischen Maler und Naturalisten Jules Bastien-Lepage (1848 – 1884).*

Die Strömung des Naturalismus begann als **Protestbewegung.** Arno Holz stellte folgende Formel auf, wobei „x" die Begrenztheit des sprachlichen Ausdrucks meinte:

Kunst = Natur – x

Literarisch wurde mit allen nötigen verfügbaren avantgardistisch-sprachlichen Mitteln gegen die Industrialisierung protestiert, die das Proletariat im Elend zurückließ.

Die **Lyrik** des Naturalismus prägte vor allem **Detlev von Liliencron** (1844 – 1909). Seine Gedichte besaßen große Naturtreue und eröffneten gleichzeitig eine Art der Neuromantik.

Ausbeuterische Arbeitsbedingungen dominierten die Industrialisierung: Diese Frauen und Kinder spinnen Flachs in einer Fabrik in Holland. **Flachsscheuer in Laren,** *Gemälde von Max Liebermann (1847 – 1935), 1887*

Am Ende dieser kurzen Naturalismus-Strömung stand das zweibändige Werk **Romantik** (1. Band: 1899, 2. Band: 1902) der Autorin **Ricarda Huch** (1864 – 1947). Huch war nicht nur als Schriftstellerin, sondern auch als Historikerin tätig. **Romantik** rangiert zwischen historischer und erzählender Literatur. Ihr Roman **Der arme Heinrich** (1899), eine Adaption des mittelalterlichen Werks von Hartmann von Aue (> S. 13f.), gilt bereits als Werk der Moderne.

Ricarda Huch, Radierung von Johann Lindner (1839 – 1906), 1901

Der Sekundenstil

1889 taten sich die beiden befreundeten Schriftsteller **Arno Holz** (1863 – 1929) und **Johannes Schlaf** (1862 – 1941) zu einem Autorenduo zusammen und entwarfen einige Prosaskizzen unter dem Titel **Papa Hamlet** (> S. 150f.). Sie verbargen sich dabei hinter dem Namen eines fiktiven norwegischen Autors namens Bjarne P. Holmsen und gaben an, dieses Buch gefunden und aus dem Norwegischen ins Deutsche übersetzt zu haben. Sie wählten ihr Pseudonym in Verehrung des Norwegers Henrik Ibsen, der immensen Einfluss auf den deutschen Naturalismus gehabt hatte. Erst Monate nach dem Erscheinen des – durchaus erfolgreichen – Buches bekannten Holz und Schlaf, dass sie Holmsen waren.

Titelblatt der Ausgabe von Papa Hamlet aus dem Jahr 1889, erschienen unter dem Pseudonym „Holmsen"

In der Erzählung **Papa Hamlet** geht es um einen Theaterschauspieler, der die besten Zeiten lange hinter sich hat und nun mit Frau und Kind in einer armseligen Dachstube wohnt. Um die Szenen so detailgetreu wie möglich wiederzugeben, entwickelten Holz und Schlaf den sogenannten **Sekundenstil.** Die **erzählte Zeit** ist identisch mit der **Erzählzeit,** die Schilderung eines Vorganges dauert also genauso lange wie der Vorgang selbst.

Gerhart Hauptmann und *Vor Sonnenaufgang*

Am 20. Oktober 1889 hatte **Vor Sonnenaufgang** an der Freien Bühne im Berliner Lessing-Theater unter der Regie Otto Brahms (1856 – 1912) Premiere. Unter dem Publikum kam es zu Tumulten, Hauptmann wurde von einigen aufgebrachten Besuchern als Volksfeind bezeichnet, wobei das Spektrum der Kritiken von „wahrhaftige Selbstüberschätzung" bis „szenische Innovation" reichte: Der Umstand, dass neben Hochsprache auch breiter **Dialekt** auf der Bühne gesprochen wurde, war neu, innovativ und irritierte zahlreiche Theatergängerinnen und Theatergänger. Ein Besucher rief am Anfang des zweiten Aktes, als der betrunkene Krause seine Tochter lüstern umarmt: „Sind wir denn hier in einem Bordell oder in einem Theater?" Die Gegner des Stücks warfen Hauptmann Zügellosigkeit, vor allem aber Verballhornung der ländlichen Bevölkerung sowie Perversion vor.

Gerhart Hauptmann, Fotografie aus 1914 von Nicola Perscheid (1864 – 1930), der als einer der ersten Berufsfotografen Deutschlands gilt

Doch was war die **skandalumwitterte Handlung** des Stücks? Der Sozialreformer und **Rassenhygieniker** Alfred Loth, der ungeschönt Missstände aufzudecken versucht, pocht auf die Vererbungsgesetze. Er ist am Hof des skrupellosen Bauern Krause zu Gast. Sein ehemaliger Schulfreund Hoffmann ist dessen Schwiegersohn. Seine Ehefrau, die schwangere Marthe, ist dem Alkohol verfallen, wie auch der Vater. Loth möchte eine volkswissenschaftliche Studie über die Arbeiter der Gegend schreiben. Helene, die jüngste Tochter des Bauern, eine sensible junge Frau, verliebt sich in den Rassenhygieniker und auch Loth beginnt, für sie zu schwärmen. Als er jedoch erfährt, dass ihr Vater, der wohlhabende Bauer Krause, und auch ihre schwangere Schwester Marthe Trinker sind, verstößt er sie, aus Angst, dass ein Kind in dieser „Alkoholikerfamilie" den **Alkoholismus** erben würde. Aus Gram nimmt sich Helene das Leben.

Rassenhygieniker: Vertreter der „Rassenhygiene", einer fragwürdigen Pseudo-Wissenschaft, die sich der Kontrolle und Reglementierung von Nachkommenschaft (einer „gesunden" und nicht „kranken Rasse") verschrieben hatte. Später betrieben auch die Nazis „Rassenhygiene": Sie wollten die „arische Reinrassigkeit", aus Angst vor „ausländischem Einfluss".

Bei der **Uraufführung des Stücks** hielten sich heftige Ablehnung und Jubel die Waage. Nach der Premiere schrieb ein offenkundig schwer begeisterter Arno Holz an Gerhart Hauptmann:

„Der Eindruck, den es auf uns gemacht hat, ist noch größer gewesen, als wir erwartet hatten. Wir halten es für das beste Drama, das jemals in deutscher Sprache geschrieben worden ist. Tolstoi mit eingerechnet! Hoffentlich sind Sie einigermaßen damit zufrieden?"

Zit. nach: Clemens Ottawa: Skandal! Die provokantesten Bücher der Literaturgeschichte. Hermannshof Völksen: Zu Klampen 2020, S. 50

Auch im Stück **Die Weber** (1892) übte Hauptmann radikale Herrschaftskritik. Darin beschreibt er den Weberaufstand in Schlesien im Jahre 1844. Kaiser Wilhelm II. schäumte vor Wut gegen dieses „aufhetzerische Stück".

Das Plakat zum Stück ***Die Weber****, entworfen vom Grafiker Emil Orlik (1870 – 1932), dürfte Kaiser Wilhelm II. nicht beruhigt haben.*

Die Angst des Kaisers, dass sich das Theaterpublikum von der Geschichte im Drama beeinflussen ließe und zu demonstrieren beginnen würde, war groß. Bei der Premiere des Stückes hatte Wilhelm II. auf einen Besuch wegen der „demoralisierenden Tendenzen" des Stückes verzichtet. Etliche Male versuchte er vergeblich, das „aufhetzerische Stück" zu verbieten. So schrieb er etwa an den Präsidenten des Oberverwaltungsgerichts:

„Wie lange sollen wir denn noch zusehen, daß in der schimpflichsten Weise alle die heiligsten Güter der Nation, die dem Volke wirklich noch heilig sind, herabgewürdigt und in den Schmutz gezogen werden?"

Zit. nach: Ebd., S. 58

Der Kaiser verhinderte zwar die Verleihung des Schiller-Preises an Gerhart Hauptmann, Hauptmann erhielt 1912 jedoch die größte aller literarischen Auszeichnungen, nämlich den Literaturnobelpreis.

Aufgaben

1 Überlegen Sie, warum gerade Gerhart Hauptmanns Stücke auf so viel politischen und gesellschaftlichen Widerstand stießen.

2 Erklären Sie den Zusammenhang zwischen Darwins Theorien und dem Naturalismus.

3 **Portfolio:** Schreiben Sie einen kurzen Text im Sekundenstil. Mögliche Themen dafür betreffen alltägliche Handlungen und Vorgänge: Eindrücke während einer Unterrichtsstunde, der tägliche Schulweg, Freizeitaktivitäten, Sport, Hausarbeiten, Lern- oder Hausübungszeit, Begegnung mit anderen Menschen, Eindrücke von einer Stadt bzw. einem Wohnort etc. Siehe hierzu das Gedicht im Sekundenstil aus **Das Buch der Zeit** von Arno Holz (> S. 152) oder den Textauszug aus **Papa Hamlet** (> S. 150f.)

Eine literarische Sonderrolle

Christian Morgensterns (1871 – 1914) humorvolle Gedichte, wie **Der Werwolf**, gesammelt in **Alle Galgenlieder** (1913), gelten als Geburtsstunde der komischen Lyrik. Stilistisch nahm er eine Sonderposition ein, obwohl er im Fahrwasser der Naturalisten arbeitete. Immerhin übersetzte er etwa Henrik Ibsen aus dem Norwegischen sowie August Strindberg aus dem Schwedischen ins Deutsche. Ähnlich wie Wilhelm Busch beschrieb er in seinen humorvollen, aber oft sehr tiefgründigen Gedichten menschliche und gesellschaftliche Schwächen. Besonders herausragend ist seine Gedichtsammlung **Palmström,** in der der Anti-Held Palmström immer wieder mit den Tücken des Alltags zu kämpfen hat. Morgenstern beeinflusste Dichter wie **Joachim Ringelnatz** (1883 – 1934) oder **Heinz Erhardt** (1909 – 1979).

Christian Morgenstern, Fotografie um 1910

Aufgaben

1 Geben Sie den Inhalt des Gedichts **Der Werwolf** von Christian Morgenstern kurz wieder.

2 Überlegen Sie, wie darin Humor und Satire erzeugt werden.

NOTIZ AM RANDE

Der Werwolf

Christian Morgenstern, 1913

Ein Werwolf eines Nachts entwich
von Weib und Kind und sich begab
an eines Dorfschullehrers Grab
und bat ihn: „Bitte, beuge mich!“

Der Dorfschulmeister stieg hinauf
auf seines Blechschilds Messingknauf
und sprach zum Wolf, der seine Pfoten
geduldig kreuzte vor dem Toten:

„Der Werwolf,“ sprach der gute Mann,
„des Weswolfs, Genitiv sodann,
dem Wemwolf, Dativ, wie mans nennt,
den Wenwolf, – damit hats ein End.“

Dem Werwolf schmeichelten die Fälle,
er rollte seine Augenbälle.
„Indessen,“ bat er, „füge doch
zur Einzahl auch die Mehrzahl noch!“

Der Dorfschulmeister aber mußte
gestehn, daß er von ihr nichts wußte.
Zwar Wölfe gäbs in großer Schar,
doch ›Wer‹ gäbs nur im Singular.

Der Wolf erhob sich tränenblind –
er hatte ja doch Weib und Kind!
Doch da er kein Gelehrter eben,
so schied er dankend und ergeben.

Morgenstern, Christian: Die Nähe ging verträumt umher. Ausgewählte Gedichte. Erftstadt: Area 2004, S. 157

Kurzporträts des Realismus

Theodor Storm (1817 – 1888) wurde im norddeutschen, aber von Dänemark verwalteten Husum geboren und studierte in Kiel Jus. 1847 wurde er Rechtsanwalt in Husum. 1852 übersiedelte er nach Potsdam, auch aus Protest gegen die dänische Politik, kehrte aber 1864 zurück in seine Heimat, die nun von Preußen verwaltet wurde. Zu seiner schriftstellerischen Tätigkeit gehörten Gedichte, Erzählungen und Novellen. Heute noch beliebt als Lesestoff ist Storms Novelle **Der Schimmelreiter** (> S. 142). Insgesamt verfasste er 58 Novellen, darunter tragische Liebesgeschichten wie **Immensee** (1849) oder **Waldwinkel** (1874) oder schrieb über Vater-Sohn-Konflikte, z. B. in **Hans und Heinz Kirch** (1883). Manche Novellen sind eher den Märchen zuzuordnen, etwa **Der Spiegel des Cyprianus** (1862) und **Bulemanns Haus** (1864).

Theodor Storm, Fotografie aus den 1860er Jahren

Wilhelm Raabe wurde 1831 in Braunschweig geboren und begann, nach einer Buchhändlerlehre und einem Literaturstudium, das er allerdings abbrach, schriftstellerisch tätig zu werden. Sein erster Roman, **Chronik der Sperlingsgasse** (1857), war gleich so erfolgreich, dass er beschloss, vom Schreiben zu leben. Literarisch war er stark von der Philosophie Schopenhauers beeinflusst. 1910 starb Raabe in Braunschweig.

Wilhelm Raabe, Porträt von 1888 aus der Zeitschrift **Die Gartenlaube**

Kurzporträts des Naturalismus

Arno Holz (1863 – 1929) war einer der führenden deutschen Naturalisten. 1886 verfasste er **Das Buch der Zeit. Lieder eines Modernen** (> S. 152), in dem er einen Dachstubenpoeten seine Lage in Gedichten schildern ließ. Die zentralen Themen dabei sind die Großstadt, das Fabrikleben, der technische Fortschritt sowie Elend und Armut. Holz war auch ein Theoretiker des Naturalismus: Er suchte nach einer neuen Form der Beschreibung von Modernität, Wirklichkeitsnähe und der Loslösung von tradierten Normen.

Arno Holz, Porträt von Erich Büttner (1889 – 1936), 1916

Der im schlesischen Grünberg geborene **Otto Julius Bierbaum** (1865 – 1910) war Journalist, Dichter und Schriftsteller und ist stilistisch nicht ganz einfach einzuordnen. Seine Gedichte besitzen starke Elemente der Anakreontik (> S. 274), sein Roman **Stilpe** aus dem Jahr 1897 ist wiederum stark naturalistisch gefärbt. In ihm wird die Geschichte eines unsympathischen, immer nur auf seinen eigenen Vorteil bedachten Spießbürgers erzählt. Sein letzter Roman **Yankeedoodlefahrt** (1909) schließt mit den Worten „Humor ist, wenn man trotzdem lacht", die heute als geflügelte Worte gelten.

Otto Julius Bierbaum (1865 – 1910), Fotografie von Hugo Erfurth, um 1900

Aufgaben

1 Erläutern Sie die Merkmale der literarischen Strömung Naturalismus. Gehen Sie dabei auch auf die gesellschaftlichen Reaktionen ein, die diese Epoche auslöste.

2 Informieren Sie sich über ein literarisches Werk Ihrer Wahl, das im Abschnitt **Kurzporträts** erwähnt wird, genauer. Stellen Sie Ihre Ergebnisse in der Klasse vor und lesen Sie eine Textauszug daraus vor. Besprechen Sie Ihre Eindrücke anschließend in der Klasse.

Reflexionen zum Kapitel

> Nennen Sie die wichtigsten kulturellen und historischen Einflüsse auf den Realismus und Naturalismus.

> Welche Form von Literatur oder Filmen bevorzugen Sie – jene, die das wirkliche Leben möglichst „korrekt" und realistisch wiedergeben, oder jene, die eher auf Unterhaltung und ein Happy End setzen? Begründen Sie Ihren Standpunkt.

> **Portfolio:** Nehmen Sie Otto Julius Bierbaums geflügelte Worte zum Anlass: „Humor ist, wenn man trotzdem lacht". Schreibe Sie eine kurze Erzählung, Anekdote oder Geschichte, die diesen Satz zum Thema hat. Sie können diesen Text auch im Sekundenstil verfassen (> S. 144).

TEXT

Effi Briest

Theodor Fontane, 1894 – 1896

Zweites Kapitel

Sie sprachen noch eine Weile so weiter, wobei sie sich ihrer gemeinschaftlichen Schulstunden und einer ganzen Reihe Holzapfelscher Unpassendheiten mit Empörung und Behagen erinnerten. Ja, man konnte sich nicht genug tun damit, bis Hulda mit einem Male sagte: „Nun aber ist es höchste Zeit, Effi; du siehst ja aus, ja, wie sag ich nur, du siehst ja aus, wie wenn du vom Kirschenpflücken kämst, alles zerknittert und zerknautscht; das Leinenzeug macht immer so viele Falten, und der große weiße Klappkragen ... ja, wahrhaftig, jetzt hab ich es, du siehst aus wie ein Schiffsjunge."

„Midshipman, wenn ich bitten darf. Etwas muß ich doch von meinem Adel haben. Übrigens, Midshipman oder Schiffsjunge, Papa hat mir erst neulich wieder einen Mastbaum versprochen, hier dicht neben der Schaukel, mit Rahen und einer Strickleiter. Wahrhaftig, das sollte mir gefallen, und den Wimpel oben selbst anzumachen, das ließ' ich mir nicht nehmen. Und du, Hulda, du kämst dann von der anderen Seite her herauf, und oben in der Luft wollten wir hurra rufen und uns einen Kuß geben. Alle Wetter, das sollte schmecken."

„'Alle Wetter ...', wie das nun wieder klingt ... Du sprichst wirklich wie ein Midshipman. Ich werde mich aber hüten, dir nachzuklettern, ich bin nicht so waghalsig. Jahnke hat ganz recht, wenn er immer sagt, du hättest zuviel von dem Bellingschen in dir, von deiner Mama her. Ich bin bloß ein Pastorskind."

„Ach, geh mir. Stille Wasser sind tief. Weißt du noch, wie du damals, als Vetter Briest als Kadett hier war, aber doch schon groß genug, wie du damals auf dem Scheunendach entlangrutschtest. Und warum? Nun, ich will es nicht verraten. Aber kommt, wir wollen uns schaukeln, auf jeder Seite zwei; reißen wird es ja wohl nicht, oder wenn ihr nicht Lust habt, denn ihr macht wieder lange Gesichter, dann wollen wir Anschlag spielen. Eine Viertelstunde hab ich noch. Ich mag noch nicht hineingehen, und alles bloß, um einem Landrat guten Tag zu sagen, noch dazu einem Landrat aus Hinterpommern. Altlich ist er auch, er könnte ja beinah mein Vater sein, und wenn er wirklich in einer Seestadt wohnt, Kessin soll ja so was sein, nun, da muß ich ihm in diesem Matrosenkostüm eigentlich am besten gefallen und

Cover der ersten Buchausgabe von Effi Briest aus 1896

muß ihm beinah wie eine große Aufmerksamkeit vorkommen. Fürsten, wenn sie wen empfangen, soviel weiß ich von meinem Papa her, legen auch immer die Uniform aus der Gegend des anderen an. Also nun nicht ängstlich ... rasch, rasch, ich fliege aus, und neben der Bank hier ist frei."

Hulda wollte noch ein paar Einschränkungen machen, aber Effi war schon den nächsten Kiesweg hinauf, links hin, rechts hin, bis sie mit einem Male verschwunden war.

„Effi, das gilt nicht; wo bist du? Wir spielen nicht Versteck, wir spielen Anschlag", und unter diesen und ähnlichen Vorwürfen eilten die Freundinnen ihr nach, weit über das Rondell und die beiden seitwärts stehenden Platanen hinaus, bis die Verschwundene mit einem Male aus ihrem Versteck hervorbrach und mühelos, weil sie schon im Rücken ihrer Verfolger war, mit „eins, zwei, drei" den Freiplatz neben der Bank erreichte.

„Wo warst du?"

„Hinter den Rhabarberstauden; die haben so große Blätter, noch größer als ein Feigenblatt ..."

„Pfui ..."

„Nein, pfui für euch, weil ihr verspielt habt. Hulda, mit ihren großen Augen, sah wieder nichts, immer ungeschickt." Und dabei flog Effi von neuem über das Rondell hin, auf den Teich zu, vielleicht weil sie vorhatte, sich erst hinter einer dort aufwachsenden dichten Haselnußhecke zu verstecken, um dann, von dieser aus, mit einem weiten Umweg um Kirchhof und Fronthaus, wieder bis an den Seitenflügel und seinen Freiplatz zu kommen. Alles war gut berechnet; aber freilich, ehe sie noch halb um den Teich herum war, hörte sie schon vom Hause her ihren Namen rufen und sah, während sie sich umwandte, die Mama, die, von der Steintreppe her, mit ihrem Taschentuch winkte. Noch einen Augenblick, und Effi stand vor ihr.

„Nun bist du doch noch in deinem Kittel, und der Besuch ist da. Nie hältst du Zeit."

„*Ich* halte schon Zeit, aber der Besuch hat nicht Zeit gehalten. Es ist noch nicht eins; noch lange nicht", und sich nach den Zwillingen hin umwendend (Hulda war noch weiter zurück), rief sie diesen zu: „Spielt nur weiter; ich bin gleich wieder da."

Schon im nächsten Augenblick trat Effi mit der Mama in den großen Gartensaal, der fast den ganzen Raum des Seitenflügels füllte.

„Mama, du darfst mich nicht schelten. Es ist wirklich erst halb. Warum kommt er so früh? Kavaliere kommen nicht zu spät, aber noch weniger zu früh."

Frau von Briest war in sichtlicher Verlegenheit; Effi aber schmiegte sich liebkosend an sie und sagte: „Verzeih, ich will mich nun eilen; du weißt, ich kann auch rasch sein, und in fünf Minuten ist Aschenputtel in eine Prinzessin verwandelt. So lange kann er warten oder mit dem Papa plaudern."

Und der Mama zunickend, wollte sie leichten Fußes eine kleine eiserne Stiege hinauf, die aus dem Saal in den Oberstock hinaufführte. Frau von Briest aber, die unter Umständen auch unkonventionell sein konnte, hielt plötzlich die schon forteilende Effi zurück, warf einen Blick auf das jugendlich reizende Geschöpf, das, noch erhitzt von der Aufregung des Spiels, wie ein Bild frischesten Lebens vor ihr stand, und sagte beinahe vertraulich: „Es ist am Ende das beste, du bleibst, wie du bist. Ja, bleibe so. Du siehst gerade sehr gut aus. Und wenn es auch nicht wäre, du siehst so unvorbereitet aus, so gar nicht zurechtgemacht, und darauf kommt es in diesem Augenblick an. Ich muß dir nämlich sagen, meine süße Effi ...", und sie nahm ihres Kindes beide Hände, „... ich muß dir nämlich sagen ..."

„Aber Mama, was hast du nur? Mir wird ja ganz angst und bange."

„... Ich muß dir nämlich sagen, Effi, daß Baron Innstetten eben um deine Hand angehalten hat."

„Um meine Hand angehalten? Und im Ernst?"

„Es ist keine Sache, um einen Scherz daraus zu machen. Du hast ihn vorgestern gesehen, und ich glaube, er hat dir auch gut gefallen. Er ist freilich älter als du, was alles in allem ein Glück ist, dazu ein Mann von Charakter, von Stellung und guten Sitten, und wenn du nicht nein sagst, was ich mir von meiner klugen Effi kaum denken kann, so stehst du mit zwanzig Jahren da, wo andere mit vierzig stehen. Du wirst deine Mama weit überholen."

Effi schwieg und suchte nach einer Antwort. Aber ehe sie diese finden konnte, hörte sie schon des Vaters Stimme von dem angrenzenden, noch im Fronthause gelegenen Hinterzimmer her, und gleich danach überschritt Ritterschaftsrat von Briest, ein wohlkonservierter Fünfziger von ausgesprochener Bonhomie, die Gartensalonschwelle mit ihm Baron Innstetten, schlank, brünett und von militärischer Haltung.

Effi, als sie seiner ansichtig wurde, kam in ein nervöses Zittern; aber nicht auf lange, denn im selben Augenblick fast, wo sich Innstetten unter freundlicher Verneigung ihr näherte, wurden an dem mittleren der weit offenstehenden und von wildem Wein halb überwachsenen Fenster die rotblonden Köpfe der Zwillinge sichtbar, und Hertha, die Ausgelassenste, rief in den Saal hinein: „Effi, komm."

Dann duckte sie sich, und beide Schwestern sprangen von der Banklehne, darauf sie gestanden, wieder in den Garten hinab, und man hörte nur noch ihr leises Kichern und Lachen.

Theodor Fontane: Balladen und Erzählungen. Limassol: Eurobuch 1998, S. 373ff.

Aufgaben

1 Untersuchen Sie, wie Effi der Heiratsantrag von Baron Innstetten vermittelt wird.

2 Charakterisieren Sie Effi Briest.

3 Besprechen Sie in der Klasse, welchen Eindruck die Textstelle auf Sie hinterlässt.

TEXT

Der vergeßliche Stadtschreiber

Wilhelm Busch, 1859

Es war ein kalter regnerischer Abend, als der Stadtschreiber Dröge aus dem Wirtshause trat, seinen Regenschirm aufspannte und, da seine Wohnung ganz am Ende der Stadt lag, mit eiligen Schritten sich auf den Heimweg machte. Schon hatte er den größten Teil des Weges zurückgelegt, da – plötzlich – überkam ihn jenes sonderbare unbehagliche Gefühl, welches den Menschen zu befallen pflegt, wenn er glaubt, etwas vergessen zu haben. Ja, es fehlte ihm etwas; er mußte etwas vergessen haben und wußte doch nicht was. Daß er aber etwas vergessen hatte, das wußte er ganz genau, denn als er ins Wirtshaus gegangen, hatte er etwas unter dem Arme getragen. – Unser Stadtschreiber entschließt sich kurz; er geht wieder zurück, das Vermißte zu suchen. In der Nähe des Wirtshauses hört der Regen auf, und der Stadtschreiber klappt infolgedessen seinen Regenschirm zu. – Nicht lange, so verspürt er einen gewissen Gegenstand unter seinem Arme, der es ihm auf einmal klarmacht, daß er eigentlich nichts vergessen als dies: daß es bei seiner Einkehr ins Wirtshaus nicht geregnet und er also zu der Zeit denselben Gegenstand unter dem Arme getragen hatte, den er jetzt darunter trug, nämlich – den zugeklappten Regenschirm.

Der vergessliche Stadtschreiber, Illustration zu Buschs Geschichte, veröffentlicht in der humoristischen Satirezeitschrift **Fliegende Blätter,** *Nr. 705, S. 7*

Wilhelm Busch: Und die Moral von der Geschicht … München: Bertelsmann 1959, S. 72f.

Aufgaben

1 Geben Sie humoristische Aspekte dieser kurzen Erzählung wieder.

2 Setzen Sie die Illustration mit dem Text in Beziehung. Erklären Sie, inwiefern diese den Text ergänzt.

3 Überlegen Sie, welchen Personen man Vergesslichkeit und Zerstreutheit nachsagt.

4 In welchen Momenten und während welcher Angelegenheiten neigen Sie zu Vergesslichkeit? Was könnten die Gründe dafür sein?

TEXT

Papa Hamlet

Arno Holz / Johannes Schlaf, 1889

VI

Seit ihr zweiter, unliebenswürdiger Gatte ihr vor ungefähr fünf Jahren auf der „Dicken Selma“ treulos nach Kanada ausgerückt war, hatte die liebe, gute, alte Frau Wachtel keinen solchen Ärger mehr auszustehn gehabt.

Nicht bloß, daß seine Stiefelabsätze noch überall auf dem Sofa deutlich zu sehn waren, nicht bloß, daß das Fensterkreuz von den dämlichen Leiterstücken, die jetzt natürlich zerbrochen unten auf dem Pappdach lagen, total ruiniert war, bewahre: auch die ganze Tapete war von oben bis unten mit Ölfarben bekleckst! Der vermaledeite knirpsige Schmierpeter schien sich die ganze Zeit dran seine schwein'schen Pinsel ausgequetscht zu haben. Pfui Deibel ja!

Aber, das war ihr ganz recht! Warum hatte sie das ganze Pack nicht schon längst an die Luft gesetzt! Wenn's wenigstens noch die verrückten Thienwiebels gewesen wären. Aber die holte ja der Satan nicht! Die hakten fest wie Kletten an ihr!

Die alte, liebe, gute Frau Wachtel war ganz außer sich. Aber sie hatte wirklich Pech mit ihren Mannsleuten. Der kleine Ole hatte sich in der Tat nicht entblödet, ihr mit Hinterlassung einiger alter „Schinken", deren Darstellungsobjekte es unmöglich zuließen, daß man sie sich übers Sofa hing, auszukneifen.

„Solch eine Tat, die alle Huld der Sittsamkeit entstellt, die Tugend Heuchler schilt, die Rosen wegnimmt von unschuldvoller Liebe schöner Stirn und Beulen hinsetzt … Ha!"

Aber der große Thienwiebel suchte sich jetzt vergeblich beliebt zu machen. Seine „Schmeichelsalb'„ zog nicht mehr. Frau Rosine Wachtel verlangte jetzt energisch ihre Miete.
Heut war der Siebente: wenn ihr bis zum Vierzehnten nicht alles bezahlt war: – raus!!

Ja! … Sterben – schlafen – nichts weiter! Und zu wissen, daß ein Schlaf das Herzweh und die tausend Stöße endet, die unsres Fleisches Erbteil – 's ist ein Ziel, aufs innigste zu wünschen! … Ja! dies war ehedem paradox! Paradox! … Doch nun – bestätigte es die Zeit! Armer Yorick! …

Der große Thienwiebel fühlte, daß es jetzt zu Ende war mit seiner Kraft. Er wollte nun arbeiten, Freund! Arbeiten! Er wollte seine ganze Kraft aufbieten. Er – er … er wollte ihn „suchen" gehn! „Laßt mich! Er ist ermordet, Amalie! Er ist ermordet!" …
Er hatte sich jetzt wieder seinen alten, olivengrünen Leibrock zurechtgeflickt und trieb sich nun ganze Tage lang im Hafenviertel umher. – „Ha! Tot?! Für 'nen Dukaten, tot?!" … Er hatte wieder eine prachtvolle Ausrede. Ein Bubenstück! Er brauchte jetzt kaum mehr die Nächte nach Hause zu kommen. Er schnurrte sich herum, so gut es ging. Da gab es noch – e: Kollegen! Leute! Leute? Pah, Stümp'rr! Aber – e … sie – e … Nun ja! Sie sorgten für die Bewirtung der Schauspieler! Wetter! Es lag darin etwas Übernatürliches! Wenn die Philosophie es nur hätte ausfindig machen können! …

Aber die Philosophie machte es nicht ausfindig. Der große Thienwiebel kam nie dahinter.

Er hatte sich jetzt nach und nach bis unten in die Hafenspelunken verirrt. Mehrere Sackträger waren bereits seine Duzbrüder geworden. Bevor nicht „der Hahn, der als Trompete dient dem Morgen", bereits mehrere Male nachdrücklich gekräht hatte, kam er jetzt selten mehr die Treppen in die Höhe gestolpert. Amalie nähte noch immer die Trikottaillen. Der Stumpfsinn hatte sie nach und nach zur reinen Maschine gemacht. Die reizende Ophelia in ihr war jetzt endgültig begraben. Für alle Zeiten! … Ihre Brust war noch schwächer geworden …

Dem kleinen Fortinbras ging es noch jämmerlicher. Sein ganzes Gesichtchen war jetzt dicht mit roten Pusteln betupft. Ein Schächtelchen Zinksalbe, zu dem sich die Familie im Anfang denn doch noch aufgeschwungen hatte, lag jetzt zusammengequetscht, verstaubt hinterm Ofen. Es war nicht mehr erneuert worden.

Der große Thienwiebel hatte nicht so ganz unrecht: Die ganze Wirtschaft bei ihm zu Hause war der Spiegel und die abgekürzte Chronik des Zeitalters.

Arno Holz und Johannes Schlaf: Papa Hamlet. Ein Tod. Leipzig: Reclam 1963, S. 51ff.

Aufgaben

1 Geben Sie den Inhalt des Textauszugs wieder.

2 Erklären Sie die Gedanken sowie Sorgen von Frau Wachtel und Herrn Thienwiebel.

3 Diskutieren Sie, wie die letzten zwei Sätze des Textauszugs zu deuten sind.

TEXT

Das Buch der Zeit. Lieder eines Modernen

Arno Holz, 1885

Ein Andres

Fünf wurmzernagte Stiegen geht's hinauf
Ins letzte Stockwerk einer Miethskaserne;
Hier hält der Nordwind sich am liebsten auf
Und durch das Dachwerk schaun des Himmels Sterne.
Was sie erspähn, o, es ist grad genug,
Um mit dem Elend brüderlich zu weinen:
Ein Stückchen Schwarzbrod und ein Wasserkrug,
Ein Werktisch und ein Schemel mit drei Beinen.

Das Fenster ist vernagelt durch ein Brett
Und doch durchpfeift der Wind es hin und wieder,
Und dort auf jenem strohgestopften Bett
Liegt fieberkrank ein junges Weib darnieder.
Drei kleine Kinder stehn um sie herum,
Die stieren Blicks an ihren Zügen hangen,
Vor vielem Weinen ward ihr Mündlein stumm
Und keine Thräne mehr netzt ihre Wangen.
Ein Stümpfchen Talglicht giebt nur trüben Schein,
Doch horch, es klopft, was mag das nur bedeuten?
Es klopft und durch die Thür tritt nun herein
Ein junger Herr, geführt von Nachbarsleuten.
Der Armenhilfsarzt ist's aus dem Revier,
Den sie geholt aus Mitleid mit der Kranken,
Indess ihr Mann in Branntwein und in Bier
Sich selbst betäubt und seine Wuthgedanken.

Der junge Doctor aber nimmt das Licht
Und tritt mit ihm ans Bett des armen Weibes,
Doch gelb wie Wachs und spitz ist ihr Gesicht
Und kalt und starr die Glieder ihres Leibes.
Da schluchzt sein Herz,
indess das Licht verkohlt,
Von nie gekannter Wehmuth überschlichen:
Weint, Kinder, weint! ich bin zu spät geholt,
Denn eure Mutter ist bereits – verblichen!

Arno Holz: Das Buch der Zeit. Lieder eines Modernen. Berlin: Fontane & Co 1892, S. 28f.

Aufgaben

1 Geben Sie die im Gedicht geschilderten Handlungsvorgänge wieder.

2 Untersuchen Sie Aufbau und Stilmittel des Gedichts.

3 Interpretieren Sie das Gedicht hinsichtlich der Merkmale und Themen des Naturalismus.

FIN DE SIÈCLE UND WIENER MODERNE
1890 – 1914

Der Wahlspruch der Wiener Secession „Der Zeit ihre Kunst / Der Kunst ihre Freiheit" wurde um 1900 zum Lebensgefühl einer ganzen Kulturepoche.

Der Historiker **Eric Hobsbawm** (1917 – 2012) prägte die Vorstellung vom „langen 19. Jahrhundert". Darunter verstand er den Zeitraum von 1789 (das Bürgertum durchbricht mit der Französischen Revolution die Herrschaft des Adels) bis 1914 (der Weltkriegsbeginn führte zum gesellschaftspolitischen Zusammenbruch der bis dahin bekannten Gesellschaftsordnung). Es war ein Jahrhundert enormer sozialer, ökonomischer und politischer Umbrüche. Im Novellenband **Fin de Siècle** (1891) reflektiert der Schriftsteller **Hermann Bahr** (1863 – 1934) das Lebensgefühl dieses ausgehenden Jahrhunderts. Fin de Siècle, also „Ende des Jahrhunderts", bezeichnet eine literarische Strömung ungefähr zwischen 1890 bis 1910/1914, die jedenfalls über das tatsächliche Ende des Jahrhunderts hinausreicht. Unter diesem Strömungsbegriff versammelten sich damals aufkommende Literaturstile wie **Jugendstil**, **Impressionismus** und **Décadence**. Sie prägten diese letzten Jahrzehnte vor dem Ersten Weltkrieg (1890 – 1914) als Gegenströmungen zum Naturalismus. Die Bezeichnung der Stile war der Kunstgeschichte entnommen worden. Auch topografische Stilbezeichnungen, wie **Wiener Moderne,** Münchner Moderne und Berliner Moderne, werden für diese Zeit verwendet.

NOTIZ AM RANDE

Namensgeber für die Epoche **Fin de Siècle** war das französische Boulevard-Theaterstück von F. de Jouvenot und H. Micard aus dem Jahre 1888, dessen Titel durch Hermann Bahr für den deutschsprachigen Raum übernommen wurde. Die Epoche war ein europäisches Phänomen. Deutsche und österreichische Autorinnen und Autoren rezensierten und übersetzten zahlreiche internationale Schriftstellerinnen und Schriftsteller. Bahr und Stefan George, die viele junge Zeitgenossen beeinflussten, schwärmten von den Franzosen Stephane Mallarmé (1842 – 1898) und Charles Baudelaire (1821 – 1867). Hugo von Hofmannsthal schrieb Essays über den Briten Charles Swinburne (1837 – 1909) und den Italiener Gabriele D'Annunzio (1863 – 1938). Rainer Maria Rilke (> S. 160) übersetzte Schriftstellerinnen und Schriftsteller aus dem Französischen und Italienischen, Marie Herzfeld (> S. 159) machte skandinavische Autorinnen und Autoren in Österreich und Deutschland bekannt.

Der **Jugendstil**, im Französischen als „Art noveau" bezeichnet, ist in der Literatur etwas schwieriger zu kategorisieren als in der Architektur. Die Werke bzw. Texte weisen aber eine sprachliche Ornamentik (Ausschmückung) auf, die mit den Bauwerken dieser Zeit vergleichbar sein könnte.

Der **Impressionismus** (von lat. *impressio* = Eindruck) kam ursprünglich aus der französischen Freilichtmalerei. Die gleichnamige Dichtung sucht im Gegensatz zum Expressionismus und der Wirklichkeitsdarstellung eines Naturalismus die Wiedergabe von subjektiv-sinnlichen Eindrücken (auch mit Stilmitteln wie der Lautmalerei).

Mit dem Begriff des „Fin de Siècle" ist auch jener der „**Décadence**" eng verbunden. Das ebenfalls aus dem Französischen kommende Wort bedeutet sinngemäß „Verfall". Abgehobenes Selbstgefühl, überfeinerte Sensibilität, Neigung zu pessimistischer Spätzeitstimmung, Verfallsstimmung, Wirklichkeitsflucht, Schönheitskult, Lebensüberdruss und übermäßiger Konsum von Genussmitteln herrschen vor und prägen die Décadence.

Dieses Kapitel vermittelt Ihnen

> unterschiedliche Merkmale der Epoche Fin de Siécle.

> gesellschaftliche Entwicklungen der Epoche und setzt diese mit den literarischen Strömungen der Zeit in Beziehung.

> die Einordnung von Werken sowie Autorinnen und Autoren der Zeit.

Geschichte und Gesellschaft

Berlin und **München** waren literarische Zentren eines jungen Nationalstaates geworden: des **deutschen Kaiserreiches** (1871 - 1914). Parallel zur Modernisierung von Kunst und Kultur entwickelten sich im Deutschen Reich Institutionen eines modernen Staates, also bürgerliche Rechtsstaatlichkeit und Bürokratie sowie eine **Verfassung** mit **Gewaltentrennung** und **Parlamentarismus.** Nationalismus, Expansionsdrang, gesellschaftlicher Militarismus und das konservative Herrscherhaus der Hohenzollern, das sich auf eine alte Aristokratie und das Militär stützte, waren die Kehrseite dieser Entwicklungen. Soziale Probleme - etwa Konflikte zwischen Arbeiterklasse und Unternehmern - belasteten den inneren Frieden, zumal politische Gleichberechtigung für alle gesellschaftlichen Schichten nur langsam beziehungsweise gar nicht erreicht werden konnte. Frauen etwa blieben bis zum Ende des Kaiserreiches vom Wahlrecht ausgeschlossen und wurden auch gesellschaftlich und wirtschaftlich **marginalisiert.**

Der deutsche Zeichner ***Heinrich Rudolf Zille*** *(1858 – 1929) hielt die Schattenseiten der Modernisierung fest: Elend und Armut in der Arbeiterschaft, soziale Ungleichheit der Gesellschaft, hier dargestellt in einem* ***Hof im Scheunenviertel*** *in Berlin, 1919*

marginalisieren: etwas ins Abseits drängen, zu etwas Unwichtigem machen

Diese gesellschaftspolitischen **Gegensätze und Konflikte der Moderne** forderten auch Kunstschaffende heraus. Manche Dichter Deutschlands, z. B. **Rainer Maria Rilke** (1875 - 1926), konzentrierten sich daher auf ihre eigene Kunst. Gesellschaftspolitische Kritik wurde entweder nur symbolisiert oder blieb aus. Ein **Symbolist,** der ebenso Gesellschaftskritik mied, war der in München tätige **Stefan George** (1868 - 1933), der sich mithilfe eines Anhängerkreises, der ihn bewunderte, eine Gegenwelt konstruierte.

Nur wenige, darunter **Frank Wedekind** (1864 - 1918), thematisierten offen politische Missstände. Wedekind wurde daher politisch ins Exil getrieben, später sogar wegen Majestätsbeleidigung inhaftiert.

Wien war das Zentrum des Kaiserreichs **Österreich-Ungarn** (1867 - 1914), eines Vielvölkerstaats, der vor allem die Landschaft Ostmitteleuropas prägte. Trotz seiner kulturellen und ethnischen Vielfalt dominierte eine deutschsprachige Oberschicht Hauptstadt und Reich. Soziale und politische Probleme verbanden sich hier mit Nationalitätenkonflikten. Der Schriftsteller **Robert Musil** (1880 - 1942) schrieb in seinem Roman **Der Mann ohne Eigenschaften** (1943) im Rückblick:

„[Die Nationalitätenkämpfe] waren so heftig, daß ihretwegen die Staatsmaschine mehrmals im Jahr stockte und stillstand, aber in den Zwischenzeiten und Staatspausen kam man ausgezeichnet miteinander aus und tat, also ob nichts gewesen wäre."

Robert Musil: Der Mann ohne Eigenschaften. Erstes und zweites Buch. Reinbek bei Hamburg: Rowohlt 2005, S. 34

Das Herrscherhaus der **Habsburger** galt als einende Klammer dieses multinationalen Staates, allerdings auch als konservative, rückwärtsgewandte Kraft. Bürgerliche Freiheiten und eine gut organisierte Bürokratie sorgten für Rechtssicherheit und Stabilität, doch innere Probleme lähmten den Parlamentarismus und die moderne Staatenbildung. Die Kunst schien in diesem Gefüge keine politische Heimat zu finden. Dabei übten manche sehr wohl literarische Kritik an Gesellschaft und Normen.

Wien war um 1900 eine der größten und modernsten Städte der Welt und galt als Kulturmetropole. Diese Fotografie zeigt die Kärntnerstraße von der Ringstraße aus, im Hintergrund ist der Stephansdom zu sehen.

Arthur Schnitzler (1862 – 1931) wurde wegen seines Stückes **Leutnant Gustl** (1900) das Offizierspatent entzogen (> S. 162f.), sein 1903 erstmals gedrucktes Werk **Reigen** erst gar nicht aufgeführt.

Karl Kraus (1874 – 1936), Herausgeber der Zeitschrift **Die Fackel** (1899 – 1936), kannte fast kein Tabu und kritisierte gerade die Entpolitisierung der Kunst.

Genauer betrachtet: Arthur Schnitzler und der Skandal um den *Reigen*

Arthur Schnitzler wurde 1862 in Wien als Sohn eines jüdischen Medizinprofessors geboren. Er trat in dessen Fußstapfen, studierte ebenfalls Medizin, war schließlich als Assistenzarzt an der Poliklinik seines Vaters tätig und eröffnete nach dessen Tod seine eigene Klinik. Mit zunehmender literarischer Betätigung schränkte er deren Betrieb ein. Er war im Kreis des **„Jung-Wien“** zu finden und feierte mit dem Einakter **Anatol** (1893), der sich die französischen Boulevardkomödien zum Vorbild genommen hatte, erste Erfolge. Schnitzlers **Novelle Leutnant Gustl** (1901) gilt als Paradebeispiel für die Bewusstseinsstromtechnik *(stream of consciousness)* in der Literatur: alles schreiben, was man denkt.

Arthur Schitzler, Fotografie 1912

Sein Stück **Reigen** löste einen Skandal von ungeahntem Ausmaß aus. Schnitzler hatte schon etliche Male schlechte Erfahrungen mit der Zensurbehörde gemacht, weshalb er den Text ausschließlich unter Freunden und Bekannten verteilen wollte. Im Vorwort dieses Privatdruckes schrieb er:

„Ein Erscheinen der nachfolgenden Szenen ist vorläufig ausgeschlossen. Ich habe sie nun als Manuscript in Druck gegeben, denn ich glaube, ihr Wert liegt anderswo, als darin, daß ihr Inhalt den geltenden Begriffen nach die Veröffentlichung zu verbieten scheint. […]“

Zit. nach: Clemens Ottawa: Skandal! Die provokantesten Bücher der Literaturgeschichte. Hermannshof Völksen: Zu Klampen 2020, S. 61

1903 kam dennoch eine Veröffentlichung im Wiener Verlag zustande und wurde ein großer Verkaufserfolg. Die Presse, die mit wütenden, teils antisemitischen Anfeindungen gegen den Autor Arthur Schnitzler zu agitieren begann, erwirkte schließlich ein gänzliches Verbot des Stücks. Es dauerte bis 1920, ehe es, trotz großer Widerstände, zur ersten Werkaufführung in Berlin kam.

Schnitzler, dem man in seinem Werk Pornografie und Unsittlichkeit vorwarf, nahm dazu brieflich gegenüber den Behörden Stellung: „Meine Bedenken gegen die Pornographie sind ausschließlich ästhetischer Natur und meine Abneigung gegen pornographische Produkte beruht nicht darauf, daß manchen von ihnen die Eigenschaft innewohnt sexuelle Erregungen auszulösen. […] Ich glaube nicht, daß die Grenze zwischen Pornographie und Kunstwerk schwer zu bestimmen sei!“

Im Februar 1921 führte eine Aufführung in Wien zu Protesten, Diffamierungen (vor allem antisemitischer Natur), sogar Morddrohungen und letztlich zum sogenannten „Reigenprozess“ (5. bis 21. November 1921). Der Prozess endete mit einem Freispruch, doch nach weiteren Aufführungen kam es immer wieder zu organisierten Krawallen deutschnationaler Gruppierungen. Schließlich zog der Schriftsteller die Konsequenzen und setzte einen vorläufigen Schlussstrich: Er erwirkte ein sofortiges Aufführungsverbot, das bis zum Jahre 1982 währte.

Arthur Schnitzler starb 1931 in Wien. Vor dem Ersten Weltkrieg war er einer der meistgespielten Dramatiker im deutschsprachigen Raum.

Aufgaben

1 Heben Sie jene Stellen im Abschnitt Geschichte und Gesellschaft hervor, in denen auf gesellschaftliche und politische Gegensätze dieser Zeit eingegangen wird.

2 **Partnerarbeit:** Vergleichen Sie die Ergebnisse Ihrer Einzelarbeit mit jenen Ihrer Nachbarin bzw. Ihres Nachbarn. Besprechen Sie anschließend, warum manche Autorinnen und Autoren dieser Epoche kaum politische Kritik übten. Wie reagierte die Obrigkeit auf Kritik?

3 Diskutieren Sie in der Klasse, welche Grenzen der politischen Kritik es heute noch in unserer Gesellschaft gibt.

Kunst und Kultur

In allen Bereichen der Kunst vollzogen sich bahnbrechende Entwicklungen, oftmals getragen von einer aufgeklärten jüdisch-liberalen Elite. In Wien sprengte die **Wiener Schule** – Arnold Schönberg (1874 – 1951), Anton Webern (1883 – 1945) und Alban Berg (1885 – 1935) – durch die **Zwölftonmusik** die bis dato gültige Harmonielehre. Gustav Mahler (1860 – 1911) reformierte die Oper, die Liedkompositionen von Hugo Wolf (1860 – 1904) nahmen romantische Motive wieder auf. Als jüdische Künstler erfuhren Mahler und Schönberg massive Anfeindungen.

Auch in der Malerei und der bildenden Kunst wurden neue Wege beschritten. Das Gebäude der **Wiener Secession** ist hier Ausdruck für eine eigenständige künstlerische Entwicklung (**Jugendstil**) – frei vom Wiener Künstlerhaus, das damals als richtungsweisend galt, was Kunst, Architektur und Malerei anging.

Den Secessionisten gehörten unter anderem **Gustav Klimt** (1862 – 1918), Koloman Moser (1868 – 1918) und Josef Hoffmann (1870 – 1956) an. Klimt setzte in der Malerei neue Maßstäbe. Viele seiner Werke lösten Skandale aus. Noch radikaler als die Secessionisten war **Egon Schiele** (1890 – 1918), dessen künstlerisches Schaffen zu einer gerichtlichen Verurteilung und Inhaftierung wegen der „Verbreitung unsittlicher Zeichnungen" führte. In der Architektur galten **Otto Wagner** (1841 – 1918) und **Adolf Loos** (1870 – 1933) als Wegbereiter der Moderne.

Symptomatisch für nationalsozialistisches Unrecht und Österreichs NS-Vergangenheit steht Gustav Klimts Werk ***Goldene Adele,*** *das erst 2006, also Jahrzehnte nach seinem Raub von den jüdischen Eigentümern durch das NS-Regime, an die berechtigten Erben restituiert wurde.*

Das Gebäude der Wiener Secession von Joseph Maria Olbrich (1867 – 1908) wurde 1898 eröffnet.

Neben diesen Umbrüchen in der Kunst erwiesen sich Revolutionierungen in den Bereichen Psychologie, Philosophie und Sprache als Herausforderung für Gesellschaft und Kunst. **Sigmund Freud** (1856 – 1933) entwickelte die moderne Psychoanalyse, die ein bewusstes und selbstbestimmtes Handeln des Menschen in Frage stellte. Nach Freud bestimmen das Unbewusstsein und die menschlichen Triebe unser Handeln maßgeblich. Davon wurde besonders Schnitzlers Werk beeinflusst. Schnitzler entwickelte unter anderem darauf basierend die Erzähltechnik des **inneren Monologs.** In diesem werden die Gedankenvorgänge einer literarischen Figur vermittelt. Wie bei tatsächlichen Gedanken dominieren Assoziationen den Erzählfortgang. Das heißt, dass Eindrücke von außen, plötzliche Einfälle oder Erinnerungen zu Gedankenunterbrechungen oder Sprüngen im Text führen. Schnitzlers Novelle **Leutnant Gustl** gilt als erste vollständig verfasste Erzählung im inneren Monolog.

Einfluss auf Literaten hatte auch der Philosoph **Friedrich Nietzsche** (1844 – 1900), der die Moral und Werte seiner Zeit und Gesellschaft radikal in Frage stellte. Nietzsche und der irische Schriftsteller **Oscar Wilde** (1854 – 1900) versagten sich eine Moralisierung der Kunst. Werke der Kunst sollten also nicht nach moralischen Maßstäben ihrer Zeit, sondern nur hinsichtlich ihrer künstlerischen Qualität beurteilt werden. Ein revolutionärer Gedanke, bedenkt man, dass Kunst oftmals als Spiegel der Moral betrachtet und bewertet wurde.

Aufgaben

1 Markieren Sie etwa fünf zentrale Begriffe bzw. Personen des Abschnitt Kunst und Kultur.

2 **Partnerarbeit:** Vergleichen Sie die Ergebnisse Ihrer Einzelarbeit mit Ihrer Nachbarin bzw. Ihrem Nachbarn und begründen Sie Ihre Auswahl.

3 **Portfolio:** Recherchieren Sie zu einem dieser Begriffe, die Sie oder Ihre Nachbarin bzw. Ihr Nachbar markiert haben. Gestalten Sie dazu einen eigenen Genauer betrachtet-Text.

Literatur und Personen

Wien galt als **Schmelztiegel der Kulturen.** Hier vereinigten sich ethnische und kulturelle Einflüsse der gesamten Habsburgermonarchie. Wiens **kulturelle Hochblüte** war zu dieser Zeit fast ohne Beispiel. Getragen wurde sie überwiegend von einer Schicht liberaler und aufgeklärter jüdischer Bürgerinnen und Bürger, die um 1910 neun Prozent der Wiener Bevölkerung ausmachten. Als Kontrast zu dieser aufgeklärten, kulturellen Elite fungierte eine deutschnationale Gegenbewegung. Der **Antisemitismus,** also Feindseligkeit und Hass gegenüber jüdischen Mitbürgerinnen und Mitbürgern, wurde salonfähig und zunehmend von politischen Parteien (vor allem der Deutschnationalen, aber auch von Politikern der Christlichsozialen) gezielt instrumentalisiert. Bahr nannte den **Antisemitismus** das „Morphium der kleinen Leute".

Jüdisches Leben war um 1900 aus Wien nicht wegzudenken. Diese Synagoge im 5. Bezirk wurde anlässlich des 60-jährigen Thronjubiläums Kaiser Franz Josephs errichtet. 1938 wurde sie während des Novemberpogroms durch die von den Nationalsozialisten gesteuerten, antisemitischen Ausschreitungen zerstört.

Zahlreichen Schriftstellern der Wiener Moderne, darunter Karl Kraus, Arthur Schnitzler, Alfred Polgar (1873 – 1955) und Peter Altenberg, war ihre jüdische Herkunft gemeinsam. Zentraler Ort des Austausches für diese Schriftsteller war das **Wiener Kaffeehaus.**

Kaffeehaus und Literatur

Das **Junge Wien** war eine lose Verbindung junger Autoren, die in Wien lebten und sich in Kaffeehäusern, vor allem im **Café Central** und im **Café Griensteidl** trafen. Rund um **Hermann Bahr** (1863 – 1934), den Ältesten der Runde, waren das **Peter Altenberg** (1859 – 1919), **Richard Beer-Hofmann** (1866 – 1945), **Felix Salten** (1869 – 1945), **Arthur Schnitzler** (1862 – 1931), **Hugo von Hofmannsthal** (1874 – 1929) und der junge Journalist **Karl Kraus** (1874 – 1936), in einer beobachtenden, kritischen Funktion. Die jungen Autoren verfolgten das Ziel, die Literatur von der Realitätsabbildung des Naturalismus wegzuführen und sie für die ästhetischen Formen, Abgründe und Lebensphilosophien des **Symbolismus** und die **Exzesse der Décadence** zu öffnen. Sie taten das laut und extrovertiert und waren von ihrem literarischen Können sehr überzeugt. Karl Kraus schrieb deswegen ein zynisches **Pamphlet** mit dem Titel **Die demolirte Literatur** (1896/1897), in dem er der Gruppe Dekadenz und mangelndes Talent vorwarf. **Felix Salten**, einer der Jung-Wien-Autoren, soll Kraus daraufhin eine schallende Ohrfeige gegeben haben.

Pamphlet: Schmäh- oder Streitschrift

NOTIZ AM RANDE

Felix Salten ist vor allem durch das (anonym veröffentlichte, aber ihm zugeschriebene) Buch **Josefine Mutzenbacher, die Geschichte einer Wienerischen Dirne von ihr selbst erzählt** (1905) und **Bambi – Eine Lebensgeschichte aus dem Walde** (1923) bekannt. **Josefine Mutzenbacher** gilt bis heute als pornografische Literatur, wobei das Leben einer Wiener Prostituierten durchaus sozialkritisch geschildert wird.

Café Griensteidl in Wien, Reinhold Völkel (1873 – 1938), 1896. Kaffeehäuser als Treffpunkt der Wiener Künstlerszene, Frauen fehlen allerdings – sie waren im Kaffeehaus selten erwünscht.

Dass das Kaffeehaus nicht nur Treffpunkt, sondern manchmal auch Lebensmittelpunkt wurde, machte Peter Altenberg deutlich. Er gab ab 1897 seine Wohnadresse mit: „Wien I, Herrengasse, Café Central" an. Allerdings war das Kaffeehaus den Männern vorbehalten, während Frauen in jener Zeit nicht nur politisch, sondern auch gesellschaftlich an den Rand gedrängt wurden. Als Treffpunkt war das Kaffeehaus kein österreichisches Phänomen. Überall in den großen Metropolen Europas trafen sich Kunstschaffende dort. Der Begriff der **Bohème** entstand.

NOTIZ AM RANDE

Die **Bohème** sprach sich mit ihrer Literatur gegen die Erwerbstätigkeit aus – und wenn Geld verdient werden musste, dann nur widerwillig, um den ausschweifenden Lebensstil bezahlen zu können. Den Vertretern der Bohème war es enorm wichtig, aufzufallen. Die Kleidung konnte von **extravagant**, also ungewöhnlich auffallend, und dandyhaft bis ungepflegt und landstreicherhaft, wie bei **Peter Hille** (1854 – 1904), reichen. Der italienische Autor **Filippo Tommaso Marinetti** (1876 – 1944) soll etwa mit einem gläsernen Hut durch die Cafés in Rom getingelt sein, **Charles Baudelaire** (1821 – 1867), ein Vorreiter des Fin de Siècle, trug auf der Straße oft eine grüne Perücke und ausgefallene Kleidung.

Aufgaben

1 Welche Bedeutung bzw. Funktion haben Kaffeehäuser und Lokale für Ihr soziales Leben? Worin liegen Gemeinsamkeiten und Unterschiede zu damals? Besprechen Sie Ihre Ansichten in der Klasse.

2 Recherchieren Sie, welche literarischen und kulturellen Veranstaltungen es heute noch in Wiener Kaffeehäusern bzw. in Kaffeehäusern in Ihrer Umgebung bzw. in der Nähe Ihrer Schule gibt. Vergleichen Sie die Ergebnisse anschließend in der Klasse.

Der Symbolismus

Als „symbolistisch" wurde vor allem die **Lyrik,** aber auch das **lyrische Drama** des Fin de Siècle bezeichnet. Die Gedichte des Symbolismus behandeln Gefühle und Dinge – diese werden allerdings nicht offen angesprochen, vielmehr entstehen sie erst indirekt in der Leserin oder im Leser. Symbolistische Gedichte sind vielfach interpretierbar. Hermann Bahr etablierte den Begriff in der deutschen Literatur mit seinem Aufsatz **Symbolisten** (1892), in dem er auch Gedichte des jungen Hugo von Hofmannsthal vorstellte.
Auch **Stefan George** gilt heute als einer der bedeutendsten deutschsprachigen Symbolisten. Ähnlich wie Hermann Bahr es in Wien tat, scharte er in Deutschland junge Lyriker, Wissenschaftler und bildende Künstler um sich, z. B. Karl Wolfskehl (1869 – 1948) oder Henry von Heiseler (1875 – 1928).

Kurzporträts

Hugo von Hofmannsthal (1874 – 1929) galt schon früh als lyrisches Wunderkind. Bereits mit 16 Jahren veröffentlichte er erste Gedichtbändchen, die er unter dem Pseudonym „Loris" schrieb. In Wien kam er Anfang 1892 mit dem Kreis der Kaffeehausliteraten rund um Hermann Bahr und Arthur Schnitzler in Kontakt. Das literarische Talent Hofmannsthals wurde früh erkannt. An der Universität Wien studierte er von 1892 – 1894 Jus, brach dieses allerdings ab, um von 1895 an Romanistik zu studieren. Dieses Studium schloss er 1899 mit dem Doktorat ab. Daneben wurde Hugo von Hofmannsthal ein äußerst erfolgreicher Lyriker und Dramatiker und gern gesehener Gast der Salon-Gesellschaft rund um Josephine Wertheimstein (1820 – 1894) und ihre Tochter Franziska (1844 – 1907), in der er auch **Ferdinand von Saar** (> S. 140) kennenlernte. Gemeinsam mit **Max Reinhardt** und auf Anregung von Hermann Bahr baute er 1920 die **Salzburger Festspiele** auf und sein Drama **Jedermann** (1911), das am Antiktheater Anleihen nahm, wurde fixer Bestandteil der Festspiele. Erfolgreich wurde Hugo von Hofmannsthal auch als **Librettist** des Komponisten **Richard Strauss** (1864 – 1949). In Zusammenarbeit mit ihm entstanden etwa **Elektra** (1904), **Der Rosenkavalier** (1911) und **Ariadne auf Naxos** (1912). Er dichtete griechische Tragödien nach, war allerdings auch mit Lustspielen wie **Der Schwierige** (1921) sehr erfolgreich. Hofmannsthal erlitt 1929, am Tag der Beerdigung seines Sohnes Franz, der sich das Leben genommen hatte, einen schweren Schlaganfall, an dessen Folgen er wenige Stunden später verstarb.

Hugo von Hofmannsthal, fotografiert von Nicola Perscheid (1864 – 1930), 1910

Marie Herzfeld (1855 – 1940) schrieb 1893: „Wir sind umgeben von einer Welt absterbender Ideale", und sagt weiter, dass das, was bleibe, nur „das Gefühl des Fertigseins, des Zu-Ende-Gehens – Fin de Siècle-Stimmung" sei. **Marie Herzfeld** war eine der wenigen einflussreichen Frauen dieser literarischen Epoche. Vor allem ihre **Rezeption** der skandinavischen Literatur dieser Zeit hat großen Einfluss auf die Literaten des Fin de Siècles in Österreich. Im heute ungarischen Güns (Kőszeg) geboren, zog die Familie bald nach Wien. In Wien wurde Marie Herzfeld literarisch tätig.

Rezeption: gesellschaftliche Aufnahme, Besprechung und Erschließung der Werke einer Künstlerin bzw. eines Künstlers

Durch ihre **Übersetzungen** wurde die skandinavische Literatur in Österreich und Deutschland bekannt: Sie übersetzte etwa die Norweger Björnson und Hamsun ins Deutsche. Darüber hinaus veröffentlichte sie 1893 ihren Essay-Band **Menschen und Bücher** und 1904 eine vielbeachtete Biografie über Leonardo da Vinci, für die sie mit dem Bauernfeld-Preis ausgezeichnet wurde. Sie war eng mit Schnitzler, Rilke und Hofmannsthal befreundet. Mit Letzterem stand sie in regem Briefkontakt. Nach dem Ende des literarischen Fin de Siècles war sie bis 1919 zwar noch **Vizepräsidentin des Wiener Vereins der Schriftstellerinnen und Künstlerinnen,** trat literarisch jedoch nicht mehr in Erscheinung.

Rainer Maria Rilke, Zeichnung von Emil Orlik (1870 – 1931), 1917

Prototyp: ein erstes Vorbild für etwas

Rainer Maria Rilke (1875 – 1926) wurde in Prag in eine deutschsprachige Familie geboren. Er studierte Philosophie, Kunstgeschichte und Literatur in Prag, München und Berlin. Während seiner Studienjahre entstanden viele Gedichte. 1900 lernte er in Worpswede sowohl die bedeutende Malerin **Paula Modersohn-Becker** (1876 – 1907) als auch die Bildhauerin Clara Westhoff (1878 – 1954) kennen, mit der er später kurz verheiratet war. In kurzer Abfolge erschienen der Prosaband **Die Letzten** (1902) und die Gedichtsammlung **Das Buch der Bilder** (1902, 1906 um einige Gedichte erweitert). Rilke zog 1903 nach Paris, wo er kurze Zeit als Sekretär des berühmten Bildhauers **Auguste Rodin** arbeitete. In den darauffolgenden Jahren beendete er die Arbeit an seinem bedeutenden Lyrikband **Das Stunden-Buch** und veröffentlichte 1910 seinen einzigen Roman **Die Aufzeichnungen des Malte Laurids Brigge.** Dieser gilt als **Prototyp** symbolistischer Literatur, worin mit der realistischen Erzähltradition gebrochen wird. Den Ausbruch des Ersten Weltkriegs erlebte Rilke in München. Etwa ein halbes Jahr musste er als österreichischer Staatsbürger in Wien Kriegsdienst leisten. An die Front schickte man ihn, aufgrund seiner damals schon angeschlagenen Gesundheit, nicht. Ab 1919 bis zu seinem Tod lebte er in der Schweiz. Auf Schloss Duino bei Triest hatte Rilke noch eine letzte, sehr produktive Phase. Hier entstanden die **Duineser Elegien** (1923). Für die Epoche des Fin de Siècle sind auch Rilkes Übersetzungen, vor allem französischer Literaten wie Paul Valéry (1871 – 1945) und André Gide (1869 – 1951), von großer Wichtigkeit.

Aufgaben

1 Erklären Sie, was unter „Symbolismus" zu verstehen ist.

2 Überlegen Sie, welche „Dinge" Ihr Leben, z. B. als Schülerin bzw. Schüler, Jugendliche bzw. Jugendlicher, Tochter bzw. Sohn, symbolisieren würden. Erklären Sie, wofür diese Dinge als Symbole stehen.

3 **Portfolio:** Entwerfen Sie ein Gedicht oder einen kurzen erzählenden Text über eines dieser Symbole, das in Ihrem Leben von Bedeutung ist.

Reflexionen zum Kapitel

> Entwerfen Sie eine Mindmap zum Kapitel, in der Sie die für Sie zentralen Begriffe, Themen und Namen des Fin de Siècle in Beziehung setzen.

> Erklären Sie, welche der von Ihnen ausgewählten Begriffe, Themen oder Namen für unsere Zeit noch von Bedeutung sind.

> Begründen Sie Ihre Auswahl in der Klasse.

TEXT

Der Panther

Rainer Maria Rilke, 1903

Im Jardin des Plantes, Paris

Sein Blick ist vom Vorübergehn der Stäbe
so müd geworden, daß er nichts mehr hält.
Ihm ist, als ob es tausend Stäbe gäbe
und hinter tausend Stäben keine Welt.

Der weiche Gang geschmeidig starker Schritte,
der sich im allerkleinsten Kreise dreht,
ist wie ein Tanz von Kraft um eine Mitte,
in der betäubt ein großer Wille steht.

Nur manchmal schiebt der Vorhang der Pupille
sich lautlos auf – Dann geht ein Bild hinein,
geht durch der Glieder angespannte Stille –
und hört im Herzen auf zu sein.

Rainer Maria Rilke: 50 Gedichte. Ditzingen: Reclam 2019, S. 23

TEXT

Pont du Carrousel

Rainer Maria Rilke, 1902/1903

Der blinde Mann, der auf der Brücke steht,
grau wie ein Markstein namenloser Reiche,
er ist vielleicht das Ding, das immer gleiche,
um das von fern die Sternenstunde geht,
und der Gestirne stiller Mittelpunkt.
Denn alles um ihn irrt und rinnt und prunkt.

Er ist der unbewegliche Gerechte,
in viele wirre Wege hingestellt;
der dunkle Eingang in die Unterwelt
bei einem oberflächlichen Geschlechte.

Rainer Maria Rilke: Gedichte. Frankfurt am Main: Fischer Taschenbuch 2016, S. 23

Historische Ansicht der Pont du Carrousel in Paris, die Rilke zu seinem Gedicht inspiriert hat

Aufgaben

1 Benennen Sie Themen und Dingsymbole der Gedichte.

2 Analysieren Sie die sprachliche und formale Gestaltung der Gedichte.

3 Deuten Sie die Dingsymbole der Gedichte.

4 Beurteilen Sie, ob die Gedichte zeitlosen Charakter haben.

Leutnant Gustl

Arthur Schnitzler, 1900

Wie lang' wird denn das noch dauern? Ich muß auf die Uhr schauen … schickt sich wahrscheinlich nicht in einem so ernsten Konzert. Aber wer sieht's denn? Wenn's einer sieht, so paßt er gerade so wenig auf, wie ich, und vor dem brauch' ich mich nicht zu genieren … Erst viertel auf zehn? … Mir kommt vor, ich sitz' schon drei Stunden in dem Konzert. Ich bin's halt nicht gewohnt … Was ist es denn eigentlich? Ich muß das Programm anschauen … Ja, richtig: Oratorium! Ich hab' gemeint: Messe. Solche Sachen gehören doch nur in die Kirche! Die Kirche hat auch das Gute, daß man jeden Augenblick fortgehen kann. – Wenn ich wenigstens einen Ecksitz hätt'! – Also Geduld, Geduld! Auch Oratorien nehmen ein End'! Vielleicht ist es sehr schön, und ich bin nur nicht in der Laune. Woher sollt' mir auch die Laune kommen? Wenn ich denke, daß ich hergekommen bin, um mich zu zerstreuen.

Hätt' ich die Karte lieber dem Benedek geschenkt, dem machen solche Sachen Spaß; er spielt ja selber Violine. Aber da wär' der Kopetzky beleidigt gewesen. Es war ja sehr lieb von ihm, wenigstens gut gemeint. Ein braver Kerl, der Kopetzky! Der einzige, auf den man sich verlassen kann … Seine Schwester singt ja mit unter denen da oben. Mindestens hundert Jungfrauen, alle schwarz gekleidet; wie soll ich sie da herausfinden? Weil sie mitsingt, hat er auch das Billett gehabt, der Kopetzky … Warum ist er denn nicht selber gegangen? – Sie singen übrigens sehr schön. Es ist sehr erhebend – sicher! Bravo! Bravo! … Ja, applaudieren wir mit. Der neben mir klatscht wie verrückt. Ob's ihm wirklich so gut gefällt? – Das Mädel drüben in der Loge ist sehr hübsch. Sieht sie mich an oder den Herrn dort mit dem blonden Vollbart? … Ah, ein Solo! Wer ist das? Alt: Fräulein Walker, Sopran: Fräulein

Gustl hörte – vermutlich am 4. April 1900 – im Wiener Musikverein, hier auf einer Aufnahme von Josef Löwy vor 1898, das **Paulus-Oratorium nach Worten der heiligen Schrift,** *eine kirchenmusikalische Vertonung von Felix Mendelssohn Bartholdy (1809 – 1847).*

Schnitzlers Leutnant Gustl, Umschlagbild der Erstausgabe

Michalek … das ist wahrscheinlich Sopran … Lang' war ich schon nicht in der Oper. In der Oper unterhalt' ich mich immer, auch wenn's langweilig ist. Übermorgen könnt' ich eigentlich wieder hineingeh'n, zur ‚Traviata'. Ja, übermorgen bin ich vielleicht schon eine tote Leiche! Ah, Unsinn, das glaub' ich selber nicht! Warten S' nur, Herr Doktor, Ihnen wird's vergeh'n, solche Bemerkungen zu machen! Das Nasenspitzel hau' ich Ihnen herunter …

[…] Was guckt mich denn der Kerl dort immer an? Mir scheint, der merkt, daß ich mich langweil' und nicht herg'hör' … Ich möcht' Ihnen raten, ein etwas weniger freches Gesicht zu machen, sonst stell' ich Sie mir nachher im Foyer! – Schaut schon weg! … Daß sie alle vor meinem Blick so eine Angst hab'n … „Du hast die schönsten Augen, die mir je vorgekommen sind!" hat neulich die Steffi gesagt … O Steffi, Steffi, Steffi! – Die Steffi ist eigentlich schuld, daß ich dasitz' und mir stundenlang vorlamentieren lassen muß. – Ah, diese ewige Abschreiberei von der Steffi geht mir wirklich schon auf die Nerven! Wie schön hätt' der heutige Abend sein können. Ich hätt' große Lust, das Brieferl von der Steffi zu lesen. Da hab' ich's ja. Aber wenn ich die Brieftasche herausnehm', frißt mich der Kerl daneben auf! – Ich weiß ja, was drinsteht … sie kann nicht kommen, weil sie mit „ihm" nachtmahlen gehen muß … Ah, das war komisch vor acht Tagen, wie sie mit ihm in der Gartenbaugesellschaft gewesen ist, und ich vis-à-vis mit'm Kopetzky; und sie hat mir immer die Zeichen gemacht mit den Augerln, die verabredeten. Er hat nichts gemerkt – unglaublich! Muß übrigens ein Jud' sein! Freilich, in einer Bank ist er, und der schwarze Schnurrbart … Reserveleutnant soll er auch sein! Na, in mein Regiment sollt' er nicht zur Waffenübung kommen! Überhaupt, daß sie noch immer so viel Juden zu Offizieren machen – da pfeif ich auf'n ganzen Antisemitismus! Neulich in der Gesellschaft, wo die G'schicht' mit dem Doktor passiert ist bei den Mannheimers … die Mannheimer selber sollen ja auch Juden sein, getauft natürlich … denen merkt man's aber gar nicht an – besonders die Frau so blond, bildhübsch die Figur … War sehr amüsant im ganzen. Famoses Essen, großartige Zigarren … Naja, wer hat's Geld? …

Bravo, bravo! Jetzt wird's doch bald aus sein? – Ja, jetzt steht die ganze G'sellschaft da droben auf … sieht sehr gut aus – imposant! – Orgel auch? … Orgel hab' ich sehr gern … So, das laß' ich mir g'fall'n – sehr schön! Es ist wirklich wahr, man sollt' öfter in Konzerte gehen …

[…] Heiß wird's! Noch immer nicht aus? Ah, ich freu' mich so auf die frische Luft! Werd' ein bißl spazieren geh'n, übern Ring … Heut' heißt's: früh ins Bett, morgen nachmittag frisch sein! Komisch, wie wenig ich daran denk', so egal ist mir das! Das erstemal hat's mich doch ein bißl aufgeregt. Nicht, daß ich Angst g'habt hätt'; aber nervos bin ich gewesen in der Nacht vorher … Freilich, der Oberleutnant Bisanz war ein ernster Gegner. – Und doch, nichts ist mir g'scheh'n! … Auch schon anderthalb Jahr' her. Wie die Zeit vergeht! Und wenn mir der Bisanz nichts getan hat, der Doktor wird mir schon gewiß nichts tun! Obzwar, gerade diese umgeschulten Fechter sind manchmal die gefährlichsten. Der Doschintzky hat mir erzählt, daß ihn ein Kerl, der das erstemal einen Säbel in der Hand gehabt hat, auf ein Haar abgestochen hätt'; und der Doschintzky ist heut' Fechtlehrer bei der Landwehr. Freilich – ob er damals schon so viel können hat … Das Wichtigste ist: kaltes Blut. Nicht einmal einen rechten Zorn hab' ich mehr in mir, und es war doch eine Frechheit – unglaublich! Sicher hätt' er sich's nicht getraut, wenn er nicht Champagner getrunken hätt' vorher … So eine Frechheit! Gewiß ein Sozialist! Die Rechtsverdreher sind doch heutzutag' alle Sozialisten! Eine Bande … am liebsten möchten sie gleich's ganze Militär abschaffen; aber wer ich nen dann Helfen möcht', wenn die Chinesen über sie kommen, daran denken sie nicht. […] Wie sind wir denn nur d'rauf gekommen? Wieso hab' ich mich mit dem Sozialisten in ein Gespräch eingelassen? Wie hat's denn nur angefangen? […] Ja, so war's … und ich hab' von einem patriotischen Fest erzählt … und dann hat der Doktor gesagt – nicht gleich, aber aus dem Fest hat es sich entwickelt …

„Herr Leutnant, Sie werden mir doch zugeben, daß nicht alle Ihre Kameraden zum Militär gegangen sind, ausschließlich um das Vaterland zu verteidigen!“ So eine Frechheit! Das wagt so ein Mensch einem Offizier ins Gesicht zu sagen! Wenn ich mich nur erinnern könnt', was ich d'rauf geantwortet hab'? … Ah ja, etwas von Leuten, die sich in Dinge dreinmengen, von denen sie nichts versteh'n … Ja, richtig … und dann war einer da, der hat die Sache gütlich beilegen wollen, ein älterer Herr mit einem Stockschnupfen … Aber ich war zu wütend! Der Doktor hat das absolut in dem Ton gesagt, als wenn er direkt mich gemeint hätt'. Er hätt' nur noch sagen müssen, daß sie mich aus dem Gymnasium hinausg'schmissen haben und daß ich deswegen in die Kadettenschul' gesteckt worden bin … Die Leut' können eben unserein'n nicht versteh'n, sie sind zu dumm dazu … Wenn ich mich so erinner', wie ich das erstemal den Rock angehabt hab', so was erlebt eben nicht ein jeder … Im vorigen Jahr' bei den Manövern – ich hätt' was drum gegeben, wenn's plötzlich Ernst gewesen wär' … Und der Mirovic hat mir g'sagt, es ist ihm ebenso gegangen. Und dann, wie Seine Hoheit die Front abgeritten sind, und die Ansprache vom Obersten – da muß einer schon ein ordentlicher Lump sein, wenn ihm das Herz nicht höher schlägt … Und da kommt so ein Tintenfisch daher, der sein Lebtag nichts getan hat, als hinter den Büchern gesessen, und erlaubt sich eine freche Bemerkung! … Ah, wart' nur, mein Lieber – bis zur Kampfunfähigkeit … Jawohl, du sollst so kampfunfähig werden … […]

Arthur Schnitzler: Leutnant Gustl. Novelle. Ditzingen: Reclam 2002, S. 7 – 13

Aufgaben

1 Nennen Sie wesentliche Themen, mit denen sich Leutnant Gustl gedanklich beschäftigt.

2 Beschreiben Sie Leutnant Gustls Einstellung zu den oben genannten Themen.

3 Analysieren Sie sprachliche und formale Gestaltungsmerkmale, die dem inneren Monolog entsprechen.

4 Diskutieren Sie in der Klasse, welche Inhalte bzw. Themen für die damalige Zeit skandalös gewirkt haben könnten.

Reigen

Arthur Schnitzler, 1869/1897, gedruckt 1903

Erste Szene

Die Dirne und der Soldat. Spät abends. An der Augartenbrücke.

Schnitzlers Reigen, Titel des Erstdrucks des Wiener Verlags 1903, gestaltet von Berthold Löffler

Soldat: *kommt pfeifend, will nach Hause.*

Dirne: Komm, mein schöner Engel.

Soldat: *wendet sich um und geht wieder weiter.*

Dirne: Willst du nicht mit mir kommen?

Soldat: Ah, ich bin der schöne Engel?

Dirne: Freilich, wer denn? Geh, komm zu mir. Ich wohn' gleich in der Näh'.

Soldat: Ich hab' keine Zeit. Ich muß in die Kasern'!

Dirne: In die Kasern' kommst immer noch zurecht. Bei mir is besser.

Soldat *ihr nahe:* Das ist schon möglich.

Dirne: Pst. Jeden Moment kann ein Wachmann kommen.

Soldat: Lächerlich! Wachmann! Ich hab' auch mein Seiteng'wehr!

Dirne: Geh, komm mit.

Soldat: Laß mich in Ruh'. Geld hab' ich eh keins.

Dirne: Ich brauch' kein Geld.

Soldat *bleibt stehen. Sie sind bei einer Laterne:* Du brauchst kein Geld? Wer bist denn du nachher?

Dirne: Zahlen tun mir die Zivilisten. So einer wie du kann's immer umsonst bei mir haben.

Soldat: Du bist am End' die, von der mir der Huber erzählt hat. –

Dirne: Ich kenn' kein' Huber nicht.

Soldat: Du wirst schon die sein. Weißt – in dem Kaffeehaus in der Schiffgassen – von dort ist er mit dir z' Haus 'gangen.

Dirne: Von dem Kaffeehaus bin ich schon mit gar vielen z' Haus 'gangen … oh! Oh! –

Soldat: Also gehn wir, gehn wir.

Dirne: Was, jetzt hast's eilig?

Soldat: Na, worauf soll'n wir noch warten? Und um zehn muß ich in der Kasern' sein.

Dirne: Wie lang dienst denn schon?

Soldat: Was geht denn das dich an? Wohnst weit?

Dirne: Zehn Minuten zum gehn.

Soldat: Das ist mir zu weit. Gib mir ein Pussel.

Dirne *küßt ihn:* Das ist mir eh das liebste, wenn ich einen gern hab'!

Soldat: Mir nicht. Nein, ich geh' nicht mit dir, es ist mir zu weit.

Dirne: Weißt was, komm morgen am Nachmittag.

Soldat: Gut is. Gib mir deine Adresse.

Dirne: Aber du kommst am End' nicht.

Soldat: Wenn ich dir's sag'!

Dirne: Du, weißt was – wenn's dir zu weit ist heut abend zu mir – da … da *Weist auf die Donau.*

Soldat: Was ist das?

Dirne: Da ist auch schön ruhig … Jetzt kommt kein Mensch.

Soldat: Ah, das ist nicht das Rechte.

Dirne: Bei mir is immer das Rechte. Geh, bleib jetzt bei mir. Wer weiß, ob wir morgen noch 's Leben haben.

Soldat: So komm – aber g'schwind!

Dirne: Gib Obacht, da ist so dunkel. Wennst ausrutschst, liegst in der Donau.

Soldat: Wär' eh das beste.

Dirne: Pst, so wart nur ein bissel. Gleich kommen wir zu einer Bank.

Soldat: Kennst dich da gut aus.

Dirne: So einen wie dich möcht' ich zum Geliebten.

Soldat: Ich tät' dir zu viel eifern.

Dirne: Das möcht' ich dir schon abgewöhnen.

Soldat: Ha –

Dirne: Nicht so laut. Manchmal is doch, daß sich ein Wachter her verirrt. Sollt man glauben, daß wir da mitten in der Wienerstadt sind?

Soldat: Daher komm, daher.

Dirne: Aber was fällt dir denn ein, wenn wir da ausrutschen, liegen wir im Wasser unten.

Soldat *hat sie gepackt:* Ah, du –

Dirne: Halt dich nur fest an.

Soldat: Hab kein' Angst ...

Dirne: Auf der Bank wär's schon besser gewesen.

Soldat: Da oder da ... Na, krall aufi.

Dirne: Was laufst denn so –

Soldat: Ich muß in die Kasern', ich komm' eh schon zu spät.

Dirne: Geh, du, wie heißt denn?

Soldat: Was interessiert dich denn das, wie ich heiß'?

Dirne: Ich heiß' Leocadia.

Soldat Ha! – So an' Namen hab' ich auch noch nie gehört.

Dirne: Du!

Soldat Na, was willst denn?

Dirne: Geh, ein Sechserl für'n Hausmeister gib mir wenigstens! –

Soldat: Ha! ... Glaubst, ich bin deine Wurzen ... Servus! Leocadia ...

Dirne: Strizzi! Fallott! –

Er ist verschwunden.

Arthur Schnitzler: Reigen. Zehn Dialoge. Ditzingen: Reclam 2007, S. 7 – 11

Aufgaben

1 Beschreiben Sie kurz den Gesprächsverlauf der Szene.

2 Analysieren Sie, wie Gesellschafts- und Sozialkritik in dieser Szene thematisiert werden.

3 Nehmen Sie kritisch zu den dargestellten Geschlechterrollen Stellung.

TEXT

Das Bildnis des Dorian Gray

Oscar Wilde, 1890

Übersetzung von Richard Zoozmann, 1920

Vorbekenntnis

Der Künstler ist der Schöpfer schöner Dinge.

Kunst zu offenbaren und den Künstler zu verbergen, ist die Aufgabe der Kunst.

Ein Kritiker ist, wer seinen Eindruck von schönen Dingen in eine andere Form oder in einen anderen Stoff zu übertragen vermag.
Die höchste wie die niederste Form der Kritik ist eine Art Autobiographie.

Wer in schönen Dingen einen häßlichen Sinn findet, ist verderbt, ohne anmutig zu sein. Das ist ein Fehler.

Wer in schönen Dingen einen schönen Sinn findet, hat Kultur. Er berechtigt zu Hoffnungen.

Das sind die Auserwählten, für die schöne Dinge lediglich Schönheit bedeuten.

Ein moralisches oder unmoralisches Buch gibt's überhaupt nicht. Bücher sind gut oder schlecht geschrieben. Sonst nichts.

Die Abneigung des neunzehnten Jahrhunderts gegen den Realismus ist die Wut Calibans, der sein eigenes Gesicht im Spiegel erblickt.

Die Abneigung des neunzehnten Jahrhunderts gegen die Romantik ist die Wut Calibans, der sein eigenes Gesicht im Spiegel nicht sieht.

Das sittliche Dasein des Menschen liefert dem Künstler einen Teil des Stoffgebietes, aber die Sittlichkeit der Kunst besteht im vollkommenen Gebrauch eines unvollkommenen Mittels.

Kein Künstler empfindet das Verlangen, etwas zu beweisen. Selbst Wahrheiten können bewiesen werden. Kein Künstler hat ethische Neigungen. Eine ethische Neigung beim Künstler ist eine unverzeihliche Manieriertheit des Stils.

Kein Künstler ist an sich krankhaft. Der Künstler kann alles aussprechen. Gedanken und Sprache sind für den Künstler Werkzeuge einer Kunst.

Laster und Tugend sind für den Künstler Stoffe einer Kunst.

Was die Form betrifft, so ist die Kunst des Musikers die Urform aller Künste. Was das Gefühl betrifft, so ist der Beruf des Schauspielers diese Urform.

Alle Kunst ist gleichzeitig Oberfläche und Symbol.

Wer unter der Oberfläche schürft, tut es auf eigene Gefahr.

Wer das Symbol herausdeutet, tut es auf eigene Gefahr.

In Wahrheit wird der Betrachter und nicht das Leben abgespiegelt.

Meinungsunterschiede über ein Kunstwerk beweisen seine Neuheit, Vielfältigkeit und Lebenskraft. Sind die Kritiker uneinig, so ist der Künstler einig mit sich selbst.

Man kann einem Menschen verzeihen, daß er etwas Nützliches schafft, solang er es nicht bewundert. Die einzige Entschuldigung für den, der etwas Nutzloses schuf, besteht darin, daß es äußerst bewundert wird. Alle Kunst ist völlig nutzlos.

Oscar Wilde: Das Bildnis des Dorian Gray. Augsburg: Weltbild 2008, S. 5f.

Aufgaben

1 Benennen Sie die zentralen Thesen zur Rolle der Kunst.

2 Nehmen Sie Stellung zu Wildes Aussage: „Ein moralisches oder unmoralisches Buch gibt's überhaupt nicht. Bücher sind gut oder schlecht geschrieben. Sonst nichts."

3 **Gruppenarbeit:** Diskutieren Sie in Gruppen, ob heutige Kunst frei von Moral ist bzw. davon frei sein sollte.

TEXT

Fin-de-siècle

Marie Herzfeld, 1893

Arne Garborg hat in seinem letzten Buch das Dekandententum, das er schildert, nicht besser zeichnen können als durch den Titelwort „Müde Seelen". Alle dichterischen Erzeugnisse der letzten Jahre, insofern sie für die Gemütslage unserer Zeit charakteristisch sind, erscheinen angefüllt vom Pessimismus „müder" Seelen.

Und in der Tat, dies Jahrhundert der Revolution, das den Sturz des Absolutismus, den Sieg des Bürgertums und das Heranwachsen der Sozialdemokratie erlebte; dies Jahrhundert der Kritik und Wissenschaft, das unsere Ideen von Gott und der Welt über den Haufen warf und uns gebot, von unten anzufangen; dies Jahrhundert der Erfindungen, welches das Tempo unseres Lebens verzehnfachte und unsere Körperkraft wohl kaum verdoppelte; dies Jahrhundert, das die Gewohnheit hat, uns die schmerzliche Überraschung des Besseren an den Kopf zu schleudern, ehe wir die Wohltat des Guten zu genießen vermochten; – es hat uns wirklich ein bißchen müde gemacht. Wir sind umgeben von der Welt absterbender Ideale, die wir von den Vätern ererbt haben und mit unserem besten Lieben geliebt, und es fehlt uns nun die Kraft des Aufschwungs, welcher neue, wertvolle Lebenslockungen schafft. Denn dies ewige Fieber des Geistes hat eine Verarmung des Blutes oder sonstige Ohnmacht im Organismus erzeugt, die es nicht verstatten, daß die potentielle Energie des überfütterten Hirns in machtvoller Schöpfung sich entladen könne. Die Kräfte unserer Seele wirken daher nicht gemeinsam Einem Richtungspunkte zu; sie gehorchen nicht einem zentralen Impulse, sondern kehren sich widereinander; sie lähmen und zerstören sich gegenseitig in fressender Skepsis; sie machen uns unfähig zu geduldigem Wollen, zu starken Fühlen, zu freudigem Dasein und zu mutigem Tod.

Und in diesem müden Gehirn, das sich selbst nicht mehr regieren kann, wachsen Abnormitäten empor; die Persönlichkeit verdoppelt, vervierfacht sich, aus dem Brutherd des Unbewußten brechen Handlungsreize, die wir nicht deuten können und als toll bezeichnen, zwingende Gelüste, unbegreifliche Sympathien und Abneigungen; die überanstrengten Reize und versagen den normalen jeden Dienst; – sie erzeugen aufgeregte, überlebendige Paradoxie einerseits, apathische Mutlosigkeit und Weltverzweiflung andererseits, das Gefühl des Fertigseins, des Zu-Ende-Gehens – Fin-de-siècle-Stimmung.

Marie Herzfeld: Fin-de-siècle. Erzählungen, Gedichte, Essays. Ditzingen: Reclam 1993, S. 175

Aufgaben

1 Fassen Sie kurz zusammen, wie die Autorin „Fin de Siècle" beschreibt.

2 Erschließen Sie, wie die Autorin ihr eigenes Jahrhundert charakterisiert.

3 **Gruppenarbeit:** Diskutieren Sie in Gruppen, ob die Beschreibungen „apathische Mutlosigkeit und Weltverzweiflung", „das Gefühl des Fertigseins, des Zu-Ende-Gehens" als Stimmungsbild auf unsere Gesellschaft ebenso zutrifft.

EXPRESSIONISMUS UND DADAISMUS
1910 – 1925

*Das Gemälde **Finale** (1918) des österreichischen Malers Albin Egger-Lienz (1886 – 1926) zeigt die Gräuel eines sinnlosen Krieges, der für Österreich und Deutschland in einer fürchterlichen Niederlage endete.*

Wirtschaftliches Wachstum, fortschreitende Industrialisierung und Technisierung, radikale Entdeckungen in den Naturwissenschaften und eine reiche Kunst- und Kulturlandschaft prägten das Deutsche Reich und Österreich-Ungarn vor dem **Ersten Weltkrieg** (1914 – 1918). Doch zwischen dem Gebälk knirschte es: Das **Parlament** hatte wenig mitzureden, **Frauen** durften nicht wählen, die **soziale Frage** blieb ungelöst, Kunst wurde zensuriert. **Nationalismus, Antisemitismus** und aufstrebende **Massenparteien** zeigten zudem auf, wie zerrüttet die Gesellschaft war. Der Ausbruch des Ersten Weltkriegs vereinte scheinbar ein letztes Mal Staat und Gesellschaft. Doch die Einheit war trügerisch und aus Sicht Österreichs sowie Deutschlands wurde der Krieg klar verloren. Der Erste Weltkrieg und die darauffolgende Pandemie der Spanischen Grippe (1918 – 1920) forderten Millionen Todesopfer.

Zerrüttung und Verlorenheit prägten angesichts dieser Katastrophen das Werk der literarischen Vertreterinnen und Vertreter des **Expressionismus.** Die Strömung des **Dadaismus** begegnete diesem Elend wiederum mit anarchistischer Gelassenheit.

Dieses Kapitel vermittelt Ihnen

> die Strömungen Expressionismus und Dadaismus und ermöglicht einen Vergleich.

> Themen und Herausforderungen der Kunst und Kultur dieser Zeit.

> die Bedeutung ausgewählter Werke aus dieser Zeit.

Geschichte und Gesellschaft

Vor dem **Ersten Weltkrieg** hatten zahlreiche Kunstschaffende des Expressionismus Position gegen Antisemitismus und Nationalismus bezogen. Sie sprachen gesellschaftliche Tabus an oder waren Teil von Friedensbewegungen.

Für eine kurze Dauer schüttete der Erste Weltkrieg noch einmal gesellschaftliche Gräben zu und auch viele Literaten stürzten sich mit Begeisterung in den Krieg oder unterstützen ihn mit Pathos und Propaganda. Anfängliche Begeisterung schlug angesichts der Gräuel dieses Kriegs bei den meisten Schriftstellerinnen und Schriftstellern in **Pazifismus** um. Traumatische Kriegserfahrungen sollten bald eine ganze Generation von Dichterinnen und Dichtern prägen. Viele Soldaten kehrten von der Front nicht heim, wurden verwundet oder verstümmelt. **Moderne Waffen** wie Maschinengewehre, U-Boote, Panzer, Flugzeuge sowie Giftgas und der zermürbende Stellungskrieg in den Schützengräben wurden zu Symbolen der Gräuel dieses Krieges. Fürchterliche **Kriegsverbrechen,** besonders an der Ostfront, führten zu Verrohung und Grausamkeit.

Wie lässt sich ein grauenhafter Krieg darstellen? Fritz Fuhrken (1894 – 1943): **Englische Panzeroffensive vom 8. August 1918 bei Amiens/Somme und Tag der Gefangennahme**, *1918*

Frauen dienten hinter der Front in Lazaretten sowie in Munitions- und Rüstungsfabriken und hielten die öffentliche Ordnung aufrecht. Auch aufgrund dieser Verdienste war ihnen das **Wahlrecht** nach dem Ersten Weltkrieg nicht mehr vorzuenthalten.

Am Ende des Krieges zeigte sich eine **verheerende Bilanz der Verluste.** Die heimkehrenden Soldaten strömten in ihre darniederliegenden Heimatländer zurück. Deutschland und Österreich waren durch die Niederlage gedemütigt und mussten sich den Siegermächten unterwerfen. **Österreich-Ungarn löste sich** auf, im Deutschen Reich dankte der Kaiser ab. Auch die Wirtschaft brach völlig zusammen. Der österreichische Schriftsteller Stefan Zweig sprach in seinem Werk **Die Welt von gestern. Erinnerungen eines Europäers** vom „Wettersturz der Werte". Die alte Welt, mit ihren Vorzügen und Fehlern, war zusammengebrochen und nicht mehr wiederzuerkennen.

Nach dem Ersten Weltkrieg – eine Welt im Umbruch

Die Ausrufung der Republik am 12. November stieß in Österreich auf großes Interesse. Diese Fotografie zeigt den Massenandrang vor dem Parlament an diesem Tag. Trotz Anfangseuphorie fand der neuformierte Staat jedoch weder in der Politik noch in der Bevölkerung großen Zuspruch.

Österreich und Deutschland wurden zur **Republik,** demokratische, gesellschaftliche und soziale Reformen wurden angegangen und rasch umgesetzt. Doch das Trauma überwog. Hyperinflation vernichtete die Ersparnisse des Mittelstands, die Wirtschaft kollabierte, es herrschten Hunger und soziales Elend. In **Deutschland** kam es zu bürgerkriegsähnlichen Zuständen. Trotz aller Widrigkeiten wurde in Weimar eine neue Verfassung erarbeitet – daher folgte der Name **„Weimarer Republik".** Er sollte an die Glanzzeiten der Klassik erinnern, darüber hinaus galt die Weimarer Verfassung als eine der fortschrittlichsten ihrer Zeit. Demütigende **Friedensverträge** verstärkten die schwierigen politischen Verhältnisse. In **Österreich** konnte die Wirtschaft zwar 1922 stabilisiert werden, doch zwischen den dominierenden politischen Lagern der **Christlichsozialen Partei** und den **Sozialdemokraten** blieben enorme Spannungen und Misstrauen bestehen. Zwischen diesen politischen Kräften herrschte „der kalte Krieg im Inneren". Allen politischen Lagern Österreichs war gemeinsam, dass ihnen der Glaube an die Lebensfähigkeit des Staates Österreich fehlte, den sie am liebsten an Deutschland angeschlossen hätten – das aber wurde von den Alliierten untersagt. In **Deutschland** konnte die wirtschaftliche und politische Krise erst 1923 überwunden werden. Eine gewaltbereite **politische Extreme,** am linken und vor allem rechten Rand, wurde allerdings zur ständigen Gefahr für die noch junge Weimarer Republik. Bereits 1929 sollte der politische Aufstieg der NSDAP, der Nationalsozialistischen Deutschen Arbeiterpartei, beginnen.

Aufgaben

1 Erklären Sie, mit welchen Herausforderungen die Menschen der damaligen Zeit konfrontiert waren.

2 Begründen Sie, warum in Österreich und Deutschland die Gründung der Republik kaum als Aufbruchsstimmung wahrgenommen wurde.

Kunst und Kultur

Von Deutschland ausgehend verbreitete sich die Strömung des **Expressionismus** in ganz Europa. Der Begriff „Expressionismus" stammt aus der bildenden Kunst und meint – im Gegensatz zum Impressionismus, der innere Umwelteindrücke und Stimmungen wiedergeben will – eine Kunst, deren Grundzug der gesteigerte Ausdruck des Geistig-Seelischen ist. Künstlergruppen wie **„Der Blaue Reiter"** in München – Mitglieder waren z. B. Franz Marc (1880 – 1916), August Macke (1887 – 1914), Paul Klee (1879 – 1940), Wassily Kandinsky (1866 – 1944) und Alfred Kubin (1877 – 1959) – und **„Die Brücke"** in Dresden – Mitglieder waren z. B. Erich Heckel (1883 – 1970), Ernst Ludwig Kirchner (1847 – 1921), Emil Nolde (1867 – 1956), Karl Schmidt-Rottluff (1884 – 1976), später auch Max Pechstein (1881 – 1955) und Otto Mueller (1874 – 1930) – sorgten für die Verbreitung der expressionistischen Schule.

Der Schrei *von Edvard Munch, 1893. Der Originaldruck wurde zweimal, 1994 und 2004, gestohlen, allerdings wieder zurückgebracht. Die hier abgebildete Pastellversion des Werkes wurde 2012 um fast 120 Millionen Dollar verkauft.*

Die expressiven Darstellungen von unperfekten Körpern, gepaart mit den Farbwellen, die Sonnenuntergangsrot und Wasser darstellen, machen die Malerei dieser Zeit bis heute faszinierend. Edvard Munchs (1863 – 1944) Werk **Der Schrei** wurde zum Ausdruck des expressionistischen Empfindens. Die innersten Gefühle sollten direkt und unmittelbar zum Ausdruck gebracht werden.

Werke bekannter Expressionistinnen und Expressionisten wie **Egon Schiele** (1890 – 1918), Paula Modersohn-Becker (1876 – 1907), Elfriede Lohse-Wächtler (1899 – 1940) oder Oskar Kokoschka (1886 – 1980) erzielen heute Millionenbeträge.

Männlicher Akt, Selbstportrait *von Egon Schiele, 1910. Der in Tulln geborene Schiele gehört zu den radikalsten und bedeutendsten Künstlern der österreichischen Malerei. Wegen der „Verbreitung unsittlicher Zeichnungen", Schiele hatte Aktbilder von jungen Mädchen angefertigt, wurde der Künstler in Neulengbach sogar für 24 Tage inhaftiert. Anschuldigungen, er hätte Kinder missbraucht, erwiesen sich als haltlos. Anfeindungen wegen seiner modernen Kunst erlebte Schiele auch in Wien.*

Der Expressionismus in der Malerei und im Film

Charakteristisch für den expressionistischen Film sind von der Malerei beeinflusste, grotesk verzerrte Kulissen und eine kontrastreiche Beleuchtung, die durch gemalte Schatten noch unterstützt wurde.

Indes war das **Kino** ab den 1920ern zum Massenphänomen, der **Film** längst Teil der Kunst und Kultur geworden. In Deutschland dominierte die **UFA** (Universum Film AG), eines der größten Filmstudios seiner Zeit, den Kinomarkt und konnte nach dem Ersten Weltkrieg dank der abgeschafften Zensur zahlreiche Werke hervorbringen. Einer der bekanntesten Regisseure der UFA, Fritz Lang (1890 – 1976), galt als Meister des expressionistischen monumentalen Stummfilms.

Eine Szene aus dem Stummfilm **Das Cabinet des Dr. Caligari** *(1920), von Regisseur Robert Wiene (1873 – 1938), der als ein herausragendes Beispiel für den expressionistischen Film gilt. Das eindrucksvolle Filmbild, das ausschließlich gemalt war, entwarfen Walter Röhrig (1892 – 1945), Walter Reimann (1887 – 1936) und Hermann Warm (1889– 1976). Durch eine surrealistische und symbolistische* **Mise en Scène** *werden starke Stimmungen und tiefere Bedeutungsebenen erzeugt.*

Das Cabinet des Dr. Caligari (1920), **Die Nibelungen** (1924) oder der Science-Fiction-Film **Metropolis** (1927) sind heute noch vielbeachtete Werke der Filmkunst. Auch in Österreich wurden in den Filmstudios am Rosenhügel von der **Vita-Film** monumentale Stummfilme gedreht (darunter **Samson Delila**, 1922 oder **Hoffmanns Erzählungen**, 1923, nach der Oper von Jacques Offenbach bzw. den Erzählungen von E.T.A. Hoffmann). Allerdings war Vita-Film der amerikanischen Konkurrenz nicht gewachsen und ging bereits 1924 bankrott. In den legendären Rosenhügel-Studios wurden jedoch weiterhin – und das erfolgreich – Filme produziert.

> **Mise en Scène:** genau geplante Positionierung von Figuren und Setting in einer Szene; Inszenierung

Der kulturelle Einfluss der Vereinigten Staaten von Amerika, die den Ersten Weltkrieg gewonnen hatten, beschränkte sich aber nicht nur auf den Film. Auch der **Jazz** wurde nach Deutschland exportiert. Besonders beliebt war im deutschsprachigen Raum allerdings der **Schlager,** der mithilfe der neuen Massenmedien der Zeit, Radio und Schallplatte, seinen Siegeszug antrat. Getanzt wurde unter anderem in Tanzcafés. Zur Unterhaltung dienten auch Kabaretts und **Varieté-Theater,** wo nicht nur Komiker auftraten, sondern auch Gesangs- und Tanzeinlagen sowie akrobatische Vorführungen dargeboten wurden.

Aufgaben

1 Geben Sie wichtige Entwicklungen aus dem Abschnitt Kunst und Kultur wieder.

2 Das Kino trat in Konkurrenz zu den Bühnen (Theater, Oper etc.) und wurde zur Massenkultur. Heute gerät das Kino seinerseits unter Druck. Überlegen Sie, aus welchen Gründen. Beschreiben Sie Ihr Verhältnis zum Kino.

3 Das *Filmmuseum* und das *Filmarchiv Austria* spezialisieren sich auf die Vermittlung historischer oder künstlerisch wertvoller Filme. Informieren Sie sich über Vermittlungsprogramme und Angebote bzw. die Programme der beiden Institutionen. Vergleichen Sie die Ergebnisse in der Klasse.

Literatur und Personen

Einer der geistigen Väter des Expressionismus, der Arzt und Autor **Gottfried Benn** (1886 – 1956; > S. 176), schrieb über diese junge Strömung:

„Ein Aufstand mit Eruption, Ekstasen, Haß, neuer Menschheitssehnsucht, mit Zerschleuderung der Sprache zur Zerschleuderung der Welt [...]".

Zit. nach: Kurt Pinthus (Hg.): Menschheitsdämmerung – ein Dokument des Expressionismus. Berlin: Rowohlt 1997, S. 9

Zu den Vorläufern und Wegbereitern des Expressionismus gehörte auch **Frank Wedekind** (> S. 173f.). Er nahm in seinen oft erotischen Dramen eine klare Gegenposition zum Naturalismus ein. In seinen Stücken kommt der Gegensatz der Generationen ins Spiel, wobei Wedekind Charaktere übersteigert darstellt, sie verzerrt, **grotesk** macht.

grotesk: durch starke Übersteigerung oder Verzerrung absonderlich übertrieben, lächerlich wirkend

Auch der Autor **Jakob Wassermann** (1873 – 1934) kann, vor allem mit seinem zweibändigen Werk **Christian Wahnschaffe** (1919), als Vorläufer und Wegbereiter der expressionistischen Strömung angesehen werden. Wassermann hatte mit früheren Werken großen Einfluss auf jüngere Schreibende und war eng mit Rainer Maria Rilke, Arthur Schnitzler, Thomas Mann und Hugo von Hofmannsthal befreundet. Stilistische Einflüsse kamen auch vom Schweden **August Strindberg** (1849 – 1912) und dem amerikanischen Poeten **Walt Whitman** (1819 – 1892). Die expressionistische Lyrik erhielt entscheidende Impulse von den beiden französischen Dichtern **Arthur Rimbaud** (1854 – 1891), insbesondere dessen **Illuminations** (1886), und **Charles Baudelaire** (1821 – 1867) mit seinem Gedichtband **Les Fleurs du Mal** (1857).

Die Anfänge und die Höhepunkte des Expressionismus

Seit 1907 schrieb der Maler, Lyriker und Dramatiker Oskar Kokoschka (1886 – 1980) **expressionistische Bühnenstücke.** Bei der Uraufführung von **Mörder, Hoffnung der Frauen** 1921 am Dresdner Albert-Theater führte Kokoschka Regie und entwarf die Szenenbilder.

Seine Dramen gelten heute als die ersten expressionistischen Theaterstücke. Die Figuren in expressionistischen Dramen besitzen oft keine Namen, stattdessen zeichnen sich einige Stereotype überspitzt ab, die auf ihre bloße Funktion in der Gesellschaft festgelegt sind.

Ein bedeutendes Drama des Expressionismus ist das 1912 geschriebene und 1917 uraufgeführte Stück **Der Bettler** von **Reinhard Johannes Sorge** (1892 – 1916). Darin werden die namenlosen Figuren in fünf Gruppen eingeteilt: Menschen, Gruppenpersonen, Nebenpersonen, stumme Personen und Gestalten des Dichters. Bei der Inszenierung des Stücks wurden neue Techniken, Scheinwerfer und Lichteffekte erprobt.

Auch **Ernst Tollers** (1893 – 1939) **Masse Mensch. Ein Stück aus der sozialen Revolution des 20. Jahrhunderts** (1921) gilt als wichtiges expressionistisches (Revolutions-)Drama, das die Sinnlosigkeit des Massensterbens an der Front drastisch und eindrucksvoll thematisiert. Auch Kritik am Krieg und den menschenfeindlichen Mächten der Politik kommt hier zum Ausdruck.

NOTIZ AM RANDE

Der 1886 in Niederösterreich geborene Oskar Kokoschka war einer der bedeutendsten expressionistischen Maler seiner Zeit und ist aus heutigen Galerien oder Museen nicht wegzudenken.

Im Ersten Weltkrieg meldete sich Kokoschka freiwillig und wurde an der Ostfront schwer verwundet. Zeitlebens litt er unter den Folgen, unter anderem einem gestörten Gleichgewichtssinn infolge eines Kopfschusses.

Große Inspiration für Kokoschka war seine Geliebte Alma Mahler-Werfel (1879 – 1964), die Witwe des berühmten Komponisten Gustav Mahler, die eine bedeutende Persönlichkeit der damaligen Literatur- und Kunstszene war.

Alma Mahler-Werfel auf einem Portät von Oskar Kokoschka, 1912

Der **lyrische Expressionismus** beginnt 1911 mit dem Gedicht **Weltende** von **Jakob von Hoddis** (1887 – 1942), einem Gedicht, das die Zeit beschreibt, ergreift, aber auch demontiert.

Weltende

Jakob von Hoddis

Dem Bürger fliegt vom spitzen Kopf der Hut,
In allen Lüften hallt es wie Geschrei.
Dachdecker stürzen ab und gehn entzwei
Und an den Küsten – liest man – steigt die Flut.

Der Sturm ist da, die wilden Meere hupfen
An Land, um dicke Dämme zu zerdrücken.
Die meisten Menschen haben einen Schnupfen.
Die Eisenbahnen fallen von den Brücken.

Jakob von Hodis: Weltende. Gedichte. Zürich: Arche 2001, S. 19

Speziell die Form der Lyrik bot den Expressionisten eine gute Möglichkeit, die Gräuel des Ersten Weltkriegs darzustellen. Herausragend ist sicherlich das Werk des produktiven Dichters **Georg Trakl** (1887 – 1914; > S. 177). Andere wichtige Vertreterinnen und Vertreter waren: **Georg Heym** (1887 – 1912), der trotz seines frühen Todes – er brach beim Eislaufen auf der Berliner Havel ein und ertrank – ein umfangreiches poetisches Werk hinterließ, Else Lasker-Schüler (1869 – 1945; > S. 176), die schon die avantgardistische Moderne mitgeprägt hatte, Gottfried Benn (1886 – 1956), Ernst Stadler (1883 – 1914) und der junge Franz Werfel (1890 – 1945).

1909 wurde in Berlin das **Neopathetische Cabaret** gegründet, in dem Dichterabende stattfanden und junge, aufstrebende Talente – etwa Jakob von Hoddis oder Georg Heym – ihre Gedichte vorlesen konnten.

Der Verleger Kurt Wolff (1887 – 1963) gab von 1913 bis 1921 die Heftreihe **Der jüngste Tag heraus**, in der er zahlreiche Vertreterinnen und Vertreter des Expressionismus mit ihren Werken – vor allem ihrer Lyrik – einem größeren und interessierten Publikum vorstellte.

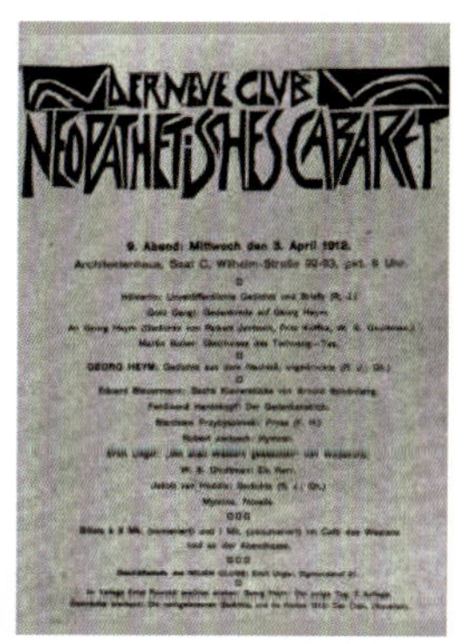

Plakat zu einer Veranstaltung des Neopathetischen Cabarets in Berlin, 1912

Der Vater-Sohn-Konflikt

kulminieren: seinen Höhepunkt erreichen, gipfeln

Ein Hauptmotiv im Expressionismus war der **Vater-Sohn-Konflikt.** Der junge Mensch revoltierte gegen das von den Vätern auferlegte Erbe und gegen das damit verbundene Schicksal. Der Konflikt **kulminierte** nicht selten im Kampf gegen die ganze Gesellschaft, aber auch im drastisch dargestellten Tod von Vater oder Sohn. Das Symbol des Vatermordes gibt es etwa bei **Franz Werfel** und seinem Werk **Nicht der Mörder, der Ermordete ist schuldig** (1920), bei **Arnolt Bronnens** (1895 – 1959) **Vatermord** (1920), **Walter Hasenclevers** (1890 – 1940) **Der Sohn** (1914) und **Franz Kafkas** (1883 – 1924; > S. 174) **Das Urteil** (1913).

Frank Wedekind – ein literarischer Grenzgänger

Frank Wedekind (1864 – 1918) galt als **Garant für Skandalstücke.** Seine Werke werden dem Expressionismus zugeordnet, obwohl sie formal eigenständig sind und auch keine typisch expressionistischen Themen behandeln. Wedekind wurde 1864 in Hannover als zweites von insgesamt sechs Kindern geboren. Der Vater kaufte für die Großfamilie Schloss Lenzburg, ein Anwesen im schweizerischen Kanton Aargau. Nach der Schule begann Wedekind als Sekretär beim **Zirkus Herzog** zu arbeiten und tingelte mit diesem quer durch Großbritannien und Frankreich. Inmitten dieser bunten Zeit schrieb er seine ersten

Der „Skandalautor" Frank Wedekind, hier auf einer zeitgenössischen Fotografie, revolutionierte das deutsche Theater.

drei Dramen, **Kinder und Narren** (1890), **Frühlings Erwachen** (1891 – die Uraufführung fand allerdings erst 1906 statt) und **Der Liebestrank** (1891, Uraufführung 1899). Nachdem er den Zirkus verlassen hatte ging er nach Paris und wurde Sekretär des Malers und Kunstfälschers Willy Grétor (1868 – 1923). Seine Liebe zum Theater und vor allem zum Schauspielen führten Wedekind ab 1897 zu Auftritten in einem Tourneetheater.

Kaum ein anderer Autor dieser Zeit hatte dermaßen gegen die **Zensurbehörde** zu kämpfen wie Frank Wedekind. Seine Stücke wurden oft erst nach längerer Zeit aufgeführt oder erlebten wie seine **Büchse der Pandora** zu seinen Lebzeiten keine einzige Aufführung. Oft musste er auch selbst mehrere Rollen übernehmen, weil viele Schauspieler aus Angst vor behördlicher Verfolgung kurzfristig absprangen.

Mit der Arbeit zu **Lulu oder Die Büchse der Pandora** hatte Wedekind 1892 begonnen – unzählige Ent- und Verwürfe folgten. 1895 war das „Urstück" in fünf Akten fertig, allerdings stand gleich die Zensurbehörde vor der Türe und setzte Wedekind gehörig unter Druck. Dieser lenkte ein und **Lulu** wurde geteilt, gekürzt und entschärft. Die ersten drei Akte wurden unter dem neuen Titel **Der Erdgeist** am 25. Februar 1898 im Leipziger Ibsen-Theater uraufgeführt. Seinem Drama **Frühlings Erwachen** (> S. 183ff.) erging es ähnlich. Die Thematik rund um eine „Teenager"-Schwangerschaft und ein damit verbundener Suizid waren den Ordnungshütern zu brisant.

*Filmplakat zu **Lulu** (1962) – Verfilmung von Rolf Thiele (1918 – 1994) nach dem Werk Frank Wedekinds. Die erotische Darstellung von Lulu deutet den Inhalt des Werks an: Lulu zieht alle möglichen Männer in ihren Bann, entlarvt die bürgerliche Scheinmoral. Ihretwegen gibt es Ehebruch, Scheidung, ja sogar Suizid und Mord.*

Literarische Einzelgänger des Expressionismus

Nach 1918 waren es die Dadaismus-Aktionen, die einen großen Einfluss auf die **Surrealisten,** die sich später in Frankreich gründen sollten, ausübten. In Nachfolge des früh verstorbenen Christian Morgenstern (> S. 146) versuchten die Mitglieder des 1902 von der späteren Theatergröße Max Reinhardt (1873 – 1943) gegründeten Berliner Kabaretts „Schall und Rauch" die Öffentlichkeit auf sich aufmerksam zu machen. Ihm gehörten Autoren an, die sich weder der expressionistischen noch der dadaistischen Strömung zurechnen ließen. Allen voran waren dies **Walter Mehring** (1896 – 1981), **Joachim Ringelnatz** (1883 – 1934) und **Klabund** (1890 – 1928). Sowohl Ringelnatz' als auch Klabunds Lyrik bestechen durch hintergründigen Humor. Obwohl Klabund sehr früh verstarb, hinterließ er ein umfangreiches Werk. Er arbeitete auch im damals noch jungen Medium Film. 1925 verfasste er das Drehbuch zur Verfilmung von William Shakespeares **Ein Sommernachtstraum** *(A Midsummer Nights Dream)* unter der Regie von Hans Neumann.

> **Surrealist:** Vertreter des Surrealismus, einer Strömung, die sich an psychoanalytischen Theorien orientiert: Traumhaftes, Phantastisches, Surreales stehen im Mittelpunkt

Aufgaben

1 Geben Sie wichtige Themen und Merkmale des Expressionismus wieder.

2 Erklären Sie, warum Wedekinds Werke so umstritten waren.

2 Überlegen Sie, warum der Vater-Sohn-Konflikt gerade im Expressionismus zu einem wichtigen Thema wird.

Kurzporträts

Franz Kafka (1883 – 1924) war einer der herausragendsten und eigenwilligsten Autoren der Zeit. Er wurde 1883 in Prag als einziger Sohn, neben drei Töchtern, in eine **deutsch-jüdische Kaufmannsfamilie** geboren. Auf Wunsch des Vaters studierte er an der Deutschen Universität in Prag Jus und übernahm 1908 bis zu seiner Frühpensionierung aufgrund eines

Franz Kafka, Fotografie aus 1923

schweren Lungenleidens eine Stelle als Versicherungsjurist bei der Arbeiter-Unfall-Versicherungs-Anstalt in Prag. In diesem Jahr erschien auch seine erste Publikation von acht Stücken in der Zeitschrift **Hyperion.** Im September 1912 gelang Kafka mit der Erzählung **Das Urteil** der Durchbruch. Sein Erzählstil ist unverwechselbar und die Rätselhaftigkeit des Geschehens zieht sich wie ein roter Faden durch sein Werk.

In den folgenden Monaten wurden die meisten Teile des Romanfragments **Der Verschollene** verfasst (heute bekannt unter dem Titel **Amerika,** 1927 gedruckt). Gegen Ende 1912 schrieb Kafka seine Erzählung **Die Verwandlung,** die 1915 gedruckt wurde. Es sollte die einzige selbstständige Veröffentlichung zu seinen Lebzeiten bleiben. In seiner zweiten Lebenshälfte entstand der Roman **Der Prozess** (gedruckt 1925), der die Themen Schuld, Selbstverurteilung, aber auch Entmündigung des Einzelnen gegenüber der Staatsmacht zum Thema hat. Der Roman steht parabelhaft für die Verhältnisse in einem totalitären System – ähnlich wie wenig später Hitler-Deutschland, das Kafka vorausahnte, aber nicht mehr erlebte. Kafkas Familie – seine Eltern und seine Schwestern – wurden Opfer des Holocausts. Bereits zu Beginn von **Der Prozess** heißt es:

„Jemand musste Josef K. verleumdet haben, denn ohne dass er etwas Böses getan hätte, wurde er eines Morgens verhaftet."

Franz Kafka: Der Prozess. In: Max Brod (Hg.): Franz Kafka. Gesammelte Werke. Erzählungen. Frankfurt am Main: Fischer 1998, S. 7

NOTIZ AM RANDE

Titelblatt der Erstausgabe der Erzählung ***Die Verwandlung.*** *Das dargestellte Grauen steht für die Zerrüttung einer Familie.*

Der erste Satz des Werkes wird zum kafkaesken Auftakt:

„Als Gregor Samsa eines Morgens aus unruhigen Träumen erwachte, fand er sich in seinem Bett zu einem ungeheuren Ungeziefer verwandelt."

Franz Kafka: Die Verwandlung. In: Max Brod (Hg.): Franz Kafka. Gesammelte Werke. Erzählungen. Frankfurt am Main: Fischer 1998, S. 57

Gregor, der bis dahin für seine Eltern und Schwester finanziell hatte sorgen müssen, ist nun als Ungeziefer, das nach wie vor menschliches Bewusstsein hat, nicht mehr in der Lage dazu. Die Familie ist ratlos, wie sie mit der Verwandlung Gregors umgehen soll, und reagiert ihm gegenüber in einer Mischung aus Abscheu, Aggression und Gleichgültigkeit, aber selten mitfühlend. Gregor versucht wiederum seiner Familie so wenig wie möglich zur Last zu fallen. Die Familie stellt letztlich fest, dass sie sich ein Leben mit ihm nicht länger vorstellen kann.

Im **Ersten Weltkrieg** wurde Kafka wegen seiner Unabkömmlichkeit bei der Versicherungsanstalt vom Wehrdienst befreit, leistete allerdings bei der Kriegsfürsorge Rehabilitationsarbeit für Verwundete. Auch durch jüdische Flüchtlinge aus Galizien nahm er von den Gräueln des Krieges Kenntnis.

1917 wurden bei Kafka erste Anzeichen einer **Tuberkulose** festgestellt. 1922 stellte er seine Erzählung **Der Hungerkünstler** fertig, die in der Zeitschrift *Die Neue Rundschau* erschien.

Privat war Franz Kafka zweimal verlobt, wollte sich aber nicht dauerhaft binden. Obwohl er das ambivalente Verhältnis zu seinem Vater immer wieder thematisierte (z. B. in **Briefe an den Vater,** 1919; nach Kafkas Tod 1952 in *Die Neue Rundschau* abgedruckt) zog er erst im Alter von 31 Jahren von zuhause aus.

Ende 1923 übersiedelte Kafka, der zu diesem Zeitpunkt bereits Frühpensionist war, nach Berlin, wollte sich ganz der Schriftstellerei widmen, kehrte aber schon wenige Monate später wieder nach Prag zurück. Seine Gesundheit war zunehmend angeschlagen. Er wurde mit Kehlkopftuberkulose in das Sanatorium Kierling (bei Klosterneuburg) gebracht, wo er 1924 verstarb. Noch zu Lebzeiten hatte er seinem besten Freund, dem Schriftsteller **Max Brod** (1884–1968) – der wie er dem **Prager Kreis** angehörte, einem losen Literatenverband, zu dem auch Werfel und Rilke zählten – aufgetragen, sein literarisches Werk zu vernichten. Nur durch Brods Entscheidung, den Willen seines Freundes nicht zu berücksichtigen, wurde der Autor Franz Kafka berühmt. Im Nachlass befand sich auch das Romanfragment **Das Schloß** (1926 gedruckt). Kafkas Literatur wurde wegen ihrer Eigenwilligkeit und Einzigartigkeit rasch mit dem Wort **„kafkaesk"** beschrieben. Damit sind im weitesten Sinne seine **surrealen,** oft namenlosen Figuren und die bisweilen beklemmend ins Traumhafte gesteigerten Situationen gemeint, die bis heute schwer zu deuten sind.

surreal: traumhaft, unwirklich wirkend

Gottfried Benns Porträt (um 1951), Zeichnung von Tobias Falberg (geb. 1976), 2005

Gottfried Benn, der als einer der geistigen Väter des Expressionismus gilt, wurde 1886 in Mansfeld in Westpreußen als Sohn einer protestantischen Pfarrersfamilie geboren. Im Ersten Weltkrieg war er **Militärarzt** in Brüssel und ab 1917 bis 1935 als Facharzt für Haut- und Geschlechtskrankheiten in Berlin tätig. Ab 1910 begann er neben seiner Tätigkeit als Arzt auch dichterisch aktiv zu werden. Er verarbeitete auf diese Weise seine Erfahrungen als **Arzt und Pathologe.** Dabei wandte er einen Sprachduktus aus pathetischem Vokabular gepaart mit kühler Wissenschaftssprache und Themen wie Krankheit, Verderben, Tod und Zerfall an. Illusionen oder Hoffnung ließ er erst gar nicht aufkommen, vielmehr zertrümmerte er diese Stimmungen, ehe sie noch entstehen konnten. Sein erster Gedichtband **Morgue und andere Gedichte** (1912; > S. 182) enthielt drastische, desillusionierte Gedichte wie **Mann und Frau gehn durch die Krebsbaracke.**

1917 folgte sein Gedichtband **Fleisch** in der Zeitschrift *Die Aktion*. In den 1930er Jahren sympathisierte er anfangs – auch öffentlich – mit dem **Nationalsozialismus,** entfernte sich aber wenig später davon und wurde dafür von den Nationalsozialisten heftig angegriffen und ab 1938 mit einem Schreibverbot belegt. Nach dem Krieg erschienen noch einige Gedichtbände, etwa **Statistische Gedichte** (1949). Gottfried Benn starb 1956 in Berlin.

Lasker-Schüler in orientalischem Kostüm als „Prinz Yussuf", Fotografie aus 1912

Else Lasker-Schüler, Tochter eines jüdischen Bankiers, wurde 1869 in Elbersfeld geboren. Schon früh begann sie, lyrisch aktiv zu werden – herausragend ist ihr Gedichtband **Der siebente Tag** (1905). Im Jahr 1911 gelang ihr mit dem Gedichtband **Meine Wunder** ein großer Erfolg; fortan gehörte sie zu den bedeutendsten expressionistischen Dichterinnen Deutschlands. Ab 1912 pflegte sie zu Gottfried Benn eine tiefe Freundschaft. 1933 emigrierte sie in die Schweiz und von dort schließlich nach Israel, wo sie 1945 starb. Mit dem Maler **Franz Marc** (1880 – 1916) verband Lasker-Schüler, die selbst auch Zeichnerin war, eine jahrzehntelange, enge Freundschaft.

Schriftsteller, Revolutionär und Politiker: Ernst Toller, Fotografie aus 1923

Ernst Toller wurde 1893 im deutschen Posen (heute Polen) als Sohn einer jüdischen Kaufmannsfamilie geboren. Er studierte in Grenoble Jus und ging 1914 als **Freiwilliger an die Kriegsfront,** von der er 1916 schwer verwundet heimkehrte. Nach der **Revolution von 1918** wurde er leitendes Mitglied der bayrischen **Räterepublik.** Wegen seiner politischen Aktivitäten wurde er 1919 zu fünf Jahren Festungshaft verurteilt. 1927 schrieb er das vielbeachtete Theaterstück **Hoppla, wir leben!**, 1933 emigrierte er wegen Hitlers Machtergreifung in die USA und verfasste dort seine Autobiografie mit dem Titel **Eine Jugend in Deutschland.** 1939 nahm sich Ernst Toller, entsetzt über den Erfolg des Faschismus in Europa, in New York das Leben.

NOTIZ AM RANDE

Toller war nicht nur in seinen Stücken, sondern auch in der Wirklichkeit Revolutionär. In der politischen Zeitung *Die Republik – Organ für Arbeit und Aufbau* wird er als einer der „geistigen Führer" der **Räterepublik** genannt. Von der Russischen Revolution inspiriert und durch Massenstreiks eingeleitet, wurde 1919 in Bayern für vier Wochen eine Räterepublik errichtet. Es war dies der Versuch, Bayern sozialistisch durch Arbeiter- und Soldatenräte zu regieren. Die Republik konnte sich allerdings nicht festigen und wurde schließlich vom Militär und rechten Paramilitärs (Freikorps) blutig niedergeschlagen. Toller tauchte zunächst unter, wurde schließlich verhaftet und eingesperrt.

Georg Kaiser (1878 – 1945) wurde 1878 in Magdeburg geboren und war als Kaufmann lange Jahre in Argentinien, Spanien und Italien tätig, ehe er 1901 nach Deutschland zurückkehrte und sich dazu entschloss, als freier Schriftsteller zu leben. Seine produktivste Zeit waren die Jahre zwischen 1911 und 1920. In diesem Zeitraum entstanden etwa 40 expressionistische Dramen (bedeutend vor allem **Gas I** und **Gas II**, 1918 – 1920). 1933 belegten ihn die Nationalsozialisten nach Hitlers Wahl zum Reichskanzler mit einem **Aufführungsverbot.** 1938 emigrierte er in die Schweiz, wo er bis zu seinem Tod 1945 lebte.

Einer der erfolgreichsten Dramatiker seiner Zeit: Georg Kaiser, Fotografie um 1920

Walter Hasenclever (1890 – 1940) wurde 1890 in Aachen geboren und war zunächst Anhänger der neuromantischen Lyrik und Dramatik, ehe er sich dem Expressionismus zuwandte. Hasenclever meldete sich freiwillig zum Kriegsdienst, wurde jedoch unter dem Eindruck des Ersten Weltkriegs Pazifist. 1917 gelang es ihm, unter Vortäuschung psychischer Erkrankungen, aus dem Kriegsdienst zu scheiden.

Walter Hasenclever, Fotografie um 1916

Bereits 1914 verfasste Hasenclever sein revolutionäres Stück **Der Sohn,** das den **Vater-Sohn-Konflikt** thematisiert und als eines der ersten expressionistischen Dramen 1916 aufgeführt wurde. In seinem Stück **Antigone** (1917) nutzte er den antiken Stoff, um seinen Protest gegen den Krieg zu bekräftigen. Nach der Machtübernahme der Nationalsozialisten wurden seine Werke verboten und aus den Bibliotheken verbannt. 1933 emigrierte Hasenclever nach Frankreich. Dort verfasste er seinen autobiografischen Roman **Die Rechtlosen** (1939) über die – vornehmlich deutschen und österreichischen – Emigranten in französischem Gewahrsam. Beim Einmarsch der deutschen Truppen 1940 beging er, da er als Nazigegner keine Zukunft mehr für sich sah, im Internierungslager in Les Milles (bei Aix-en-Provence) Selbstmord.

Georg Trakl (1887 – 1914) wurde in Salzburg geboren und begann nach erfolgloser Schulzeit, die er ohne Abschluss abbrach, eine Ausbildung als Apotheker. Schon früh wurde er drogenabhängig, wobei er oft Medikamente aus der Apotheke entwendete. Die Schlacht bei Grodek (Galizien) während des Ersten Weltkriegs erlebte er als **Sanitäter** mit. Er war allein für über einhundert Verletzte zuständig, was ihn traumatisierte.

Georg Trakl, Fotografie um 1913

Trakl schrieb schwermütige **Gedichte** und schuf durch eigenwillige Allegorien, eine nicht nach gängigen Rhythmen geordnete Sprache und dunkle, schwer zu deutende Sinnbilder eine eigene poetische Form. Wahrscheinlich hatte Trakl eine inzestuöse Beziehung zu seiner Schwester oder zumindest Gefühle für sie. Der Irrsinn des Krieges, Depressionen und seine Drogenabhängigkeit setzten ihm zu – er unternahm mehrere Suizidversuche, ehe er 1914 in Krakau an einer Überdosis Kokain verstarb.

Aufgaben

1 Untersuchen Sie den Einfluss des Ersten Weltkriegs auf die Biografien der Kurzporträts.

2 Informieren Sie sich über eines der in diesem Abschnitt genannten Werke genauer. Vergleichen Sie Ihre Ergebnisse anschließend in der Klasse und diskutieren Sie eine mögliche gemeinsame Klassenlektüre.

3 **Portfolio:** Setzen Sie Kafkas Anfangssatz aus seinem Werk **Der Prozess** „Jemand musste Josef K. verleumdet haben, denn ohne dass er etwas Böses getan hätte, wurde er eines Morgens verhaftet" fort. Verfassen Sie dazu eine Kurzgeschichte.

Dadaismus

Der Italiener **Filippo Tommaso Marinetti** (1876 – 1944) hatte den Futurismus begründet und ihn von der bildenden Kunst weiter in die Literatur geführt. Er suchte nach neuen Ausdrucksformen, die seine Bewunderung für das moderne Zeitalter und die Maschinen des technischen Fortschritts zeigen sollten. 1912 wurde Marinetti in Berlin **frenetisch** gefeiert, dennoch hatten seine Ideen nur für kurze Zeit Erfolg. Allerdings führten seine Ansichten zur Kunst- und Sprachneuformung direkt zum **Dadaismus.**

frenetisch: überschwänglich

Mit der Eröffnung des legendären **„Cabaret Voltaire"**, ein durch den Pazifisten und glühenden Kriegsgegner **Hugo Ball** gegründetes kleines und auf den ersten Blick unscheinbares Züricher Kleinstadttheater, entstand 1916 eine vollkommen neue Kunst- und Literaturströmung, die sich bald als „Dadaismus" bezeichnete. Einigen Quellen zufolge wählte Emmy Hennings, eines der ersten Mitglieder und spätere Ehefrau von Hugo Ball, den Namen aus. Sie entnahm der französischen Kindersprache das Wort „Dada", was so viel wie Holzpferdchen bedeutet. Die Mitglieder wollten damit bewusst eine zynische Antwort auf die vielen heroischen Parolen während des Ersten Weltkriegs geben. Beeinflusst wurden die Dadaisten durch den **Anarchismus** und den **Nihilismus.** Zu den ersten erklärten Dadaisten Zürichs zählten neben Ball und Hennings auch **Tristan Tzara** (1896 – 1963), **Hans Arp** (1886 – 1966) und **Richard Huelsenbeck** (1892 – 1974).

Das Voltaire wurde zur „Künstlerkneipe" der Dadaisten, Plakat des Malers und Grafikers des Dadaismus Marcel Słodki (1892 – 1943)

Anarchismus: Lehre der Gesellschaftsform ohne Staatsgewalt

Nihilismus: Lehre der Sinnlosigkeit und Belanglosigkeit der Dinge

Mit Lautgedichten, Simultangedichten und Nonsensgedichten wurden die Dadaisten bald bekannt. Bei ihren Aktionen erschienen sie oftmals verkleidet, die Grenzen der **Semantik** und der **Syntax** wurden bewusst überschritten. Man vereinigte verschiedene Kunstrichtungen, so waren viele Dadaisten auch grafisch tätig, fertigten Collagen an, malten, zeichneten, komponierten – so etwa Kurt Schwitters (> S. 179). Sie demonstrierten gegen den „Wahnsinn der Zeit", wie es Hans Arp nannte, und betrieben ihr „Narrenspiel aus dem Nichts", wie es Hugo Ball umschrieb.

Semantik: Lehre von Zeichen und Zeichenfolge

Syntax: Lehre vom Satzbau und der Satzlehre

Der Dadaismus – ein Vorläufer literarischer „Happenings"

Der Dadaismus war eine Bewegung geworden, die sich bewusst nicht ernst nahm und dies auch immer wieder öffentlich machte. Dennoch polarisierte man durch Kampfansagen, ohne Gehalt, was natürlich ebenso beabsichtigt war. 1918 setzten die Mitglieder von Dada Zürich ein Manifest auf, in dem es hieß: „Der Dadaismus steht zum ersten Mal dem Leben nicht mehr ästhetisch gegenüber, indem er alle Schlagworte von Ethik, Kultur und Innerlichkeit, die nur Mäntel für schwache Muskeln sind [...] zerfetzt."

Nach dem Weltkrieg zerschlug sich **Dada Zürich,** aber neue Formationen entstanden, da der Dadaismus in Mode gekommen war. So entstand 1918/1919 **Dada Berlin,** unter der Führung von Richard Huelsenbeck und Raoul Hausmann (1886 – 1971), George Grosz (1893 – 1959) und der Malerin Hannah Höch (1889 – 1978), die sämtliche Grafiken und Collagen für die Bewegung anfertige. Kurt Schwitters gründete eine dadaistische Bewegung in Köln und ent-

Collage von Hans Arp (1886 – 1966) aus 1919

wickelte seine **„Merzkunst"** (von **Kommerz**), die er zur Marke machte. Auch in Hannover gab es eine dadaistische Schule, und Tristan Tzara brachte den Dadaismus nach Paris, wo André Breton (1896 – 1966), Louis Aragon (1897 – 1982) und Benjamin Péret (1899 – 1959) neben Tzara zu den wichtigsten Vertretern wurden. Aus dieser entwickelte sich der **Surrealismus.** Diesen Bruch mit dem Dadaismus nahm Tzara persönlich. Zwischen ihm und den nunmehrigen Surrealisten entfachte sich ein erbitterter Streit, der sogar zu Handgreiflichkeiten führte. Der Surrealismus fand rasch Einzug in die Malerei. Beste Beispiele sind die beiden Spanier **Salavador Dalí** (1904 – 1989) und **Joan Miró** (1893 – 1983) oder die britisch-mexikanische Künstlerin **Leonora Carrington** (1917 – 2011).

Kommerz: Wirtschaft, Handel und Geschäftsverkehr; aber auch eine nur am Gewinn interessierte Industrie

Die **Dada-Bewegung** gab neben Manifesten auch die eigene Zeitschrift *Dada* (1919 – 1920) heraus. Ihre Aktionen wurden zu wichtigen „Happenings", bei denen das Publikum miteinbezogen wurde. Die Dada-Abende waren grell, bunt, laut und übertrieben und hatten großen Einfluss auf die „Happenings" der **Pop-Art-Vertreter** oder der **Wiener Aktionisten** (> S. 236) dreißig Jahre später.

Kurzporträts des Dadaismus

Hugo Ball (1886 – 1927) studierte Germanistik und Philosophie in München und Heidelberg. Er war von 1911 bis 1914 als Dramaturg in München und Plauen tätig, wobei er vor allem den Expressionismus und die Stücke Frank Wedekinds förderte. 1915 ging er mit seiner späteren Ehefrau Emmy Hennings (> S. 180) in die Schweiz und eröffnete als kritischer Zeitgeist und Pazifist 1916 das Cabaret Voltaire, das zur Keimzelle des Dadaismus wurde. Er selbst wandte sich schon 1917 wieder vom Dadaismus ab und wurde Zeitungsredakteur in Bern. Nach 1920 entdeckte er den religiösen Glauben für sich und schrieb an theologischen Studien. Er schrieb auch eine der ersten Biografien über Hermann Hesse.

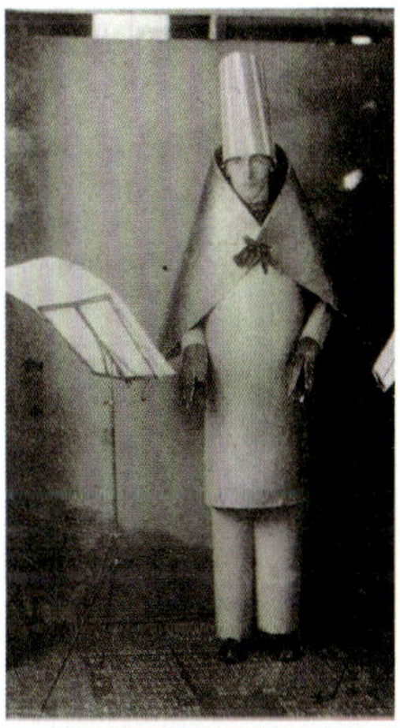

Hugo Ball bei einer Performance im Cabaret Voltaire im Jahr 1916

Tristan Tzara (1896 – 1963) wurde als Samuel Rosenstock im rumänischen Moinesti geboren. Schon früh zog die Familie nach Frankreich. Tzara wollte mit seinen modernen Theaterhappenings (**La coeur à gaz**, 1921), den von ihm initiierten Dada-Zeitschriften und den Lyrikbänden wie **Vingt-cinq poèmes** (1918) bewusst das Publikum provozieren. Er blieb dem Dadaismus treu, auch, als sich daraus schon der Surrealismus entwickelt hatte.

Porträt Tzaras, Gemälde von Robert Delaunay (1885 – 1941), 1923

Kurt Schwitters (1887 – 1948) war als Maler, Dichter und Architekt so etwas wie das Universaltalent des Dadaismus. In Hannover geboren war er früh schon Mitarbeiter bei der expressionistischen Zeitschrift **Der Sturm.** Als einer der Gründungsväter des Dadaismus prägte er ab 1919 in Köln seinen eigenen Kosmos der sogenannten **„Merzkunst"** – unter diesem Begriff sollten seine Werke einen großen Wiedererkennungswert haben. 1919 schuf er das erste „Merzbild", gleichzeitig konzipierte er auch die „Merz-Literatur", ein Sammelsurium aus Collagen, fertigen Sätzen, einzelnen Wörtern. Er selbst sagte: „Das Wort Merz bedeutet die Zusammenfassung aller erdenklichen Materialien für künstlerische Zwecke und technisch die prinzipiell gleiche Wertung der einzelnen Materialien [...]. Der Künstler schafft durch Wahl, Verteilung und Entformung."

Kurt Schwitters, Fotografie aus 1927

Sein Gedichtband **Anna Blume** (1919) erregte wegen seiner grotesken, unorthodoxen und skurrilen Sprachgestaltung großes Aufsehen. 1932 schuf Schwitters seine **Ursonate.** In diesem Klangstück werden inhaltsfreie Laute nach den Prinzipien des Sonatensatzes wiedergegeben. Darüber hinaus gilt er als Neubegründer der **Konkreten Poesie** (> S. 276) des 20. Jahrhunderts. 1933, im Jahr der NS-Machtergreifung in Deutschland, entwarf Schwitters nach eigenen Plänen in Hannover seinen „Merzbau", der den Krieg aber nicht überlebte. Seine Kunst wurde von der neuen Staatsmacht als „entartet" bezeichnet.

1935 emigrierte er nach Norwegen und 1940 nach Großbritannien. Schwitters gilt heute als ein Pionier der avantgardistischen Kunst.

Hans Arp, oder auch Jean Arp, wurde 1887 im elsässischen Straßburg geboren und studierte bildende Kunst in Weimar und Paris. Ab 1926 lebte er vorwiegend in Paris und in Zürich. Er wurde zu einem Mitbegründer des Dadaismus. In den 1920er Jahren schloss er sich der surrealistischen Bewegung an.

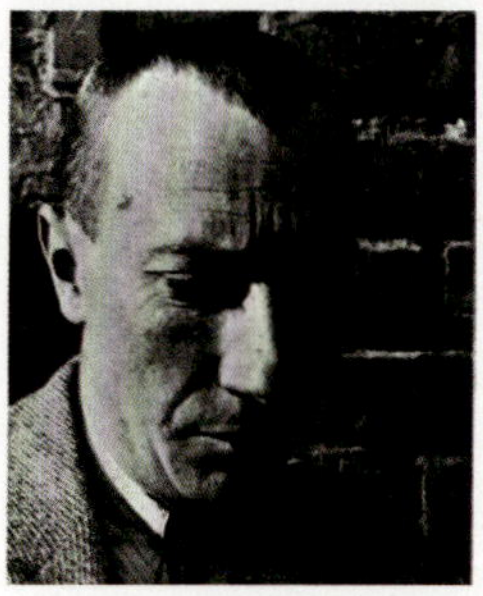

Arp auf einer Fotografie, um 1925

Seine Gedichte entstanden meist durch automatisches Schreiben *(Ècriture automatique).* Unter Verzicht auf Absichtlichkeit und Sinnkontrolle können dabei sowohl Sätze, Satzstücke, Wortketten als auch einzelne Wörter geschrieben werden. Er fertigte zu seinen Werken, die er auf Deutsch, Englisch und Französisch schrieb, auch seine eigenen Illustrationen und Grafiken. Arp starb 1966 in Basel, in der Schweiz.

Emmy Hennings (1885 – 1948), ab 1920 Emmy Hennings-Ball, wurde in Flensburg geboren und nach der Gründung des Cabaret Voltaire – gemeinsam mit ihrem Mann Hugo Ball – rasch zu einer der führenden Vertreterinnen des Dadaismus.

Schon früh zeigte sich ihr schauspielerisches Talent. Mit ihrem ersten Ehemann schloss sie sich 1904 einer Wanderbühne an. 1906 verschwand ihr Mann spurlos. Wenige Tage später starb ihr Sohn, der bei den Großeltern gelebt hatte. Hennings hatte Anfang des Jahres auch eine Tochter namens Annemarie geboren. Sie verließ die Wandertruppe. Mit dem Neugeborenen schlug sie sich nun von Schlesien bis zu ihrer

NOTIZ AM RANDE

An Anna Blume

Kurt Schwitters, 1919

Oh Du, Geliebte meiner 27 Sinne, ich liebe Dir!
Du, Deiner; Dich Dir, ich Dir, Du mir, - - - - wir?
Das gehört beiläufig nicht hierher!
Wer bist Du, ungezähltes Frauenzimmer, Du bist, bist Du?
Die Leute sagen, Du wärest.
Laß sie sagen, sie wissen nicht, wie der Kirchturm steht.
Du trägst den Hut auf Deinen Füßen und wanderst auf die
Hände,
auf den Händen wanderst Du.
Halloh, Deine roten Kleider, in weiße Falten zersägst,
Rot liebe ich, Anna Blume, rot liebe ich Dir.
Du, Deiner, Dich Dir, ich Dir, Du mir, - - - - - wir?
Das gehört beiläufig in die kalte Glut!
Anna Blume, rote Anna Blume, wie sagen die Leute?
Preisfrage:
1.) Anna Blume hat ein Vogel,
2.) Anna Blume ist rot.
3.) Welche Farbe hat der Vogel.
Blau ist die Farbe Deines gelben Haares,
Rot ist die Farbe Deines grünen Vogels.
Du schlichtes Mädchen im Alltagskleid,
Du liebes grünes Tier, ich liebe Dir!
Du Deiner Dich Dir, ich Dir, Du mir, - - - - wir!
Das gehört beiläufig in die - - - Glutenkiste.
Anna Blume, Anna, A - - - - N - - - -N- - - - -A!
Ich träufle Deinen Namen.
Dein Name tropft wie weiches Rindertalg.
Weißt Du es Anna, weißt Du es schon,
Man kann Dich auch von hinten lesen.
Und Du, Du Herrlichste von allen,
Du bist von hinten und von vorne:
A - - - - - - N - - - - - N - - - - - -A.
Rindertalg träufelt STREICHELN über meinen Rücken.
Anna Blume,
Du tropfes Tier,
Ich - - - - - - - liebe - - - - - - - Dir!

Kurt Schwitters: Anna Blume und ich. In: Ernst Schwitters (Hg.): Die gesammelten Anna Blume-Texte. Zürich: Arche 1987, S. 46

Emmy von Hennings, expressionistisches Porträt von Hans Bolz (1885 – 1918), 1911

Mutter nach Flensburg durch und übergab auch dieses Kind in die Obhut der Großmutter. Ab 1908 trat Emmy Hennings regelmäßig im Café des Westens auf – gemeinsam mit anderen Expressionisten der Zeit. Sie stand auch in Stadtkabaretts auf der Bühne. Erste Gedichte entstanden. Hennings musste sich als Modell und Straßensängerin über Wasser halten und geriet einmal wegen angeblicher Passfälschung für sechs Wochen ins Gefängnis.

1914 holte Hugo Ball sie ans Münchner Theater und es entstand eine Liebesbeziehung. Nach dem Tod Balls 1927 verwaltete Hennings seinen Nachlass und schrieb Märchen, Kurzgeschichten und religiöse Legenden, die keiner Strömung mehr verbunden waren.

Aufgaben

1 Überlegen Sie, inwiefern der Dadaismus noch heute aktuell und modern wäre.

2 **Gruppenarbeit:** Benennen und besprechen Sie in Gruppen die sprachlichen Auffälligkeiten des Gedichts **An Anna Blume** von Kurt Schwitters (> S. 180).

Reflexionen zum Kapitel

> Beschreiben Sie gesellschaftliche und historische Einflüsse auf die Strömungen Dadaismus und Expressionismus.

> Vergleichen Sie die Strömungen Expressionismus und Dadaismus hinsichtlich Ihrer Merkmale.

> **Partnerarbeit:** Wodurch erreicht Kunst den Menschen, regt ihn zum Nachdenken oder Handeln an: durch Humor und Satire, oder durch Ernsthaftigkeit und Kritik? Begründen Sie Ihre Meinung gegenüber Ihrer Nachbarin bzw. Ihrem Nachbarn.

TEXT

Ruh und Schweigen

Georg Trakl, 1913

Hirten begruben die Sonne im kahlen Wald.
Ein Fischer zog
In härenem Netz den Mond aus frierendem Weiher.

In blauem Kristall
Wohnt der bleiche Mensch, die Wang' an seine Sterne gelehnt;
Oder er neigt das Haupt in purpurnem Schlaf.

Doch immer rührt der schwarze Flug der Vögel
Den Schauenden, das Heilige blauer Blumen,
Denkt die nahe Stille Vergessenes, erloschene Engel.

Wieder nachtet die Stirne in mondenem Gestein;
Ein strahlender Jüngling
Erscheint die Schwester in Herbst und schwarzer Verwesung.

Erstausgabe des Gedichtbands von Georg Trakl

Georg Trakl: Das dichterische Werk. München: dtv 1982, S. 63

TEXT

An einen Frühverstorbenen

Georg Trakl, 1913

O, der schwarze Engel, der leise aus dem Innern des Baums trat,
Da wir sanfte Gespielen am Abend waren,
Am Rand des bläulichen Brunnens.
Ruhig war unser Schritt, die runden Augen in der braunen Kühle des Herbstes,
O, die purpurne Süße der Sterne.

Jener aber ging die steinernen Stufen des Mönchsbergs hinab,
Ein blaues Lächeln im Antlitz und seltsam verpuppt
In seine stillere Kindheit und starb;
Und im Garten blieb das silberne Antlitz des Freundes zurück,
Lauschend im Laub oder im alten Gestein.

Seele sang den Tod, die grüne Verwesung des Fleisches
Und es war das Rauschen des Walds,
Die inbrünstige Klage des Wildes.
Immer klangen von dämmernden Turmen die blauen Glocken des Abends.

Stunde kam, da jener die Schatten in purpurner Sonne sah,
Die Schatten der Fäulnis in kahlem Geäst;
Abend, da an dämmernder Mauer die Amsel sang,
Der Geist des Frühverstorbenen stille im Zimmer erschien.

O, das Blut, das aus der Kehle des Tönenden rinnt,
Blaue Blume; o die feurige Träne

Geweint in die Nacht.
Goldene Wolke und Zeit. In einsamer Kammer
Lädst du öfter den Toten zu Gast,
Wandelst in trautem Gespräch unter Ulmen den grünen Fluß hinab.

Georg Trakl: Das dichterische Werk. München: dtv 1982, S. 65

Aufgaben

1 Untersuchen Sie die Stilmittel und den Aufbau der Gedichte.

2 Beschreiben Sie, was in den Gedichten vor sich geht und welche Themen sie aufgreifen.

3 **Gruppenarbeit:** Interpretieren Sie in Gruppen die unterschiedlichen sprachlichen Bilder der Gedichte.

TEXT

Schöne Jugend

Gottfried Benn, 1912

Der Mund eines Mädchen, das lange im Schilf gelegen hatte,
sah so angeknabbert aus.
Als man die Brust aufbrach, war die Speiseröhre so löcherig.
Schließlich in einer Laube unter dem Zwerchfell
fand man ein Nest von jungen Ratten.
Ein kleines Schwesterchen lag tot.
Die anderen lebten von Leber und Niere,
tranken das kalte Blut und hatten
hier eine schöne Jugend verlebt.
Und schön und schnell kaum auch ihr Tod:
Man warf sie allesamt ins Wasser.
Ach, wie die kleinen Schnauzen quietschten!

Gottfried Benn: Gedichte. Herausgegeben von Christoph Perles. Ditzingen: Reclam 2000, S. 7

Aufgaben

1 Untersuchen Sie die Stilmittel und den Aufbau des Gedichts.

2 Weisen Sie die Themen „Tod" und „Jugend" im Gedicht aus.

3 Erklären Sie den Titel des Gedichts.

Frühlings Erwachen

Frank Wedekind, 1891

Erster Akt

Erste Szene

Wohnzimmer

Masturbierende Jugendliche, Schwangerschaft und Abtreibung einer Jugendlichen, Suizid – bei Frühlings Erwachen war der Skandal programmiert. Der Einband der Originalausgabe (1891) soll die Idylle vortäuschen.

Wendla: Warum hast du mir das Kleid so lang gemacht, Mutter?

Frau Bergmann: Du wirst vierzehn Jahr heute!

Wendla: Hätt' ich gewußt, daß du mir das Kleid so lang machen werdest, ich wäre lieber nicht vierzehn geworden.

Frau Bergmann: Das Kleid ist nicht zu lang, Wendla. Was willst du denn! Kann ich dafür, daß mein Kind mit jedem Frühling wieder zwei Zoll größer ist? Du darfst doch als ausgewachsenes Mädchen nicht in Prinzeßkleidchen einhergehen.

Wendla: Jedenfalls steht mir mein Prinzeßkleidchen besser als diese Nachtschlumpe. – Laß mich's noch einmal tragen, Mutter! Nur noch den Sommer lang. Ob ich nun vierzehn zähle oder fünfzehn, dies Bußgewand wird mir immer noch recht sein. – Heben wir's auf bis zu meinem nächsten Geburtstag; jetzt würd' ich doch nur die Litze heruntertreten.

Frau Bergmann: Ich weiß nicht, was ich sagen soll. Ich würde dich ja gerne so behalten, Kind, wie du gerade bist. Andere Mädchen sind stakig und plump in deinem Alter. Du bist das Gegenteil. – Wer weiß, wie du sein wirst, wenn sich die andern entwickelt haben.

Wendla: Wer weiß – vielleicht werde ich nicht mehr sein.

Frau Bergmann: Kind, Kind, wie kommst du auf die Gedanken!

Wendla: Nicht, liebe Mutter; nicht traurig sein!

Frau Bergmann *sie küssend:* Mein einziges Herzblatt!

Wendla: Sie kommen mir so des Abends, wenn ich nicht einschlafe. Mir ist gar nicht traurig dabei, und ich weiß, daß ich dann um so besser schlafe. – Ist es sündhaft, Mutter, über derlei zu sinnen?

Frau Bergmann: Geh denn und häng das Bußgewand in den Schrank! Zieh in Gottes Namen dein Prinzeßkleidchen wieder an! Ich werde dir gelegentlich eine Handbreit Volants unten ansetzen.

Wendla *das Kleid in den Schrank hängend:* Nein, da möcht' ich schon lieber gleich vollends zwanzig sein …!

Frau Bergmann: Wenn du nur nicht zu kalt hast! – Das Kleidchen war dir ja seinerzeit reichlich lang; aber …

Wendla: Jetzt, wo der Sommer kommt? – O Mutter, in den Kniekehlen bekommt man auch als Kind keine Diphtheritis! Wer wird so kleinmütig sein. In meinen Jahren friert man noch nicht – am wenigsten an die Beine. Wär's etwa besser, wenn ich zu heiß hätte, Mutter? – Dank' es dem lieben Gott, wenn sich dein Herzblatt nicht eines Morgens die Ärmel wegstutzt und dir so zwischen Licht abends ohne Schuhe und Strümpfe entgegentritt! – Wenn ich mein Bußgewand trage, kleide ich mich darunter wie eine Elfenkönigin … Nicht schelten, Mütterchen! Es sieht's dann ja niemand mehr.

[…]

Dritter Akt

Fünfte Szene

Ein Schlafgemach. – Frau Bergmann, Ina Müller und Medizinalrat Dr. v. Brausepulver. – Wendla im Bett.

Dr. von Brausepulver: Wie alt sind Sie denn eigentlich?

Wendla: Vierzehneinhalb.

Dr. von Brausepulver: Ich verordne die Blaudschen Pillen seit fünfzehn Jahren und habe in einer großen Anzahl von Fällen die eklatantesten Erfolge beobachtet. Ich ziehe sie dem Lebertran und den Stahlweinen vor.

Beginnen Sie mit drei bis vier Pillen pro Tag, und steigern Sie, so rasch Sie es eben vertragen. Dem Fräulein Elfriede Baronesse von Witzleben hatte ich verordnet, jeden dritten Tag um eine Pille zu steigern. Die Baronesse hatte mich mißverstanden und steigerte jeden Tag um drei Pillen. Nach kaum drei Wochen schon konnte sich die Baronesse mit ihrer Frau Mama zur Nachkur nach Pyrmont begeben. – Von ermüdenden Spaziergängen und Extramahlzeiten dispensiere ich Sie. Dafür versprechen Sie mir, liebes Kind, um so fleißiger Bewegung machen zu wollen und ungeniert Nahrung zu fordern, sobald sich die Lust dazu wieder einstellt. Dann werden diese Herzbeklemmungen bald nachlassen – und der Kopfschmerz, das Frösteln, der Schwindel – und unsere schrecklichen Verdauungsstörungen. Fräulein Elfriede Baronesse von Witzleben genoß schon acht Tage nach begonnener Kur ein ganzes Brathühnchen mit jungen Pellkartoffeln zum Frühstück.

Frau Bergmann: Darf ich Ihnen ein Glas Wein anbieten, Herr Medizinalrat?

Dr. von Brausepulver: Ich danke Ihnen, liebe Frau Bergmann. Mein Wagen wartet. Lassen Sie sich's nicht so zu Herzen gehen. In wenigen Wochen ist unsere liebe kleine Patientin wieder frisch und munter wie eine Gazelle. Seien Sie getrost. – Guten Tag, Frau Bergmann. Guten Tag, liebes Kind. Guten Tag, meine Damen. Guten Tag. Frau Bergmann geleitet ihn vor die Tür.

Ina *am Fenster*: Nun färbt sich eure Platane schon wieder bunt. – Siehst du's vom Bett aus? – Eine kurze Pracht, kaum recht der Freude wert, wie man sie so kommen und gehen sieht. – Ich muß nun auch bald gehen. Müller erwartet mich vor der Post, und ich muß zuvor noch zur Schneiderin. Mucki bekommt seine ersten Höschen, und Karl soll einen neuen Trikotanzug auf den Winter haben.

Wendla: Manchmal wird mir so selig – alles Freude und Sonnenglanz. Hätt' ich geahnt, daß es einem so wohl ums Herz werden kann! Ich möchte hinaus, im Abendschein über die Wiesen gehn, Himmelsschlüssel suchen den Fluß entlang und mich ans Ufer setzen und träumen … Und dann kommt das Zahnweh, und ich meine, daß ich morgen am Tag sterben muß; mir wird heiß und kalt, vor den Augen verdunkelt sich's, und dann flattert das Untier herein – – – Sooft ich aufwache, seh' ich Mutter weinen. O, das tut mir so weh – ich kann's dir nicht sagen, Ina!

Ina: Soll ich dir nicht das Kopfkissen höher legen?

Frau Bergmann *kommt zurück:* Er meint, das Erbrechen werde sich auch geben; und du sollst dann nur ruhig wieder aufstehen … Ich glaube auch, es ist besser, wenn du bald wieder aufstehst, Wendla.

Ina: Bis ich das nächste Mal vorspreche, springst du vielleicht schon wieder im Haus herum. – Leb wohl, Mutter. Ich muß durchaus noch zur Schneiderin. Behüt' dich Gott, liebe Wendla. *Küßt sie.* Recht, recht baldige Besserung!

Wendla: Leb wohl, Ina. – Bring mir Himmelsschlüssel mit, wenn du wiederkommst. Adieu! Grüße deine Jungens von mir.

Ina ab.

Wendla: Was hat er noch gesagt, Mutter, als er draußen war?

Frau Bergmann: Er hat nichts gesagt. – Er sagte, Fräulein von Witzleben habe auch zu Ohnmachten geneigt. Es sei das fast immer so bei der Bleichsucht.

Wendla: Hat er gesagt, Mutter, daß ich die Bleichsucht habe?

Frau Bergmann: Du sollest Milch trinken und Fleisch und Gemüse essen, wenn der Appetit zurückgekehrt sei.

Wendla: O Mutter, Mutter, ich glaube, ich habe nicht die Bleichsucht …

Frau Bergmann: Du hast die Bleichsucht, Kind. Sei ruhig, Wendla, sei ruhig; du hast die Bleichsucht.

Wendla: Nein, Mutter, nein! Ich weiß es. Ich fühl' es. Ich habe nicht die Bleichsucht. Ich habe die Wassersucht …

Frau Bergmann: Du hast die Bleichsucht. Er hat es ja gesagt, daß du die Bleichsucht hast. Beruhige dich, Mädchen. Es wird besser werden.

Wendla: Es wird nicht besser werden. Ich habe die Wassersucht. Ich muß sterben, Mutter. – O Mutter, ich muß sterben!

Frau Bergmann: Du mußt nicht sterben, Kind! Du mußt nicht sterben ... Barmherziger Himmel, du mußt nicht sterben!

Wendla: Aber warum weinst du dann so jammervoll?

Frau Bergmann: Du mußt nicht sterben – Kind! Du hast nicht die Wassersucht. Du hast ein Kind, Mädchen! Du hast ein Kind! – Oh, warum hast du mir das getan!

Wendla: Ich habe dir nichts getan –

Frau Bergmann: O leugne nicht noch, Wendla! – Ich weiß alles. Sieh, ich hätt' es nicht vermocht, dir ein Wort zu sagen. – Wendla, meine Wendla ...!

Wendla: Aber das ist ja nicht möglich, Mutter. Ich bin ja doch nicht verheiratet ...!

Frau Bergmann: Großer, gewaltiger Gott –, das ist's ja, daß du nicht verheiratet bist! Das ist ja das Fürchterliche! – Wendla, Wendla, Wendla, was hast du getan!!

Wendla: Ich weiß es, weiß Gott, nicht mehr! Wir lagen im Heu ... Ich habe keinen Menschen auf dieser Welt geliebt als nur dich, dich, Mutter.

Frau Bergmann: Mein Herzblatt –

Wendla: O Mutter, warum hast du mir nicht alles gesagt!

Frau Bergmann: Kind, Kind, laß uns einander das Herz nicht noch schwerer machen! Fasse dich! Verzweifle mir nicht, mein Kind! Einem vierzehnjährigen Mädchen das sagen! Sieh, ich wäre eher darauf gefaßt gewesen, daß die Sonne erlischt. Ich habe an dir nicht anders getan, als meine liebe gute Mutter an mir getan hat. – O laß uns auf den lieben Gott vertrauen, Wendla; laß uns auf Barmherzigkeit hoffen und das Unsrige tun! Sieh, noch ist ja nichts geschehen, Kind. Und wenn nur wir jetzt nicht kleinmütig werden, dann wird uns auch der liebe Gott nicht verlassen. – Sei mutig,Wendla, sei mutig! – – So sitzt man einmal am Fenster und legt die Hände in den Schoß, weil sich doch noch alles zum Guten gewandt, und da bricht's dann herein, daß einem gleich das Herz bersten möchte ... Wa – was zitterst du?

Wendla: Es hat jemand geklopft.

Frau Bergmann: Ich habe nichts gehört, liebes Herz. – *Geht an die Tür und öffnet.*

Wendla: Ach, ich hörte es ganz deutlich. – – Wer ist draußen?

Frau Bergmann: Niemand – – Schmidts Mutter aus der Gartenstraße. – – – Sie kommen eben recht, Mutter Schmidtin.

Frank Wedekind: Frühlings Erwachen. Ditzingen: Reclam 2000, S. 7f. und S. 67f.

Aufgaben

1 Geben Sie den Inhalt der beiden Szenen kurz wieder.

2 Benennen Sie die inhaltlichen Zusammenhänge zwischen den beiden Szenen.

3 Erläutern Sie, wie beide Figuren mit dem Thema Sexualität umgehen.

4 Diskutieren Sie, welche gesellschaftspolitische Kritik in beiden Szenen vorgenommen wird.

TEXT

Cabaret

Hugo Ball, 1916

Der Exhibitionist stellt sich gespreizt am Vorhang auf,
Und Pimpronella reizt ihn mit den roten Unterröcken.
Koko der grüne Gott klatscht laut im Publikum.
Da werden geil die ältesten Sündenböcke.
Tsingtara! Da ist ein langes Blasinstrument.
Daraus fährt eine Speichelfahne. Darauf steht: »Schlange«.
Das packen alle ihre Damen in die Geigenkästen ein
Und verziehen sich. Da wird ihnen bange.
Am Eingang sitzt die ölige Camödine.
Die schlägt sich die Goldstücke als Flitter in die Schenkel.
Der sticht eine Bogenlampe die Augen aus.
Und das brennende Dach fällt herunter auf ihren Enkel.
Von dem gespitzten Ohr des Esels fängt die Fliegen
Ein Clown, der eine andre Heimat hat.
Durch kleine Röhrchen, die sich gründlich biegen,
Hat er Verbindung mit Baronen in der Stadt.
In hohen Luftgeleisen, wo sich enharmonisch
Die Seile schneiden, drauf man flach entschwirrt,
Versucht ein kleinkalibriges Kamel platonisch
Zu klettern; was die Fröhlichkeit verwirrt.
Der Exhibitionist, der je zuvor den Vorhang
Bedient hat mit Geduld und Blick für das Douceur,
Vergißt urplötzlich den Begebenheitenvorgang
Und treibt gequollene Mädchenscharen vor sich her.

Zit. nach: Karl Riha (Hg.): Dada Zürich. Texte, Manifeste, Dokumente. Ditzingen: Reclam 1992, S. 61f.

Aufgaben

1 Fassen Sie zusammen, was in diesem Gedicht Unterschiedliches geschieht.

2 Untersuchen Sie den Text nach Elementen der Groteske, Übertreibung und Satire.

3 **Gruppenarbeit:** Diskutieren Sie Ihre Eindrücke und Meinungen zu diesem Text in Gruppen.

TEXT

Kleine Fabel

Franz Kafka, 1920

„Ach", sagte die Maus, „die Welt wird enger mit jedem Tag. Zuerst war sie so breit, daß ich Angst hatte, ich lief weiter und war glücklich, daß ich endlich rechts und links in der Ferne Mauern sah, aber diese langen Mauern eilen so schnell aufeinander zu, daß ich schon im letzten Zimmer bin, und dort im Winkel steht die Falle, in die ich laufe." – „Du mußt nur die Laufrichtung ändern", sagte die Katze und fraß sie.

Franz Kafka: Beschreibung eines Kampfes. Novellen, Skizzen, Aphorismen aus dem Nachlass. Frankfurt am Main: Fischer 1998, S. 91

Aufgaben

1 Geben Sie den Inhalt der Erzählung wieder.

2 Untersuchen Sie den Text nach sprachlichen Auffälligkeiten. Klären Sie, ob es sich um eine Fabel handelt.

3 Überprüfen Sie den Text nach möglichen Aussagen und setzen Sie sich mit diesen auseinander.

LITERATUR DER ZWISCHENKRIEGSZEIT
1918 – 1933

Trotz all ihrer Krisenerscheinungen war die Zwischenkriegszeit auch eine Phase der Stabilität und des Fortschritts: Der Karl-Marx-Hof in Wien, 1930 offiziell eröffnet, umfasst mehr als 1 300 Wohnungen für 5 000 Menschen und verwirklicht damit eine sozialistische Utopie – die Wohnungsnot der arbeitenden Bevölkerung zu lösen.

Die Zeit nach dem Ersten Weltkrieg war eine der politischen Neuordnungen und Umbrüche, darunter auch neuer geografischer Grenzziehungen. Am Beginn dieser Entwicklungen standen der **Versailler Vertrag** (Deutsches Reich) und der **Vertrag von St. Germain** (Österreich), die den Ersten Weltkrieg offiziell mit den Siegermächten (u. a. USA, Großbritannien, Frankreich und Italien) beendeten. Ihr Ende fand die (demokratische) Zwischenkriegszeit in Deutschland 1933 mit der Wahl Adolf Hitlers zum Reichskanzler und der damit verbundenen Herrschaft der **NSDAP** (Nationalsozialistische Deutsche Arbeiterpartei). In Österreich wurde die Demokratie 1934 durch den Austrofaschismus abgelöst, 1938 folgte der **Anschluss** an Deutschland.

Räterepublik: von Arbeiter- und Soldatenräten geführte Regierung mit revolutionären, teils kommunistischen Zielen. Die bayrische Räterepublik wurde im April 1919 ausgerufen und von Toller unterstützt. Sie wurde von deutschen Soldaten und rechten Paramilitärs vier Wochen später blutig niedergeschlagen.

Einen einzigartigen Blick auf die Ereignisse der Zeit gewährt **Ernst Tollers** (> S. 176) Autobiografie **Eine Jugend in Deutschland** (1933). Die im Buch geschilderte Zeitspanne reicht vom Kriegs- und Monarchieende bis zur **Räterepublik.** Auch **Stefan Zweig** schildert diese bewegte Zeit in seiner Autobiografie **Die Welt von gestern** (1942). Im Rückblick beschreibt er darin die Zeit zwischen der Auflösung Österreich-Ungarns (1918) und dem Anschluss (1938):

Ich bin 1881 in einem großen und mächtigen Kaiserreiche geboren, in der Monarchie der Habsburger, aber man suche sie nicht auf der Karte: sie ist weggewaschen ohne Spur. Ich bin aufgewachsen in Wien, der zweitausendjährigen Metropole, und habe sie wie ein Verbrecher verlassen müssen, ehe sie degradiert wurde zu einer deutschen Provinzstadt.

Stefan Zweig: Die Welt von gestern. Erinnerungen eines Europäers. Wien: Bermann-Fischer 1948, S 10

Dieses Kapitel vermittelt Ihnen

> die Zwischenkriegszeit als eine Epoche der Krisen, aber auch der Chancen und Lichtblicke.

> Wissen über Personen der Literatur und ihr Handeln sowie ihre gesellschaftspolitische Haltung.

> die Bedeutung ausgewählter Werke aus dieser Zeit.

Geschichte und Gesellschaft

Die Abfolge von **Krise, Stabilität und Krise** kennzeichnete die Jahre zwischen 1918 und 1933 bzw. 1934. Weder Österreich noch Deutschland konnte die hohen Verluste und die Niederlage durch den Weltkrieg verwinden. Auch die Friedensordnung, die nach dem Ersten Weltkrieg installiert wurde, erwies sich als unzureichend und instabil – aus ihr resultierte schließlich der Zweite Weltkrieg. Diese eineinhalb Jahrzehnte waren folglich geprägt von vielen Krisen, der **Revolution** von 1918/1919, die das Deutsche Kaiserreich beendete, dem **Putschversuch Hitlers** (1923 in München), **Extremismus** auf der linken und auf der rechten Seite und der **Weltwirtschaftskrise 1929.** Die **Friedensverträge von Versailles** und **St. Germain** wurden von der deutschen und österreichischen Bevölkerung als Diktat empfunden.

Der Friedensvertrag von Versailles beendete den Ersten Weltkrieg zwischen Deutschland und den Siegermächten (u. a. USA, Großbritannien, Frankreich und Italien). Das Gemälde von **William Orpen** *(1878 – 1931),* **The Signing of Peace in the Hall of Mirrors** *(1919), offenbart die demütigende Situation dieses Friedensvertrages: Die beiden Repräsentanten Deutschlands kehren der Betrachterin bzw. dem Betrachter des Bildes den Rücken zu. Gegenüber sitzen aufgereiht die Vertreter der Siegermächte.*

Es bildete sich ein großer Bodensatz wütender Menschen, die für Extremismus und Gewalt empfänglich blieben. **Stefan Zweig** schrieb in **Die Welt von gestern** zur instabilen Nachkriegssituation Österreichs:

[...] ich wäre in Verlegenheit, irgend jemandem zu erklären, wie das ausgeplünderte, arme, unselige Österreich damals erhalten geblieben ist. [...] An Explosivstoff fehlte es wahrhaftig nicht. In den Straßen irrten die heimgekehrten Soldaten halb verhungert und in zerrissenen Kleidern umher und sahen erbittert auf den schamlosen Luxus der Profiteure des Kriegs.

Stefan Zweig: Die Welt von gestern. Erinnerungen eines Europäers. Wien: Bermann-Fischer 1948, S 398

Unterstützt von internationalen Geldgebern, allen voran den USA, gelang Deutschland ab 1923, spätestens ab 1924, der **wirtschaftliche Boom.** Auch Österreichs Wirtschaft wurde ab 1922 stabiler; 1925 löste der Schilling die Krone als neue Währung ab. Er blieb bis 1938 bestehen, musste dann bis 1945 der Reichsmark weichen, um nach dem Krieg, bis Ende 1998 Währungsmittel in Österreich zu sein (offiziell war der Schilling in Österreich noch bis 28. Februar 2002 als Zahlungsmittel gültig).

In den 1920er Jahren kam es zu einer **Öffnung** und **Demokratisierung der Gesellschaft.** Frauen erhielten das Wahlrecht, fassten in der Arbeitswelt Fuß und zeigten ihr Selbstbewusstsein in der Mode und Freizeitkultur, die sie nicht mehr den Männern überlassen wollten. Auch die Sexualität wurde enttabuisiert, Schule und Lehrpläne modernisiert und reformiert, die **soziale Frage** endlich entschieden angegangen, der Adel entmachtet sowie Kirche und Staat stärker getrennt. Im **Roten Wien** wurden im Zuge von **Wohnbauprogrammen** eine Vielzahl neuer Wohnungen errichtet, um die seit Jahren herrschende Wohnungsnot der arbeitenden Bevölkerung zu lindern. Neue Hygienestandards und Infrastrukturmaßnahmen beendeten die katastrophalsten Zustände in den Elendssiedlungen.

Rotes Wien: bezieht sich auf die Zeit von 1919 – 1934, in der Wien von den Sozialdemokraten regiert wurde; die Bezeichnung „Rotes Wien" bezieht sich auf deren Parteifarbe

Doch **politische Konflikte** blieben bestehen: Die jungen Demokratien Deutschland und Österreich befanden sich ständig in einem Tauziehen zwischen konservativen Kräften, oftmals unterstützt von der Kirche, Monarchisten sowie Traditionalisten auf der einen Seite, und progressiven, zumeist linken Reformkräften auf der anderen Seite. Zudem verliefen Brüche zwischen Stadt und Land. Unerfüllt blieb daher die vollständige Gleichstellung der Frau, Reformen blieben auf der Strecke, die Kirche mischte aktiv in der Politik mit, radikales und **antisemitisches Gedankengut** breitete sich fast unaufhaltsam aus. Zuletzt konnte die Wirtschaft nicht dauerhaft stabilisiert werden. Zwischen diesen Brennpunkten (oder mittendrin) befanden sich die Literatinnen und Literaten, die oftmals Modernität und Reformen begrüßten, dann aber wieder über die verlorenen Werte der alten (stabilen Welt) klagten.

1929 – Weltwirtschaftskrise

Rezession: wirtschaftlicher Abschwung

Zum Zusammenbruch dieser fragilen Ordnung sollte die Weltwirtschaftskrise beitragen. 1929 brach die **New Yorker Börse** zusammen, die Krise breitete sich global aus und versetzte den verletzlichen Wirtschaftsräumen Deutschlands und Österreichs nahezu den Todesstoß. Die weltweite **Rezession** am Ende der 1920er Jahre und die stetig steigende **Arbeitslosigkeit** (allein in Deutschland waren zeitweise bis zu sechs Millionen Menschen arbeitslos), Hunger und Armut der Bevölkerung waren Krisenerscheinungen, die den Nationalsozialismus und Hitler zur Machtübernahme am 30. Jänner 1933 verhalfen.

Kurz nach dem Börsenkrach von 1929 in New York versammelt sich eine Menschenmenge in der Wall Street, Fotografie aus 1929

Auch in **Österreich** zerbrach die Demokratie. Der schwelende Konflikt zwischen Sozialdemokraten und Christlichsozialen eskalierte. Bundeskanzler Engelbert Dollfuß (1892 – 1934) nahm eine parlamentarische Krise zum Anlass, die Demokratie schrittweise abzuschaffen. Nach einem kurzen, aber blutigen **Bürgerkrieg im Februar 1934** (auch als „Februarkämpfe" bezeichnet) installierte er eine Diktatur mit faschistischen Elementen (daher auch **„Austrofaschismus"**). Im Vergleich zum nationalsozialistischen Deutschland war diese Diktatur für jüdische Bürgerinnen und Bürger einigermaßen sicher. Doch Österreich konnte gegen die Übermacht Deutschlands wenig ausrichten und **illegale Nationalsozialisten** infiltrierten schließlich Gesellschaft und Regierung. 1934 wurde Dollfuß bei einem NS-Putsch ermordet, 1938 Österreich kampflos an Deutschland angeschlossen, was Hunderttausende in Österreich begeistert begrüßten.

Aufgaben

1 Geben Sie die wichtigsten Ereignisse der Zeit tabellarisch oder auf einer Zeitleiste wieder.

2 Benennen Sie positive Entwicklungen und Herausforderungen bzw. Krisen der Zwischenkriegszeit.

3 Lesen Sie den kurzen Textausschnitt von Stefan Zweig (> S. 187) und erklären Sie die Haltung des Autors zur Monarchie Österreich-Ungarn (bis 1918) und zum Ende Österreichs (Anschluss 1938). Untersuchen Sie auch seine Position zur Zwischenkriegszeit (1918 – 1938).

Kunst und Kultur

Trotz aller Krisen wurde auch von den **Goldenen Zwanzigerjahren** gesprochen. In den USA fiel der Begriff der „Roaring Twenties" – Francis Scott Fitzgeralds (1896 – 1940) erfolgreicher Roman **The Great Gatsby** (1925) beschrieb das Lebensgefühl der Zeit literarisch, ein Lebensgefühl, das sich auf Europa übertragen sollte. Obwohl Deutschland großes Wirtschafts- und Industriepotential hatte, war das Land nach dem Weltkrieg, bedingt auch durch die von den Alliierten geforderten exorbitant hohen **Reparationszahlungen,** eigentlich ruiniert. Abhilfe schuf der sogenannte **Dawes-Plan:** Er führte dazu, dass Deutschland für US-Dollar-Investitionen attraktiv wurde. So strahlte zwischen 1924 und 1929 in Deutschland, aber auch in anderen Teilen Europas, die „Dollarsonne". Diese Jahre führten zur **Amerikanisierung** des öffentlichen und kulturellen Lebens. Man feierte Partys, trank reichlich Alkohol, und Rauchen wurde – sowohl für Männer als auch Frauen – als Teil eines neuen Lebensgefühls angesehen. Es war die Zeit des **Charleston,** eines Tanzes, den vor allem die US-amerikanische Sängerin und Tänzerin **Josephine Baker** (1906 – 1975) gesellschaftsfähig machte. Baker war halb jüdischer, halb afroamerikanischer Abstammung und die berühmteste Nackttänzerin der Zeit. In Europa war man begeistert von dieser Exotik, zudem stand sie für ein neues weibliches Selbstbewusstsein.

Vergnügen fand man in der Weimarer Republik in Tanzkabaretts und Varietés. Allein in Berlin gab es hunderte solcher Bühnen.

Die positive Aufbruchsstimmung der 1920er Jahre führte vor allem bei der Großstadtbevölkerung zu einem Gefühl des Optimismus. Die Weltwirtschaftskrise 1929 bedeutete aber das jähe Ende des Aufschwungs. Der Optimismus brach abrupt ab.

Josephine Baker während eines Auftritts 1926 in England

Neue Sachlichkeit

Die expressionistische Kunst wurde vor allem von den gewaltaffinen und unruhigen Jahren der Zwischenkriegszeit geprägt. Mit der politischen und wirtschaftlichen Stabilisierung der 1920er Jahre gingen Nüchternheit und Sachlichkeit einher – die **Neue Sachlichkeit** erfasste nicht nur die Literatur, sondern alle Bereiche der Kunst. Besonders die **Malerei** dieser Stilrichtung wirkt unterkühlt, aber auch reizvoll. Als berühmte Vertreter der Neuen Sachlichkeit im Bereich der bildenden Kunst gelten George Grosz (1893 – 1959), Otto Dix (1891 – 1969), Alexander Kanoldt (1881 – 1939), Franz Radziwill (1895 – 1983), Karl Hubbuch (1891 – 1979), Carl Grossberg (1894 – 1940) in Deutschland, Sergius Pauser (1896 – 1970) und Rudolf Wacker (1893 – 1939) in Österreich und Niklaus Stöcklin (1896 – 1982) in der Schweiz.

Stilleben, *Gemälde von Alexander Kanoldt, 1926*

In der **Architektur** gehörte die Neue Sachlichkeit zum Überbegriff des neuen Bauens. Man war mehr an der Funktionsfähigkeit der Gebäude interessiert als an ihrem Aussehen. Neue Elemente wie etwa die Verglasung wurden eingebaut. Der berühmteste Architekt dieser Strömung war Ludwig Mies van der Rohe (1886 – 1969).

Verglaste Außenansicht der von Mies van der Rohe 1929/1930 in Brünn errichteten Villa Tugendhat.

Printmedien und Radio für die Masse

Der Einfluss der Presse erreichte in der Zwischenkriegszeit eine ungekannte Breitenwirkung. Binnen kürzester Zeit entstanden zahlreiche **Medienkonzerne,** neue **Zeitschriften** und **Zeitungen** wurden gegründet. Sie erschienen nun in wesentlich höherer Auflage als zuvor, damit verbunden gab es natürlich auch mehr Druckereien. Die ersten **Nachrichtenagenturen** wurden gegründet. Durch eine neue **Fotodrucktechnik** konnten Illustrierte nun mit unzähligen Hochglanzfotografien versehen werden – das Fotomagazin (quasi ein Vorläufer des Mode- und Lifestylemagazins) entstand. Die Zeitungslandschaft war breit gefächert. Insbesondere in den ersten Jahren der Weimarer Republik war dieses Printmedium die Informationsquelle Nummer eins. Zahlreiche Autorinnen und Autoren waren bei einem Zeitungsverlag tätig, schrieben Beiträge oder ließen ihre Texte darin abdrucken. Es entstanden zudem **Fortsetzungsromane** (abgedruckt wöchentlich in Zeitungen) und die **Trivialliteratur** feierte Erfolge. Besonderer Beliebtheit erfreuten sich etwa die leicht bekömmlichen **Abenteuerromane** von Karl May (1842 – 1912), die Heimatromane von Ludwig Ganghofer (1855 – 1920) oder Ludwig Anzengruber (1839 – 1889), die – alle drei zum damaligen Zeitpunkt bereits verstorben – eine Renaissance erlebten. Es war auch die Zeit, in der der Begriff **„Groschenroman"** entstand. Literatur war zu einem bedeutenden Wirtschaftsfaktor, zur Ware geworden. Es wurden Massen an Literatur geschrieben bzw. produziert, je mehr, desto billiger, und die billig gebundenen Heftchen, die etwa Fantasy-, Krimi- oder Erotikinhalt boten, kosteten eben oft nicht mehr als „ein paar Groschen".

Mit dem Aufstieg der Medien wurde die Produktwerbung wichtig. Auf dem Werkeplakat für ein Parfüm der Marke Vogue aus dem Jahre 1926/1927 trägt die Frau den damals modischen Hutschmuck.

Der **Hörfunk** wurde zum großen Hit der Weimarer Republik. Er ergänzte die Presse als wichtiges und einflussreiches Massenmedium. Anfang 1924 gab es nur 1 500 **Radiogeräte,** aber schon Ende desselben Jahres war die Zahl auf unglaubliche 500 000 gestiegen – natürlich auch verbunden mit dem neuen Reichtum, der ab der Mitte der 20er einsetzte, hatten sich viele Menschen einen Radioapparat gekauft. 1926 stieg die Anzahl auf eine Million Radiogeräte, 1928 auf zwei Millionen. Die Nationalsozialisten erkannten den Stellenwert des Hörfunks und nutzten ihn unmittelbar nach der Machtergreifung für ihre Propagandamaschinerie. Alfred Döblin (1878 – 1957) sagte über den Hörfunk: „Es heißt jetzt Dinge machen, die gesprochen werden, die tönen. Jeder, der schreibt, weiß, daß dies Veränderungen bis in die Substanz des Wertes hinein zur Folge hat." Das **Hörspiel** wurde eine der großen Innovationen der Zeit. Vor allem nach dem Zweiten Weltkrieg gehörte es zu den führenden Unterhaltungsformen.

Massenmedium Film

Das dritte große und erfolgreiche Medium der Zeit war der Film. Dieses Medium war mit US-amerikanischem Einfluss nach Europa gelangt. In der Zwischenkriegszeit entwickelte sich Revolutionäres im Film.

Der erste Tonfilm, **The Jazz Singer,** kam etwa 1927 heraus – bald wurde auch mit Farbfilm experimentiert. Die ersten Farbfilme waren der Spielfilm **Jahrmarkt der Eitelkeiten** (OT: **Becky Sharp**) (1935) und Disneys **Schneewittchen und die sieben Zwerge** als Trickfilm (1937).

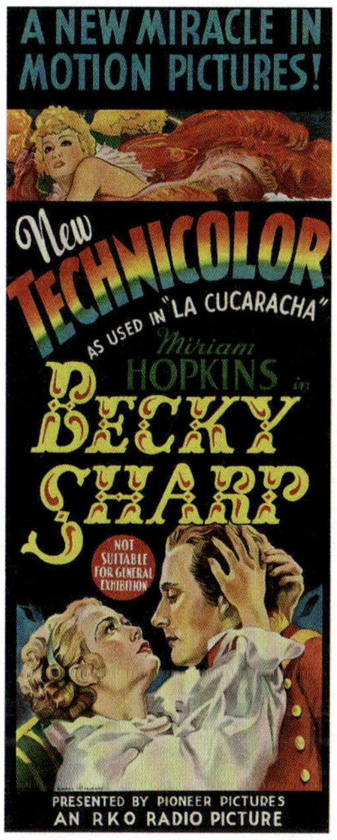

Das Filmplakat des ersten Langspielfilms in Farbe: **Jahrmarkt der Eitelkeiten,** *im Original* **Becky Sharp,** *aus dem Jahr 1935. Die Kritik reagierte damals jedoch nicht allzu positiv auf das neue Technicolor-Verfahren: „The cast looked like boiled salmon dipped in mayonnaise."*

In Bezug auf das Medium Film schieden sich jedoch die Geister. Der Expressionist Franz Pfemfert (1879 – 1954) sah darin den „Kulturniedergang", während Alfred Döblin den Film als „Theater der kleinen Leute" begrüßte. Wie auch immer, der Erfolg gab diesem neuen Medium schon bald recht. Der Film wurde als Chance gesehen, ein breites Publikum zu erreichen und auch hier merkten viele Schriftstellerinnen und Schriftsteller bald, dass damit Geld zu verdienen war. Gerhart Hauptmann, Franz Werfel, Arthur Schnitzler, Hugo von Hofmannsthal, Erich Maria Remarque und Alfred Döblin schrieben **Drehbücher** für ihre eigenen Filme oder verdienten Geld mit Auftragsdrehbüchern, so auch Erich Kästner (> S. 197).

Genauer betrachtet: Zensurbehörden der Weimarer Republik

Im Artikel 118 der Weimarer Verfassung wurde die Freiheit von Wort und Schrift garantiert. Allerdings wurde bereits 1922 nach dem politisch motivierten Attentat auf den Politiker Walther Rathenau (1867 – 1922) durch die nationalistische und antisemitisch eingestellte Organisation Consul das Republikschutzgesetz erlassen, das diese Freiheit wieder einschränkte. Jede Art von politischer, nationalistischer oder extremer Literatur war untersagt.

Diese Zeitschrift für homosexuelle Frauen aus 1928 wäre im deutschen Kaiserreich unmöglich gewesen. In der Weimarer Republik kann sie erscheinen. Doch die Frage „Aus dem Inhalt": „Was ist Schund und Schmutz?" nimmt Bezug auf den problematischen Zensurparagrafen der Weimarer Republik.

In den Folgejahren nahmen die Zensurbeschränkungen immer mehr Überhand. 1926 folgte das „Gesetz zur Bewahrung der Jugend vor Schund- und Schmutzschriften" und es kam zu zahlreichen Literaturprozessen. Der Autor Johannes R. Becher (1891 – 1958) wurde zum Beispiel 1925 wegen „literarischen

Hochverrats" angezeigt, weil er den **Antikriegsroman Levisite oder der einzig gerechte Krieg** veröffentlicht hatte. In Berlin und München wurden Prüfstellen eingerichtet. Wurde ein Werk als „Schund" deklariert, durfte es nur an Personen über 18 Jahre und nur „unter dem Ladentisch" verkauft werden, also nicht öffentlich aufliegen. Die Zensur, die Jahre später die NS betreiben sollte, war allerdings unvergleichlich schlimmer.

Aufgaben

1 Benennen Sie die Massenmedien der Weimarer Republik und erklären Sie deren Bedeutung für die damalige Zeit.

2 **Gruppenarbeit:** Besprechen Sie in Gruppen, wie und welche Medien heute konsumiert werden und vergleichen Sie dazu, wie und welche Medien in der Zwischenkriegszeit konsumiert wurden. Bringen Sie dabei auch Ihre eigene Mediennutzung als Vergleich ein.

3 Erörtern Sie, ob und welche Inhalte von heutigen Filmen, Büchern, Zeitschriften, (Computer- und Video-)Spielen etc. zensiert oder verboten werden sollten, um die Jugend davor zu schützen.

Literatur und Personen

Als **Neue Sachlichkeit** wurde die neue Form der Literatur bezeichnet, die sich nun klar vom Expressionismus abhob und den Inhalt einer Geschichte wieder ins Zentrum rückte. Es wurden neue Romantypen kreiert, etwa der **Tatsachenroman** oder der **Zeitroman,** der fast dokumentarisch und reportagenhaft wirkte. Mit dem **Epischen Theater** (> S. 195) entstand aber auch eine neue Form der Dramatik. Zudem wurden Dokumentarberichte, die die Realität genau abbilden sollten, beliebt, genauso wie Zeit- und Lehrstücke. Vorbild der Neuen Sachlichkeit war der US-Amerikaner Upton Sinclair (1878 – 1968). Man unterschied grundsätzlich zwei Formen der Neuen Sachlichkeit:

1. Die **psychoanalytische Sachlichkeit,** die Autorinnen und Autoren wie Hans Fallada (1893 – 1947; **Kleiner Mann, was nun?** aus 1932), Robert Neumann (1897 – 1975), Bertolt Brecht (1898 – 1956), Hermann Broch (1886 – 1951), Irmgard Keun (1905 – 1982), Joseph Roth (1894 – 1939) verwendeten, und
2. die **idealisierte Verklärung,** die man in Werken von Alexander Lernet-Holenia (1897 – 1976) und Max Mell (1882 – 1971) finden konnte.

Die Neue Sachlichkeit fand allerdings nicht nur in der Literatur statt. Auch in der Kunst und der Architektur wurde nun, detailliert und wahrheitsgemäß, ungeschönt dokumentiert (> S. 190).

Einen Wegbereiter für die spätere nationalsozialistische Literatur bildete die **völkische Literatur,** die eine Kriegsverherrlichung betrieb, so wie es Ernst Jünger (1895 – 1998) in seinem Roman **In Stahlgewittern** (1920) ansatzweise tat. Alfred Rosenberg (1893 – 1946), einer der Hauptvertreter der völkischen Literatur, gründete 1927 die *Nationalsozialistische Gesellschaft für Literatur.*

Pazifistisch und demokratisch gesinnt waren die Vertreter der **bürgerlichen Literatur,** die sowohl aus dem konservativen als auch aus dem liberalen Milieu stammten. Vertreter waren u. a. die Brüder **Heinrich** und **Thomas Mann** (1871 – 1950 bzw. 1875 – 1955), aber auch **Hermann Hesse** (1877 – 1962) und **Kurt Tucholsky** (1890 – 1935). Großen Erfolg feierte der österreichisch-jüdische Jungautor Friedrich Torberg (1908 – 1977) mit seinem noch heute u. a. in Schulen gern gelesenen Roman **Der Schüler Gerber** (1930 erschienen unter dem Titel **Der Schüler Gerber hat absolviert**). Darin wird das autoritäre Schulsystem kritisiert, das Gerber in den Suizid treibt.

Eine eigene Strömung bildete die **Provinzliteratur,** die heimatzentrierte Werke beinhaltete. Sie zeigte aber auch die Enge der Provinz. Zu den Vertreterinnen und Vertretern dieser Gattung zählen: **Marieluise Fleißer** (1901 – 1974), die in ihrem Buch **Pioniere in Ingolstadt** (1929), von Brecht beeinflusst, den Konservativismus der bayrischen Provinz beschrieb, weiters **Johannes R. Becher, Egon Erwin Kisch** (1855 – 1948), **Anna Seghers** (1900 – 1983), **Lion Feuchtwanger** (1884 – 1958) mit seinem satirischen

Buch **Erfolg. Geschichte einer Provinz** (1930) und **Oskar Maria Graf** (1894 – 1967). Letzterer wurde von der NSDAP nach deren Machtergreifung als Volksschriftsteller vorgestellt. Er rief deswegen brieflich dazu auf, dass auch seine Bücher verbrannt werden sollten, da er nichts mit den Nazis zu tun haben wollte.

Die **Arbeiterliteratur** setzte sich wiederum literarisch mit den Problemen der „kleinen, arbeitenden Leute" auseinander. Sie war zumeist kommunistisch gefärbt. Vertreter waren zum Beispiel Willi Bredel (1901 – 1964), dessen Roman **Maschinenfabrik N&K** (1930) erfolgreich war. Besonders erschütternd ist sein Roman **Die Prüfung** (1934), in dem er von seiner Lagerhaft berichtet und Zeugnis des NS-Terrors ablegt. In Österreich galten Alfred Polgar (1873 – 1955) und **Jura Soyfer** (1912 – 1939) als Arbeiterschriftsteller.

Walter Benjamin (1892 – 1940) und Ernst Bloch (1885 – 170), beide von der Philosophie kommend, prägten die **Literaturkritik** und die Essayistik der 1920er und 1930er Jahre. Bedeutsam ist Benjamins Essaysammlung **Einbahnstraße** (1928). Bloch schrieb im Exil sein philosophisches Hauptwerk **Das Prinzip Hoffnung** (1954 – 1959).

Die Autorinnen Isolde Kurz (1853 – 1944) und Enrica von Handel-Mazzetti (1871 – 1955) standen indes für eine rückschrittlichere Haltung. Sie galten als Traditionalistinnen, die versuchten, die romantische Literatur und die teilweise verklärende Heimatliteratur mit ihren Werken erneut zu etablieren.

NOTIZ AM RANDE

Jura Soyfer wurde als Kind einer jüdisch-bürgerlichen Familie 1912 in Charkow (heute Ukraine) geboren. 1921 floh die Familie vor der **Russischen Revolution** nach Österreich. Vor allem in den 1930er Jahren gehörte Soyfer zu den bedeutendsten politischen Schriftstellern Österreichs. So schrieb er regelmäßig Gedichte für die **Arbeiterzeitung.** Nach den Februarkämpfen 1934 wurde Soyfer illegales Mitglied der **KPÖ.** In seinem Werk setzte er sich für die Arbeiterklasse und sozialistische Anliegen ein. Bekannt sind heute noch seine Stücke wie **Der Weltuntergang oder Die Welt steht auf kein' Fall mehr lang** (1936), in dem die Erde von einem Kometen bedroht wird. In **Der Lechner Edi schaut ins Paradies** (1936) versucht der Protagonist mithilfe einer Zeitmaschine die Ungerechtigkeit der Welt ungeschehen zu machen. Schließlich führt ihn die Reise zurück zu Adam und Eva, wo er erkennen muss, dass die Schuld nicht festzumachen ist. Beide Stücke enden jedoch betont positiv.

Soyfer wurde 1939 von den Nationalsozialisten im **KZ Buchenwald** ermordet.

Vor seinem ehemaligen Wohnhaus in der Gärtnergasse 1 in Wien wurde ihm ein Gedenkstein gewidmet.

Große österreichische Erzähler – Broch, Roth und Zweig

Ein eigenwilliger Zeitgenosse der damaligen Jahre war der österreichische Schriftsteller **Hermann Broch** (1886 – 1951), der verhältnismäßig spät zur Literatur fand und stark von der englischsprachigen Literatur, hier vor allem von James Joyce (1882 – 1941) und seinem Meisterwerk **Ulysses** (1922), beeinflusst wurde. Broch verfasste essayistische Romane (worin er, den klassischen Romanaufbau brechend, philosophischen Fragen nachging) und galt als Wegbereiter des **philosophischen Romans.** Seine Romantrilogie **Die Schlafwandler** (1931/1932) und sein während des Exils in Großbritannien verfasster Mammutroman **Der Tod des Vergil** (1945), in dem er die formalen Züge Joyces nachahmte, zählen zu seinen beiden Hauptwerken. Er starb 1951 literarisch wenig erfolgreich. Sein Schaffen wurde erst Jahrzehnte später gewürdigt.

Hermann Broch, Fotografie um 1900

Ein anderer begnadeter Erzähler war **Joseph Roth** (1894 – 1939), der als Vertreter der **Neuen Sachlichkeit** (> S. 190) gilt. Erste große Erfolge feierte er mit den Romanen **Hotel Savoy** (1924), **Die Rebellion** (1924), **Die Flucht ohne Ende** (1927) oder dem wichtigen Zeitroman **Rechts und links** (1929). Mit **Hiob. Roman eines einfachen Mannes** (1930), **Radetzkymarsch** (1932), in dem er den symbolischen Generationswechsel der letzten Jahre der Monarchie beschrieb, und seinen beiden letzten Büchern **Die Kapuzinergruft** (1938) und dem autobiografischen Text **Die Legende des heiligen Trinkers** (1939) schuf er einige der bedeutendsten Bücher im Österreich des 20. Jahrhunderts. Roth starb im Pariser Exil in ärmlichen Verhältnissen an den Folgen einer Lungenentzündung, stark geschwächt durch seine jahrelange Alkoholsucht.

Joseph Roth, Fotografie aus 1926

Der Österreicher **Stefan Zweig** (1881 – 1942; > S. 222) war weltweit einer der meistgelesenen und bekanntesten Schriftsteller seiner Zeit. Sein Werk ist nach wie vor beliebt und wird gerne auch in der Schule gelesen (z. B. **Die Schachnovelle**). Zweig musste als jüdischer Österreicher vor den Nazis ins Exil fliehen, wo er seinem Leben vorzeitig ein Ende setzte. Zweig nimmt eine Brückenfunktion zwischen den Autoren der Zwischenkriegszeit und der **Exilliteratur** ein.

Aufgaben

1 Fassen Sie die literarischen Strömungen der Zwischenkriegszeit kurz zusammen.

2 Geben Sie die Merkmale der Neuen Sachlichkeit in der Literatur wieder.

3 Organisieren Sie eine Leseprobe zu einem der erwähnten Werke von Broch, Roth oder Zweig. Sie finden Leseproben im Internet oder aber eines der Werke in der Schulbibliothek.

Der Kriegsroman und Krieg als zentrales Thema

Der junge **Erich Maria Remarque** schrieb seinen erfolgreichen Roman **Im Westen nichts Neues** (1928/1929; > S. 196) im Alter von 30 Jahren. Sein Nachfolgeroman **Der Weg zurück** (1931) wurde ebenfalls ein Erfolg: Auch dieses Buch behandelt den Krieg – ein zentrales Thema der Zwischenkriegszeit. Die meisten Menschen hatten den Ersten Weltkrieg erlebt und fürchteten sich vor einem neuen Krieg.

Arnold Zweig (1887 – 1968) zeigte in seinem Buch **Der Streit des Sergeanten Grischa** (1927) den Krieg fernab der Schützengräben und ließ die Geschichte im Milieu der Militärgerichte spielen, wo es, nach Zweigs Darstellung, genauso unmenschlich zuging.

IN SZENE GESETZT

Die US-amerikanische Verfilmung von Erich Maria Remarques **Im Westen nichts Neues** aus dem Jahr 1930 wurde zum Filmklassiker und gehört bis heute zu den bedeutendsten Antikriegsfilmen. Der Film wurde zu einem globalen Erfolg, ausgerechnet in Deutschland, aus dem die Buchvorlage stammte, stieß er auf wütende Kritik patriotischer Kreise. Eine für den deutschen Markt gekürzte Fassung folgte, gegen die auch die Nationalsozialisten mobil machten. Filmvorführungen wurden von deren Anhängern unter lautstarken Protesten in den Kinosälen zum Abbruch gezwungen. Schließlich folgte für Deutschland und Österreich sogar ein Filmvorführverbot wegen Gefährdung der öffentlichen Ordnung. Erst nach dem Zweiten Weltkrieg kam **Im Westen nichts Neues** wieder in die deutschen Kinos. An Aktualität hatte der Film zu diesem Zeitpunkt leider noch gewonnen.

Ludwig Renn (1889 – 1979) skizzierte in den Romanen **Krieg** (1928) und **Nachkrieg** (1930) ein Bild der Zeit ohne jegliche Idealisierung. Elend, Leid und Tod werden schonungslos beschrieben. **Theodor Plievier** (1892 – 1955) schrieb **Der Kaiser ging, die Generäle blieben** (1932). Nach dem Zweiten Weltkrieg veröffentlichte Plievier den heute noch beeindruckenden und aufrüttelnden Reportageroman **Stalingrad** (1945). Plievier war in Stalingrad als sowjetischer Übersetzer tätig gewesen.

Als bedeutend für Österreich gilt vor allem das Monumentalwerk **Die letzten Tage der Menschheit** (1915 – 1922) von **Karl Kraus.** In diesem Drama werden 220 Szenen aneinandergefügt, die zu großen Teilen auf Zitaten aus zeitgenössischen Quellen basieren. Kraus verarbeitete darin die Gräuel des Ersten Weltkriegs.

(Episches) Theater und Volksstücke

In Berlin gründete **Erwin Piscator** (1893 – 1966) in den 1920er Jahren sein **proletarisches Theater.** Es sollte das bürgerliche Theater ablösen. Die erfolgreichsten Theaterautoren der Zeit waren **Ödön von Horváth** (1901 – 1938), **Carl Zuckmayer** (1896 – 1977) und **Bertolt Brecht** (1898 – 1956). Alle drei arbeiteten mit schonungsloser Gesellschaftskritik. Bedeutend war Brechts und Piscators Konzept des **Epischen Theaters.** Darin werden epische und dramatische Elemente vereint, das traditionelle Theater wurde durch einen **Erzähler, Musikeinlagen, Textmontagen** und **Lichteffekte** gebrochen. Kulissen und Kostüme sollten nicht Illusion, sondern Desillusion erzeugen, die Einteilung in freie Szenen ersetzte den formalen Aufbau in Akte. Brecht debütierte 1920 mit dem Stück **Baal.** Internationalen Erfolg hatte er mit **Die Dreigroschenoper. Ein Stück mit Musik in einem Vorspiel und acht Bildern nach dem Englischen des John Gay** (1928). Die Musik zu dem Stück stammte von **Kurt Weill.** Es wurde anlässlich des 200. Geburtstags von John Gays **Beggar's Opera** geschrieben. Viele Zitate aus der **Dreigroschenoper,** die im Verbechermilieu spielt, wurden geflügelte Worte, wie etwa die schonungslose Kritik: „Erst kommt das Fressen, dann kommt die Moral." Brechts weitere Erfolge am Berliner Theater waren **Die heilige Johanna der Schlachthöfe** (1929) und **Mutter Courage und ihre Kinder** (1931). Bald geriet Brecht in den Fokus der NS-Partei. Sie bezeichneten seine Werke als „Schmutz und Schund".

Einer der wichtigsten Dramatiker seiner Zeit war **Carl Zuckmayer** (1896 – 1977). Sein Stück **Der fröhliche Weinberg** (1925) beendete den dramatischen Expressionismus. Zuckmayers erfolgreichstes Stück war die Militärsatire **Der Hauptmann von Köpenick** (1930), in dem es um einen Hochstapler geht, dem, verkleidet als Hauptmann, ein Raub gelingt, da sich seine Mitmenschen von der Militäruniform einschüchtern lassen.

Bedeutend für Österreich war die Etablierung der **Salzburger Festspiele,** wodurch eine Musik- und Theaterkultur auch außerhalb Wiens zu Hochleistungen gelangen konnte. Hugo von Hofmannsthal (> S. 159) und Max Reinhardt hatten sie 1920 aufgebaut.

Ebenfalls überaus erfolgreich war der im österreichisch-ungarischen Fiume (heute Rijeka in Kroatien) geborene deutschsprachige Schriftsteller **Ödön von Horváth** (1901 – 1938), der nach dem Krieg kurzfristig in Vergessenheit geraten war, jedoch in den 1950er Jahren wiederentdeckt wurde. Seine Werke – die dramatischen wie auch die Prosawerke – sind von ungemeiner Bedeutung für den Zeitraum der Zwischenkriegsliteratur und beeinflussten nachkommende Generationen von Autorinnen und Autoren maßgeblich. Er verfasste gesellschaftskritische Stücke wie **Geschichten aus dem Wiener Wald** (1931; > S. 196) und **Glaube, Liebe, Hoffnung** (1932), die in Berlin, aber auch am Wiener Volkstheater bejubelt wurden.

NOTIZ AM RANDE

Die Dreigroschenoper handelt vom Verbrecher Mackie Messer. In **Die Moritat von Mackie Messer** wird er charakterisiert:

Und der Haifisch, der hat Zähne
Und die trägt er im Gesicht
Und Macheath, der hat ein Messer
Doch das Messer sieht man nicht.

Und es sind des Haifischs Flossen
Rot, wenn dieser Blut vergießt
Mackie Messer trägt 'nen Handschuh
Drauf man keine Untat liest.

An der Themse grünem Wasser
Fallen plötzlich Leute um
Es ist weder Pest noch Cholera
Doch es heißt: Mackie geht um.

An'nem schönen blauen Sonntag
Liegt ein toter Mann am Strand
Und ein Mensch geht um die Ecke
Den man Mackie Messer nennt.

Und Schmul Meier bleibt verschwunden
Und so mancher reiche Mann
Und sein Geld hat Mackie Messer
Dem man nichts beweisen kann.

Jenny Towler ward gefunden
Mit 'nem Messer in der Brust
Und am Kai geht Mackie Messer
Der von allem nichts gewußt.

Wo ist Alfons gleich, der Fuhrherr?
Kommt er je ans Sonnenlicht?
Wer es immer wissen könnte
Mackie Messer weiß es nicht.

Und das große Feuer in Soho
Sieben Kinder und ein Greis
In der Menge Mackie Messer, den
Man nichts fragt, und der nichts weiß.

Und die minderjähr'ge Witwe
Deren Namen jeder weiß
Wachte auf und war geschändet
Mackie welches war dein Preis?

Bertolt Brecht singt. Zwei Songs aus der Dreigroschenoper. Die Moritat von Mackie Messer. Lied von der Unlänglichkeit des Strebens, S. 2

IN SZENE GESETZT

Die Moritat von Mackie Messer wurde mehrere Male als Lied gecovert – auch in der englischen Version. Recherchieren Sie im Internet nach den verschiedenen Versionen und hören Sie sich auch die Version des Sängers Max Raabe (geb. 1962) aus dem Jahr 1999 an.

In Horváths **Volksstück Geschichten aus dem Wiener Wald** (> S. 205f.) wird die bürgerliche Gesellschaft entlarvt: Beschrieben wird ein Milieu geprägt von Abstiegsängsten, spießigen und rückständigen Ansichten. Zwischen Sprachlosigkeit, leeren Phrasen und Kalendersprüchen bewegt sich die Moral der kleinbürgerlichen Schicht, die vor brutalen Handlungen nicht zurückschreckt. Darin entscheidet sich **Marianne,** den Fleischhauer **Oskar** nicht zu heiraten, und widerspricht damit den Absichten ihres Vaters (dem **„Zauberkönig",** eigentlich Ferdinand, er wird so genannt, weil er ein Spezialgeschäft für Spielwaren besitzt). Stattdessen beginnt sie eine Liebesaffäre mit **Alfred,** von dem sie ein Kind bekommt. Marianne wird vom Vater verstoßen, die finanzielle Not treibt sie in ein Nachtlokal, in dem sie als Erotiktänzerin auftritt. Später landet sie sogar unschuldig im Gefängnis. Alfreds **Großmutter** setzt Mariannes Kind einer Unterkühlung und damit dem Tod aus, um ihren Enkelsohn wieder „frei" zu machen. Der „Zauberkönig" söhnt sich schließlich wieder mit Marianne aus und zwingt sie doch noch, Oskar zu heiraten.

Ödön von Horváth im Alter von 18 Jahre, Fotografie aus 1919

Eindrucksvoll ist auch Horváths Roman **Jugend ohne Gott** (1937), in dem er Kritik am NS-Regime übt. Ein Lehrer lehnt sich darin gegen den aufkommenden Rassismus auf und wird von der Gesellschaft dafür bestraft. Die Jugend, die neue Generation, hinterfragt nichts mehr, sondern folgt der totalitären Ideologie blind.

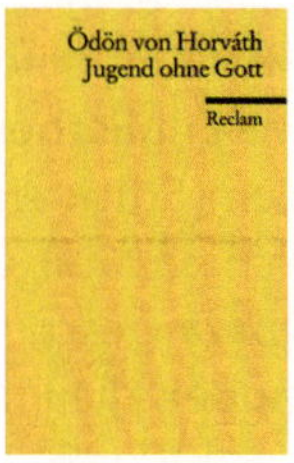

Horváths Roman ***Jugend ohne Gott*** *zählt in Österreich häufig zur Schullektüre*

Neben vielen anderen kritischen Geistern dieser Jahre musste auch Horváth das Land verlassen, als Hitler an die Macht kam. Er flüchtete zunächst nach Österreich, kehrte 1934 wieder nach Deutschland zurück, wo er aber **verfemt** wurde. 1936 emigrierte er nach Paris. 1938 wurde er während eines Spaziergangs auf den Champs Elysées von einem herabfallenden Ast erschlagen.

verfemt: geächtet

Genauer betrachtet: Literarische Bestseller

Der Buchmarkt lernte ein neues Phänomen kennen, nämlich jenes des **Bestsellers.** Natürlich hatte es immer wieder Bücher gegeben, die sich außerordentlich gut verkauft hatten, nun aber erreichten die Verkaufszahlen durch das Medium Film ungeahnte Dimensionen.

Erich Maria Remarques (1898 – 1972) Roman **Im Westen nichts Neues** (1928 als Vorabdruck in der Zeitung, 1929 dann in Buchform), der den falschen Patriotismus, die geschürte, irreführende Kriegsbegeisterung, den Krieg selbst und das Verheizen junger Männer an der Front anprangerte, wurde zu einem riesigen Erfolg, der bereits ein halbes Jahr später aufwendig verfilmt wurde (> S. 194). Die Nazis warfen dieses Buch nach ihrer Machtergreifung als eines der allerersten in die **Flammen**.

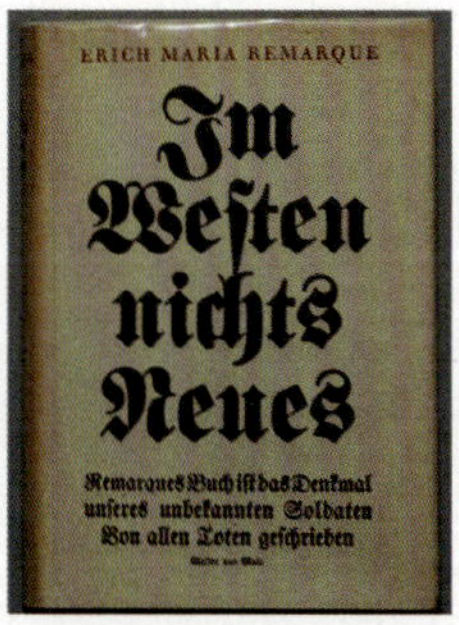

Cover der ersten Buchausgabe von ***Im Westen nichts Neues*** *aus 1929*

Flammen: hier: Bücherverbrennungen, die auf Initiative der Deutschen (nationalsozialistischen) Studentenschaft stattfanden. Sie waren vor allem von starkem Antisemitismus getragen, betrafen also vorrangig jüdische Autorinnen und Autoren, aber – wie im Falle Remarques – auch jene, die pazifistische oder regimekritische Literatur publizierten. Siehe dazu auch S. 216f.

Ähnlich erfolgreich war Alfred Döblins **Berlin Alexanderplatz. Die Geschichte vom Franz Biberkopf** (1929). Döblin kombinierte in diesem **Großstadtroman,** der oft mit James Joyces **Ulysses** verglichen wird, verschiedene Stilelemente. Er arbeitete mit den Techniken der Montage und der Collage und verwendete Werbesprüche, Wetterberichte, Bibelzitate,

Statistiken, Straßenbahnfahrpläne und Liedertexte, die in die Handlung eingeflochten wurden. Inhaltlich wird vor allem die kriminellen Szene Berlins ausgeleuchtet: Prostitution, Hehlerei und Gewalt unter Kriminellen sowie gegen Frauen. Der Protagonist Biberkopf, der wegen des Totschlags seiner Freundin verurteilt worden ist, wird aus der Haft entlassen und versucht, zunächst wenig erfolgreich, ein ehrliches Leben zu beginnen.

Bereits 1930 wurde der Roman verfilmt und Döblin schrieb selbst das Drehbuch dazu. Auch dieses Buch, das die Nazis als „entartet" bezeichneten, wurde 1933 öffentlich verbrannt. Der Hauptgrund war, dass Alfred Döblin Jude war.

Aufgaben

1 Geben Sie die Bedeutung von und Beispiele für den Antikriegsroman wieder.

2 Erläutern Sie die bedeutenden Entwicklungen des Theaters der Zwischenkriegszeit.

3 Erörtern Sie, ob die geflügelten Worte „Erst kommt das Fressen, dann kommt die Moral" in Politik und Gesellschaft heute ihre Gültigkeit haben.

Kurzporträts

Alfred Döblin wurde 1878 in Stettin geboren und studierte ab 1900 Medizin in Berlin und Freiburg. Der Literatur galt seine Liebe, aber auf elterlichen Druck sollte er Mediziner werden. Das Studium schloss er 1905 ab und war von 1911 bis 1933 als Nervenarzt in Berlin tätig. 1913 erschien seine erste Buchveröffentlichung, der Erzählband **Die Ermordung der Butterblume und andere Erzählungen.** Döblin stand damals noch stark unter dem Einfluss des Expressionismus. Er gehörte zwischen 1910 und 1915 zu den Begründern und Mitarbeitern der expressionistischen Zeitschrift **Der Sturm.** 1924 hatte Döblin seinen ersten großen Romanerfolg mit **Berge, Meere und Giganten**, fünf Jahre später folgte dann sein Meisterwerk **Berlin Alexanderplatz. Die Geschichte vom Franz Biberkopf** (1929).

Alfred Döblin experimentierte in seinem Werk Berlin Alexanderplatz mit modernen Erzähltechniken.

Döblin flüchtete nach der Machtübernahme der Nazis anfangs nach Zürich, dann nach Paris, schließlich in die USA. 1945 kehrte er mit seiner Familie als nun französischer Kulturoffizier nach Deutschland zurück. 1949 veröffentlichte er das Buch **Schicksalsreise. Bericht und Bekenntnis.** Er half am kulturellen Aufbau nach dem Weltkrieg mit, etwa indem er zu den Gründern der Akademie der Wissenschaften und der Literatur gehörte, zog jedoch 1953 enttäuscht nach Paris zurück und wollte nichts mehr von Deutschland wissen. Schwer krank kehrte er 1956 erneut und ein letztes Mal nach Deutschland zurück. Sein letzter Roman **Hamlet oder Die lange Nacht nimmt ein Ende** (1956) erschien wenige Wochen vor seinem Tod im Jahr 1957.

Erich Kästner, der heute vor allem für seine **Kinder- und Jugendbücher** berühmt ist, man denke nur an **Emil und die Detektive** (1928), **Das fliegende Klassenzimmer** (1933) oder **Das doppelte Lottchen** (1949), war ein scharfsinniger Chronist und Kritiker der Zeit.

1899 in Dresden geboren, kehrte er 1918 schwer herzkrank aus dem Ersten Weltkrieg zurück. Er studierte Geschichte, Philosophie, Germanistik und Theaterwissenschaft und arbeitete anschließend als Journalist. Ab 1927 war Kästner als freier Schriftsteller tätig.

NOTIZ AM RANDE

Kästners **Das doppelte Lottchen** ist seit Jahrzehnten erfolgreich – vielleicht, weil es bis heute aktuelle Themen behandelt: Die Zwillinge Luise und Lotte wachsen getrennt voneinander bei ihren geschiedenen Eltern auf, die Mutter arbeitet bei einer Zeitung, während der Vater als Komponist tätig ist. Die beiden Mädchen begegnen einander zufällig, ohne von der Existenz der jeweils anderen gewusst zu haben, und entscheiden sich dazu, heimlich ihre Rollen zu tauschen. Schließlich bringen sie das Leben ihrer Eltern (und ihre eigenen) gehörig durcheinander. Unter der Regie von Lancelot von Naso (geb. 1976) wurde der Kinderbuchklassiker 2017 neu verfilmt.

Neben seiner Tätigkeit als Journalist und Drehbuchautor schrieb er Romane und Gedichte. 1931 erschien sein Roman **Fabian. Die Geschichte eines Moralisten.** Auch als **Drehbuchautor** war Kästner sehr gefragt. Als die Nationalsozialisten die Macht übernahmen, machte er keinen Hehl daraus, dass er Hitler und seine Ideologie kategorisch ablehnte. Also belegten die Nazis ihn mit einem **Berufsverbot,** das er umging, indem er unter verschiedenen **Pseudonymen** weiterschrieb. Unter dem Pseudonym Berthold Bürger etwa schrieb er das Drehbuch für den vom NS-Regime mitfinanzierten Film **Münchhausen** (1943; Regie: Josef von Báky, 1902 – 1966). Nach dem Krieg lebte er in München, wo er am Kabarett **Die Schaubude** mitwirkte. In den 1950er Jahren wurden viele seiner Jugend- und Kinderbücher verfilmt. Bis heute sind über 40 Filme nach seinen Buchvorlagen entstanden. Erich Kästner spielte in einigen dieser Verfilmungen auch kleinere Rollen. 1974 starb er in München.

Erich Kästner ist besonders für seine Kinder- und Jugendbücher berühmt, Fotografie aus 1961

Pseudonym: angenommener, nicht wirklicher Name, unter dem ein Werk erscheint

Hermann Hesse (1877 – 1962) wurde in Deutschland geboren. Er gilt heute als einer der bekanntesten deutschsprachigen Autoren – vor allem auch in den USA, was auf seinen großen **Einfluss auf die Beat- und Hippie-Generation** der 1950er und 1960er Jahre zurückzuführen ist, die sein Werk begeistert aufnahm.

Hermann Hesse prägte Generationen jugendlicher Leserinnen und Leser, Fotografie aus 1946

Seine Jungend verbrachte Hesse überwiegend im schweizerischen Basel, in die (italienische) Schweiz kehrte er nach dem Ersten Weltkrieg zurück. Der Vater wollte, dass sein Sohn Theologe wird, dieser brach die Ausbildung allerdings ab, floh aus dem evangelischen Seminar und lebte anschließend als Buchhändler und Antiquar in Basel. Ab 1904 schrieb Hesse unter dem Pseudonym Emil Sinclair. 1906 folgte sein Roman **Unterm Rad,** der ein riesiger Erfolg wurde. In den Folgejahren reiste er viel, quer durch Europa und nach Indien. 1919 schrieb er, noch anonym, **Demian. Die Geschichte von Emil Sinclairs Jugend,** ein autobiografisches Kultbuch für die Literatur der Weimarer Republik. Seine Zeit in Indien verarbeitet er in **Siddharta. Eine indische Dichtung** (1922). Hesses Roman **Der Steppenwolf** (1927), der eine **Millionenauflage** erreichte, handelt von einem Mann, der im Konflikt mit seiner Künstlernatur und der bürgerlichen Welt steht und sich deshalb wie ein Wolf fühlt.

Hesses Literatur zählt zum **Kanon der deutschsprachigen Literatur** und beeinflusste nachkommende Generationen. 1946 erhielt er den **Literaturnobelpreis.**

Thomas Mann, eine der zentralen Figuren der Literaturszene der Weimarer Republik, wurde 1875 in Lübeck geboren und war ab 1894 Mitarbeiter der Zeitschrift *Simplicissimus*. Von 1895 bis 1897 lebte er gemeinsam mit seinem Bruder Heinrich in Italien. Er entschied sich dazu, von der Literatur zu leben. 1901 gelang ihm mit dem umfangreichen Familienroman **Die Buddenbrooks. Verfall einer Familie** ein Sensationserfolg, für den er 1929 sogar mit dem **Literaturnobelpreis** ausgezeichnet wurde. Es folgten Novellen wie **Tonio Kröger** (1903) oder **Der Tod in Venedig** (1913). Immer wieder meldete sich Mann als scharfsinniger Betrachter der politischen Verhältnisse zu Wort und stand auch der Zensur der Weimarer Republik kritisch gegenüber. Sein Roman **Der Zauberberg** (1924) wurde eines der erfolgreichsten Bücher der Zwischenkriegszeit. Der **Protagonist Hans Castorp** gerät darin nahezu zufällig als Patient in ein Sanatorium auf einen Berg in großer Abgeschiedenheit, wo er mit den Themen Krankheit, Tod, Freundschaft, Liebe, Philosophie und Politik konfrontiert wird. Dabei ist er selbst unschlüssig, ob er sich für das Leben entscheiden oder sich aufgeben und den Tod wählen soll.

1933 emigrierte Thomas Mann mit seiner Familie in die Schweiz, 1938 in die USA, wo er 1944 auch die amerikanische Staatsbürgerschaft erwarb. 1952 kehrte Thomas Mann nach Europa zurück und lebte bis zu seinem Tod 1955 in der Schweiz. Drei seiner sechs Kinder, Erika (1905 – 1969), Klaus (1906 – 1949) und Golo (1909 – 1994) waren ebenfalls schriftstellerisch aktiv.

Heinrich Mann (1871 – 1950) war der ältere Bruder von Thomas Mann. In Lübeck geboren, absolvierte er eine Buchhändlerlehre und arbeitete anschließend für den S. Fischer Verlag in Berlin. Ab 1893 lebte er als freier Schriftsteller in München, Paris, vielen Orten Italiens und ab 1925 wieder in Berlin. Sein seit 1914 vollendeter, kriegsbedingt erst 1918 erschienener Roman **Der Untertan** lässt sich als guter literarischer Startpunkt für die kurze Epoche der Zwischenkriegszeit ansehen. In dem Roman geht es um **Diederich Heßling,** einen kaisertreuen Mitläufer, einen feigen und opportunistischen Zeitgenossen, den Mann als Symbol für die „Angepasstheit" und die fehlende Courage der Bevölkerung beschrieb.

Die Brüder Heinrich (stehend) und Thomas Mann (sitzend) kurz nach dem Romanerfolg von Thomas Manns ***Buddenbrooks****, Fotografie aus 1902*

1930 wurde Heinrich Mann Präsident der *Preußischen Akademie der Künste.* Von diesem Amt musste er nach Hitlers Machtergreifung zurücktreten. Er emigrierte anfangs in die Tschechoslowakei, dann nach Frankreich und schließlich 1940 über Spanien nach Kalifornien.

Kurt Tucholsky (1890 – 1935) war Berliner und ließ den Berliner Dialekt oft in seine Bücher einfließen. Er studierte Jus in Berlin, Jena und Genf. 1913 bis 1933 war er gleich fünffacher Autor der Zeitschrift **Die Weltbühne** (er schrieb neben seinem eigenen Namen noch unter den vier Pseudonymen: Peter Panter, Theobald Tiger, Ignaz Wrobel und Kaspar Hauser). Ab 1923 arbeitete er auch als Bankangestellter, im Jahr darauf wurde er Zeitungskorrespondent in Paris.

Kurt Tucholsky bei einem Spaziergang in Paris, 1928

Die politische Lage schon früh erkennend, zog Tucholsky 1927 nach Schweden. Im gleichen Jahr erschien sein Reisebuch **Ein Pyrenäenbuch** und 1929 **Deutschland, Deutschland über alles.** Darin rechnete er mit den von ihm gehassten Nazis ab:

„Wir pfeifen auf die Fahnen – aber wir lieben dieses Land. Und so wie die nationalen Verbände über die Wege trommeln – mit gleichem Recht, mit genau demselben Rechte nehmen wir, wir, die wir hier geboren sind, wir, die wir besser deutsch schreiben und sprechen als die Mehrzahl der nationalen Esel – mit genau demselben Recht nehmen wir Fluß und Wald in Beschlag, Strand und Haus, Lichtung und Wiese: Es ist unser Land. Wir haben das Recht, Deutschland zu hassen – weil wir es lieben."

Zit. nach: Helga Bemmann: Kurt Tucholsky. Frankfurt am Main und Berlin: Ullstein 1994, S. 431f.

Tucholsky schrieb **Satiren,** Erzählungen, Essays und Reportagen voll von tiefgründigem, scharfsinnigem Humor und Warmherzigkeit. Sein Roman **Schloß Gripsholm** (1931) ist das beste Beispiel dafür. 1933 wurde er von den Nationalsozialisten ausgebürgert, seine Bücher wurden verbrannt. Er war schockiert darüber, was in seiner Heimat passierte und nahm sich 1935 im schwedischen Exil aus Verzweiflung über die Erfolge der NS-Bewegung das Leben.

Robert Musil wurde 1880 in Klagenfurt geboren und besuchte einige österreichische Militärerziehungsanstalten. Nach der Schulzeit studierte er Maschinenbau, später Philosophie in Berlin, worin er promovierte. Zwischen 1911 und 1914 war er als Bibliothekar der Technischen Hochschule in Wien tätig, danach arbeitete er als Redakteur der *Neuen Rundschau* in Berlin. Während des Ersten Weltkriegs war er Offizier.

Robert Musil an seinem Schreibtisch in Wien, Fotografie aus 1930

Musil, der einmal meinte er wollte die „Darstellung von zufälligen Elementen der Wirklichkeit" beschreiben, hatte bereits 1906 mit seinem Roman **Die Verwirrungen des Zöglings** Törleß eine Talentprobe abgeliefert. Er fand jedoch lange nicht die Zeit und die Unterstützung, um von der Literatur leben zu können. Bis 1922 war er österreichischer Beamter, anschließend lebte er als freier Schriftsteller in Wien und Berlin. Zwischen 1921 und 1942 schrieb er an seinem über tausend Seiten starken Roman **Der Mann ohne Eigenschaften,** der unvollendet bleiben sollte. Musil starb 1942 in ärmlichen Verhältnissen im schweizerischen Genf, wohin er wegen des Anschlusses Österreichs an NS-Deutschland 1938 emigriert war. **Der Mann ohne Eigenschaften** gilt heute als Schlüsselwerk der Literatur und ob seiner philosophischen, essayistischen, erzählerischen und historischen Dimension als eines der bedeutendsten Werke des 20. Jahrhunderts.

Marieluise Fleißer (1901 – 1974) gehört heute zu den bedeutendsten Vertreterinnen der **Neuen Sachlichkeit** (> S. 190). Sie studierte Theaterwissenschaften und Germanistik in München und feierte mit **Fegefeuer in Ingolstadt** (1926) ihren ersten großen Bühnenerfolg. Schon als Studentin lernte sie Bertolt Brecht (> S. 223) kennen, der sie zum Stück **Pioniere in Ingolstadt** anregte. Dieses handelt von einer militärischen Pioniertruppe, die in Ingolstadt eine Brücke reparieren soll. Die Soldaten sorgen für Unruhe in der Stadt und nutzen die Mädchen ohne Gewissensbisse aus. Brecht führte Regie, allerdings mischte er sich auch stark in den Inhalt des Stückes ein. Es wurde 1929 aufgeführt und wurde zu einem Skandalstück – von Fleißer wollte man folglich in Ingolstadt nichts mehr wissen. Der Bruch mit Brecht folgte.

Früher geschmäht, heute gefeiert: die Schriftstellerin Marieluise Fleißer; das Denkmal von Elisabeth Wagner (geb. 1954) wurde 2011 in Fleißers Geburtsort Ingolstadt errichtet

Fleißer heiratete, nicht zuletzt aus wirtschaftlicher Not, einen Trafikanten. So half sie etwa in der Trafik aus, während 1935 ein (de facto) Schreibverbot durch das NS-Regime folgte. Die kleinbürgerliche Ehe und ihr vorläufiges Ende als Schriftstellerin führten 1938 zu einem Nervenzusammenbruch. Erst nach dem Krieg und dem Tod ihres Mannes fand Fleißer dauerhaft zum Schreiben zurück. In den 1960ern und 1970ern wurde ihr Werk wiederentdeckt.

Irmgard Keun (1905 – 1982) wurde in Berlin geboren und hatte zunächst den Plan, Schauspielerin zu werden. Sie war fasziniert vom Medium Film, erhielt aber überwiegend nur kleinere Theaterengagements. Neben der Schauspielerei begann sie mit dem Schreiben von Geschichten. 1929 lernte die Alfred Döblin (> S. 197) kennen, der mit seinem Roman **Berlin Alexanderplatz** zur damaligen Zeit große Erfolge feierte. Er überredete sie, das Schauspielen bleiben zu lassen und sich ganz der Literatur zu widmen. Sie folgte seinem Rat und 1931 erschien ihr Debütroman **Gigli, eine von uns,** der sie über Nacht berühmt machte.

Es folgte der Roman **Das kunstseidene Mädchen** (1932; > S. 204f.), der ebenfalls ein Bestseller wurde. Doris, die Protagonistin des Romans, träumt von einem Leben als Berühmtheit, muss sich tatsächlich aber durchschlagen, um zu überleben. Dabei gerät sie immer wieder in Abhängigkeit von Männern, die sie teilweise sexuell auszunutzen versuchen, während der Traum von der Schauspielerei zerplatzt. Schließlich zieht sie verarmt mit einem Hausierer in eine Gartenlaube. Zahlreiche Kritiker warfen Keun nach diesem Buch ein Plagiat vor. Sie soll bei Robert Neumanns Roman **Karriere** (1931) abgeschrieben haben. Neumann distanzierte sich zwar von den Vorwürfen und nahm Keun in Schutz, allerdings erst Jahrzehnte später.

Gedenktafel am Geburtshaus von Irmgard Keun in Berlin Charlottenburg

Irmgard Keuns Bücher wurden ab 1933 verboten und verbrannt. Ihre Karriere geriet ins Stocken, als sie emigrieren musste. Ihre Werke, die im niederländischen **Exil** entstanden, z. B. **Nach Mitternacht** (1937), fanden wenig Beachtung. Als die Niederlande 1940 von der Wehrmacht besetzt wurden, kehrte Keun nach Deutschland zurück und lebte illegal und unter falschem Namen als Charlotte Tralow bis zum Kriegsende im Haus ihrer Eltern. Nach dem Krieg versuchte sie, alte Kontakte wieder aufzufrischen. Dennoch lebte sie in ärmlichen Verhältnissen und verkaufte nur wenige Exemplare ihrer Bücher. Sie wurde alkoholkrank, schließlich entmündigt und in die psychiatrische Abteilung des Landeskrankenhauses Bonn eingewiesen, wo sie bis 1972 lebte. Nach dieser Zeit lebte sie am Existenzminimum in einer kleinen Kölner Wohnung. Ende der 1970er Jahre wurde ihr Werk wiederentdeckt. Sie hielt erstmals seit Jahren wieder eine Lesung und die einflussreiche Zeitschrift **Stern** schrieb ein seitenlanges Portrait über die „Wiederentdeckte". Ihre Werke wurden plötzlich wieder aufgelegt, was für Keun eine finanzielle Hilfe bedeutete. Bis heute werden ihre Romane wieder regelmäßig gedruckt. **Das kunstseidene Mädchen** wurde 2003 zum offiziellen Buch der Stadt Köln ernannt.

Aufgaben

1 Vergleichen Sie anhand der dargestellten Biografien die Situation der Schriftstellerinnen und Schriftsteller zur Zeit der Weimarer Republik bzw. der Ersten Republik Österreichs mit ihrer Situation während der NS-Herrschaft.

2 Erschließen Sie mögliche Gründe für die Erfolge und die Rückschläge der Autorinnen Marieluise Fleißer und Irmgard Keun.

Reflexionen zum Kapitel

> Beschreiben Sie die zentralen gesellschaftlichen und historischen Ereignisse, die auf die Autorinnen und Autoren der Zwischenkriegszeit Einfluss hatten.

> Diskutieren Sie, ob die Zwischenkriegszeit eine Epoche des Aufbruchs und Fortschritts oder eine der Krise und des Niedergangs war. Finden Sie passende Beispiele und begründen Sie Ihre Antwort.

> Recherchieren Sie zu einer Schriftstellerin oder einem Schriftsteller Ihrer Wahl, die bzw. der im Kapitel erwähnt, aber nicht genauer ausgeführt wird. Stellen Sie ein Werk dieser Person in der Klasse vor.

> Informieren Sie sich über eines der Werke, das im Abschnitt Kurzporträts erwähnt wird, und wählen Sie es als Lektüre.

TEXT

Befürchtung

Kurt Tucholsky, 1929

Weltbühne 28, 9.7.1929

Werde ich sterben können –? Manchmal fürchte ich, ich werde es nicht können.

Da denke ich so: wie wirst du dich dabei aufführen? Ah, nicht die Haltung – nicht das an der Mauer, der Ruf „Es lebe …" nun irgend etwas, während man selber stirbt; nicht die Minute vor dem Gasangriff, die Hosen voller Mut und das heldenhaft verzerrte Angesicht dem Feinde zugewandt … nicht so. Nein, einfach der sinnlose Vorgang im Bett. Müdigkeit, Schmerzen und nun eben das. Wirst du es können?

Zum Beispiel, ich habe jahrelang nicht richtig niesen können. Ich habe geniest wie ein kleiner Hund, der den Schluckauf hat. Und, verzeihen Sie, bis zu meinem achtundzwanzigsten Jahre konnte ich nicht aufstoßen – da lernte ich Karlchen kennen, einen alten Korpsstudenten, und der hat es mir beigebracht. Wer aber wird mir das mit dem Sterben beibringen?
Ja, ich habe es gesehn. Ich habe eine Hinrichtung gesehn, und ich habe Kranke sterben sehn – es schien, daß sie sich sehr damit plagten, es zu tun. Wie aber, wenn ich mich nun dabei so dumm anstelle, daß es nichts wird? Es wäre doch immerhin denkbar.

>

„Keine Sorge, guter Mann. Es wird sich auf Sie herabsenken, das Schwere – Sie haben eine falsche Vorstellung vom Tode. Es wird …“ Spricht da jemand aus Erfahrung? Dies ist die wahrste aller Demokratien, die Demokratie des Todes. Daher die ungeheure Überlegenheit der Priester, die so tun, als seien sie alle schon hundertmal gestorben, als hätten sie ihre Nachrichten von drüben – und nun spielen sie unter den Lebenden Botschafter des Todes.

Vielleicht wird es nicht so schwer sein. Ein Arzt wird mir helfen, zu sterben. Und wenn ich nicht gar zu große Schmerzen habe, werde ich verlegen und bescheiden lächeln: „Bitte, entschuldigen Sie … es ist das erste Mal …“

Kurt Tucholsky: Ausgewählte Werke. Stuttgart: Melzer 2006, S. 465f.

NOTIZ AM RANDE

Auf die Frage „Was darf die **Satire**?“ antwortete Tucholsky mit „alles“. Die Satire als Kunstform verspottet Personen, die Gesellschaft, Normen und politische Verhältnisse. Ihr Merkmal ist die Übertreibung.

Den letzten Eintrag in Tucholskys **Sudelbuch** (1935), sein Notizheft, könnte man als verbildlichte Satire des Schriftstellerlebens sehen: „Eine Treppe: Sprechen – Schreiben – Schweigen“.

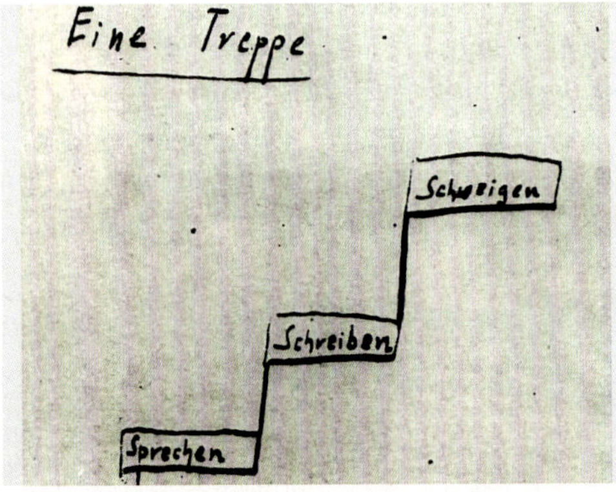

Aufgaben

1 Geben Sie die Gedanken des Ich-Erzählers zum Tod wieder.

2 Erklären Sie, welche Kritik in diesem Text geäußert wird.

3 Begründen Sie, ob dieser Text eine Satire ist.

TEXT

Die zaristischen Emigranten

Joseph Roth, 1926

Frankfurter Zeitung, 14.9.1926

Lange bevor man noch daran denken konnte, das neue Rußland aufzusuchen, kam das alte zu uns. Die Emigranten trugen den wilden Duft ihrer Heimat, der Verlassenheit, des Bluts, der Armut, des außergewöhnlichen, romanhaften Schicksals. Es paßte zu den europäischen Klischee-Vorstellungen von den Russen, daß sie solches erlebt hatten, Ausgestoßene waren, von warmen Herden Vertriebene, Wanderer durch die Welt ohne Ziel, Entgleisende mit der alten literarischen Verteidigungs-Formel für jeden Sprung über gesetzliche Grenzen: „die russische Seele“. Europa kannte die Kosaken aus dem Varieté, die russischen Bauernhochzeiten aus opernhaften Bühnenszenen, die russischen Sänger und die Balalaikas. Es erfuhr (auch nachdem Rußland zu uns gekommen war) niemals, wie sehr französische Romanciers – die konservativsten der Welt – und sentimentale Dostojewski-Leser den russischen Menschen umgelogen hatten zu einer kitschigen Gestalt aus Göttlichkeit und Bestialität, Alkohol und Philosophie. Samowarstimmung und Asiatismus. Was hatten sie aus der russischen Frau gemacht! – Eine Art Menschtier, mit Treue begabt und Leidenschaft zum Betrug, eine Verschwenderin und eine Rebellierende, eine Literatenfrau und eine Bombenfabrikantin. Je länger die Emigration dauerte, desto näher kamen die Russen der Vorstellung, die man sich von ihnen gemacht hatte. Sie taten uns den Gefallen und assimilierten sich an unser Klischee. Das Gefühl, Träger einer „Rolle“ zu sein, linderte vielleicht ihr Elend. Sie trugen es leichter, wenn sie literarisch gewertet wurden. Der russische Fürst als Chauffeur eines Pariser Taxis steuert unmittelbar in die Literatur. Sein Schicksal mag grausam sein. Aber es ist belletristisch verwendbar.

Das anonyme Leben der Emigranten wurde eine öffentliche Produktion. Wie erst, wenn sie sich selbst zur Schau stellten. Hunderte gründeten Theater, Sängerchöre, Tanzgruppen und Balalaika-Orchester. Zwei Jahre lang waren alle neu, echt, verblüffend. Später wurden alle selbstverständlich und langweilig. Sie verloren die Beziehung zur heimatlichen Erde. Sie entfernten sich immer mehr von Rußland – und Rußland noch mehr von ihnen. Europa kannte schon Meyerhold – sie hielten immer noch bei Stanislawsky. Die „blauen Vögel" fingen an, deutsch, französisch, englisch zu singen. Schließlich flogen sie nach Amerika und verloren das Gefieder.

Die Emigranten betrachteten sich als die einzigen Vertreter des Echt-Russischen. Was nach der Revolution in Rußland wuchs und von Bedeutung wurde, verleumdeten sie als „unrussisch", „jüdisch", „international". Europa hatte sich längst daran gewöhnt, in Lenin einen russischen Repräsentanten zu sehen. Die Emigranten hielten noch bei Nikolaus dem Zweiten. Sie hielten mit rührender Treue an der Vergangenheit fest, aber sie vergingen sich gegen die Geschichte. Und sie selbst reduzierten ihre Tragik.

Ach! sie mußten leben. Deshalb ritten sie in Pariser Hippodromen heimatliche Kosaken-Galoppe auf fremdblütigen Pferden, bekleideten sie sich mit krummen Türkensäbeln, die auf dem Flohmarkt von Glignaucourt erworben waren, führten sie leere Patronentaschen und stumpfe Dolche auf dem Montmartre spazieren, setzten sie auf ihre Häupter große Bärenmützen aus echten Katzenfellen und standen furchtbar anzusehn als Häuptlinge aus Dongebieten vor den Drehtüren der Etablissements, auch wenn sie in Wolhynien zur Welt gekommen waren. Manche avancierten auf unkontrollierbaren Nansen-Pässen zu Großfürsten. Es war ja auch gleichgültig. Alle konnten sie mit der gleichen Fertigkeit aus den Balalaikas Heimweh und Schwermut zupfen, rote Saffianstiefel mit silbernen Sporen tragen und hockend in tiefer Kniebeuge auf einem Absatz herumwirbeln. Eine Fürstin sah ich in einem Pariser Varieté eine russische Hochzeit darstellen. Sie war eine strahlende Braut, Nachtwächter aus der Rue Pigalle, als Bojaren verkleidet, wuchsen Spalier, wie aus Blumentöpfen, eine Kathedrale aus Pappe leuchtete im Hintergrund, aus ihr trat der Pope mit einem Bart aus Watte, gläserne Edelsteine funkelten im russischen Sonnenglanz, der aus dem Scheinwerfer floß und die Kapelle träufelte aus gedämpften Geigen das Lied von der Wolga in die Herzen des Publikums. Andere Fürstinnen waren Kellnerinnen in russischen Lokalen, Notizblöcke hingen an tulasilbernen Ketten an ihren Schürzen, ihre Köpfe standen stolz im Nacken, Musterbeispiele standhafter Emigrantentragik.

Andere, Gebrochene, saßen still auf den Bänken der Tuilerien, des Luxemburggartens, des Wiener Praters, des Berliner Tiergartens, an den Ufern der Donau in Budapest und in den Caféhäusern von Konstantinopel. Mit den Reaktionären eines jeden Landes hatten sie Verbindung. Sie saßen da und trauerten ihren gefallenen Söhnen und Töchtern nach, ihren vermißten Frauen – aber auch der goldenen Taschenuhr, dem Geschenk Alexanders des Dritten. Viele hatten Rußland verlassen, weil sie „das Elend des Landes nicht ansehen konnten". Ich kenne russische Juden, die, noch vor wenigen Jahren von Denikin und Petljura „enteignet", heute dennoch nichts mehr auf der Welt hassen als Trotzki, der ihnen nichts getan hat. Sie wollen ihren falschen Taufschein wieder haben, mit dem sie sich demütig, unwürdig einen verbotenen Aufenthalt in den großen russischen Städten erschlichen hatten.

In dem kleinen Hotel im Pariser Quartier Latin, in dem ich wohnte, lebte einer der bekannten russischen Fürsten, mit Vater, Frau, Kindern und einer „bonne". Der alte Fürst war noch echt. Er kochte seine Suppe auf einem Spirituskocher, und, obwohl er mir bekannt war als eine antisemitische Kapazität und eine Leuchte im Bauern-Schinden, erschien er mir dennoch rührend an feuchten herbstlichen Abenden, durch die er frierend kroch, ein Symbol, kein Mensch mehr, ein Blatt, abgeweht vom Baum des Lebens. Aber sein Sohn, in der Fremde erzogen, elegant von Pariser Schneidern eingekleidet, von reicheren Großfürsten erhalten – wie anders war er! Im Telephonzimmer konferierte er mit gewesenen Leibgardisten, an falsche und an echte Romanows schickte er Ergebenheits-Adressen zu Geburtstagen und den Damen im Hotel legte er kitschige rosa Liebesbriefchen in die Schlüsselfächer. Zu zaristischen Kongressen eilte er in Automobilen und er lebte wie ein kleiner emigrierter Gott in Frankreich. Wahrsager, Popen, Kartenleser, Theosophen kamen zu ihm, alle, die die russische Zukunft kannten, die Wiederkehr der großen Katharina und der Trojkas, der Bärenjagden und der Kalorga, Rasputins und der Leibeigenschaft …

Alle verloren sich. Sie verloren das Russentum und den Adel. Und, weil sie nichts mehr gewesen waren als Adelige und Russen, hatten sie alles verloren. Sie sanken aus ihrer eigenen Tragik. Dem großen Trauerspiel entfielen die Helden. Die Geschichte ging unerbittlich ihren eisernen und blutigen Weg. Unsere Augen wurden müde, ein Elend zu betrachten, das sich selbst so billig gemacht hatte. Wir standen vor den Überresten, die ihre eigene Katastrophe nicht begriffen, wir wußten mehr von ihnen, als sie uns erzählen konnten, und, Arm in Arm mit der Zeit, gingen wir über die Verlorenen hinweg, grausam und dennoch traurig.

Joseph Roth: Journalistische Werke. Reportagen aus Wien und Berlin, Reportagen aus Frankreich, Reise in Russland. Prag: E-Artnow 2018, S. 18ff.

Aufgaben

1 Gebe Sie die im Text geschilderten Eindrücke wieder, die russische Flüchtlinge in der Öffentlichkeit hinterließen.

2 Erklären Sie die Aussage im Text: „Je länger die Emigration dauerte, desto näher kamen die Russen der Vorstellung, die man sich von ihnen gemacht hatte. Sie taten uns den Gefallen und assimilierten sich an unser Klischee."

3 Erläutern Sie die zentralen Aussagen des Textes.

4 Besprechen Sie in der Klasse Unterschiede und Gemeinsamkeiten zwischen dem vermittelten Bild russischer Flüchtlinge und den (oft stereotypen) Bildern bzw. Vorstellungen, die wir heute von Flüchtlingen haben.

TEXT

Das kunstseidene Mädchen

Irmgard Keun, 1932

Das war gestern abend so um zwölf, da fühlte ich, dass etwas Großartiges in mir vorging. Ich lag im Bett – eigentlich hatte ich mir noch die Füße waschen wollen, aber ich war zu müde wegen dem Abend vorher, und ich hatte doch gleich zu Therese gesagt: „Es kommt nicht bei raus, sich auf der Straße ansprechen zu lassen, und man muss immerhin auf sich halten."

Außerdem kannte ich das Programm im Kaiserhof schon. Und dann immer weiter getrunken – und ich hatte große Not, heil nach Hause zu kommen, weil es mir doch ohnehin immer schwerer fällt, nein zu sagen. Ich habe gesagt: „Bis übermorgen." Aber ich denke natürlich gar nicht dran. So knubbelige Finger und immer nur Wein bestellt, der oben auf der Karte steht, und Zigaretten zu fünf – wenn einer so schon anfängt, wie will er da aufhören?

Im Büro war mir dann so übel, und der Alte hat's auch nicht mehr dick und kann einen jeden Tag entlassen. Ich bin also gleich nach Hause gegangen gestern abend – und zu Bett ohne Füße waschen. Hals auch nicht. Und dann lag ich so und schlief schon am ganzen Körper, nur meine Augen waren noch auf – der Mond schien mir ganz weiß auf den Kopf – ich dachte noch, das müsste sich gut machen auf meinem schwarzen Haar, und schade, dass Hubert mich nicht sehen kann, der doch schließlich und endlich der Einzige ist, den ich wirklich geliebt habe. Da fühlt ich wie eine Vision Hubert um mich, und er Mond schien, und von nebenan drang ein Grammophon zu mir, und da ging etwas Großartiges in mir vor – wie auch früher manchmal – aber da doch nie so sehr. Ich hatte ein Gefühl ein Gedicht zu machen, aber dann hätte es sich womöglich reimen müssen, und dazu war ich zu müde. Aber ich erkannte, dass etwas Besonderes in mir ist, was auch Hubert fand und Fräulein Vogelsang von der Mittelschule, der ich einen Erlkönig hinlegte, dass alles starr war. Und ich bin ganz verschieden von Theresse und den anderen Mädchen auf dem Büro und so, in denen nie Großartiges vorgeht. Und dann spreche ich fast ohne Dialekt, was viel ausmacht und mir eine Note gibt [...].

Und ich denke, dass es gut ist, wenn ich alles beschreibe, weil ich ein ungewöhnlicher Mensch bin. Ich denke nicht an Tagebuch – das ist lächerlich für ein Mädchen von achtzehn und auch sonst auf der Höhe. Aber ich will schreiben wie Film, denn so ist mein Leben und wird noch mehr sein. [...] Und wenn ich später lese, ist alles wie Kino – ich sehe mich in Bildern. Und jetzt sitze ich in meinem Zimmer im Nachthemd [...] und alles ist erstklassig an mir – nur mein linkes Bein ist dicker als mein rechtes. Aber kaum. Es ist sehr kalt, aber im Nachthemd ist schöner – sonst würde ich den Mantel anziehen.

Irmgard Keun: Das kunstseidene Mädchen. Stuttgart: Klett 2008, S. 3f.

Aufgaben

1 Beschreiben Sie die im Text genannten Vorstellungen und Ideen, die das Mädchen von sich selbst und seinem Leben hat.

2 Schildern Sie die Bedeutung des Mediums Film für das Leben des Mädchens.

3 Welche Gedanken und Charaktereigenschaften des Mädchens wären heute noch aktuell, welche sind Ihrer Meinung nach nicht mehr zeitgemäß? Begründen Sie Ihre Meinung.

TEXT

Geschichten aus dem Wienerwald

Ödön von Horváth, Uraufführung 1931

Marianne soll, geht es nach ihrem Vater, den Zauberkönig, mit dem Fleischer Oskar verlobt werden. Während der Feierlichkeit lernt sie den attraktiven Mann Alfred kennen.

IV
An der schönen blauen Donau

Nun ist die Sonne untergegangen, es dämmert bereits, und in der Ferne spielt der lieben Tante ihr Reisegrammophon den „Frühlingsstimmen-Walzer" von Johann Strauß.

1 **Alfred** *in Bademantel und Strohhut – er blickt verträumt auf das andere Ufer.*

Marianne *steigt aus der schönen blauen Donau und erkennt Alfred. Stille.*

Alfred *lüftet den Strohhut:* Ich wußte es, daß Sie hier landen werden.

Marianne: Woher wußten Sie das?

Alfred: Ich wußt es. *Stille.*

Marianne :Die Donau ist weich wie Samt –

Alfred: Wie Samt.

Marianne: Heut möcht ich weit fort – heut könnt man im Freien übernachten.

Alfred: Leicht.

Marianne: Ach, wir armen Kulturmenschen! Was haben wir von unserer Natur!

Alfred: Was haben wir aus unserer Natur gemacht? Eine Zwangsjacke. Keiner darf, wie er will.

Marianne: Und keiner will, wie er darf. *Stille.*

Alfred: Und keiner darf, wie er kann.

Marianne: Und keiner kann, wie er soll –

Alfred *umarmt sie mit großer Gebärde, und sie wehrt sich mit keiner Faser – ein langer Kuß.*

Marianne *haucht:* Ich habs gewußt, ich habs gewußt –

Alfred: Ich auch.

Marianne: Liebst du mich, wie du solltest –?

Alfred: Das hab ich im Gefühl. Komm, setzen wir uns. *Sie setzen sich.*

Stille.

>

Marianne: Ich bin nur froh, daß du nicht dumm bist – ich bin nämlich von lauter dummen Menschen umgeben. Auch Papa ist kein Kirchenlicht – und manchmal glaub ich sogar, er will sich durch mich an meinem armen Mutterl selig rächen. Die war nämlich sehr eigensinnig.

Alfred: Du denkst zuviel.

Marianne: Jetzt gehts mir gut. Jetzt möcht ich singen. Immer, wenn ich traurig bin, möcht ich singen – *Sie summt und verstummt wieder.* Warum sagst du kein Wort?

Stille.

Alfred: Liebst du mich?

Marianne: Sehr.

Alfred: So wie du solltest? Ich meine, ob du mich vernünftig liebst?

Marianne: Vernünftig?

Alfred: Ich meine, ob du keine Unüberlegtheiten machen wirst – denn dafür könnt ich keine Verantwortung übernehmen.

Marianne: Oh Mann, grübl doch nicht – grübl nicht, schau die Sterne – die werden noch droben hängen, wenn wir drunten liegen –

Alfred: Ich laß mich verbrennen.

Marianne: Ich auch – du, o du – du – *Stille.*

Marianne: Du – wie der Blitz hast du in mich eingeschlagen und hat mich gespalten – jetzt weiß ich es aber ganz genau.

Alfred: Was?

Marianne: Daß ich ihn nicht heiraten werde –

Alfred: Mariann!

Marianne: Was hast du denn? *Stille.*

Alfred: Ich hab kein Geld.

Marianne: Oh warum sprichst du jetzt davon?!

Alfred: Weil das meine primitivste Pflicht ist! Noch nie in meinem Leben hab ich eine Verlobung zerstört, und zwar prinzipiell! Lieben ja, aber dadurch zwei Menschen auseinanderbringen – nein! Dazu fehlt mir das moralische Recht! Prinzipiell! *Stille.*

Marianne: Ich hab mich nicht getäuscht, du bist ein feiner Mensch. Jetzt fühl ich mich doppelt zu dir gehörig – ich paß nicht zu Oskar und basta! *Es ist inzwischen finster geworden und nun steigen in der Nähe Raketen.*

Alfred: Raketen. Deine Verlobungsraketen.

Marianne: Unsere Verlobungsraketen.

Alfred: Und bengalisches Licht.

Marianne: Blau, grün, gelb, rot –

Alfred: Sie werden dich suchen.

Marianne: Sie sollen uns finden – bleib mir, du, dich hat mir der Himmel gesandt, mein Schutzengel –

Jetzt gibt es bengalisches Licht – blau, grün, gelb, rot – und beleuchtet Alfred und Marianne; und den Zauberkönig, der knapp vor ihnen steht mit der Hand auf dem Herzen.

Marianne *schreit unterdrückt auf. Stille.*

Alfred *geht auf den Zauberkönig zu:* Herr Zauberkönig –

Zauberkönig *unterbricht ihn:* Schweigen Sie! Mir brauchen Sie nichts zu erklären, ich hab ja alles gehört – na, das ist ja ein gediegener Skandal! Am Verlobungstag –! Nacket herumliegen! Küß die Hand! Mariann! Zieh dich an! Daß nur der Oskar nicht kommt – Jesus Maria und ein Stückerl Josef!

Alfred: Ich trag natürlich sämtliche Konsequenzen, wenn es sein muß.

Zauberkönig: Sie haben da gar nichts zu tragen! Sie haben sich aus dem Staube zu machen, Sie Herr! Diese Verlobung darf nicht platzen, auch aus moralischen Gründen nicht! Daß mir keine Seele was erfährt, Sie Halunk – Ehrenwort!

Alfred: Ehrenwort!

Marianne: Nein!!

Zauberkönig *unterdrückt:* Brüll nicht! Bist du daneben? Zieh dich an, aber marsch-marsch! Du Badhur!

Oskar *erscheint und überblickt die Situation:* Marianne! Marianne!

Zauberkönig: Krach in die Melon!

Stille.

Alfred: Das Fräulein Braut haben bis jetzt geschwommen.

Marianne: Lüg nicht! So lüg doch nicht! Nein, ich bin nicht geschwommen, ich mag nicht mehr schwimmen! Ich laß mich von euch nicht mehr tyrannisieren. Jetzt bricht der Sklave seine Fessel – da! *Sie wirft Oskar den Verlobungsring ins Gesicht.* Ich laß mir mein Leben nicht verhunzen, das ist mein Leben! Gott hat mir im letzten Moment diesen Mann da zugeführt. – Nein, ich heirat dich nicht, ich heirat dich nicht, ich heirat dich nicht!! Meinetwegen soll unsere Puppenklinik verrecken, eher heut als morgen!

Zauberkönig: Das einzige Kind! Das werd ich mir merken!

Stille. Während zuvor Marianne geschrien hat, sind auch die übrigen Ausflügler erschienen und horchen interessiert und schadenfroh zu.

Oskar *tritt zu Marianne:* Mariann, ich wünsch dir nie, daß du das durchmachen sollst, was jetzt in mir vorgeht – und ich werde dich auch noch weiter lieben, du entgehst mir nicht – und ich danke dir für alles. *Ab. Stille.*

Zauberkönig *zu Alfred:* Was sind Sie denn überhaupt?

Alfred: Ich?

Valerie: Nichts. Nichts ist er.

Zauberkönig: Ein Nichts. Das auch noch. Ich habe keine Tochter mehr! *Ab mit den Ausflüglern – Alfred und Marianne bleiben allein zurück; jetzt scheint der Mond.* [...]

Ödön von Horváth: Stücke. Reinbek bei Hamburg: Rowohlt 1951, S. 73ff.

Aufgaben

1 Fassen Sie den Inhalt der Szenen kurz zusammen.

2 Charakterisieren Sie Mariannes Rolle als Frau im Verhältnis zu den Männerrollen.

3 Überlegen Sie, welche unterschiedlichen Absichten bzw. Motive Marianne, der Zauberkönig und Alfred verfolgen.

EXILLITERATUR UND LITERATUR DES DRITTEN REICHS

1933 – 1945

Das Holocaust-Mahnmal am Judenplatz in Wien: Buchreihen bilden das Mahnmal – die Buchrücken allerdings, also auch Titel und Verfasser – sind von den Betrachtenden abgewandt.

Die **Machtübernahme der Nationalsozialisten** 1933 in Deutschland und ab 1938 in Österreich markiert eines der dunkelsten Kapitel der Geschichtsschreibung. Es folgten Vertreibung von Minderheiten und Andersdenkenden, die Vernichtung von Kulturgütern und unbeschreibliche Verbrechen gegen die Menschlichkeit. Passten Schriftstellerinnen oder Schriftsteller nicht in das Weltbild des NS-Regimes, wurden sie mit einem Berufsverbot belegt, vertrieben, verhaftet oder ermordet. Tausende Künstlerinnen und Künstler flohen vor den Nazis ins Exil. Dort bangten die Geflohenen um die Zurückgebliebenen, fanden selten Anschluss an ein neues Leben und trauerten um eine verlorene Welt. Andere blieben, litten unter dem Berufsverbot, flüchteten in die innere Emigration. Wieder andere profitierten, dienten sich an, verschrieben sich dem NS-Regime. Viele, die nicht rechtzeitig fliehen konnten, wurden ermordet.

Dieses Kapitel vermittelt Ihnen

> Wissen über die Verbrechen des NS-Regimes gegenüber den Kunstschaffenden der Zeit.

> Informationen zur Rolle der Literatinnen und Literaten während des NS-Regimes.

> ein Verständnis der NS-Kulturpolitik als Vernichtungs- und Propagandapolitik.

> die Bedeutung von Werken aus dieser Zeit für die deutschsprachige Literatur.

Geschichte und Gesellschaft

Die nationalsozialistische Machtübernahme am 30. Jänner 1933 leitete in der deutschen Geschichte einen beispiellosen Umbruch ein. Ähnlich wie in den Nachbarländern Deutschland und Italien entwickelte sich auch die **politische Situation in Österreich.** Wie Hitler, der im März 1933 das Parlament ausschaltete, handelte in Österreich auch **Bundeskanzler Engelbert Dollfuß** (1892 – 1934). Er hob 1933 die demokratische Verfassung im Land auf und etablierte eine Diktatur mit faschistischen Zügen, die daher auch „Austrofaschismus" genannt wird. Den Weg bereitet hatte eine undemokratische Basis: die mit Dollfuß und seiner Christlichsozialen Partei verbündeten **Heimwehren.** Bereits 1930 verschworen sich die paramilitärisch organisierten Heimwehren im **Korneuburger Eid** gegen die Demokratie. Dieser Eid lautete:

Diese Briefmarke verklärt Hitlers Ernennung zum Reichskanzler am 30. Jänner 1933 zu einem olympischen Triumph.

„Jeder Kamerad [...] kenne die drei Gewalten: den Gottesglauben, seinen eigenen harten Willen, das Wort seiner Führer."

Zit. nach: Peter Diem: Die Symbole Österreichs. Zeit und Geschichte in Zeichen. Salzburg: A&M 1995, S. 247

Für demokratisch engagierte, kommunistische und sozialistische Autorinnen und Autoren, die Deutschland nach 1933 verlassen mussten, war **Österreich als Exilland** folglich eher ungeeignet. Unpolitische und jüdische Intellektuelle mussten zwar in Österreich nicht mit Verfolgung rechnen, aber nach dem deutsch-österreichischen Abkommen vom Juli 1936 setzte eine gewisse Isolation ein. Hermann Broch und Stefan Zweig erwähnten diese in ihren Tagebüchern.

Am 23. März 1933 verabschiedete die **NSDAP in Deutschland** das sogenannte **Ermächtigungsgesetz,** das sie als alleinherrschende Partei parlamentarisch bestätigen ließ. Dadurch erhielt Adolf Hitler (1889 – 1945) de facto die komplette gesetzgebende Macht in Deutschland. In seiner Regierungserklärung zum Ermächtigungsgesetz erklärte Hitler: „Blut und Rasse werden wieder zur Quelle der künstlerischen Intuition."

Die Gewerkschaften wurden infolge dieses Gesetzes rasch zerschlagen, es folgten Parteien und Vereine. In knappen zwei Jahren konsolidierten die Nazis ihre Machtposition in Deutschland, das sie in einen **Terrorstaat** verwandelten. Die Verfolgung jener, die nicht ins Bild des NS-Regimes passten, folgte ohne Verzögerungen und mit großer Brutalität. Viele unterstützten die Gewaltherrschaft. Schon auf dem Parteitag der NSDAP 1934 sagte Hitler selbstbewusst: „In den nächsten 1000 Jahren findet in Deutschland keine Revolution mehr statt." Hitler, selbst gebürtiger Österreicher, verfolgte nun den Plan, auch Österreich an das Deutsche Reich zu binden.

Nürnberger Gesetze und Anschluss Österreichs

Der NS-Staat regelte schließlich in den antisemitischen und rassistischen **Nürnberger Gesetzen** 1935 das Zusammenleben zwischen jüdischen und sogenannten „blutsdeutschen" Bürgerinnen und Bürgern neu. Wer Jude war, bestimmte fortan der NS-Staat. Juden wurden zu Staatsbürgern zweiter Klasse degradiert, durften keine Deutschen heiraten und wurden in den folgenden Jahren völlig entrechtet, beraubt, vertrieben und zuletzt gnadenlos verfolgt und ermordet.

Jenes Verbrechen während des Zweiten Weltkriegs, das zu den größten der Menschheitsgeschichte gehört, ging als **Holocaust** bzw. **Shoah** in die Geschichte ein und umfasste den Mord an 6 Millionen Jüdinnen und Juden. Dieses Verbrechen wurde durch die Mitwirkung und Mithilfe zahlreicher Staatsangestellter, aber auch ziviler Personen möglich. Die Verfolgung betraf nicht nur Jüdinnen und Juden: Auch Roma und Sinti, Homosexuelle, Andersgläubige (z. B. Zeugen Jehovas), Personen der Opposition und des Widerstandes (vor allem aus dem Kommunismus, Sozialismus oder religiösem – etwa christlichem – Widerstand), Menschen mit Behinderung und viele andere Gruppen fielen dem Vernichtungswahn der Nazis zum Opfer.

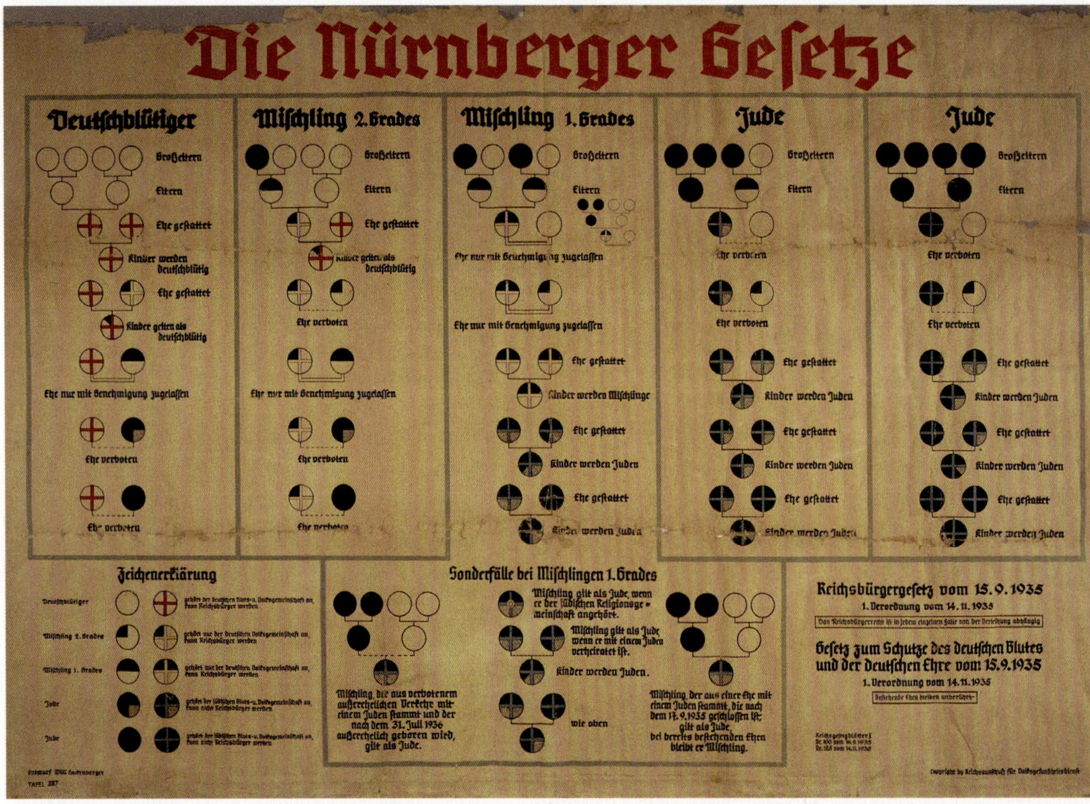

Bildtafeln wie diese informierten über das sogenannte „Blutschutzgesetzt", ein Teil der Nürnberger Gesetze, in denen „definiert" wurde, wer als „Jude" gilt.

Ausgeweitet wurde dieser Terror bald schon auf **Österreich.** Der Austrofaschismus, der gegen das NS-Regime Widerstand zu leisten versucht hatte, wurde von den Bürgerinnen und Bürgern kaum angenommen. Der Wunsch nach politischer Veränderung überwog, viele wandten sich illegal den Nazis zu. Außen- und innenpolitisch isoliert kapitulierte Bundeskanzler Kurt Schuschnigg (1897 – 1977) angesichts der NS-Aggression kampflos. Schließlich wurde Österreich im März 1938 von deutschen Truppen besetzt **(Anschluss)**. „In wunderbarem Schwung hat das deutsche Volk in Österreich sich in dieser Stunde erhoben und zu seinem Deutschtum bekannt. Ein Jubel, wie ihn die Welt vielleicht noch nie erlebt hat, durchtobt heute das deutsche Österreich." – Was Hermann Göring (1893 – 1945), einer der Stellvertreter Hitlers, hier feierlich verkündete, war nicht übertrieben. Als Adolf Hitler am 12. März 1938 in einer offenen Mercedes-Limousine bei Braunau am Inn die österreichische Grenze überquerte und im Triumphzug in Richtung Linz rollte, waren die Straßen gesäumt von johlenden Menschen. Hitler wurde willkommen geheißen wie ein Erlöser. Die internationale Presse reagierte damals irritiert. Die *New York Times* schrieb: „Die Überschreitung der österreichischen Grenze durch deutsche Truppen besiegelt den Triumph der Gewalt über ein Volk, das zu schwach und zu uneinig im Widerstand war." Und die *Prager Presse* meinte: „Österreich als politisch selbstständiges Land ist von der Landkarte Europas verschwunden: Österreich ist als Land in das deutsche Reich eingereiht worden."

Der Anschluss Österreichs wurde zum Triumphmarsch: Deutsche Truppen werden auch in Innsbruck begeistert begrüßt, Fotografie aus 1938

Neben der Verfolgung und Demütigung der jüdischen Bevölkerung und der Zerschlagung des gesamten österreichischen Verwaltungsapparates setzte bereits in den ersten Märzwochen eine umfangreiche Verhaftungswelle ein. Nach Schätzungen wurden in den ersten Tagen nach dem Anschluss in Österreich mehr als 70 000 Personen verhaftet.

In der Nacht auf den **10. November 1938** folgte der offene Terror gegen jüdische Mitbürgerinnen und Mitbürger. Im Zuge des Novemberpogroms wurden Synagogen, jüdische Geschäfte und Wohnungen verwüstet, geplündert oder verbrannt. Tausende Jüdinnen und Juden wurden ins KZ deportiert oder auf offener Straße ermordet. Es war dies der Auftakt zu den unmenschlichen, unbeschreiblichen Verbrechen des NS-Regimes.

Zweiter Weltkrieg und Österreichs Opferbilanz

Das NS-Regime entfesselte den Zweiten Weltkrieg, der zu einer Abfolge von **Blitzkriegen** in Westeuropa und erbarmungslosen **Vernichtungskriegen** in Ost- und Südosteuropa führte. In Folge des Zweiten Weltkriegs kamen zwischen 1939 und 1945 Millionen Menschen ums Leben. Deutsche Kriegserfolge führten dazu, dass viele, die ins nahe Ausland geflohen waren, vor der heranrückenden Wehrmacht erneut flüchten mussten. Manche Länder, z. B. die Schweiz, nahmen allerdings bald niemanden mehr auf, Länder wie Großbritannien oder die USA behandelten Einwandererinnen und Einwanderer aus Deutschland oder Österreich oftmals als feindliche Ausländer.

Das Palais Rothschild wurde der berühmten österreichisch-jüdischen Bankiersfamilie entschädigungslos entzogen („arisiert"). Dort befand sich ab 1938 in Wien die Zentralstelle für jüdische Auswanderung, wobei diese die Aufgabe des gesamten Vermögens bedeutete. Ab Beginn der 1940er Jahre wurden 49 000 Menschen aus Wien verschleppt und ermordet. Nach dem Krieg schenkte die Familie Rothschild das beschädigte Palais der Republik Österreich. Diese ließ es abreißen und errichtete dort die heutige Arbeiterkammer für Österreich. Diese Fotografie entstand um 1906.

Rote Armee: Bezeichnung für das Heer und die Luftstreitkräfte Sowjetrusslands

Ab 1943 nahm der Krieg eine Wende und erreichte schließlich auch die deutsche Zivilbevölkerung. Der alliierte Bombenkrieg legte große Teile Deutschlands und Österreichs in Schutt und Asche. Kulturgüter wurden unwiederbringlich vernichtet, Hunderttausende starben. Es folgte die Eroberung der östlichen Reichsgebiete durch die **Rote Armee.** Millionen flohen, Hunderttausende kamen ums Leben, zahllose Frauen wurden vergewaltigt. Die Rote Armee rächte sich an oftmals unschuldigen Zivilsten für die unglaublichen Verbrechen, die von Wehrmacht und SS in der Sowjetunion verübt worden waren. Als das Deutsche Reich im **Mai 1945** kapitulierte, war es völlig verwüstet und wirtschaftlich am Boden.

Erschütternd ist die Bilanz auch für **Österreich,** das als **Mittäter und Opfer** zugleich an Deutschlands Seite den Krieg verloren hatte. 65 459 österreichische Jüdinnen und Juden waren ermordet worden, 16 493 österreichische Widerstandskämpfer wurden in Konzentrationslagern umgebracht, 6 420 Österreicherinnen und Österreicher kamen in Zuchthäusern

Zahlreiche Kriegsinvalide waren nach dem Krieg ihrer Existenz beraubt und auf Hilfsarbeiten angewiesen, Fotografie aus 1946

und Gefängnissen in den von der Wehrmacht besetzten Ländern zu Tode, 9 687 Menschen wurden in Gestapogefängnissen ermordet, weitere 2 700 in Gerichtsverfahren als aktive Widerstandskämpfer hingerichtet. 230 000 Österreicherinnen und Österreicher starben an der Front (etwa 100 000) oder wurden zivile Opfer (etwa 130 000, bei Luftangriffen). Viele junge Männer kehrten als Kriegsinvalide zurück.

Das vielfältige kulturelle Leben, das Deutschland und Österreich noch in der Zwischenkriegszeit so einzigartig gemacht hatte, war ausradiert worden. Was zurückblieb, war vielfach entweder vom NS-Regime korrumpiert oder durch die NS-Herrschaft traumatisiert.

Aufgaben

1 Geben Sie die wichtigsten Auswirkungen der NS-Herrschaft auf Deutschland und Österreich wieder.

2 Stellen Sie die Etappen der NS-Machtergreifung in Österreich und Deutschland in einer Zeitleiste dar.

3 Erklären Sie die Begriffe „Nürnberger Gesetze", „Ermächtigungsgesetz" und „Shoah".

4 Informieren Sie sich über Gedenkstätten, Erinnerungsorte und Mahnmale zur NS-Zeit in Ihrer Wohngegend oder in der Nähe Ihrer Schule. Vergleichen Sie die Ergebnisse in der Klasse. Webtipp: *www.erinnern.at*

Kunst und Kultur

Da die Ideologie der Nazis nur „Arteigenes" und nichts „Artfremdes" duldete und politisch-kulturelle „Feinde" bekämpfte, war die öffentlich inszenierte **Verbrennung der Bücher** von „unerwünschten" Autorinnen und Autoren am 10. Mai 1933 eine der ersten Aktionen, um die Kunst und Kultur des Landes für sehr lange Zeit zu zerstören. Als im Mai 1933 auf dem internationalen **PEN-Kongress** (Poets, Essayists, Novelists; > S. 248) in Dubrovnik gegen die Bücherverbrennung der Nazis protestiert wurde, gab es hierzu Einwände im österreichischen PEN. Einige österreichische PEN-Mitglieder, die sich nicht den Nazis beugen wollten, traten daher aus dem Club aus, darunter waren der Verleger Paul Zsolnay (1895 – 1961) oder der ehemalige PEN-Präsident und Autor Felix Salten. Der Schriftsteller **Robert Neumann** (1897 – 1975) berichtete hierzu:

Unmissverständliche Anspielung auf das drohende Unheil durch NS-Deutschland: **Die Schlange kommt** *von Paul Klee, das 1939 im Exil entstand.*

„Die Nicht-Vorsichtigen, über den Opportunismus der anderen Erbitterten, berieten [...], wie man den Österreichischen PEN noch am Leben erhalten könne. [...] Wir beschlossen trotz all der Gegenaktionen weiterzumachen, aber die Austritte Eingeschüchterter mehrten sich. [...] Darüber wurde es Februar 1934, Bürgerkrieg, Sieg der Austrofaschisten, und nun waren es wir ‚linken' Proletarier, die im P.E.N. nichts mehr zu bestellen hatten, er war fest in der Hand der neuen Herren. Guido Zernatto wurde Präsident – wer ihn gewählt hat, weiß ich nicht. [...]."

Zit. nach: Volker Kaukoreit (Hg.): Die österreichische Literatur seit 1945. Eine Annäherung in Bildern. Stuttgart: Reclam 2000, S. 24f.

Der große kulturelle Bruch für **Österreich** erfolgte jedoch 1938 mit dem Anschluss des Landes an das Deutsche Reich. **Zensur,** wie sie in Deutschland seit 1933 herrschte, sollte bald an der Tagesordnung stehen. Dafür zuständig war die Abteilung 8 des Propagandaministeriums – allein für die Belletristik waren 1 400 Zensoren im Einsatz. Publizieren und drucken durften nur Mitglieder der Reichsschrifttumskammer, der alle schreibenden Berufe anzugehören hatten (3 000 Schriftstellerinnen und Schriftsteller waren 1933 registriert).

In seinem Buch **Mein Kampf** (1925) hatte Adolf Hitler schon früh verkündet, dass es angesichts der „krankhaften Auswüchse irrsinniger und verkommener" Künstler Aufgabe der nationalsozialistischen Führung sein müsse, zu „verhindern, dass ein Volk dem geistigen Wahnsinn in die Arme getrieben werde". Die „hässliche Kunst" gehöre in „ärztliche Verwahrung", da sie eine Gefahr für den gesunden Sinn des Volkes darstelle, so Hitler 1933 bei einer Kulturtagung.

„Entartete Kunst"

1937 wurde in München die Ausstellung „Entartete Kunst" ausgerichtet: Hunderte Kunstwerke wurden darin der interessierten Öffentlichkeit präsentiert. Die Ausstellung zog quer durchs ganze Reich, gelangte auch nach Österreich und zog ein Millionenpublikum an. Zugleich wurden tausende Kunstwerke vom NS-Regime beschlagnahmt, verkauft, innerhalb des Regimes gehandelt oder vernichtet. Nach dem Krieg gingen diese geraubten Objekte oftmals unreflektiert an Museen oder den Staat über. Zahlreiche dieser sogenannten „arisierten" Kunstobjekte wurden erst nach vielen Jahrzehnten und teilweise nach langwierigem Rechtsstreit restituiert, also den rechtmäßigen Besitzern oder deren Erben zurückgegeben (z. B. Klimts **Goldene Adele**; > S. 156). Bei vielen Kunstobjekten unserer Museen ist oftmals bis heute nicht erforscht worden, ob es sich um NS-Raubkunst handeln könnte.

Die NS-Ausstellung „Entartete Kunst" wurde zum großen kommerziellen Erfolg. Das Plakat aus 1938 wirbt für ermäßigte Karten im Vorverkauf.

Welche Kunst galt nun aber als „entartet"? Die NS-Propaganda diffamierte überwiegend moderne Kunst als „entartet". Der Begriff bezog sich zunächst auf die bildenden Künste, dann aber auch auf Literatur, Theater und Musik. Die Stilrichtungen des **Expressionismus, Dadaismus,** der **Neuen Sachlichkeit,** des **Surrealismus, Kubismus** etc. wurden als entartet und oftmals als jüdisch und kommunistisch durchsetzt gebrandmarkt. Alfred Rosenberg (1893 – 1946), einer der Chefideologen des Dritten Reichs, hielt in seinem 1930 erschienenen pseudo-soziologischen Buch **Der Mythus des 20. Jahrhunderts** dazu fest:

„Wir sehen Kulturbolschewismus mit dem Untermenschentum der Kollwitz, Zille, Barlach, der technischen Stümper Nolde, Schmidt-Rottluff, Chagall, [...] Juden, nichts als Juden."

Zit. nach: Hermann Glaser, Jakob Lehmann und Arno Lubos: Wege der deutschen Literatur. Eine geschichtliche Darstellung. Berlin: Ullstein 1997, S. 442

Was hatte es mit diesen Kunstschaffenden auf sich, die hier ausdrücklich als Beispiel „entarteter" (jüdischer) Kunst erwähnt wurden? **Käthe Kollwitz** (1867 – 1945) war als Grafikerin und Bildhauerin eine der einflussreichsten Vertreterinnen des Expressionismus. Während der NS-Zeit wurde die Pazifistin Kollwitz mit einem Berufsverbot belegt, konnte aber in ihrem Atelier mehr oder weniger frei arbeiten.

Trauernde Eltern *(1914 – 1932): ein Mahnmal gegen den Krieg und als Erinnerung an Käthe Kollwitz' Sohn Peter, der im Krieg gefallen war. Fotografie aus 2006, Vladslo (Belgien)*

Entartete Kunst? Das NS-Regime ließ Ernst Barlachs **Geisterkämpfer** *(1928) in Kiel entfernen. Fotografie aus 2005, Berlin*

Eine Künstlergemeinschaft *(1926); Karl Schmidt-Routluff hat sich (ganz rechts) selbst porträtiert*

Der Maler und Grafiker **Heinrich Zille** (1858 – 1929) sprach durch seine sozialkritischen Studien und Karikaturen gesellschaftliche Missstände an. Er starb 1929, sein Werk galt dem NS-Regime als „entartet".

Der Schriftsteller, Künstler und Bildhauer **Ernst Barlach** (1870 – 1938), dessen expressionistisches Werk große Bedeutung hat, schloss sich wiederum dem **Aufruf der Kulturschaffenden** an – einem Manifest des Propagandaministers Joseph Goebbels (1897 – 1945), in dem ein Bekenntnis zu Adolf Hitler als Führer enthalten ist. Barlachs Werk blieb dem NS-Regime allerdings suspekt, es wurde teilweise aus der Öffentlichkeit entfernt, schließlich folgte 1937 ein Ausstellungsverbot. Der Künstler starb 1938 an einem Herzinfarkt.

ambivalent: in sich widersprüchlich, zwiespältig
Ästhetik: das stilvoll Schöne, die Schönheit eines Objektes

Auch **Emil Noldes** (1867 – 1956) Rolle im NS-Regime blieb **ambivalent**. Einerseits gehörte er zu den bedeutendsten Malern des Expressionismus, andererseits war er ein Verehrer des NS-Regimes und glühender Antisemit. Die Machthaber wussten nicht so recht mit ihm umzugehen: Noldes Werk wurde teilweise als „entartet" bewertet – 1937 war er sogar Teil der Ausstellung „Entartete Kunst" –, dann wiederum wurde er gefördert und geehrt. Problematisch ist der Umgang mit dem Künstler daher auch in unserer Zeit. Unbestritten ist Noldes großes Talent, die **Ästhetik** seines Werks. Wie aber ist mit einem Verehrer des NS-Regimes umzugehen? Im Zuge einer großen Ausstellung des Künstlers in Berlin 2019 wurde dessen Rolle in der NS-Zeit diskutiert, für viele eine schmerzhafte Auseinandersetzung. Deutschlands Bundeskanzlerin Angela Merkel (1954), die bis dahin eine große Bewunderin Noldes gewesen war, ließ sogar zwei seiner Gemälde aus ihrem Büro abhängen.

Nicht weniger bedeutend war der expressionistische Maler **Karl Schmidt-Rottluff** (1884 – 1976). Er wurde früh vom NS-Regime verfolgt, sein Werk teils beschlagnahmt, teils vernichtet. 1941 folgte sogar ein Malverbot. Schmidt-Rottluff malte im Untergrund unter falschem Namen weiter.

Der in Russland geborene **Marc Chagall** (1887 – 1985) war der einzige jüdische Maler unter jenen Künstlern, die der Chefideologe Rosenberg genannt hatte (> S. 213). In den 1920ern wirkte er in Berlin, wanderte aber schließlich nach Frankreich aus. Das NS-Regime erklärte seine Kunst als „entartet". 1940 wurde Frankreich von der Wehrmacht besetzt, Chagall floh in den Süden des Landes, wo ein scheinunabhängiger deutschfreundlicher Reststaat verblieb. Im Zuge einer Polizeirazzia hätte man Chagall fast an Deutschland ausgeliefert. Nur durch eine Intervention der USA konnte er davor bewahrt werden. 1941 emigrierte er mit seiner Familie in die USA und entkam so dem NS-Terror.

Aufgaben

1 Beschreiben Sie, was das Adjektiv „entartet" bedeuten soll und welche Auswirkungen diese Zuschreibung für die Kunstobjekte der NS-Zeit hatte.

2 Überlegen Sie, warum Kunst von Diktaturen als Gefahr gesehen wurde und wird.

3 Vergleichen Sie die von Rosenberg als Beispiel für „entartete Kunst" genannten Personen hinsichtlich ihrer Rolle während der NS-Zeit.

Literatur und Personen

Das NS-Regime begann, die Literaturlandschaft in seinem Sinne umzugestalten. Literaturpreise wurden ausgeschrieben und NS-Literatur wurde durch die „Woche des deutschen Buches" gefördert. **„Thingspiele"** (so nannten die Nazis ihr völkisches Theater, das seine Hochblüte zwischen 1930 und 1935 erlebte), die ein nationalsozialistisches Volkstheater und Massenspektakel inszenieren sollten, wurden aufgeführt und gefördert. Darüber hinaus subventionierte man 300 Theaterbühnen. Dennoch sank die Bücherproduktion der Neuerscheinungen rapide – von 24 865 (1927), auf 18 289 (1933) und schließlich auf 15 585 (1939).

Tausende jüdische und regimekritische Autorinnen und Autoren mussten unterdessen Deutschland und Österreich verlassen und waren in Exilländer wie die Tschechoslowakei, die Schweiz, Frankreich, die Niederlande, die skandinavischen Länder, Großbritannien oder die USA geflüchtet. Natürlich gab es auch zahlreiche Autorinnen und Autoren, die zu den Nazis überliefen.

Literatur im Dienst der NS-Ideologie

Der österreichische Dichter **Josef Weinheber** (1892 – 1945) war schon ab Ende 1931 Mitglied der NSDAP. Als die nationalsozialistische Partei in Österreich im Juni 1933 verboten wurde, arbeitete er illegal für sie weiter. Als Kulturreferent der Wiener Gauleitung wurde er bei einer geheimen Sitzung im März 1934 verhaftet. Er stellte die Zahlungen an die Partei nach seiner Entlassung pro forma ruhend, blieb der Ideologie aber verbunden und wurde regelmäßig nach Deutschland eingeladen, wo sein Werk gefeiert wurde. 1935 erschien sein wohl bekanntestes Werk, **Wien wörtlich**, das rasch zu einem Klassiker wurde. Obwohl er den austrofaschistischen „Ständestaat" kategorisch ablehnte, tat er dies nicht öffentlich. Weinheber begrüßte den Anschluss an Nazi-Deutschland im März 1938. Bereitwillig schrieb er ein **Führergedicht** anlässlich Hitlers 50. Geburtstag, genauso wie den **Hochgesang auf den deutschen Rüstungsarbeiter** oder die **Ode auf die Straßen Adolf Hitlers.** Kurz vor Ende des Zweiten Weltkriegs, als die Niederlage offensichtlich war, nahm sich Weinheber im niederösterreichischen Kirchstetten das Leben.

Weinheber-Denkmal im ersten Wiener Gemeindebezirk

Nach 1945 gab es eine heftige Diskussion über Josef Weinhebers Haltung und Stellung in der Literaturgeschichte. Es gab scharfe Kritik von den Opfern des NS-Regimes, unter seinen Befürwortern fanden sich allerdings auch Emigranten wie Theodor Kramer (1897 – 1958), Franz Theodor Csokor (1885 – 1969) oder Felix Braun (1885 – 1973), die – ohne die politische Verblendung und abzulehnende Gesinnung Weinhebers in Abrede stellen zu wollen – zwischen Werk und Person unterscheiden wollten. Ein **Denkmal von Weinheber** befindet sich seit 1975 am Wiener Schillerplatz. Es wird immer wieder von Protestierenden abgetragen – bis dato konnte sich die Stadt noch nicht zu einer Lösung durchringen. Die Akademie der Bildenden Künste (ebenfalls am Schillerplatz) konnte sich erst 2019 nach langjährigen Bemühungen durchsetzen: Beim Denkmal wurde eine Informationstafel angebracht, die Weinhebers NS-Vergangenheit thematisiert.

Auch die Dichterin **Paula Grogger** (1892 – 1984), die in erster Linie Vertreterin steirischer Heimatliteratur war, gehörte der NS-Tarnorganisation „Bund deutscher Schriftsteller in Österreich" an, die sich schon ab 1935 für einen Anschluss an das Deutsche Reich einsetzte. Nach dem Anschluss gehörte sie zu den „Nationalen Dichtern der Ostmark" und dankte Hitler für die „Heimholung".

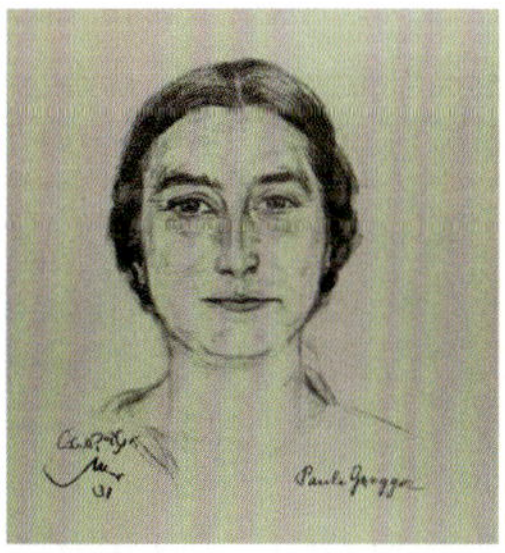

Paula Grogger auf einen Porträt von Emil Stumpp (1886 – 1941). Stumpp wurde ein Opfer des NS-Staates: Er starb im Gefängnis, verurteilt wegen Verstoßes gegen das Heimtückegesetz, das sich gegen Kritiker des Regimes wandte.

Nach dem Zweiten Weltkrieg hatte Grogger weiterhin Erfolg und bekam für ihre Heimatdichtungen zahlreiche Preise. In ihrer Autobiografie aus dem Jahre 1975 schrieb die tiefreligiöse Dichterin:

„Hätte Adolf Hitler nicht sein Taufhemd unter der Partei-Uniform vergessen, wäre sein Feldzug gegen den Antichrist vielleicht zum Kreuzzug geworden."

Antichrist: Widersacher Christi, Teufel; in dieser Aussage ist die Sowjetunion gemeint

Zit. nach: Hans Sarkowicz und Alf Metzner: Literatur in Nazi-Deutschland. Ein biografisches Lexikon. Hamburg und Wien: Europa Verlag 2000, S. 181

Überzeugter Nationalsozialist: Will Vesper, Porträt aus 1932

Grogger war bis zu ihrem Tod nicht bereit, sich mit der eigenen Vergangenheit auseinanderzusetzen, genauso wenig wie **Will Vesper** (1882 - 1962), der laut Thomas Mann schon „immer einer der ärgsten nationalistischen Narren" gewesen war. Vesper trat 1931 der NSDAP bei und stellte sich wie kaum ein anderer Schriftsteller in Deutschland in den Dienst der nationalsozialistischen Propaganda. Er polemisierte, neben reiner Parteidichtung und zahlreichen „Führergedichten", besonders aggressiv gegen Schriftstellerinnen und Schriftsteller im Exil. Nach dem Zweiten Weltkrieg arbeitete er weiter als Autor, war nach wie vor glühender Nationalsozialist und versuchte sein Gedankengut auch seinen Kindern weiterzugeben. Sein Sohn **Bernward Vesper** (1938 - 1971) rebellierte dagegen und schrieb den autobiografischen Roman **Die Reise** (1969 begonnen; 1977 unvollendet erschienen), in dem er u. a. von der schwierigen Beziehung zu seinem Vater berichtete. Bernward Vesper bewegte sich ab Ende der 1960er Jahre im Fahrwasser der linksradikalen Szene und hatte einen Sohn mit der RAF-Terroristin Gudrun Ensslin (1940 - 1977).

Benn, der auch Arzt war, war in seiner finanziellen Existenz nicht zwangsläufig vom Schreiben abhängig, Fotografie aus 1934

Ambivalent ist **Gottfried Benns** (> S. 176) Rolle während der NS-Zeit. Schon in der Zwischenkriegszeit zeigte Benn Sympathien für den Faschismus. Nach Hitlers Machtergreifung übernahm er provisorisch den Vorsitz der „Sektion Dichtkunst der Preußischen Akademie der Künste" von Heinrich Mann (> S. 199). In dieser Funktion nötigte er die Schriftstellerinnen und Schriftsteller der Akademie, sich zu Adolf Hitler zu bekennen. Manche entzogen sich durch Austritt (z. B. Thomas Mann), andere wurden wegen ihrer jüdischen Herkunft oder politischen Gesinnung ausgeschlossen (z. B. Alfred Döblin, Franz Werfel). Obwohl er sich während der NS-Zeit nie ganz vom Gedankengut der Nazis lösen konnte, geriet Benn schließlich mit den Machthabern in Konflikt, zu denen er zunehmend in kritische Distanz trat. Seine **expressionistische Dichtkunst** war dem Regime ohnedies zu modern und suspekt. Früh erhielt er teilweise Schreib- und Redeverbot, mit 1936 folgte sogar sein Ausschluss aus der Reichsschrifttumskammer. Tätig als Militärarzt in Berlin verbrachte er den Krieg in einer Art inneren Emigration.

Aufgaben

1 Vergleichen Sie die Personen der Literatur, die dem NS-Regime nahestanden, hinsichtlich ihrer Rolle im NS-Regime und ihrem Verhältnis zu diesem.

2 Diskutieren Sie anhand des Weinheber-Denkmals in Wien, wie Ihrer Meinung nach mit der Erinnerung an Kunstschaffende mit NS-Vergangenheit umgegangen werden sollte.

Bücherverbrennungen und Verfolgungen

Bücherverbrennung im Mai 1933, Grafik von Otto Gerhausen (1881 - 1936). Hunderte Bücher von jüdischen und regimekritischen Autorinnen und Autoren wurden damals Opfer der Flammen. Das NS-Regime wollte alles „Undeutsche" beseitigen.

Rasch erwirkten die Nazis **Zeitungsverbote** und erstellten **„schwarze Listen"** für Buchhandlungen und Bibliotheken. Sie wollten im kulturellen Bereich keinerlei Nischen für Künstlerinnen und Künstler bieten, die nicht hinter dem Regime standen. Als der Reichspropagandaminister Joseph Goebbels im November 1933 sagte:

„Nicht einengen wollen wir die künstlerisch-kulturelle Entwicklung, sondern fördern [...]. Wir wollen nur die guten Schutzpatrone der deutschen Kunst und Kultur auf allen Gebieten sein",

Zit. nach: Ralf Schnell: Deutsche Literatur von der Reformation bis zur Gegenwart. Berlin: Rowohlt 2011, S. 431

zeigte sich schon die fadenscheinige Argumentation der Nazis, gegenüber ungeliebter und kritischer Kunst. Am 10. Mai 1933, drei Monate nach Hitlers Machtergreifung, wurden in der Reichshauptstadt Berlin und in vielen anderen deutschen Universitätsstädten Bücher deutschsprachiger (aber auch fremdsprachiger) Autorinnen und Autoren verbrannt.

Der Literaturhistoriker **Alfred Kantorowicz** (1899 – 1979), der selbst ins Exil gehen musste, schrieb über den Schaden, den die Literatur damals nahm, aber auch über den Widerstand, den es von Beginn an gab: „250 Schriftsteller einer Generation verstummen oder verlassen ihr Land. Man hat dergleichen in geschichtlichen Zeiten noch nicht erlebt, daß nahezu die gesamte qualifizierte Literatur eines Landes sich den Usurpatoren widersetzt."

Zit. nach: Barbara Baumann und Brigitta Oberle: Deutsche Literatur in Epochen. München: Hueber 1985, S. 218

Usurpator: jemand, der widerrechtlich die (Staats-) Gewalt an sich reißt

Diese Tafel im deutschen Heidelberg erinnert mit einem Zitat Lessings an die dortige Bücherverbrennung. Sie war eine von vielen, die damals in Deutschland stattfanden. Vor allem die Bücher von jüdischen und regimefeindlichen Autorinnen und Autoren wurden in Brand gesetzt.

Dass die Kulturpolitik der Nazis die Vielfalt und Lebendigkeit der Weimarer Republik beschneiden wollte, wurde mit den öffentlichen Bücherverbrennungen des 10. Mai 1933 offensichtlich. „Unerwünschte" Werke verschwanden aus Bibliotheken und Buchgeschäften.

Zahlreiche Vertreterinnen und Vertreter des Journalismus, der Literatur, der Kunst, der Musik sowie Film- und Theaterleute gingen in die **Emigration,** andere passten sich an oder zogen sich in die sogenannte **„innere Emigration"** zurück. Sie blieben zwar in Österreich bzw. Deutschland, unterstützten das Regime aber nicht oder gingen in den Untergrund. Die meisten dieser Schriftstellerinnen und Schriftsteller wurden in den Kriegsjahren mit einem Berufsverbot belegt, z. B. weil sie sich weigerten, der NSDAP beizutreten. Dennoch konnten einige „Werke der inneren Emigration" in Deutschland erscheinen, etwa **Der Großtyrann und das Gericht** (1935) von Werner Bergengruen (1892 – 1964), **Die Magdeburgische Hochzeit** (1938) von Gertrud von Le Fort (1876 – 1971) oder **Auf den Marmorklippen** (1939) von Ernst Jünger (1895 – 1998). Jünger war anfangs Anhänger der NSDAP gewesen, distanzierte sich dann allerdings von Hitler und seiner Partei. Auch Oskar Loerke (1884 – 1941) veröffentlichte trotz Arbeitsverbots weiter, unter anderem die Gedichtbände **Der Silbderdistelwald** (1934) oder **Steinpfad** (1938). Hans Carossa (1878 – 1956) zog sich ebenfalls in die innere Emigration zurück und distanzierte sich wiederholt vom NS-Regime, das versuchte, ihn zu vereinnahmen. Hitler setzte Carossa 1944 sogar auf die Gottbegnadetenliste, was einer Freistellung vom Kriegsdienst entsprach. Erst mit Kriegsende wurde er wegen seines Appells, seine Heimatstadt Passau kampflos zu übergeben, zum Tode verurteilt. Das Eintreffen der US-Armee rettete ihn.

Widerstand leistete etwa der Autor Jan Petersen (1906 – 1969). Er war Mitglied der KPD und ab 1931 Organisationsleiter des *Bundes proletarisch-revolutionärer Schriftsteller Deutschlands.* Auch nach der Machtübernahme der Nationalsozialisten führte er – nun als Vorsitzender – den Bund illegal weiter und vertrat linke und antifaschistische Autoren. Er schrieb die Erlebnisse der Jahre 1933 und 1934 und die vielen politischen Morde in Berlin, die nach der Machtergreifung der Nazis einsetzten, in seinem Buch **Unsere Straße** (1936) nieder. Dieses Buch gilt als einziges Widerstandsbuch, das nicht im Ausland, sondern in Deutschland entstand. 1935 flüchtete aber auch Petersen ins Ausland, wenig später entzogen ihm die Nazis die deutsche Staatsbürgerschaft.

Werk des Widerstands: Cover von Jan Petersens **Unsere Straße** *(1936)*

Exilverlage und Emigrantenzeitschriften

Im Exil gründeten viele Autorinnen und Autoren sogenannte Exilverlage, in denen **indizierte Bücher** erschienen. Die bedeutendsten **Exilverlage** waren der *Malik-Verlag* in Prag (später dann in London, nachdem die Tschechoslowakei 1938 bzw. 1939 von NS-Deutschland zerschlagen und teils eingenommen worden war), der *Querido-Verlag* in Amsterdam, der der größte Exilverlag war, der *Europaverlag* in Zürich, *Das internationale Buch* in Moskau, *El libro libre* in Mexiko und *Aurora* in New York. In Österreich bestand bis 1938 der für Exilanten aus Deutschland gegründete *Bermann-Fischer-Verlag*, der nach dem Anschluss nach Stockholm „übersiedeln" musste. **Gottfried Bermann Fischer** (1897 – 1995), gebürtiger Deutscher und Schwiegersohn des großen deutschen Verlegers Samuel Fischer, war nach Österreich gekommen, um dort die ab 1933 verbotenen Bücher von Thomas Mann, Heinrich Mann, Franz Kafka, Hermann Hesse, Carl Zuckmayer, Hugo von Hofmannsthal und **Mechtilde Lichnowsky** (1879 – 1958) weiterhin zu veröffentlichen. Schon kurz vor dem Anschluss 1938 floh er nach Skandinavien.

indiziert: auf einen Index gesetzt; hier: Druckwerke, die auf der Liste der verbotenen Bücher standen

NOTIZ AM RANDE

Mechtilde Lichnowsky (hier auf einer Fotografie aus 1912) entstammte einer fürstlichen Familie. Sie war eine bestens vernetzte deutsche Schriftstellerin. Zu ihren Freunden bzw. Bekannten gehörten Karl Kraus (> S. 194) und Frank Wedekind (> S. 173f.), aber auch der Regisseur Max Reinhardt und der Verleger Kurt Wolff. In den 1920ern zog sie nach Frankreich. Nach der Machtübernahme der Nationalsozialisten weigerte sie sich, der *Reichsschrifttumskammer* beizutreten. 1939 wurde sie während eines Besuches in Deutschland verhaftet. In ihrer Haft schrieb sie das Werk **Worte über Wörter,** worin sie mit Adolf Hitler abrechnete und die NS-Sprache dekonstruierte. Das Buch konnte erst 1949 veröffentlicht werden. Nach dem Krieg zog Lichnowski nach London, wo sie 1958 verstarb. 1954 hatte sie den *Literaturpreis der Stadt München* erhalten.

Zudem erschienen **zahlreiche Emigrantenzeitschriften,** z. B. in der Schweiz *Maß und Welt,* in Frankreich *Das Neue-Tage-Buch,* in den Niederlanden *Die Sammlung,* in Russland *Das Wort,* in der Tschechoslowakei *Neue Deutsche Blätter* und in den USA *Aufbau.* In Österreich duldete der Austrofaschismus keine Emigrantenzeitschrift.

Widerstand gegen das NS-Regime

Auf dem **Internationalen Schriftstellerkongress** in Paris 1935 trat ein maskierter Mann auf und verkündete, dass es eine **Untergrundliteratur** im Dritten Reich gäbe: Das Vorgehen des deutschen Faschismus gegen kritische Stimmen der Literatur und Kunst brachte im Untergrund eine neue Generation antifaschistischer Schriftstellerinnen und Schriftsteller hervor.

Der Erfolg einer Untergrundliteratur in Deutschland war allerdings begrenzt: Hier arbeitete man vornehmlich mit Plakaten, Flugblättern und unterstützte spätere Widerstandsgruppen, wie die studentische Weiße Rose (rund um das Geschwisterpaar Hans und Sophie Scholl, die beide von der NS hingerichtet wurden). Im Ausland hingegen verkauften sich die Romane, Tatsachenberichte und Tagebücher der Untergrundliteraten erfolgreich.

Günther Weisenborn (1902 – 1969) machte die Untergrundautoren zum Thema seines Theaterstücks **Die Illegalen** (1946). Weisenborn selbst gehörte bis zu seiner Verhaftung 1942 zum Untergrund und Widerstand. Der größte Widerstand gegen das Hitler-Regime konnte seitens der Exilautoren stattfinden.

Zu den besonders eindrucksvollen Darstellungen des Lebens im Dritten Reich gehört **Anna Seghers** (1900 – 1983) Roman **Das siebte Kreuz** (1942), das im mexikanischen Exilverlag *El Libro Libre* herauskam. Darin wird in beinahe filmischer Sprache die Geschichte der Flucht von sieben Häftlingen aus dem rheinhessischen Konzentrationslager Westhofen erzählt. Der KZ-Kommandant lässt sieben Kreuze errichten, jedes für einen der Geflohenen. Rasch – binnen sieben Tagen – werden sechs der Flüchtige entweder gefasst und umgehend ermordet oder kommen auf der Flucht um, das siebte Kreuz allerdings bleibt leer: Dem Protagonisten gelingt die Flucht. Eindrucksvoll wird im Roman die Zeit der Angst und der Denunziation beschrieben.

Erstausgabe von **Das siebte Kreuz,** *1942 erschienen im Exilverlag El Libro Libre*

Aufgaben

1 Überlegen Sie, warum und zu welchem Zweck die Bücherverbrennungen der Nationalsozialisten öffentlich stattfanden.

2 Geben Sie Beispiele des Widerstandes durch Personen der Literatur, die in diesem Kapitelabschnitt genannt werden, wieder.

Kein Einzelschicksal

Opfer des NS-Terrors: Alma Johanna Koenig, Fotografie aus 1927

Die österreichisch-jüdische Autorin und Dichterin **Alma Johanna Koenig** (1887 – 1942) blieb auch nach dem Anschluss Österreichs an Nazi-Deutschland in Wien. Sie konnte sich kein Leben im Exil vorstellen. Koenig schrieb zahlreiche erfolgreiche historische Romane, z. B. **Der heilige Palast** (1922), der in der byzantinischen Kaiserzeit spielt, oder **Der jugendliche Gott** (1946 posthum erschienen) über Kaiser Nero. Ein großer Teil ihrer Werke und Manuskripte für neue Bücher wurde verbrannt, vieles ging verloren. Ihr Roman **Leidenschaft in Algier** (1932) nimmt Bezug auf ihr Leben in Algerien, das sie mit ihrem Mann vor ihrer Scheidung dort verbracht hatte. Nach ihrer Entrechtung kurz nach dem Anschluss Österreichs an Deutschland musste die Autorin mehrmals fluchtartig übersiedeln, immer in der Angst, von der Gestapo entdeckt zu werden. Am 22. Mai 1942 wurde Alma Johanna Koenig in einer winzigen Dienstmädchenwohnung, wo sie sich fast ein Jahr versteckt gehalten hatte, gefunden und verhaftet. Man brachte sie in ein Sammellager, wo sie mithilfe des jüdischen Sanitätspersonals noch lose Notizen und Briefe an ihren Freund, den polnisch-österreichischen Schriftsteller Oskar Jan Tauschinski (1914 – 1993), der an die Front einberufen worden war, schicken konnte. Am 27. Mai 1942 wurde sie in einem Transportzug deportiert und vermutlich im weißrussischen **Vernichtungslager Maly Trostinec** ermordet.

Friedell zog den Freitod seiner drohenden Verhaftung durch die SA vor, Fotografie aus 1931

Am 11. März 1938, einen Tag vor dem Anschluss Österreichs an das Deutsche Reich, schrieb der österreichische Schriftsteller **Egon Friedell** (1878 – 1938) – Verfasser qualitätsvoller Sachbücher wie **Kulturgeschichte der Neuzeit** (in drei Bänden; 1927 – 1931) und **Kulturgeschichte des Altertums** (1936) oder Belletristik wie **Die Reise mit der Zeitmaschine. Phantastische Novelle** (1946 posthum erschienen) – an seinen im französischen Exil lebenden Bekannten Ödön von Horváth: „Jedenfalls bin ich immer in jedem Sinne reisefertig." Freunde rieten ihm vergeblich zur Ausreise, zuerst wollte er nicht, und als er bereit gewesen wäre, war es zu spät. Friedell war so verzweifelt, dass er Freunde und Bekannte auf Knien um Gift oder eine Pistole bat. Am 16. März 1938 erschienen gegen 22 Uhr zwei SA-Männer vor Friedells Wohnung und fragten nach ihm. Friedell erwartete seine Verhaftung. Während sie mit seiner Haushälterin sprachen, nahm er sich das Leben, indem er aus einem Fenster der im 3. Stock gelegenen Wohnung sprang. Verbrieft ist, dass er dabei nicht verabsäumte, die Passanten umsichtig mit dem Ausruf „Treten Sie zur Seite!" zu warnen. Heute ist am Haus in der Gentzgasse 7 im 18. Wiener Gemeindebezirk eine Gedenktafel angebracht.

Die österreichische Schriftstellerin **Hilde Spiel** (1911 – 1990), die während der Nazi-Diktatur flüchten musste, meinte später einmal über Friedell:

„In ihm stand noch einmal die berauschende Fiktion vom universalen Menschen vor uns auf."

Zit. nach: Kunst und Kultur: Universaler Geist. Online unter: www.frankenpost.de/inhalt.kunst-und-kultur-universaler-geist.3bd95f23-9747-4294-95c5-207823a18a5d._amp.html (21.01.2021)

Koenigs und Friedells Schicksale sollen hier nur exemplarisch für viele stehen, denen es ähnlich erging: Menschen, die ihre Heimat nicht verlassen wollten, Menschen, die unter widrigsten Bedingungen täglich um ihr Leben fürchten mussten.

Viele Autorinnen und Autoren verlorenen ihr Leben im KZ, hier seien nur einige, wenige genannt: **Anne Frank** (1929 – 1945), **Jura Soyfer** (1912 – 1939), **Fritz Löhner-Beda** (1883 – 1942), **Emil Alphons Rheinhardt** (1889 – 1945), **Peter Hammerschlag** (1902 – 1942), **Arthur Silbergleit** (1881 – 1943), **Rudolf Hartmann** (1885 – 1945).

Zweitgenannter, der Dichter und Dramatiker **Jura Soyfer,** der im KZ Dachau an Typhus starb, schrieb dort gemeinsam mit dem Komponisten **Herbert Zipper** (1904 – 1997) das heute noch bekannte und lakonisch klingende **Dachaulied** (> S. 227f.). Schon 1932 hatte Soyfer, ein hochpolitischer Mensch, an seine Freundin mit einiger Besorgnis geschrieben: „Gewiss ist aber, daß die Faschisierung langsam, unaufhaltsam über dieses Land kommt wie ein graues Verhängnis."

Das Leben im Exil

Das **Exil** (lat. *exilium* = Verbannung) bedeutet einen längeren, unfreiwilligen Aufenthalt in einem fremden Land. Viele **Emigranten** (lat. *emigrare* = auswandern) blieben, auch über die Distanz, in Kontakt. Der Autor Franz Theodor Csokor notierte kurz nach dem Anschluss 1938:

„In höchster Eile zwischen zwei Zügen! Ich habe freiwillig Wien verlassen und bin auf der Fahrt nach Polen. [...] Wien wurde von Tag zu Tag grauenhafter. Menschen, von der johlenden Plebs umringt, müssen unter Prügeln und Püffen das Pflaster schrubben, mit einer Zahnbürste Klosetts reinigen oder mit den eigenen Nägeln die Schuschniggplakate von den Wänden kratzen. [...]"

Plebs: Begriffserweiterung der Wortes „Plebejer" (= einfaches Volk in der röm. Republik); heute allgemein abwertende Verwendung für das „einfache Volk" oder die „ungebildete Masse"

Und Tage später richtete er einen Brief an Ödön von Horváth. Csokor schrieb: „Liebster Ödön, zu Deinem Entschluß für ein freiwilliges Exil sage ich nun, wo ich glücklich draußen bin ‚ja und tausendfach ja'!"

Zit. nach: Manfred Durzak (Hg.): Die deutsche Exilliteratur 1933 – 1945. Stuttgart: Reclam 1973

Franz Theodor Csokor beschreibt sogenannte „Reibepartien": Jüdische Bürgerinnen und Bürger wurden gezwungen, Gehsteige unter menschenverachtenden Bedingungen zu reinigen, wie diese in Wien gleich nach dem Anschluss gemachte Fotografie zeigt.

Insgesamt wählten über 2 000 Autorinnen und Autoren den Weg ins Exil – hinzu kamen tausende andere Kunstschaffende, etwa aus den Bereichen Film, Musik, Malerei, Theater etc.

1937 verfasste der Autor **Bertolt Brecht** in der Zeitschrift **Die neue Weltbühne** das folgende Gedicht, das deutlich macht, unter welchen Entbehrungen die Emigranten und Exilanten in der Ferne zu leiden hatten:

Über die Bezeichnung Emigranten

Immer fand ich den Namen falsch, den man uns gab:
Emigranten.
Das heißt doch Auswandrer. Aber wir
Wanderten doch nicht aus, nach freiem Entschluss
Wählend ein andres Land. Wanderten wir doch auch nicht
Ein in ein Land, dort zu bleiben, womöglich für immer
Sondern wir flohen. Vertriebene sind wir, Verbannte.
Und kein Heim, ein Exil soll das Land sein, das uns da aufnahm

Unruhig sitzen wir so, möglichst nahe den Grenzen
Wartend des Tags der Rückkehr, jede kleinste Veränderung
Jenseits der Grenze beobachtend, jeden Ankömmling
Eifrig befragend, nichts vergessend und nichts aufgebend
Und auch verzeihend nichts, was geschah, nichts verzeihend.
Ach, die Stille der Stunde täuscht uns nicht! Wir hören die Schreie

Aus ihren Lagern bis hierher. Sind wir doch selber
Fast wie Gerüchte von Untaten, die da entkamen
Über die Grenzen. Jeder von uns
Der mit zerrissenen Schuhn durch die Menge geht
Zeugt von der Schande, die jetzt unser Land befleckt.
Aber keiner von uns
Wird hier bleiben. Das letzte Wort
Ist noch nicht gesprochen.

Zit. nach: Heimatverlust und Exil. Editionen mit Materialien. Stuttgart: Klett: 2007, S. 27

Neben zahlreichen historischen Romanen war auch die Beschreibung des Exillebens ein **integraler Bestandteil** der Exilliteratur. Klaus Mann (1906 – 1949), der Sohn von Thomas Mann, schrieb den in Paris spielenden Zeitroman **Der Vulkan. Roman unter Emigranten** (1939). Er wollte die Emigranten weltweit zu einem gemeinsamen Handeln gegen das Regime Hitlers bewegen, ein Plan, der misslang und Mann resignieren ließ. Als „Vulkan" wird in dem Buch Deutschland bezeichnet – eine drohende Gefahr, die jederzeit ausbrechen und Tod und Verwüstung mit sich bringen könnte. Dies wirkt im Nachhinein fast prophetisch: Der Vernichtungsfeldzug der Nazis setzte in den Folgejahren tatsächlich ein.

integraler Bestandteil: wichtiger, bedeutender Teil

Dieses Haus in Pacific Palisades (Kalifornien, USA) bewohnte die Familie Mann ab 1941. Es wäre 2016 fast abgerissen worden, Deutschland erwarb das Haus allerdings als Erinnerung an die Kultur und Zeit des Exils. Seit 2018 ist es als Thomas-Mann-Haus ein Kulturzentrum.

Das Exil bedeutete den **Verlust der Leserschaft** und oft auch den „Verlust" der Sprache, in der man zu schreiben gewohnt war. Jeder der Betroffenen musste neu beginnen, viele ertrugen diese Umstellung nur schwer. Als das NS-Regime immer größere Territorien einnahm, wurden auch die Exilländer immer rarer. Europa wurde zunehmend unsicherer und so wählten Autorinnen und Autoren häufig Nord- oder Südamerika. In die **USA** (nach Kalifornien) flüchteten Thomas und Heinrich Mann, Bertolt Brecht, Alfred Döblin, Lion Feuchtwanger, Erich Maria Remarque, Gina Kaus (1893 – 1985) sowie Alfred Polgar und (nach New York) Oskar Maria Graf (1894 – 1967). Carl Zuckmayer pachtete eine Farm in Vermont.

In die **Sowjetunion** ging etwa Johannes R. Becher, nach **Brasilien** emigrierte Stefan Zweig, Hilde Domin (1909 – 2006) flüchtete in die **Dominikanische Republik,** Anna Seghers und Egon Erwin Kisch emigrierten nach **Mexiko.** In **Großbritannien** (vor allem England und Schottland) lebten Hermann Broch und Johannes Urzidil (1896 – 1970), Robert Neumann, Hilde Spiel (1911 – 1990), Martina Wied (1882 – 1957) und die Journalistin sowie Schriftstellerin Joe Lederer (1904 – 1987). Guido Zernatto (1903 – 1943) und Friedrich Bloch reisten auf Umwegen über Frankreich und die Schweiz in die USA. In die **USA** emigrierten auch Vicki Baum (1888 – 1960), Richard Beer-Hofmann (1866 – 1945), Isaac Schreyer (1890 – 1948), Franz Blei (1871 – 1942), Karl Farkas (1893 – 1971), Elisabeth Freundlich (1906 – 2001), Oskar Jellinek (1886–1949), Lili Körber (1897 – 1982), Soma Morgenstern (1890 – 1976), Hertha Pauli (1906 – 1973), Alexander Roda Roda (1872 – 1945), Friedrich Torberg, Ernst Waldinger (1896 – 1970) und Franz Werfel. Einige wenige erhielten Aufenthaltsgenehmigungen für die **Schweiz,** z. B. Fritz Hochwälder (1911 – 1986), Rudolf Kassner (1873 – 1959), Robert Musil, Felix Salten und Hans Weigel (1908 – 1991). Nach **Frankreich** flohen etwa Otto Soyka (1882 – 1955), Frank Zwillinger (1909 – 1989), Albert Drach (1902 – 1995) und Ödön von Horváth. Ernst Weiß (1882 – 1940) nahm sich im französischen Exil, seine Heimat vermissend, das Leben. Einige österreichische Autorinnen und Autoren flohen nach **Palästina,** so etwa **Leo Perutz** (1882 – 1957) und Arnold Zweig. Jakov Lind (1927 – 2007) und Uriel Birnbaum (1894 – 1956) überlebten unter größtem Risiko als **„U-Boote"** den Krieg in den ab 1940 besetzten **Niederlanden.**

NOTIZ AM RANDE

Der schwedische Reiter ist ein Roman des jüdisch-österreichischen Autors **Leo Perutz**, der 1936 veröffentlicht wurde. Nur zwei Jahre später musste Perutz vor den Nazis ins Exil fliehen, wo er in eine Schaffenskrise geriet.

Der Roman handelt von einer **Verwechslungsgeschichte** zweier Männer, die einander zufällig begegnen. Der eine ist ein Dieb, dem es gelingt, in die Rolle des anderen zu schlüpfen. So wird aus dem Dieb ein wohlhabender, gefeierter Kriegsheld, der auch eine junge Frau für sich gewinnt, die dem anderen versprochen war. Freilich kann der Rollentausch nicht glücklich enden.

Perutz gehörte zu den eindrucksvollen Erzählern des **Fantastischen Romans.** Durch sein unfreiwilliges Exil geriet er lange in Vergessenheit und wurde erst in den 1980er Jahren wiederentdeckt. Der deutsche Autor **Daniel Kehlmann** (> S. 30) gehört zu seinen Bewunderern.

„U-Boote": Bezeichnung für Menschen, die aufgrund von Verfolgung untertauchten und im Untergrund lebten

Aufgaben

1 Recherchieren Sie zu einer literarischen Person, die durch den NS-Terror das Leben verlor oder ins Exil musste. Wählen Sie hierfür eine Person, die im Abschnitt **Kein Einzelschicksal** oder **Das Leben im Exil** genannt, aber nicht näher ausgeführt wird. Verfassen Sie ein Kurzporträt zu dieser Person. Informieren Sie sich über eines ihrer Werke.

2 Vergleichen Sie die Begriffe „Emigration" und „innere Emigration". Beziehen Sie hierbei das Gedicht von Bertolt Brecht **Über die Bezeichnung Emigranten** (> S. 221) mit ein.

3 Überlegen Sie, worin die Schwierigkeiten und Herausforderungen eines Lebens im Exil bestanden.

Kurzporträts

Stefan Zweig (1881 – 1942) schrieb kurz nach dem Anschluss 1938 in sein Tagebuch:

„Alles was krankhaft schmutzige Haßphantasie in vielen Nächten sich orgiastisch ersonnen, tobte sich am hellen Tag aus."

Stefan Zweig: Die Welt von gestern. Erinnerungen eines Europäers. Wien: Bermann-Fischer 1948, S. 539

Stefan Zweig in seinem brasilianischen Exil, Fotografie vermutlich aus 1941

Als Sohn eines wohlhabenden jüdischen Textilunternehmers in Wien geboren, studierte Stefan Zweig in Berlin und Wien, wo er auch promovierte in Philosophie, Germanistik und Romanistik. 1919 zog er nach Salzburg. Zweig pflegte einen großbürgerlichen Lebensstil und reiste viel. Außerdem war er als Journalist tätig. Er bestach insbesondere durch seinen ruhigen und schönen Erzählduktus, wurde vor allem durch Novellen wie **Brennendes Geheimnis** (1911) oder **Angst** (1925) bekannt und war in Österreich einer der erfolgreichsten Autoren seiner Zeit. Daneben schrieb er Biografien, etwa über Maria Stuart, und übersetzte französische Lyrik ins Deutsche. Sein einziger Roman befasste sich mit den psychischen Vorgängen der Hauptfiguren (psychologischer Roman): **Ungeduld des Herzens** (1938).

> IN SZENE GESETZT
>
> Stefan Zweigs Leben im Exil wurde im Film **Vor der Morgenröte** (2016) von Maria Schrader (geb. 1965) mit Josef Hader (geb. 1962) in der Hauptrolle verfilmt. Der Filmtitel nimmt auf Zweigs Abschiedsbrief Bezug.

1940 emigrierte Zweig über London nach Brasilien. Im Exil entstanden **Die Schachnovelle** (1941) sowie seine berührenden Lebenserinnerungen, **Die Welt von Gestern. Erinnerungen eines Europäers** (1942). Am 23. Februar 1942 nahm er sich gemeinsam mit seiner Ehefrau Elisabeth Altmann (1908 – 1942) im Exil im brasilianischen Petropolis das Leben. Sein Wohnhaus in Brasilien ist heute ein Literaturmuseum.

Declaracão

Ehe ich aus freiem Willen und mit klaren Sinnen aus dem Leben scheide, drängt es mich eine letzte Pflicht zu erfüllen: diesem wundervollen Lande Brasilien innig zu danken, das mir und meiner Arbeit so gute und gastliche Rast gegeben. Mit jedem Tage habe ich dies Land mehr lieben gelernt und nirgends hätte ich mir mein Leben lieber vom Grunde aus neu aufgebaut, nachdem die Welt meiner eigenen Sprache für mich untergegangen ist und [Streichung] meine geistige Heimat Europa sich selber vernichtet.

Aber nach dem sechzigsten Jahre bedürfte es besonderer Kräfte um noch einmal völlig neu zu beginnen. Und die meinen sind durch die [Streichung] langen Jahre heimatlosen Wanderns erschöpft. So halte ich es für besser, rechtzeitig und in aufrechter Haltung ein Leben abzuschliessen, dem geistige Arbeit immer die lauterste Freude und persönliche Freiheit das höchste Gut dieser Erde gewesen.

Ich grusse alle meine Freunde! Mögen sie die Morgenröte noch sehen nach der langen Nacht! Ich, allzu Ungeduldiger, gehe ihnen voraus.

Stefan Zweig

Petropolis 22. II 1942

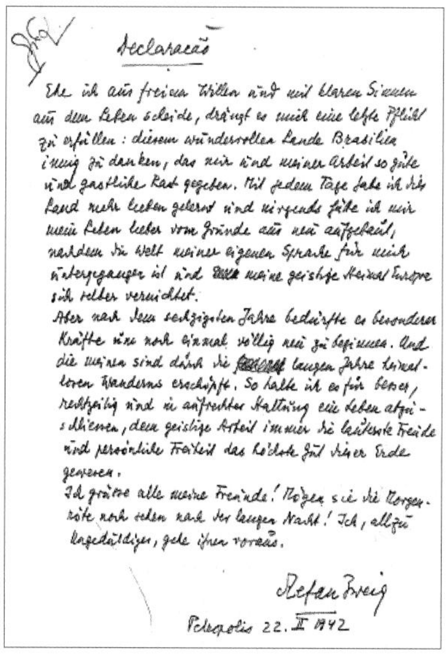
Declaracão
Ehe ich aus freiem Willen und mit klaren Sinnen aus dem Leben scheide, drängt es mich eine letzte Pflicht zu erfüllen: diesem wundervollen Lande Brasilien innig zu danken, das mir und meiner Arbeit so gute und gastliche Rast gegeben. Mit jedem Tage habe ich dies Land mehr lieben gelernt und nirgends hätte ich mir mein Leben lieber vom Grunde aus neu aufgebaut, nachdem die Welt meiner eigenen Sprache für mich untergegangen ist und meine geistige Heimat Europa sich selber vernichtet.
Aber nach dem sechzigsten Jahre bedürfte es besonderer Kräfte um noch einmal völlig neu zu beginnen. Und die meinen sind durch die langen Jahre heimatlosen Wanderns erschöpft. So halte ich es für besser, rechtzeitig und in aufrechter Haltung ein Leben abzuschliessen, dem geistige Arbeit immer die lauterste Freude und persönliche Freiheit das höchste Gut dieser Erde gewesen.
Ich grüsse alle meine Freunde! Mögen sie die Morgenröte noch sehen nach der langen Nacht! Ich, allzu Ungeduldiger, gehe ihnen voraus.
Stefan Zweig
Petropolis 22. II 1942

Der Abschiedsbrief Stefan Zweigs zeigt, unter welcher Zerrissenheit die Menschen im Exil gelebt haben. Schon mit seinem Buch **Die Welt von Gestern** *machte Zweig deutlich, wie sehr ihm die österreichische Kunst und Kultur und die deutsche Sprache in der Ferne fehlten.*

Zit. nach: National Library of Israel. Online unter: https://www.nli.org.il/he/archives/NNL_ARCHIVE_AL003520668/NLI#$FL81793613 (21.01.2021)

Bertolt Brecht (1898 – 1956) wurde in Augsburg geboren und studierte in München Medizin. Dort lernte er Lion Feuchtwanger (> S. 224) kennen. 1922 begann Brecht mit dem Schreiben von Theaterstücken. Zwei Jahre später ging er nach Berlin, wo er ab 1928 Regisseur am *Theater am Schiffbauerdamm* war. Hier inszenierte er auch viele seiner eigenen Stücke. Im selben Jahr feierte er mit der **Dreigroschenoper** einen riesigen Erfolg. 1929 heiratete er die Schauspielerin Helene Weigel (1900 – 1971). Brecht, der kommunistischer Dichter war, musste Deutschland 1933 verlassen und flüchtete schließlich nach Dänemark. Ab 1935 schrieb er an dem Stück **Furcht und Elend des Dritten Reiches**, das 1945 in New York aufgeführt wurde. 1941 musste er vor den deutschen Truppen, die in Dänemark einfielen, erneut flüchten, dieses Mal über Russland nach Santa Monica, Kalifornien. 1947 wurde er wegen angeblichen „unamerikanischen Verhaltens" in Washington verhört.

Bertolt Brecht während einer SED-Sitzung in der DDR, 1. Mai 1951

Nach dem Krieg kehrte Brecht nach Deutschland zurück, wobei ihm die Einreise nach Westdeutschland untersagt wurde. Schließlich reiste er nach Ostdeutschland und wurde dort Intendant des *Deutschen Theaters Berlin*. 1949 gründete er das *Berliner Ensemble*. In Berlin hatte er maßgeblichen Einfluss auf das moderne Theater. Nach dem Krieg erschienen auch seine bekanntesten Stücke: **Leben des Galilei** (1943 in der Schweiz nur teilweise aufgeführt, 1948 dann vollständig), **Der gute Mensch von Sezuan** (1943 in der Schweiz teilweise aufgeführt, 1953 vollständig), **Mutter Courage und ihre Kinder** (1947).

Anna Seghers wurde 1900 in Mainz geboren. Sie studierte Philologie und Kunstgeschichte und promovierte 1924 mit einer wissenschaftlichen Arbeit über Rembrandt. 1928 wurde sie Mitglied der **KPD** (Kommunistische Partei Deutschlands), weswegen sie auch als politischer Feind eingestuft wurde, als die NSDAP 1933 die Macht ergriff.

Grabstein der Schriftstellerin Anna Seghers in Berlin, Fotografie 2006

Sie flüchtete anfangs nach Frankreich und 1941 nach Mexiko. Seghers nahm an unzähligen antifaschistischen Kongressen teil. 1942 erschien ihr bedeutender Roman **Das siebte Kreuz.** 1944 folgte die spanischsprachige Version, 1948 schließlich die deutsche Ausgabe ihres Romans **Transit,** in dem Seghers das Exilantenschicksal beleuchtete. 1947 kehrte sie nach Deutschland zurück und lebte bis zu ihrem Tod 1983 in Ost-Berlin, wo sie Präsidentin des Deutschen Schriftstellerverbandes der DDR war.

Der in München geborene **Lion Feuchtwanger** (1884 – 1958) studierte in München und Berlin Philosophie, Philologie und **Sanskrit.**

Sanskrit: altindische Sprache; bis heute Literatur- und Gelehrtensprache in Indien

Als Theaterkritiker war er Mitarbeiter der Zeitschrift *Die Schaubühne.* 1925 schrieb er den Roman **Jud Süß,** über die reale Figur des Juden Oppenheimer. **Joseph Süß Oppenheimer** (1698 – 1738) war Hoffaktor, so nannte man einen Kaufmann von Luxusartikeln, am Hofe Karl Alexander von Württemberg (Regierungszeit 1733 – 1737). Als der Herzog starb, wurde Oppenheimer Opfer einer judenfeindlichen Intrige, die mit seiner Hinrichtung endete. Nach seinem Tod wurde sein Leichnam sechs Jahre lang in einem Käfig öffentlich zur Schau gestellt. Das Buch war eines der ersten, das die Nazis 1933 verbrannten und vollkommen verändert für Propagandazwecke verfilmten. Von einer Vortragsreise in den USA kehrte Feuchtwanger 1933 nicht mehr zurück, sondern ging dort ins Exil. Die Nazis bürgerten ihn 1933 aus. 1940 übersiedelte er von den USA nach Frankreich. Dort beendete er die Arbeit an dem dreiteiligen Roman **Der Wartesaal** (1930 – 1940). Als die deutsche Armee 1941/1942 in Frankreich einfiel, konnte Feuchtwanger nicht mehr rechtzeitig flüchten. Zwei Jahre internierte man ihn in Frankreich, ehe ihm die Flucht gelang. Er emigrierte erneut in die USA, wo er bis zu seinem Tod große Erfolge als Autor feiern konnte. Nach Deutschland kehrte er nur noch einmal zurück, als er 1953 den *Nationalpreis der DDR 1. Klasse für Kunst und Literatur* verliehen bekam.

Lion Feuchtwanger, Fotografie 1909

Aufgaben

1 Stefan Zweig schrieb kurz nach dem Anschluss 1938 in sein Tagebuch: „Alles was krankhaft schmutzige Haßphantasie in vielen Nächten sich orgiastisch ersonnen, tobte sich am hellen Tag aus." Erklären Sie, was Zweig mit dieser Beschreibung von den Vorgängen zum Anschluss in Österreich ausdrücken wollte. Lesen Sie dazu den Abschnitt **Geschichte und Gesellschaft.**

2 Erschließen Sie die Botschaften, die Zweig in seinem Abschiedsbrief übermitteln will.

3 Informieren Sie sich über ein Werk aus dem Abschnitt **Kurzporträts** und über die Hintergründe zu seiner Entstehung bzw. seine Bedeutung in der Literatur. Verfassen Sie dazu einen kurzen **Genauer betrachtet**-Text.

Reflexionen zum Kapitel

> Erklären Sie, welche Veränderungen durch die NS-Zeit in der Literatur- und Kunstlandschaft hinterlassen wurden.

> Überlegen Sie, inwiefern die in diesem Kapitel dargestellten Ereignisse der NS-Zeit uns heute noch betreffen.

> Diskutieren Sie, welche Fluchtursachen und -gründe es heute gibt. Nennen Sie aktuellere Fälle und Ereignisse.

TEXT

Die Welt von gestern

Stefan Zweig, 1941

Vorwort

Ich habe meiner Person niemals so viel Wichtigkeit beigemessen, daß es mich verlockt hätte, anderen die Geschichten meines Lebens zu erzählen. Viel mußte sich ereignen, unendlich viel mehr, als sonst einer einzelnen Generation an Geschehnissen, Katastrophen und Prüfungen zugeteilt ist, ehe ich den Mut fand, ein Buch zu beginnen, das mein Ich zur Hauptperson hat oder – besser gesagt – zum Mittelpunkt. Nichts liegt mir ferner, als mich damit voranzustellen, es sei denn im Sinne des Erklärers bei einem Lichtbildervortrag; die Zeit gibt die Bilder, ich spreche nur die Worte dazu, und es wird eigentlich nicht so sehr mein Schicksal sein, das ich erzähle, sondern das einer ganzen Generation – unserer einmaligen Generation, die wie kaum eine im Laufe der Geschichte mit Schicksal beladen war. Jeder von uns, auch der Kleinste und Geringste, ist in seiner innersten Existenz aufgewühlt worden von den fast pausenlosen vulkanischen Erschütterungen unserer europäischen Erde; und ich weiß mir inmitten der Unzähligen keinen anderen Vorrang zuzusprechen als den einen: als Österreicher, als Jude, als Schriftsteller, als Humanist und Pazifist jeweils just dort gestanden zu sein, wo diese Erdstöße am heftigsten sich auswirkten. Sie haben mir dreimal Haus und Existenz umgeworfen, mich von jedem Einstigen und Vergangenen gelöst und mit ihrer dramatischen Vehemenz ins Leere geschleudert, in das mir schon wohlbekannte ›Ich weiß nicht wohin‹. Aber ich beklagte das nicht; gerade der Heimatlose wird in einem neuen Sinne frei, und nur der mit nichts mehr Verbundene braucht auf nichts mehr Rücksicht zu nehmen. So hoffe ich, wenigstens eine Hauptbedingung jeder rechtschaffenen Zeitdarstellung erfüllen zu können: Aufrichtigkeit und Unbefangenheit.

Denn losgelöst von allen Wurzeln und selbst von der Erde, die diese Wurzeln nährte, – das bin ich wahrhaftig wie selten einer in den Zeiten. Ich bin 1881 in einem großen und mächtigen Kaiserreiche geboren, in der Monarchie der Habsburger, aber man suche sie nicht auf der Karte: sie ist weggewaschen ohne Spur. Ich bin aufgewachsen in Wien, der zweitausendjährigen übernationalen Metropole, und habe sie wie ein Verbrecher verlassen müssen, ehe sie degradiert wurde zu einer deutschen Provinzstadt. Mein literarisches Werk ist in der Sprache, in der ich es geschrieben, zu Asche gebrannt worden, in eben demselben Lande, wo meine Bücher Millionen Leser sich zu Freunden gemacht. So gehöre ich nirgends mehr hin, überall Fremder und bestenfalls Gast; auch die eigentliche Heimat, die mein Herz sich erwählt, Europa, ist mir verloren, seit es sich zum zweitenmal selbstmörderisch zerfleischt im Bruderkriege. Wider meinen Willen bin ich Zeuge geworden der furchtbarsten Niederlage der Vernunft und des wildesten Triumphes der Brutalität innerhalb der Chronik der Zeiten; nie – ich verzeichne dies keineswegs mit Stolz, sondern mit Beschämung – hat eine Generation einen solchen moralischen Rückfall aus solcher geistigen Höhe erlitten wie die unsere. In dem einen kleinen Intervall, seit mir der Bart zu sprossen begann und seit er zu ergrauen beginnt, in diesem einen halben Jahrhundert hat sich mehr ereignet an radikalen Verwandlungen und Veränderungen als sonst in zehn Menschengeschlechtern, und jeder von uns fühlt: zu vieles fast! So verschieden ist mein Heute von jedem meiner Gestern, meine Aufstiege und meine Abstürze, daß mich manchmal dünkt, ich hätte nicht bloß eine, sondern mehrere, völlig voneinander verschiedene Existenzen gelebt. Denn es geschieht mir oft, daß, wenn ich achtlos erwähne: ›Mein Leben‹, ich mich unwillkürlich frage: ›Welches Leben?‹ Das vor dem Weltkriege, das vor dem ersten oder das vor dem zweiten oder das Leben von heute? Dann wieder ertappe ich mich dabei, daß ich sage: ›Mein Haus‹ und nicht gleich weiß, welches der einstigen ich meinte, ob das in Bath oder in Salzburg oder das Elternhaus in Wien. Oder daß ich ›bei uns‹ sage und erschrocken mich erinnern muß, daß ich für die Menschen meiner Heimat längst ebensowenig dazugehöre wie für die Engländer oder für die Amerikaner, dort nicht mehr organisch verbunden und hier wiederum niemals ganz eingegliedert; die Welt, in der ich aufgewachsen bin, und die von heute und die zwischen beiden sondern sich immer mehr für mein Gefühl zu völlig verschiedenen Welten. Jedesmal, wenn ich im Gespräch jüngeren Freunden Episoden aus der Zeit vor dem ersten Kriege erzähle, merke ich an ihren erstaunten Fragen, wieviel für sie schon historisch oder unvorstellbar von dem geworden ist, was für mich noch selbstverständliche Realität bedeutet. Und ein geheimer Instinkt in mir gibt ihnen recht: zwischen unserem Heute, unserem Gestern und Vorgestern sind alle Brücken abgebrochen. Ich selbst kann nicht umhin, mich zu verwundern über

>

die Fülle, die Vielfalt, die wir in den knappen Raum einer einzigen – freilich höchst unbequemen und gefährdeten – Existenz gepreßt haben, und schon gar, wenn ich sie mit der Lebensform meiner Vorfahren vergleiche. Mein Vater, mein Großvater, was haben sie gesehen? Sie lebten jeder ihr Leben in der Einform. Ein einziges Leben vom Anfang bis zum Ende, ohne Aufstiege, ohne Stürze, ohne Erschütterung und Gefahr, ein Leben mit kleinen Spannungen, unmerklichen Übergängen; in gleichem Rhythmus, gemächlich und still, trug sie die Welle der Zeit von der Wiege bis zum Grabe. Sie lebten im selben Land, in derselben Stadt und fast immer sogar im selben Haus; was außen in der Welt geschah, ereignete sich eigentlich nur in der Zeitung und pochte nicht an ihre Zimmertür. Irgendein Krieg geschah wohl irgendwo in ihren Tagen, aber doch nur ein Kriegchen, gemessen an den Dimensionen von heute, und er spielte sich weit an der Grenze ab, man hörte nicht die Kanonen, und nach einem halben Jahre war er erloschen, vergessen, ein dürres Blatt Geschichte, und es begann wieder das alte, dasselbe Leben. Wir aber lebten alles ohne Wiederkehr, nichts blieb vom Früheren, nichts kam zurück; uns war im Maximum mitzumachen vorbehalten, was sonst die Geschichte sparsam jeweils auf ein einzelnes Land, auf ein einzelnes Jahrhundert verteilt. Die eine Generation hatte allenfalls eine Revolution mitgemacht, die andere einen Putsch, die dritte einen Krieg, die vierte eine Hungersnot, die fünfte einen Staatsbankrott, – und manche gesegneten Länder, gesegneten Generationen sogar überhaupt nichts von dem allen. Wir aber, die wir heute sechzig Jahre alt sind und de jure noch eigentlich ein Stück Zeit vor uns hätten, was haben wir nicht gesehen, nicht gelitten, nicht miterlebt? Wir haben den Katalog aller nur denkbaren Katastrophen durchgeackert von einem zum anderen Ende (und sind noch immer nicht beim letzten Blatt). Ich allein bin Zeitgenosse der beiden größten Kriege der Menschheit gewesen und habe sogar jeden erlebt auf einer anderen Front, den einen auf der deutschen, den anderen auf der antideutschen. Ich habe im Vorkrieg die höchste Stufe und Form individueller Freiheit und nachdem ihren tiefsten Stand seit Hunderten Jahren gekannt, ich bin gefeiert gewesen und geächtet, frei und unfrei, reich und arm. Alle die fahlen Rosse der Apokalypse sind durch mein Leben gestürmt, Revolution und Hungersnot, Geldentwertung und Terror, Epidemien und Emigration; ich habe die großen Massenideologien unter meinen Augen wachsen und sich ausbreiten sehen, den Faschismus in Italien, den Nationalsozialismus in Deutschland, den Bolschewismus in Rußland und vor allem jene Erzpest, den Nationalismus, der die Blüte unserer europäischen Kultur vergiftet hat. Ich mußte wehrloser, machtloser Zeuge sein des unvorstellbaren Rückfalls der Menschheit in längst vergessen gemeinte Barbarei mit ihrem bewußten und programmatischen Dogma der Antihumanität. Uns war es vorbehalten, wieder seit Jahrhunderten Kriege ohne Kriegserklärungen, Konzentrationslager, Folterungen, Massenberaubungen und Bombenangriffe auf wehrlose Städte zu sehen, Bestialitäten all dies, welche die letzten fünfzig Generationen nicht mehr gekannt haben und künftige hoffentlich nicht mehr erdulden werden. Aber paradoxerweise habe ich auch in ebenderselben Zeit, da unsere Welt im Moralischen zurückstürzte um ein Jahrtausend, dieselbe Menschheit im Technischen und Geistigen sich zu ungeahnten Taten erheben sehen, mit einem Flügelschlag alles in Millionen Jahren Geleistete überholend: die Eroberung des Äthers durch das Flugzeug, die Übermittlung des irdischen Worts in derselben Sekunde über den Erdball und damit die Besiegung des Weltraums, die Zerspaltung des Atoms, die Besiegung der heimtückischsten Krankheiten, die fast tägliche Ermöglichung des gestern noch Unmöglichen. Nie bis zu unserer Stunde hat sich die Menschheit als Gesamtheit teuflischer gebärdet und nie so Gottähnliches geleistet.

Dies unser gespanntes, dramatisch überraschungsreiches Leben zu bezeugen, scheint mir Pflicht, denn – ich wiederhole – jeder war Zeuge dieser ungeheuren Verwandlungen, jeder war genötigt Zeuge zu sein. Für unsere Generation gab es kein Entweichen, kein Sich-abseits-Stellen wie in den früheren; wir waren dank unserer neuen Organisation der Gleichzeitigkeit ständig einbezogen in die Zeit. Wenn Bomben in Shanghai die Häuser zerschmetterten, wußten wir es in Europa in unseren Zimmern, ehe die Verwundeten aus ihren Häusern getragen waren. Was tausend Meilen über dem Meer sich ereignete, sprang uns leibhaftig im Bilde an. Es gab keinen Schutz, keine Sicherung gegen das ständige Verständigt werden und Mitgezogensein. Es gab kein Land, in das man flüchten, keine Stille, die man kaufen konnte, immer und überall griff uns die Hand des Schicksals und zerrte uns zurück in sein unersättliches Spiel.

Ständig mußte man sich Forderungen des Staates unterordnen, der stupidesten Politik zur Beute hinwerfen, den phantastischsten Veränderungen anpassen, immer war man an das Gemeinsame gekettet, so erbittert man sich wehrte; es riß einen mit, unwiderstehlich. Wer immer durch diese Zeit ging oder vielmehr gejagt und gehetzt wurde – wir haben wenig Atempausen gekannt –, hat mehr Geschichte miterlebt als irgendeiner seiner Ahnen. Auch heute stehen wir abermals an einer Wende, an einem Abschluß und einem neuen Beginn. Ich handle darum durchaus nicht absichtslos, wenn ich diesen Rückblick auf mein Leben mit einem bestimmten Datum vorläufig enden lasse. Denn jener Septembertag 1939 zieht den endgültigen Schlußstrich unter die Epoche, die uns Sechzigjährige geformt und erzogen hat. Aber wenn wir mit unserem Zeugnis auch nur einen Splitter Wahrheit aus ihrem zerfallenen Gefüge der nächsten Generation übermitteln, so haben wir nicht ganz vergebens gewirkt.

Stefan Zweig: Die Welt von gestern. Erinnerungen eines Europäers. Stockholm: Bermann-Fischer 1948, S. 9ff.

Aufgaben

1 Vergleichen Sie, Zweigs Darstellung der Welt vor dem Ersten Weltkrieg mit seiner Beschreibung der Welt für die Zeit danach.

2 Zweig meint für seine Generation: „[Jeder] war genötigt Zeuge zu sein. Für unsere Generation gab es kein Entweichen, kein Sich-abseits-Stellen wie in den früheren; wir waren dank unserer neuen Organisation der Gleichzeitigkeit ständig einbezogen in die Zeit." Überprüfen Sie, ob diese Aussage auch für Ereignisse unserer Zeit noch zutrifft.

3 Überlegen Sie, welche Botschaften Zweig in diesem Vorwort an die Leserinnen und Leser übermittelt.

Dachaulied

Jura Soyfer, 1938

Stacheldraht, mit Tod geladen,
ist um unsre Welt gespannt.
Drauf ein Himmel ohne Gnaden
sendet Frost und Sonnenbrand.
Fern von uns sind alle Freuden,
fern die Heimat, fern die Frau'n,
wenn wir stumm zur Arbeit schreiten,
Tausende im Morgengrau'n.
Doch wir haben die Losung von Dachau gelernt
und wurden stahlhart dabei:
Sei ein Mann, Kamerad,
bleib ein Mensch, Kamerad,
mach ganze Arbeit, pack an, Kamerad,
denn Arbeit, Arbeit macht frei!
Vor der Mündung der Gewehre
leben wir bei Tag und Nacht
Leben wird uns hier zur Lehre
schwerer, als wir's je gedacht
Keiner mehr zählt Tag' und Wochen
mancher schon die Jahre nicht
und gar viele sind zerbrochen
und verloren ihr Gesicht
Und wir haben die Losung von Dachau gelernt
und wurden stahlhart dabei:
Sei ein Mann, Kamerad,
bleib ein Mensch, Kamerad,
mach ganze Arbeit, pack an, Kamerad,
denn Arbeit, Arbeit macht frei!
Schlepp den Stein und zieh den Wagen,
keine Last sei dir zu schwer.
Der du warst in fernen Tagen,
bist du heut schon längst nicht mehr.
Stich den Spaten in die Erde,
grab dein Mitleid tief hinein,
und im eignen Schweiße werde
selber du zu Stahl und Stein.
Und wir haben die Losung von Dachau gelernt
und wurden stahlhart dabei:
Sei ein Mann, Kamerad,
bleib ein Mensch, Kamerad,
mach ganze Arbeit, pack an, Kamerad,
denn Arbeit, Arbeit macht frei!
Einst wird die Sirene künden:
Auf, zum letzten Zählappell!
Draußen dann, wo wir uns finden
bist du, Kamerad, zur Stell
Hell wird uns die Freiheit lachen
vorwärts geht's mit frischem Mut

und die Arbeit, die wir machen
diese Arbeit, die wird gut!
Denn wir haben die Losung von Dachau gelernt
und wurden stahlhart dabei:
Sei ein Mann, Kamerad,
bleib ein Mensch, Kamerad,
mach ganze Arbeit, pack an, Kamerad,
denn Arbeit, Arbeit macht frei!

Jura Soyfer: Das Gesamtwerk. Herausgegeben von Horst Jarka. Wien u. a.: Deutike 1984, S. 216

Aufgaben

1 Lesen Sie gemeinsam das **Dachaulied** und hören Sie sich dazu eine Vertonung im Internet an, z. B. in der Version von Herbert Zipperer oder der österreichischen Band Schmetterlinge. Geben Sie Ihren Eindruck vom Lied wieder.

2 Informieren Sie sich, was es mit der Losung „Arbeit macht frei" auf sich hatte. Besprechen Sie Ihre Ergebnisse in der Klasse.

3 Skizzieren Sie das Leben im Konzentrationslager, wie es im Lied beschrieben wird.

4 **Gruppenarbeit:** Deuten Sie mögliche Botschaften des Liedes in der Gruppe.

Sahara

Alma Johanna Koenig, 1951 posthum erschienen

Algier und die Frauen

[…] Wir Europäer haben uns daran gewöhnt, dem Worte »Harem« einen Begriff des Langvergangenen und Verschollenen beizumessen, etwa wie den Worten „Inquisition" oder „Hexenprozeß". Wir denken an Kemal Pascha, der die Türen des türkischen Harems gesprengt, der Türkin den Schleier genommen hat und ihr dafür das Wahlrecht gab. Aber wir denken nicht daran, daß es ungeheure Landstrecken gibt, in denen die Frau bis heute eine leibeigene Sache, eine Hörige, eine Sklavin ihres Ehemannes geblieben ist.

Als die Franzosen 1834 ihre Eroberung von Nordalgerien als gefestigt ansehen konnten, haben sie den großen Pakt geschlossen, den besiegten Völkern ihre Gesetze und ihre Religion unangetastet zu belassen. Demgemäß besteht heute noch in der Kabylie das respektierte Gesetz zu Recht, das dem kabylischen Ehemann jede Gewalt über die einmal gekaufte Frau zuerkennt, außer der des Todes. Die Kabylin ist, wenn sie heranblüht, unvorstellbar schön. Einmal verheiratet, ist sie nur mehr das Lasttier des kabylischen Mannes, dessen Reichtum mit der Zahl der Frauen wächst. Unzählige Male habe ich Kabylinnen zerlumpt, mit Kindern und Kopf- und Rückenlasten beladen, im Staub wie Packkamele schwanken sehen, während der Eheherr in neuer Ghandoura auf seinem Eselchen flott voraustrabte. Je weiter der Reisende in den Süden vordringt, desto strenger wird die Haremsklausur, desto dichter die Verschleierung der Frauen.

Die algerische Araberin trägt einen dünnen, batistenen Gesichtsschleier, und der weiße Haik, der große, über den Kopf gezogene Umhang, läßt die Tätowierung der Stirn über den Augenbrauen noch frei. In Blida darf die Frau nur ein Auge unverhüllt lassen. In Mzab darf nur die alte Frau auf die Gasse, und auch die zieht den Haik wie einen Augenschirm ins Gesicht. Ich verstand nie, wie diese völlig vermummten, armen Alten es zuwege brachten, mit ihren schweren Kopflasten die steilen Stufengassen hinabzusteigen und sich noch dazu beim Nahen jedes männlichen Wesens mit dem Gesicht der Wand zuzukehren.
Es ist für mich von hohem Interesse gewesen, festzustellen, daß der Einfluß der Palmenhaustemperatur Algiers und das Beispiel der arabischen Umgebung auf die so lebendige Französin unverkennbar abgefärbt haben.

Der Franzose hat bei seiner Eroberung Algiers – wie schon erwähnt – keineswegs die arabischen Frauen befreit, ja, statt dessen scheint es beinahe, als sperre er nun auch die eigene Frau in den Harem. Die wirkliche Dame, die reiche, elegante Französin, die in Algier lebt, sieht man niemals zu Fuß gehen. Sie macht ihre Einkäufe per Auto – kein Land der Welt hat so herrliche Autostraßen und so fürstliche Eigenwagen wie diese vorwärtsstürmende Stadt, dieses reiche Ernteland. – Man stelzt gerade nur in den Laden, und der Boy trägt die Pakete nach, wenn man wieder ins Auto steigt.

Auf den algerischen Märkten, die von einem unvorstellbaren Reichtum an Gemüse, Blumen, Früchten überquellen, wie unser armer Norden sie nicht kennt, besorgen schier ausnahmslos die bürgerlichen Ehemänner den Morgeneinkauf. Einen winzigen Araberjungen mit Basttasche hinter sich, feilscht der algerische Franzose selbst von Stand zu Stand, um den Aufenthalt seiner Frau auf der Straße unnötig zu machen. Braucht solch eine Gattin und Mutter von vier oder fünf Kindern einen Knäuel Stopfwolle, dann wartet sie unfehlbar die abendliche Heimkunft des Ehemannes ab, um in den bis neun und halb zehn Uhr offenen Läden einzukaufen. Oder aber man sieht sie in Rudeln das Geschäftsviertel durchstreifen, mit Schwiegermutter, Mutter, Großmutter, Tanten, Basen, allen Kindern und der arabischen Ajah, genau wie die anständige Araberin – die verschleierte Mouquère – nur in Trupps auftritt. Es wäre völlig unstatthaft, völlig untunlich, daß zwei Damen sich zu einem abendlichen Kinobesuch besprächen, völlig unstatthaft, wenn sie die Oper zu Algier gemeinsam besuchen wollten ohne einen männlichen Begleiter. Und noch unstatthafter wäre es, wenn der Begleiter nicht Ehemann, Vater oder Bruder einer der Damen wäre.

Wenn eine algerische Französin bei zufälliger Abwesenheit ihres Gatten einen Herrn empfangen muß, so hat sie dies nur bei weit offenstehenden Türen zu tun. Wie man mir mit völliger Selbstverständlichkeit erklärte: um sich der Zeugenschaft des Dienstpersonals für die unbezweifelbare Harmlosigkeit dieses Besuches zu versichern.

Daß es in solcher Stadt unmöglich ist, fünf Minuten still und unbehelligt auf einer Gartenbank zu sitzen, ergibt sich aus dem Gesagten. Auch werden einzelne Damen in keinem Kaffeehaus bedient, außer im großen Café Tantonville, neben der Oper, wo hauptsächlich Amerikanerinnen verkehren.

Algier ist ein einziger großer Harem für die Frauen und wie jeder Harem ein einziges großes Paradies für die Männer. Denn es gibt kaum einen Wunsch der europäischen Frau nach Geltung, Freiheit, Beruf, Kameradschaft, der hier nicht von der herrschenden Sitte unterdrückt, und keinen Wunsch des europäischen oder arabischen Mannes, dem von der herrschenden Sittenlosigkeit nicht verständnisvoll nachgegeben würde.

Alma Johanna Koenig: Algier und die Frauen. In: Sahara. Leykam: Graz 1951, S. 9ff.

Aufgaben

1 Beschreiben Sie, wie die unterschiedlichen Rollenbilder im Text dargestellt werden.

2 Erklären Sie die Kritik der Autorin am Rollenbild der französischen Algerierinnen.

3 Überlegen Sie in der Klasse, ob und in welchen Bereichen dieser Text nach wie vor aktuell ist.

LITERATUR DER NACHKRIEGSZEIT
(1945 – 1989)

Die Zeit nach dem Zweiten Weltkrieg steht für einen Neuanfang nach der Katastrophe des Nationalsozialismus. Der Schriftsteller **Wolfgang Borchert** (1921 – 1947), einer der wichtigsten Vertreter der **Trümmerliteratur** (> S. 231), sagte einmal: „Alle Ankunft gehört uns", und er meinte weiter:

„Dieser Satz entstand aus einer inneren Opposition gegen die Generation unserer Väter, Studienräte, Pastoren und Professoren. Es soll heißen, sie haben uns zwar blind in den Krieg gehen lassen, aber nun wissen wir Sehend-gewordenen, daß nur noch eine Ankunft zu neuen Ufern uns retten kann, mutiger gesagt: Die Hoffnung gehört uns ganz allein!"

Zit. nach: Wolfgang Beutin: Deutsche Literaturgeschichte. Von den Anfängen bis zur Gegenwart. Stuttgart: Metzler 2013, S. 484

Das ***Mahnmal gegen Krieg und Faschismus*** *des österreichischen Bildhauers Alfred Hrdlicka (1928 – 2009; > S. 236) erinnert seit 1988 an den Wahnsinn des Krieges. Das Denkmal steht in Wien zwischen Staatsoper und Albertina, wo sich einst ein Großwohnhaus, der Philipphof, befand, ehe es im Zweiten Weltkrieg zerbombt wurde und hunderte Menschen unter sich begrub.*

Dieses Kapitel vermittelt Ihnen

> gesellschaftliche und politische Strömungen und ihre Bedeutung für die Literatur.

> Wissen über die Rolle von Autorinnen und Autoren als öffentliche und politische Personen.

> einen Überblick über die vielfältigen literarischen Strömungen und Themen der Zeit.

> Deutungsmöglichkeiten für Themen in den Werken der Autorinnen und Autoren.

Geschichte und Gesellschaft

Die „Stunde Null"

Der **Zweite Weltkrieg** hatte Europa verwüstet. Millionen Menschen waren ums Leben gekommen, **versehrt** oder auf der Flucht. Deutschland lag in Trümmern, so auch seine gesellschaftliche Ordnung. Die Verbrechen des NS-Regimes, darunter der unfassbare Mord an Millionen Juden, wurden zum dunkelsten Erbe Deutschlands wie auch Österreichs. **Alliierte Besatzungstruppen** (USA, Großbritannien, Frankreich und die Sowjetunion) verwalteten fortan Deutschland und das wiederentstandene Österreich. Aufzubauen waren nicht nur Staat, Infrastruktur und Wirtschaft, auch das geistige, kulturelle und literarische Leben lagen darnieder. Die NS-Herrschaft hatte viele Kunstschaffende, Literatinnen und Literaten ins Exil (> S. 220f.) getrieben oder ermordet. Auch Verlage und Druckereien waren vernichtet oder eingestellt worden. Die Literatur musste einen Neuanfang machen – es schlug die **„Stunde Null"**.

versehrt: jemand, der durch einen Unfall oder eine Kriegsverletzung körperlich beeinträchtigt ist

Das Wiener Burgtheater wurde – neben zahlreichen anderen Gebäuden – im Krieg schwer beschädigt. Erst 1955 konnte das Haus wieder bespielt werden. Diese Fotografie aus 1945 zeigt den zerstörten Innenraum.

Wiederaufbau und Kalter Krieg

Der Wiederaufbau prägte fortan sowohl Deutschland als auch Österreich, während die Schweiz als neutrales Land den Krieg weitgehend unbeschadet überstanden hatte. Zu den enormen ökonomischen und politischen Herausforderungen des Wiederaufbaus kam die Umsetzung der Entnazifizierung. Es galt, Nationalsozialisten aus der Verwaltung zu entfernen, Kriegsverbrecher vor Gericht zu stellen und die NS-Ideologie aus der Gesellschaft zu verbannen. Eine Gruppe von Autorinnen und Autoren fing die Zeit literarisch, in der sogenannten **Trümmerliteratur,** ein. Diese besticht durch eine nüchterne Sprache, frei von Pathos. Der Gutteil der Schreibenden suchte jedoch möglichst an die Literatur vor 1933 anzuknüpfen und die NS-Vergangenheit auszusparen.

Politisch dominierte der **West-Ost-Konflikt** zwischen den Supermächten **USA,** unterstützt von seinen Verbündeten Großbritannien und Frankreich, und der **Sowjetunion.** Es war dies ein Konflikt der Systeme – Kapitalismus gegen Kommunismus – und des Einflusses über Europa. Mitten durch die Verliererstaaten des Zweiten Weltkriegs, Deutschland und Österreich, verlief die Konfliktzone des neuen **Kalten Krieges.** Deutschland wurde schließlich staatlich in die **DDR** (Deutsche Demokratische Republik, auch Ostdeutschland) und die **BRD** (Bundesrepublik Deutschland, also Westdeutschland) geteilt.

Als **DDR** etablierte sich ein zweiter deutscher Staat unter sowjetischem (und kommunistischem) Einfluss. Um die **BRD** an den Westen zu binden, wurde sie in die NATO integriert. Begleitet wurde die **Wiederbewaffnung** Deutschlands durch Mahnungen und Proteste von Literatinnen und Literaten. Die Gruppe 47, ein Zusammenschluss von Schriftstellerinnen und Schriftstellern, unterstützte Friedensbewegungen. **Hans Werner Richter,** Gründer der Gruppe, kommentierte 1958:

„Es protestieren Professoren, Schriftsteller, Regisseure, Schauspieler, Journalisten, es protestiert fast das ganze geistige Deutschland, geschlossener und einiger als je zuvor."

Zit. nach: Hans Karl Rupp: Friedensbewegung in den 50er Jahren. In: Friedensforum. Ausgabe 5/1994

Österreich blieb ungeteilt und erhielt die **Neutralität,** womit die Besatzung der Alliierten endete. In (West-) Deutschland und Österreich wurden politisch antikommunistische Tendenzen forciert. Unter diesem Druck emigrierte **Bertolt Brecht** in die DDR (wo er sich allerdings zunächst dem dortigen **SED**-Regime

SED (Sozialistische Einheitspartei Deutschlands): eine aus dem Zusammenschluss der Sozialdemokratischen Partei Deutschlands (SPD) und der Kommunistischen Partei Deutschlands (KPD) hervorgegangene politische Partei in der ehemaligen Sowjetischen Besatzungszone (SBZ) in Deutschland. Sie entstand unter dem Druck der Sowjetischen Militäradministration in Deutschland und wurde nach der Teilung Deutschlands in Westdeutschland (BRD) und Ostdeutschland (DDR) im Osten zur autoritär regierenden Partei.

anbiederte; > S. 223), obwohl er auch die österreichische Staatsbürgerschaft bekommen hatte. Der jüdisch-österreichische Schriftsteller **Friedrich Torberg** (1908 – 1979) unterstützte die antikommunistische Stimmung in Österreich und wurde deshalb sogar von der CIA in seinen Projekten finanziell gefördert.

Angesichts der Herausforderungen infolge von Wiederaufbau und Kaltem Krieg rückten die **NS-Verbrechen** (gewollt) in den Hintergrund. Anfänglich noch intensiv verfolgt, breitete sich bald schon ein Mantel des Schweigens darüber aus. Man wollte mit der Vergangenheit abschließen, einen Schlussstrich ziehen. Kriegsverbrecher wurden teilweise rehabilitiert, konnten sogar eine neue Karriere beginnen, während manchen Opfern des NS-Regimes die Heimkehr bzw. Entschädigung erschwert oder gar verunmöglicht wurde. Von diesen Umständen frustriert, emigrierte der Schriftsteller Alfred Döblin (1878 – 1956; > S. 197) nach Paris. Viele andere kehrten aus dem Exil, in das sie während der NS-Zeit gegangen waren, nicht mehr zurück.

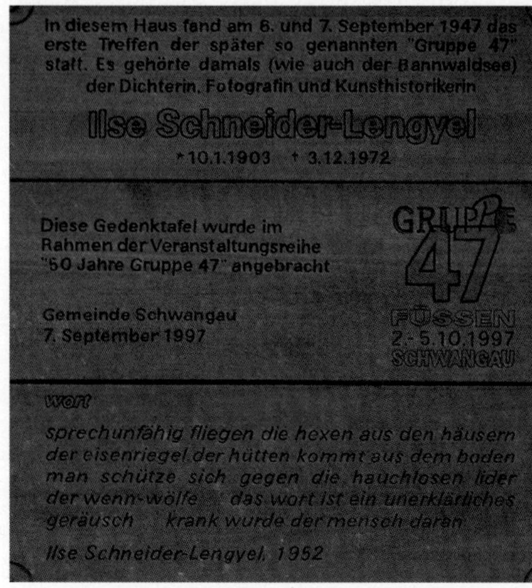

Eine Gedenktafel in der Gemeinde Schwangau, Deutschland, erinnert noch heute an das Treffen der Gruppe 47.

Einige Literatinnen und Literaten versuchten den Neuanfang. Unter dem Schriftsteller **Hans Werner Richter** (1908 – 1993) fanden sie zur **Gruppe 47** (benannt nach dem Gründungsjahr 1947; > S. 237) zusammen, mit dem Ziel, in der Literatur „neu anzufangen".

Durch moralische Zielsetzungen sollte ein **Neubeginn nach dem Faschismus** möglich sein. Allerdings verstand sich die Gruppe 47 (grundsätzlich) als unpolitisch. Dennoch sollte ihre Literatur realistisch sein und die Vertreterinnen und Vertreter hatten es sich zur Aufgabe gemacht, das Geschehene (der Weltkriegsjahre) und das Existierende genau und kritisch zu erfassen. Eingedenk des **Holocaust** waren viele Autorinnen und Autoren damit überfordert, für ein solches Verbrechen die richtigen Worte zu finden. Der Kulturphilosoph **Theodor W. Adorno** (1903 – 1969) hielt 1951 in seinem Werk **Kulturkritik und Gesellschaft** fest: „Nach Auschwitz ein Gedicht zu schreiben, ist barbarisch" und erteilte damit der sentimentalen und ästhetischen Lyrik eine Abfuhr.

Der Kulturkritiker und Philosoph Theodor W. Adorno: ein philosophischer Wegbereiter der Studentenbewegungen von 1968, Fotografie aus 1964

Österreich sah sich als erstes Opfer NS-Deutschlands, nicht als Volk von ebenso mitverantwortlichen Täterinnen und Tätern. Ein großer Anteil an NS-Verbrechen wurde ausgeblendet. Antworten auf Auschwitz suchten etwa die Gedichte von **Paul Celan** (1920 – 1970) oder **Stella Rotenberg** (1916 – 2013).

Auschwitz
Stella Rotenberg, 1971

Das Unsagbare
Wie sag ich es –

Das Undenkbare
Wie denk ich es –

Das Unfassbare,
wie fass ich es –

Das Un-Menschliche,
wie find es in mir

Stella Rotenberg: Scherben sind endlicher Hort. Ausgewählte Lyrik und Prosa. Wien: Verlag für Gesellschaftskritik 1991, S. 59

1968er-Revolution und gesellschaftliche Liberalisierung

Die 1950er und 1960er Jahre galten als Zeit beginnender wirtschaftlicher **Prosperität.** Beflügelt vom **Marshallplan** erlebten Deutschland und Österreich einen ungeahnten wirtschaftlichen Aufschwung. Einher ging dieser allerdings mit einer **reaktionären** Gesellschaftsordnung. Frauen wurden vielfach in die Rolle der Hausfrau gedrängt, konservative Kunst und Kultur gefördert. In beiden Ländern dominierten konservative Parteien, vor allem die Kirche gewann an Einfluss zurück, den sie während der NS-Zeit verloren hatte. Auch künstlerisch dominierte politisch harmlose Literatur: Sie gab eine „heile Welt" vor, Heimatliteratur und Heimatfilm boten Unterhaltung.

Prosperität: wirtschaftlicher Aufschwung, größerer Wohlstand

Marshallplan: finanzielles Aufbauprogramm und Wirtschaftshilfe der USA nach dem Zweiten Weltkrieg; benannt nach dem damaligen US-Außenminister George C. Marshall (Amtszeit 1947 – 1949), offiziell *European Recovery Program (ERP)*

reaktionär: politische Ansichten vertretend, die als rückständig und veraltet gelten

Das Jahr **1968** gilt als Zäsur für Europas Geschichte. Proteste von Studentinnen und Studenten, aber auch von Kunstschaffenden brachten große gesellschaftliche Tabus ins Wanken. Normen der Gesellschaft wurden in Frage gestellt, die NS-Vergangenheit erstmals (von einer breiten Öffentlichkeit) kritisch beleuchtet. Freilich hatten viele Entwicklungen schon früher begonnen. Insbesondere in Österreich, aber auch in Deutschland, war 1968 nicht durchgehend das Umbruchs- und Rebellionsjahr, als das es heute gilt. Doch Jahreszahlen und Zäsuren prägen sich ein. In den 1970ern begann neben der gesellschaftlichen Öffnung auch ein Prozess politischer Reformen. Getragen von linken Regierungen (**Sozialliberale Koalition** in Deutschland und **SPÖ-Alleinregierung** ab 1971 in Österreich) begann eine Modernisierung der Gesellschaft. In Österreich wurde die NS-Vergangenheit allerdings gerade unter der SPÖ-Alleinregierung kaum thematisiert, obwohl Bundeskanzler Bruno Kreisky (1911 – 1990) aufgrund seiner jüdischen Abstammung während der NS-Zeit ins Exil hatte fliehen müssen.

NOTIZ AM RANDE

Antikriegsdemonstration 1967 in Washington, USA: Das Transparent eines Demonstranten gibt die Haltung zum Krieg unmissverständlich wieder.

Die **1968er**-Revolution war eine globale Bewegung, die unter anderem in den USA ihren Ausgang nahm. Dort handelte es sich zunächst um den Kampf der schwarzen Bevölkerung um Gleichberechtigung, schließlich um pazifistische Antikriegsdemonstrationen gegen den Vietnam-Krieg. Diese Protestbewegungen setzten sich in Frankreich und Westdeutschland, aber auch in Osteuropa (1968 „Prager Frühling") fort.

In Deutschland wiederum, wo im Zuge der **Auschwitzprozesse** (1963 – 1965) bereits eine breitere Diskussion zur NS-Vergangenheit eingesetzt hatte, spitzte sich der Konflikt zwischen Kommunismus und Kapitalismus/Demokratie zu. Während die BRD außenpolitisch eine Entspannung in den Beziehungen zur kommunistischen DDR suchte, wurde sie innenpolitisch von einer Welle **linksextremen Terrors** durch die **Rote Armee Fraktion** (RAF) überschattet. Angesichts der damit einhergehenden breiten antikommunistischen Stimmung im Land versuchten manche Literatinnen und Literaten gegenzulenken, so etwa Heinrich Böll (1917 – 1985) in seinem Werk **Die verlorene Ehre der Katharina Blum.** Eine Politisierung von Kunst und Kultur hatte eingesetzt, während in der DDR Autorinnen und Autoren an einer zunehmend **rigider** werdenden Zensur vorbeizuschreiben hatten. In den 1960er Jahren setzte auch hier eine Aufbruchsstimmung ein, etwa in Form der **Lyrik-Welle,** worin die gesellschaftliche Zerrissenheit thematisiert wurde. Doch immer, wenn sich die Kunst zu sehr vom Regime entfernte, wurde die Zensur verstärkt.

rigid: streng, unnachgiebig

Sexuelle Befreiung und Feminismus

Obwohl feministische Ideen und Ideale ihre Wurzeln schon im 18. Jahrhundert hatten, erfolgte der richtige Aufschwung erst in den 1970ern. Die Befreiung der Sexualität der Frau, Gleichheit unter den Geschlechtern, das Recht auf Schwangerschaftsabbruch (**Abtreibung**) waren große Schlagworte jener Zeit. Eine Welle und Begeisterung von und für Frauenliteratur setzten ein, ebenso eine (beginnende) Feminisierung des Kunstbetriebes und eine (verstärkte) **Politisierung der Frauenanliegen.**

1972 fand der erste **Bundesfrauenkongress** in Frankfurt statt. Die rund 400 Teilnehmerinnen erklärten, dass Frauen ihre Interessen selbst vertreten und sich organisieren sollten. Zwischen 1972 und 1973 bildeten sich auch die ersten Lesben-Gruppen, die sich als Teil der Frauenbewegung verstanden und ihre Erfahrungen sowie Perspektiven in die feministischen Diskussionen einbrachten. All das vergrößerte die Bandbreite des feministischen Gedankenguts, machte aber auch Differenzen unter den Frauen sichtbar.

Im Jahr 1971 bekannten Frauen der Öffentlichkeit am Cover der Zeitschrift Stern: „Wir haben abgetrieben". Das galt damals als großer Skandal, denn ein absolutes Tabuthema war gebrochen. Gleichzeitig wurde damit aber auch die Botschaft der (sexuellen) Selbstbestimmtheit vermittelt.

Die juristische Gleichstellung von Mann und Frau wurde in Österreich erst in den 1970ern erreicht – von einer „Gleichheit" kann allerdings noch lange nicht die Rede sein. Nicht zuletzt erlebten (und erleben) Menschen, die sich für feministische Anliegen einsetzten, bis heute mitunter massive Anfeindungen.

Waldheim-Affäre und Aufstieg der FPÖ

Während unter der Regierung Kreisky NS-Verbrecher noch gedeckt und sogar politisch eingebunden wurden, kam im Zuge der **Waldheim-Affäre** Österreichs Mitverantwortung in der NS-Zeit explosionsartig zum Vorschein. Der von der ÖVP nominierte Bundespräsidentschaftskandidat **Kurt Waldheim** (1918 – 2007) wurde mit seiner Kriegsvergangenheit konfrontiert. Auch wenn er selbst keine Kriegsverbrechen begangen haben dürfte, steht er symbolhaft für deren Verharmlosung und Verdrängung. Waldheim wurde nach einem antisemitisch geprägten Wahlkampf 1986 zwar zum Bundespräsidenten gewählt, Österreichs Verdrängung der NS-Zeit ließ sich aber nicht länger aufrechterhalten. Besonders **Thomas Bernhard** (1931 – 1989) nahm in seinem Theaterstück **Heldenplatz** (1988) darauf Bezug. Das Stück löste Skandale aus (> S. 245f.).

Stellte das Jahr 1968 für Österreich weniger eine Zäsur dar (> S. 233), trifft dies auf **1986** viel eher zu. Im selben Jahr, als Waldheim zum Bundespräsidenten gewählt wurde, übernahm **Jörg Haider** (1950 – 2008) die **FPÖ,** bis dahin eine Kleinpartei, die er zu einer rechtspopulistischen Partei umformte und damit große Wahlerfolge erzielte. Viele Medien, Kunstschaffende und Personen der Literatur kritisierten die Politik der FPÖ bzw. Österreichs problematischen Umgang mit der NS-Vergangenheit. Damit gerieten sie nicht selten in Konflikt mit der FPÖ.

Mit dem Zusammenbruch der kommunistischen Diktaturen in (Ost-)Europa **1989** endete schließlich der Ost-West-Konflikt. Innere politische und wirtschaftliche Krisen und die dadurch erzwungene Annäherung an den Westen hatten das Ende der kommunistischen Regime Osteuropas besiegelt. In Berlin wurde schließlich die **Mauer,** die die Stadt jahrzehntelang in BRD und DDR geteilt hatte, von demonstrierenden (ostdeutschen) Bürgerinnen und Bürgern überwunden, dann niedergerissen. **Deutschland wurde wiedervereinigt,** die DDR hörte auf zu existieren. Bis heute sind die 40 Jahre der Trennung und die unzähligen Verbrechen und Bespitzelungen im damaligen Ostdeutschland Teil einer unvollständig aufgearbeiteten Vergangenheit. Wie „aus der Zeit gefallen" schienen jene DDR-Schriftstellerinnen und -Schriftsteller, die eine Erneuerung der DDR gegenüber der Wiedervereinigung bevorzugt hätten.

Am 13. August 1961 wurde die **Mauer** in wenigen Tagen errichtet und verlief mitten durch die Stadt Berlin – jenseits und diesseits des Brandenburger Tores. Die Mauer war zwischen zwei bis dreieinhalb Meter hoch und 155 Kilometer lang.

Der Fall der Berliner Mauer (hier mit Blick auf das Brandenburger Tor) von 9. bis 11. November 1989 markiert das symbolische Ende des Kalten Krieges.

Der Begriff **„Eiserner Vorhang“** etablierte sich in seiner Entstehungsgeschichte als Metapher für die Blockbildung im Sinne der politischen, wirtschaftlichen und militärischen Abschottung der staatssozialistischen Länder in Mittel- und Osteuropas nach dem Ende des Zweiten Weltkriegs. Eng mit dem Eisernen Vorhang ist auch der Kalte Krieg (die politischen Spannungen zwischen Ost und West) verbunden.

Auch Österreich feierte den Fall des **Eisernen Vorhangs** – jener Grenze, die Ost- und Westeuropa getrennt hatte. Es stand nun vor einer außenpolitischen Neuorientierung und neuen wirtschaftlichen Möglichkeiten. Ins Bewusstsein traten bald auch die gesellschaftspolitischen Herausforderungen, etwa eine verstärkte Veränderung der Gesellschaft durch Migration. Hinzu kamen enorme Umweltprobleme durch Verbauung, Verschmutzung oder Ressourcenverbrauch, nicht zuletzt mündend in der Katastrophe des Atomkraftwerks von Tschernobyl (1986). Diese Themen der Zeit fanden auch in die Literatur Eingang (**Umweltliteratur, Literatur der Migrantinnen und Migranten bzw. Transkulturelle Literatur;** > S. 264f.).

Aufgaben

1 Beschreiben Sie anhand von Beispielen aus diesem Abschnitt den Umgang mit der NS-Vergangenheit in den Bereichen Gesellschaft, Politik und Literatur.

2 Geben Sie die wichtigsten Ereignisse und Inhalte zu einem Thema der Nachkriegszeit aus dem Abschnitt **Geschichte und Gesellschaft**, das Sie besonders interessiert, wieder. Orientieren Sie sich bei der Auswahl an den Zwischenüberschriften.
Begründen Sie, warum Ihnen speziell dieses Themengebiet so wichtig erscheint.

3 Formulieren Sie zu diesem Themengebiet eine Frage, die Sie gerne in der Klasse diskutieren würden.

4 Deuten Sie das Gedicht **Auschwitz** von Stella Rotenberg (> S. 232). Besprechen Sie die Ergebnisse in der Klasse.

Kunst und Kultur

Dieses monumentale Schüttbild des Künstlers Friedrich Nitsch (1938) auf einem Parkhaus bei der Donaumarina Wien zeigt eindrucksvoll: Funktionaler und öffentlicher Raum werden zunehmend mit Kunst verschränkt. Fotografie aus 2012.

Österreich wie auch Deutschland versuchten nach dem Krieg rasch eine Normalität zu erreichen. Bereits am 24. April 1945, nur elf Tage nach dem offiziellen Ende der Kampfhandlungen, eröffnete das Apollo-Kino in Wien wieder seinen Spielbetrieb. Gezeigt wurde der russische Film **Iwan IV. (der Schreckliche),** des Regisseurs Sergej Eisenstein (1898 – 1948). Das zerbombte Burgtheater und die Staatsoper mussten zunächst mit Ausweichquartieren wie dem Theater an der Wien oder dem Ronacher vorliebnehmen. Nicht auszugleichen waren jedoch die enormen kulturellen Verluste, die während der NS-Zeit durch die **Ermordung und Vertreibung** jüdischer Künstlerinnen und Künstler sowie Andersdenkender und durch die Zerstörung jener Kulturszene, die nicht dem Weltbild des NS-Regimes entsprach, entstanden waren. Allerdings wurde auch kaum etwas unternommen, um Vertriebene nach dem Krieg aus dem Exil zurückzuholen. Dass die Politik im Österreich der Zweiten Republik mehr als ein Jahrzehnt lang fast ausschließlich jene Autorinnen und Autoren mit Preisen und Anerkennungen überhäufte, die schon während des Austrofaschismus und des Dritten Reichs erfolgreich publiziert hatten, war eine Haltung des „Weitertuns“, wie es der Autor Alexander Lernet-Holenia (1897 – 1976) nannte.

Beeindruckend ist die Kunst- und Kulturszene, die sich trotz dieser Umstände in Österreich entwickeln konnte. Dazu gehörten der **Fantastische Realismus** in der bildenden Kunst, der konkrete Darstellungen mit traumhaften, fantasievollen und surrealen Elementen veränderte. Vertreter dieser Strömung waren unter anderem **Arik Brauer** (1929 – 2021), **Anton Lehmden** (1929 – 2018) und **Ernst Fuchs** (1930 – 2015). Auch **Arnulf Rainer** (geb. 1929) ging den Weg der Überfremdung in der Kunst, allerdings als **Übermalkünstler. Maria Lassnig** (1919 – 2014) hatte bereits während der NS-Zeit gemalt. Einerseits galt sie als angepasst, andererseits wurde sie für ihre „entartete Kunst" kritisiert. Ihre Werke sind international hoch angesehen.

*Die **Ur-Sphinx** von Ernst Fuchs aus dem Jahr 1978 befindet sich heute im Ernst Fuchs Museum in Wien.*

Als Vertreter des **Wiener Aktionismus** zählt **Hermann Nitsch** (geb. 1938), der mit Blut und Tierkadavern u. a. **Orgien-Mysterien-Theater** inszeniert, die das Publikum einerseits abstoßen, andererseits über den Tod nachdenklich stimmen sollen. **Alfred Hrdlicka** (1928 – 2009), ein eingeschworener Antifaschist, war einer der bedeutendsten Bildhauer des 20. Jahrhunderts (> S. 230). Neue Akzente in der Architektur setzte **Friedensreich Hundertwasser** (1928 – 2000), der in seine Werke auch den Aspekt der Ökologie miteinbezog. Berühmt ist beispielsweise sein funktionaler Bau der Wiener Müllverbrennungsanlage in der Spittelau (19. Wiener Gemeindebezirk).

Ästhetischer Funktionsbau: die Müllerverbrennungsanlage in der Spittelau von Hundertwasser.

Anders als in Österreich war die Situation in **Deutschland,** wo sich, spätestens ab der Teilung 1949, zwei voneinander vollkommen unabhängige Literatur- und Kunstszenen etablierten. In der DDR gab es regimetreue, aber auch regimekritische Autorinnen und Autoren bzw. Kunstschaffende. Regimekritische Personen wurden von der **regressiven** Führung der **SED** (Sozialistische Einheitspartei Deutschlands) oft mit einem Berufsverbot bestraft. In der **BRD** war man stark westlich orientiert (> S. 231). Amerikanische Lyrik und Kurzgeschichten dienten vielen Schriftstellerinnen und Schriftstellern als Vorbilder, die **Pop-Art,** eine künstlerische Reflexion der Alltags-, Konsum- und Massenkultur, übertrug sich von den USA auch auf Deutschland und stand hier im Zeichen der Kapitalismuskritik.

regressiv: (aktiv) rückständig, rückschrittlich

*Roy Lichtenstein (1923 – 1997) vor seinem Pop-Art-Gemälde **Whaam!**. Diese Kunstform verbindet popkulturelle Phänomene mit Kunst, Fotografie aus 1967*

Die **Schweiz** war während des Weltkriegs neutral gewesen, dennoch erlebte sie in den Nachkriegsjahren eine kleine Literaturrevolution. Speziell die eigene Identität als viersprachiges Land wurde dabei thematisiert.

Aufgaben

1 Geben Sie die Situation der Kunst- und Kulturlandschaft in Österreich unmittelbar nach dem Zweiten Weltkrieg wieder.

2 Benennen Sie Kunstrichtungen der Nachkriegszeit und einige ihrer wichtigsten Vertreterinnen und Vertreter.

3 Überlegen Sie, was der Schriftsteller Lernet-Holenia gemeint haben könnte, als er der Politik die Haltung des „Weitertuns" vorwarf.

Literatur und Personen

Die **Literatur der „Stunde Null"** war von Sprachskepsis und Ideologiekritik geprägt. Die wichtigste unmittelbare Strömung war die sogenannte **Trümmerliteratur.** Sie schilderte die Alltagswirklichkeit der Menschen während der Kriegs- und Nachkriegszeit und bediente sich dabei oft der prägnanten **Kurzgeschichte.** Neben den gewohnten literarischen Formen und abseits des üblichen Literaturbetriebes gewann im deutschsprachigen Raum das **Hörspiel** in den 1950ern und 1960ern – angesichts zertrümmerter Kinos und Theater – an Popularität.

Die 1947 gegründete **Gruppe 47,** ein loser Zusammenschluss von jungen Autorinnen und Autoren, strebte eine neue, experimentell geprägte deutschsprachige Literatur an. Die Gruppe veranstaltete immer wieder Literaturtreffen, bei denen die Werke der Mitglieder präsentiert, diskutiert und kritisiert wurden. Bedeutende Schriftstellerinnen und Schriftsteller wie Günter Eich (1907 – 1972), Wolfdietrich Schnurre (1908 – 1993), Paul Celan (1920 – 1970), Ilse Aichinger (1921 – 2016), Erich Fried (1921 – 1988), Ingeborg Bachmann (1926 – 1973), Günter Grass (1927 – 2015), Martin Walser (geb. 1927), Hans Magnus Enzensberger (geb. 1929) und Uwe Johnson (1934 – 1984) begannen ihre Karriere innerhalb der Gruppe und konnten sich dauerhaft in der Literaturszene etablieren.

Bertolt Brecht (> S. 223) kehrte 1948 aus dem US-amerikanischen Exil – wo man ihn, auch aufgrund seiner Sympathien mit dem linken Sozialismus und Kommunismus als „Enemy Alien", also feindlicher Ausländer, vermerkt hatte – nach Ostdeutschland zurück und gründete das heute noch bestehende Theater *Berliner Ensemble.* Bis zu seinem Tod distanzierte er sich immer mehr von der politischen Führung der DDR.

NOTIZ AM RANDE

Kurzgeschichten sind eine beliebte literarische Form der späten 1940er und der 1950er Jahre. In ihnen werden die Ereignisse meist sehr pointiert dargestellt. Einem unmittelbaren Einstieg steht oft ein abruptes Ende gegenüber. Die deutschsprachigen Kurzgeschichten dieser Zeit orientierten sich häufig an ausländischen (vor allem englischsprachigen) Vorbildern wie den Werken O. Henrys (1862 – 1910), Ernest Hemingways (1899 – 1961) oder William Faulkners (1897 – 1962). Besonders wichtig für diese Zeit sind die Kurzgeschichten der Trümmerliteratur von Wolfgang Borchert (1921 – 1947), Heinrich Böll (1917 – 1985) und Wolfdietrich Schnurre (1920 – 1989).

Das **Hörspiel** etablierte nach 1945 der walisische Dichter Dylan Thomas (1914 – 1953) mit seinem „long dramatic programme in verse". **Under Milk Wood** (1953) entwickelte eine neue wegweisende Form des Hörspiels, die ab Ende der 1950er-Jahre auch im deutschsprachigen Raum auf- und angenommen wurde. In den 1960ern war vor allem die **Hamburger Hörspieldramaturgie** bedeutend. Bei ihr wurde die Stimme zum Zentrum der Inszenierung und nur kleine Geräusche, als zusätzliches Hilfsmittel, waren zugelassen. Man wollte eine „innere Bühne" schaffen.

Bertolt Brecht, dem hier vor dem Berliner Ensemble ein Denkmal gesetzt wurde, baute dieses Theater gemeinsam mit Helene Weigel (1900 – 1971) auf.

Genauer betrachtet: Feministische Literatur

Die Entwicklung der **feministischen Literatur** der 1970er Jahre zeigte eine Bewegung zu größerer Freiheit, sprachlicher Innovation bis hin zu neuen literarischen Bildern. Die „Figur der Frau" zeigt sich etwa in Schlüsselwerken wie Erica Jongs **Angst vorm Fliegen** (1973) unabhängig von den Männern, selbstbewusst und sexuell aufgeschlossen. Viele Werke fordern die – nach wie vor nicht abgeschlossene – gesellschaftliche und wirtschaftliche Gleichstellung der Frau. Manchmal verschwimmen Romanfiguren auch mit der eigenen Biografie der Autorinnen. Wichtige Beispiele für die feministische Literatur im deutschsprachigen Raum sind z. B. **Ingeborg Bachmanns** (1926 – 1973) **Malina** (1971), Angelika Mechtels (1943 – 2000) **Wir sind arm, wir sind reich** (1977), Jutta Heinrichs (geb. 1940) **Das Geschlecht der Gedanken** (1977), Barbara Frischmuths (geb. 1941) **Amy und die Metamorphose** (1978) oder Ingeborg Drewitz' (1923 – 1986) **Gestern war heute. Hundert Jahre Gegenwart** (1978).

In der **DDR** hatten es kritisch schreibende Frauen, die soziale und gesellschaftliche Missstände aufzeigten, noch schwerer. Die Bücher von **Christa Wolf** (1929 – 2011), Maxie Wander (1933 – 1977) und Brigitte Reimann (1933 – 1973), in denen Frauenbilder und Leben in einem diktatorischen Regime thematisiert wurden, sind hier hervorzuheben.

Nicht im engeren Sinne der feministischen Literatur zuzuordnen, mit ihren Büchern dennoch klar die Wahrnehmung der Frau in der Gesellschaft thematisierend, manchmal auch kritisierend, sind viele Werke der Autorin **Marlen Haushofer** (1920 – 1970). Beispiele dafür sind **Eine Handvoll Leben** (1955) und **Die Wand** (1963), worin eine Frau nach einer unbekannten, vermutlich von Menschen verursachten Katastrophe auf sich allein gestellt, isoliert in den Bergen überleben muss. Die Freundschaft zu den Haustieren und ihr Überlebenswille prägen ihren Alltag.

Auch **Elfriede Jelinek** (geb. 1946), die in Romanen wie **Die Liebhaberinnen** (1975) den gesellschaftlichen (männlichen) Druck, der auf Frauen lastet, radikal anprangert, spielt eine Sonderrolle in der feministischen Literatur.

Die **neue Frauenbewegung** hatte mit ihren Forderungen nach gleichen Chancen in Bildung und Beruf sowie der Anerkennung der Gleichheit der Frau an die erste Frauenbewegung angeknüpft. Erst in den 1970er bzw. 1990er Jahren konnten jedoch rechtliche Fortschritte erzielt werden.

Österreichische Sprachexperimente und Aktionen

Die **Wiener Gruppe** war eine lose Experimental- und Avantgarde-Gruppe, die 1954 aus dem Umfeld des **Art Club** entstanden war. H. C. Artmann (1921 – 2000), Gerhard Rühm (geb. 1930), Oswald Wiener (geb. 1935), Konrad Bayer (1932 – 1964) und Friedrich Achleitner (1930 – 2019) zählen zu den Gründungsmitgliedern, aber auch Elfriede Gerstl (1932 – 2009), Gerald Bisinger (1936 – 1999), Ernst Jandl (1925 – 2000) und Friederike Mayröcker (1924 – 2021) hatten engen Kontakt mit der Gruppe. Stark beeinflusst war die Wiener Gruppe von den Formgedichten der Barockzeit (Konkrete Poesie; > S. 276), aber auch von den Aktionen und „Happenings“ des Dadaismus (> S. 168) und des Surrealismus (> S. 278).

Die Wiener Gruppe fasste die Sprache auch als optisches und akustisches Material auf, und so beschäftigten sich ihre Mitglieder teilweise intensiv mit der Entwicklung von Lautpoesie und visueller Lyrik. Vor allem H. C. Artmann etwa verwendete in seinen Gedichten den lautlichen Reichtum des Dialekts. Als visuelle Besonderheiten können die mitunter konsequente Kleinschreibung und die neuartige Verwendung von Interpunktion genannt werden. Die Gruppe löste sich nach dem Suizid von Konrad Bayer 1964 auf.

Art Club: 1947 gegründete Künstlervereinigung, die sich vor allem dem Kampf um die Autonomie der modernen Kunst verschrieben hatte. Der Maler und Grafiker Kurt Moldovan (1918 – 1977) war Gründungsmitglied des österreichischen Art Club.

H. C. Artmann bei der Dankesrede für den Staatspreis 1974 in der Wiener Hofburg

Beispiel für ein Wiener Dialektgedicht:

blauboad 2
H. C. Artmann, 1958

heit kumst ma ned aus
heit muas a de griang
heit lok a de au wia r a fogal
zu mia hinauf iwa sexaneinzk schdiang
in zima kawinet und kuchl..

heit brenan ma keazzaln
in bumpadn bluad
heit woa r e scho zwaamoe
bein scheanschleiffa duat
dea hod ma de messa frisch gschliffm..

heit schboa r e kan aufwaund
heit wiad opariad
und nochhea kumst owe zun donaukanäu
fon wo de des wossa noch oewan entfiad
und ii – wosch me en finztara unschuid..

muang wean s as daun lesn
und duach s radio hean:
schon wida ein madl ferschwuntn in wean!
und ii – da blauboad fom brodaschdean
sizz solid in kafee bei an gschdregtn..

doch heite bleibt heit
und do gibt s kan bardaun:
a keazzn a frau und a messa!
en so ana xööschoft do is ma net z draun
do reit me a koischwoazza kefa...!

Klaus Reichart (Hg.): The Best of H. C. Artmann. Frankfurt am Main: Suhrkamp 1975, S. 36f.

Die Gedichtsammlung **med ana schwoazzn dintn. gedichta r aus bradnsee** (1958) von H. C. Artmann thematisierte Dinge, die man in der Lyrik davor kaum bzw. nicht in dieser Form angesprochen hatte. Die Unterwelt, das Abtrünnige, Perverse, Ordinäre und Makabre wurden beschrieben – und das alles in der Sprache des Wiener Dialekts. Artmann hatte mit diesem Schlüsselwerk dem „schwarzen Humor" ein Denkmal gesetzt. Er bedient sich darin auch der für Wien typischen **Morbidität**. Da Artmann in Wien-Breitensee geboren wurde, wählte er den ergänzenden Titel **gedichta r aus bradnsee.** Artmanns Werk beeinflusste viele österreichische Dichterinnen und Dichter. Darüber hinaus übersetzte er auch **Asterix** ins Wienerische.

Morbidität: Darstellung von Krankheit und Tod

Ernst Jandl (1925 – 2000), Gymnasiallehrer für Deutsch und Englisch, prägte die Literatur ab den 1950er Jahren mit seiner experimentellen Lyrik

Ernst Jandl setzte ebenso wichtige Akzente in der experimentellen Lyrik:

ottos mops
Ernst Jandl, 1963

ottos mops trotzt
otto: fort mops fort
ottos mops hopst fort
otto: soso
otto holt koks
otto holt obst
otto horcht
otto: mops mops
otto hofft
ottos mops klopft
otto: komm mops komm
ottos mops kommt
ottos mops kotzt
otto: ogottogott

Ernst Jandl: Einer raus, einer rein. Die schönsten Gedichte ausgewählt von Klaus Wagenbach. Berlin: Klaus Wagenbach 2006, S. 34
Hörbeispiel: https://www.lyrikline.org/de/gedichte/ottos-mops-1232

Das Buch **Geometrischer Heimatroman** (1969) des gebürtigen Kärntners **Gert Jonke** (1946 – 2009) war stark experimentell und überzeugte Literaturbegeisterte durch sein unkonventionelles Konzept: Anstelle von Schilderungen der Natur und Personen nennt dieser **Heimatroman** nur Formen und gesichtslose, auswechselbare Figuren. Die Idylle in diesem Buch wirkt weder gemütlich noch liebenswert.

In **Elfriede Jelineks** (geb. 1946) Debütroman **wir sind lockvögel baby!** (1970) wird die konsequente Kleinschreibung zum Stil. Die Autorin arbeitet mit Collagen und Phänomenen der damaligen Medienlandschaft und entwirft dabei ein sehr zynisches Bild der Gesellschaft.

Aufgaben

1 Geben Sie wichtige Entwicklungen der experimentellen Literatur in Österreich wieder.

2 Lesen Sie die Gedichte von H. C. Artmann und Ernst Jandl gemeinsam in der Klasse. Besprechen Sie Ihre Eindrücke und erschließen Sie den Inhalt der Gedichte. Verfassen Sie danach selbst ein Dialektgedicht oder ein experimentelles Gedicht.

3 Wählen Sie aus dem Abschnitt **Genauer betrachtet** ein Werk der feministischen Literatur, zu dem Sie sich näher informieren. Vergleichen Sie Ihre Ergebnisse in der Klasse. Wählen Sie schließlich ein Werk als Ihre Lektüre für den Unterricht.

Die österreichische Literatur der Nachkriegszeit

In Österreich begann man sehr zögerlich, die Zeit der grausamen nationalsozialistischen Herrschaft aufzuarbeiten. Die Auseinandersetzung mit der **Mittäter-Rolle Österreichs** während der **NS-Zeit** spielte lange Zeit kaum eine Rolle in der Literatur. Erst Autorinnen und Autoren wie Thomas Bernhard (**Heldenplatz**, 1988; > S. 245f.), Gerhard Fritsch (1924 – 1969; **Fasching**, 1967), Hans Lebert (1919 – 1993; **Wolfshaut**, 1960 und **Im Feuerkreis**, 1971), Ingeborg Bachmann (1926 – 1973; **Malina**, 1971), Peter Turrini (geb. 1944), Wolfgang Bauer (1941 – 2005), Peter Handke (geb. 1942), Elfriede Jelinek (**Die Kinder der Toten**, 1995), Friedericke Mayröcker (geb. 1924) und Ilse Aichinger (1921 – 2016, **Die größere Hoffnung**, 1948) machten gezielt diese Zeit zu einem zentralen Thema ihrer Literatur.

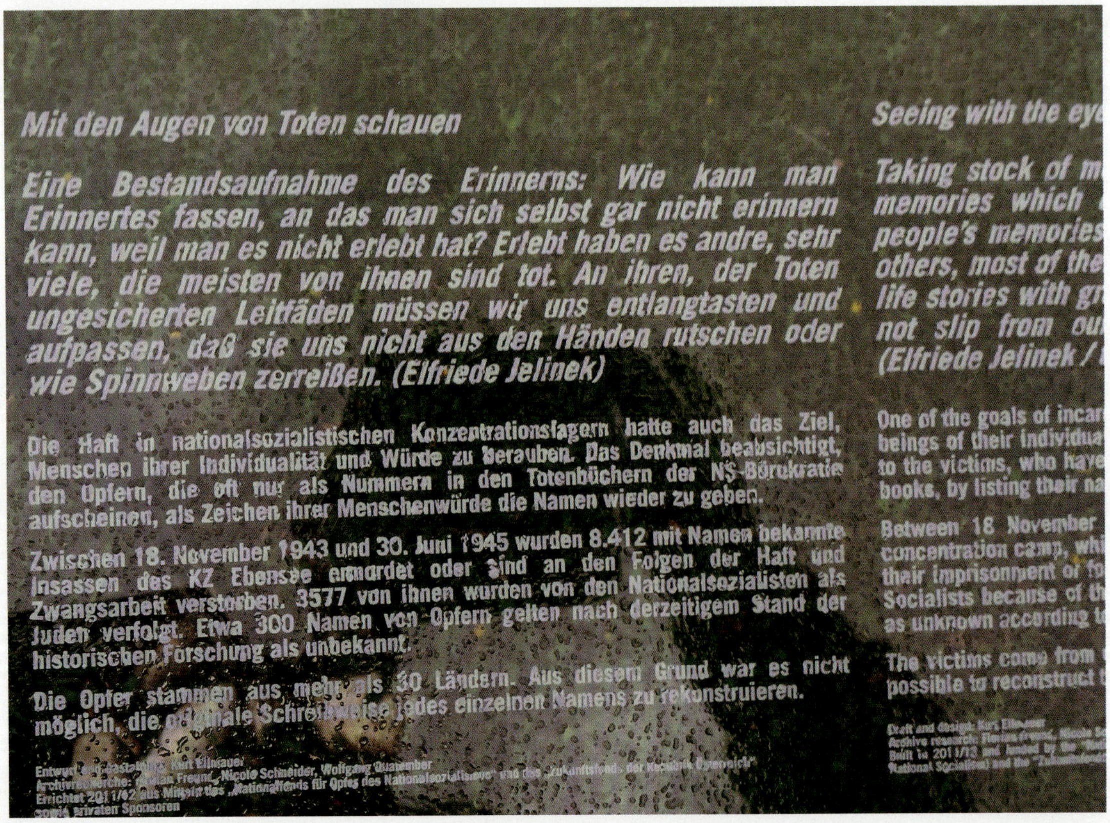

Dieses Zitat von Elfriede Jelinek aus ihrem Roman **Die Kinder der Toten** *befindet sich heute auf einer Gedenktafel im KZ Ebensee.*

Die Blendung *von Elias Canetti (1905 – 1994), hier in einer Ausgabe aus 1992, ist ein Schlüsselwerk des Autors. Canetti war 1938 wegen seiner jüdischen Herkunft vor den Nazis von Wien nach London geflüchtet.*

Eine Brücke zwischen den Generationen war der Autor **Elias Canetti** (1905 – 1994). Der in Österreich aufgewachsene deutschsprachige Autor bulgarisch-spanisch-jüdischer Herkunft hatte schon vor dem Zweiten Weltkrieg Werke veröffentlicht (z. B. **Die Blendung**, 1936). Aufmerksam auf sein Werk wurde man aber erst in den 1950er Jahren. 1977 erschien **Die gerettete Zunge. Geschichte einer Jugend**, 1980 folgte der nächste Teil seiner literarischen Autobiografie mit **Die Fackel im Ohr. Lebensgeschichte 1921–1931.** 1981 erhielt Canetti den **Literaturnobelpreis.**

Die Entwicklung der **autobiografischen Literatur** kann man auch bei **Thomas Bernhard** (**Die Ursache**, 1975; **Der Keller**, 1976; **Die Kälte**, 1981; **Ein Kind**, 1982; **Der Atem**, 1978), **Peter Handke** (**Wunschloses Unglück**, 1972), Gerold Foidl (1938 – 1982; **Der Richtsaal**, 1978) oder Franz Innerhofer (1944 – 2002; **Schöne Tage**, 1982) nachvollziehen. Innerhofer prägte damit die sogenannte **Anti-Heimatliteratur,** in der die ländliche scheinbare Idylle ins Grauenvolle verwandelt wird. Das zweite Schlüsselwerk dieser Strömung war Gernot Wolfgrubers (geb. 1944) Roman **Herrenjahre** (1976).

Eine gewisse Sonderposition nahmen die Romane von **Heimito von Doderer** (1896 – 1966) ein. Erst spät hatte er sich entschieden, von der Schriftstellerei zu leben. Er schuf umfangreiche Romane, die in der großen Erzähltradition des 19. und frühen 20. Jahrhunderts standen. Doderer war bekannt für die besonders aufwendigen Vorabplanungen seiner Werke. Die handelnden Figuren in seinen Büchern und die Handlungsstränge hielt er auf dutzenden Reißbrettern fest. Zu seinen bedeutendsten Werken zählen **Die Strudlhofstiege oder Melzer und die Tiefe der Jahre** (1950), **Die Dämonen** (1956) und **Die Wasserfälle von Slunj** (1963). Doderer förderte in seinen letzten Lebensjahren auch junge Autorinnen und Autoren, die von seinem Stil inspiriert waren. Den jungen Peter von Tramin (1931 – 1981) etwa unterstützte er bei der Veröffentlichung seines ersten Romans **Die Herren Söhne** (1962).

Ein literarischer Außenseiter in der österreichischen Nachkriegsliteratur war **Fritz von Herzmanovsky-Orlando** (1877 – 1954). Sein über lange Zeit vergessenes Werk (z. B. **Der Gaulschreck im Rosennetz**, 1928), das dem **Fantastischen Realismus** verbunden war und übertrieben, grotesk und sehr fantasievoll ist, wurde erst in den 1970er Jahren vom Autor Friedrich Torberg (1907 – 1979) wiederentdeckt. Der Schriftsteller, Journalist und Politiker Jörg Mauthe (1924 – 1986) schrieb seinen heiter-bizarren Roman **Die große Hitze** (1974) in der Tradition Herzmanovsky-Orlandos.

In der **Lyrik der Nachkriegszeit** fand auch zunehmend wieder der **Dialekt** Einzug. Er gilt mit seinen mannigfaltigen Färbungen als identitätsstiftend. Die Gedichte **Stella Rotenbergs** (**Auschwitz**, 1971; > S. 232) oder Paul Celans (**Todesfuge**, 1947; > S. 256), haben den Holocaust zum Thema. Auch die Gedichte seiner langjährigen Lebensgefährtin Ingeborg Bachmann setzen sich mit der Sprachlosigkeit, der Feigheit und dem Schweigen nach den Gräueln des Krieges auseinander (**Früher Mittag**, 1953; > S. 257). Bemerkenswert ist auch das lyrische Werk der früh verstorbenen Hertha Kräftner (1928 – 1951). In ihrem Gedicht **Dorfabend** setzt sie sich mit dem Thema Kindesmord und Gottesfürchtigkeit auseinander.

Dorfabend

Hertha Kräftner, 1951

Beim weißen Oleander
begruben sie das Kind
und horchten miteinander,
ob nicht der falsche Wind
den Nachbarn schon erzähle,
daß es ein wenig schrie,
eh seine ungetaufte Seele,
im Halstuch der Marie
erwürgt, zum Himmel floh.
Es roch nach Oleander,
nach Erde und nach Stroh;
sie horchten miteinander,
ob nicht der Wind verriete,
daß sie dem toten Knaben
noch eine weiße Margerite
ans blaue Hälschen gaben …
Sie hörten aber nur
das Rad des Dorfgendarmen,
der pfeifend heimwärts fuhr.
Dann seufzte im Vorübergehn
am Zaun die alte Magdalen:
«Gott hab mit uns Erbarmen.»

Kräftner, Hertha: Kühle Sterne. Gedichte, Prosa, Briefe. Klagenfurt: Wieser Verlag 1997, S. 313

Der Kärntner Autor **Werner Kofler** (1947 – 2011) schrieb autobiografisch-gefärbte, radikale, heitere, aber sehr sperrige Texte, in denen er oft die Form der Collage verwendete, wie etwa in **Kalte Herberge** (2004). Ähnlich experimentell und unorthodox ist das Werk von **Bodo Hell** (geb. 1943).

Aufgaben

1 Geben Sie den Inhalt von Kräftners Gedicht **Dorfabend** wieder. Besprechen Sie Ihren Eindruck von diesem Gedicht mit Ihrer Sitznachbarin bzw. Ihrem Sitznachbarn und deuten Sie mögliche Aussagen des Gedichts.

2 Erläutern Sie die Strömungen der österreichischen Literatur, die in diesem Kapitelabschnitt erwähnt werden: Anti-Heimatliteratur, Fantastische Literatur, Holocaust-Literatur, autobiografische Literatur. Gestalten Sie dazu eine Mindmap.

Genauer betrachtet: Kinder- und Jugendliteratur

Erst seit den 1950er Jahren etablierte sich die Idee, Literatur speziell an junge Leserinnen und Leser zu richten. Einer der ersten **Jugendbuchklassiker** dieser Zeit war William Goldings **Herr der Fliegen** (1954). Bereits im 18. bzw. 19. Jahrhundert hatte es Formen der Jugendliteratur gegeben, allerdings hatte sie sich überwiegend an erwachsene Leserinnen und Leser gerichtet, so etwa **Heidi** (1880) von Johanna Spyri, **Die Schatzinsel** (1883) von Robert Louis Stevenson, **Die Abenteuer des Huckleberry Finn und Tom Sawyer** (1876) von Mark Twain oder auch Lewis Carrolls' **Alice im Wunderland** (1865). **Nils Holgerssons wundersame Reise durch Schweden** (1906) von Selma Lagerlöf wurde ursprünglich als Unterstützung für den schulischen Geografieunterricht geschrieben. Die Kinder sollten damit die Regionen Schwedens spielerisch kennenlernen.

In einem Interview sagt **Christine Nöstlinger** (1936 – 2018), eine der wichtigsten Vertreterinnen österreichischer Kinder- und Jugendbuchliteratur:

„Den Begriff Kinderliteratur hat irgendwann Jochen Gelberg vom Beltz-Verlag geprägt. Davor waren Kinderbücher faktisch Pädagogikpillen, eingewickelt in Unterhaltungspapier. Die haben müssen sehr lehrreich sein, und die Moral hat müssen herauskommen, und es hat dürfen nicht böse gesprochen werden darin – weil irgendwelche dummen Leute, Eltern, Lehrer und Psychologen geglaubt haben, wenn ein Kind ein Kinderbuch liest, in dem sich ein Kind brav verhält, dann wird das lesende Kind selber brav vertrottelt. [...]“

Christine Nöstlinger: „Ich wollte allerhand nicht sein.“ Interview mit Lisa Mayr, Der Standard, 1. Oktober 2016

Nöstlingers Bücher zeigten ein neues Bild von Kindern. Nicht nette und angepasste, sondern oft rebellische vorlaute, freche Kinder spielten zentrale Rollen in ihrer Literatur. Ähnlich der Pippi Langstrumpf von **Astrid Lindgren** (1907 – 2002), die ein aufmüpfiges, autonomes Mädchen ist, das sich nichts von der Erwachsenenwelt sagen lassen möchte, kreierte Nöstlinger etwa **Die feuerrote Friederike** (1970).

Mira Lobe (1913 – 1995) schrieb **Das kleine Ich bin ich** (1972) oder **Lollo** (1987) und behandelte darin auf ihre eigene, niemals moralisierende Schreibart, Individualität. Auch **Vera Ferra-Mikura** (1923 – 1997), die eine Vertreterin der literarischen Strömung des **Magischen Realismus** war, schuf mit **Unsere drei Stanisläuse** (ab 1962) Kinderbuchklassiker, ebenso wie die Jugendbuchautorin **Hannelore Valencak** (1929 – 2004), die 1967 mit **Das Fenster zum Sommer** einen frühen **Zeitsprungroman** verfasste. Erwin Moser (1954 – 2017) schrieb Kinderbücher mit verstecktem Witz und blühender Fantasie, z. B. **Großvaters Geschichten oder das Bett mit den fliegenden Bäumen** (1981).

Ab den 1970er und 1980er Jahren wurden neue, ernsthafte Themen in der Kinder- und Jugendliteratur etabliert. Der **Holocaust** und die Naziverbrechen, aber auch die **Atomkatastrophen** der Zeit, **Heimatlosigkeit, Andersartigkeit und Fremdenhass** wurden behandelt. Als wichtige Beispiele sind hier vor allem Renate Welshs (1937) **Ülkü, das fremde Mädchen** (1973), Max von der Grüns (1926 – 2005) **Vorstadtkrokodile** (1976), Gudrun Pausewangs (1928 – 2020) **Die Wolke** (1987) und **Reise im August** (1992), Mirjam Presslers (1940) **Malka Mai** (2001), aber in gewisser Weise auch **Rico, Oskar und die Tieferschatten** (2008) von Andreas Steinhöfel (1962) und **Tschick** (2010) von Wolfgang Herrndorf (1965 – 2013) zu nennen.

Ab Ende der 1980er bzw. Anfang der 1990er Jahre setzte der Erfolgslauf von **Thomas Brezina** (geb. 1963) ein, der mit seinen Reihen **Die Knickerbockerbande** und **Tom Turbo** eine große Leserschaft gewinnen konnte. Seine Bücher werden sogar in China an Schulen gelesen, was ihn zu einem der bestverkauften Autoren im deutschsprachigen Raum macht.

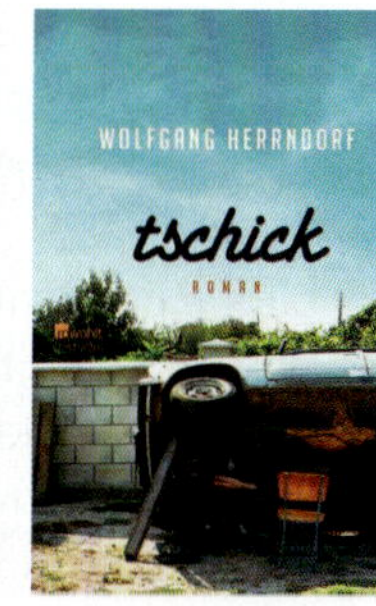

Kinderliteratur kennt keine Grenzen: Ein sprechendes Fahrrad, das als Detektiv ermittelt, ist in Brezinas Buch- und TV-Serie **Tom Turbo** *selbstständig unterwegs, während die minderjährigen Jugendlichen aus Herrndorfs Roman* **Tschick** *einen alten Lada Niva stehlen, um damit in einer Odyssee durch Deutschland zu fahren.*

In der aktuellen Jugendliteratur dominieren die Genres „Fantasy" und „Dystopie". Beide Genres haben ihre Wurzeln u. a. in der englischen und US-amerikanischen Literatur – darunter im Fantasy-Epos **Der Herr der Ringe** (1954) von J. R. R. Tolkien (1892 – 1973) oder im dystopischen Roman **Schöne neue Welt** (1932) von Aldous Huxley (1894 – 1963). Einen (neuerlichen) Boom erlebten diese Genres durch die Neuverfilmung der Romantrilogie **Der Herr der Ringe** (2001 – 2003) durch Peter Jackson, aber auch durch dystopische Romanreihen wie **Die Tribute von Panem** (2008) von Suzanne Collins (geb. 1962).

Besonders erfolgreich und bedeutend war die siebenteilige Romanreihe **Harry Potter**, verfasst von der schottischen Autorin J. K. Rowling (geb. 1965), die in den Jahren 1997 bis 2007 entstand und auch verfilmt wurde. Im deutschsprachigen Raum erzielte Cornelia Funkes (geb. 1958) Romanreihe **Tintenherz** (2003) überaus große Erfolge, ebenso die fantasievollen Werke von Walter Moers (geb. 1957), etwa **Die 13 ½ Leben des Kapt'n Blaubär** (1999).

Aufgaben

1 Besprechen Sie in der Klasse, welche der genannten Jugend- und Kinderbücher sie bereits gelesen haben.

2 Nennen Sie ein Buch der Kinder- und Jugendliteratur, das Sie im Unterricht gelesen haben. Begründen Sie, warum Sie dieses Werk einem Kind oder Jugendlichen weiterempfehlen würden bzw. warum nicht.

3 Recherchieren Sie zu einem der genannten Werke aus den Genres „Fantasy" oder „dystopische Literatur". Stellen Sie eine kurze Inhaltsangabe in der Klasse vor bzw. zeigen Sie einen Trailer zu einer möglichen Verfilmung.

Die deutschsprachige Nachkriegsliteratur der Schweiz

Die Schweiz war aufgrund ihrer **Viersprachigkeit** (Deutsch, Französisch, Italienisch und Rätoromanisch) immer ein Land von vielfältiger und unterschiedlicher Literatur – ein Umstand, der sich nach 1945 sogar noch verstärkte. Während der Zweiten Weltkriegs war die Schweiz neutral geblieben, aber ihre geografische Lage verlangte es, sich mit den Geschehnissen des Krieges auseinanderzusetzen. Besonders die beiden Autoren **Max Frisch** (1911 – 1993) und **Friedrich Dürrenmatt** (1921 – 1990) traten mit politisch engagierten Werken – Theaterstücken und Romanen – an die Öffentlichkeit.

Frischs Theaterstücke **Andorra** (1961) und **Biedermann und die Brandstifter** (1958) thematisieren Schuld, Tat und die Opferrolle, genauso wie **Dürrenmatts** Klassiker **Der Besuch der alten Dame** (1956) und **Die Physiker** (1962), in denen die Abgründe des menschlichen Tuns und Handelns beschrieben werden. Am Ende liegt der ernüchternde Schluss nahe, dass alle sich in irgendeiner Art und Weise strafbar gemacht haben.

Heute noch gehört Andorra (1961) oftmals zur Pflichtlektüre an den Schulen. Kaum verschlüsselt arbeitet Max Frisch (1911 – 1993) darin Themen wie Antisemitismus, Faschismus und Militarismus auf. Hier das Plakat einer Aufführung von Urs Odermatt in Halle, Deutschland, 1993.

Die **Kurzgeschichten** von Kurt Marti (1921 – 2017) und Peter Bichsel (1935) wurden vielfach mit Preisen ausgezeichnet und spiegeln die schweizerische Identität und Kleinbürgerlichkeit. Als Romanautoren prägten vor allem Adolf Muschg (geb. 1934) mit **Im Sommer des Hasen** (1965), Urs Widmer (1938 – 2014) mit **Die Forschungsreise** (1974) und Urs Jaeggi (geb. 1931) mit **Brandeis** (1978) als die wichtigsten Nachfolger von Frisch und Dürrenmatt die schweizerische Literatur ab den 1960er bis in die 1990er Jahre.

In weiterer Folge machten vor allem Autorinnen und Autoren wie der auf Französisch schreibende Joël Dicker (geb. 1985; **Die Wahrheit über den Fall Harry Quebert,** 2012), Martin Suter (geb. 1948; **Die Zeit,** 2012), Melinda Nadj Abonji (geb. 1968; **Tauben fliegen auf,** 2010), Christian Kracht (geb. 1966; **Die Toten,** 2016), Milena Moser (geb. 1963; **Montagsmenschen,** 2012) oder Thomas Meyer (geb. 1974; **Wolkenbruchs wundersame Reise in die Arme einer Schickse,** 2012) von sich reden.

Das moderne deutschsprachige Theater

Das moderne Theater, das vor allem in Deutschland maßgeblich von Bertolt Brecht (1898 – 1956) geprägt wurde, war zunächst vor allem als **bürgerliches Problemtheater** zu sehen. Es wollte die „Falschheit" der Gesellschaft enttarnen. In Österreich hingegen kam es zum „Brecht-Boykott": Besonders auf Intervention des Autors Friedrich Torberg wurden die Stücke Brechts hier lange verboten – in der Bundeshauptstadt Wien wurden sie offiziell bis 1963 nicht aufgeführt, da die Kriegsgeneration in seinen Stücken kommunistische Tendenzen entdecken wollte.

Der junge Peter Handke sorgte für Schlagzeilen, als 1966/1967 sein Stück **Die Publikumsbeschimpfung** uraufgeführt wurde. Dieses sprachgewaltige Stück hatte keine Handlung, die Schauspieler standen auf der Bühne, blickten direkt ins Publikum und sprachen dieses schimpfend an.

Das sogenannte **„Postmoderne Theater"** changierte zwischen Volkstümlichkeit (als Satire) und den Konzepten des **Absurden Theaters.** Der Dramatiker Botho Strauß (geb. 1944) greift in seinen Stücken oft die mondäne, inhaltsleere Kulturwelt auf, z. B. im Theaterstück **Trilogie des Wiedersehens** (1976). **Friedrich Dürrenmatt** sagte in den 1950er Jahren humorvoll über die Situation des modernen Theaters:

„Uns kommt nur noch die Komödie bei."

Zit. nach: Barbara Baumann und Brigitta Oberle: Deutsche Literatur in Epochen. München: Hueber 1985, S. 291

In der DDR galt der Dramatiker Heiner Müller (1929 – 1994) mit seinen Stücken als äußerst „unangenehm" für das SED-Regime von Erich Honecker. Heiner Müller wurde schließlich mit einem zweijährigen Berufsverbot belegt.

Zu Beginn der 1970er Jahre belebte man in Österreich die Form des **Volksstücks** (> S. 195f.) wieder, allerdings wurden aus den Possen von einst bissige Gesellschaftskritik. Martin Sperr (1944 – 2002) und seine **Jagdszenen in Niederbayern** (1966), Peter Turrini (geb. 1944) mit den drastischen Stücken **rozznjogd** (1971) und **sauschlachten** (1972), Franz Xaver Kroetz (geb. 1946) mit dem Stück **Das Nest** (1975) oder Felix Mitterer (geb. 1948) mit **Kein Platz für Idioten** (1977) übten harsche Kritik an der ländlichen Kleinkariertheit und dem Konservativismus.

Sauschlachten – Ein Volksstück *(1972) gehört zu den Skandalstücken des österreichischen Autors Peter Turrini (geb. 1944). Es schildert den brutalen Mord (der einer Schlachtung gleichkommt) an einem Außenseiter innerhalb der ländlich-bäuerlichen Gesellschaft. Zudem werden Sprachlosigkeit, Ausgrenzung und trügerische Heimatidylle thematisiert. Auf das Plakat zur Erstaufführung im Wiener Volkstheater ließ Turrini – nicht ohne Ironie – vermerken: „Ein Volksstück, seinem allzulieben Heimatlande gewidmet".*

Zit. nach: Clemens Ottawa: Skandal! Die provokantesten Bücher der Literaturgeschichte. Hermannshof Völksen: Zu Klampen 2020, S. 143f.

Die Theaterstücke Gert Jonkes hatten stark experimentelle Züge und standen teilweise in der Tradition des **Absurden Theaters,** Vorbilder für sein Werk waren etwa der Ire Samuel Beckett (1906 – 1989) oder der Rumäne Eugene Ionescu (1909 – 1994).

Die sogenannten **Fäkalstücke** des österreichischen Theater-Provokateurs **Werner Schwab** (1958 – 1994), z. B. **Die Präsidentinnen,** sorgten für ein großes Medienecho und galten als neues, extremes und kompromissloses Theater.

Aufgaben

1 Erklären Sie die besondere Rolle der Schweiz für die deutschsprachige Literatur der Nachkriegszeit.

2 Beschreiben Sie die Strömungen des modernen deutschsprachigen Theaters.

Genauer betrachtet: Thomas Bernhards *Heldenplatz* als „Skandalstück“ der Zweiten Republik

In Österreichs westlichstem Bundesland Vorarlberg ließen die *Vorarlberger Nachrichten* darüber abstimmen, ob das schon im Vorfeld umstrittene Theaterstück **Heldenplatz** in Wien aufgeführt werden sollte. Eine sehr hohe „Wahlbeteiligung“ der Leserinnen und Leser der Zeitung war die Folge. Freilich hatte das klare „Nein“ am Ende auch keine Wirkung, weil die Uraufführung des Stücks schon lange abgemachte Sache war. Es folgte ein noch nie dagewesener **Theaterskandal.**

Es war ein Skandal, den die österreichische Presse maßgeblich bediente. Im Wochenmagazin profil wurden im August 1988 erste Zitate aus dem Theaterstück veröffentlicht. Noch geschah allerdings nichts. Erst als die *Kronenzeitung*, die auflagenstärkste Zeitung des Landes, im Oktober Textausschnitte wie „Österreich als geist- und kulturlose Kloake [...] mit mehr Nazis als 1938 [und] 6,5 Millionen Debilen“ veröffentlichte, die sich tatsächlich besonders gut zur Skandalisierung dieser „skandalösen Österreichbesudelung“ eigneten, brach ein Sturm der Entrüstung los.

Die Massen jubelten Hitler 1938 zu, als er am Wiener Heldenplatz den Anschluss Österreichs an das Deutsche Reich verkündete. Auf diese nicht aufgearbeitete Begeisterung für Hitler nimmt Bernhards Stück ***Heldenplatz*** *Bezug.*

Claus Peymann (geb. 1937), designierter Wiener **Burgtheaterdirektor,** dem der Ruf eines Provokateurs bereits vorauseilte, hatte niemand Geringeren als **Thomas Bernhard,** ebenfalls jemand, dem der literarische Skandal nicht fremd war, beauftragt, zum 100-jährigen Jubiläum des Burgtheaters, aber auch zu **„50 Jahre Anschluss“** in Österreich, ein Stück zu schreiben.

Ausgangspunkt der **Handlung** des Stückes **Heldenplatz** ist der Suizid des aus dem Exil zurückgekehrten jüdischen Professors Josef Schuster. Seine Familie kommt auf die Gründe des Suizids zu sprechen. Offenbar hatte der Professor nach Oxford, sein ehemaliges Exil, zurückkehren wollen, um Österreichs Provinzialität und seinem latenten Nazismus zu entfliehen.

Statt auszureisen, nahm er sich das Leben. Dabei wird offenkundig, dass die Familie das Trauma des Holocaust nicht aufgearbeitet hat, während Österreich seine eigene Vergangenheit vertuscht und den nationalsozialistischen Geist versteckt fortlebt. Während des Leichenschmauses schwillt vom Heldenplatz, der nahe der Wohnung der Familie liegt, das Gebrüll jener Menge an, die dort 50 Jahre zuvor, also 1938, Hitler zugejubelt hat. Im alles übertönenden Lärm der „Sieg Heil“-Schreie endet das Stück.

Die **Premiere des Stücks** am 6. November 1988 entwickelte sich schließlich zu einem riesigen Skandal. Mehrere hundert Demonstrantinnen und Demonstranten versammelten sich vor dem Wiener Burgtheater und ließen ihrem Unmut gegen den Autor, das Stück und den Regisseur freien Lauf. „Pfui“- und „Nestbeschmutzer“-Rufe begleiteten auch diejenigen, die als Premierengäste ins Theaterhaus kamen. Mit diesem Stück legte Bernhard den Finger auf die Wunde der Wiederaufarbeitung der NS-Vergangenheit, die in Österreich schleppend voran ging.

Im Vorfeld erhielten Regisseur Peymann und Bernhard hunderte wütende Briefe, Postkarten, teils mit Anfeindungen, Beschimpfungen, teils mit Drohungen: „Wir möchten Sie (Anm. damit war Claus Peymann gemeint) gerne in Ihre Fresse schlagen!“ und „Gegen das Dreckstück Heldenplatz!“ und „Peymann! Weg mit dir!“, um nur einige zu nennen.

Die Spitzenpolitik Österreichs verhinderte in der Folge, dass dem Deutschen Peymann die Staatsbürgerschaft verliehen wurde. Die hitzigen Proteste verstummten über die Jahre und besonders Thomas Bernhards Werk ist heute, nicht nur in der deutschsprachigen Literaturlandschaft, mehr als etabliert.

Thomas Bernhard war bereits bei der **Heldenplatz**-Premiere schwer gezeichnet. Sein Tod am 12. Februar 1989 wurde erst vier Tage später bekannt, da der Autor angeordnet hatte, dass sein Ableben bis nach dem Begräbnis geheim bleiben sollte. Testamentarisch hatte er zudem ein **Vortrags- und Druckverbot seiner sämtlichen Werke,** der veröffentlichten und der noch unveröffentlichten, verhängen lassen.

Thomas Bernhard beobachtet die Probe seines Stückes **Heldenplatz,** *Fotografie 1988*

In seinem Testament hatte Thomas Bernhard weiters ein Verbot aller Neuinszenierungen und Publikationen in Österreich verfügt. 1998, neun Jahre nach dem Tod des Autors, hob die private **Thomas-Bernhard-Stiftung** dieses Verbot auf und noch im selben Jahr wurden drei Kurzdramen aufgeführt. Allein bis 1999 stand **Heldenplatz** 117 Mal auf dem Spielplan des Wiener Burgtheaters.

Zeitlebens war Thomas Bernhard ambivalent zu seiner Heimat Österreich gestanden. In einem Interview sagte er einmal:

„Im ersten Stock spielt man Geige. Im Keller öffnet man die Gashähne. Eine typisch österreichische Mischung aus Musik und Nazimsus. Ja, wirklich, wenn dieses Land sich ändern sollte, bliebe mir nichts mehr anderes übrig, als auszuwandern."

Zit. nach: Clemens Ottawa: Skandal! Die provokantesten Bücher der Literaturgeschichte. Hermannshof Völksen: Zu Klampen 2020, S. 162

Aufgaben

1 Begründen Sie, warum Thomas Bernhards Stück einen solchen Skandal auslöste.

2 Überlegen Sie, ob es heute noch denkbar wäre, dass ein Theaterskandal dieses Ausmaßes aufkommt. Bei welchen Themen könnte dies der Fall sein?

3 Erörtern Sie das Vortrags- und Druckverbot der Stücke Thomas Bernhards. Ist es vertretbar, ein solches Verbot von (bereits veröffentlichten) Werken zu verhängen? Ist es vertretbar, dieses Verbot gegen den ausdrücklichen Wunsch des Schriftstellers wieder aufzuheben?

Konkrete Poesie und Underground-Lyrik

Für die Lyrik der 1940er und vor allem der 1950er und 1960er Jahre war die **Konkrete Poesie** (> S. 276) die wichtigste Subgattung. Charakteristisch für die Konkrete Poesie ist die enge Verbindung von dichterischer Praxis und theoretischer Reflexion. Die **Stuttgarter Gruppe,** die sich dichterisch in den 1950er Jahren um den Philosophieprofessor Max Bense (1910 – 1990) an der Technischen Hochschule sowie der Universität Stuttgart formierte, bildete hierbei das dichterische Zentrum. Für Bense war der Textbegriff auf das Material der Sprache bezogen. Es wurde eine klare Absage an traditionelle sprachliche Konventionen gemacht. Im Vordergrund stehen:

> das Spiel mit (verschiedener) Bedeutung und Sinn
> das Spiel mit der räumlichen Dimension der Schrift
> das Spiel mit der räumlichen Positionierung der Buchstaben und Wörter

Auch wenn diese Einstellung fortschrittlich klingen mag, die Konkrete Poesie ging dabei Vorbildern nach, die es bereits im **Barock** gegeben hatte (z. B. Figurengedichte bzw. auch Umrissgedichte, **Gittergedichte**; > S. 39), aber auch bei den **Dadaisten**

Gittergedicht: lyrische Texte, die so gesetzt sind, dass der Umriss eine Figur, einen Umriss oder ein Gitter ergibt

(z. B. Piktogramme, Ideogramme, Palindrome) oder in den formal ausgefallenen Gedichten der Franzosen Stéphane Mallarmé (1842 – 1898) und Guillaume Apollinaire (1880 – 1918) und schließlich auch in den lyrischen Experimenten von Christian Morgenstern (1871 – 1914). Hauptvertreter der Konkreten Poesie waren Reinhard Döhl (1934 – 2004), Helmut Heißenbüttel (1921 – 1996), Franz Mon (geb. 1926) und in der Schweiz vor allem Eugen Gomringer (geb. 1925). Die Lyrik der Dichterin Unica Zürn (1916 – 1970) war klar von surrealistischen Werken beeinflusst.

Neben dem Experimentieren mit Sprache existierte im Deutschland der 1960er und 1970er aber auch eine Gruppe junger Lyrikerinnen und Lyriker, die den amerikanischen Underground bewunderten und in ihren Gedichten alltägliche Ereignisse beschrieben, sie aber zu etwas Besonderem stilisierten. Der Dichter Rolf Dieter Brinkmann (1940 – 1975) stieg in der deutschen Underground-Szene rasch zu einem Geheimtipp auf.

Beispiel für Underground-Lyrik:

Die Orangensaftmaschine
Rolf Dieter Brinkmann, 1975

dreht sich & Es ist gut, daß der Barmann
zuerst auf die nackten Stellen eines
Mädchens schaut, das ein Glas kalten

Tees trinkt. „Ist hier sehr heiß,
nicht?“ sagt er, eine Frage, die
den Raum etwas dekoriert,

was sonst? Sie hat einen kräftigen
Körper, und als sie den Arm
ausstreckt, das Glas auf

die Glasplatte zurückstellt,
einen schwitzenden, haarigen
Fleck unterm Arm, was den Raum

einen Moment lang verändert, die
Gedanken nicht. Und jeder sieht, daß
ihr's Spaß macht, sich zu bewegen

auf diese Art, was den Barmann
auf Trab bringt nach einer langen
Pause, in der nur der Ventilator

zu hören gewesen ist wie
immer, oder meistens, um
diese Tageszeit.

Rolf-Dieter Brinkmann: Künstliches Licht. Lyrik und Prosa. Ditzingen: Reclam 1994, S. 64

Beispiel für Konkrete Poesie:

Apfel
Reinhard Döhl, 1965

Reinhard Döhl: Apfel. In: Eugen Gomringer (Hg.): Konkrete Poesie. Stuttgart: Reclam 1973

Berühmte literarische Gruppen des 20. Jahrhunderts

Wie so oft in der Geschichte der Literatur formierten sich auch in der zweiten Hälfte des 20. Jahrhunderts zahlreiche Gruppen von Schreibenden, die eine gemeinsame Idee einer literarischen Strömung verfolgten. Wie schon die Literatinnen und Literaten der Salons und Wirkungskreise der **Romantik** (> S. 98ff.) oder die Vertreterinnen und Vertreter der **Kaffeehaus-Bohemiens** des **Fin de Siécles** (> S. 153ff.) hatten auch die Dichterinnen- und Dichterbünde nach dem Zweiten Weltkrieg enormen Einfluss. Sie prägten die Literaturlandschaft in Deutschland, Österreich und der Schweiz nachhaltig.

1959 wurde in Graz der Verein **Forum Stadtpark** gegründet und gleichzeitig die auch heute noch bestehende Literaturzeitschrift *manuskripte* ins Leben gerufen. Der Verein, dessen langjähriger Leiter der Autor Alfred Kolleritsch (geb. 1931) war, etablierte sich in einem Haus in Graz, um dort allen Künsten (Literatur, Malerei, Bildhauerei, Musik) ein geeignetes Zentrum zu bieten. Dieser feste Bezugspunkt war auch wichtig, damit die **Grazer Gruppe,** wie sie sich bald nannte, nicht zu rasch wieder auseinanderfiel. Aus dem Forum Stadtpark ging auch die Kulturveranstaltung **Steirischer Herbst** hervor. 1961 wurde von der damaligen Regierung des ÖVP-Bundeskanzlers Josef Klaus (1910 – 2001) die **Österreichische Gesellschaft für Literatur** gegründet, die nicht nur Lesungen veranstaltet, sondern auch wichtige Stipendien verleiht.

Was die **Gruppe 47** für die Kunst bedeutete, wollte die **Dortmunder Gruppe 61** vor allem für die Wirtschaft und deren Auswirkung auf die Kunst sein. Zunächst nannte sich die literarische Gruppe „Arbeitskreis für künstlerische Auseinandersetzung mit der industriellen Arbeitswelt", später benannte sie sich in **Dortmunder Gruppe 61** um. Die Gruppe setzte es sich u. a. zum Ziel, schriftstellerisch tätige Arbeiterinnen und Arbeiter und Verlagsleitende, Lektorinnen und Lektoren sowie Personen des Journalismus zusammenzubringen.

Der P.E.N. ist einer der bekanntesten internationalen Autorenverbände und existiert heute in vielen Ländern weltweit (so auch in Österreich). Am 5. Oktober 1921 wurde der Club in London gegründet, die Abkürzung stand für **Poets, Essayists, Novelists.** Seitdem Vertreterinnen und Vertreter aller schreibenden Berufe Mitglieder sein können, hat der Name nicht mehr diese Bedeutung. Er spielt nun vielmehr auf das englische Wort *pen* für Schreib- oder Füllfeder an.

Poets, Essayists, Novelists: Dichter, Essayisten, Romanautoren

Aufgaben

1 Erklären Sie was unter Konkreter Poesie zu verstehen ist.

2 Diskutieren Sie, ob Döhls Gedicht **Apfel** und Brinkmanns Gedicht **Die Orangensaftmaschine** der experimentellen bzw. modernen Lyrik zuzurechnen sind.

3 **Portfolio:** Gestalten Sie ein experimentelles Gedicht bzw. ein Gedicht nach dem Vorbild der Konkreten Poesie zu einem Thema Ihrer Wahl. Sie können dabei auf ein Thema aus Ihrem Alltag (Schule, Familie, Freundschaften, Freizeit etc.) oder auf eines, das sie bewegt (gesellschaftspolitische Themen, aktuelle politische Themen, Umwelt, Technik, Bildung etc.), zurückgreifen.

Kurzporträts

Ingeborg Bachmann wurde 1926 in Klagenfurt geboren und studierte nach der Schulzeit Philosophie. Ab 1953 lebte sie mit kleineren Unterbrechungen in Rom. Vor allem für ihr lyrisches Werk (z. B. **Die gestundete Zeit**, 1953) erhielt die Autorin zahlreiche Auszeichnungen, etwa den *Großen Österreichischen Staatspreis*. Ihr einziger Roman **Malina** (1971) entstand in einer Zeit, in der sie ihre Liebesbeziehung zum Autor Max Frisch beendet hatte. Bachmann starb 1973 in Rom an schweren Verbrennungen. Sie war mit der Zigarette eingeschlafen. Der Dichterin zu Ehren wird seit 1977 der Ingeborg-Bachmann-Preis, einer der wichtigsten **österreichischen Literaturpreise**, verliehen.

NOTIZ AM RANDE

Durch die Veränderung des Buchmarktes wuchs auch die Wahrnehmung der Öffentlichkeit gegenüber dem Beruf des Schriftstellers. Hier eine kurze Übersicht über die wichtigsten Preise für Autorinnen und Autoren im deutschsprachigen Raum – die **österreichischen Literaturpreise** sind dabei fett gedruckt:

Adalbert-Stifter-Preis, Adelbert-von-Chamisso-Preis, Alfred-Döblin-Preis, Anne-Seghers-Preis, Deutscher Buchpreis, Droste-Preis, Erich-Fried-Preis, Ernst-Jandl-Preis, Georg-Büchner-Preis, Goethe-Medaille, **Großer Österreichischer Staatspreis für Literatur** (auch: Österreichischer Buchpreis), Heinrich-Böll-Preis, Heinrich-Heine-Preis, Heinrich-Mann-Preis, **Ingeborg-Bachmann-Preis,** Kleist-Preis, Max-Frisch-Preis, Österreichischer Buchpreis, **Österreichischer Staatspreis für Kinder- und Jugendliteratur,** Preis der Leipziger Buchmesse, **Preis der Stadt Wien für Literatur,** Rainer-Malkowski-Preis, Schweizer Buchpreis, Siegfried-Lenz-Preis, Solothurner Literaturpreis und der Thomas-Mann-Preis.

Ingeborg Bachmann (1926 – 1973) am Musilhaus in Klagenfurt, Grafitto von Jef Aerosol, 2011

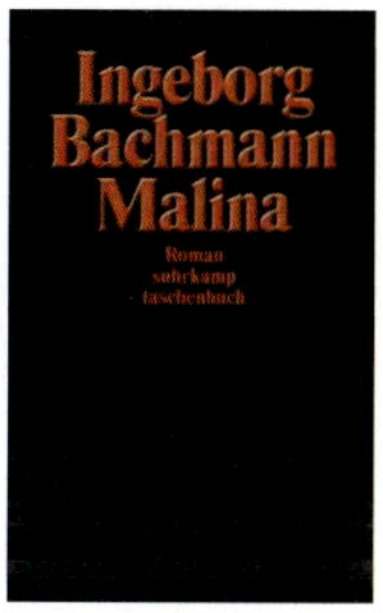

Malina, *hier die Suhrkamp-Erstausgabe von 1971, gilt in der österreichischen Literatur als Schlüsselwerk. Bachmann arbeitet darin nicht nur ihre eigene Biografie ab, sondern befasst sich auch mit den Verbrechen des Nationalsozialismus. Die (weibliche) Identität in einer männerdominierten Welt, der Zwang der Sprache und Normen und die Traumata der Vergangenheit sind weitere Themen dieses vielschichtigen Werks.*

Thomas Bernhard wurde 1931 als uneheliches Kind von Herta Bernhard (1904 – 1950) im niederländischen Heerlen geboren. Er wuchs überwiegend bei seinen Großeltern in Salzburg, bei Seekirchen am Wallersee, später in Traunsee auf. Sein Großvater war der Schriftsteller Johannes Freumbichler (1881 – 1949). Thomas Bernhard nahm Gesangsunterricht und war bis 1957, unterbrochen von mehreren langen Krankenhausaufenthalten wegen eines – lebenslangen – Lungenleidens, Schüler am Salzburger Mozarteum. Bereits sein erster Roman **Frost** (1963) wurde gefeiert. Bernhards Schreibstil wirkt kühl, distanziert. Seine Sätze ziehen sich oft über mehrere Seiten. Sowohl seine Prosawerke als auch seine Theaterstücke gehören zu den wichtigsten der österreichischen Nachkriegsliteratur. Der Roman **Holzfällen** (1984) und das Stück **Heldenplatz** (1988; > S. 245f.) wurden zu Skandalen. Thomas Bernhard starb 1989.

Thomas Bernhard (1931 – 1989), Fotografie aus 1987

Der Kärntner Autor **Peter Handke** (geb. 1942) prägte die österreichische Literatur entscheidend. Mit seinem Theaterstück **Publikumsbeschimpfung** wurde er 1966 über Nacht bekannt, gefolgt von der Erzählung **Die Angst des Tormanns beim Elfmeter** (1970), die in einem erzählenden Staccato-Stil geschrieben ist. Seiner Mutter, die sich das Leben nahm als Handke noch jung war, setzte er im Buch **Wunschloses Unglück** (1972) ein Denkmal. Handkes Mutter war Kärntner Slowenin, weshalb der Autor Sympathien für

Peter Handke im Zuge einer Preisverleihung in Salzburg, Fotografie 2006

den multinationalen Staat Jugoslawien entwickelte, dem auch Slowenien als Teilrepublik angehörte. Als Person umstritten wurde Handke durch seine Haltung im Jugoslawienkrieg, wo er eine als einseitig kritisierte proserbische Positionen einnahm. Aus seiner Sicht wollte allein Serbien den zerfallenden jugoslawischen Staat erhalten. Dies führte 2006 sogar dazu, dass Handkes Nominierung für den Heinrich-Heine-Preis der Stadt Düsseldorf infrage gestellt wurde. Schließlich verzichtete der Autor auf den Preis. Im Dezember 2019 bekam Handke als zweiter Österreicher den **Literaturnobelpreis** verliehen. Durch die Medienberichterstattung entfachte sich die Diskussion rund um das Werk dieses kontroversiellen Autors erneut. Saša Stanišić (geb. 1978), Träger des *Deutschen Buchpreises 2019,* kritisierte Handke öffentlich und bezichtigte ihn der Verharmlosung von Kriegsgräuel. Handke reagierte nicht darauf, gab allerdings bekannt, nie wieder Interviews geben zu wollen. Bis heute schreibt er Romane und Theaterstücke.

Heinrich Böll war politisch stets engagiert – sowohl für seine Heimat als auch für Osteuropa; hier bei einer Pressekonferenz 1981 mit Emigranten aus Polen und der Sowjetunion.

Der in Köln geborene **Heinrich Böll** (1917 – 1985) entschied sich, nachdem er seine Buchhändlerlehre abgebrochen hatte, für die Schriftstellerei. Nebenher studierte er Germanistik und Altphilologie, ein Studium, das er nach dem Krieg wieder aufnahm. Er reiste viel, etwa nach Irland (hier entstanden die **Irischen Tagebücher**), aber auch in die Sowjetunion und in die USA. Nach dem Zweiten Weltkrieg war er einer der Hauptvertreter der **Trümmerliteratur** (> S. 231). Wichtige Werke Bölls sind **Wanderer, kommst du nach Spa …** (1950), **Ansichten eines Clowns** (1963), **Gruppenbild mit Dame** (1971) und **Die verlorene Ehre der Katharina Blum** (1974; > S. 233). 1972 erhielt er den Literaturnobelpreis.

Paul Celan (1920 – 1970), Fotografie aus 1938

Paul Celan (urspr. Paul Antschel) wurde 1920 als deutschsprachiger Jude in Czernowitz (heute Westukraine), in der Bukowina, geboren. 1942 wurde er aufgrund seiner jüdischen Herkunft in ein rumänisches Arbeitslager gebracht. Dadurch entging er der Deportation in ein deutsches KZ oder nach Transnistrien, einer ukrainischen Region, die damals unter rumänischer Besatzung stand. Als er im Juni 1942 seine Eltern in Czernowitz besuchen wollte, fand er die Wohnung leer vor. Sie waren nach Transnistrien deportiert worden. Sein Vater starb dort kurz darauf an Cholera, seine Mutter wurde im folgenden Winter umgebracht. Über Wien kam er 1948 schließlich nach Paris, wo er als Dichter und Übersetzer tätig blieb. Ab den frühen 1950er Jahren erschienen beeindruckende Gedichtsammlungen, etwa die berühmten **Sprachgitter** (1959). Seine Kriegserfahrungen und den Holocaust verarbeitete er literarisch, u. a. im Gedicht **Todesfuge** (1947; > S. 256). Er konnte diese Erlebnisse niemals ganz überwinden. Paul Celan nahm sich 1970 das Leben.

Friedrich Dürrenmatt schrieb in einer „Leseanleitung" 21 Punkte zu seinem Theaterstück **Die Physiker** (1962), Punkt 2: „Geht man von einer Geschichte aus, muss sie zu Ende gedacht werden." Und so verfuhr Dürrenmatt, der heute als einer der bekanntesten deutschsprachigen Autoren des 20. Jahrhunderts gilt. 1921 in Bern als Pfarrerssohn geboren, studierte er in Zürich und Bern Literatur, Philosophie und Naturwissenschaften. Zunächst wollte er Maler werden, entschied sich später aber für die Schriftstellerei. Bekannte Werke Dürrenmatts, neben dem Theaterstück **Die Physiker,** einer beißenden Satire auf den Kalten Krieg, sind der Kriminalroman **Der Richter und sein Henker** (1952) und das Theaterstück **Der Besuch der alten Dame** (1956). Der Autor starb 1990.

Zwei der bedeutendsten Schweizer Schriftsteller des 20. Jahrhunderts im Gespräch: Max Frisch (links) und Friedrich Dürrenmatt (rechts), Fotografie aus 1961

Max Frisch wurde 1911 in Zürich als Sohn eines Architekten geboren. Er studierte Germanistik und Architektur und war zunächst auch als Architekt tätig. Eine Begegnung mit Bertolt Brecht und dem Verlagsleiter Peter Suhrkamp führte dazu, dass er 1954 beschloss, von der Schriftstellerei zu leben. Im gleichen Jahr erschien sein Roman **Stiller,** 1957 dann **Homo Faber.** Auch als Theaterschriftsteller machte er sich einen Namen. Seine Stücke **Biedermann und die Brandstifter** (1958) und **Andorra. Ein Stück in 12 Bildern** (1961) werden bis heute regelmäßig gespielt. Frisch starb 1993.

Günter Grass wurde 1927 im heute polnischen Danzig geboren. Er war Soldat während des Zweiten Weltkriegs und geriet 1945 in amerikanische Gefangenschaft. Von 1948 bis 1956 studierte er Bildhauerei in Düsseldorf und Berlin, daneben war er bereits als Schriftsteller tätig. Ab 1955 gehörte er der **Gruppe 47** an. Von 1956 bis 1959 lebte er in Paris, wo auch sein wichtigster Roman **Die Blechtrommel** (1959) entstand. 1999 erhielt er den **Nobelpreis für Literatur.** Bis zu seinem Tod 2015 prägte er die Literaturlandschaft Deutschlands. Er war auch politisch aktiv und gehörte der SPD (Sozialdemokratische Partei Deutschlands) an. In seinem autobiografischen Werk **Beim Häuten der Zwiebel** (2006) gab er zu, als 17-jähriger Soldat bei der Waffen-SS gewesen zu sein, was nachträglich zu hitzigen Diskussionen führte. Ihm wurde vorgeworfen, sich mit diesem Bekenntnis so lange Zeit gelassen zu haben.

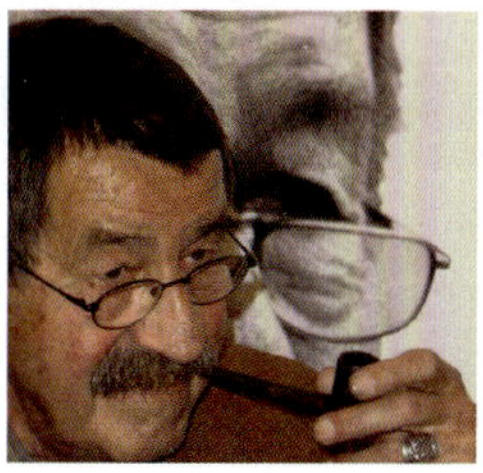

Günter Grass war stets gesellschaftlicher Mahner und hielt sich mit politischer Kritik selten zurück. Hier vor seinem eigenen Konterfei auf der Frankfurter Buchmesse 2004.

Marlen Haushofer wurde 1920 in Frauenstein (Oberösterreich) als Tochter eines Försterehepaares geboren und erlebte bereits als kleines Mädchen eine Naturverbundenheit, von der sie nicht mehr abrücken sollte. Nach ersten literarischen Werken erhielt sie für ihre Erzählung **Das fünfte Jahr** (1952) den *Kleinen Österreichischen Staatspreis.* Es folgten bedeutende Prosawerke wie **Die Tapetentür** (1957) oder die Erzählung **Wir töten Stella** (1958). Letzteres ist die Geschichte eines jungen Mädchens, das vom Vater einer Gastfamilie geschwängert und in den Tod getrieben wird. Untätig sieht die Ehefrau zu und macht sich somit zur Mitschuldigen. Schließlich folgt der Roman **Die Wand** (1963; 2012 vom Regisseur Julian Pölsler verfilmt). In den Werken Haushofers zeigen sich autobiografische Spuren ihrer inneren Zerrissenheit – als Frau in einer unglücklichen Ehe, gefangen in bürgerlichen Verhältnissen. Darüber hinaus schrieb Haushofer immer wieder bewegende Kindergeschichten wie **Bartls Abenteuer** (1964) oder **Brav sein ist schwer** (1965), das zum Kinderbuchklassiker wurde. Ihr letztes Werk, **Die Mansarde** (1969) schrieb sie bereits schwer erkrankt. 1970 starb Haushofer an Knochenkrebs.

Eine Aufnahme von Haushofer auf dem Buchcover ihres Romans **Tapetentür** *(1957)*

Christa Wolf wurde 1929 in Landsberg (heute Polen) geboren. In Jena und Leipzig studierte sie Germanistik. Sie galt schon früh als eine der bedeutendsten Schriftstellerinnen der DDR, die sich durch ihre Bücher nicht immer beliebt bei der SED-Führung gemacht hatte. Besonders wichtig sind ihre Bücher **Der geteilte Himmel** (1963), ein Gleichnis für das geteilte Deutschland, die Erzählung **Kassandra** (1983), ein wichtiges Werk des literarischen Feminismus, und **Störfall** (1987), in dem sie den Reaktorunfall von Tschernobyl thematisiert.

NOTIZ AM RANDE

In Christa Wolfs Erzählung **Kassandra** wird der **Trojanische Krieg** aus Sicht der gleichnamigen Tochter von Trojas König Priamos erzählt. Dabei erweist sich der Kampf um Troja nicht als einer zwischen Helden, sondern als ein brutales Gemetzel. Den griechischen „Helden" **Achill** bezeichnet Kassandra als „Vieh" und spielt damit auf seine brutale Kriegsführung an, die kein Erbarmen kennt. Kassandra ist wiederum innerhalb eines **patriarchalen Systems** gefangen. Männer dominieren und bestimmen ihr Leben. Erst am Schluss gelingt ihr die Befreiung.

Das Werk zählt zur **feministischen Literatur.** Der Trojanische Krieg ist als Rahmen klug gewählt, da Wolf politische Zustände kritisieren kann, ohne das DDR-Regime direkt angreifen zu müssen. Überdies liegt mit diesem Werk eine äußert spannende Perspektive auf den Trojanischen Krieg vor: aus der Sicht einer Frau, ohne jedes Pathos, frei von Heldenverehrung und Beschönigungen.

Kassandra *vor dem brennenden Troja (1898), gemalt von Evelyn de Morgan (1855 – 1919)*

Oft wurden Textstellen in Wolfs Werken Opfer der DDR-Zensur, die es offiziell gar nicht gab. Tatsächlich aber arbeitete die Zensur unerbittlich im Hintergrund. Die Verlage waren von Anfang an integraler Bestandteil des Systems. Bereits hier wurde mit den Autorinnen und Autoren um Manuskripte gerungen und so manche Passage, die dem Druckgenehmigungsverfahren der SED-Führung nicht gefallen könnte, zurückgewiesen. Manchmal half ein kommentierendes Nachwort, eine gekürzte Auflage, die Einschränkung von Werbemaßnahmen oder die Bestellung „ideologisch korrekter" Rezensionen, um ein Werk an der Zensur „vorbeizuschummeln". Wolf starb 2011.

Christa Wolf, hier auf einer Fotografie aus 1963, galt zeitlebens als zerrissen. Einerseits identifizierte sie sich mit ihrer ostdeutschen Heimat, andererseits rieb sie sich an deren diktatorischem System. Deutlich findet sich dies in ihrer Erzählung **Was bleibt** *(1990), die sogar einen Literaturstreit wegen ihrer unklaren Haltung zur DDR auslöste.*

Aufgaben

1 Informieren Sie sich über die Kontroverse zur Verleihung des Literaturnobelpreises für Peter Handke. Nehmen Sie Stellung zur Diskussion. Überlegen Sie dabei, ob Peter Handke für sein literarisches Werk „zurecht" den Literaturnobelpreis erhalten hatte. Oder sind Sie der Meinung, der Preis hätte ihm aufgrund seiner politischen Haltung und Aussagen verweigert werden sollen?

2 Wählen Sie drei Personen aus dem Abschnitt **Kurzporträts** und arbeiten Sie ihre Bedeutung für die deutschsprachige Literatur heraus. Informieren Sie sich über je ein Werk dieser Personen.

Reflexionen zum Kapitel

> Welche der gesellschaftspolitischen und literarischen Themen des Kapitels **Literatur der Nachkriegszeit** sind für uns heute noch aktuell, welche sind für uns „nur noch" geschichtlich relevant? Begründen Sie Ihre Überlegungen.

> Nennen Sie daraus die für Sie spannendsten gesellschaftspolitischen oder literarischen Themen. Skizzieren Sie kurz die Hintergründe zu diesen Themen.

> Begründen und diskutieren Sie Ihre Auswahl in der Klasse.

TEXT

Der Vorzugsschüler. Kürzestgeschichte

Thomas Bernhard, 1973

Der Vorzugsschüler, dessen Leben mehr Methode hat als das Leben der Erwachsenen, träumt, dass er eine Rechenaufgabe nicht lösen kann und die Lösung auch dann noch nicht gefunden hat, als der Lehrer die Schulaufgaben einverlangt. Der Lehrer stellt den Vorzugsschüler in der Klasse zur Rede und droht ihm, seine Eltern von dem Vorfall zu benachrichtigen. Die Mitschüler sind voll Schadenfreude und stoßen den Vorzugsschüler, der körperlich ein Schwächling ist, in einen Kanal, aus dem er sich nur mit äußerster Anstrengung befreien kann. Am nächsten Tag getraut er sich gar nicht in die Schule hineinzugehen und bleibt zehn Minuten nach Schulbeginn unter dem Schultor stehen. Er macht kehrt und schwänzt. Er irrt in einem Park umher und wird dort plötzlich vom Schuldiener entdeckt, der den Vorfall in der Direktion meldet. Jetzt erwacht der Vorzugsschüler aus seinem Traum. Er stürzt schwitzend und halb nackt in das Schlafzimmer seiner Eltern. Aber so tief und mit welchem Mitteln sie auch in ihn eindringen, er sagt ihnen nicht den Inhalt seines Traums. Er weigert sich immer wieder, ihn zu erzählen.

Hans Höller; Martin Huber (Hrsg.): Thomas Bernhard: Erzählungen. Kurzprosa. In: Werke, Band 14. Frankfurt am Main: Suhrkamp 2003, S. 213

Aufgaben

1 Charakterisieren Sie den Protagonisten aus **Der Vorzugsschüler**.

2 Deuten Sie den Traum des Protagonisten.

3 Diskutieren Sie, ob die darin thematisierten Schulängste heute noch aktuell sind.

TEXT

Es wird etwas geschehen. Eine handlungsstarke Geschichte

Heinrich Böll, 1954

Zu den merkwürdigsten Abschnitten meines Lebens gehört wohl der, den ich als Angestellter in Alfred Wunsiedels Fabrik zubrachte. Von Natur bin ich mehr dem Nachdenken und dem Nichtstun zugeneigt als der Arbeit, doch hin und wieder zwingen mich anhaltende finanzielle Schwierigkeiten – denn Nachdenken bringt so wenig ein wie Nichtstun –, eine sogenannte Stelle anzunehmen. Wieder einmal auf einem solchen Tiefpunkt angekommen, vertraute ich mich der Arbeitsvermittlung an und wurde mit sieben anderen Leidensgenossen in Wunsiedels Fabrik geschickt, wo wir einer Eignungsprüfung unterzogen werden sollten.

Schon der Anblick der Fabrik machte mich mißtrauisch: die Fabrik war ganz aus Glasziegeln gebaut, und meine Abneigung gegen helle Gebäude und helle Räume ist so stark wie meine Abneigung gegen die Arbeit. Noch mißtrauischer wurde ich, als uns in der hellen, fröhlich ausgemalten Kantine gleich ein Frühstück serviert wurde: hübsche Kellnerinnen brachten uns Eier, Kaffee und Toaste, in geschmackvollen Karaffen stand Orangensaft; Goldfische drückten ihre blasierten Gesichter gegen die Wände hellgrüner Aquarien. Die Kellnerinnen waren so fröhlich, daß sie vor Fröhlichkeit fast zu platzen schienen. Nur starke Willensanstrengung — so schien mir – hielt sie davon zurück, dauernd zu trällern. Sie waren mit ungesungenen Liedern so angefüllt wie Hühner mit ungelegten Eiern. Ich ahnte gleich, was meine Leidensgenossen nicht zu ahnen schienen: daß auch dieses Frühstück zur Prüfung gehöre; und so kaute ich hingebungsvoll, mit dem vollen Bewußtsein eines Menschen, der genau weiß, daß er seinem Körper wertvolle Stoffe zuführt. Ich tat etwas, wozu mich normalerweise keine Macht dieser Welt bringen würde: ich trank auf den nüchternen Magen Orangensaft, ließ den Kaffee und ein Ei stehen, den größten Teil des Toastes liegen, stand auf und marschierte handlungsschwanger in der Kantine auf und ab.

Werks- und Betriebskantinen sind nicht immer einladende Orte, aber hier bekommt man billiges, warmes Essen. In den Grundig Radio-Werken in Fürth, Deutschland, wurde offenbar effizient Essen ausgegeben (1959).

So wurde ich als erster in den Prüfungsraum geführt, wo auf reizenden Tischen die Fragebogen bereitlagen. Die Wände waren in einem Grün getönt, das Einrichtungsfanatikern das Wort „entzückend" auf die Lippen gezaubert hätte. Niemand war zu sehen, und doch war ich so sicher, beobachtet zu werden, daß ich mich benahm, wie ein Handlungsschwangerer sich benimmt, wenn er sich unbeobachtet glaubt: ungeduldig riß ich meinen Füllfederhalter aus der Tasche, schraubte ihn auf, setzte mich an den nächsten Tisch und zog den Fragebogen an mich heran, wie Choleriker Wirtshausrechnungen zu sich hinziehen.

Erste Frage: Halten Sie es für richtig, daß der Mensch nur zwei Arme, zwei Beine, Augen und Ohren hat?

Hier erntete ich zum ersten Male die Früchte meiner Nachdenklichkeit und schrieb ohne Zögern hin: „Selbst vier Arme, Beine, Ohren würden meinem Tatendrang nicht genügen. Die Ausstattung des Menschen ist kümmerlich."

Zweite Frage: Wieviel Telefone können Sie gleichzeitig bedienen?

Auch hier war die Antwort so leicht wie die Lösung einer Gleichung ersten Grades. „Wenn es nur sieben Telefone sind", schrieb ich, „werde ich ungeduldig,

>

erst bei neun fühle ich mich vollkommen ausgelastet.“
Dritte Frage: Was machen Sie nach Feierabend?

Meine Antwort: „Ich kenne das Wort Feierabend nicht mehr — an meinem fünfzehnten Geburtstag strich ich es aus meinem Vokabular, denn am Anfang war die Tat.“

Ich bekam die Stelle. Tatsächlich fühlte ich mich sogar mit den neun Telefonen nicht ganz ausgelastet. Ich rief in die Muscheln der Hörer: „Handeln Sie sofort!“ oder: „Tun Sie etwas! – Es muß etwas geschehen – Es wird etwas geschehen –Es ist etwas geschehen. Es sollte etwas geschehen. „Doch meistens – denn das schien mir der Atmosphäre gemäß – bediente ich mich des Imperativs.

Symbol von Geschäftigkeit und kommunikativer Verbundenheit: Ein Telefon (mit Wählscheibe) war in den 1970 aus keinem Büro mehr wegzudenken.

Interessant waren die Mittagspausen, wo wir in der Kantine, von lautloser Fröhlichkeit umgeben, vitaminreiche Speisen aßen. Es wimmelte in Wunsiedels Fabrik von Leuten, die verrückt darauf waren, ihren Lebenslauf zu erzählen, wie eben handlungsstarke Persönlichkeiten es gern tun. Ihr Lebenslauf ist ihnen wichtiger als ihr Leben, man braucht nur auf einen Knopf zu drücken, und schon erbrechen sie ihn in Ehren.

Wunsiedels Stellvertreter war ein Mann mit Namen Broschek, der seinerseits einen gewissen Ruhm erworben hatte, weil er als Student sieben Kinder und eine gelähmte Frau durch Nachtarbeit ernährt, zugleich vier Handelsvertretungen erfolgreich ausgeübt und dennoch innerhalb von zwei Jahren zwei Staatsprüfungen mit Auszeichnung bestanden hatte. Als ihn Reporter gefragt hatten: „Wann schlafen Sie denn, Broschek?“, hatte er geantwortet: „Schlafen ist Sünde!“

Wunsiedels Sekretärin hatte einen gelähmten Mann und vier Kinder durch Stricken ernährt, hatte gleichzeitig in Psychologie und Heimatkunde promoviert, Schäferhunde gezüchtet und war als Barsängerin unter dem Namen Vamp berühmt geworden.

Wunsiedel selbst war einer von den Leuten, die morgens, kaum erwacht, schon entschlossen sind, zu handeln, „Ich muß handeln“, denken sie, während sie energisch den Gürtel des Bademantels zuschnüren. „Ich muß handeln“, denken sie, während sie sich rasieren, und sie blicken triumphierend auf die Barthaare, die sie mit dem Seifenschaum von ihrem Rasierapparat abspülen: Diese Reste der Behaarung sind die ersten Opfer ihres Tatendranges. Auch die intimeren Verrichtungen lösen Befriedigung bei diesen Leuten aus: Wasser rauscht, Papier wird verbraucht. Es ist etwas geschehen. Brot wird gegessen, dem Ei wird der Kopf abgeschlagen.

Die belangloseste Tätigkeit sah bei Wunsiedel wie eine Handlung aus: wie er den Hut aufsetzte, wie er – bebend vor Energie – den Mantel zuknöpfte, der Kuß, den er seiner Frau gab, alles war Tat.

Wenn er sein Büro betrat, rief er seiner Sekretärin als Gruß zu: „Es muß etwas geschehen!“ Und diese rief frohen Mutes: „Es wird etwas geschehen!“ Wunsiedel ging dann von Abteilung zu Abteilung, rief sein fröhliches: „Es muß etwas geschehen!“ Alle antworteten: „Es wird etwas geschehen!“ Und auch ich rief ihm, wenn er mein Zimmer betrat, strahlend zu: „Es wird etwas geschehen!“

Innerhalb der ersten Woche steigerte ich die Zahl der bedienten Telefone auf elf, innerhalb der zweiten Woche auf dreizehn, und es machte mir Spaß, morgens in der Straßenbahn neue Imperative zu erfinden oder das Verbum geschehen durch die verschiedenen Tempora, durch die verschiedenen Genera, durch Konjunktiv und Indikativ zu hetzen; zwei Tage lang sagte ich nur den einen Satz, weil ich ihn so schön fand: „Es hätte etwas geschehen müssen“, zwei weitere Tage lang einen anderen: „Das hätte nicht geschehen dürfen.“

Seitdem sich Mönche im Mittelalter auf Schreibpulten abmühten, hat sich zwar viel getan, immer noch aber ist uns die (oft unbequeme) Schreibtischarbeit geblieben. Hier eine Darstellung aus dem 19. Jhdt. eines schreibenden mittelalterlichen Mönchs.

So fing ich an, mich tatsächlich ausgelastet zu fühlen, als wirklich etwas geschah. An einem Dienstagmorgen – ich hatte mich noch gar nicht richtig zurechtgesetzt – stürzte Wunsiedel in mein Zimmer und rief sein „Es muß etwas geschehen! „Doch etwas Unerklärliches auf seinem Gesicht ließ mich zögern, fröhlich und munter, wie es vorgeschrieben war, zu antworten: „Es wird etwas geschehen!“ Ich zögerte wohl zu lange, denn Wunsiedel, der sonst selten schrie, brüllte mich an: „Antworten Sie! Antworten Sie, wie es vorgeschrieben ist!“ Und ich antwortete leise und widerstrebend wie ein Kind, das man zu sagen zwingt: ich bin ein böses Kind. Nur mit großer Anstrengung brachte ich den Satz heraus: „Es wird etwas geschehen“, und kaum hatte ich ihn ausgesprochen, da geschah tatsächlich etwas: Wunsiedel stürzte zu Boden, rollte im Stürzen auf die Seite und lag quer vor der offenen Tür. Ich wußte gleich, was sich mir bestätigte, als ich langsam um meinen Tisch herum auf den Liegenden zuging: daß er tot war.

Kopfschüttelnd stieg ich über Wunsiedel hinweg, ging langsam durch den Flur zu Broscheks Zimmer und trat dort ohne anzuklopfen ein. Broschek saß an seinem Schreibtisch, hatte in jeder Hand einen Telefonhörer, im Mund einen Kugelschreiber, mit dem er Notizen auf einen Block schrieb, während er mit den bloßen Füßen eine Strickmaschine bediente, die unter dem Schreibtisch stand. Auf diese Weise trägt er dazu bei, die Bekleidung seiner Familie zu vervollständigen. „Es ist etwas geschehen“, sagte ich leise. Broschek spuckte den Kugelstift aus, legte die beiden Hörer hin, löste zögernd seine Zehen von der Strickmaschine.

„Was ist denn geschehen?“ fragte er.

„Herr Wunsiedel ist tot“, sagte ich.

„Nein“, sagte Broschek.

„Doch“, sagte ich, „kommen Sie!“

„Nein“, sagte Broschek, „das ist unmöglich“, aber er schlüpfte in seine Pantoffeln und folgte mir über den Flur.

„Nein“, sagte er, als wir an Wunsiedels Leiche standen, nein, nein!“ Ich widersprach ihm nicht. Vorsichtig drehte ich Wunsiedel auf den Rücken, drückte ihm die Augen zu und betrachtete ihn nachdenklich. Ich empfand fast Zärtlichkeit für ihn, und zum ersten Male wurde mir klar, daß ich ihn nie gehaßt hatte. Auf seinem Gesicht war etwas, wie es auf den Gesichtern der Kinder ist, die sich hartnäckig weigern, ihren Glauben an den Weihnachtsmann aufzugeben, obwohl die Argumente der Spielkameraden so überzeugend klingen.

„Nein“, sagte Broschek, „nein.“

„Es muß etwas geschehen“, sagte ich leise zu Broschek.

„Ja“, sagte Broschek, „es muß etwas geschehen.“

Es geschah etwas: Wunsiedel wurde beerdigt, und ich wurde ausersehen, einen Kranz künstlicher Rosen hinter seinem Sarg herzutragen, denn ich bin nicht nur mit einem Hang zur Nachdenklichkeit und zum Nichtstun ausgestattet, sondern auch mit einer Gestalt und einem Gesicht, die sich vorzüglich für schwarze Anzüge eignen. Offenbar habe ich – mit dem Kranz künstlicher Rosen in der Hand hinter Wunsiedels Sarg hergehend – großartig ausgesehen. Ich erhielt das Angebot eines eleganten Beerdigungsinstituts, dort als berufsmäßiger Trauernder einzutreten. „Sie sind der geborene Trauernde, sagte der Leiter des Instituts, „die Garderobe bekommen Sie gestellt. Ihr Gesicht – einfach großartig!“

Ich kündigte Broschek mit der Begründung, daß ich mich dort nicht richtig ausgelastet fühle, daß Teile meiner Fähigkeiten trotz der dreizehn Telefone brachlägen. Gleich nach meinem ersten berufsmäßigen Trauergang wußte ich: Hierhin gehörst du, das ist der Platz, der für dich bestimmt ist.

Nachdenklich stehe ich hinter dem Sarg in der Trauerkapelle, mit einem schlichten Blumenstrauß in der Hand, während Händels Largo gespielt wird, ein Musikstück, das viel zu wenig geachtet ist. Das Friedhofscafé ist mein Stammlokal, dort verbringe ich die Zeit zwischen meinen beruflichen Auftritten, doch manchmal gehe ich auch hinter Särgen her, zu denen ich nicht beordert bin, kaufe aus meiner Tasche einen Blumenstrauß und geselle mich zu dem Wohlfahrtsbeamten, der hinter dem Sarg eines Heimatlosen hergeht. Hin und wieder auch besuche ich Wunsiedels Grab, denn schließlich verdanke ich es ihm, daß ich meinen eigentlichen Beruf entdeckte, einen Beruf, bei dem Nachdenklichkeit geradezu erwünscht und Nichtstun meine Pflicht ist.

Spät erst fiel mir ein, daß ich mich nie für den Artikel interessiert habe, der in Wunsiedels Fabrik hergestellt wurde. Es wird wohl Seife gewesen sein.

Heinrich Böll: Erzählungen. Köln: Kiepenheuer & Witsch 2010, S. 407ff.

Aufgaben

1 Geben Sie den Inhalt der Kurzgeschichte kurz wieder und erklären Sie ihren Titel.

2 Untersuchen Sie den Text nach sprachlichen Stilmitteln, insbesondere nach Merkmalen der Ironie und der Übertreibung.

3 Untersuchen Sie den Text auf seine gesellschaftliche Kritik.

TEXT

Todesfuge

Paul Celan, 1947

Schwarze Milch der Frühe wir trinken sie abends
wir trinken sie mittags und morgens wir trinken sie
nachts
wir trinken und trinken
wir schaufeln ein Grab in den Lüften da liegt
man nicht eng
Ein Mann wohnt im Haus der spielt mit den
Schlangen der schreibt
der schreibt wenn es dunkelt nach Deutschland
dein goldenes Haar Margarete

er schreibt es und tritt vor das Haus und es blitzen
die Sterne
er pfeift seine Rüden herbei
er pfeift seine Juden hervor läßt schaufeln ein Grab
in der Erde
er befiehlt uns spielt auf nun zum Tanz

Schwarze Milch der Frühe wir trinken dich nachts
wir trinken dich morgens und mittags wir trinken
dich abends
wir trinken und trinken
Ein Mann wohnt im Haus der spielt mit den
Schlangen der schreibt
der schreibt wenn es dunkelt nach Deutschland
dein goldenes Haar Margarete
Dein aschenes Haar Sulamith

wir schaufeln ein Grab in den Lüften da liegt man
nicht eng

Er ruft stecht tiefer ins Erdreich ihr einen ihr andern
singet und spielt
er greift nach dem Eisen im Gurt er schwingts seine
Augen sind blau
stecht tiefer die Spaten ihr einen ihr anderen spielt
weiter zum Tanz auf

Schwarze Milch der Frühe wir trinken dich nachts
wir trinken dich mittags und morgens wir trinken
dich abends
wir trinken und trinken
ein Mann wohnt im Haus dein goldenes Haar
Margarete
dein aschenes Haar Sulamith er spielt mit den
Schlangen

Er ruft spielt süßer den Tod der Tod ist ein Meister
aus Deutschland
er ruft streicht dunkler die Geigen dann steigt ihr als
Rauch in die Luft
dann habt ihr ein Grab in den Wolken da liegt man
nicht eng
Schwarze Milch der Frühe wir trinken dich nachts
wir trinken dich mittags der Tod ist ein Meister aus
Deutschland
wir trinken dich abends und morgens wir trinken
und trinken
der Tod ist ein Meister aus Deutschland sein Auge
ist blau
er trifft dich mit bleierner Kugel er trifft dich genau
ein Mann wohnt im Haus dein goldenes Haar Mar-
garete
er hetzt seine Rüden auf uns er schenkt uns ein Grab
in der Luft
er spielt mit den Schlangen und träumet der Tod ist
ein Meister aus
Deutschland

dein goldenes Haar Margarete
dein aschenes Haar Sulamith

Paul Celan: Todesfunge und andere Gedichte. Frankfurt am Main: Suhrkamp 2004, S. 11

Aufgaben

1 Beschreiben Sie die im Gedicht dargestellten Ereignisse.

2 Untersuchen Sie den Text nach sprachlichen Stilmitteln.

3 Analysieren Sie das Gedicht hinsichtlich möglicher Referenzen auf den Holocaust und deuten Sie diese.

TEXT

Früher Mittag

Ingeborg Bachmann, 1953

Still grünt die Linde im eröffneten Sommer,
weit aus den Städten gerückt, flirrt
der mattglänzende Tagmond. Schon ist Mittag,
schon regt sich im Brunnen der Strahl,
schon hebt sich unter den Scherben
des Märchenvogels geschundener Flügel,
und die vom Steinwurf entstellte Hand
sinkt uns erwachende Korn.

Wo Deutschlands Himmel die Erde schwärzt,
sucht sein enthaupteter Engel ein Grab für den Haß
und reicht dir die Schüssel des Herzens.

Eine Handvoll Schmerz verliert sich über den Hügel.

Sieben Jahre später
fällt es dir wieder ein,
am Brunnen vor dem Tore,
blick nicht zu tief hinein,
die Augen gehen dir über.

Sieben Jahre später,
in einem Totenhaus,
trinken die Henker von gestern
den goldenen Becher aus.
Die Augen täten dir sinken.

Schon ist Mittag in der Asche
krümmt sich das Eisen, auf den Dorn
ist die Fahne gehißt, und auf den Felsen
uralten Traums bleibt fortan
der Adler geschmiedet.

Nur die Hoffnung kauert erblindet im Licht.

Lös ihr Fessel. führ sie
die Halde herab, leg ihr
die Hand auf das Aug, daß sie
kein Schatten versengt!

Wo Deutschlands Erde den Himmel schwärzt,
sucht die Wolke nach Worten und füllt den Krater
mit Schweigen,
eh sie der Sommer im schütteren Regen vernimmt.

Das Unsägliche geht, leise gesagt, übers Land:
schon ist Mittag.

Ingeborg Bachmann: Gedichte, Erzählungen, Hörspiel, Essays. München und Zürich: Piper 1981, S. 19

Aufgaben

1 Beschreiben Sie die im Gedicht dargestellten Bilder.

2 Untersuchen Sie das Gedicht auf Metaphern und Stilfiguren.

3 Recherchieren Sie im Internet oder in literarischen Interpretationshilfen nach den im Gedicht erwähnten Referenzen auf den Holocaust.

LITERATUR DER GEGENWART
1989 bis heute

Ist das E-Book das Buch der Zukunft? Oder lösen zukünftig multifunktionelle Geräte den E-Reader ab?

Nichts prägte die Gegenwart seit dem Fall des Eisernen Vorhangs so sehr wie die **Globalisierung.** Durch das Ende der kommunistischen Diktaturen setzte eine wirtschaftliche Verflechtung der Welt ein, gefolgt von einer globalen Vernetzung großer Teile der Menschheit durch die **Digitalisierung.**

Die Literatur ist durch diese Entwicklungen selbst in eine Revolution getreten: Das **Internet** erleichtert die Verbreitung von Texten – auch abseits von Verlagen. **Hypertexte** werden durch die Arbeit mehrerer Autorinnen und Autoren theoretisch bis in die Unendlichkeit vernetzt, überarbeitet und ausgedehnt. Aktualität und Vielfalt an Themen prägen diese globale postmoderne (und digitale) Literatur. Aufgrund der digitalen Buchkultur wurde dem Buch schon öfter der Tod vorausgesagt. Und tatsächlich erleiden die Buchverkaufszahlen spürbare Rückgänge – die **Lesekultur** ändert sich. Auch Autorinnen und Autoren sowie Verlage geraten zunehmend unter Druck: Giganten des Internets wie Google, Amazon und Co. dominieren den Versand, Vertrieb und Verkauf von Literatur. Traditionelle Buchhandlungen sind dem Online-Marktplatz längst nicht mehr gewachsen. **Internet-Suchmaschinen** bestimmen zunehmend die **Distribution** von Literatur. Die vielen **Daten im Internet** bergen eine große Gefahr: Wer kontrolliert die Daten, wer verwaltet sie, wer gebraucht oder missbraucht sie? Dies gilt für alle persönlichen Daten, aber auch für jede geschriebene Zeile, die ins Netz gestellt wird.

Distribution: Verteilung, Vertrieb

Mit karger Sprache und poetischer Kraft erzählt Marius Goldhorn in seinem 2020 veröffentlichten Roman ***Park*** *von der Oberfläche unserer Gegenwart, in der das Reale genauso nah scheint wie das Virtuelle.*

Dieses Kapitel vermittelt Ihnen

> einen Eindruck der Veränderungen der Buchkultur durch neue Medien.

> einen Überblick über Autorinnen und Autoren unserer Gegenwart und ihr Verhältnis zu den neuen Medien.

> einen Einblick in die Themen der Gegenwartsliteratur.

Geschichte und Gesellschaft

Das Ende des Kalten Krieges eröffnete für Österreich neue außenpolitische Möglichkeiten: 1995 trat Österreich der **EU** bei. Der Beitritt und die Öffnung der Märkte im Osten gingen Hand in Hand mit wirtschaftlichem Aufstieg und gesellschaftlicher Liberalisierung. Aber negative Folgen der Globalisierung wie Finanzkapitalismus und Ökonomisierung der Gesellschaft traten ans Licht. Infolge verstärkter **Einwanderung** veränderte sich Österreichs kulturelle Identität. Während das viele Menschen als kulturelle und wirtschaftliche Bereicherung erlebten, fühlten sich andere mit Verlustängsten und Ängsten um die eigene Identität konfrontiert. Gefahr durch globalen Terror, politisch destabilisierende Armut oder Pandemien wie jene durch das Virus Covid 19 sind weitere Kehrseiten von globaler Vernetzung. **Umweltprobleme** zeigen die Grenzen menschlichen Handelns auf: Das desaströse Artensterben der Tier- und Pflanzenwelt, der enorme Energie- und Ressourcenverbrauch, Ausbeutung von Nutztieren, Übernutzung der Böden und der menschgemachte Klimawandel gelten als die größten Herausforderungen der Zeit. Viele Literaturschaffende haben zu diesen Themen in verschiedenen Formen Stellung bezogen.

Der Kinderbuchklassiker ***Superhenne Hanna*** *(1977) von Felix Mitterer (geb. 1948) thematisiert ungeschönt die Brutalität der Massentierhaltung am Beispiel von Hühnern.*

Im Jahr 2000 wurde in Österreich unter großen Protesten die erste **ÖVP-FPÖ-Regierung** angelobt. Damit trat das problematische NS-Erbe erneut ins Bewusstsein der Österreicherinnen und Österreich. Der FPÖ werden vielfach die mangelnde Abgrenzung der Partei oder einzelner Parteimitglieder zur NS-Vergangenheit Österreichs und eine fremdenfeindliche Politik vorgeworfen. Allerdings wurden einwanderungskritische Gesetze von SPÖ, ÖVP und FPÖ meist abwechselnd vorangetrieben bzw. unterstützt. Kritik daran kam von Anfang an von einer breiten Szene Kunst- und Kulturschaffender, die sich u. a. als öffentliche Mahnerinnen und Mahner verstehen.

2015 setzte im Rahmen der sogenannten **„Flüchtlingskrise“**, die besonders Deutschland, aber auch Österreich betroffen hat, eine breite Debatte um Migration ein. Die Ankunft hunderttausender Flüchtlinge aus Syrien und anderen Kriegs- und Krisengebieten stürzte Europas Innenpolitik in tiefe Turbulenzen. Unter anderem deshalb kam es in Österreich zu einer Neuauflage der ÖVP-FPÖ-Regierung (ab 2017; vorzeitige Neuwahlen 2019), die sich bewusst als migrationskritisch positionierte. Inzwischen wurde in Österreich die Grüne Partei erstmals in einer Bundesregierung eingebunden, während die FPÖ diesen Platz durch einen Korruptionsskandal und damit verbundenen Neuwahlen wieder verloren hatte.

Ludwig Lahers (geb. 1955) Roman ***Verfahren*** *aus 2011 schildert ein Asylverfahren der Kosovo-Serbin Jelena in Österreich. Darin werden Österreichs rigide Einwanderungspolitik und das komplexe juristische System, das mit Asylverfahren einhergeht, mit persönlichen Schicksalen der Betroffenen verknüpft.*

Diesen Ereignissen vorausgegangen war eine der größten **Finanzkrisen** der Geschichte, die zu einer starken ökonomischen Verunsicherung geführt hatte.

Nach wie vor ungelöst ist die Frage der **Gleichheit der Geschlechter** sowie der sexuellen Selbstbestimmung. Im Zuge der sogenannten **Mee-Too-Kampagne** wiesen (überwiegend) Frauen auf ihre Erfahrungen mit sexuellem Machtmissbrauch durch Männer hin. Davon betroffen war auch das Komitee des Literaturnobelpreises der Schwedischen Akademie, das sich infolge eines sexuellen Missbrauchsskandals quasi selbst auflöste, wodurch der **Literaturnobelpreis 2018** nicht vergeben werden konnte. Schließlich wurde das Komitee neu organisiert, 2019 wurden zwei Preise vergeben und damit jener aus 2018 nachgeholt. Allerdings führte die Nominierung des österreichischen Schriftstellers Peter Handke neuerlich zu großen Kontroversen (> S. 250).

Es lässt sich ein aufkommender frauenfeindlicher Diskurs beobachten, der nicht nur **gendergerechte Sprachregelungen,** sondern Feminismus im Allgemeinen ablehnt – so entzünden sich teils hitzige Diskussionen.

Literarische Personen äußern sich zu den Problemen unserer Zeit in den unterschiedlichen Medien und sind längst zu Personen der Öffentlichkeit geworden. Soziale Medien und Netzwerke werden verwendet, um sich der Öffentlichkeit zu präsentieren. Dabei verschwimmen die Grenzen zwischen privatem und öffentlichem Auftreten zusehends.

„Schriftstellerinnen" und **„Schriftsteller"** sind wir im Zeitalter des Internets und der digitalen Medien potenziell alle: ob jemand einen Blog verfasst, für digitale Medien arbeitet oder innerhalb einer Community Texte publiziert. Literatur, die sich gegen diese enorme Konkurrenz durchsetzt, unterliegt großem kommerziellem Druck und ist auf eine gute Vermarktung und vielfach auch auf staatliche Förderungen angewiesen. Der finanzielle Erfolg ist meist nur Wenigen vorbehalten, viele Literatinnen und Literaten leben in **prekären** Verhältnissen.

prekär: heikel, schwierig, misslich; hier: wirtschaftlich bzw. finanziell schwierige Situation

Gegenwärtig ist eine zunehmende **Verrohung politischer Sprache und Diskurse** festzustellen, derer sich sogar höchste politische Entscheidungsträgerinnen und -träger bedienen. Diese Sprachdiskurse verlagern sich zunehmend in die Öffentlichkeit der digitalen Medien.

Was für ein Gewicht hat die Stimme der Literatur? Früher erhoben wenige ihre Stimme, wurden aber oftmals gehört. Heute melden sich weitaus mehr Menschen zu Wort, allerdings herrscht ein Stimmengewirr. Wer nicht aufregen kann, zu leise tritt, kein Netzwerk hat, findet oftmals kein Gehör. Neuerdings setzen sich häufig jene durch, die sich durch Brutalität in der Sprache, Provokation, Eigensinn und manchmal auch Lügen von anderen hervorheben.

John Düffel (geb. 1966) schrieb in ***Der brennende See*** *(2020) einen Roman zur Klimakrise: ein Generationendrama, das u. a. die Klimabewegung Fridays-for-Future zum Inhalt hat.*

Aufgaben

1 Nennen Sie Herausforderungen und Probleme, mit denen die heutige Gesellschaft konfrontiert ist.

2 Welche der Ereignisse bzw. Phänomene, die Sie im Abschnitt Geschichte und Gesellschaft gelesen haben, waren Ihnen persönlich durch die Medien bereits bekannt? Sprechen Sie darüber in der Klasse.

3 Was sind Ihrer Meinung nach die größten Herausforderungen unserer Zeit? Begründen Sie Ihre Meinung und diskutieren Sie diese in der Klasse.

Kunst und Kultur

Oft spricht man für den Zeitraum von 1989 bis zur unmittelbaren Gegenwart von der **Postmoderne.** Zunehmend verschmelzen die Kunst- und Kulturgattungen, auch Öffentlichkeit, Inszenierung und Kunstwerk sind nicht länger klar zu trennen. Beliebt ist z. B. die Installation des Kunstwerks im öffentlichen Raum.

Der deutsche Autor-, Theaterregisseur und Aktionskünstler **Christoph Schlingensief** (1960 – 2010) provozierte 2000 in Österreich mit seiner Kunstaktion **Ausländer raus! Schlingesiefs Container.** In einem von fremdenfeindlichen Parolen und Reden des FPÖ-Politikers Jörg Haider (> S. 234) beschrifteten bzw. plakatieren Container mitten in Wien befanden sich mehrere Personen, die Asylwerber darstellen sollten. Diese wählten täglich eine der Personen aus, die den Container zu verlassen hatte. Damit wurde der Rauswurf eines Asylwerbers aus Österreich symbolisiert. Schlingensief kritisierte hierdurch die eben zustande gekommene **ÖVP-FPÖ-Regierung** (> S. 259) sowie die Ausländerfeindlichkeit vieler Österreicherinnen und Österreicher. Außerdem nahm die Inszenierung Bezug zur TV-Show Big Brother.

Provokationen anderer Art setzte der österreichische bildende Künstler **Franz West** (1947 – 2012) mit seinen Werken und Installationen. Er erhielt international großen Zuspruch für seine Arbeit.

Auch der Künstler **Erwin Wurm** (geb. 1954) entwickelt beeindruckende Skulpturen, die den öffentlichen Raum verfremden. Die Künstlerin **Eva Schlegel** (geb. 1960) bearbeitete Objekte oder öffentliche Flächen mit Schrift und Bild. Ähnlich agiert auch **Heimo Zobernig** (geb. 1958). Mit Installationen beschäftigt sich auch die in Österreich geborene Künstlerin und Autorin **Elke Krystufek** (geb. 1970).

Die Werke von Franz West werden oft im öffentlichen Raum installiert: Sein Kunstwerk **Lemurenköpfe** *befindet sich auf der Stubenbrücke in Wien, nahe dem Museum für angewandte Kunst.*

Deborah Sengls (geb. 1974) Werk gehört der Concept Art an. Darin thematisiert sie unter anderem die Täuschung und Tarnung, etwa durch Maskerade, und die damit verbundene Frage nach der Identität.

Die **Wall of silence,** *eine Installation der Künstlerin Krystufek, lädt zum Nachdenken und zur Reflexion ein: Installation 2013 in Grafenegg, NÖ*

Raubtier oder Beutetier? Deborah Sengl arbeitet mit der Frage der Maskerade und Tarnung: **Die Löwin – als Raubtier – ertarnt sich die begehrte Beute** *(2004)*

Die **Corona-Krise,** verursacht durch die pandemische Ausbreitung des Virus Covid 19 (kurz Corona), führte 2020 zu einem vorübergehenden Stillstand des öffentlichen Kunst- und Kulturlebens. Um eine Ausbreitung der Pandemie einzudämmen, wurden in unterschiedlichen Ländern, so auch Österreich, „Lockdowns", also das Herunterfahren des öffentlichen Lebens, für eine bestimmte Zeit verordnet. Institutionen wie Theater und Museen verschlossen sich der Öffentlichkeit, Kunst und Kultur mussten sich in den virtuellen Raum verlagern. Theaterstücke und Opern wurden gestreamt, virtuelle Museen angeboten, Literatinnen und Literaten veröffentlichten ihre Beiträge im Netz und reflektierten die Erfahrungen der Isolation und Quarantäne. Die österreichische Schriftstellerin Marlene Streeruwitz (geb. 1950) stellte z. B. mit **So ist die Welt geworden** einen Covid-19-Roman ins Netz (> S. 272f.). Es bleibt offen, ob sich Kunst und Kultur im Netz durchsetzen werden.

Aufgaben

1 Gestalten Sie eine eigene Installation, die Sie in Ihrem Klassenzimmer integrieren/dort ausstellen. Es kann eine Installation mithilfe von Bildern oder Sprache sein, eine Collage, oder aber auch ein Kunstgegenstand, den Sie entwerfen. Folgende Merkmale sollte die Installation erfüllen: Sie soll Teil des Klassenzimmers sein, ein Thema unserer Zeit oder ihres Alltags als Schülerin bzw. Schüler ansprechen und zum Nachdenken anregen.

2 Vergleichen Sie in der Klasse, welche Bereiche der Kunst- und Kultur für Sie unverzichtbar sind. Denken Sie dabei an Musik, Theater, Kino, Literatur, Museen etc. Überlegen Sie, was davon durch den virtuellen Raum ersetzt bzw. abgedeckt werden könnte.

Literatur und Personen

Viele literarische Gattungen, die es schon früher gab, erlebten in der **Postmoderne** der Literatur eine Art „Renaissance" und wurden weiterentwickelt, wie etwa der Kriminalroman oder die Thriller-Literatur.

Folgende Tendenzen der Gegenwartsliteratur lassen sich dafür festmachen:

1. Die **Suche nach der eigenen Identität** – und das auf vielen Ebenen: Dabei geht es um Fragen wie *Wer bin ich?* und *Wo komme ich her?*
2. Die **Auseinandersetzung mit den Generationen:** Dabei versuchen die Autorinnen und Autoren, ihre eigene Vergangenheit aufzuarbeiten und setzen sich dabei mit der Zeit und der Vergangenheit der Elterngeneration auseinander.
3. **Humoristische und absurde Werke** sind eine typische Erscheinung der Postmoderne.
4. **Intertextualität** zeigt sich häufig im Spiel mit bekannten Mustern, Mythen und Motiven. Die Texte sind voll von Anspielungen auf andere Werke, traditionelle Erzählstile und bekannte Motive aus der Kultur und der Geschichte.
5. **Mehrfachcodierung:** Die Texte sprechen eine breite Leserschaft an und wollen bewegen und unterhalten. Viele der Texte der Postmoderne wollen Laien, aber auch Expertinnen und Experten der Literatur von ihrer Qualität und Botschaft überzeugen. Zudem spielt die filmische Sprache (wie ein Filmdrehbuch geschrieben) in der Literatur eine immer wichtigere Rolle.

Mit der **Literatur der Wiedervereinigung** oder **„Wende"** wurden die DDR-Geschichte und ihre Zeit verarbeitet. Das Ende, das Zerbrechen des kommunistischen Mythos, wird ebenso beschrieben wie das Aufbegehren gegen das Regime. Wichtige Wenderomane sind z. B. Monika Marons (geb. 1941) **Stille Zeile sechs** (1991), Wolfgang Hilbigs (1941 – 2007) **Ich** (1993) und Ernst Loests (1926 – 2013) **Nikolaikirche** (1995).

Die Nikolaikirche in Leipzig war Ausgangspunkt der Montagsdemonstrationen gegen das DDR-Regime und wurde somit zu einem Symbol für die Wende – so auch in Ernst Loests Roman **Nikolaikirche.**

Digitale Poesie, Netzliteratur, der neue Heimatbegriff und „Twitteratur"

Digitale Poesie (> S. 274) gilt seit den 1990ern als eigenständige Kunstform. Es geht dabei um den künstlerischen Umgang mit Sprache in den Medien, speziell im Internet. Mit herkömmlicher Literatur hat die digitale Poesie wenig zu tun. Wie auch in der experimentellen Lyrik (> S. 274) der 1950er Jahre steht hier nicht das Wort, sondern die Form im Zentrum.

Twitteratur (> S. 278) nennt man getwitterte Literatur, also Kurztexte, die über das Soziale Netzwerk Twitter verbreitet werden. Ein „Tweet" pro Werk, maximal 280 Zeichen (früher 140 Zeichen) – so lauten die Regeln von eigens stattfindenden Wettbewerben. Mittlerweile sind **Soziale Netzwerke** ein vollkommen etabliertes Kommunikations-, aber auch Literaturmedium geworden.

Literatur erscheint teilweise ausschließlich im Internet. So präsentiert z. B. die österreichische Autorin **Marlene Streeruwitz** zahlreiche Texte über ihre Website und nimmt darin zu aktuellen Themen literarisch Stellung.

Die **österreichische Literaturnobelpreisträgerin** aus dem Jahr 2004, **Elfriede Jelinek** (geb. 1946), stellt ihre Werke seit Jahren (mitunter ausschließlich) kostenfrei auf ihrer Webseite zur Verfügung *(https://www.elfriedejelinek.com/)*. 2008 z. B. erschien ihr gesamter Roman **Neid** im Internet.

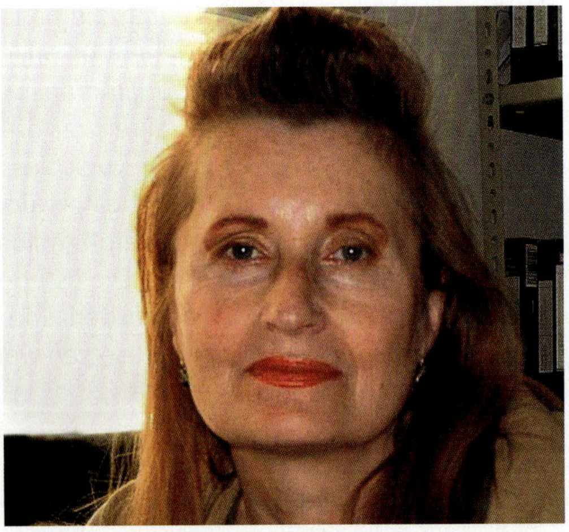

*Elfriede Jelinek (geb. 1946) setze ihrem Werk nicht nur bedeutende literarische Akzente, sondern thematisierte Probleme unserer Zeit: Ob die Aufarbeitung des Nationalsozialismus (***Burgtheater***, 1985;* **Kinder der Toten***, 1995), sexuelle Ausbeutung (***Über Tiere***, 2006) oder der kalte Umgang mit Asylwerbern (***Die Schutzbefohlenen***, 2014) – es gibt kaum ein brisantes Thema, dem sich die Autorin nicht gewidmet hat. Fotografie aus 2004.*

IN SZENE GESETZT

Die Klavierspielerin (1983) bedeutete für Jelinek den dauerhaften literarischen Durchbruch. Das Werk wurde 2001 von Michael Haneke (geb. 1942), einem der bedeutendsten österreichischen Regisseure, verfilmt. Im Roman wird die Protagonistin Erika Kohut von ihrer Mutter brutal zur Klavierspielerin gedrillt. Durch das Abhängigkeitsverhältnis zur Mutter leidet auch die Sexualität der Protagonistin, die herausfinden muss, dass sie nur noch durch Bestrafung und Voyeurismus Lust empfinden kann.

Im Werk wird u. a. auch Jelineks ambivalentes Verhältnis zur Musik thematisiert. Am Konservatorium der Stadt Wien hatte Jelinek Orgel, Klavier, Blockflöte und Komposition studiert.

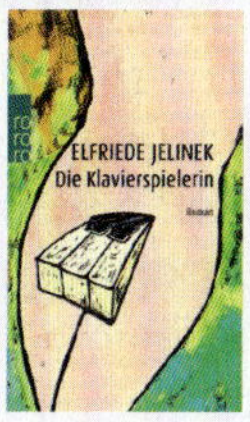

Der Philosoph und Autor **Franz Schuh** (geb. 1947) beleuchtet in seinen Büchern Konsumgesellschaft und Medienlandschaft humorvoll und kritisch. Sein Buch **Schwere Vorwürfe, schmutzige Wäsche** wurde 2006 zu einem Überraschungserfolg.

In **Daniel Glattauers** (geb. 1960) Roman **Gut gegen Nordwind** (2006; > S. 269) wird wiederum das Medium „E-Mail“ in Form eines Brief- und Liebesromans reflektiert. Das Werk wurde von Vanessa Jopp (geb. 1971) 2019 verfilmt.

Die Literatur der 1990er und der Folgejahren brachte auch eine **Neubewertung des Heimatbegriffes** mit sich, der nun weit kritischer und distanzierter betrachtet wird. Die Generation der Autorinnen und Autoren, die nach dem Zweiten Weltkrieg geboren wurden, aber auch das Leben in einem geeinten Europa mit all seinen Chancen und Problemen werden versärkt zu Themen in der Literatur. Der österreichische Autor Robert Menasse (geb. 1954) veröffentlichte 2017 mit **Die Hauptstadt** den ersten Roman über die **Europäische Union. Franzobel** (geb. 1967) setzt sich immer wieder kritisch und satirisch mit seiner Heimat Österreich auseinander. Seine Theaterstücke verortet er in der Tradition des Volksstücks.

Kriminalliteratur

Wolf Haas ist vor allem für seine Brenner-Krimis bekannt, die stets mit dem Satz „Jetzt ist schon wieder was passiert“ eingeleitet werden. **Das Wetter vor 15 Jahren** (2006) und **Verteidigung der Missionarsstellung** (2012) sind Liebesgeschichten, die durch eine ungewöhnliche Erzähltechnik gebrochen werden. Einmal als multiperspektivisch erzählter Roman, in den sich der Autor in Form eines fiktiven Interviews selbst einbringt, einmal als **auktoriale Erzählung**, vermittelt durch einen Ich-Erzähler. 2018 erschien sein autobiografischer Roman **Junger Mann.**

Wolf Haas, hier auf der Frankfurter Buchmesse 2018

auktoriale Erzählung: aus einer übergeordneten, allwissenden Perspektive erzählt

bigott: besonders fromm, übertrieben religiösr

Der früher ungemein populäre **Heimatroman** entwickelte sich aus der beschriebenen Scheinheiligkeit und **Bigotterie** der Nachkriegszeit. In manchen Fällen wurde der Heimatroman zum Krimi, wie etwa in Hans Leberts (1919 – 1993) **Anti-Heimatroman Die Wolfshaut** (1960). Darin übt Lebert auch Kritik an der unzulänglichen und oberflächlichen Vergangenheitsbewältigung in Österreich.

Während der österreichische Heimatroman in seiner traditionellen Form heute als ausgestorben gilt, feierte der **Krimi** seit den 1990er Jahren ein Comeback, vor allem im Bereich des sogenannten Regionalkrimis, z. B. bei Alfred Komarek (geb. 1945) mit der Polt-Reihe, Wolf Haas (geb. 1960) mit den Brenner-Krimis oder Rita Falks (geb. 1964) Provinzkrimis wie **Dampfnudelblues.** Die Kriminalliteratur entwickelte sich in den letzten Jahren zur Marke. Dieses Phänomen ist international – man denke nur an die US-amerikanische Schriftstellerin Donna Leon (geb. 1942) oder die Skandinavier Henning Mankell (1948 – 2015) und Mats Wahl (geb. 1945). Viele Verlage haben sich heute fast ausschließlich dem Veröffentlichen von Krimis verschrieben.

Migrationsliteratur und Literatur der Fremde

Die Globalisierung ist auch an der Vielfältigkeit der Literatur zu bemerken. Immer mehr Autorinnen und Autoren der jüngeren Generation, die einen **Migrationshintergrund** haben, wählen die deutsche Sprache für ihre Literatur. Das Fremdheitselement dieser Literatur wird betont – auch die Sprachbarrieren und die „Andersartigkeit" in einer fremden Gesellschaft werden zum Thema. **Herta Müller** (geb. 1953), Literaturnobelpreisträgerin 2009, Vertreterin der sogenannten Banat-Deutschen Rumäniens, die in den 1980er Jahren wieder nach Westdeutschland kamen, oder **Maja Haderlap** (geb. 1961), eine Vertreterin der slowenischen Minderheit Kärntens, verarbeiteten die Schicksale ihrer Herkunft in den Büchern **Atemschaukel** (Herta Müller, 2009) bzw. **Der Engel des Vergessens** (Maja Haderlap, 2011).

Herta Müller erhielt für ihr Werk **Atemschaukel** *2009 den Literaturnobelpreis, Fotografie 2011*

Auch die in Ungarn als Kind von Mitgliedern der deutschsprachigen Minderheit aufgewachsene Autorin **Terézia Mora** (geb. 1971), deren Buch **Seltsame Materie** (1999) die Begriffe „Heimat" und „Fremde" thematisiert, schreibt seit 1990 auf Deutsch. Die in Japan geborene **Yoko Tawada** (geb. 1960) hat sich mit ihren auf Deutsch geschriebenen Texten (z. B. **Nur da wo du bist da ist nichts**, 1987) einen Namen gemacht. Sie beschreibt die Probleme, die man mit der deutschen Sprache und Kultur haben kann, wenn man aus dem Ausland kommt. Einen kreativen Zugang zur Sprache wählt auch **Michael Stavarič** (geb. 1972), der mit sieben Jahren aus der ehemaligen Tschechoslowakei nach Wien kam.

Der in Österreich lebende Bulgare **Dimitré Dinev** (geb. 1968) zeigt in seinem Roman **Engelszungen** (2003) wie ein bereits Verstorbener zum „Engel der Zuwanderer Wiens" wird.

Der türkischstämmige Schriftsteller **Feridun Zaimoğlu** (geb. 1964) schaffte es mit seinem Roman **Kanak Sprak** (1995) die Jugendsprache von Migrantinnen und Migranten in den Fokus der Öffentlichkeit zu rücken. **Rafik Schami** (geb. 1946), gebürtiger Syrer, der schon lange in Deutschland lebt, schreibt Texte in der Tradition abendländischer Märchen. Die in Wien lebenden Schriftsteller **Ilija Trojjanow** (geb. 1965) aus Bulgarien und **Tanja Maljartschuk** (geb. 1983), Bachmannpreisträgerin 2018, aus der Ukraine, empfinden sich als Kosmopoliten. Trojianow beschreibt im Buch **Der Weltensammler** (2006) die Geschichte des Richard Francis Burton (1821 – 1890), eines Afrikaforschers und Orientalisten, der als einer der ersten Europäer an der Pilgerreise nach Mekka teilnahm. Die gebürtige US-Amerikanerin **Ann Cotten** (1982), die aus der **Poetry-Slam-Szene** kam, debütierte mit dem Gedichtband **Fremdwörterbuchsonette** (2007), in dem sie Deutsch und Englisch vermischt und somit eine ganz eigene, spezielle Formsprache entwickelt.

Der gebürtige Pole **Radek Knapp** (geb. 1964) und der Russe **Wladimir Kaminer** (geb. 1967) wählen die humorvolle Variante und bedienen in ihren Erfolgsbüchern **Herrn Kukas Empfehlungen** (Radek Knapp, 1999) bzw. **Russendisco** (Wladimir Kaminer, 2000) auf heitere Art und Weise die Klischees, die man in Österreich und Deutschland von ihren Herkunftsländern und deren Bewohnerinnen und Bewohnern hat.

Generationswechsel, Popliteratur und Slams

Natürlich vollzog sich auch in der Literatur in den letzten Jahren ein spürbarer und sichtbarer Generationswechsel. Viele Verlage suchen gezielt nach talentierten Newcomern, die einen neuen Stil in die Literaturszene bringen. Dieser Wechsel wurde zusätzlich beschleunigt durch das Aufkommen der **Sozialen Netzwerke.** Das *World Wide Web* ist längst zum wichtigsten Informations- und Kommunikationsmittel geworden.

Der **Poetry Slam** (> S. 276) hatte sich Mitte der 1980er Jahre in den USA (Chicago) entwickelt und fand ab Ende der 1990er Jahre auch in Deutschland und Österreich Einzug. Der Begriff „Poetry Slam" setzt sich aus dem englischen Nomen *poetry* („Dichtung") und dem Verb *slam* (was übertragen etwa so viel wie „schlagen" bedeutet) zusammen. Bei Poetry-Slam-Veranstaltungen – mittlerweile finden solche Veranstaltungen in hunderten Städten weltweit statt – sprechen Teilnehmerinnen und Teilnehmer vor einem Publikum entweder frei und ohne größere Vorbereitung, oder sie rezitieren aus ihren literarischen Werken. Die Zuschauerinnen und Zuschauer wählen anschließend aus allen Teilnehmenden eine Siegerin bzw. einen Sieger. 1997 fanden erstmals **deutschsprachige Poetry-Slam-Meisterschaften** statt. Seit 2000 sind Österreich und die Schweiz beteiligt, seit 2009 Liechtenstein, seit 2014 Luxemburg. Mittlerweile gibt es Europa- und Weltmeisterschaften und die große nationale und internationale Begeisterung zeigt, dass Literatur längst auch einen neuen und breitenwirksamen Happening-Charakter erreicht hat. Viele Slammerinnen und Slammer können von ihrer Kunst leben und erreichen vor allem durch Soziale Netzwerke ein noch größeres Publikum. Weibliche Poetry-Slammerinnen wie **Mieze Medusa** (geb. 1975), **Diana Köhle** (geb. 1975), **Yasmin „Yasmo" Hafedh** (geb. 1990), **Lisa Eckhart** (geb. 1992), **Pauline Füg** (geb. 1983) oder **Julia Engelmann** (geb. 1992) lassen zudem eine wichtige und moderne Form des Feminismus in ihre Auftritte einfließen.

Unter dem Begriff **Popliteratur,** die auch als eine neue „Version" der Beatgeneration der frühen 1950er Jahre angesehen werden könnte, versteht man eine neue, eigene, freche, zwanglose Ausdrucksweise (**Slang**, auch Sprache innerhalb einer bestimmten Szene), die auch eine filmische Sprache miteinbezieht und viel mehr ist als „nur" Literatur. Ergänzend zu einem Buch gibt es **Szenepositionierung** und die passende Musik bzw. den passenden Film. Bekannte Autorinnen und Autoren dieser der Popmusik ähnlichen Literatur sind **Benjamin von Stuckrad-Barre** (geb. 1975), **Sarah Kuttner** (geb. 1979), **Alexa Hennig von Lange** (geb. 1973), **Charlotte Roche** (geb. 1978) oder **Benjamin Lebert** (geb. 1982). International gilt der britische Schriftsteller **Nick Hornby** (geb. 1957) als erfolgreichster und bekanntester Vertreter der Popliteratur.

Auch das **zeitgenössische Theater** spricht nun Probleme der Gesellschaft, speziell auch der Jugend an. Einige Vertreter dafür sind **Thomas Perla** (geb. 1987), **Alex Cedric Xander** (geb. 1990) und **Ruth Klüger** (1931 – 2020).

Benjamin Lebert (geb. 1982), hier auf der Leipziger Buchmesse 2012 bei der Vorstellung seines Buches **Im Winter dein Herz**, *wurde 1999 durch seinen Debütroman* **Crazy** *bekannt, der unzensiert Alltagsprobleme eines Schülers thematisiert.* **Crazy** *schrieb Lebert im Alter von 16 Jahren.*

Aufgaben

1 Geben Sie wichtige Tendenzen der Gegenwartsliteratur wieder.

2 **Gruppenarbeit:** Überlegen Sie in Gruppen, welche Krimis Sie kennen. Beziehen Sie hierbei auch Serien und Filme mit ein. Stellen Sie Gemeinsamkeiten zwischen den von Ihnen genannten Beispielen fest.

3 Verfassen Sie einen kurzen Text über die Sprachen, die Sie beherrschen – Dialekte miteingeschlossen. Wenden Sie im Text auch Ihre Sprachen an.

Der Buchmarkt und sein Wesen

Der Buchmarkt hat in den vergangenen Jahren einen Wandel durchgemacht. Der Hauptgrund dafür ist das Internet. Bücher können heute problemlos mittels App auf das E-Book, Tablet oder das Mobiltelefon geladen werden. In Online-Shops kann man rasch und unkompliziert Bücher bestellen. Gleiches gilt für Hörbücher. Mit ihnen macht der Handel ein gutes Geschäft. Waren es in den 1960er Jahren noch Kassetten, in den 1980er Jahren CDs, so kann man heute Hörbücher im bequemen MP3-Format anhören.

Eine ähnliche Entwicklung hat auch das Berufsprofil der Autorin und des Autors durchgemacht. Das Internet ist voll von **Self-Publishing-** oder **Fanfiction-Seiten.** Findet jemand keinen Verlag, kann das eigene Werk problemlos ins Netz gestellt werden – ganz ohne größeres finanzielles Risiko. Auf diese Art entstand etwa das Bestseller-Phänomen **Fifty Shades of Grey** (2011 bzw. 2012) der englischen Autorin E. L. James (geb. 1963).

Es gibt sogenannte Print-on-Demand-Verlage. Wenn ein Buch in einem solchen Verlag gedruckt werden soll, muss meist die Autorin bzw. der Autor dafür bezahlen. Je mehr Geld bezahlt wird, desto größer wird die Auflage. So kann im Verlagswesen zwischen „seriösen" (werden vorher geprüft, Autorin bzw. Autor müssen nichts bezahlen) und „unseriösen“ (Text wird nicht geprüft, Autorin bzw. Autor übernimmt die Gesamtkosten, also auch die Kosten für Satz, Layout, Lektorat und Vermarktung) **Verlagen** unterschieden werden.

NOTIZ AM RANDE

Verlage sind **Wirtschaftsunternehmen.** Sie kalkulieren die Produktion und Vermarktung eines Buches und übernehmen auch das finanzielle Risiko. In Verlagen befinden sich die **Verlagsleitung,** das **Lektorat,** in dem die **Manuskripte** (z. B. der Romantext) geprüft werden, die **Herstellung** und der **Vertrieb.** Je größer ein Verlag ist, desto mehr **Marketing** kann er betreiben. Jeder Verlag hat heute eine Website im Internet und nutzt die **Sozialen Netzwerke,** um mit Leserinnen und Lesern verbunden zu sein. Buchmessen (z. B. **Buch Wien)** bieten zusätzlich die Möglichkeit, das Verlagsprogramm einer breiteren Öffentlichkeit zu präsentieren.

Wenn ein Verlag an einem Manuskript interessiert ist, wird zwischen ihm und der Autorin bzw. dem Autor ein **Verlagsvertrag** abgeschlossen. Die Autorin bzw. der Autor sind dann prozentuell am Verkauf pro Buch beteiligt (meist bis zu 10 % vom Ladenpreis). Nach dem Druck des Buches kommt es an den Verteiler. Das sind **Buchhandlungen, Buchgemeinschaften, Online-Shops, Büchereien** oder **Bibliotheken.** Überall, wo es gekauft werden kann, unterliegt das Buch der sogenannten **Buchpreisbindung.** Das bedeutet, dass das Buch überall gleich viel kosten muss, und zwar genauso viel, wie der Verlag festgelegt hat. Wenn sich ein Buch nicht mehr verkauft, kann der Verlag das Buch zu einem geringen Preis verramschen.

Das **Urheberrecht** oder Copyright zum Schutz geistigen Eigentums von Autorinnen und Autoren wurde erst im 20. Jahrhundert zuerkannt. In Österreich erlischt dieses Recht 70 Jahre nach dem Tod der Autorin bzw. des Autors. Ab diesem Zeitpunkt ist ein Werk „gemeinfrei“, d. h. es kann von jeder Person genutzt oder vervielfältigt werden.

Deutschsprachige Bestseller der letzten Jahrzehnte

Das Marktvolumen, das der englisch- oder spanischsprachige Buchmarkt hat, ist nicht mit jenem des deutschsprachigen Raumes zu vergleichen. Dennoch gibt es hierzulande zahlreiche Autorinnen und Autoren, deren Bücher sich sehr gut verkauft haben und deren Ruf weit über die Grenzen des deutschen Sprachraums hinaus geht. Goethe gilt allgemein als der erste richtige **Bestsellerautor** der deutschsprachigen Literatur – er wäre aber wahrscheinlich vor Ehrfurcht erstarrt, hätte er die Verkaufszahlen heutiger Autorinnen und Autoren kennengelernt. Der Buchmarkt hat allerdings durch die Sozialen Netzwerke und das Internet eine starke Konkurrenz bekommen. Der digitale Wandel birgt viele Chancen, aber auch Probleme. Zuletzt darf nicht übersehen werden: Fast die Hälfte der Menschen in Österreich lesen selten bis nie ein Buch, in Deutschland liest ein Viertel der Bevölkerung gar keine Bücher.

Aufgrund der Verkaufszahlen durch Buchhandlungen und Verlage werden die Bestseller des deutschsprachigen Raums ermittelt. Ab 100 000 verkauften Exemplaren gilt ein Buch heute meistens als **„Bestseller“**, allerdings gibt es dafür keine klar definierten Grenzen.

Hier einige deutschsprachige **Bestseller** der letzten Jahre, die meisten davon wurden mittlerweile auch verfilmt: Josef Winkler (geb. 1953) – **Natura Morta** (2001), Karen Duve (geb. 1961) – **Regenroman** (1999), Franzobel – **Das Floß der Medusa** (2017), Arno Geiger (geb. 1968) – **Es geht uns gut** (2005), Daniel Glattauer – **Gut gegen Nordwind** (2006; > S. 269), Thomas Glavinic (geb. 1972) – **Das bin doch ich** (2007), Wolf Haas (geb. 1960) – **Komm süßer Tod** (1998), Josef Haslinger (geb. 1955) – **Opernball** (1995) (geb. 1961), Daniel Kehlmann (geb. 1975) – **Die Vermessung der Welt** (2005), Michael Köhlmeier (geb. 1949) – **Abendland** (2007), Christoph Ransmayr (geb. 1954) – **Der fliegende Berg** (2006), Bernhard Schlink (geb. 1944) – **Der Vorleser** (1995), Robert Schneider – **Schlafes Bruder** (1992; > S. 268), Robert Seethaler (geb. 1966) – **Der Trafikant** (2012), Patrick Süskind (geb. 1949) – **Das Parfüm** (1985), Timur Vermes (geb. 1967) – **Er ist wieder da** (2012), und Juli Zeh (geb. 1974) – **Adler und Engel** (2001).

Seit Jahrzehnten gehören Christoph Ransmayr und Michael Köhlmeier zu den wichtigsten und meistgelesenen Autoren Österreichs, mit ebenso großem Erfolg in den restlichen deutschsprachigen Ländern. Beide treten auch immer wieder als kritische Stimmen öffentlich in Erscheinung.

Schlafes Bruder, *der von Robert Schneider verfasster Bestseller (> S. 268), wurde in insgesamt in 36 Sprachen übersetzt. Elias, der Protagonist, kommt im 19. Jh. in der noch rückständigen Bergwelt Vorarlbergs auf die Welt. Er wird mit einer außergewöhnlichen Gabe geboren: Er verfügt über ein äußerst scharfes Gehör, das jede bis dahin gekannte menschliche Grenze aufhebt, und einen großen Sinn für Musik. Aufgrund einer unerfüllten Liebe beschließt er eines Tages, nicht mehr zu schlafen.*

Ebenso riesige Verkaufserfolge erzielen die Jugendbücher von **Cornelia Funke** (geb. 1958; **Tintenherz**-Reihe), die Thriller von Sebastian Fitzek (geb. 1971; z. B. **Passagier 23,** 2014) oder dem Österreicher Bernhard Aichner (geb. 1972; z. B. **Bösland,** 2018) und die spannungsreichen Science-Fiction-Bücher von Frank Schätzing (geb. 1957; **Der Schwarm,** 2004).

Für mediale Aufregung sorgte **Josef Haslinger.** Er verarbeitete seinen als Kind durch Priester im Sängerknabenkonvikt in Stift Zwettl erlebten Missbrauch in dem 2020 erschienen Buch **Mein Fall.** Gleichzeitig kritisierte er öffentlich die Ombudsstellen, an die sich Missbrauchsopfer wenden können, weil diese, so Haslinger, den Opfern nicht ausreichend zuhören und zu langsam arbeiten würden.

Aufregung verursachte auch die Verleihung des Nobelpreises 2019 an den wegen seiner politischen Ansichten umstrittenen Autor **Peter Handke,** der für sein **Lebenswerk** ausgezeichnet wurde. Handkes künstlerisches Werk wurde hierbei wegen seines sprachlichen Einfallsreichtums gewürdigt. Kritisiert wurde Handkes Position zum Jugoslawienkrieg, wobei er eine proserbische Haltung einnahm und Kriegsgräuel teilweise relativierte (> S. 249f.).

Großen Erfolg feierte der Debütroman der österreichischen Schriftstellerin Vea Kaiser: **Blasmusikpop – oder wie die Wissenschaft in die Berge kam.** *Darin wird der Anti-Heimatroman überwunden, indem die österreichische Heimat, in diesem Fall die Gesellschaft der Bergwelt, ironisch und satirisch gebrochen wird.*

Die **österreichische Literaturnachwuchsszene** wächst stetig – wie auch die heimische Verlagsszene. Staatliche Förderungen erleichtern Jungautorinnen und Jungautoren den beruflichen Einstieg. In den letzten Jahren legten etwa **Daniel Wisser** (geb. 1971; **Königin der Berge**, 2018), **Robert Kleindienst** (geb. 1975; **Später vielleicht**, 2009), **Erwin Uhrmann** (geb. 1978; **Toko**, 2019), **Clemens Berger** (geb. 1979; **Das Streichelinstitut**, 2010), **Nadine Kegele** (geb. 1980; **Bei Schlechtwetter bleiben Eidechsen zuhause**, 2014), **Clemens J. Setz** (geb. 1982; **Die Frequenzen**, 2009), **Philipp Weiss** (geb. 1982; **Am Weltenrand sitzen die Menschen und lachen**, 2018), **Laura Freudenthaler** (geb. 1984; **Die Königin schweigt**, 2017), **Anna Weidenholzer** (geb. 1984; **Der Winter tut den Fischen gut**, 2012), **Sophie Reyer** (geb. 1984; **Mutter brennt**, 2019), **Birgit Burnbacher** (geb. 1985; **Wir ohne Wal**, 2016), **Marianne Jungmaier** (geb. 1985; **Das Tortenprotokoll**, 2015), **Tanja Raich** (geb. 1986; **Jesolo**, 2019), **Cornelia Travnicek** (geb. 1987; **Chucks**, 2012), **Vea Kaiser** (geb. 1988; **Blasmusikpop**, 2012), **Lukas Meschik** (geb. 1988; **Die Räume des Valentin Kemp**, 2018), **Valerie Fritsch** (geb. 1989; **Winters Garten**, 2015), **Theodora Bauer** (geb. 1990; **Das Fell meiner Tante Meri**, 2014) und **Marie Luise Lehner** (geb. 1995; **Fliegenpilze aus Kork**, 2017) Talentproben ab.

Aufgaben

1 Recherchieren Sie zu einem Werk einer Autorin oder eines Autors aus dem Abschnitt **Literatur und Personen.** Stellen Sie dessen Inhalt kurz der Klasse vor und gehen Sie auch auf Bewertungen des Werkes ein (Kritiken, Rezensionen durch die Presse, aber auch Meinungen von Leserinnen und Lesern).

2 Entscheiden Sie sich für ein Werk, das in der Klasse präsentiert wurde, oder das sie selbst recherchiert haben. Lesen Sie es und verfassen Sie anschließend eine eigene Bewertung.

3 **Portfolio:** Werden Sie selbst zur Schriftstellerin bzw. zum Schriftsteller. Gestalten Sie einen Wettbewerb in der Klasse. Verfassen Sie einen Text der Twitteratur (> S. 262 und 278; 280 Wörter). Entscheiden Sie in der Klasse, welcher Text der beste geworden ist. Einigen Sie sich zuvor auf ein Thema oder wählen Sie eine Überschrift aus dem Kapitelabschnitt **Geschichte und Gesellschaft** aus (z. B. Literatur im Internet, Globalisierung, Verrohung der Sprache, Me-too-Debatte, Geschlechtergerechtigkeit etc.).

Reflexionen zum Kapitel

> Benennen Sie anhand von neuen literarischen Entwicklungen, Werken und Autorinnen sowie Autoren Beispiele für die Verbindung neuer Medien mit der Literatur.

> Erklären Sie, welche gesellschaftspolitischen Themen in der postmodernen Literatur aufgegriffen werden.

> Diskutieren Sie in der Klasse, welche Chancen und welche Gefahren die neuen Medien für die Literatur bieten. Denken Sie dabei an die Möglichkeiten des Internets und digitaler Medien (Soziale Netzwerke etc.) sowie deren Medienträger (Tablet, Handy, E-Book etc.).

TEXT

Schlafes Bruder

Robert Schneider, 1992

Wer liebt, schläft nicht

Das ist die Geschichte des Musikers Johannes Elias Alder, der zweiundzwanzigjährig sein Leben zu Tode brachte, nachdem er beschlossen hatte, nicht mehr zu schlafen. Denn er war in unsägliche und darum unglückliche Liebe zu seiner Cousine Elsbeth entbrannt und seit jener Zeit nicht länger willens, auch nur einen Augenblick lang zu ruhen, bis daß er das Geheimnis der Unmöglichkeit seines Liebens zugrunde geforscht hätte. Tapfer hielt er bis zu seinem unglaublichen Ende bei sich, daß die Zeit des Schlafs Verschwendung und folglich Sünde sei, ihm dereinst im Fegefeuer aufgerechnet werde, denn im Schlaf sei man tot, jedenfalls lebe man nicht wirklich. Nicht von ungefähr vergliche ein altes Wort Schlaf und Tod mit Brüdern. Wie, dachte er, könne ein Mann reinen Herzens behaupten, er liebe sein Weib ein Leben lang, tue dies aber nur des Tags und dann vielleicht nur über die Dauer eines Gedankens? Das könne nicht von Wahrheit zeugen, denn wer schlafe, liebe nicht. So dachte Johannes Elias Alder, und sein spektakulärer Tod war der letzte Tribut dieser Liebe. Die Welt dieses Menschen und den Lauf seines elenden Lebens wollen wir beschreiben.

Die Ungeborenen

Die Aufgabe, Leben und Bräuche der Lamparter und Alder in einem Buch niederzulegen, die Vermischung beider Geschlechter mit präziser Feder in hundert sich kreuzenden Strichen glücklich zu entwirren, die körperlichen Inzuchtschäden, den überdehnten Kopf, die geschwellte Unterlippe im tiefliegenden Kinn als gesundes Ursein zu verteidigen, diese Aufgabe mag sich ein Freund der Heimatgeschichte stellen, der sich um eine innige Kenntnis seiner Vorfahren bemüht. Trotzdem wäre es in allem vertane Zeit, die Geschichte der Eschberger Bauern zu beschreiben, das armselige Einerlei ihres Jahreslaufs, ihre bösen Händel, ihren absonderlich fanatischen Glauben, ihren nicht zu übertreffenden Starrsinn gegen die Neuerungen von draußen, hätte nicht zu Beginn des 19. Jahrhunderts ausgerechnet das Geschlecht der Alder ein Kind mit einer so hohen Musikalität hervorgebracht, die im wahren Sinn des Wortes unerhört war, und, wie es scheint, im Vorarlbergischen auch nicht wieder gehört werden wird. Ein Kind mit Namen Johannes Elias. Die Beschreibung seines Lebens ist nichts als die traurige Aufzählung der Unterlassungen und Versäumnisse all derer, welche vielleicht das große Talent dieses Menschen erahnt haben, es aber aus Teilnahmslosigkeit, schlichter Dummheit, oder wie jener Cantor Goller, Domorganist zu Feldberg (dessen Gebeine exhumiert und in alle Windesrichtungen verstreut werden sollten, auf daß sein Leib am Tag der Sieben Posaunen nicht wieder zu sich finde), aus purem Neid verkommen ließen. Es ist eine Anklage wider Gott, dem es in seiner Verschwenderlaune gefallen hatte, die so wertvolle Gabe der Musik ausgerechnet über ein Eschberger Bauernkind auszugießen, wo er doch hätte absehen müssen, daß es sich und seine Anlage in dieser musiknotständigen Gegend niemals würde nutzen und vollenden können. Überdies gefiel es Gott, den Johannes Elias mit einer solchen Leidenschaft nach der Liebe auszustatten, daß davon sein Leben vor der Zeit verzehrt wurde. Gott schuf einen Musikanten, ohne daß dieser auch nur einen einzigen Takt auf Papier setzen durfte, denn er hatte das Notenhandwerk nie erlernen können, sosehr er sich danach gesehnt hatte. Die Menschen aber vollendeten in ihrer himmlischen Einfalt diesen – wir wollen es nicht anders bezeichnen – satanischen Plan. Als uns das bestürzende Schicksal des Johannes Elias Alder zu Ohren kam, da wurden wir still und dachten: Welch prachtvolle Menschen, Philosophen, Denker, Dichter, Bildner und Musiker muß die Welt verloren haben, nur weil es ihnen nicht gegönnt war, ihr genuines Handwerk zu erlernen. Und wir spannen fort, daß Sokrates nicht der höchste Denker, Jesus nicht der größte Liebende, Leonardo nicht der trefflichste Bildner und Mozart nicht der vollkommenste Musiker sein konnte, daß vollends andere Namen den Gang dieser Welt bestimmt hätten. Da trauerten wir um diese unbekannten, diese geborenen und doch zeitlebens ungeborenen Menschen. Johannes Elias Alder war einer von diesen.

Robert Schneider: Schlafes Bruder. Ditzingen: Reclam 2017, S. 9ff.

Aufgaben

1 Geben Sie wieder, wie der auktoriale Erzähler in diesem Textauszug aus **Schlafes Bruder** Elias beschreibt.

2 Erklären Sie, warum es im Text heißt: „Wer schläft, der liebt nicht".

3 Recherchieren Sie im Internet nach dem Trailer der Verfilmung von **Schlafes Bruder** (1995) und sehen Sie sich diesen an. Vergleichen Sie darin vorkommende Themen, Inhalte und Bilder mit den Textausschnitten.

4 Begründen Sie, warum Sie der Text und der Trailer auf das Buch und/oder den Film neugierig machen bzw. warum nicht.

TEXT

Gut gegen Nordwind

Daniel Glattauer, 2006

15. Jänner Betreff: Abbestellung Ich möchte bitte mein Abonnement kündigen. Geht das auf diesem Wege? Freundliche Grüße, E. Rothner.

18 Tage später Betreff: Abbestellung Ich will mein Abonnement kündigen. Ist das per E-Mail möglich? Ich bitte um kurze Antwort. Freundliche Grüße, E. Rothner.

33 Tage später Betreff: Abbestellung Sehr geehrte Damen und Herren vom „Like"-Verlag, sollte Ihr beharrliches Ignorieren meiner Versuche, ein Abonnement abzubestellen, den Zweck haben, weitere Hefte Ihres im Niveau leider stetig sinkenden Produkts absetzen zu können, muss ich Ihnen leider mitteilen: Ich zahle nichts mehr! Freundliche Grüße, E. Rothner.

Acht Minuten später AW: Sie sind bei mir falsch. Ich bin privat. Ich habe: woerter@leike.com. Sie wollen zu: woerter@like.com. Sie sind schon der Dritte, der bei mir abbestellen will. Das Heft muss wirklich schlecht geworden sein.

Fünf Minuten später RE: Oh, Verzeihung! Und danke für die Aufklärung. Grüße, E.R.

Neun Monate später: Kein Betreff Frohe Weihnachten und ein gutes neues Jahr wünscht Emmi Rothner.

Zwei Minuten später AW: Liebe Emmi Rothner, wir kennen uns zwar fast noch weniger als überhaupt nicht. Ich danke Ihnen dennoch für Ihre herzliche und überaus originelle Massenmail! Sie müssen wissen: Ich liebe Massenmails an eine Masse, der ich nicht angehöre. Mfg, Leo Leike.

18 Minuten später RE: Verzeihen Sie die schriftliche Belästigung, Herr Mfg Leike. Sie sind mir irrtümlich in meine Kundenkartei gerutscht, weil ich vor einigen Monaten ein Abonnement abbestellen wollte und versehentlich Ihre E-Mail-Adresse erwischt hatte. Ich werde Sie sofort löschen. PS: Wenn Ihnen eine originellere Formulierung einfällt, jemandem „Frohe Weihnachten und ein gutes neues Jahr" zu wünschen, als „Frohe Weihnachten und ein gutes neues Jahr", dann teilen Sie mir diese gerne mit. Bis dahin: Frohe Weihnachten und ein gutes neues Jahr! E. Rothner.

Sechs Minuten später AW: Ich wünsche Ihnen ein angenehmes Fest und freue mich für Sie, dass Ihnen ein Jahr bevorsteht, das zu Ihren achtzig besten zählen wird. Und sollten Sie zwischendurch schlechte Tage abonniert haben, bestellen Sie sie ruhig – irrtümlich – bei mir ab. Leo Leike.

Drei Minuten später RE: Bin beeindruckt! Lg, E. R.

Daniel Glattauer: Gut gegen Nordwind. München: Goldmann 2008, S. 6f.

Aufgaben

1 Geben Sie den Inhalt des Dialogs kurz wieder.

2 Erklären Sie, wie das Medium „E-Mail" diesen Dialog prägt bzw. beeinflusst.

3 **Portfolio:** Schreiben Sie diesen Dialog, wie er über ein aktuelles soziales Medium geführt werden könnte, neu. Verwenden Sie dabei auch die dabei üblichen Abkürzungen oder Zeichen (z. B. Emojis).

TEXT

Im Prater (für Ulrike Ottinger und ihren Film)

Elfriede Jelinek, 2007

Das Erstaunliche an der Kindheit ist, daß sie nur vergehen kann. Vorher genießt sie noch ihr Leben und geht und schaut fleißig herum, weil das von ihr so verlangt wird. Dem Kind soll sich etwas einprägen, aber den Stempel dazu kriegt es nie in die Finger, auch später nicht. Dann lernt das Kind, in einem bestimmten Sinn zu denken, nur die Kindheit ist sinnlos, vorausgesetzt, man hat überhaupt eine. Später, das Erwachsenwerden, zwingt einen, das, was man als Kind gesehen und erlebt hat, unter einen Sinn zu stellen, es dann wieder unter einem anderen Sinn zu sehen, und, bis einem die Sinne irgendwann ausgehen, werden die vergangenen Dinge ununterbrochen einem Sinn untergeordnet, immer einem andren, weil sie letztlich eben gar keinen haben. Meine Sinne sind, als ich ein Kind war, vom Prater geschärft worden, und kaum war ich zu Hause, sind sie wieder gelöscht worden. Der Prater ist in mir ununterbrochen wieder ausradiert worden. Dort war ich mit meinem Vater und meinen Tanten, den Schwestern meines Vaters, sie haben ganz in der Nähe des Praters gewohnt, am Max Winter-Platz, und zuerst habe ich mit meinem Onkel mikroskopiert, und dann sind wir in den Prater gegangen, wo ich mich selbst von der Leine meiner an diesem Ort immer abwesenden Mutter lassen konnte. Meine Mutter konnte sich mich nur als ein Wesen vorstellen, das so lange da war, als sie es beherrscht hat. Wenn die Gefahr bestand, ich könnte die Beherrschung verlieren, ihre wie jede andre auch, schreiend vor Vergnügen auf dem Ringelspiel mit den Topferln – meinem Lieblingsringelspiel – oder auf andren Vergnügungsmaschinen, inmitten all der Buntheit des Praters und all der Vielfältigkeit, die sich ohnehin jeder Beherrschung zu entziehen schien, wie jede Vielfalt, die es jedem Herrschen schwermacht (daher duldet man sie ja so selten!), wenn ich also außer Rand und außerhalb ihre Herrschafts-Bande zu geraten drohte wie eine verirrte Billardkugel, mußte ich, gleichsam am Schnürl, wieder zurückgeholt werden. Da waren also die Buntheit und Vielfachheit all der Pratergeräte, nur dazu da, benützt zu werden, als Geräte, dazu vorhanden, um den Benutzern etwas zu eröffnen, das die Benutzer, Menschen, Kinder, Erwachsene, immer wieder wie neu erscheinen lassen konnte, auch wenn sie immer wieder die Alten waren, wenn sie davon herunterstiegen oder daraus hervorkamen, diese Vervielfältigungsmöglichkeiten – und mehr als Möglichkeiten sind sie ja nicht – also die machen aus den Menschen vorübergehend etwas, denke ich, das sie auf alle anderen Menschen bezieht, indem eine Vergnügungsmaschinerie sie, die Menschen, sich selbst abnimmt, sie ihrer selbst enthebt, bloß vorübergehend, wie gesagt, aber diese Erlustigungsmaschinen, Spiegelkabinette, Geisterbahnen, Hochschaubahnen, immer das Neueste vom Neuen, das gehört zur Technik ja dazu, daß sie immer das Neueste ist und bietet, diese Maschinen (und auch das kleinste Ringelspiel ist ja eine Maschine, in die man sich begibt, und wenn man dabei klein ist, kann man sich vorübergehend groß vorkommen, mit Hilfe der Technik, die einen liebevoll aufnimmt), diese Maschinen also zeigen, daß wir nicht allein aus uns heraus leben und nicht deshalb wir sind, weil wir sind, von uns aus, von mir aus, na, von mir aus schon, von uns aus aber nicht, das heißt, wir sind immer zu mehreren, zu vielen, aber nicht: zuviele. Indem wir uns in, auf diesen Maschinen, die nur dem Vergnügen dienen, zur Schau stellen, aus ihnen herausschauen auf die Umstehenden, die uns dabei zuschauen, geben wir etwas von uns her, wir geben es fort, ja, indem wir uns zeigen, schenken wir uns her. Wir zeigen, daß wir nicht aus uns heraus etwas sind, sondern daß wir zu etwas gemacht werden können, ohne daß uns dabei etwas weggenommen wird. Der Prater allerdings ist mir, als ich Kind war, von meiner Mutter weggenommen worden, weil mein Wille, diese Vergnügungsmaschinen mit meinem kleinen Körper zu bändigen, ein Wille war, der auf etwas anderes gerichtet war und letztlich der Zähmung, der Dressur durch die Mutter mit einem Atom Willenskraft Widerstand geleistet hätte. Aber das Ziel war ja: Ich sollte gemeistert werden. Ich sollte nicht Maschinen mit mir bestücken und damit eine Art Herrschaft über sie erlangen. Da hätte ich ja etwas über Herrschaft lernen können, und das war nicht erlaubt. Der einem fremden Willen Unterworfene treibt, wie Stückgut, Papierln, Äste, am Wesen des Lebens vorbei. Der Prater hätte nichts als ein Kescher sein können, der einen hätte herausholen können.

https://www.elfriedejelinek.com/fprater.htm (08.06.2020)

Aufgaben

1 Erklären Sie, welche Bedeutung der Prater für die Ich-Erzählerin hat.

2 Überlegen Sie, welche Vorstellung und welche Bilder von Kindheit durch diesen Text vermittelt werden.

3 Informieren Sie sich im Internet über Elfriede Ottingers Film **Prater** (2007). Recherchieren Sie den Zusammenhang zwischen dem Film und Jelineks Text. Vergleichen Sie die Ergebnisse in der Klasse.

TEXT

Die Obstdiebin oder einfache Fahrt ins Landesinnere

Peter Handke, 2017

Diese Geschichte hat begonnen an einem jener Mittsommertage, da man beim Barfußgehen im Gras zum ersten Mal im Jahr von einer Biene gestochen wird. Zumindest mir ist das seit jeher zugestoßen. Und inzwischen weiß ich, daß diese Tage des ersten und oft einzigen jährlichen Bienenstichs in der Regel zusammenfallen mit dem Sichauftun der weißen Kleeblüten, der erdbodennahen, worin sich die Bienen halbversteckt tummeln. Es war, auch das wie immer, ein, jedenfalls am späten Morgen, sonniger, aber noch nicht heißer Tag Anfang August, mit einem beständigen Blauen, hoch und immer höher, im Himmel. Kaum eine Wolke – und wenn eine: schon wieder aufgelöst. Ein leichter, beflügelnder Wind wehte, wie meist im Sommer vom Westen her, in der Einbildung vom Atlantik in die Niemandsbucht fächernd. Kein Tau zum Trocknen. Wie schon seit einer guten Woche beim frühmorgendlichen Durchstreifen des Gartens auch nicht eine Ahnung von Feuchtigkeit an den bloßen Sohlen, geschweige denn zwischen den Zehen. Es heißt, daß die Bienen, indem sie, anders als die Wespen, beim Stechen ihren Stachel verlieren, an ihrem Stich sterben müssen. In all den Jahren zuvor, sooft ich gestochen worden war – fast immer in den nackten Fuß –, hatte ich das nicht selten auch selber mitbekommen, wenigstens angesichts der wie aus dem innersten Fleisch der Biene gerissenen, so kleinwinzigen wie urgewaltigen, dreigezackten Harpune, an der etwas Flockig-Gallertiges, als das Innerste des Tiers, sich bauschte, vor Augen dazu ein Einkrümmen, Zittern, Bibbern, Flügellahmwerden des Wesens. Doch an dem Stich-Tag damals, da die Geschichte von der Obstdiebin Gestalt annahm, ging die Biene, die mich Barfüßigen stach, daran nicht zugrunde. Obwohl es sich um eine erbsenkleine handelte, pelzig, wollig, in den altbekannten Bienenfarben und -streifen, verlor sie im Stechen keinerlei Stachel und entschwirrte nach dem Stich, einem Bienenstich wie nur je einem – jäh wie heftig –, in einem Schwung, so als sei nicht bloß nichts gewesen, sondern sie sei darüberhinaus kraft ihrer Aktion auch noch zu zusätzlichen Kräften gekommen. Mir kam das Gestochenwerden recht, und nicht nur wegen der überlebenden Biene. Es gab noch andere Gründe. Erst einmal, sagte man, seien Bienenstiche, angeblich wieder zum Unterschied von denen der Wespen oder Hornissen, gut für die Gesundheit, gegen Rheumabeschwerden, zur Stärkung des Blutkreislaufs, oder wozu auch immer – und so ein Stich jetzt würde, wieder eine meiner Einbildungen, die von Jahr zu Jahr schwächer durchbluteten, empfindungsloser, gar taub gewordenen Zehen wenigstens eine Zeitlang wiederbeleben; in einer ähnlichen Einbildung oder Phantasie riß ich ja jedesmal, ob im Garten der Niemandsbucht oder auf den Terrassen des Anwesens fern in der Picardie, die Brennesseln oft büschelweise mit den bloßen Händen aus dem hier Löß-, dort Kalkboden.

Aus einem zweiten Grund war mir der Stich will kommen. Ich nahm ihn als ein Zeichen. Ein gutes oder ein schlechtes? Weder als ein gutes noch als ein schlechtes, gar böses – schlicht als ein Zeichen. Der Stich gab das Zeichen, aufzubrechen. Zeit, daß du dich auf den Weg machst. Reiß dich los von Garten und Gegend. Fort mit dir. Die Stunde des Aufbruchs, sie ist gekommen. Brauchte ich denn solcherart Zeichen? An dem Tag damals: ja, und sei es wiederum nur eingebildet oder sommertaggeträumt. Ich räumte in Haus und Garten auf, was aufzuräumen war, ließ dies und das auch eigens, wo es stand oder lag, bügelte die zwei, drei alten Hemden – kaum im Gras getrocknet –, an denen mir besonders gelegen war, packte, steckte die Schlüssel für das Land ein, die so viel schwereren als die für das Vorstadt-

>

haus. Und nicht zum ersten Mal kurz vor einem Aufbruch riß mir beim Knüpfen der knöchelhohen Schuhe ein Schnürband, fand ich nicht und nicht die Socken, die zueinanderpaßten, gerieten mir drei Dutzend von Detaillandkarten zwischen die Finger, bis auf die eine, auf die ich aus war, mit dem Unterschied dieses Mal, daß mir alle zwei Schuhbänder rissen – bei deren viertelstündigem Aufknoten vorher mir ein Daumennagel abbrach –, daß ich zuletzt die unzugehörigen Socken paarweise zusammenstülpte – fast einzig solche –, und daß es mir auf einmal recht war, ohne jede Landkarte unterwegs zu sein.

Peter Handke: Die Obstdiebin oder einfache Fahrt ins Landesinnere. Berlin: Suhrkamp 2017, S. 9ff.

Aufgaben

1 Bewerten Sie den Stil der Leseprobe.

2 Begründen Sie in der Klasse, ob dieser Text zum Weiterlesen einlädt.

3 Entwerfen Sie eine mögliche Fortsetzung der Geschichte.

TEXT

So ist die Welt geworden. Der Covid19 Roman.

Marlene Streeruwitz, 2020

Season 1 Episode 1.

1 Wien, 20. März 2020.
„Was machst du jetzt?“ hatte sie sich gefragt. Betty Andover als Auskunftsperson?
Tagebuch. Tagebuch schreiben. Zur Coronakrise. Zum Coronalockdown.
[...]

Tagebuch simulieren? Oder wollte sie wieder Tagebuch schreiben? Sie hatte das nur in den schlimmsten Zeiten geschafft. Aber da hatte sie die Selbstmordgedanken vom Alltag trennen müssen. Da war so eine Tagebuchführerei eine Hilfe gewesen. Jetzt. In der Quarantäne. Sie war schon eine Woche vor allen anderen in die freiwillige Selbstisolation gegangen. Sie war in Südtirol gewesen. In Bozen. Sie hatte eine Lesung da gemacht. War also in der Öffentlichkeit gewesen. Der Saal war voll gewesen. Ein niedriger Saal. Eine neue Bibliothek. Aber genau deshalb. Weil es schon so lange dauerte. Was hätte sie in ein Tagebuch eintragen können? Wie die Kleinteiligkeit der durchwarteten Zeit schildern? Wie schildern, daß jeder Augenblick alles Warten war und sie dann aber mit einem Mal keine Ahnung hatte, wie die Zeit nun vergangen war? Und keine Erinnerung? Keine Erinnerung an diese Zeiten? Bewußtlosigkeit? War das nicht Bewußtlosigkeit? Und die Ungewißheiten? Rechnete sie nicht immer wieder und immer wieder durch, wann sie das letzte Mal Kontakt gehabt hatte? Wann das letzte Mal die Gelegenheit gewe-sen war, daß sie sich angesteckt haben hätte können? Waren es schon 14 Tage, die vergangen waren? Oder war es der Atem von diesem Mann in der Bäckerei? Hatte sie nur seinen Mundgeruch aufgenommen, als er sich von der Theke wegwendend an ihr vorbeigegangen war? Oder hatte er ihr auch ein Tröpfchen mit dem Geruch mitgeschickt. Trug sie schon längst eine dieser orange eingefärbten Stachelkugeln von Virus mit sich herum? Schnappten ihre weißen Blutkörperchen schon nach diesen Stachelkugeln? War der Ringkampf schon losgegangen und sie wußte noch nichts davon? Und hatte sie nicht immer ein kleines Defizit bei den weißen Blutkörperchen? Beim großen Blutbild. Machten sich die Stachelkugeln schon daran, ihre Lungen in vollgesoffene Badeschwämme zu verwandeln? War dieses kleine Hüsteln nach dem Aufstehen schon ein Zeichen? Und warum war der Virus jetzt manchmal auch grün eingefärbt?
Sie war wütend. „Betty ist böse.“ sagte sie zu ihrem Spiegelbild. Sie war das Leben allein gewohnt gewesen. Sie hatte sich für dieses Leben entschieden. Und jetzt mußte sie so leben. Und alle anderen auch. Sie alle mußten in die Quarantäne gestopft philosophisch leben lernen. Gleich gemacht. Sie fühlte sich gleich gemacht. Auf die perfideste Weise gleich gemacht. Gleichheit. Das war für sie etwas anderes. Gleichheit. Die sollte bunt auftreten. In Vielfalt. In Durcheinander. In Lärm und Aufregung. Chaotisch. Ein Tanz. Ein Abenteuer hätte das sein sollen. Die

gleich Berechtigten in ihrer Verschiedenheit. Aber das war ins Spitalshemd zusammengeschrumpft worden. Hinter Beatmungsschläuchen und nur noch dunkle Profile. Und warum? Warum war Schutzkleidung so oft türkis?

Sie war wütend. Sollte Gleichheit nicht ein Beschluß sein? Ein Beschluß nach langem Überlegen und Bedenken? Was bedeutete denn Gleichheit als Folge der Gleichmacherei einer Ansteckung? War das Vernunft, wenn alle das befolgten? Und mußte sie hoffen? Mußte sie hoffen, daß doch etwas Gutes herauskommen konnte? Aber wie sollte es dieses Mal so sein? War nicht eine ihrer Ängste, daß sie so weggesperrt in einen reinen Gegenstand vewandelt werden konnte? War das ein Weg in die Verdinglichung? Und hatte sie nicht ihr ganzes Leben gegen diese Verwandlung angekämpft?

Tagebuch? Sie wußte nichts von diesen Tagen. Nichts von einem Tag. Und die Spiralen der Ereignislosigkeit mußten sich erst erlernen. Sie wußte vom Schlaf. Sie schlief immer mehr. Jeden Tag eine halbe Stunde mehr. Schön war das. Es war schön im Schlaf. Beim Einschlafen. Beim Aufwachen. Der Schlaf eine Umarmung und langsames Versinken und wieder Entwinden und der Tag weit weggehalten.

An diesem Abend. Freitagabend. Sonst. Sonst war sie an einem Freitagabend nie allein. Treffen. Essen gehen. Einladungen. Filmmuseum. Konzert. Am liebsten ging sie in ein Konzert. Während sie die Musik hörte, dehnte sich die Zeit des Wochenendes weit aus und keine Verpflichtungen und die Musik alles in Beschlag legen konnte. An diesem Abend beim Einschlafen. Sie hatte die Pressekonferenz des Bundeskanzlers angeschaut. Und bei dieser Pressekonferenz. Hatte der nicht wie Waldheim geredet? Hatte der nicht in diesem österreichischen Diplomatendeutsch geredet wie der Waldheim das getan hatte? Und hatte der Kanzler sich nicht auch wie Waldheim bewegt? Die Arme ausgebreitet und um Verständnis gerungen? Und wie konnte dieser Kanzler so fürsorglich für die Risikogruppe an alle appellieren und zur gleichen Zeit den Flüchtenden in Griechenland die Frontex an den Hals schicken? War es dieser Widerspruch gewesen, den den Waldheim im Sebastian Kurz zum Vorschein gebracht hatte?

Beim Einschlafen. Wie sollte dieser Widerspruch wieder ausgehalten werden?

Und warum hatte sie es einmal mehr nicht geschafft, den Küchenboden aufzuwaschen? Was sollten diese dummen Widerstände? War es nicht schlimm genug, daß sie die Knöpfe für die Bettwäsche nicht kaufen konnte? Hätte sie nicht geradezu Lust gehabt, ihre Bettwäsche in Ordnung zu bringen? Und wo war wieder diese eine dunkle Sportsocke geblieben? Wo war nun wieder dieses Sockenland, in dem sich alle diese verschwundenen Socken versammelten?

Und morgen. Sie mußte sich aus dieser angespannten Untätigkeit herausretten. Sie mußte.

http://www.marlenestreeruwitz.at/werk/so-ist-die-welt-geworden/#0 (18.06.2020)

Aufgaben

1 Erschließen Sie die sprachlichen Stilmittel des Textes.

2 Erklären Sie die Begriffe „Corona-Krise“ und „Corona-Lockdown“. Informieren Sie sich gegebenenfalls im Internet.

3 Geben Sie zentrale Themen wieder, mit denen sich Betty Andover beschäftigt.

4 Charakterisieren Sie die Protagonistin.

Glossar

Absurdes Theater
Das absurde Theater ist eine um 1950 entstandene Form des modernen Theaters, in der die Welt und das menschliche Dasein in absurder, oft parabelhafter Form im Mittelpunkt stehen.

Anakreontik
In der deutschen Literatur ist die Anakreontik v. a. die Lyrik des Rokokos (1740 – 1780), in der die rationale, der Aufklärung verpflichtete Weltsicht mit heiterer Lebensfreude und verfeinertem sinnlichem Erleben verbunden wurde („Genussmensch").

Anekdote
Als Anekdote wird eine kurze Erzählung bezeichnet, deren Grundlage eine beachtliche oder bezeichnende wahre Begebenheit ist.

Aphorismus
Als Aphorismen werden kurze, geistreiche, in sich geschlossene Sinnsprüche in Prosa bezeichnet, die eine Erkenntnis, Erfahrung, Lebensweisheit vermitteln.

Ballade
Die Ballade ist ein mehrstrophiges, erzählendes Gedicht, das lyrische, epische, dramatische Merkmale vereint.

Bildungsroman
Ein Bildungsroman beschreibt die Entwicklung einer meist jungen Hauptfigur. Diese Gattung ist typisch für die Zeit der Aufklärung. Sie entstand vor allem in Deutschland.

Bürgerliches Trauerspiel
Hauptcharakteristikum des bürgerlichen Trauerspiels ist, dass es Schicksale von Menschen zeigt, die bürgerlichen Standes sind.

Bußdichtung
Bußdichtungen waren christliche Predigten/Dichtungen zwischen dem 12. und 16. Jahrhundert, deren Botschaft hauptsächlich oder ausschließlich darin bestand, den Menschen ihre Sündhaftigkeit und den Zorn Gottes mittels drastischer Weltuntergangsfantasien ins Bewusstsein zu rücken.

Digitale Poesie
Digitale Poesie ist eine Form des künstlerischen Umgangs mit Sprache, der in Medien wie Computer und im Internet realisiert (ab Mitte der 1990er Jahre entstanden) wird.

Distichon
Bezeichnung für ein Verspaar. Das besonders häufige **elegische Distichon** besteht aus einem Hexameter und einem Pentameter.

Entwicklungsroman
Der Entwicklungsroman skizziert meist ein zu erreichendes Idealbild von geistiger und seelischer Entwicklung und benutzt dabei oft moralisierende Elemente. Es ist somit ein Roman, in dem die geistige Entwicklung eines Menschen dargestellt wird.

Epigramm
Ein Epigramm ist ein kurzes, zugespitztes Sinngedicht, das ursprünglich eine Inschrift auf einem Grabstein war.

Exilliteratur
Zur Exilliteratur gehören die Werke der Autoren, die unfreiwillig Zuflucht im Ausland suchen mussten, weil ihr Leben und Werk im Heimatland bedroht waren. Es handelt sich hierbei also meist um die Literatur der Regimegegner. Auch während des 2. Weltkriegs betrieben viele im Exil weiterhin Widerstand (Exilländer waren z. B.: die USA, Brasilien, Argentinien, Großbritannien).

Experimentelle Lyrik
Experimentelle Lyrik ist – ebenso wie experimentelle Literatur – zunächst ein Sammelbegriff, der den Bruch mit überbrachten lyrischen Inhalten und Formen bezeichnet.

Fabel
Das Wort „Fabel" kommt aus dem Lateinischen und bedeutet „Geschichte" oder „Erzählung". In Fabeln übernehmen Tiere oder Pflanzen die Rollen von Menschen – mitsamt ihren Charaktereigenschaften. Am Ende einer Fabel steht eine Moral (Lehre).

Fastnachtspiel
Als Fastnachtspiele werden verschiedene derb-komische Spielaufführungen während der Fastnachtszeit (Fasching) bezeichnet, die kleinere, etwa vier bis zehn Personen umfassende „Laien"-Schauspielgruppen darboten.

gesellschaftskritischer Roman
Der gesellschaftskritische Roman ist mit dem Gesellschaftsroman eng verwandt, nur wird hier kein positives, sondern ein sehr kritisches oder kritisierendes Bild erzeugt.

Gesellschaftsroman
Ein Gesellschaftsroman schildert das gesellschaftliche Leben einer bestimmten Epoche umfassend. Die Autorin bzw. der Autor versucht, die zeitgenössische Realität so wirklichkeitsgetreu wie möglich wiederzugeben.

Groschenroman
Der Groschenroman, auch Heftroman oder Groschenheft genannt, bezeichnet eine Form der Trivialliteratur. Zumeist sind es mehrbändige Serien, die kostengünstig gebunden und zu geringem Preis auch in der Trafik zu erstehen sind.

Heilsdichtung
In diesen Dichtungen/Liedern wurden Heilige und Märtyrer des christlichen Glaubens geehrt und es wurde von ihren Taten und Wundern gesungen.

Heimatliteratur
Als Heimatliteratur bezeichnet man die für ein Land typische, traditionelle Literatur und ihre verschiedenen Formen. Die neue Heimatliteratur allerdings steht im Widerspruch dazu. Sie möchte keine Darstellung einer heilen Welt erreichen, vielmehr wird diese „heile Welt" als Bedrohung und Lüge angesehen.

Heldenepik
Diese epische Gattung unterscheidet sich in Stoff, Form, Vortragsweise und Überlieferung klar vom höfischen Epos. In den Heldendichtungen wurden reale historische Ereignisse und tragische Begebenheiten beschrieben.

Hexameter
Der Hexameter ist ein antiker Vers aus sechs Versfüßen, deren letzter um eine Silbe verkürzt ist. Grundsätzlich besteht der Hexameter aus Daktylen (Versfuß aus einer Hebung und zwei Senkungen).

Höfisches Epos
Das höfische Epos, die erzählerische Großform des Hochmittelalters, entwickelte sich im deutschsprachigen Raum parallel zur Heldenepik. Im Gegensatz zu dieser weist die höfische Dichtung aber oft märchenhafte und utopische Tendenzen auf. Diese Erzählform hat französische bzw. lateinische Vorbilder und bedient sich eines bestimmten Tugendkanons.

Hymne
Die Hymne war ursprünglich ein Lobgesang (an Gottheiten), meint darüber hinaus aber auch eine Gedichtform.

innerer Monolog
Ein innerer Monolog ist eine Form der Figurenrede, die Einblicke in den Kopf einer Protagonistin/eines Protagonisten und deren/dessen Gefühlswelt gewährt. Gedanken, Sorgen, Ängste, Träume, Fantasien – alles, was der handelnden Figur durch den Kopf geht, wird wiedergegeben. Berühmte Beispiele hierfür sind Schnitzlers *Leutnant Gustl* oder *Ulysses,* ein Roman des irischen Schriftstellers James Joyce.

Kalendergeschichte
Die Kalendergeschichte ist eine kurze, volkstümliche, anekdotische Erzählung (oder ein Sinnspruch) mit belehrendem Inhalt.

klassische Versform(en)

- **Knittelvers:** 4-hebig, meist endgereimt, oft holprig, zwischen zwei Hebungen ein oder zwei Senkungen in freiem Wechsel
- **Blankvers:** 5-hebiger Jambus ohne Endreim; seit Lessing (**Nathan**, 1779) Vers des klassischen deutschen Dramas
- **Alexandriner:** 6-hebiger Jambus mit Zäsur nach der 3. Hebung
- **Hexameter:** 6-hebiger Vers meist aus 6 Daktylen

Konkrete Poesie

Die Konkrete Poesie versucht, die sprachlichen Elemente von ihrem Sinn zu lösen. Unterscheiden lassen sich dabei akustische Dichtung und visuelle Poesie.

Lehrdichtung

Sammelbegriff für Literatur, die auf die Vermittlung von Wissen beziehungsweise auf Belehrung in poetischer Form abzielt.

Lustspiel

Ein Lustspiel ist ein dramatisches Werk, das das deutschsprachige Gegenstück zur Komödie bildet.

Märchen

Das Wort ist die Verkleinerungsform (Diminutiv) des Wortes „Mär" *(maere)*, was soviel wie Kunde oder Botschaft bedeutet. Märchen erzählen von wundersamen Begebenheiten. Märchen sind bedeutsame und teilweise sehr alte Texte, die sich durch ihre mündlichen Überlieferung (Oralität) auszeichnen und in allen Kulturkreisen auftreten. Im Gegensatz zum mündlich überlieferten und anonymen **Volksmärchen** (Volksmärchensammlungen, etwa die der Gebrüder Grimm) steht die Form des **Kunstmärchens** (Hans Christian Andersen), dessen Autor bekannt ist.

Meistersang

Aus kirchlich organisierten Singgemeinschaften entstanden zu Beginn des 14. Jahrhunderts die ersten Meistersinger-Zünfte, zuerst in Mainz, dann in Frankfurt, Würzburg, Augsburg, Prag und Nürnberg, das zu Lebzeiten von Hans Sachs 250 Meistersinger zählte. Der Meistersang breitete sich in ganz Süddeutschland aus. Die Meistersinger-Schulen bestanden teilweise bis ins 19. Jahrhundert.

Moritat

Darunter versteht man eine schaurige Ballade mit einfacher Melodie. Moritaten erzählen von düsteren Begebenheiten und gruseligen Verbrechen vor einem moralischen Hintergrund.

Narrenliteratur

Als Narrenliteratur werden satirisch-didaktische und unterhaltende Texte bezeichnet, in denen die Figur des Narren und der Narrheit im Mittelpunkt stehen. Auch das „Narrenbrauchtum" während des Faschings/Karnevals ist an in diese Tradition angelehnt.

Neue Sachlichkeit

Ein illusionslos-nüchterner literarischer Stil, dessen Hauptthemen Gesellschaft, Erotik, Technik und die Weltwirtschaftskrise waren.

Ode

Die Ode ist eine Gedichtform, die sich durch einen besonders feierlichen und erhabenen Stil auszeichnet. Friedrich Schillers Text „Ode an die Freude" wurde die heutige Europahymne.

Poetry Slam

Poetry Slam ist eine relativ neue Form der literarischen Vermittlung. Autorinnen und Autoren präsentieren (zumeist improvisierend) ihre Texte vor Publikum auf einer Bühne. Bei vielen Poetry Slams wird nach der Performance eine Siegerin bzw. ein Sieger gewählt. Im Poetry Slam gibt es Meisterschaften und Weltmeisterschaften.

Popliteratur
Der Ausdruck „Popliteratur“ meint im Allgemeinen Literatur, die auf Grund ihrer Thematik, Aufmachung und Vermarktung die Massen anspricht (Mainstream). Hauptthemen sind dabei meist Liebe, Sex und Drogen, oft gehalten in einem leichtverständlichen, jugendlichen Sprachstil und gekennzeichnet durch Umgangs- und Szenensprache sowie Slang. Auch Begriffe aus der Popindustrie (Musik) finden Eingang in die Popliteratur.

Posse
Eine Posse ist ein Bühnenstück, das auf Verwechslungen, ulkigen Zufällen und unwahrscheinlichen Übertreibungen aufbaut.

Psalm
Ein Psalm ist im Judentum und im Christentum (Buch der Psalmen) ein poetischer, religiöser Text, oft mit liturgischer Funktion.

Revolutionsdrama
Dramen (Theaterstücke), die fiktive oder reale Revolutionen zum Inhalt des Geschehens machen, werden „Revolutionsdramen“ genannt.

(Sang-)Spruchdichtung
Unter dem Begriff „Sangspruchdichtung“ fasst man mittelhochdeutsche strophische Texte zusammen, die als Haupterkennungsmerkmal meist eine lehrhafte Ausrichtung teilen und gesungen vorgetragen wurden.

Satire
Eine Kunstgattung (z. B.: Literatur, Karikatur, Film oder Fernsehen), die durch Übertreibung, Ironie und Spott an Personen oder Ereignissen Kritik übt und sie der Lächerlichkeit preisgibt.

Schäferroman
Roman der europäischen Renaissance und des Barocks, in dem die ländliche Welt der Schäfer und Hirten vornehm gestaltet und auf einer künstlichen, wirklichkeitsfremden Ebene dargestellt wird.

Schelmen- und Abenteuerroman
Schelmen- und Abenteuerromane sind irrwitzige Bücher mit einem einfältigen (dummen, tollpatschigen) Helden, der das Treiben der Welt kennenlernt und von einem Abenteuer ins nächste gerät.

Schwank
Der Schwank (vom mittelhochdeutschen Wort *swanc* = lustiger Einfall) ist eine heitere, volksnahe Erzählung oder ein Theaterstück und berichtet meist von einer komischen Situation aus dem Leben.

sentimentale Trivialliteratur
Diese Bezeichnung wird – meist abfällig – für Romane verwendet, die um das 18. Jahrhundert entstanden und zumeist romantischen Inhalts sind. Oftmals wurde sie mit dem ebenso abschätzig gemeinten Terminus „Frauenliteratur“ versehen.

Sonett
Das Sonett (lateinisch *sonare* = klingen) war v. a. im Barock eine beliebte Gedichtform. 14 Verszeilen werden in vier Strophen eingeteilt: zwei Quartette (vier Verszeilen) und zwei Terzette (drei Verszeilen). Der Aufbau folgt dabei im Deutschen der Empfehlung von Martin Opitz: **abba abba** (Quartette) und **ccd eed** (Terzette). Das Reimschema ist der Alexandriner nach französischem Vorbild *(s. Alexandriner).* Der Jambus, ein antikes Versmaß, besteht aus einer unbetonten und einer betonten Silbe. Shakespeare beschritt im englischen Sonett neue Wege und löste sich von althergebrachten Traditionen.

Spielmannsdichtung
Der Ausdruck „Spielmannsdichtung“ oder „Spielmannsepik“ ist eine traditionelle Bezeichnung für eine kleine Gruppe mittelalterlicher Erzähldichtungen, die von umherziehenden Spielmännern (zumeist mit Instrumenten wie der Leier oder der Laute untermalt) gesungen wurde.

Staatsroman (höfischer Roman)
Hierbei handelt es sich um Gesellschaftsliteratur, in der seit dem 16. Jahrhundert utopische Verhältnisse geschildert werden. Typisch für diese Utopien ist, dass das gesellschaftliche Leben fast immer sehr streng geregelt ist.

Surrealismus
Aus dem Französischen übersetzt bedeutet *surréalisme* soviel wie „über dem Realen", also dem Wirklichen. Das Surreale bezeichnet etwas, das jeglicher Realität enthoben ist, also unwirklich und traumhaft erscheint.

Tatsachenroman
Ein Tatsachenroman ist ein Roman, der tatsächliche Ereignisse und Personen zur Grundlage hat. Gegenstand eines Tatsachenromans sind meist historische Ereignisse oder berühmte, auch spektakuläre Kriminalfälle.

Trümmerliteratur
„Trümmerliteratur" ist der Begriff für Literatur aus der Nachkriegszeit zwischen 1945 bis Anfang der 1950er Jahre. Dabei bezieht sich der Begriff „Trümmer" nicht nur auf die Trümmer der Städte, sondern auch auf die in Trümmern liegenden Träume der Menschen.

Twitteratur
Der Begriff „Twitteratur" bezeichnet getwitterte Literatur, also Kurztexte, die über das Soziale Netzwerk *Twitter* verbreitet werden. Ein „Tweet" pro Werk – maximal 280 Zeichen (früher 140 Zeichen) – so sind die Regeln von eigens stattfindenden Wettbewerben.

Volksbücher
Volksbücher sind Bücher, die auf einer epischen (höfischen oder bürgerlichen) Dichtung beruhen und dem Geschmack und Verständnis des Volkes angepasst sind (Ritter-, Abenteuerroman, Märchen, Legende, Schwank etc.).

Volksdichtung
Volksdichtungen sind von der Überlieferung des Volkes getragene Dichtungen („Volksgut").

Volkslied
Sammelbegriff für Lieder, die nicht zur Kunstmusik gehören, sondern „im Volk", d. h. in verschiedenen Gruppen, bei diversen Anlässen, oftmals auch in traditionellen Zusammenhängen (Sitte, Brauchtum), kursieren.

Xenie
Kurzes Spottgedicht, bissiger Sinnspruch und auch der Name der Gedichtsammlung (**Xenien**), die von Schiller und Goethe herausgegeben wurde.

Zeitroman
Beim Zeitroman handelt es sich um eine Form des Romans, mit der versucht wird, die Gegenwart vollständig und nachvollziehbar darzustellen und zu erklären.

(literarische) Zensur
Das Wort „Zensur" leitet sich aus dem lateinischen *censura* ab und bedeutet ursprünglich „Prüfung" oder „Beurteilung". Geprüft werden bei der literarischen Zensur alle verschriftlichen Texte. Zensur kann auch willkürlich erfolgen (in totalitären Regimen etwa), wenn der Inhalt der Politik nicht passt.

Personenregister

A

B

C

D

E

F

G

H

I

J

K

L

M

N

O

P

R

S

Sekundärliteratur

Ajouri, Philip: Literatur um 1900. Naturalismus – Fin de Siècle – Expressionismus. Berlin: Akademie Verlag 2009.

Alt, Peter-André: Lehrbuch Germanistik Aufklärung. Stuttgart: Metzler 2001.

Alt, Peter-André: Schiller. Leben – Werk – Zeit. Eine Biographie (Bd. 1). München: C.H.Beck 2004.

Alt, Peter-André: Schiller. Leben – Werk – Zeit. Eine Biographie (Bd. 2). München: C.H.Beck 2004.

Asholt, Wolfgang und Walter Fähnders (Hg.): Fin de siècle. Erzählungen, Gedichte, Essays, Stuttgart: Reclam 1993.

Aust, Hugo: Literatur des Realismus. Stuttgart und Weimar: Metzler 2000.

Barudio, Günter (Hg.): Das Zeitalter des Absolutismus und der Aufklärung (1648 – 1779). In: Fischer Weltgeschichte. Vom Absolutismus zum bürgerlichen Zeitalter (Bd. 1). Frankfurt am Main: Fischer 2003.

Becker, Sabine: Bürgerlicher Realismus. Literatur und Kultur im bürgerlichen Zeitalter. Tübingen und Basel: Francke 2003.

Benz, Wolfgang und Hermann Graml (Hg.): Biografisches Lexikon zur Weimarer Republik. München: C.H.Beck 1988.

Bergeron, Louis, Francois Furet und Reinhart Koselleck (Hg.): Das Zeitalter der europäischen Revolutionen 1780 – 1848. In: Fischer Weltgeschichte. Vom Absolutismus zum bürgerlichen Zeitalter. Frankfurt am Main: Fischer 2003.

Beutin, Wolfgang: Deutsche Literaturgeschichte. Von den Anfängen bis zur Gegenwart. Stuttgart: Metzler 2013.

Blom, Philipp: Böse Philosophen: Ein Salon in Paris und das vergessene Erbe der Aufklärung. München: Hanser 2011.

Blom, Philipp: Der taumelnde Kontinent. Europa 1900 – 1914. München: Hanser 2009.

Blom, Philipp: Die zerrissenen Jahre 1918 – 1938. München: DTV 2016.

Blühm, Elger und Rolf Engelsing (Hg.): Die Zeitung: Deutsche Urteile und Dokumente von den Anfangen bis zur Gegenwart. Bremen: Schünemann 1967.

Bobrowsky, Manfred (Hg.): Schreiben im Widerstand. Österreichische Publizisten 1933 – 1945. Wien: Picus 1993.

Borst, Otto: Alltagsleben im Mittelalter. Frankfurt am Main: Insel Taschenbuch 1983.

Böttiger, Helmut: Die Gruppe 47. Als die deutsche Literatur Geschichte schrieb. München: DVA 2012.

Bräuer, Rolf (Hg.): Dichtung des europäischen Mittelalters. Ein Führer durch die erzählende Literatur. München: C.H.Beck 1990.

Broch, Hermann: Hofmannsthal und seine Zeit. Frankfurt am Main: Suhrkamp 2001.

Chorherr, Thomas: Eine kurze Geschichte der 2. Republik. Wien: Kral 2005.

Cramer, Thomas: Geschichte der deutschen Literatur im späten Mittelalter. München: DTV 2000.

Der Brockhaus – Literatur. Schriftsteller, Werke, Epochen, Sachbegriffe. Mannheim und Leipzig: Brockhaus 2007.

Egyptien, Jürgen: Einführung in die deutschsprachige Literatur seit 1945. Darmstadt: WBG 2006.

Eke, Norbert Otto: Einführung in die Literatur des Vormärz. Darmstadt: WBG 2005.

Erb, Andreas (Hg.): Baustelle Gegenwartsliteratur. Die neunziger Jahre. Opladen: Springer 1998.

Erben, Dietrich: Die Kunst des Barock. München: C.H.Beck 2008.

Fischer, Jens Malte: Fin de siècle. Kommentar zu einer Epoche. München: Winkler 1978.

Frenzl, Elisabeth und Herbert Frenzl: Daten deutscher Dichter. Chronologischer Abriss der deutschen Literaturgeschichte. Von den Anfängen bis zum Jungen Deutschland (Bd. 1). München: DTV 2004.

Fuhrmann, Horst: Einladung ins Mittelalter. München: C.H.Beck 2009.

Geiss, Imanuel: Geschichte im Überblick. Daten und Zusammenhänge der Weltgeschichte. Reinbek bei Hamburg: Rowohlt 2000.

Geisthövel, Alexa: Restauration und Vormärz 1815 – 1847.Paderborn: Schöningh 2008.

Glaser, Hermann, Jakob Lehmann und Arno Lubos: Wege der deutschen Literatur. Eine geschichtliche Darstellung. Berlin: Ullstein 1997.

Golther, Wolfgang: Die deutsche Dichtung im Mittelalter. Wiesbaden: Marix 2005.

Günzel, Klaus: Die deutschen Romantiker. Düsseldorf: Albatros 2008.

Haerkötter, Heinrich und Parissa Trautmann: Deutsche Literaturgeschichte. Darmstadt: Winklers 2008.

Hämmerle, Walter: Der Kampf um Österreich. Die Geschichte einer Spaltung und wie sie das Land prägt. Wien: edition a 2018

Harari, Yuval Noah: 21 Fragen für das 21. Jahrhundert, München 2018

Helmrath, Johannes: Wege des Humanismus: Tübingen, Mohr Siebeck 2013

Here, Franz: Kaiser Franz Joseph von Österreich. Sein Leben – seine Zeit. München: Heyne Biographien 1991.

Jost, Hermand: Die deutschen Dichterbünde. Von den Meistersingern bis zum PEN-Club. Wien, Köln und Weimar: Böhlau 1998.

Kaiser, Gerhard: Aufklärung, Empfindsamkeit, Sturm und Drang. Tübingen und Basel: Francke 2007.

Kaltenecker, Julian: Kommentare der Weltpresse zum Zeitgeschehen. Österreich 1914 – 1938. Wien: ÖBV 1992.

Karthaus, Ulrich: Sturm und Drang. Epoche – Werke – Wirkung. München: C.H.Beck 2000.

Kaufmann, Thomas: Martin Luther. München: C.H.Beck 2017.

Kiesel, Helmuth: Geschichte der deutschsprachigen Literatur 1918 bis 1933. München: C.H.Beck 2017.

Kilcher, Andreas B. (Hg.): Lexikon der deutsch-jüdischen Literatur. Stuttgart: Metzler 2000.

Korte, Hermann: Die Dadaisten. Reinbek bei Hamburg: Rowohlt 2007.

Korte, Hermann: Kindler Kompakt. Österreichische Literatur der Gegenwart. Stuttgart: Metzler 2016.

Krause, Frank: Literarische Expressionismus. Paderborn: Wilhelm Fink 2008.

Krüger, Renate: Das Zeitalter der Empfindsamkeit. Leipzig: Koehler & Amelang 1972.

Kuhn, Axel: Die Französische Revolution. Stuttgart: Reclam 2004.

Lackner, Herbert: Als die Nacht sich senkte. Europas Dichter und Denker zwischen den Kriegen. Wien: Ueberreuter 2019.

Lechner, Hermann: Lechners Literaturgeschichte des deutschen Sprachraumes. Vom Mittelalter bis zur Mitte des 20. Jahrhunderts. Limassol: Lechner 1995.

Lentz, Thierry: 1815. Der Wiener Kongress und die Neuordnung Europas. München: Siedler 2014.

Lorenz, Matthias N.: Literatur und Zensur in der Demokratie. Göttingen: Vandenhoeck & Ruprecht 2009.

Mai, Gunther: Die Weimarer Republik. München: C.H.Beck 2009.

Meid, Volker: Barocklyrik. Stuttgart: Metzler 2008.

Meid, Volker: Das Buch der Literatur. Stuttgart: Reclam 2017.

Meid, Volker: Der deutsche Barockroman. Stuttgart: Metzler 1974.

Oellers, Norbert und Robert Steegers: Treffpunkt Weimar. Literatur und Leben zur Zeit Goethes. Stuttgart: Reclam 1999.

Ottawa, Clemens: Die steinernen Zeugen der Erinnerung. Denkmale und Mahnmale in Wien. Wien: Kremayr & Scheriau 2013.

Ottawa, Clemens: Österreichs vergessene Literaten. Eine Spurensuche. Wien: Kremayr & Scheriau 2013.

Palmade, Guy (Hg.): Vom Absolutismus zum bürgerlichen Zeitalter. Das bürgerliche Zeitalter (Bd. 3). Frankfurt am Main: Fischer 2003.

Patsch, Sylvia M. (Hg.): Österreichische Schriftsteller im Exil. Wien und München: Christian Brandstätter 1986.

Pelinka, Anton: Die Gescheiterte Republik. Kultur und Politik in Österreich 1918 – 1938. Wien, Köln und Weimar: Böhlau 2017.

Pleticha, Heinrich: Weltgeschichte. Entdecker und Reformatoren. Die Welt im 16. Jahrhundert (Bd. 7). Gütersloh: Bertelsmann 1996.

Pleticha, Heinrich: Weltgeschichte. Fürstenhöfe und Fabriken. Europa im 19. Jahrhundert. Gütersloh: Bertelsmann 1996.

Rasch, Wolfdietrich: Die literarische Décadence um 1900. München: C.H.Beck 1986.

Rathkolb, Oliver: Die paradoxe Republik. Österreich 1945 – 2010, Innsbruck und Wien: Haymon 2011.

Rautenberg, Ursula: Reclams Sachlexikon des Buches. Von der Handschrift zum E-Book. Stuttgart: Reclam 2015.

Rave, Paul Ortwin: Das Jahrhundert Goethes. In 338 Porträts berühmter Frauen und Männer. Köln: Parkland 1999.

Riha, Karl (Hg.): Dada Berlin. Texte, Manifeste, Aktionen. Stuttgart: Reclam 1977.

Riha, Karl und Waltraud Wende-Hohenberger (Hg.): Dada Zürich. Texte, Manifeste, Dokumente. Stuttgart: Reclam 1995.

Rötzer, Hans Gerd: Geschichte der deutschen Literatur. Epochen, Autoren, Werke. Bamberg: C.C.Buchner 2000.

Ruge, Wolfgang: Weimar. Republik auf Zeit. Berlin: Verlag das europäische Buch 1969.

Safranski, Rüdiger: Goethe: Kunstwerk des Lebens. Biografie. München: Hanser 2013.

Safranski, Rüdiger: Hölderlin. Komm! ins Offene, Freund. Biografie. München: Hanser 2019.

Safranski, Rüdiger: Romantik. Eine deutsche Affäre. München: Hanser 2007.

Salzer, Anselm und Eduard von Tunk; Neubearbeitung und Aktualisierung von: Heinrich, Claus und Jutta Münster-Holzlar: Illustrierte Geschichte der deutschen Literatur. Von der Klassik bis zur Romantik (Bd. 3). Frechen: Komet 1990.

Sarkowicz, Hans und Alf Mentzer: Literatur in Nazi-Deutschland. Ein biografisches Lexikon. Hamburg und Wien: Europa Verlag 2000.

Schlosser, Horst Dieter: dtv-Atlas zur deutschen Literatur. Tafeln und Texte, München: DTV 1983.

Schmidt, Adalbert: Literaturgeschichte. Wege und Wandlungen moderner Dichtung. Salzburg und Stuttgart: Bergland 1957.

Schmidt, Georg: Der Dreißigjährige Krieg. München: C.H.Beck 2018.

Schneiders, Werner: Das Zeitalter der Aufklärung. München: C.H.Beck 2014.

Schnell, Ralf: Deutsche Literatur. Von der Reformation bis zur Gegenwart. Reinbek bei Hamburg: Rowohlt 2011.

Schulz, Gerhard: Romantik. Geschichte und Begriff. München: C.H.Beck 2008.

Sinhuber, Bartel F.: Die Wiener Kaffeehausliteraten. Anekdotisches zur Literaturgeschichte. Wien: Edition Wien 1993.

Stapf, Paul (Hg.): Der Briefwechsel zwischen Schiller und Goethe. München: Emil Vollmer 1984.

Stein, Peter und Hartmut Stein: Chronik der deutschen Literatur. Daten, Texte, Kontexte. Stuttgart: Alfred Kröner 2013.

Steiner, Herbert: Gestorben für Österreich. Widerstand gegen Hitler – Eine Dokumentation. Wien: Europa Verlag 1968.

Stenzel, Gerhard: Die deutschen Romantiker. Salzburg: Bergland 1954.

Stöckmann, Ingo: Naturalismus. Stuttgart und Weimar: Metzler 2011.

Stollberg-Rilinger, Barbara: Die Aufklärung. Europa im 18. Jahrhundert. Stuttgart: Reclam 2011.

van den Berg, Hubert: Avantgarde und Anarchismus. Dada in Zürich und Berlin. Heidelberg: Universitätsverlag C. Winter 1999.

Villiger, Hermann: Deutsche Literatur. Von den Anfängen bis zur Gegenwart. Frauenfeld: Huber 1984.

Walz, Herbert: Die deutsche Literatur im Mittelalter. Geschichte und Dokumentation: München: C.H.Beck 1976.

Wehler, Hans-Ulrich: Deutsche Gesellschaftsgeschichte 1700 – 1815 (Bd. 1). München: C.H.Beck 2008.

Wehler, Hans-Ulrich: Deutsche Gesellschaftsgeschichte 1849 – 1914 (Bd. 3). München: C.H.Beck 2008.

Wehler, Hans-Ulrich: Deutsche Gesellschaftsgeschichte 1914 – 1949 (Bd. 4). München: C.H.Beck 2008.

Wehler, Hans-Ulrich: Deutsche Gesellschaftsgeschichte. 1949 – 1990 (Bd. 5). München: C.H.Beck 2008.

Weidermann, Volker: Das Buch der verbrannten Bücher. München: btb 2009.

Weiss, Walter und Ernst Hanisch (Hg.): Vermittlungen. Texte und Kontexte österreichischer Literatur und Geschichte im 20. Jahrhundert. Salzburg und Wien: Residenz 1990.

Wilpert, Gero von: Sachwörterbuch der Literatur. Stuttgart: Alfred Kröner 2001.

Zelton, Heinrich und Eduard Wolff: Der neue Literaturführer. Vom Nibelungenlied bis zur Weimarer Klassik. Weyarn: Seehamer 1996.

Ziegler, Edda: Verboten, verfemt, vertrieben. Schriftstellerinnen im Widerstand gegen den Nationalsozialismus. München: DTV 2010.

Žmegač, Viktor, Zdenko Škreb und Ljerka Sekulić: Kleine Geschichte der deutschen Literatur. Von den Anfängen bis zur Gegenwart. Berlin: Marix 1997.

Zwettler-Otte, Sylvia (Hg.): Kinderbuch-Klassiker psychoanalytisch. Von Robinson bis Hotzenplotz. München: Reinhardt Ernst 1994.

Bildquellenverzeichnis

Abrechnungspflichtige Abbildungen

S. 231: Wiener Zeitung: „Das Burgtheater ist eine Idee!“, 29. April 2015, S. 246: Salzburger Nachrichten: Thomas Bernhard - ungebrochener Ruhm 30 Jahre nach seinem Tod, 12. Februar 2019.

Adobe Stock

S. 8 (3. Bild): scaliger, S. 32: Mikhail Markovskiy, S. 51 (1. Bild): Tryfonov, S. 51 (2. Bild): TeamDaf, S. 79: I-pics, S. 153: ueuaphoto, S. 156 (2. Bild): ueuaphoto, S. 254: pixelklex, S. 258 (1. Bild): Nataliia, S. 262 (1. Bild): travelview.

Cover

S. 27, S. 30, S. 137 (1. Bild), S. 217 (2. Bild), S. 222 (1. Bild), S. 234 (1. Bild), S. 243 (2. Bild), S. 251 (2. Bild), S. 258 (2. Bild), S. 259 (alle), S. 260, S. 263 (1. Bild), S. 266, S. 267.

Wikimedia Commons

Public Domain CC0 1.0 | https://creativecommons.org/publicdomain/zero/1.0/deed.en

S. 5, S. 6, S. 7 (2. Bild): The Yorck Project (2002), S. 8 (1. und 2. Bild), S. 8 (4. Bild): Wallace Worsley, S. 9, S. 10, S. 11 (alle), S. 12 (1. Bild): German postcard by Ross Verlag, Berlin, SW 68. nr. 673/5, S. 12 (2. Bild), S. 13 (1. Bild), S. 14 (alle), S. 20, S. 21 (alle), S. 22, S. 23 (alle), S. 24 (alle), S. 25 (alle), S. 26 (alle), S. 28, S. 29, S. 33 (alle), S. 34 (1. Bild), S. 35: Kunsthistorisches Museum Wien, Bilddatenbank, S. 36 (1. Bild), S. 37, S. 38, S. 39 (2. Bild), S. 40 (alle), S. 41 (alle), S. 45, S. 47 (alle), S. 48, S. 49: AlfvanBeem, S. 50, S. 51 (3. Bild), S. 52 (alle), S. 53, S. 55 (1. und 2. Bild), S. 56 (alle), S. 57 (2. Bild), S. 59, S. 62, S. 64, S. 65, S. 66, S. 67, S. 68 (1. Bild), S. 69 (1. und 3. Bild), S. 70, S. 71 (alle), S. 72 (alle), S. 74, S. 80 (alle), S. 81, S. 82, S. 83 (2. Bild), S. 86, S. 87, S. 88 (alle), S. 89, S. 90 (alle), S. 91 (alle), S. 98, S. 99, S. 100, S. 101 (1. Bild), S. 102: The Yorck Project (2002), S. 104 (alle), S. 105, S. 106 (alle), S. 107 (alle), S. 115, S. 116, S. 117, S. 118, S. 119 (alle), S. 120 (alle), S. 121 (alle), S. 122 (alle), S. 123, S. 124 (2. Bild), S. 126 (alle), S. 127, S. 130, S. 132, S. 135, S. 136 (alle), S. 137 (2. und 3. Bild), S. 138 (1. und 3. Bild), S. 139 (alle), S. 140 (1. Bild), S. 141 (alle), S. 142 (alle), S. 143 (alle), S. 144 (alle), S. 145, S. 146 (alle), S. 147 (alle), S. 148, S. 150, S. 154 (alle), S. 155, S. 156 (1. Bild), S. 157, S. 158, S. 159, S. 160, S. 161, S. 162 (alle), S. 164: H.-P.Haack, Leipzig, S. 168, S. 170 (alle), S. 171 (alle), S. 172, S. 173 (alle), S. 174 (alle), S. 175, S. 176 (1. Bild): Tobias Falberg, S. 176 (2. und 3. Bild), S. 177 (alle), S. 178 (1. Bild), S. 179 (alle), S. 180 (alle), S. 183, S. 188, S. 189 (alle), S. 190 (1., 2. und 4. Bild), S. 190 (3. Bild): Christian Michelides, S. 191 (alle), S. 193 (2. Bild), S. 194, S. 196 (2. Bild), S. 197, S. 198 (1. Bild): Basch, [...] / Opdracht Anefo, S. 198 (2. Bild), S. 199 (alle), S. 202, S. 209, S. 210 (1. Bild), S. 211 (1. Bild), S. 212, S. 213 (2. und 4. Bild), S. 215 (alle), S. 216 (1. Bild), S. 216 (3. Bild), S. 218 (1. Bild), S. 219 (alle), S. 220, S. 222 (2. Bild), S. 223 (1. Bild), S. 224 (2. Bild), S. 233: Frank Wolfe, S. 236 (3. Bild): Eric Koch, S. 237: Sir James, S. 240, S. 241, S. 243 (1. Bild), S. 244, S. 249 (1. Bild): Neithan90, S. 249 (2. Bild), S. 250 (2. Bild), S. 251 (3. Bild): Flickr.

CC BY 2.0 | https://creativecommons.org/licenses/by/2.0/deed.en

S. 103: André Ribeiro, S. 138 (2. Bild): Daniel Stockman, S. 261 (2. Bild): weisserstier from Wien, Austria, S. 265: Das blaue Sofa / Club Bertelsmann.

CC BY-SA 2.0 DE | https://creativecommons.org/licenses/by-sa/2.0/de/deed.en

S. 243 (3. Bild): Peter Kersten.

CC BY-SA 2.5 | https://creativecommons.org/licenses/by-sa/2.5/deed.en

S. 85 (2. Bild): Andreas Trepte, S. 224 (1. Bild): Rüdiger Wölk.

CC BY 3.0 | https://creativecommons.org/licenses/by/3.0/deed.en

S. 83 (1. Bild): 2. Oursana, 1. Karin Reichert-Frei, S. 134: GuentherZ, S. 197 (3. Bild): H.-P.Haack, S. 218 (2. Bild): H.-P.Haack, S. 261 (1. Bild): Invisigoth67, S. 261 (3. Bild): Deborah Sengl, S. 264: Ave Maria Mõistlik.

CC BY-SA 3.0 | https://creativecommons.org/licenses/by-sa/3.0/deed.en

S. 7 (1. Bild): Tomas Castelazo, S. 34 (2. Bild): Wolfgang Moroder, S. 36 (2. Bild): מודנר, S. 46: Markus Schweiß, S. 55 (3. Bild): Hakilon, S. 69 (2. Bild): Michak, S. 181: Mathieu Bertola, S. 196 (1. Bild): Anonymous, S. 200 (2. Bild): OTFW, Berlin, S. 213 (3. Bild): Magadan, S. 230: Manfred Werner, S. 232 (1. Bild): rs-foto, S. 232 (2. Bild): Jeremy J. Shapiro, S. 238: Wolfgang H. Wögerer, Wien, Austria, S. 239: Wolfgang H. Wögerer, Wien, Austria, S. 249 (4. Bild): Wild + Team Agentur - UNI Salzburg, S. 251 (1. Bild): Florian K, S. 262 (2. Bild): Ghuengsberg.

CC BY-SA 3.0 DE | https://creativecommons.org/licenses/by-sa/3.0/de/deed.en

S. 13 (2. Bild): Fallschirmjäger, S. 169: Fritz Fuhrken, S. 210 (2. Bild): Bundesarchiv, Bild 146-1985-083-11, S. 211 (2. Bild): Bundesarchiv, Bild 183-S74960, S. 213 (1. Bild): Bundesarchiv, Bild 183-H02648, S. 216 (2. Bild): Bundesarchiv, Bild 183-1984-1116-500, S. 223 (2. Bild): Deutsche Fotothek, S. 234 (2. Bild): Lear21, S. 235: Maclemo, S. 236 (1. Bild): Tsui, S. 236 (2. Bild): Lukas Riebling, S. 245: Bundesarchiv, Bild 183-1987-0922-500, S. 249 (3. Bild): Thomas Bernhard Nachlassverwaltung, S. 250 (1. Bild): Bundesarchiv, B 145 Bild-F062164-0004, S. 252: Bundesarchiv, Bild 183-B0509-0010-006 / Eckleben, Irene, S. 253: Bundesarchiv, B 145 Bild-F007453-0011 / Müller, Simon.

CC BY-SA 4.0 | https://creativecommons.org/licenses/by-sa/4.0/deed.en

S. 57 (1. Bild): Bämboo, S. 68 (2. Bild): Staatsgalerie Stuttgart, S. 84: Bodow, S. 85 (1. Bild): Andrzej Otrębski, S. 101 (2. Bild): Sebastian Wallroth, S. 124 (1. Bild), S. 140 (2. Bild): Hans-Jochen Marquardt, S. 178 (2. Bild): Mathieu Bertola, S. 187: Bwag, S. 193 (1. Bild): Christian Michelides, S. 200 (1. Bild): Chrisi1964, S. 208: Bwag, S. 217 (1. Bild): Ribax, S. 221: Hrbkrl, S. 250 (3. Bild): ETH-Bibliothek Zürich, Bildarchiv, S. 263 (2. Bild): Heike Huslage-Koch.

Alle übrigen Abbildungen stammen von Verlag und Autoren.